鲁迅新天地

——裘沙、王伟君的艺术求索历程

1950-2011评论选集

许怀宋　裘小鲁 编

學苑出版社

图书在版编目（CIP）数据

鲁迅新天地 ：裘沙、王伟君的艺术求索历程 ：1950～2011 评论选集 ／ 许怀宋，裘小鲁编．－北京 ：学苑出版社，2012.12

ISBN 978-7-5077-4191-9

Ⅰ．①鲁… Ⅱ．①许… ②裘… Ⅲ．①裘沙－人物研究－文集②王伟君－人物研究－文集 Ⅳ．①K825.72-53

中国版本图书馆 CIP 数据核字（2012）第 313965 号

责任编辑：潘占伟
装帧设计：徐道会
出版发行：学苑出版社
社　　址：北京市丰台区南方庄 2 号院 1 号楼
邮政编码：100079
网　　址：www.book001.com
电子信箱：xueyuan@public.bta.net.cn
销售电话：010-67675512　67678944　67601101（邮购）
经　　销：新华书店
印 刷 厂：北京信彩瑞禾印刷厂
开本尺寸：787×1092　1/16
印　　张：35.5
字　　数：596 千字
版　　次：2013 年 7 月北京第 1 版
印　　次：2013 年 7 月北京第 1 次印刷
定　　价：120.00 元

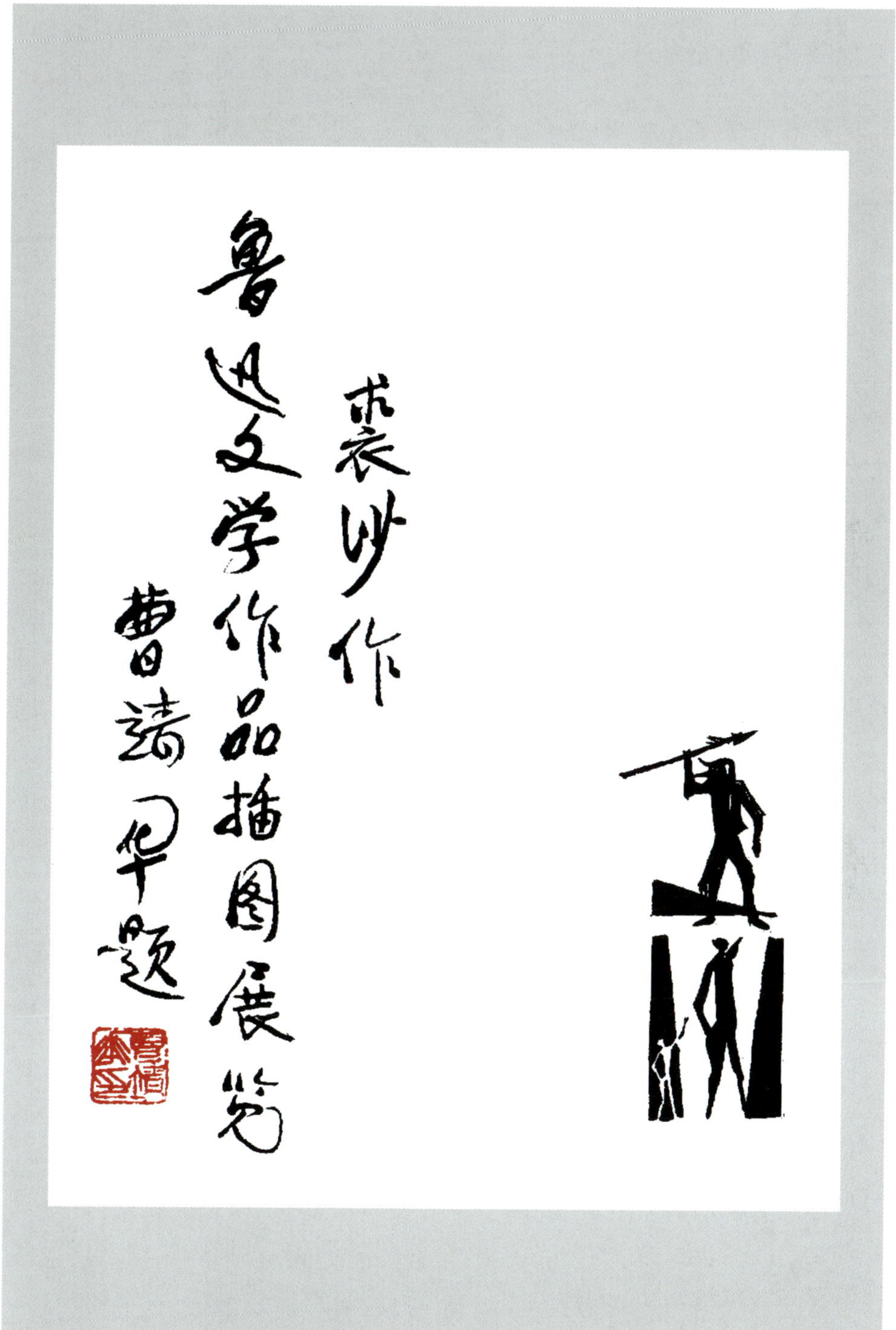

曹靖华题字

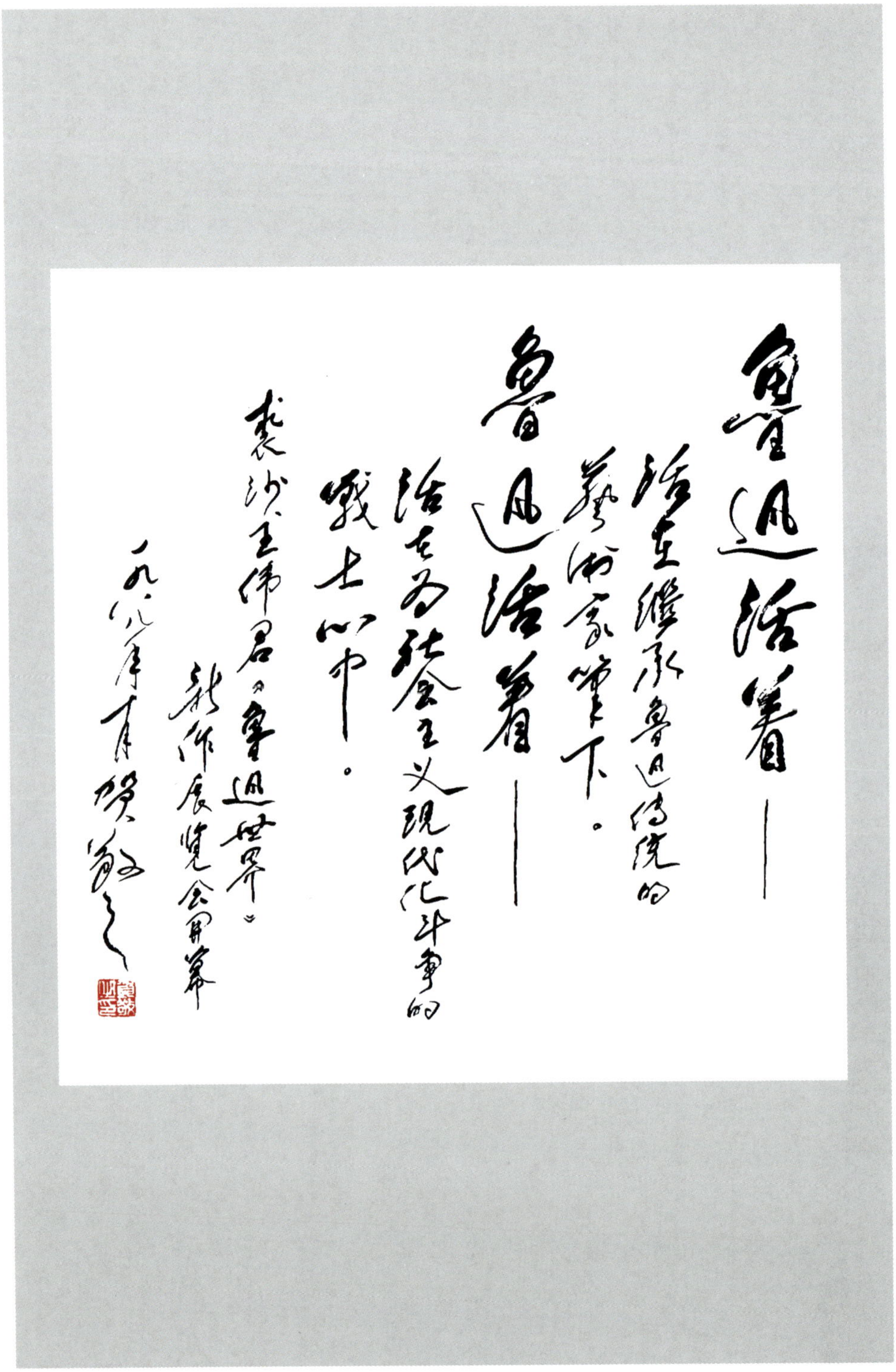
鲁迅活着——
活在继承鲁迅传统的
艺术家笔下。
鲁迅活着——
活在为社会主义现代化斗争的
战士心中。
裘沙、王伟君《鲁迅世界》
新作展览会开幕
贺敬之

贺敬之题字

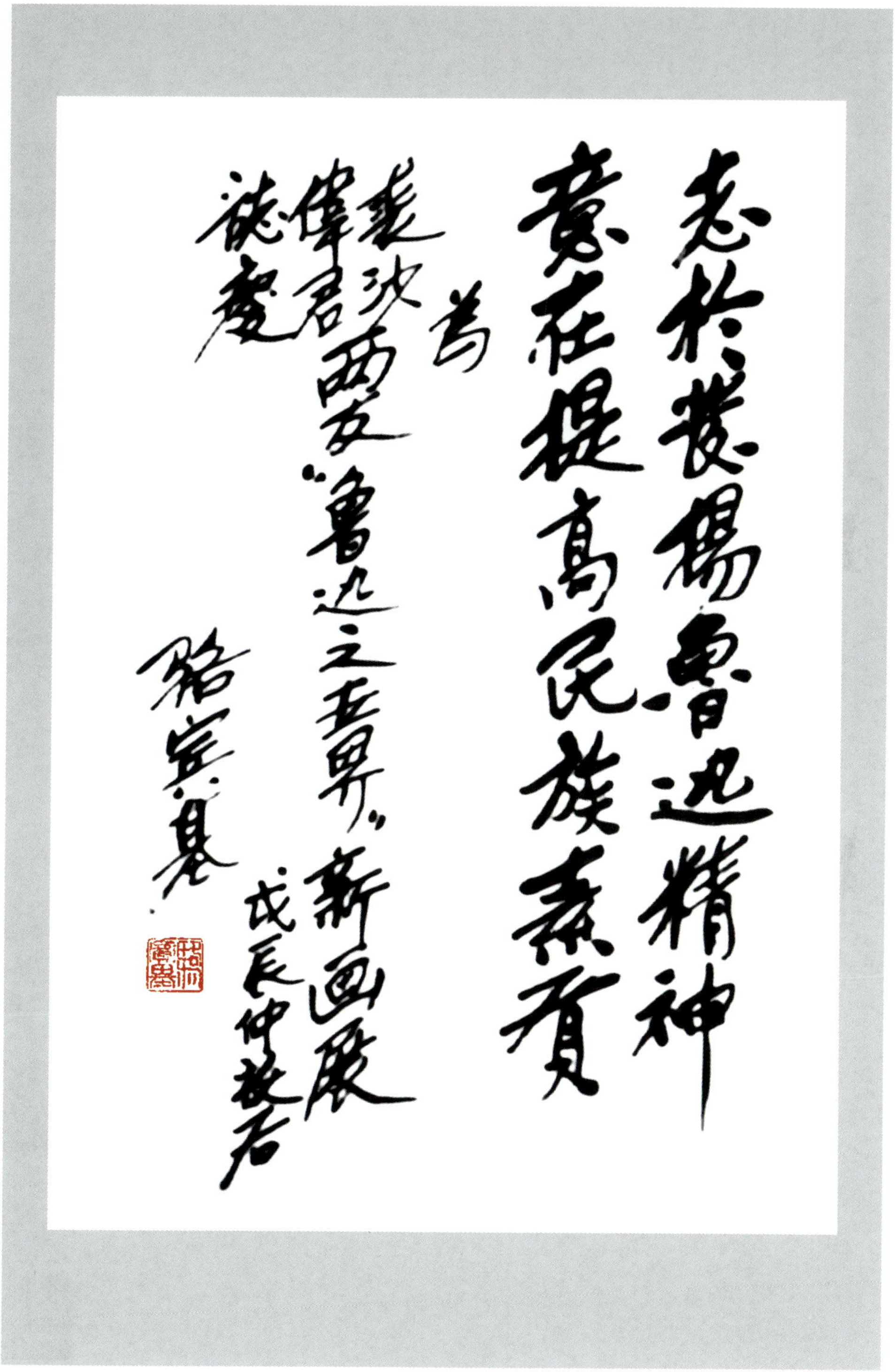

骆宾基题字

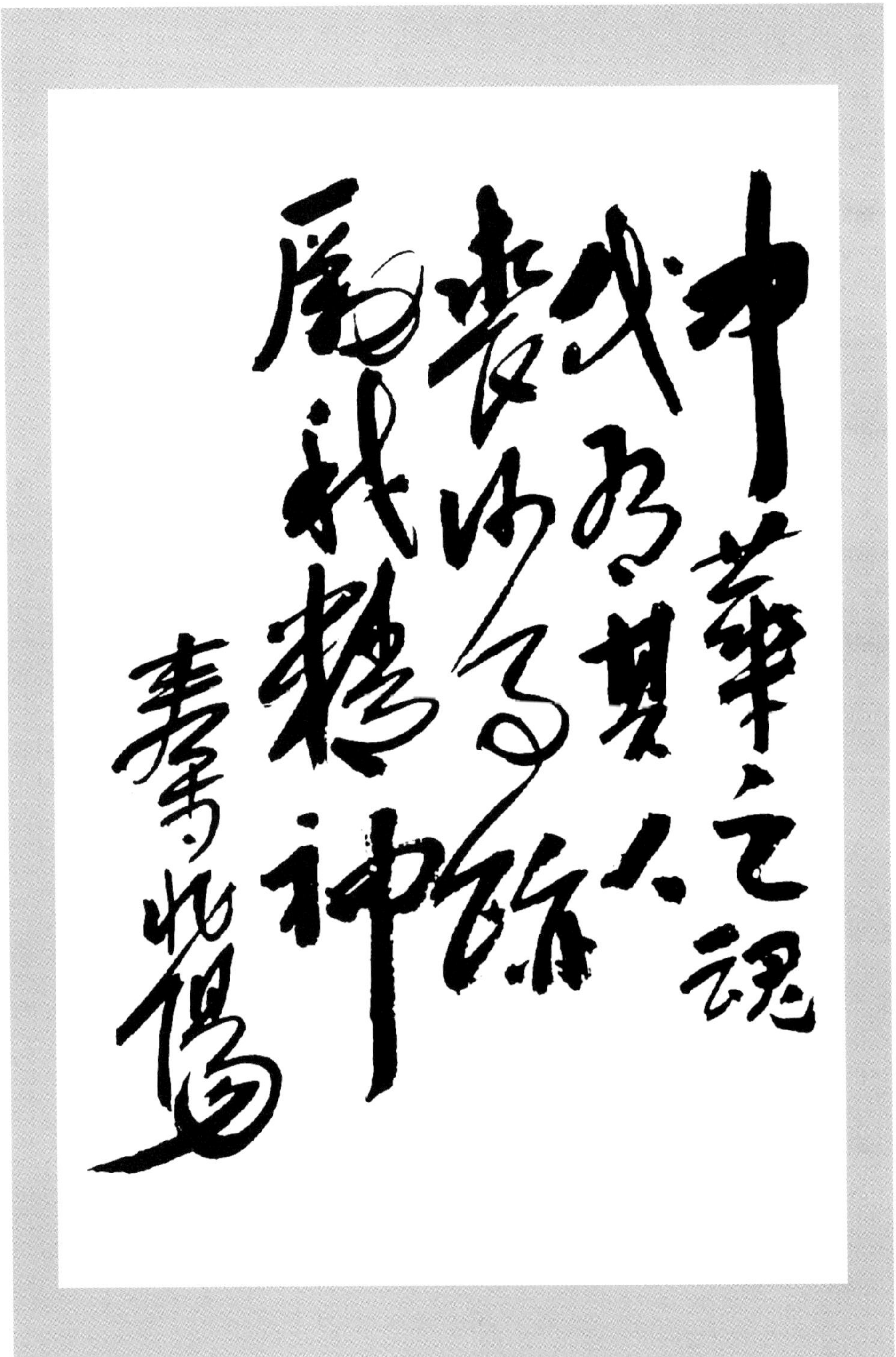

秦兆阳题字

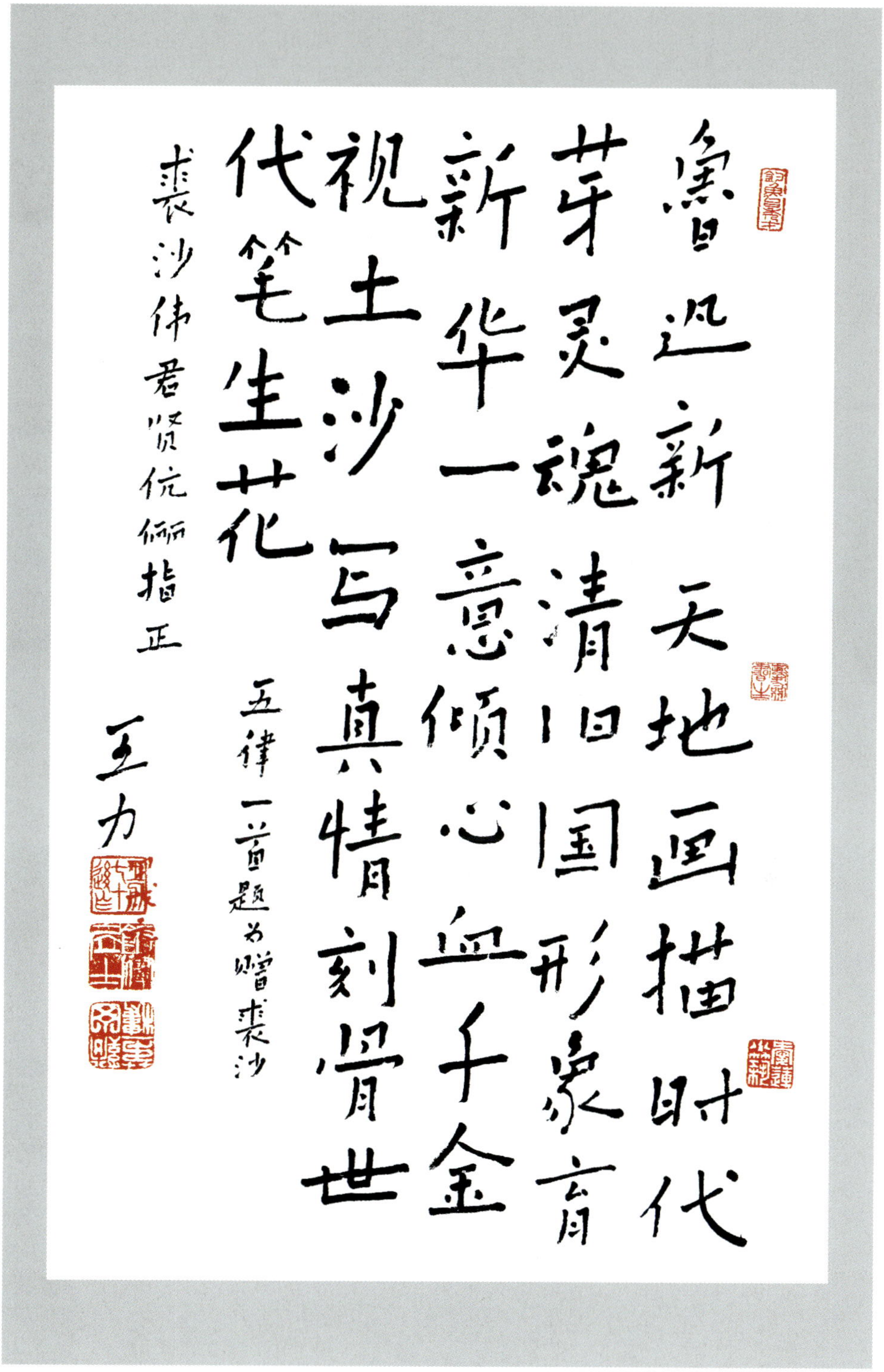
鲁迅新天地画描时代
芽灵魂清旧国形象育
新华一意倾心血千金
视土沙写真情刻骨世
代笔生花
五律一首题为赠裘沙
裘沙伟君贤伉俪指正
王力

王力题诗

鲁迅画像

《又为斯民哭健儿》

《争存天下首在立人》

《要建立所谓“无产阶级文化”》

《复仇》

《须养成幼者有能在世界新潮流中游泳，不被淹没的力量》

《生命的路》

《疑惑》(他们会吃人，就未必不会吃我。)

《呐喊》(没有吃过人的孩子，或者还有？救救孩子……)

《今索诸中国，为精神界之战士者安在？》

《祝福》组画之一（“一个人死了之后，究竟有没有魂灵的？”）

《祝福》组画之二（她那没有精采的眼睛忽然发光了。）

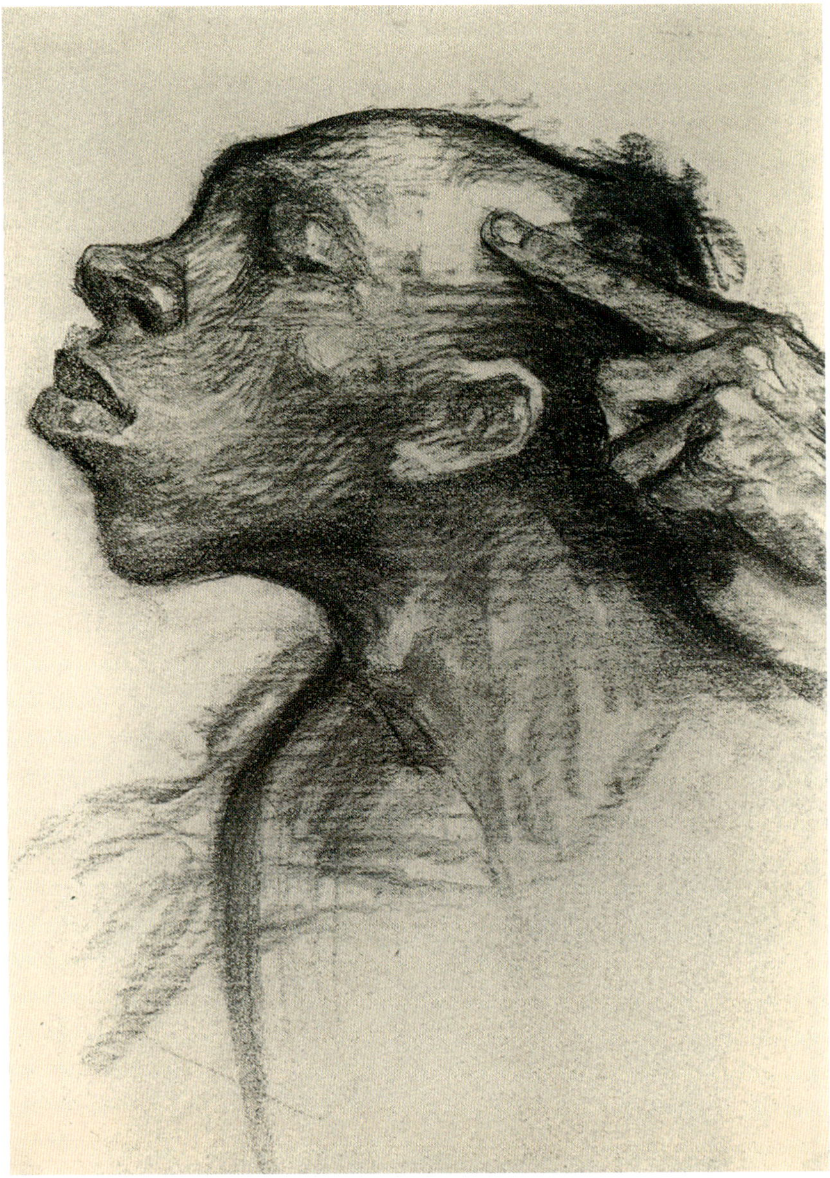

《阿 Q 正传二百图》之一（“你还不配……”）

《阿 Q 正传二百图》之二（阿 Q 忽然很羞愧自己没志气：竟没有唱几句戏。）

《伟大的民族》

《药》插图之一（“喂！一手交钱，一手交货！”）

《药》插图之二（“吃下去罢——病便好了。”）

1960 年 6 月，毛泽东等中央领导接见全国第三届文代会代表（最后一排左起第五人为袁沙）。

1991 年 9 月，在北京中国美术馆“纪念鲁迅诞辰 110 周年——袁沙、王伟君《鲁迅的世界》画展”上，袁沙、王伟君与中共中央政治局常委、中央组织部部长宋平先生及夫人陈舜尧女士合影。

1981年9月，中国美术家协会主席江丰先生（右一）和鲁迅之子周海婴先生、夫人马新云女士在北京“纪念鲁迅诞辰100周年——裘沙、王伟君‘鲁迅文学作品插图展览’画展”上。

1981年9月，在北京“纪念鲁迅诞辰100周年——裘沙、王伟君‘鲁迅文学作品插图展览’画展”的研讨会后，与会者合影（左起：裘沙、许鲁野、朱正、萧耘、戈宝权、王伟君、艾青、钟惦棐、高瑛、萧军、彦涵、江丰、王琦、郑振庭）。

1981 年，画家裘沙拜访鲁迅的弟弟周建人先生。

为 1996 年出版的画册《鲁迅之世界全集》作序的法国著名学者、鲁迅研究专家米歇尔·鲁阿教授

为 1996 年出版的画册《鲁迅之世界全集》作英文翻译的著名翻译家杨宪益先生、夫人戴乃迭女士和裘沙、王伟君合影留念。

1986 年，裘沙、王伟君与日本著名作家野间宏先生在仙台鲁迅纪念碑前。

1986年，袁沙、王伟君在日本举办画展期间，与日本著名作家野间宏先生对谈。

1986年，袁沙、王伟君在日本举办画展期间，与日本著名作家、评论家竹内实先生合影。

1991 年 9 月，中国美术家协会副主席、中国美术馆馆长刘开渠先生在“纪念鲁迅诞辰 110 周年——裘沙、王伟君《鲁迅的世界》画展”开幕式上。

1991 年 9 月，在北京中国美术馆“纪念鲁迅诞辰 110 周年——裘沙、王伟君《鲁迅的世界》画展”上，裘沙、王伟君和小儿子裘大力、小儿媳妇田隐与当年访问过鲁迅的国际友人魏璐诗女士合影。

1991 年 11 月，在北京中央工艺美术学院“纪念鲁迅诞辰 110 周年——裘沙、王伟君《鲁迅的世界》画展”上，裘沙、王伟君和小儿子裘大力、小儿媳妇田隐与全国政协副主席钱正英女士、教育部副部长黄辛白先生合影。

1992 年 4 月，新加坡作家协会永久会长周颖南先生在上海“裘沙、王伟君《鲁迅的世界》画展”开幕式上讲话。

1999 年 10 月，著名文艺评论家林默涵先生在北京鲁迅博物馆参观“裘沙、王伟君《鲁迅之世界》画展”。

1996 年 7 月，北京市文联副主席、北京国际艺苑董事长刘迅先生在北京国际艺苑“《鲁迅之世界》新作展”的研讨会上发言。

1991 年，在北京中南海参加由中央宣传部举办的鲁迅诞辰 110 年纪念活动，会后与华君武、蔡若虹、张仃、常沙娜合影留念。

1987 年初，美国著名学者、汉学家葛浩文先生特来裘沙、王伟君家中，长谈三日。

1996年，与王得后、萧鸣、钱理群、张征、孙郁等专家学者，以及中国人民大学部分学生在“鲁迅精神与当代青年”研讨会上合影。

1999年10月，北京鲁迅博物馆副馆长、鲁迅研究专家陈漱渝先生在北京鲁迅博物馆《鲁迅之世界》画展开幕式上致辞。

2001 年 9 月，在北京中国现代文学馆“纪念鲁迅诞辰 120 周年——裘沙、王伟君《世界之鲁迅》画展”上，裘沙、王伟君与鲁迅研究专家王得后（左一）先生、英国友人合影。

2007 年 12 月，在北京中国现代文学馆“取今复古别立新宗 100 周年（1907–2007）研讨会”后专家合影。

香港出版的中英对照插图本《阿Q正传》

日本岩波书店出版的鲁迅读物

裘沙学术专著《陈洪绶研究——时代、思想和插图创作》

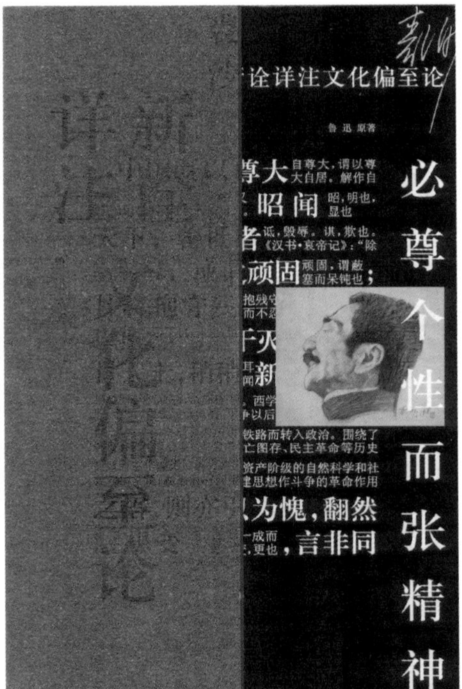

裘沙学术专著《新诠详注文化偏至论》

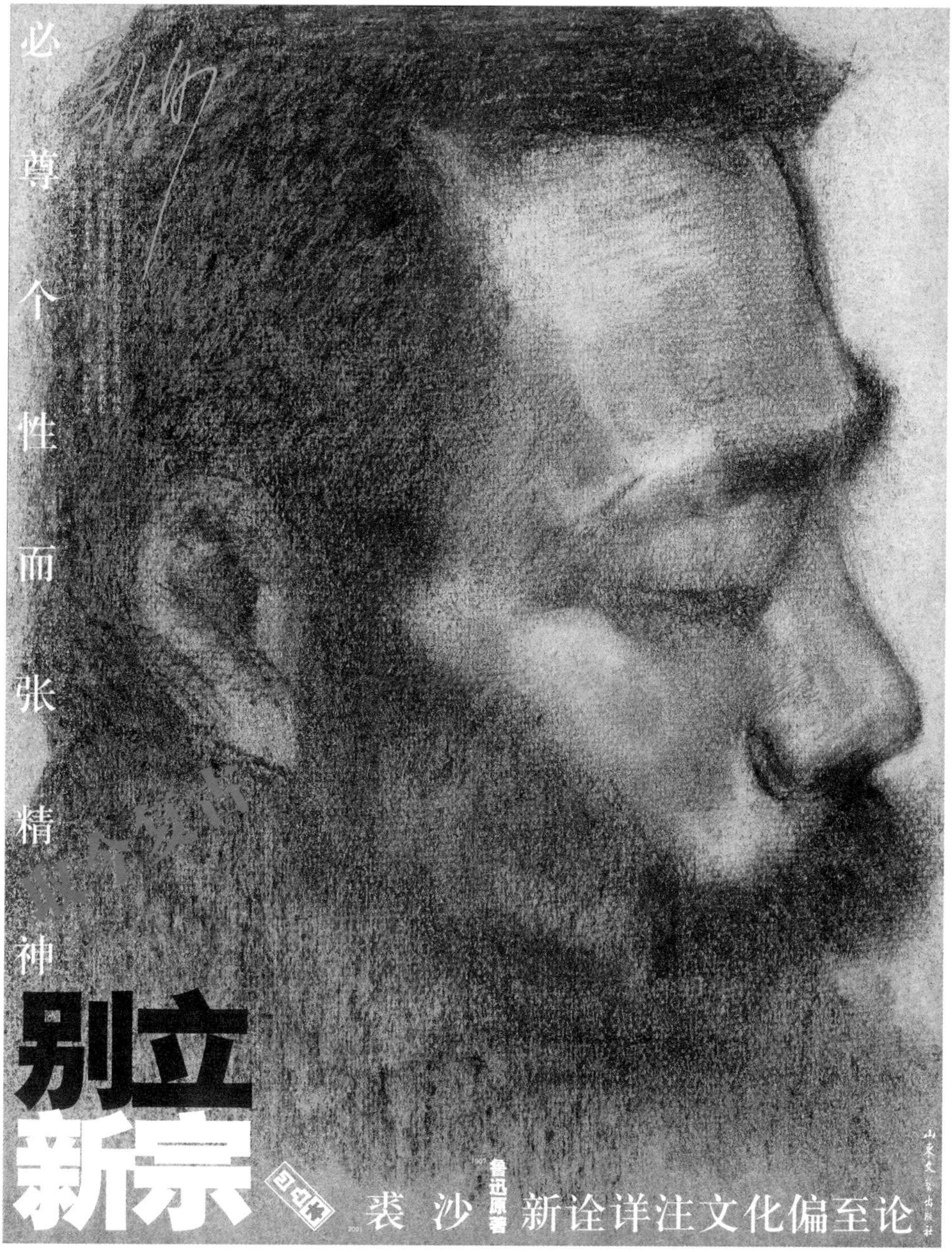

《新诠详注文化偏至论》出版时的海报之一

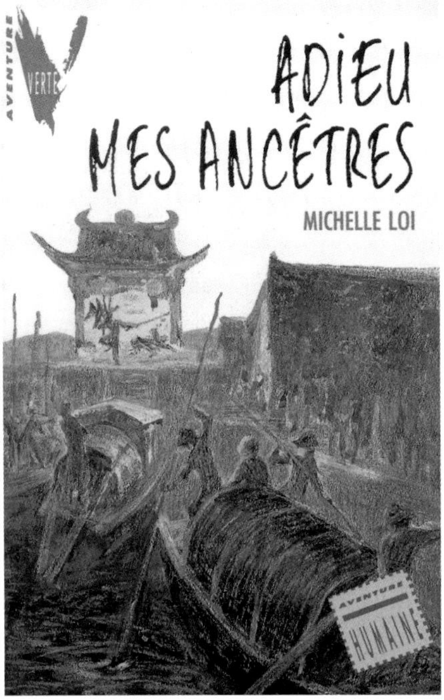

法国出版米歇尔·鲁阿著《告别先辈》，书中插图全部为裘沙、王伟君所画。

法国出版的插图本《阿 Q 正传》

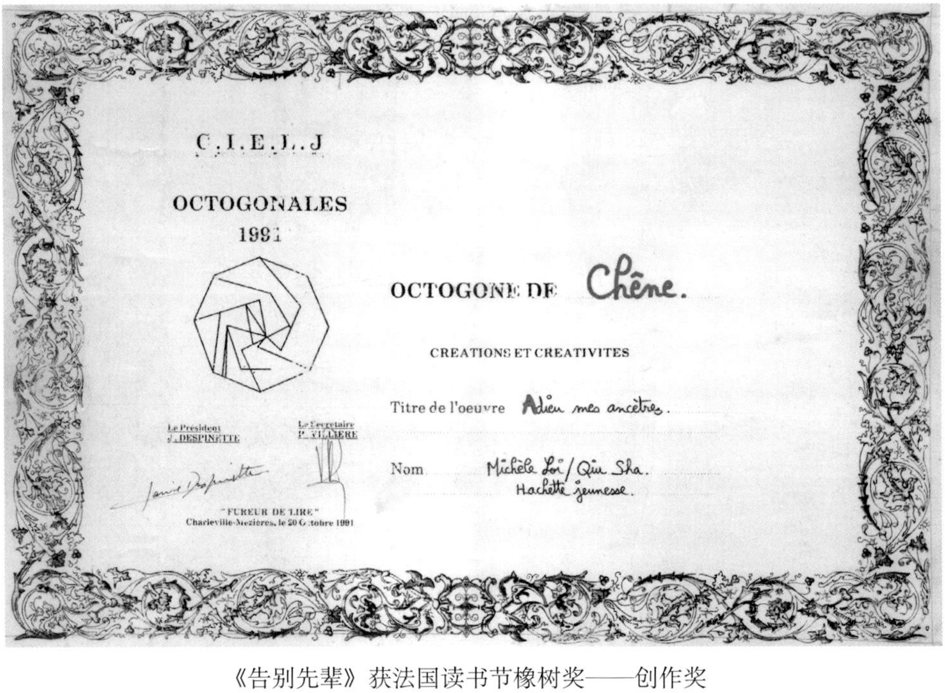

C.I.E.L.J

OCTOGONALES
1991

OCTOGONE DE Chêne.

CREATIONS ET CREATIVITES

Titre de l'oeuvre Adieu mes ancêtres.

Le Président J. DESPINETTE

Le Secrétaire P. VILLIERE

Nom Michèle Loi / Qiu Sha.
Hachette jeunesse.

"FUREUR DE LIRE"
Charleville-Mezieres, le 20 Octobre 1991

《告别先辈》获法国读书节橡树奖——创作奖

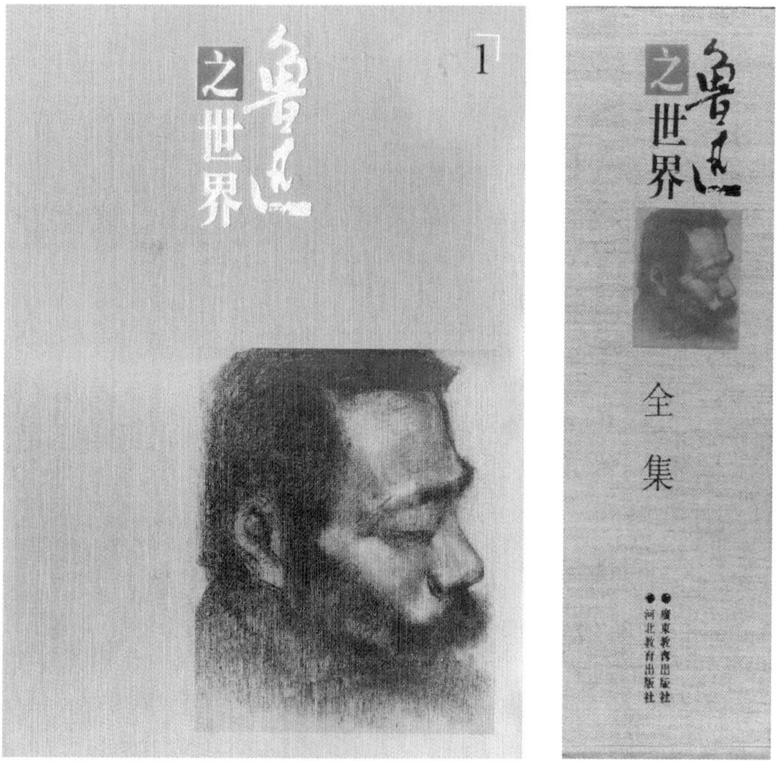

1996 年由广东教育出版社和河北教育出版社联合出版的大八开三卷本《鲁迅之世界全集》

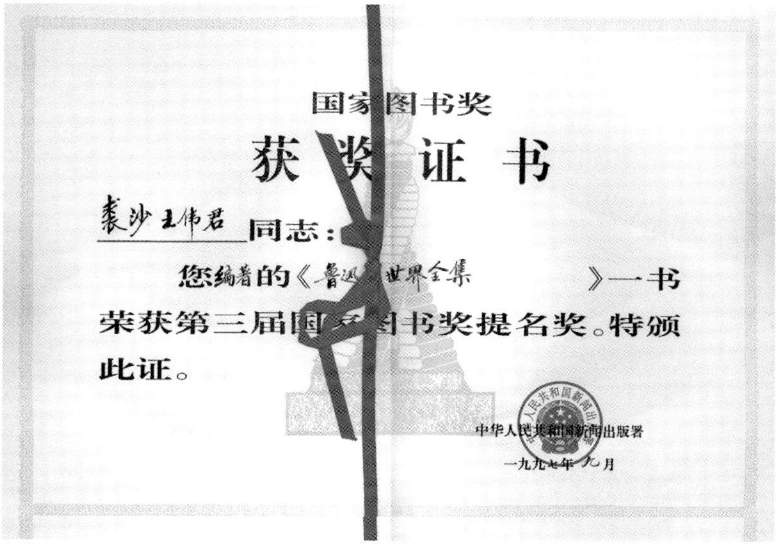

国家图书奖

获奖证书

袁沙 王伟君 同志：

您编着的《鲁迅之世界全集》一书荣获第三届国家图书奖提名奖。特颁此证。

中华人民共和国新闻出版署

一九九七年九月

1997 年，《鲁迅之世界全集》获第三届国家图书奖提名奖。

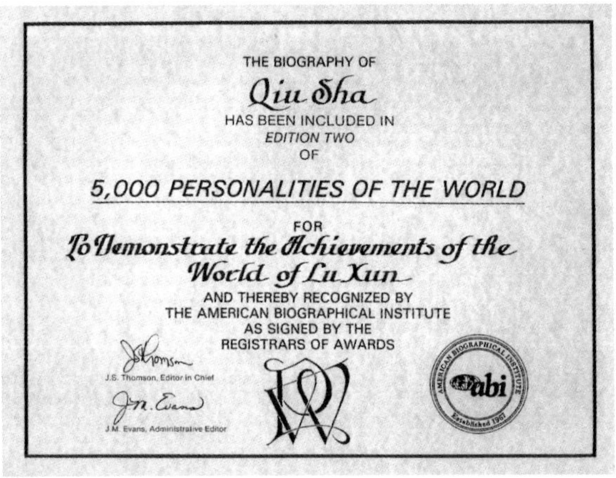

1992年，裘沙被美国传记协会（ABI）收入《世界5000名人录》。

1993年，裘沙被美国传记协会董事会提名载入《25年来有影响的500领导人》，并被授予“25年成就奖”。

1992年，裘沙被英国国际传记中心（IBC）收入《国际名人录》。

出版前言

萧鸣

见证裘沙、王伟君两位先生艺术求索历程的《鲁迅新天地》就要付梓了，责任编辑潘占伟建议由我来撰写序言，我迟疑了。因为论资历论才能我全不够格。一般而言，作序由德高望重者执笔，才能起到锦上添花的效果，否则适得其反。思来想去，在我的记忆库里，比较适合为此书写序者大都作古了，硕果仅存者也因年高体弱而力不从心。加之时间紧迫，权衡再三，只能由我执笔出版前言作为代序了，我想作者和编者、读者是不会计较的。

谁知接过稿样，竟有560多页60余万字，分为“专题评论”、“访谈问答”、“相关评论”及“画展史料”等部分，篇篇精彩；书中彩色、黑白插图100余幅，不拘一格……掩卷沉思，感慨不已。

裘沙原名裘伯浒，1930年4月15日生，浙江嵊州市崇仁镇人，画家。中国美术家协会会员，清华大学美术学院副教授。曾任中国鲁迅研究会第一届理事，现为中国萧军研究会名誉副会长、纽西兰汉学会顾问。1951年毕业于杭州国立美术专科学校（现中国美术学院），任中国青年报社美编、记者和美术组长，三次受到毛泽东主席等中央领导的接见。

王伟君1932年12月25日生，杭州人。北京市少年宫离休干部，中国老教授协会会员，中国萧军研究会荣誉常务理事，曾多次被评为北京市教育局离休干部先进个人和中国致公党北京市朝阳区委先进党员，并出席中国致公党北京市第六届代表大会。1947 年，王伟君中学毕业开始学画。1948 年进入国立艺专西湖艺术研究所学习。1949 年 5 月参加中国人民解放军，投入解放大西南战役，负责编绘部队内部的《战场画报》。1950 年秋毕业于第二野战军军政大学，冬天参加中国人民志愿军，赴朝鲜前线。1953 年停战谈判开始，由部队派遣回国深造。毕业于鲁迅美术学院，又调中央戏剧学院舞美系学习。1956 年调入共青团中央工作，历任中国少年儿童出版社、中国少年报社、《万年春》外文杂志社美术编辑。1974 年调到北京市少年宫从事少年儿童美术教学工作。

1957 年，裘沙与王伟君结婚，一起下放到山东莒南农村劳动锻炼一年。年底，裘沙加入了中国美术家协会。1960 年裘沙出席全国第三届文学艺术界代表大会。1963 年，他创作的《老贫农赞》在《中国青年报》发表后，引起了国内强烈反响，《人民日报》、《美术》杂志都发了评论，成为为全国《公社风光》画展最突出的一套作品，为此新华社向全国报刊发了通稿。两幅原作被中国美术馆收藏，亦被《解放军报》作为“解放军学全国人民”的典型。经过 14 年的考验，1965 年 9 月 23 日裘沙加入了中国共产党，预备期一年。

1973 年裘沙、王伟君夫妇开始致力于表现鲁迅一生及其思想体系的系列美术创作。他们以全部的热情和智慧，用画笔诠释着鲁迅作品的内心世界。

1978 年裘沙到中央工艺美术学院任教。接着又到中央美术学院版画系兼职任教。

1981 年 7 月，为纪念鲁迅诞辰 100 周年，人民美术出版社出版了连环画《阿 Q 正传二百图》，裘沙、王伟君夫妇的合作取得了成功。作家萧军为此画册撰写了《后记》，他对作者的艺术心血结晶给予了充分的肯定：“裘沙同志是忠于人民的画家，特别是忠于鲁迅先生文学事业的画家，若干年来如一日。据我所知，除开这《阿 Q 正传二百图》以外，还制作了鲁迅作品的插图以及深刻有力的鲁迅头像。我就保有这样一幅，我以为它是我所看到过的鲁迅画像在神情和特征上最精湛的一幅”（详见《鲁迅新天地》43 页《〈阿 Q 正传二百图〉观后》）。

1981 年 9 月，在全国纪念鲁迅诞辰 100 周年之际，中国美术家协会、中国鲁迅研究会等联合举办了裘沙的“鲁迅文学作品插图展”，美协主席江丰以“向伟大鲁迅致敬”为主题，撰写了展览《前言》，首都数百名专家参加了开幕式。

1986 年裘沙、王伟君应邀去日本东京、仙台举办了题为“鲁迅之世界”的“纪念鲁迅逝世 50 周年”的个人画展。同时，由岩波书店出版《裘沙画集 · 鲁迅之世界》

和《鲁迅 · 阿 Q 正传》大型特装画册集，引起了国外的强烈反应。

裘沙夫妇不只是“用画笔诠释鲁迅先生所有著作和作品”，更是以全副精力体察并进入鲁迅内心世界，领会鲁迅哲学思想的深层内涵，探求鲁迅思想灵魂的根底。对于作为画家的夫妇二人而言，这是另一个领域，难度极大。但他们决心只要一息尚存就要努力探求、发掘鲁迅之所以为鲁迅的真谛所在。他们找到了鲁迅 1907 年前后发表的四篇半哲学著作，即《人之历史》、《科学史教篇》、《文化偏至论》、《摩罗诗力说》及《破恶声论》，历经 35 年的拼搏，终于完成了对这些经典的研究和注释。2001 年由山东文艺出版社出版的《新诠详注〈文化偏至论〉》一面世便立刻引起了国内外哲学、思想界的关注和好评。鲁迅哲学思想研究泰斗王士菁老先生对著作高度赞许，并对作者表达了由衷的敬意……

裘沙、王伟君夫妇畅游在鲁迅新天地里，迎来了他们一个又一个的创作高潮……

我最早见到裘沙、王伟君夫妇是在 1973 年的夏秋之际。记得一天上午，两位衣着朴素的中年男女登上了西城区后海北河沿鸦儿胡同六号后门内一座西式砖木结构建筑的二层危楼的木楼梯，吱吱作响的脚步声引起了正在凉台练功的萧军的注意。灰暗的楼道内那位不修边幅的中年男人，手持一个信封，声言要见作家萧军，说有萧军老友雕塑家刘开渠的介绍信。我接过信件转交给父亲萧军，并忙将二位让到我的住室内落座。因为父母亲的卧室与写作间被街道主任强占，他们只好与两个妹妹合挤在东面一间 30 多平方米的房间内，且另辟了一个 3.6 平方米的写作室——蜗蜗居。凉台是父亲的活动空间……父亲看过刘开渠的信函，又仔细观赏了来人的画稿和作品，特别是听到他们立志要将鲁迅所有的作品都配以插图的表述后，非常高兴，不但向他们讲述了在上海经常受到鲁迅的教诲和立人思想的指导，还介绍了鲁迅先生起居饮食的细节，鼓励他们既然决定要“作”，就一定要认真努力，锲而不舍坚持下去。此外还建议既要充分发挥裘沙在构图和线描方面的优势，亦要结合王伟君在色彩运用方面的特长。这个提议立即得到两位画家的认同。从此，两位鲁迅事业的继承者，便与萧军一家保持了经久不变的友谊，为打造“世界的鲁迅”文化品牌不断创新、贡献。

1991 年 9 月 22 日在北京举办的纪念鲁迅诞辰 110 周年系列活动，我是亲历者。裘沙、王伟君“鲁迅的世界”美术展被列为重要活动之一。当天上午，首都文学艺术界 500 余人前往中南海怀仁堂出席纪念大会，江泽民、李鹏、李瑞环、乔石、丁关根等党和国家领导人出席。江泽民作了纪念鲁迅、学习鲁迅的长篇讲话，张仃、蔡若虹、常沙娜、吴雪、王铁成、裘沙、王伟君等与会者聆听了报告。主席台上方悬挂的炭笔素描鲁迅先生巨幅画像就是裘沙为大会创作的，非常传神，获得一致好评。下午，裘沙、王伟君“鲁迅之世界”画展在中国美术馆开幕，场面非常隆重，以鲁迅研究专家为主要观众。当时在中国美术馆同时举办的还有张仃焦墨书画展、天津杨柳青农民画展等八个展览，“鲁迅之世界”画展观众最多反响最热烈。一位美国朋友反复参观后仍觉意犹未尽，便恳求组委会卖给他一张印有鲁迅头像的海报招贴画。组委会原本要送给他，他却留下100美元捧着海报匆忙离开了。画展开幕的第二天一早，中共中央政治局常委宋平不顾出访英国旅途劳顿，偕夫人陈舜尧及一子一女专程前往中国美术馆参观“鲁迅之世界”画展。我较早到达现场，接待了宋平一行，并立刻电话联系裘沙夫妇速来美术馆。夫妇二人破例打了出租车到场，陪同宋平一家，并对每幅画作进行详细讲解。宋平夫妇始终专心聆听并不时发问。时间超过了两个半小时，观众越来越多，只好由我去送宋平一家乘专车离去。

由于资金不足，故定展期七天。由于到期仍然观众踊跃，女企业家许虹便自掏腰包向美术馆又支付了五天的房租费。此举十分感人，至今印象深刻：这既是鲁迅先生在民众中的崇高地位的证明，更是对“鲁迅之世界”画展的卓越艺术表现力的充分肯定。2001年9月18日，在北京中国现代文学馆举办的纪念鲁迅诞辰120周年“世界之鲁迅”展览时，亦增加了裘沙、王伟君的两个儿子裘小鲁、裘大力及尚在幼年的孙子裘冕、孙女裘星宇多幅精彩画作，而且都是以表现鲁迅先生伟大思想和作品内涵的倾心之作。祖孙三代齐上阵共铸“鲁迅新世界”的创举真是独树一帜，令人赞叹。

裘沙、王伟君夫妇自1957年结婚至今始终保持艰苦朴素的生活准则。他们参加革命那一天起就保有了这种高尚的情操，经济条件改善了依然如此。我每次去他家，看到几乎每顿饭都是煮面条，很少炒上几个菜招待朋友。记得当时是“改革开放”初期，一家几口人挤在北京朝阳区三里屯一座红砖楼五层的两居室内，处境十分艰难。一位韩国商人对裘沙展出的画作非常欣赏，专程来华造访，希望能购买一两幅作品收藏，并承诺只要成交就能使裘家室内装修及家具焕然一新，还让他们有部分积蓄。但夫妇二人将他们呕心创作的每一副作品都视作自己的孩子，不能复制，更不能卖。韩国商人耗费了许多时间最终只是徒劳。除却受到政府奖励并被国家收藏的画作以外，裘沙夫妇至今没有出售过一幅作品，这在美术界同行中是极为罕见的。

以上片段的回忆，缀合起来，是我心中对于裘沙、王伟君夫妇的印象。裘沙、王伟君夫妇与萧军、王德芬夫妇及其子女结下的情谊，历经了近四十年的考验更加坚实。虽然萧军、王德芬夫妇以及刘开渠、程丽娜夫妇等皆已作古，但仍有许多健在的同样遵循鲁迅文学事业的人们都在继续支持着他们。不论是由新加坡友人周颖南先生为理事长的中国东方文化发展中心出资举办裘沙、王伟君“鲁迅的世界”等各类展览和学术会议，还是由以张超、张毓茂、王治国为历届会长的中国萧军研究会资助举行“世界的鲁迅”美术巡展活动，以及对裘沙力作《新诠详注〈文化偏至论〉》组织研讨会议、开展宣传，包括此次资助出版《鲁迅新天地》等等，所有这一切，都在不断地证明着这份情谊是真诚的、无私的，更是宝贵的。我们将一如既往，下一个目标就是编辑出版裘沙、王伟君夫妇积年苦心编著的《世界之鲁迅画传》，而且指日可待。在此衷心祝愿他们二老健康长寿、快乐。

借此，必应提及本书的编辑出版，竟是一件极其偶然的“祸事”促成的，而我本人则是见证者之一。在此予以披露，如有质疑，文责我自负。

2007 年 9 月 12 日，我突然接到裘沙夫妇电话：因楼上住户漏水，楼下他家新居一片汪洋；书柜、家具、床铺瞬间全遭祸殃……所藏书画文稿多被水浸，虽经晾晒，不少都不堪入目。为此，裘沙夫妇与楼上年轻夫妇对簿公堂竟达两年四个月之久，身心憔悴，苦不堪言。

在此期间，为提供遭受损失的证据，裘沙、王伟君夫妇彻底整理所有文稿，让人深感他们近六十年在事业上的成绩是相当可观的。国内外各界专家学者、社会名流和广大读者的评论和肯定对他们而言真是一种“财富”，也是一种慰藉。朋友们建议把这些真实历史的写照编辑出来等待时机公开出版，既是对故去的朋友及读者有一个交代，也是对他们夫妇艺术人生的一种肯定！于是便有了本书的编辑、出版。

我真诚希望读者能认真阅读这部难得的《鲁迅新天地》，其中很多的篇章都非常精彩。当时正值文艺评论“正气”上升时期，对裘沙、王伟君作品的评论，绝不存在敷衍的溢美之词。无论多大的名家，如萧军、江丰、刘开渠、楼适夷、王朝闻、王士菁、钟惦棐、王力、黄胄、葛浩文、野间宏、鲁阿、针生一郎、郁风、钱理群、孙郁、沈柔坚……持论都是真诚的、公允的，满怀热情的，是希望有益于作者和读者的。而现在，这样的情况越来越少了。

最后要感谢本书的责任编辑潘占伟同志给我一个表述的机会。更重要的是：他敬仰鲁迅先生及其追随者，特别是被裘沙、王伟君夫妇——这两位由伟大情怀支撑着的八十多岁的老人，无声地、锲而不舍地踯躅前行所感动，义无反顾为此书的编辑、出版付出了超常的时间和心血，圆了一个几乎难以实现的梦想……这是我发自内心的敬佩之声！

2013 年 7 月 9 日

（本文作者为中国萧军研究会常务副会长）

目 录

（一）专题评论

（二）访谈问答

（三）相关评论

（四）画展史料

（一）专题评论

苏天赐老师的来信

天 赐

伯浒、雨汀兄：

伯浒的信已收到了，知道你在力求进步。这很使我高兴，希望你在思想斗争的焦点上，能得到辉煌的胜利，不必为暂时的业务上的少些进步而感到颓丧，你们应当相信自己的年青和才能。当然，自满是不好的，只是不要让苦闷窒息了远大的发展。伯浒能够下乡参加土改，这真是极端难得的机会，希望能好好掌握。在古老的中国，这实在是一个惊天动地的伟大的改变，以后难能再找到这样丰富的素材，从这些素材里可以看到广大农民的灵魂深处，我只能听到和间接看到，而没有机会去接触到，这在我是极感可惜的，希望你能不虚此行，多多体会。

雨汀怎么样，你好吗？我相信你的进步是很快的，只是你要特别当心自己的身体，愉快一点。

我们近来很忙，除了忙于学习，我们也热烈地展开抗美援朝运动，下周还出动宣传演剧。我的工作是更忙了，由于上两周的测验中，我的成绩最好，在最近的改选组长中，我兼任了副组长，本来在这些年高学博的教授当中，我实在不敢担起这领导的责任，只是推辞不得，而且这也是一个服务的机会，还是一个学习的课程，也只好担承下来。

数礼拜前曾给金明玉一信，不知是否收到？

祝 好！

伯浒大概已下乡去，这信就请雨汀转去好了。

一九五〇年十二月初十

（原载东南大学出版社2009年出版《苏天赐文集》书信日记卷）

祝贺团的改名
共青团員们，立定志向，为共产主义奋斗到底！

中国青年报
1957年5月25日

青年团正式改名为共产主义青年团
团代大会昨天通过共青团章程，并选出共青团中央委員会

中国新民主主义青年团第三次全国代表大会
关于將中国新民主主义青年团改名为中国共产主义青年团的决議
（中国新民主主义青年团第三次全国代表大会通过——一九五七年五月二十四日）

我們的新团章
社论

伏罗希洛夫主席回到北京

决不辜負共青团員的光荣称号

中国共产主义青年团
中央委員会委員和候补委員名單
（按得票多少排列，得票相同的按姓氏笔划排列）

代表們一致举手通过关于將中国新民主主义青年团改名为中国共产主义青年团的决議。本报記者 舒野攝

1957年5月25日，《中国青年报》在头版醒目位置刊登裘沙画的宣传画

既奔放又严谨

黄胄

培金同志：

我第二次收到领取欠资邮件的通知，才去取回你九月廿六日的信。我到乌鲁木齐后曾给你和裘沙写过一信，想已收到。

先不谈你的作品，我以急不可捺的心情，谈一下裘沙最近的画（青年报发表支援埃及人民反侵略的宣传画），感情和形象的统一，表现上几乎没有一点疏忽，十分生动，真实。既奔放又严谨，而且每一笔都冲激着力量，比起那组画又飞跃了一大步。像裘沙这么拘谨的人，会有这么豪放的笔触，这和他看问题的立脚点有关系，好好学习一下。

你的画我是喜爱的，但总有点潦草，不够完整。也许是很容易冲动或者很欣赏自己的聪明（也许完全不是这样）。应当学会细致的观察生活，有目的追求表现。

1962 年《中国青年报》报刊宣传画——《支援埃及人民反侵略》

总之多用速写记录形象。

你的那两幅插图是在一般水平以上，但是不管怎样，不完全是你自己的认识，而且外来的东西排挤着你自己的东西。像许多画漫画的同志挤不掉库克雷尼克塞、叶非莫夫、冈夫以及其他外国漫画家所创造的形和惯用的笔法一样，不管对不对，我是这样认为的。当然这种缺点也存在你、我和裘沙的作品当中。主要的是我们做人还不成熟，对生活认识得少，修养不够。

水墨速写有你的性格特点，有趣味，但是在人物形象上还不是充满着活生生的气息。车尔尼雪夫斯基说："一个作品，如果没有清楚的表现观念，便不能成为一个美的作品。"在你这幅画里就看不清楚你的表现观念，只是随便画画而已（笔法上的洒脱如果不能表现形象的实质，也不是好作品）。这幅画就是这样，你其他画也有类似的毛病（当然已看出你画水墨的才能甚至比铅笔还要好，努力多画）。

你为什么不去捕捉面部的表情，偶然性的情绪而能以代表孩子天真可爱的特征呢。说明白点，就是多注意面部表情、手的动态和全身姿态匀称的美术表现。

以上不管对不对，是出于真心实意。郑文蕙已生孩子，你和裘沙有空时替我买只母鸡去慰问一下，多谢了。

铅笔不要，我买了些水彩画纸，不久即寄回去咱们分一下。

祝进步，裘沙均此不另。

1962 年 11 月 19 日

对《老贫农赞》的评论

中国青年报社编辑部“评报栏”

就是要这样提高质量

今天四个版实在编得好。一版“要闻简报”处理得突出而又节省版面；二版出现了三个好人物两篇社论；三版东方涛写的快板也很精彩，对敌人尽嬉笑怒骂之能事；特别是四版的《老贫农赞》更值得大书特书：

一、我们祝贺裘沙同志在美术创作上取得了新的成就。首先从《老贫农赞》中看出作者可贵的阶级政治热情。那种对老贫农的阶级感情，那种对青年进行阶级教育的满腔热忱，是这组画成功的前提。其次，创作方法对了头，一头栽到农村实际斗争中去。一个月的山东体验生活，和老贫农打成一片，深入了解他们的思想感情，细致观察他们的形象和活动，是这组画成功的基础。再次，是创作过程中的刻苦性和创造性。一个月酝酿构思，提炼和创作，为组画思想性和艺术性的统一费尽了心血，文字说明也进行了精心创作，成为组画不可分割的部分。

二、《老贫农赞》是思想性和艺术性结合得非常好的一组画。首先，它从几个方面反映了农村阶级斗争的壮丽图景，歌颂了农村的中流砥柱——老贫农的革命精神，使人产生了一股强大力量和无比信心。其次，每幅画的构思发掘得深，抓住了生活中的本质东西，透过画面使人浮想联翩。老贫农们的对党和社会主义的热爱，对阶级敌人的仇恨，对接班人的关怀，对农村前景的瞻望，跃然纸上。再次，组画所创造的众多贫农形象激动人心。特别是《伤疤留在身上》、《一枝笔》的老贫农形象，将使人产生难忘的印象。

三、如果要吹毛求疵的话，有以下几点小意见提出来研究：(一)《路》是思想很深刻的一幅画，但是感到前景不开阔，好像是下山的路。如能显示出“路”的广阔前程是不是更好一些。(二)《贫农会上》展示了三代贫农，其中青年一代

·4· 1963年11月9日 中国青年报

老貧农赞(組画)

裘沙作

○ 伤疤留在身上

○ 传家宝

○ 贫农会上

○ 算一笔账

○ 干部住在咱們家

○ 路

○ 一枝笔

美術與攝影

1 本期共四版 本报社址 北京海运仓11号 电报挂号5401 电话中继线4.4161 群众工作部4.0013 报价 每月五角二分 被订零售每份四分 上期本报北京开印时间4.25

1963年11月9日，《中国青年报》整版刊发裘沙创作组画《老贫农赞》

如能增加个把人，是不是可以使接班这个问题更鲜明一些。（三）文字说明写得很精彩，但感到有的是韵文，有的是散文，如能统一写成韵文，会更协调一些。

总编室评报小组，11 月 9 日

这组画，画得好！感情逼真，形象朴实动人。其中，《伤疤留在身上》、《一枝笔》、《传家宝》等最好。建议插大红旗一面。

可见，深入实际，增强阶级感情是多么重要！

307、207、308 编辑室评

画得好，文字也有农民特点。

七幅画画得很好，勾画了农村社会主义思想在老贫农中的概念和阶级本色。

前面六幅最佳，最后一幅稍为逊色，有些遗憾。

摄影组

赞《老贫农赞》

一、这幅组画是反映当前阶级斗争的壮丽的画卷，是报刊上美术作品的一次创举，也是画家本人思想上和艺术上的一次飞跃。

二、每幅画的主题都是经过细心提炼的，抓到了本质问题。反映了老一辈和接班人对党和社会主义的激情，充满了革命气息。构图好，文字尤能“画龙点睛”。

三、给画家记一次“红旗簿”，请他总结经验！

采访部评

这期画刊是思想性和艺术性的统一，看了令人念念不忘。

从画面上可以看出来，在旧社会中受尽苦难的劳动人民，对阶级敌人是刻骨的仇恨。从他们身上迸发出巨大的力量，什么困难都不能阻挡他们前进，这不仅给青年提供了很好的阶级教育的教材，而且也给人们一种艺术享受。

文字注解也很吸引人，可以说得上是锦上添花。

欢迎作者继续把建设公社的新生活画出来。

发行部评

《一枝笔》

我们欢迎这种创造性的劳动！

无论画面和说明词的字里行间都洋溢着对贫农阶级的深情，引起人们许多怀想，看完久久不能平静！裘沙同志创作这一组画的热情是可贵的，这样精心编写说明尤其可贵，值得我们学习。要办好报纸就一定要在全编辑部发扬这种创造性的劳动。

320 编辑室评

主题思想好，人物形象好，说明写得好。发人深思！好！

文教部评

耐人深思的组画

马 克

今年11月9日《中国青年报》上发表了青年画家裘沙的新作《老贫农赞》。这套组画思想内容深刻，人物形象鲜明，表现生动有力。通过七个不同的画面，展现了我国广大的贫农，在党的领导下打倒了封建阶级、翻身做主的精神面貌和丰富的内心世界。

热情反映农村的现实生活和斗争，塑造先进人物在社会主义革命风涛中坚定不移的形象，是这套组画最显著的特色。从第一幅《伤疤留在身上》到最后一幅《路》，一共描画了近30个人物，有老有少，有男有女。他们的服饰、面貌、姿态、精神互不相同，真实自然，既有农民纯朴、勤劳、勇敢的共性，又有不同的个性。我们可以看到，在老一辈贫农的身上，尽管还留着旧社会多年饱受压迫剥削的烙印和创伤，但是在今天却个个精神饱满，肩负着建设社会主义的重担。新的年青的一代，他们正沿着前辈开创的道路，幸福的成长和前进。整套画自始至终都充溢着革命的乐观主义精神和战斗的情绪。

画家对每幅画还作了诗一样的题词，例如“伤疤留在身上，天一阴雨就痛；仇恨烙在心上，怎容得臭水沟里风吹草动！阶级敌人不死心，咱就是睡觉也睁着眼睛！”“你爷爷一辈子拿过两回笔。他拿笔画押，被地主盘去了活命的二亩地；他拿笔画押，五升粮卖掉了五岁的亲闺女。你爷爷见笔就打哆嗦。今天，你拿笔天天给社员们记工分，描画着社会主义新农村的远景。年轻人呵，好生想想：‘你们这一辈，怎样把无产阶级的家谱续下去！’”这些感人的语言，深化了主题，也充实了绘画形象的表现。

裘沙同志过去参加过土改工作，近年来又比较长期地深入了农村，所以才有可能产生这样具有打动人和鼓舞人的力量的画幅。

（原载《人民日报》1963年12月8日6版）

谈《公社风光》美展的部分作品

郁 风

《公社风光》美展受到了首都观众的热烈欢迎，它较为集中地反映了我国农村的新风貌，生产斗争和阶级斗争的胜利，劳动人民的革命干劲和社会主义的时代精神。不少人怀着激动的心情写下他们的意见，仿佛画中的人和事就是他们自己或亲人的事，画中的精神唤起了他们奋发自励的精神。

下面仅就展览会中受观众欢迎的一些作品，谈谈刻画形象与实现主题的关系、艺术形式与思想内容的关系问题。

（一）

《老贫农赞》（裘沙作）组画中展出的四幅，得到不少观众的好评。这套组画正如一位观众所说："如战鼓那么激励人。人物有性格，有声音笑貌……画上人和画外的人是一家人。"由于人物形象刻画得比较真实生动，因而使作品具有较强的说服力。如《传家宝》那幅，描绘在幸福节日里的一家人听老人讲家史的情景，画面上激荡着的是一股仇恨、警惕的信念，母亲平静温柔的背影，又向我们点明老人所说的这一切都是过去的事了。我们可以想象她这时心里甜滋滋地想着的是："孩子们，你们生在今天是多么幸运啊。"这样，忆苦是为了思甜，为了珍惜今天，保卫今天的主题就得到较好的表现。当然，这些表现虽不是很明显，但大致上说处理得对头了，能唤起观众的共鸣和昂扬的革命精神（它不是像有些作品把人物和画面弄得很低沉、压抑。）借此也可说明，为了突现主题，可以通过不同人物的不同反应来达到；对生活、对人物的理解和深入挖掘，永远是创作好作品的关键。《一枝笔》的人物的精神面貌是着重于表现今日之甜，《伤疤留在身上》则是着重地表现往日之"苦"所激起的仇恨和保卫革命果实的决心。有位观者写道："老贫

《传家宝》

农的眼睛像能说话一样在提醒我：要提高阶级警惕性。”观众对于作品的直感是作品产生效果的最好说明。

这一套素描组画是反映当前政治生活中阶级斗争的较好作品，虽然，对于人物体型的刻画还不够准确完整，缺乏有助于表现主题的环境描写，以及作为素描，在处理黑白关系和气氛渲染上还有可推敲等等缺点，但是，它在主要的方面，即通过人物的精神面貌突现主题方面比较成功，形象具备了较深厚的生活基础，作者对人物有一定的理解，才能做到“有性格，有声音笑貌”。对生活理解的深度决定于作者的思想改造，只有当生活培养了作者浓厚的阶级感情，才能真正爱他所要表现的人物，才能把这种感情赋予人物和感染观众，才能让人物对观众说心里话，使人感到“画中人和画外人是一家人”。作者的路走对了，作者的经验说明：掌握了形象和主题思想的关系，也就找到了适合于造型艺术的语言。

（二）

生活不仅提供创作题材，而且培养对于新思想新感情新形象的敏感。没有这种敏感就不可能发现和塑造出有血有肉又具有新时代精神的人物形象；也只有塑造出这样的人物形象才能以新的思想精神感染观众。刘文西同志对于陕北农民的感情和对当地生活的熟悉，就构成了他创造真实生动的陕北农民形象的基础。这次展出他的《支书与老贫农》也同样受到了观众的好评。劳动的休息间隙，支书和几个老贫农亲密愉快地谈着话，表现了党与群众、领导与被领导的新型的关系。人物具有北方乡土特点，又有耿直倔强的性格，特别是左面两人刻画尤其好。油画《稻香蔗甜》（冯玉琪作）则表现了三个新型的具有南方特点而又富于个性的农村姑娘。热情、矫健、爱说笑，她们把劳动当做快乐，认真而灵巧地搓着草绳，可能是准备作迎接蔗稻丰收之用。这幅画的构图形式显得诙谐、轻松又带装饰性，适应了欢乐的主题，背景补充说明了人物行动的目的。油画《小队的家务》（邵韦尧作）和版画《会后》（李野作）则更多地借重背景环境所造成的气氛——许多空板凳，人都走光，夜静了——反衬出干部们不辞劳苦为集体负责的精神面貌。可见作品的意境或环境与人物的行动、精神状态的紧密联系，互相生发、互为因果、互相补充的关系。这是突现主题的重要方法之一。

凡是在形象塑造和精神面貌的刻画上比较好的作品，大都受到观众的好评。如国画《饲养员》（吕云所作）描写了一个勤俭持家、对工作认真负责的老大爷；油画《岸边》（周秀璋、王兆辉作），描写了一个健康、活泼又充满智慧的渔家少女；《初春》（韦启美作）描写了几个精神饱满下乡去支援农业的工人；《苏北姑娘》（苏天赐作）和《夜哨》（谢意佳作）刻画了热心学习的农村新青年和坚守岗位的女民兵。油画《碰头会》（孙见光作）也是一幅很有特色的作品，描写几个少数民族干部正围着“火堂”在开会，形象真实生动，各有不同的动作表情，生活气氛和地方色彩浓厚。这幅画如能再把先进人物的面貌显著地揭示出来，就会使主题更明确了。此外，也有些作品掌握了很好的思想主题和生活情节，由于形象刻画稍差或由于技巧的局限没有能够充分地表现出来。如国画《公社兽医》（胡振郎作）描写了老饲养员和年轻的女医生看着刚经过注射的小羊竟然站起来了的兴奋心情，正是歌颂了生活中将集体事业一点一滴的胜利当做自己最快乐的精神，也就是社会主义的时代精神。只是在形象刻画和画面处理上略嫌平板，笔墨和色彩不够酣畅，没有把人物的兴奋心情更好地烘托出来。如果在这方面再下一番工夫，不妨重画，可能成为一张很好的作品。又如《粮仓主任》（陈小培作）和《护粮》（杜家勤作）都是最值得表现的题材，可能由于作者的创作经验不足，人物形象和精神面貌显得单薄，但是能够发现并表现了这样的生活题材，还是可贵的。

（三）

展览会中有一幅颇得观众好评的作品叫《耘天》（刘宇一作），但在美术界同志们中却有不同的看法。不喜欢的人认为它虚假，人物有非劳动人民的气质，学国画学“月份牌”不是油画民族化的道路。当然，多数人也认为这位青年作者的作品虽不成熟，基本上还是应该肯定的。问题在于为什么美术界以外的观众有很多人喜爱这幅作品呢？到底是什么东西吸引了他们呢？这是值得我们分析研究的问题。

从许多观众的赞词中，可以概括为这样一些理由：这幅画表现了新中国农民的雄心壮志，敢于耘天的革命干劲，给人一种豪迈、欲与天公试比高的感觉。构图奇特，又符合情景。背景开阔，色彩鲜明，神态画得好。总之，人物美，景色美，思想精神美。

结合这些理由，我们可以体会观众对于造型艺术作品中与思想性相适应的艺术性的要求，加强主题思想的形式美的要求，浪漫主义的想象的要求。虽不能认为这张画在艺术上已经完美地体现了这样高的要求，但是不妨以此为例，分析起来是否可以说它恰好或多或少地具备了下面这样几个特点：

1. 它所要歌颂的征服自然的凌云壮志，是通过融合了想象的境界和人物表现出来，画面没有局限于生活本身在一定角度所能看到的一切，艺术形式与主题内容在这个意义上得到了统一。

2. 背景的开朗广阔，既是被征服了的自然环境的特点，也是人物心情的特点，作者力求意境和人物精神状态的一致，加强了主题的感染力。

3. 色调和画面处理显得干净、清爽，没有一般油画中的洋腔洋调，不仅吸收了中国山水画和“月份牌”的表现方法，而且具有和群众所最熟悉的中国民间故事、民族音乐相类似的情调，也就是合乎民族欣赏习惯的“土气”。

也许这第三点是有的美术家所最不能同意的，唯其如此，这点“土气”就更值得保护。自然，这幅画技巧还很不成熟，色彩不够丰富，景物的质感不强，但只要它有一点好处，不怕它幼稚。至于人物的气质，就这幅画而论，我认为还不能说是不健康的，南方妇女的形象、打扮就是和北方很不同。如曾被许多观众提到的带头走的姑娘，确实在精神面貌上首先给人以意气风发的感觉。不过我们也看到过作者画的另一四条屏年画，看出他笔下的人物有定型化的倾向，这位作者还应该戒备旧“月份牌美人”的不好影响。

（四）

凡是形式与内容得到统一的作品，必然是艺术感染力上比较强而且能够以思想说服人的作品。我想，有经验的作者在构思的过程中，最圆满的感受是形式与内容同时俱来的。因为对生活的认识也是从感性到理性的过程，生活的状貌首先就是构成形式的基础；而作品中的形式就是在上升为理性认识（思想主题）后，在它的指导之下，经过概括剪裁加工而完成的。这一点在黑龙江版画的一些受到观众喜爱的优秀作品中表现得最为明显。他们找到了适当的语言，很顺当而流利地告诉了我们他们想说的话。爽朗、明丽、干脆的特点正是导源于北方大规模农业生产的豪迈精神。《春回大地》（晁楣作）充满诗意，只有从这样一个角度才能表现天地之大。两行天鹅不但是主题所要说明的“春回”，也不仅是为了形式构图的需要。倘若没有这天上的两行天鹅，也就不能表现高度空间，地下的拖拉机就会像玩具，而没有了一定的空间感，也就没有了胸襟开阔的意境。整幅画面非常单纯洗炼，但这些复杂的关系却是一环扣紧一环，根本分不开什么是内容的需要，什么又是形式的需要。作者的另一幅《八月风云》，也具有同样特点。《在打麦场上》（张祯麒作）充满欢乐，人们在火热的丰收劳动中，享受着看戏的愉快，感激着祖国的关怀和慰问。作者没有用许许多多数不清看不清的人的大场面来表现热闹，看戏的人物和粮袋占了大半个画面，演员在角上，只为必要的点题用。跳动参差的人的姿态和热烈的色彩、耀眼的阳光完成了主题，观者似乎也成为他们中的一员，分享了他们的欢乐。作者另一幅《艳阳秋》和张作良的《仓满国富》、《北方三月》，刘洛生的《年年有余》，甘露的《春到公社》等，都是艺术形式与思想内容比较统一的好作品。

（五）

为了更好地表达思想内容，为了更能为群众所喜闻乐见，在艺术形式上怎样出社会主义之新、出民族之新，正是当前许多有才能的作者在努力探索着的。在表现形象时，运用某种传统的笔调，或借鉴外国的某些形式技法，有时可能产生好效果；但如不是在刻画形象和表现人物一定的精神面貌的要求前提下来创造与此相适应的笔调或表现技法，往往不是增强艺术性，反而是削弱了甚或歪曲了人物形象，削弱了思想感染力。以两幅作品为例：第一幅是国画《欲雪》，可能由于作者戏用指墨而忽视了认真地刻画形象，难怪受到观众严厉的批评，认为这个人物不美，不可亲，不像是纯朴的劳动人民。其实，作者的立意还是好的：天欲雪，饲养员把小羊羔暖在怀里。以周昌谷同志的创作经验来说，如果是从自己的生活感受出发，从形象和人物精神面貌的需要出发，可能会找到更适宜的表现形式和创造更新的笔调，而不一定采用指画的陈法。另一幅是油画《金色的季节》，这幅画也博得了一部分观众的好评，认为形象优美，明亮的金色调子歌颂了丰收的喜悦；但是也有些观众认为这幅画的情趣太像外国古典油画，两个藏族姑娘的体型、姿态又太近似外国古典油画中人物的类型。这个意见是值得朱乃正同志考虑的。应该说这幅画在夸张人物动态的舞蹈性和装饰美方面，在处理构图和色调的抒情风方面取得了一定的效果；借鉴了外国艺术形式中的一些表现手法也是可以容许的，群众并不拒绝多种多样的形式风格。但是更重要的问题在于如何更好地把握翻身藏族农民的形象特征，刻画他们在丰收的季节里所显示的新的思想感情的美，这种美是属于她们自己的，独特的，只有在生活中亲近她们才能发现的，不是以外国或其他美的标准来套得上的，只能从她们本来面目的基础上去变化。我以为创造具有时代精神的美的形象，是提高作品的思想深度的一个条件。

要创造真实生动的先进人物的形象，只有深入生活，结合思想改造，提高对于生活和人物的认识才可做到。但是从生活到表现，这中间会遇到无数的具体问题，对于任何一个有成就的作者也不是那么容易地都能解决的。这需要不断的实践和不断提供经验和意见，需要大家来研究讨论。以上所谈都是从《公社风光》美展的观众意见中所得到的粗浅的启示，错误之处希望得到指正。

（原载《美术》1964 年第 2 期）

祖国遍地尽朝辉

——赞《公社风光》美术展览会

陈 肃

第二届全国人民代表大会四次会议公报里，有这样一段振奋人心的话："我国农村人民公社越来越显示了它的优越性。人民公社的集体经济已经得到进一步的巩固和发展。农业生产的情况，去年比前年好，今年比去年好。一个农业生产的新高潮，正在形成和发展着"。最近参观了公社风光美术展览会，更加形象地体会到农业战线的大好形势，从黑龙江到海南岛，从昆仑山到东海岸，祖国处处一片朝辉，充满生气，作品所反映的社会主义新农村的蓬勃景象，使我们得到了极大的鼓舞，也受到了深刻的教育。

展出作品的内容相当丰富。反映农村现实生活的题材范围较前扩大了，形象刻画也更多地注意了人物精神面貌的探索。不论是表现社会主义革命或建设中的重大主题，还是描写日常生活里的普通情景；不论为农民造像，还是给河山绘形，许多作品都对社会主义新时代的劳动人民进行着热情的歌颂，都在力图揭示新人物的新性格和新品质。这，正是许多作品的感人力量的所在。

《老贫农赞》(裘沙）组画里的几个老贫农的形象，已经不是土改前后的模样了。过去"见笔就打哆嗦"的那位老贫农，现在用笔的故事来教育后代子孙，性格是那么开朗，概括地体现老贫农们的阶级觉悟和革命精神，在社会主义时代有了新的提高和发展。如何用长于描写而短于叙述的绘画形式反映阶级斗争的复杂内容，还是一个颇为困难的课题，这套组画在艺术处理上提供了值得研究的经验。《饲养员》（吕云所）也描写了一个老贫农的新形象，他热爱社会主义事业，始终保持着勤劳俭朴的本色，在饲养工作之余缝补着套包子，那种质朴、乐观又带点憨厚的模样，一心向集体的感情表现得很明显。其他如《当年的长工》(尚能权)，以及《支书和老贫农》（刘文西）里左面那两个老农的形象，也都各有感人之处。这些描写老贫农的新面貌的作品，尽管在形象典型性或艺术完整性上存在着不同程度的欠缺，但比过去同类题材的作品有了进步，画中人物都是道道地地的新社会的农民，形象的时代特征较为鲜明。

从许多作品里，我们还可以看到年青一代的新型农民在成长。《电灌》（邵克萍）中看守水泵的两个青年妇女，在画中虽以较小的侧影出现，但其时代气息却很浓郁，腰束皮带、下垂电工用具的农村姑娘的形象，加以具体环境的衬托，颇能唤起我们对“中华儿女多奇志，不爱红装爱武装”的诗意的联想。《母校的回信》（邹文正）描写了两个农业战线上的新兵，这两个初出校门的中学生，阅读母校来信的神情是健康向上的，能够使人想象得到她们献身农村建设的壮志雄心。画家对于生活的发掘颇为细腻。《公社兽医》（胡振郎）描写一个青年医务人员给小羊看病，人物思想感情的刻画，相当朴素而又相当丰富。其他如《做一颗红色的种子》（哈琼文）、《立志在农村》（秦天健）等等，形象都有较强烈的感染力。不论是从这些年轻人的形象中，或者是从上述那些老贫雇农的形象中，我们看到了农村的社会主义力量，正是这些可以信赖的人，高举党的三面红旗，在农业第一线上创造着奇迹！

此外，还有一些描写山河新貌的作品，如《山村秋色》（岑学恭）、《春回大地》（晁楣）等等，或接连山巅的梯田，或一望无垠的沃野，这种山如绣、地如织的瑰丽景象，充满着社会主义大生产的宏伟气势，体现着劳动的功勋。

展览会的许多作品，内容是新的，是美的。新和美的事物来自社会主义现实生活。自从党提出文艺为农业服务的号召，近年上山下乡的画家多了，也更活跃了，他们在和社会主义时代的劳动人民相结合的过程中，改造着自己的思想，也孕育着具有社会主义思想的创作主题。这是一个良好的开端。在短短一年之间出现这么多反映农村新生活的作品，实在令人鼓舞。至于其中有不少作品对于生活发掘还不够深，艺术加工还比较粗糙，是可以理解的。只要艺术思想和创作道路是正确的，作品的思想艺术水平，必将随着画家们不断深入生活、加强艺术实践得到迅速提高。但有一种现象值得注意，由于热衷于旧形式的追求，无意中起了损害新内容的作用，如拓片《湖岛丰收》和指画《欲雪》等，假若是把旧形式技法的采用当做目的，在艺术上恐怕不是一条正路。类似情况，在油画和中国画里也是存在的。希望画家们在加强艺术锻炼的同时，更注意政治修养的提高，使认识生活的能力适应表现生活的手段。某些作品在内容上存在着比较严重的缺点，如表现新人物不够准确等等，这里有技巧问题，也有认识问题；就目前情况来看，对于生活的认识不够深刻，或者不够正确，似乎是较为普遍的现象。通过这一年多来的生活实践和艺术实践，使我们进一步认识到，美术家只有重新和社会主义时代的劳动人民相结合，才能在美术创作中出社会主义之新，才能更好地为社会主义服务。只要坚持走这条正确的创作道路，取得更好更大的成绩是拭目可待的。

（原载《光明日报》1964 年 3 月 7 日第 4 版）

《伤疤留在身上》

赞《老贫农赞》

华 木

裘沙同志的新作《老贫农赞》发表以来，引起了广泛的注意与热烈的赞扬。党经常教导我们：千万不可忘记阶级斗争，也不可忘记在农村依靠贫农、下中农这条阶级路线。从革命的立场来反映现实的阶级斗争，其中包括塑造和歌颂老贫农的光辉形象，是一个具有重大政治意义的课题。现在，《老贫农赞》和其他一些绘画出现了，这是很有生气，非常可贵的。从这套组画里，我们看到了对社会主义事业忠心耿耿的老贫农的群像，也看到了一个革命的美术工作者同阶级父兄紧密地连结在一起的激动的心。对于这种具有深刻的社会政治意义而又动人的作品，不是完全应该给予充分估价的吗？

作者是一位活跃的新闻工作者。他惯于采用这种轻骑兵式的造型武器，使作品具有政论性和鼓动性的特点。他去年下乡参加社会主义教育运动以后，在不到一个月的时间里就创作出这一套七幅素描组画。显然来不及精雕细琢，仿佛就是在现场迫不及待地即兴画出来的一样，不妨强调一点说，它正好摆脱了许多作品所常有的学院气，自有一种令人信服的强烈生活气息，而且达到了一定的思想深度。就以在“公社风光”展览会上陈列的四幅原作《伤疤留在身上》、《一枝笔》、《传家宝》、《干部住在咱们家》而论，总起来看，不但达到了生活概括的相当深度，而且把历史的叙述同现实的表现统一了起来。像那胸前的伤疤和警惕着敌情的眼睛，用一支笔所贯串起来的几代人的对比，年三十夜的团聚所引起的家史和村史的回忆，等等，这一切，多面地和集中地把续无产阶级的“家谱”，将革命进行到底这一重大主题表现出来了。还可以进一步说说组画对于今昔对比的处理。忆苦思甜，这本来在艺术表现上是一个矛盾，在造型艺术中尤其不易解决。这几幅画比有些同类的作品看得更高些，处理得也好些。它没有使画里人物沉浸在一片悲愁之中，而把重点落在激发阶级仇恨，鼓舞斗志上面，像观众所说的：“有一股子革命的热

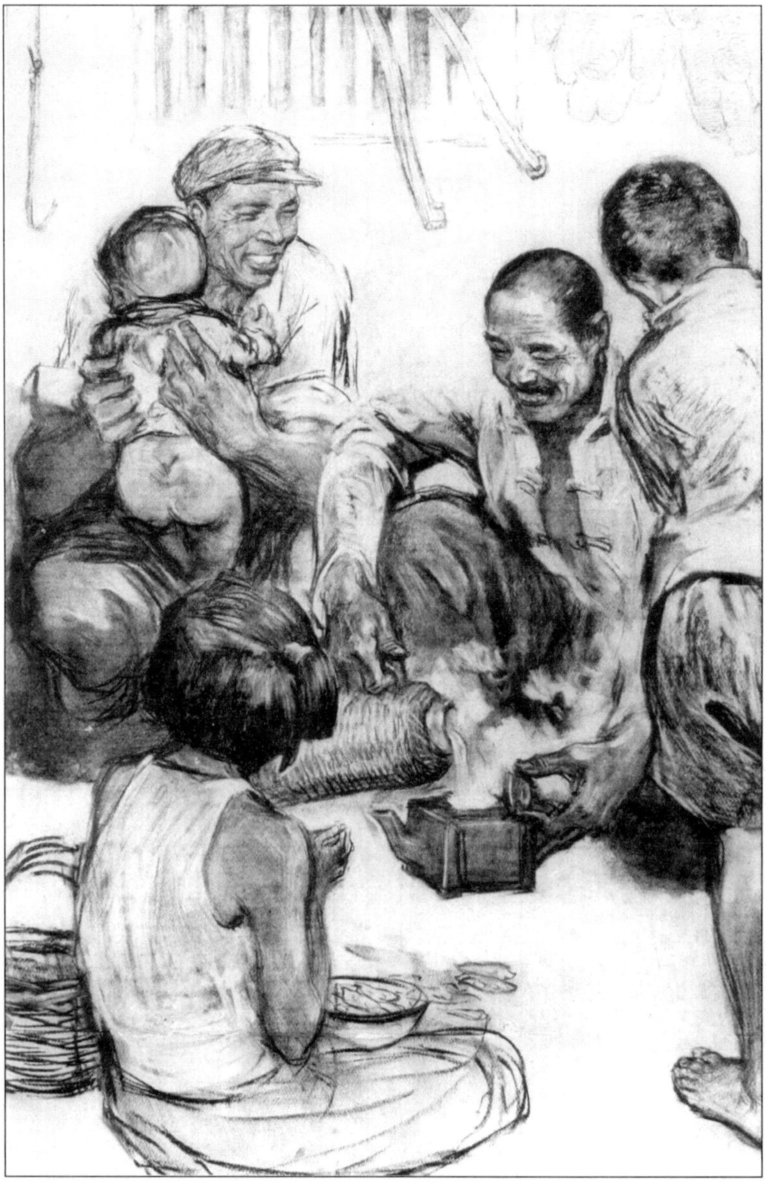

《干部住在咱们家》

气”。你看，那“睡觉也睁着的”眼睛，讲村史讲得心里发热的兴奋气象，那小记工员同老爷爷的会心的笑颜，还有《算一笔账》里的严正而恳切的神情，不是都使人感到一种蓬勃向上的精神力量吗？应该说，这里不仅得力于组画形式处理的灵活性，更重要的、关键的东西，还是在于作者有更好地揭示生活本质的能力。

我们自己在创作中总是感到，人物形象是一大关。画农民，尤其是画老农，常常很难表现得好。裘沙同志的这一组人物，无疑也还有美中不足，但形象大体是亲切可信的。双手叉腰、胸前带有伤疤的贫农最使人注意。观众说："他的眼睛会说话。"这是一个充满阶级仇恨与觉悟力量的、教敌人见了害怕的人物，他像一座堡垒一样挺身站在斗争的最前列。这样的姿态在生活里也许习以为常，而作为艺术概括的典型则并非唾手可得。当然，外形的夸张也许还可以更有分寸一些。在《传家宝》里的那个老汉表现得很淳厚热诚，节日的喜酒增添了他的豪兴和感慨，像有无穷的热望要殷殷嘱咐；而那个托腮的年轻人的神情，使人相信他是一个靠得住的小伙子。《一枝笔》画得更明朗。孩子笑得天真，像一朵初放的向阳花；爷爷的形神似乎差一点，但那对幸福的自豪感是动人的。《干部住在咱们家》以其真切深受很多人喜爱。这房前一角的气氛多么使我们想起许多回在老乡家里住过的日子。这幅画的构思，可以说突破了许多画干群关系的作品中那种一般化现象，在同样是平凡的情节中，却充满着特别生动的生活气息。不少同志都称道抱孩子的干部、正在沏茶的主人、剥新豆待客的孩子他们之间那种表现得很巧妙的、贴心知己的亲密关系，这可是在生活中有了深刻体验和精到观察才能做得到的，岂是偶然的呢！这么些人物形象，个性各个不同，他们不是一个人，但又有共性，都是农村社会主义阵地的中坚人物。可以说，《老贫农赞》的人物形象塑造，在革命的现实主义的典型化方法上面也有可喜的收获的。

还不能不说到，作者的艺术手法和风格也有其特点。同我们印象中作者以前习惯的奔放的画风相比，这里有了新的发展，雄浑恣肆和细致紧密有了较好的结合，而这也正是同这一作品本身的强烈而亲切的主题需要相适应的。用笔很有感情，画得大方，看得出不受成法的束缚。这套画配有说明词，有些词句有散文诗和警语的意味，使造型形象得到文学语言的有机辅助和补充，相得益彰。

应当说，《老贫农赞》还不能算是已经十分成熟的了，但使我们青年美术工作者受到思想上的教育和艺术上的启发。这也就是我兴奋地写下这些粗浅的感想的目的。

（原载《美术》1964 年第 2 期）

《老贫农赞》
——作者袁沙同志访问记

曹振峰

为了交流部队美术创作的经验，为了便于部队美术工作者了解《解放军报》的宣传意图，我们编印了这本《美术专刊》，作为《解放军报通讯》的专刊，发给部队的美术工作者。今后如有必要，我们还打算继续编印这种“专刊”。同志们看了有什么意见，请提出来。并且请把自己的创作经验和部队美术工作者的情况及时写给我们。

本期以大学地方先进经验的精神，编入了介绍袁沙同志创作《老贫农赞》经验的访问记和四川版画家创作经验的文章。这两篇文章，对提高我们的创作水平是会有帮助的。此外，我们根据本报近年来收到的美术稿件的情况，提出了几点希望和建议，和同志们共同研究，不妥之处，希予指正。

《解放军报通讯·美术专刊》前言

去年11月份，中国青年报上用整版篇幅刊登了袁沙同志的组画——《老贫农赞》。这套组画具有很强的思想性与艺术性，紧密地配合了当前社会主义教育，在广大读者中引起一定的反响。我们为了提高部队当前美术创作水平，本着大找差距，大找薄弱环节，大学地方的精神，特地访问了袁沙同志，现将访问的记录整理如下，供同志们参考。

一、同志，你就是少吃了几年苦

袁沙同志是解放后才从浙江美术学院毕业的，多少年来一直在中国青年报社工作。去年九月间，他接受了反映农村阶级斗争的任务，深入山东曲阜、沂水等地农村。这一个任务，对他来说是生疏的，虽然从理论上也知道一些阶级斗争的知识，但是，自己并没有吃过苦，没有经受过阶级压迫。对当前的农村阶级斗争，过去也很少接触。曲阜孙家庄生产队的老贫农们曾向他提问过一个问题："你知道什么是旧社会？……"倒一下子把他问住了。对方说："旧社会，就是人吃人的社会呵"，"同志，看来你就是少吃几年苦……"这句话真是一针见血地扎到了他的痛处。他深深认识到，深入生活的过程，也是思想不断改造的过程，这个机会，正是补阶级教育一课的大好时机。因此，他和老贫农们同吃、同住、同劳动，和他们一起参加忆苦大会、斗争大会。渐渐地，自己的思想感情与群众的思想感情完全融合在一起，他们的喜怒，也是自己的喜怒。在忆苦会上，他和群众一样悲痛的抬不起头来，连着多少夜晚，旧社会残酷的图景和当前阶级斗争的事实，在心里翻腾而睡不着觉，使他越发感到，党提出不要忘记阶级和阶级斗争的指示是多么英明；虽然，离开北京前也学过，但总是学的不深不透，经过一段生活体会之后，思想和感情不同了，好像党的指示中每一个字每一句话，都有了具体的形象，而永远不能忘记。

在下面生活越久，他越觉得各方面都不足，必须甘当小学生，虚心地向老贫农、向地方干部们学习。学习他们鲜明而坚定的阶级立场、顽强的阶级斗争精神。因之，他处处向人家请教，一点也没有知识分子的架子。正像毛主席所说的："一切革命的文学艺术家只有联系群众，表现群众，把自己当做群众的忠实代言人，他们的工作才有意义。只有代表群众，才能教育群众，只有作群众的学生，才能作群众的先生。"作者正是遵循着毛主席的教导，在火热的斗争中，在广大群众中熔炼自己，使自己的思想感情真正的"来一个变化，来一番改造"。因之，也就能使自己成为群众忠实的代言人。他从农村回到县城，仅用一个上午就把组画的说明写出来了，像"阶级敌人不死心，就是睡觉也要睁着眼睛！"这样强烈的战斗性的语言，完全是发自内心深处的肺腑之言。他在下面两个来月，基本上没有画画，只是临回来前，利用一两天时间画了点人物形象，但组画中的人物画的那么深刻，感人，有血有肉，这不光是手上的功夫，而是镌刻在心中的群众形象和对他们的深厚感情的再现。如果没有他这种可贵的生活态度，是不能达到的。

二、指引自己前进的明灯

作者说："创作一幅画，首先要考虑到它的效果和目的。"也就是使美术作品真正成为“团结人民、教育人民、打击敌人、消灭敌人的有力武器，帮助人民同心同德地和敌人作斗争”。因此，作者必须以毛主席思想挂帅，以毛主席的思想来指导生活实践与创作实践，才能站得高，看得远，透过复杂的生活事物，准确地抓住本质，才能使作品紧密地配合当前的政治斗争，更好地发挥宣传教育效果。作者创作《老贫农赞》的过程，实际是带着问题不断学习毛主席著作的过程。下乡之前，裘沙同志反复的学习了主席关于阶级斗争、农村社会主义问题的有关著作与论述，和有关党的政策文件。到省、县之后，又集中几天时间阅读了当地阶级斗争的材料，这对总观全局，明确指导思想，是不可缺少的。

《贫农会上》

作者所去的曲阜孙家庄生产队，1958 年曾是“红旗”队，后来，生产队的领导权被地富分子篡夺，农村资本主义势力抬头，对土改时期的老贫农骨干进行无情的打击报复。1963 年秋天，上级党组织领导群众展开了夺印斗争，把地富分子打下去，群众情绪很高，欢庆“第二次翻身”。由此说明了 ：“阶级斗争是长期的，复杂的，时起时伏的”。作者在孙家庄生产队，深深认识到老贫雇农们高尚的阶级品质，他们爱憎分明，阶级立场鲜明，什么是苦，什么是甜，他们有切身的体会。忆苦会上，他们谈到过去卖儿卖女，沿街乞讨，受地主残酷的压榨，真是恨之入骨。谈到今天的好生活，则是诉不尽对党对毛主席的恩情和衷心的信赖。作者住在一位贫农老大娘家里，平时，看她很乐观，很开朗，而又是那么慈祥。但是，她在坏分子把持的“斗争”会上，挺身而出，为原来的老支书说理。她说 ：“要叫我给老支书提意见，好，我有意见，他只顾大，不顾小 ；他只顾别人，不顾自己 ；他只顾集体，不顾自家……”这一番正气凛然的话，打乱了地富分子的阵势，使他们狼狈不堪。这位老大娘的形象，作者后来画到《在老贫农座谈会上》这幅作品中。

孙家庄分为小前街与后街，有一天，老支书领他到前街的小土地庙去看，他说：“当初，我们小前街的六七户贫农，按着毛主席的指示，组织起来，成立互助组，这儿就是我们办公的地方。地主富农骂我们这是穷窝、贼窝，咒我们垮台，可是我们有骨气、有志气，不仅把互助组办好了，而且还办起了初级社、高级社，今天公社有这么大的生产规模，发源地也就是这个小破庙啊。……”

总之，现实生活中，创作素材是极其丰富的，光辉的人物也是多如繁星，但作者苦于站得不高，主题思想总是定不下来。于是又重读毛主席《湖南农民运动考察报告》一文，当读到“没有贫农，便没有革命”，贫农是“成就革命大业的元勋”、革命的“中坚”、“先锋”，是党在农村“依靠的力量”时，高兴的几乎跳起来，平时看到这几句话并不在意，今天一看，像一盏高悬的明灯，马上照亮了前进的方向，组画的主题便定为“老贫农赞”。因为他们是革命的“元勋”、“先锋”，是党在农村中主要的支持者与拥护者；无论在革命战争时期，在土地改革斗争中，他们都是站在前列；办互助组、初级社、人民公社他们是带头人；夺印斗争，也依靠他们。歌颂他们，目的是教育人民，“不要忘记阶级斗争，不要忘记无产阶级专政，不要忘记依靠贫下中农……”

在农村中，作者进一步地认识到教育青年一代的重要性，如果无产阶级不去占领他们的思想阵地，资产阶级思想就会勾引他们走向邪路上去。有些年轻人，在甜水里生，甜水里长，没有过过苦日子，什么是阶级，什么是阶级斗争，这些观念对于他们是很淡薄的，有的甚至连什么是苦，什么是甜也分不清。如孙家庄一部分青年，在“红旗”社时，他们听党的话，有朝气，干劲也足，可是，有的人也曾迷失过方向，走了一段错误的道路。很多老贫农与作者交谈时，常常提到《青年报》应很好的解决教育青年一代的问题，不仅青年人，还要教育一些老贫农不要忘本。为了解决这个问题，他又带着问题反复地读毛主席论合作化运动和农村社会主义问题的论述，和党的其他文件，从中找答案、找方针。越学思想越明，越学越感到甜头，看问题敏锐了，分析问题也准确了。如作者在沂水四级干部会议上，发现一个老支部书记，每逢大年三十都要跟孩子们讲村史，虽然是很普通的小事，却是个根本性的问题，他敏感地抓住这一素材，构成了《传家宝》这幅画。作者透过一个青年小会计拿着钢笔记工分的小事，看到新旧不同的两代，看到一支笔深厚的意义，是如何把无产阶级的家谱续下去的问题，构成了《一枝笔》这幅动人心弦的作品。

三、处处求师，处处求教

裘沙同志是一个有才能的青年作者，但更可贵的是他非常谦虚，有着孜孜不倦的学习态度和严肃认真的工作态度。他到农村之前，特地请教了老画家蔡若虹同志，吸取了他 1947 年创作《苦从何来》的经验。从《老贫农赞》组画的创作方法中，我们还可以看到《苦从何来》的线路。再如前面提到的《一枝笔》，是受到袁水柏为郭大娘画壁画题诗受到启发。当他看到小会计拿笔记工分时，便马上想起“碗不再是吃糠讨饭的碗，笔再不是卖儿画押的笔……”诗句，串起了很多生活体会，使这幅画含意更深、意境更高。他最初的画面只有一个青年人，而是接受了彦涵同志的提议，加上了爷爷的形象，使画面上更明显地突出新旧两代。

作者不仅向专家求教，而且不放弃一切机会，把画的提纲和草图拿出来，向农民群众，向队、社、县、省的干部们求教，一次次地修改。《算一笔账》这幅画，就是听取了县和省的干部提出教育和争取中农的意见后加上去的。即便是画的说明，也不知作了多少次修改。

作者创作态度也是非常严肃认真，我翻过他的创作提纲，他对每一幅画都有周密的计划，对每一个人物都有安排，在艺术效果上预先也有设想。如《伤疤》这幅画他在提纲中写道 ：“这位老贫农，是经受过旧社会无数的摧残和折磨，但也炼成他钢铁般的性格，他是一切剥削制度和剥削阶级的死对头。艺术处理上突出刻画他的眼睛，锐利的目光，连一点风吹草动也不放过。构图的形式感，把人物处理得像一座山似的顶天立地，让一切妄图走资本主义老路的人休想通过。”这幅画展出后，作者的设想与读者的感觉几乎那么一致，说明作者的艺术处理上的成功，同时也说明作者的思想感情与群众是一致的。

四、四点经验

作者对这组画的创作实践，总结了四条经验 ：

1．要像毛主席所教导的 ：“必须长期地，无条件地全心全意地到工农兵群众中去，到火热的斗争中去，到唯一最广大最丰富的源泉中去……”只有这样，才能从现实生活与斗争中，获得丰富的创作源泉，才能使作品具有时代气息，才有现实的教育意义。

2．必须做彻底革命派，亲身投入到火热的斗争中去，而不是做旁观者。在生活斗争中，不断地改造自己，甘当小学生，虚心地向群众学习，向地方干部学习。不断提高自己的政策水平，以政治工作人员的标准要求自己。

3．艺术实践中，认识阶段很重要，如何由实践到认识，从感性到理性，从存在到思想，从复杂的现实事物中抓取本质，达到认识的真正飞跃，必须不断地学习毛主席的著作和党的政策文件，以毛主席的思想作指导，才能站得高，看得远。

4．创作过程也是改造自己思想的过程，只有自己的思想感情与工农兵的感情融合在一起，才能成为群众真正的“代言人”，也才能为工农兵抒情。

（原载《解放军报通讯·美术专刊》1964年7月1日第1期）

被人遗忘的画种

曹振峰

（一）

每逢翻开建国初期脍炙人口的《英雄的十月》、《谁是最可爱的人》、《县委书记的榜样——焦裕禄》等优秀的报告文学时，犹如耳边响起了时代英雄的战鼓在轰鸣！多么豪迈，多么壮阔，多么奋发。怎能按捺住沸腾的心，激动着我们踏着英雄的脚步，高唱壮怀的战歌，投入到保卫祖国，建设祖国的大进军中去。时间虽已逝去数十年，现实生活也发生很大的变化，但这些作品仍能激发人们斗志。

近年来报告文学大丰收，优秀作品之多，题材面之广，思想挖掘之深，也是很突出的。如《哥德巴赫猜想》、《大雁情》、《船长》、《扬眉剑出鞘》、《励精图治》等等。大长了中国人民的志气，鼓舞了人们向四化进军的壮志。新时代的新人，高尚的品德和情操，伟大的理想和抱负，正是千千万万人民学习的楷模。

报告文学的作者们，到人民群众中去，到生活的矿藏中去，艰苦地发掘，将自然形态的材料，经过艺术的“因势而雕”，将闪闪发光的人物心灵，呈现到读者的面前。

美术战线同其他文艺战线一样，近年来也出现了空前的繁荣景象，双百方针得到进一步的贯彻，艺术上创新和探索日益喜人，新人新作品大量涌现。但毋庸讳言，有一个画种被人遗忘了，在展览会上，在报刊上，都难见到它——就是报告性的绘画。

“报告性的绘画”名称，过去没有出现过，可是报告性的作品却曾大量存在，只不过冠以“素描”、“速写”、“组画”等名称，有时也加上“报道”二字。我想，这个画种兼有新闻的真实性，又有艺术的感染力，不失永久性的艺术价值，它与报告文学相似，归入“报告”艺术品类不会有什么疑义。它与其他画种相比，无高低之分，可以去享艺术的声誉。

近百年来，报告性的绘画已经出现，如清末上海的吴友如就出版了《点石斋画报》。当时称为“时事”画。杨柳青、桃花坞、武强等地著名的民间年画产区，也曾出现过“时事”画。这种画或是石印，或是木版印刷，有的不套色，像新闻纸在群众中广为传播。

从题材上看，“时事”画开始以介绍新奇事物为主，如火轮船、汽车、火车、飞艇、海外奇闻、珍禽异兽。同时也描绘国内重大的政治新闻、社会新闻，以及各地的风土人情等。

年画的“时事”画中，曾描绘太平天国战绩、武昌起义，描绘军阀混战中的《直奉大交兵》、《南口大战》和《张勋复辟》等。严格地讲，早期的“时事”画除传播新闻，表达朴素的爱憎外，思想性是不高的。有的画迎合小市民的趣味和猎奇的情趣。因时代的局限性，今日不必苛求前人了。

20 世纪的 30 年代，著名画家赵望云先生，深入华北农村写生，用绘画报道旧中国农村的经济破产、民不聊生的真实景象。若将中国画的农村写生归入报告性的绘画，赵望云先生可谓先驱之一。

（二）

伴随着翻天覆地的年代，具有崭新面貌的报告性绘画纷纷问世，如蔡若虹的《苦从何来》组画，邵宇的《首都速写》，秦征的《勘察队》素描，邵宇、罗工柳、古元等人的《朝鲜战场速写》，潘世勋的《西藏素描》，裘沙的《老贫农赞》组画等。直到现在这些作品中的人物、情节和画面，仍印在人们的心中。

记得解放战争的第二年，中国人民扭转了历史的命运，转入战略大反攻。蔡若虹同志参加了山西平定县的土地改革斗争，他根据斗争中的亲身感受，用剖析有力的画笔，创作了《没有土地的人们》和《苦从何来》两套组画，倾诉了没有土地人们的血泪，揭示了阶级的本质。他描绘了一位劳累致残的老人，给人拉了 40 年的磨，被老财骂为“人驴”的人；描绘了到丈夫坟上哭诉要“嫁给吃”的寡妇；描绘了抱着小丈夫的童养媳；描绘了“不懂喜乐”的老妈妈……

画中的人物都是真实的，也是生活中极普通的，经作者艺术提炼和描绘，发表在报刊上，立即风靡一时，争相传阅，激励了华北解放区军民的斗志。

邵宇的《首都速写》，是建国初期北京的实录。当时，人们虽然感受到社会的大变革，而时间长了，便会觉得平平常常。作者就是从极平常的生活中，以敏锐的观察力，通过天安门广场、长安街、西交民巷等场景，表现中国人民在共产党的领导下，洒下“多少血、多少汗，创造了今天”。使人们认识到胜利来之不易。

作者还通过北京的老胡同，大杂院的新面貌，揭示新社会如何迅速地改变着不文明、不道德的旧习，树立新的风尚，改变着人们的精神世界。

作者还通过城豁口和农业机械厂的描绘，揭示老北京社会生产的变化。虽然当时的生产技术还很落后，工厂仅能生产新式马拉农具，作者则通过画面预示工农业现代化的远景。

潘世勋的《西藏素描》组画中，《过去是奴隶，今天是主人》、《从此幸福扎下根》、《翻身曲》等画幅，真切地报道了西藏农奴翻身的新面貌。

抗美援朝战争中，很多画家走上了前线，他们用报告性的绘画，迅速而及时的反映了志愿军战士们高度的国际主义、爱国主义，和革命英雄主义品质。反映了中朝人民并肩战斗的伟大友谊。

1964 年，《中国青年报》发表了裘沙创作的组画《老贫农赞》，使报告性绘画，又攀上新的水平。如其中的《一枝笔》、《干部住在咱家》、《传家宝》等画，当时曾产生强烈的反响。

（三）

以上报告性绘画的产生，都具有共同的特点，就是作者们不避艰险，积极地投身到火热的斗争中去，既是斗争中的一员，又是人民群众的小学生，他们与人民群众同呼吸共命运，思想感情交融在一起，由此成为人民忠实的代言人；他们的作品也为广大人民所喜爱。他们还有一个共同的特点，就是对生活有敏锐的观察力，善于从普通的生活中抓取事物的本质，发现它的美。由此，使报告性的绘画与一般场景的写生和舞台速写加以区别。当然，也不是贬低风景写生和舞台速写的艺术价值。

报告性绘画的作者，除具有坚实的选型能力外，还具有一定的文学修养。有的画外旁白文字用得好，起了画龙点睛、深化主题的作用。如蔡若虹的《苦从何来》组画中的《夫妇》，旁白写道：“童养媳挨了骂，就偷偷拧她（小）丈夫一把，说：我是人卖的，你是买人的嘛！”仅用了 30 个字，便道出旧社会婚姻制度的罪恶和少女的不幸。

邵宇在《首都速写》中的《旧胡同》这幅画的旁白写道：“古老城墙别骄傲，新楼要比旧城高。”他在朝鲜战场速写的《行军》画的旁白写道：“我们知道为什么要离开亲爱的祖国，每一块废墟都告诉我们——去坚决地消灭敌人。”

裘沙在《老贫农赞》组画《一枝笔》画的旁白写道：“你爷爷拿笔画押，被地主盘去了活命的二亩地；他拿笔画押，五升粮卖掉了五岁的亲闺女。你爷爷见笔就哆嗦……”多么感人肺腑的语言呵，与画面上的形象结合到一起，怎不让人刻骨铭心呵。

我不是主张所有的画都配上文字解说，而是指报告性的绘画，如同中国画中诗书画一体，不是可以互相辉映吗？但是，艺术的朴质，感情的真挚，时代气息的浓厚，发掘思想的深刻，则是它的灵魂所在。

今天提起报告性的绘画，并非主张重复50年代和60年代绘画的题材，也绝非主张重复极左的错误指导思想，而是说，报告性的绘画是一个画种，是有力的战斗武器，今天仍有用武之地，弃之不用岂不可惜。

也许有人认为我主张把美术创作变成简单的宣传工具，这是误解。岂不知，那些标榜“艺术为自己服务”的人，不是借助隐晦的画面，朦胧的诗句，振振有词的解说，不遗余力地宣扬自己的主张吗。既然他们的艺术主张是“为自己宣泄”，劝他们别拿到社会上来，倒会惹他们鸣不平。既然如此，我们的美术创作，为何不可弘扬民族的正气，大抒人民的豪情，运用造型艺术的手段，歌颂新时代的新人新事新风尚，激励人们在新长征中奋进。如果说，这就是宣传，而这种宣传是人民所需要的，未必不高尚。

现在，“十年浩劫”的创伤逐渐平复，党的各项政策逐步落实，经济建设正方兴未艾，各条战线喜讯频传，社会主义的新人、新思想、新道德的风尚正茁壮成长。虽然国家还面临很多困难需要克服，还有不少旧思想、旧风习的污水正待清除。但是，肩负着时代重任的美术家们，应该如当年那样，振奋革命精神，到火热的斗争中去，为新时代的新人、新事物讴歌。

请把报告性的绘画武器擦亮吧！

注：此件文稿是《人民日报》所约，写于80年代初，修改了三遍，不知何故被退了回来。2002年5月15日翻出来重新阅读，仍感文中的论点并不过时。——2002年5月16日记

附 录

曹振峰同志：

您好！今天才给您写信，实在抱歉之至。一年以前，收到您的《被人遗忘的画种》和信札，使我感慨万分。因为我从 1951 年到 1966 年在中国青年报社探索 15 年之久的，就是这个被吴步乃称为“记者派画家”、被您命名为“报导性的绘画”的画种。从我个人来说，这是当年在团中央第一书记耀邦同志“报纸要成为时代的号角”这一指示下，吸取各兄弟报刊的成功的经验，慢慢走出来的一条新路。我的第一套的作品，便是在抚顺矿区创作，在《中国青年报》第一版上连载的《工业建设高潮速写》。接着，我学习珂勒惠支的经验，采用组画的形式，创作了《黄浦江边革命的怒潮——上海工人运动组画》。过去我一直认为：一个报社的美术编辑，有条件能及时得悉中央的思想，到哪里去采访都不成问题，要创作出有血有肉的作品来，关键是如何深入生活的问题。例如，被你撰文表扬过、钟涵同志认为“具有政论性和鼓动性特点”的组画《老贫农赞》，就是我利用曾经下放劳动一年的山东农村生活的积累，又足足用了四个月时间才完成的。后来创作《心红骨硬大庆人》这套组画，因宣传任务太急，报社只给一个月时间，我干脆把画架支在大庆工人的集体宿舍里，由工人们自告奋勇给我做模特儿而顺利完成的。因此，对于你这“报导性的绘画”，我早就情有独钟了。当年美协领导也很重视，如果不是“文化大革命”，我即将被调到中国美术家协会，长期扎根基层，专门从事这项创作了。记得《中国新文艺大系》第五辑《美术卷》：我的“作者自传”，原稿是这样写的：

裘沙 男，浙江嵊县人。中国美术家协会、中国鲁迅研究学会会员，中央工艺美术学院副教授。1951 年于中央美术学院华东分院肄业，志愿到新闻战线，在时代的激流中放歌。因创作《上海工人运动组画》和《老贫农赞》组画，两次被评为中共中央直属机关青年社会主义建设积极分子。“文化大革命”期间，在逆境中以学习和表现鲁迅自励，对阿 Q、祥林嫂等艺术形象作了长期的研究和新的探索。1981 年，当纪念鲁迅诞辰一百周年之际，在京举办了“鲁迅文学作品插图展览”，并出版了《阿 Q 正传二百图》。这很使我欣慰，但同时也为另一朵花的凋零而感到悲哀。

后来我才感到，这类“报导性的绘画”是否能健康发展，关键的关键，就在于领导是否重视。当吴步乃《图文并协》在《美术》杂志发表时，我虽然已经到中央工艺美院执教，还是把他的这篇文章介绍给中国青年报社的新领导，希望能引起他们的重视。1985年我大病初愈，又左思右想，向新上任的中宣部新闻局长（原中国青年报副总编）钟沛璋同志提出“根据中国的现状，极需要出现一门‘新闻美术学’，创办一所‘新闻美术学院’，或者成立一个‘新闻美术研究中心’”的建议，在“几点设想”之（二）中，还是这样开的头：“处在我们今天这样的时代，新闻美术无论在数量上到质量上都应该有一个较大的发展，这是时代的需要，也是我们的责任。1981年《美术》4月号吴步乃（该刊副主编）的文章《文图协力》，和1983年曹振峰（原《解放军报》美术组组长、现任中国美术馆副馆长）的文章《谈谈报道性的绘画》，代表了美术界某些热心人士在当前新时期希望繁荣新闻美术的呼吁”。

接着，我又把这封信和“几点设想”寄给中纪委教育室主任（原中国青年报社社长）张黎群同志。没有想到，这建议很快被老年大学采纳了，只因为他们委我重任，而我爱人则担心我尚未完全康复，坚决反对接受聘请而作罢的。

去年，所以没有及时回信，开始是想认真考虑一下，好好写封回信；后来出版社催着我看《陈陈洪绶研究》校样，自已又被误诊为前列腺癌，接着伟君又分到新房，忙于购房、装修、搬家等等，就这样拖下来了。现在，信先写到这里，余容后再谈。衷心祝您

健康长寿，全家幸福！

裘　沙

2003年8月29日

裘沙同志：您好！

接到您的来信很高兴，志同道合者总有很多共同的话要说。关于“报道性绘画”这个命题，是受“文革”后一度兴起的“报告文学”的启发，过去的名称是“速写”、“素描”的组画称谓是很不够的，没有提高特殊的画种地位来对待。这个画种的特征要求作者置身于火热的斗争中去，有高度的政治责任感和激情，以敏锐的观察力，从纷纭的事物中，提取最本质最感人的新人新事物，进行艺术的再创作，用简短的画幅和深刻的文字，发表在报刊上，取得社会的共鸣。所以它不同于表象的速写素描绘画。同时它还要求作者除绘画能力外，还要有一定的文学修养。

记得上世纪50、60年代，蔡若虹同志的组画《苦从何来》，邵宇同志的《北京速写》、《朝鲜速写》、《上饶集中营》，罗工柳、侯逸民等同志的《朝鲜前线素描》，秦征同志的《勘探队组画》，潘世勋同志的《西藏素描组画》，和您创作的《老贫

农赞》组画，都是报道性绘画的佳作，“具有政论性鼓舞性”时代绘画，是我国近代美术史不可磨灭的篇章，也可以说是我国美术的可贵传统。

可惜，这个传统和画种被人遗忘了，报刊上，展览会上很难见这种更贴近生活、贴近人们思想感情、激励人们奋进的绘画，不能不使人深感痛惜。并不是现在没有当年火热的生活，画家失去了当年的激情，关键是领导重视和引导，并提供展示的阵地。上世纪80年代初，我鉴于社会主义建设新长征的形势，希望在《人民日报》刊出报道性绘画文章，虽三易其稿还是被扼杀了，实在奈何不得。

在抗日战争的1941年我于晋察冀边区创作了石印组画《子弟兵》，魏巍同志配诗，现在很难找到了。解放战争中，我是纵队宣传部的画报组长，也是前线的美术记者，抗美援朝时期我又是北京军区《战友》出版社派出的前线美术记者，1951年在金城地区粉碎敌人秋季攻势后，创作了《英雄的十昼夜》组画，在军区出版。归国后又在《战友》杂志上发表《胜利的道路》和《和平的胜利》两套组画。影响最大的是1965年支援越南人民爱国抗美斗争中，解放军报美术组与北京军兵种画家共同创作的《打虎英雄颂》组画，除在中国美术馆展出外，新华社向国内外发稿，几乎全国的报刊集中刊登。“文革”期间这套组画成了唯一到国外巡回展览的美术作品。大概是1972年《打虎英雄颂》组画从国外返回美术馆后，竟被馆造反人物诬为“反动的画”，被焚毁了。好在这套组画的挂图画册和越南刊登的《文学报》保留下来了。

您提出“新闻美术学”和创办“新闻美术学院”、“研究中心”，很好，很有必要。

胡锦涛同志在8月中共中央政治局第7次集体学习会议上的讲话很深刻：“……大力发扬中华文化优秀传统，大力弘扬中华民族伟大精神，使中华民族的优秀文化成为新的历史条件下鼓舞我国各族人民不断前进的精神力量。”“坚决防范和抵御各种腐朽落后的文化观念侵蚀干部群众的思想，确保国家的文化安全和社会稳定。”

我很羡慕您掌握打字技术，我幼年未学拼音，年老了很难补学。家里虽然有一台电脑，只供女儿使用，我依然手写了这封信，没有办法。近日拟自费出版一册《战地存稿》（抗日战争、解放战争、抗美援朝战争），印出后将奉上请指正。

祝身体健康，合家安好！

敬　礼！

曹振峰

2003年9月1日

一个展览，一份热情

——回忆裘沙先生40年前在豫南的创作

朱振武

上世纪60年代末，正值“文化大革命”火热发展阶段，当时按照上面的指示，全国大张旗鼓地开展路线斗争及阶级斗争教育。在这种形势下，许多地方都兴办起各种类型的展览馆，用来宣传毛泽东思想，对人民进行路线斗争和阶级斗争的教育。我们地处豫南的潢川县革命委员会也不甘落后，抽调一批国家机关工作人员，花费了很大财力、物力，办起了“毛泽东伟大革命实践活动展览馆”。此馆除宣传毛泽东思想外，还有一项重要内容，就是制作一套对广大群众进行阶级斗争教育的《收租院》。

《收租院》原本是上世纪60年代末期四川美院在大邑县解放前的大地主刘文采的庄园内创作的一套泥塑，它反映了解放前地主阶级压榨和剥削农民及农民反抗压迫的情景。这批泥塑展出后在全国引起了轰动，各大报社纷纷报道、评论，都认为是阶级斗争教育的好教材，不少地方还复制此套泥塑展出。这时潢川县革委会也下令让县展览馆复制此套泥塑展出。展览馆接指令后，立即组织人员外出各地参观学习，收集资料，准备复制。一周后，在准备会上大家感到复制泥塑有两大困难，一是展览馆面积太小，容纳不下泥塑《收租院》的全部内容。二是馆内没有搞雕塑的专业人员。当时我作为馆内美工提出了一条建议，将泥塑改成素描，这样既可解决场地问题又不需到处去找会雕塑的美术人员。大家觉得可以，但馆内美工人员太少且水平有限，很难按时圆满完成任务。此刻，我们想到了团中央机关下放到潢川县黄湖农场接受贫下中农再教育的裘沙同志。于是，由县革委会出面将中国青年报社裘沙及中国青年杂志社蒲以庄和中国青年出版社李恒辰等下放美术人员请进了展览馆。

我知道裘沙同志是在上世纪60年代初期。大概在1964年全国各大报纸都先后刊登了一套素描组画——《老贫农赞》，作者就是裘沙。因我喜爱绘画，于是将

《收租院》（组画局部，1969 年画于河南信阳潢川县）

报纸上刊登的《老贫农赞》十分珍惜地剪下来贴在自制的本子上，从那时起我知道了画家裘沙。在这以后的日子里也不知翻看了多少遍，临摹过多少次。40 多年过去了，这套剪下来的印刷品至今仍保存完好。

裘沙等人来到展览馆后，我们将县革会布置的任务和我们打算将泥塑制成素描的想法讲给他们听，得到了裘沙等人的大力支持。于是，由裘沙担当总设计，开始了素描《收租院》的再创作工作。

按设计要求，这套《收租院》需绘制在高 1.8 米，总长 21 米裱有一层白纸的板面上。整套画需要画数十个人物，除后面的十来个人物需要用水粉画出外，其余全是素描，这些素描几乎是裘沙一人完成。

裘沙同志对待工作一丝不苟，对待作品精益求精。为了在较短的时间里完成任务，他拒绝了去县招待所食宿的安排，就住在展室内，与同一个大院内的棉纺厂工人在食堂就餐。四张课桌拼在一起就是他的床，两个碗一双筷子便是他的就餐工具。所住展室除了一个门外，四壁都挂满了板面，密封严实。那时没有空调，只有一个吊扇，炎热的夏天蚊虫又多，夜晚很难入睡。就在这样极其艰苦的条件下，裘沙同志依然废寝忘食地进行素描《收租院》的创作。他每天除了吃饭和睡觉便

《收租院》（组画局部）

是画画。酷热高温天他从未午休过，夜晚画到 12 点多，休息四至五个小时，凌晨 5 点又起来继续画。没有星期天，也从没给自己安排一天的休息时间。为了画好老贫农的形象，他让我们找了数个模特。记得为了画好一个人物的腿部结构，他曾让我借来一面大镜子，对着镜子画自己的腿……两个多月里，他不知疲倦地工作着，塑造了一个又一个受苦受难极具震撼力的艺术形象。由于裘沙和同来的几位人员的艰辛付出，《收租院》终于成功展出。

裘沙同志语言不多，但平易近人。清瘦的脸上虽然架着一副深度的近视眼镜，但在他那炯炯有神的目光里却充满了智慧和坚毅。他看我爱画画，就提出让我画一个《收租院》里的人物，我虽然不敢，但在他多次鼓励下，也终于鼓起勇气用了三天时间画出了一位农民形象。他看后满意地说："很不错，就这样画下去……"从此我在学习画画的道路上信心倍增了。

这套素描《收租院》展出时，县革委组织了全县城乡机关干部、学校师生、工人、农民及街道市民分期分批前去参观。人们进进出出，一场接一场，一天接一天，展览持续了三个多月，共接待观众 20 余万人次。每场观众都被画面中的生动形象及解说员声泪俱下的讲解所感动，流泪抽泣声不断，有的联想到自己过去的苦难经历，竟放声大哭，有的竟悲痛得当场晕倒……《收租院》的展出收到良好效果。

多年以后，我偶尔从报刊上看到有人在海外也利用复制的《收租院》参加展览，为此，还与原创者四川美术学院打起了官司，便回忆起这段往事，那时裘沙同志和我们的创作热情与今天的艺术家是多么的不一样呵。

《收租院》展出不久，裘沙便随团中央机关的大部队返回北京。两年后随着社会政治形势的变化，潢川县展览馆关闭了，那套画有素描《收租院》的板面从墙上拆下来放进了县文化馆地下室，从此再也未露面。据了解此套画作现在已不知去向。值得庆幸的是在《收租院》展出期间，我请了照相馆的师傅将全部内容拍了下来，洗印了15张比较清晰的照片保存至今。我想当裘沙同志看到这组照片时，也许会感到几多的欣慰吧。

（原载《装饰》2008年第10期）

《阿Q正传二百图》观后

萧 军

在世界文学的典型人物中，莎氏比亚所写的汉孟来脱、塞万提斯所写的吉诃德，以及鲁迅先生所写的阿Q，我以为应该是典型中的典型。

从文学上所使用的形式来看，莎氏比亚用的是戏剧，塞万提斯用的是传记，鲁迅用的是小说。

从人物来看，一个是王子，一个是骑士，一个是农民。

从他们所具有的阶级身份来看，一个是贵族，一个是准贵族，一个是一无所有的贫苦农民。

从这些人物所处的时代来看，一个属于中世纪，一个属于文艺复兴时期，一个则是属于20世纪的初期——中国“辛亥革命”前后。

从国度来看，一个是发生在古丹麦，一个是西班牙，一个是中华民国。

尽管表现这些人物的艺术形式不同：戏剧、传记或小说。尽管这些人物的国别、阶级、时代、事件、故事，作者的立场、观点……尽有不同，但有几点却是人类中相通的：迟疑不决、主观愿望、精神胜利法……

关于汉孟来脱、吉诃德，在这里且不谈他们，关于阿Q这一典型中的典型，我想简单地说几句。

关于我国的历史，就现在一般有文字、文物可以记载的依据，它已经有了三至四千年的历程。这三至四千年的历史——可能还要更久些——它的统治者基本上是奴隶主和封建主。自从1840年开始，被帝国主义者侵入成为半殖民地半封建社会以后，新的统治者又增加了各色帝国主义和资本家。

奴隶主、封建主统治下的对立面是奴隶和奴才，帝国主义和资本家统治下除开产生了无产阶级，另一面又产生了市侩和流氓。

奴隶的特点，是非被剥削、被压迫到再也不能够忍受、忍耐下去的程度，他

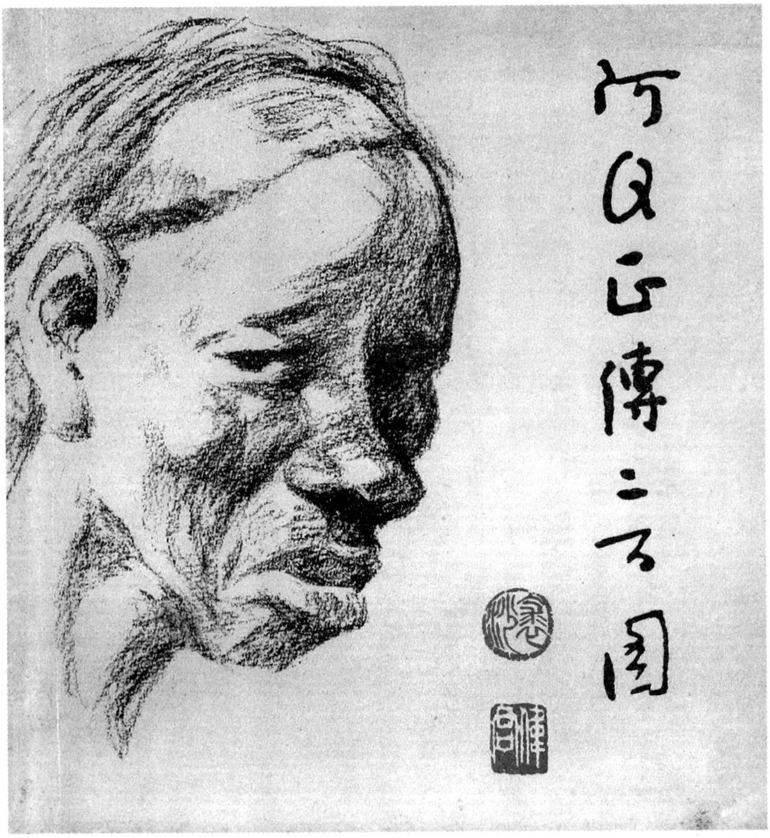

《阿 Q 正传二百图》封面

们是轻易不肯起来造反的，这在《国际歌》中的第一句“起来，饥寒交迫的奴隶……”就已经提示明白了，如果不是“饥寒交迫”，而且身份不是“奴隶”……大概是不会“起来”的。例如我国戏剧《打渔杀家》中的萧恩，如果不是丁府上加紧催讨鱼税银子，如果官府不是打了他 40 大板还要去丁府“赔礼认罪”等等，萧恩也是不肯于“杀家”的。

奴才，尽管他也可能是出身于奴隶群队中，但他变了质，就成为统治者的奴才，反转来压迫、虐待奴隶者。有时比他们的主子还要凶狠，还要恶毒一些。

萧恩是奴隶，丁府中的教师爷等类就是奴才。

市侩——是“非利不取”，凡有“利”之所在不惜牺牲一切，唯利是图。流氓，欺软怕硬这是他们的特点，俗语有所谓，踢寡妇的门（因家无丈夫），刨绝户坟（因无后代），打瞎子（因看不见），骂哑巴（因不能还嘴）……

我以为在阿Q的性格、思想、感情中，奴隶、奴才、市侩、流氓的成分全是具备的，他是我们几千年历史在阿Q身上的总结。

鲁迅先生所肯定于阿Q的是他性格中还有“奴隶造反”这一点。

裘沙同志是忠于人民的画家，特别是忠于鲁迅先生文学事业的画家，若干年来如一日。据我所知，除开这《阿Q正传二百图》以外，还制作了鲁迅作品的插图以及深刻有力的鲁迅头像。我就保有这样一幅，我以为它是我所看到过的鲁迅画像在神情和特征上最精湛的一幅。

据裘沙同志自己说，他在画家中最尊崇的是法国近代画家杜米埃和德国现代版画家凯绥·珂勒惠支。后者，鲁迅先生曾编辑、出版过她的版画选集。

这两位全是具有进步思想、忠于人民、忠于艺术的画家，特别是珂勒惠支，她和德国人民革命运动是不可分的。

应该指出的是，这两位画家那种郁勃阴沉的画风也深深地影响了裘沙同志绘画的风格。我们今天社会的现实，毕竟不是那时的法国或德国了，我希望在这方面裘沙同志有所努力：——明朗，再明朗些。

《阿Q正传二百图》出版了，作者要我写几句话。这话适当与否，请作者和读者给予指正和原谅。

1980年9月31日夜

（原载人民美术出版社1981年7月出版《阿Q正传二百图》，1980年10月25日《中国青年报》、1980年《鲁迅研究年刊》转载）

裘沙和他的《阿 Q 正传二百图》

钟惦棐

在延安鲁艺，江丰是我的老师。过了 30 年，我们都成了“五七”干校的同学。我的专业是清扫厕所兼攻积肥，他呢，时而拉砖，时而运土。有一两次我见他在我们连的食堂吃饭，一个人守住一张空桌子，绷着脸，只顾低着头划饭。过不许久，干校的高音喇叭突然说他“攻击”了什么，再过些日子，便听说他退休了。

我庆幸他的退休。他将从此不再“攻击”，也省得被人攻击。

他家离我很近。后来我因病留京，便常去他家小坐。他到西单买菜，也常来我家闲聊。

一次去看江丰，他不在。而挤在屋子当中的一张旧沙发上，已经坐了个头发宛如刺猬，形容消瘦的年轻人，很像四川人称作“打秋风”的。互相看了看，都没说什么，我便随手抄起一本书来坐在那里。过了许久，江丰仍不见影，为了打破沉寂，随意问起他来，才知道他在青年报社，原是杭州美专的，还没有毕业，就被调来北京了，如此等等。这便是我和裘沙的初次相见。其后他来看过我，告诉我冯雪峰的病很重，他为他找了中医。偶尔也谈起萧军。这么说，裘沙似不属于“打秋风”，而倒是“秋风打”了。

裘沙在画鲁迅，也是这时候知道的。为了这个，我和秦兆阳都去过他家。他也不时来，有时是带着画稿听取意见。1978 年之后，大家忙了起来，我和裘沙见面的机会就少了。只知道他仍在画鲁迅，并且去过绍兴，访问过一些人，画过一些速写回来。前几天，裘沙带着一本精印的《阿 Q 正传二百图》来，是他刚刚从印刷厂取回的。合作者王伟君是他的妻子，对于画成这本“二百图”不但是重要的，而且是动人的。有一个时期裘沙似被扣发工资，他们便去拔野菜，而研究鲁迅，画鲁迅如故。裘沙搜集了数量可观的鲁迅照片，而复制、洗印是很花钱的。他们宁可去拔野菜，也从不放过一张。我有时不免感到裘沙有点傻气，但这世界，又往往得力于这种傻气者。聪明人由于来去飘忽，靠不住的。

至于《二百图》，我自然是喜欢的。理由也大体是，它不飘忽。阿Q就是阿Q，画得有质感，即不为了素描而素描，也不为了构图而构图。它的美，是揭示和痛恨不美的结果。裘沙说他把他在十年动乱中的感受也画进去了。这无非是气氛，是对无辜者的同情，是对麻木者的愤慨，是对赵钱孙李各种老爷的憎恨。有些地方（如第十一幅）把赵太爷画得过分硕大而近乎漫画，而在另外的地方（如第三十六幅），又把阿Q的裤管画得太瘦近乎牛仔，其神态亦不很像只能栖息在土谷祠中的阿Q。对“阿Q真能干”，也缺乏足够的描绘。而阿Q之所以能够存在于未庄多年，这是个基本点。他的精神胜利法，只是他无力摆脱他所依存的社会强加于他的种种不幸的结果。在西方，这是上帝的职能。未庄没有上帝，只有儿子和老子，先前和而今。

在此之前，我只看过1949年由上海开明书店出版发行的《漫画阿Q正传》（丰子恺），有图54幅，《序言》中说，“不旬日而稿已全部复活”，可见画成的时间只数天。关于子恺先生，在1938年前，他发表在报刊上的画，我几乎每一张都看过。画风是清淡的，展示一种意境，着笔不多。尤其是他以古诗词为题的画，虽亦统称为“漫画”，但与一般的“漫画”，在概念上是不同的。既不夸张，亦不变形，其旨在“漫”，即随意为之，可称为即兴画或sketch。由古诗词而儿童，而社会相。因此，在他笔下的阿Q，和他笔下的人力车夫也差不多。但他终于画阿Q了，是作者在社会意识上的一大飞跃。

裘沙和王伟君专攻素描，《阿Q正传二百图》则从素描上见功夫。裘沙在画风上师承珂勒惠支，后来我看过他在60年代初为新华社展览图片所画的封面，劳动者结实的面孔、宽大的手掌以及苍劲的笔触、强烈的黑白对比等，皆非小家碧玉之作，给人以力的传导。《二百图》的第21幅，最能表现裘沙的师承，因此我也就很想看看他从绍兴画回来的速写，结果却很令我不解：他的速写不但很少，而且多数是寥寥数笔，不像我相识的其他朋友，看过速写，便令人叹服。但不解也正在此处：叹服者多无作品，有作品亦未必令人叹服，与裘沙的情形适成对照。这回仔细看了《二百图》，方知裘沙追求的是整体并贯穿于整体中的神韵，而不是细节的描摹。此二者，不能理解为一般的教程。作为一般的教程，造型艺术使用的是另一种语言，因此首先要掌握造型的能力，离开“型”，“神”是无所依附的。因此侈谈“神”而忘其“型”，结果定是不妙的。亦如语法修辞尚且不备而妄谈文

《阿正传 Q》插图之一（阿 Q“先前阔”……）

学一样。但“型”止于形，便是工具止于工具，和成品无干，造型也就失去了意义。裘沙五去绍兴，不是为了工具，而是为了成品，速写之不足观，自然也就可以解释了。作为绘画，当然也每有工具与成品齐飞的时候，如写生。但《二百图》非写生之作。

在准备期间，裘沙夫妇还读了电影美学方面的书，构图不免受到电影的影响。因此几次用了赵太爷的大门，阿 Q 数入其中。每次进入的阿 Q，神态皆有其不同。照我看，题材及其思想的深刻性，亦要求造型的坚实和丰富性，素描或者更有助于此。一些近乎中景和特写的场面，没有较高的造型能力，怕是很难以表达的。

更可喜的是《二百图》没有流于旁观。裘沙送《二百图》来时，两次愀然地说：“这回我把自己摆进去了”。这摆进去，是以各人的情况不同而不同的。阿 Q 式的恋爱悲剧，作者没有过。无奈时，也只拔野菜，并不偷萝卜。但在十年内乱中，却经历过走投无路的况味！至于假洋鬼子的“不准革命”，更是这许多年来人们都领略过的了。因此，当裘沙与阿 Q 在木炭纸上共同生活了好几年之后，等到画成阿 Q 之死，自己倒凄然起来……

这就可以理解：裘沙画了阿 Q 之死，却不列入《二百图》中（实际是 203 图）。如今我们能看见的，只是阿 Q 死前的惊恐，和死后的围观，以及钱府和赵府的反应。至于阿 Q 的鲜血，自然会有狗子们跑来舔食净尽。然而天空已经放晴，彩霞占据了画幅的大部。

如果裘沙还是我初见时的样子，还是在惦记着雪峰的病，并要为他去请医生，这样的轻快的笔触，晴朗的画面，大概是不会有的吧？

1981 年 8 月 29 日

（原载《光明日报》1981 年 9 月 16 日第 3 版）

王朝闻、袁沙
关于鲁迅文学作品插图问题的五封信

王朝闻　袁沙

这里，我们发表了王朝闻同志和袁沙同志关于讨论鲁迅文学作品插图问题的三封通信。王朝闻同志的信，是四年前写给袁沙同志的，当我们最近将此信送他请教是否可以发表的时候，他给编者来了两封信，对前信所涉及的问题，作了重要的补充和说明，这里也一并发表。

这些通信，对插图创作的一些原则问题，如插图对于文学作品的相对独立性、必须深入领会和掌握文学作品的思想内容、插图创作与生活的关系、如何发挥造型艺术的特点等问题，理论家和创作家都表述了一些自己的独到见解。值得我们学习和研究。

——编者

王朝闻致袁沙

袁沙同志：

我想你会原谅的。原说10日定把意见提出，今天正是10日，却只能先写这封信给你。这几天颇感王小二过年的忙乱，所以画稿才看了一部分。看了画稿的一部分，我感到有两点应先向你说，免得耽误你的工作。

第一，论绘画本身，我相信你细画起来，一定比草图还要好。这不只因为你比较熟悉故乡生活，有助于认识小说的历史背景，特别是人物所处的环境，而且，你已经在努力刻画人物。

但是，第二，较之这一切更值得抓紧时间搞的，是对小说的思想内容的深入领会。比如，只有我们深入领会了《狂人日记》的思想内容，鲁迅先生在具体描写陈老五和狂人的冲突时，并没有直接说出自己的观点，但我们只有了解到他是想要表现什么的思想，才可能避免画面上的情节与这一思想内容相游离，避免引起读者误会了作者所要表达的思想。

当然，插图不等于连环画；要求每一画面能够概括小说的基本内容，这不免是求全责备的。但是，插图的独立性是相对的，强调它对小说的从属性，不一定就会影响它的独立性。画家完全有选择某一片段某一细节的自由，不过这种自由必须以特定的小说的基本情节为基础。即使曲折和不充分、不完整，也必须是对其基本的思想内容的一种“阐述”。而造型的“阐述”对读者所起的作用，必须能够诱导读者进一步理解小说的基本内容（生活的思想的内容）。插图作为小说的一种“解释”，首先是以画家对小说的理解为基础的。理解得越深，“解释”得越准。而这，并不妨碍画家选择作插图的重点的自由。恩格斯说：“必然在它没有被认识的时候是盲目的。自由是对必然的认识。”这个反映论认识论的原则，无例外地适用于我们的插图工作。

《觉醒》（我翻开历史一查，满本都写着两个字是“吃人”！）

也许，我的建议是多余的。也许，因为你在选择画什么时，并不是由于对小说的理解不够深入，而是因为自己的兴趣支配了这种选择。也许，我对插图的要求过于苛刻，难道中外那许多已经存在、富于魅力的插图，即使不过起着装饰作用，也都应该用你这种尺度去衡量，从而否定它们吗？所以，尽管我在上文用了不少“应该”或“必须”的词，只不过是我对插图的要求，这种要求也不足以作为对你要求的标准。毛主席的六条标准，百花齐放的方针，才是我们的标准。但我想，深入了解小说的内容，不会妨碍不同画家发挥他自己的创造性和个性。

附带提出一个值得考虑的问题：《呐喊》和《彷徨》，描写的都是旧时代的生活，而这种生活，正如鲁迅已经说过的，是不应该存在，却实际存在着的令人感到重压的生活。画家“解释”它时，如何既避免把它现代化，黑暗在画面上“变”成光明，又不至使读者感到它透不出一线光明？

还有另一个问题：如何在描绘黑暗时，既“如实描写”，又不至引起观众对画面本身的反感？历史的真实与艺术的真实、生活的丑恶与形象的丑恶的区别……这些有关内容与形式的关系的问题，即既统一又对立的联系和差别，看来还有待于从理论上和实践上作进一步的研究。

等些日子面谈吧，这样写下去也不易说明白我在想些什么。写信的目的，是为了在面谈之前，不至因为我耽误了看画稿的时间，先请你在画什么的问题方面作些考虑，以便进一步解决如何画的问题。我的意见，着重的不是如何画，而是画什么。画什么的问题既然还存在，所以要提出来，作为交谈之前的准备。

握手，伟君同志不另。

王朝闻

1977年×月10日夜

王朝闻致编者

编辑同志：

我同意发表给裘沙同志的旧信，也同意另外作点有关的补充。

我强调认真了解鲁迅作品的思想内容，并不是说裘沙同志没有认真研究过鲁迅的作品。因为在我由干校“解放”回京的当时，深感一些鲁迅肖像画片面强调了鲁迅“横眉冷对”一面的性格特征。把鲁迅画成样板式的英雄，离开我们心目中的鲁迅形象实在太遥远。似乎作者并不真正了解毛泽东同志对鲁迅的评价，而对伟大的思想家的性格特征作了不实事求是的描绘。后来我几次与裘沙同志交谈，建议他尽可能抵制这种流行的文风，也就是抵制不正的学风。现在还未看到裘沙同志的个展，祝愿这个展览已经完全消除了那种他也并不同意的文风的影响。

毛泽东同志称鲁迅为伟大的思想家，应当说这是包括了鲁迅那思想解放的根本性特征的。倘若鲁迅顺从了流俗的思想倾向，他就不是伟大的思想家。倘若毛泽东同志要用绘画或雕塑表达他对鲁迅的认识，也不会用样板戏的英雄腔式的造

《铸剑》（王刚在疑惑，黑色人已经击出了青色的剑……）

型方式吧？在我看来，每个艺术家对鲁迅的认识，如果不是把别人的认识代替自己的认识，而每个艺术家又是有自己个性的，那么，包括给鲁迅作品作插图，可能而且应当表现出“我”对鲁迅作品的独特感受，而不应当是脱离作品的具体内容的信口开河或人云亦云地说废话的。鲁迅批评过把阿Q画成小流氓而丧失其作为落后农民的本质特征。作为对鲁迅小说的造型化的“解释”，可能是还没有读懂鲁迅作品的表现，这种表现当然会有画家的“我”在。

怎样给鲁迅作品作插图，这问题也可能从鲁迅作品得到方法上的借鉴。你不会没有读过《故事新编》吧？你对眉间尺看掉进水缸里而爬不出来的老鼠的为难，有没有比较深刻的印象？这对我来说，是一读就很感兴趣，而至今没有忘记的。《铸剑》和老子入关等故事，形象是鲁迅想象的产物。而老鼠在水缸里急于爬出来而又爬不出来的矛盾，作为创造形象的依据，是鲁迅的生活经验。不管这种经验是直接的还是间接的，因为它是鲁迅自己的，不是从别人作品中来的，所以，用于传统故事的再创造时，就有了自己的独创性，也有了作品的独立性。鲁迅笔下的老子，出关时所碰到的为难，反映着鲁迅的切身感受。这些都是语言艺术而不是造型艺术，但怎样用造型艺术来为语言艺术作插图，鲁迅怎样写小说的方法，很值得借鉴。

再见！

王朝闻

1981 年 7 月 20 日

编辑同志：

今天重读你的来信，觉得我还未能完全针对插图创作怎样理解原著的问题作出回答。

我所看过的中外插图作品，使我觉得怎样画插图有很大的能动性。有些插图强调画面的装饰性，有些插图强调画面的情节性，有些插图只画人物一瞬间的表情的特写，有些插图只画人物活动于其中的环境，有些插图仿佛是包罗万象的剧照，有些插图只画出与人物情绪状态有关的某些身外之物……自由得很。不论它在形式风格各方面的差别多么显著，凡是能够引得起我观赏兴趣的，都是它自身既发挥了美术的特长，又可能诱导我阅读原著兴趣的。从认识过程看来，只有当插图作者作为小说或诗歌的读者，对于原著的精彩之处有他自己独特的感受，而又明了怎样通过画面把这种感受表现出来的，才能创作出好的作品。任何内容丰富的插图，都只能着重表现出画家对原著的感受的某些方面而不是一切方面。只有当插图具备高明的导游一样的本领，才能有效地启发读者对原著的认识。只要它不是妄图代替读者自己对原著的认识的，读者就会感谢画家帮助自己对原著的认识。

记得鲁迅介绍过来的《死魂灵》插图，有一幅特写般的画面，是乞乞可夫那么注意地、聚精会神地捧着钱币。它把这个吝啬鬼的那种发了狂一般地喜爱钱币的精神面貌，画得真是活灵活现。形象的重要特征，是表现出乞乞可夫仿佛以为本属固体的钱币，这时候可能像液体的水那样从手掌流走的神气。形象很有讽刺意味，它很自然地寄托在写实的造型之中。这样的插图可以当做一幅有趣的漫画来观赏，但是这种创造性的描绘，没有越出它作为插图的从属地位，它更能诱导我、帮助我对《死魂灵》的语言艺术的欣赏。

这种着重刻画人物精神面貌的插图，应当说是画家深入感受到小说的具体内容的结果。它对于我们如何画好鲁迅小说的插图，具备了不只供模仿而是供借鉴的价值。以怎样画好阿Q临刑前怎样画圆圈这一情节而论，究竟在视觉形象方面，怎样使人物把小说所描写的阿Q那种抱怨自己连圆圈也画不圆的心情，画得既可笑又可怜，而不是使读者只觉得滑稽，这很不容易。怎样解决这样的困难呢？看来不只应当拥有画家的才能和绘画技巧，而且必须尽可能深入体验作家鲁迅对于愚昧而又值得同情的阿Q的态度。这就是我以前给裘沙同志写的那封信所说的，为了用绘图解释鲁迅的小说，首先要理解小说的思想内容。也可以这样说：要想做一个有所贡献的插图画家，不能不向自己提出要求，要求自己成为一个创造性地理解原著的欣赏者。

这是一种必然与自由、艰苦与兴趣的关系。对于这种关系的掌握，依靠画家自己的阅读和构思的实践活动。同意你约请裘沙同志写创作经验的设想，它将更能帮助读者理解这一问题。

王朝闻

1981 年 7 月 21 日

裘沙致王朝闻

王朝闻同志：

已经有四年之久没有登门拜访了。这主要是怕耗费你宝贵的时间，而我自己几年来也深自韬晦，几乎厕身于美术界之外了。

你大概还记得 1977 年春天，我送去一百幅鲁迅小说的插图稿向你求教这件事吧。当时你虽然给我的鼓励很多，甚至还向某出版社的一位负责人推荐我这部稿子，但是由于你的启发，使我深感自己创作的准备工作做得还很不够。对于鲁迅先生这样伟大的作家，对于《狂人日记》和《阿 Q 正传》这样伟大的作品，草率从事是没有什么意义的，因此请教归来，我只继续把当时已经形成的关于《野草》、《朝花夕拾》、《故事新编》的构思记了下来，接着把它们和《呐喊》、《彷徨》的插图一起都束之高阁了。从 1977 到 1978 这两年中，除了教学之外就埋头于研究鲁迅先生的作品，一有机会就去绍兴体验生活、揣摩人物。此外，还认真研究了莱辛的《拉奥孔——论绘画和诗的界线》等美学著作，以便更好地掌握和运用插图创作的艺术规律，把鲁迅作品的插图画好。

经过这两年的努力，果然获益匪浅。虽然一时没有创作成果，但待到去年，我终于和伟君一起完成了《阿 Q 正传二百图》；今年上半年又在 12 周教学任务之外，画了《狂人日记》、《祝福》、《药》这三套组画，和《解放幼者》、《生命的路》、《中国的脊梁》、《前驱的血》等鲁迅杂文之图。到今年 9 月，纪念鲁迅先生诞辰 100 周年之际，总算可以拿出一份小小的礼物了，这是使我万分欣慰的。

现在我就从理解原著、积累生活和掌握插图创作的艺术规律这三个方面谈点自己的体会吧。

你在1977年春天的信中，要我继续解决“画什么”的问题，这是很对的。当时我对鲁迅作品的理解，有的还停留在一般读者的水平，这样要画好鲁迅先生这样深刻的作品的插图，当然是困难的。今年夏淳同志在谈《茶馆》的舞台艺术时提到：一个导演是否尽到了自己的责任，唯一的标准是看他对原著的理解是否正确（大意）。这个准则我想同样适用于插图工作者。插图作者对原作不但要理解正确，而且还要有自己的创见；如果人云亦云而缺乏自己独到的见解，那就实在没有发言（创作）的必要了。对鲁迅作品的研究，我首先突破的是《祝福》。经过反复阅读分析，我发现祥林嫂并非死于风雪之中，而是在别人的祝福时候感到自身的寂寞，相信了人死之后大概有灵魂的回答，为了和死去的一家人见面而自杀的。弄清祥林嫂的死因，决非“毫无意义的事”（至于用什么手段自杀，才是不重要的）。地狱的最后审判，是封建礼教惩罚祥林嫂改嫁失节最酷烈的手段，曾经给祥林嫂以极大的恐怖，然而这大恐怖终究敌不过祥林嫂追求幸福的渴望。她终于勇敢地走向地狱，目的是为了重温一下改嫁所带给她的、早已破灭的人生的幸福。通过这出格的行动，祥林嫂沉默而倔强的性格最后完成了，小说反封建的主题也最后完成了。我自信自己的分析是客观的，决非主观主义的“拔高祥林嫂的精神境界”（明代民歌中就有为了追求爱情，“有舍徒流、迁配、碎剐、凌迟，天大罪名阿奴自去认”这类勇敢的女性典型），也决非主观主义的强加于作品的“鲁迅先生从来没有过的思想”（《伤逝》中的涓生就有宁愿到地狱中去拥抱子君的思想）。

我对自己的这一发现是非常高兴的，当即在绍兴柯桥旅社的斗室中写成了《略论祥林嫂之死》这篇文章（1980年第3期《当代》发表时改题为《略谈祥林嫂之死》）。这一突破，对我自己插图工作的影响是大的。过去我曾多次构思过《祝福》这套组画，但是缺乏高屋建瓴的战略眼光来选择情节，组织画面，甚至对一幅画面的构思也常常犹疑不决。例如：祥林嫂关于人死之后有没有灵魂这个情节，应该表现的是希望还是恐惧？还是因希望和恐惧相互折磨而心力交瘁呢？或者竟是表现祥林嫂对神权世界的疑惑和控诉？自己分析不清，只好用笨办法把几个设想都画出来进行比较，然而由于自己没有真正读懂原著，依然无法判定哪一种处理合乎鲁迅先生的原意。现在要画什么的问题明确了，思想就集中到如何表现的新课题上了。虽然这个问题解决起来同样不容易，我在1977年12月写成《略论祥林嫂之死》，直到1981年1月才形成目前这套组画的构思。其间竟隔了3年之久。有一天，我

《祝福》插图之一（“将来到阴司去，阎罗大王只好把你锯开来，分给他们。……”）

忽然想到用三个画面把祥林嫂“一个人死了之后，究竟有没有灵魂？”“那么，也就有地狱了？”“那么，死了的一家人，都能见面的？（见左图）”这三个问题表现出来，这一来如何表现的难题就迎刃而解了。

在我已经画出来的几套画面，对原著下的工夫最大、自己的见解形成得最晚的是《阿Q正传》，有些认识甚至是边画边形成的。例如原作用“割麦便割麦、舂米便舂米、撑船便撑船”，这三个并例句来描写阿Q没有固定职业的情况，用三个画面表现出来之后，却使我感到另一种深意，阿Q是一个随便怎样对他进行剥削都可以的奴隶。更加衬托出后来连当奴隶都不可得的可悲处境。对阿Q其人，我既不同意说他是一个地主阶级的复辟狂，也不认为他是一个落后的不觉悟的农民典型。我觉得《阿Q正传》的实际意义比我们所理解的更为深广。鲁迅先生在这部世界名著中，通过阿Q这个不朽的艺术形象写出了国人的灵魂和中国的人生，这是中国社会、中国革命的一面伟大的镜子。这也是我所以要用200多幅画面来表现它的原因。我对《阿Q正传》的理解，不在这里谈了，这里只想谈一下生活积累的问题。要表现鲁迅先生眼中的中国的人生，如果离开丰富的生活体验，是不可想象的。我创作《阿Q正传二百图》的生活基础，主要是解放前近20年的家乡农村生活，因为我的故乡和绍兴仅一山之隔，所以风土人情有很多相同的地方。我见过阿Q式的人物，见过他们怎样舂米，怎样割麦，怎样在小酒店里调笑，怎么在戏台下拧妇女的大腿，以至怎样在临刑前叫喊“再过二十年又是一条好汉”等等。“十年浩劫”，又使我对阿Q走投无路、一步步走上绝路的遭遇感同身受，同时又憎恶阿Q似的以报私仇、谋私利为目的的“革命党”。我遵照鲁迅先生的教导，不以旁观者的立场来看阿Q，画阿Q；不以滑稽和哀怜为目的；努力使自己成为阿Q的知音，同时又严酷地解剖他身上的毒瘤，希望由此而开出反省的道路来。我在整个创作过程中，自己深感不足的仍然是生活积累的贫乏，我虽然有近20年的浙东农村生活，然而毕竟没有深入到生活的最底层中去；解放以后虽然多次去绍兴体验生活，但看到的也是一些表面的现象罢了。很多画面，如果不到生活中去深入发掘，那就只能在绘画技巧上做点表面文章罢了。而我所追求的并非单纯的艺术，而是活的生活，活的严峻的中国人生。《阿Q正传二百图》实际上也凝结了我自己50年的人生体验，然而还没有达到自己所希望达到的水平，我准备继续努力，一直画到自己满意为止。

经过这几年的探索，我越来越明确地认识到“化媚为美”是插图艺术最根本的创作规律。这是莱辛的《拉奥孔》给我的启发。莱辛在这部美学著作中，科学地论述了绘画和诗的界线，这对插图工作有特殊的意义。插图工作者在进行创作的同时，应该研究插图美学，发展插图美学，把自己的创作实践上升为理论，从而更好地指导实践。根据我自己的经验教训，深感研究插图美学的重要。插图作者要有很好的文学修养，对文学作品既要钻得进去，深刻理解作家的思想，懂得作家的艺术，同时又要能够跳得出来，不使自己成为文学作品和作家的奴隶。钻不进去，对原作理解不深，画出来的插图不免肤浅，跳不出来，就是不懂得绘画和文学作品的界限，不能充分发挥视觉艺术的特有的性能和画家的主观能动性，这样画出来的插图，往往变成文学作品简单的图解而不免平庸。平庸和浅薄都缺乏生命力。莱辛认为：物体和它们的可见的属性是绘画所特有的题材，动作是诗所特有的题材；诗人就美的效果来描写美；诗在描绘物体美时要赶上绘画，就要化美为媚。莱辛所说的美，就是物体的视觉形象的美；所说的媚，就是动态中的美。既然动作是诗所特有的题材，那么动态中的美——媚，也就成为诗的艺术语言。插图工作就是把诗所描写的动作转化为绘画所描写的视觉形象，也就是要把诗所特长的媚转化为绘画所特长的美。因此，我借用莱辛的话，在插图艺术中提出了“化媚为美”这个公式。这个公式既表述了插图艺术的从属性和独立性，又表述了文学和插图两种不同的美学范畴，及其转化过程。这个转化过程，也就是插图作者根据文学作品和绘画自身的要求进行再创作的过程。只有深知“媚”，才能促其“化”；也只有深知“美”，才能促其“化为”美。因此，我认为“化媚为美”这个公式，比较完整地表述了插图创作最基本的艺术规律。古今中外插图作品的经验也说明了这一点，我个人几年来的创作实践也证实了这一点。正因为绘画和诗属于不同的美学范畴，因此文学作品最精彩的地方，有时并非创作插图最适当的情节。例如《水浒》鲁提辖三拳打死镇关西的故事，小说写得何等精彩，明代容与堂本的插图作者不了解这段故事之所以精彩，是小说作者高度发挥了文学语言的特色而造成的，一化为视觉形象的插图，一切精彩之处都完全消失，只剩下一个拙劣的打人场面了，这不能不是一幅失败的插图作品。而明末杨定见本《水浒全传》的插图作者（我认为他非常懂得插图美学）却别出心裁地选择了鲁达将一包肉馅掷向郑屠的一瞬间，作为插图的情节，这正是鲁达和郑屠两人的愤怒发展到忍无可忍的饱和点而即将爆发为一场武斗的转折点，也就是选择了莱辛所说的可以使前前后后都从中了解得最透彻的“最富于生发性的顷刻”，充分发挥了插图艺术的视觉形象的特长，因此而获得了很大的成功。你在1977年的信中指出的我那幅《狂人日记》插图的失败，也在于没有掌握这个艺术规律，拘泥于原作行文的限制，效果恰恰和原作的精神相反，变成狂人和陈老五的冲突了。今年新画的四幅《狂人日记》组画，就力求充分发挥造型艺术的特点，只在表现原作的基本思想上着力，效果就大不相同了，这也是对“化媚为美”这一规律的具体运用。上面提到的那套《祝福》组画，也是如此。小说采用了第一人称的叙述方法来塑造祥林嫂的艺术形象的。这种叙述方法充分发挥了作者利用个人经历的因素使小说达到非凡的真实性的创作特色，从岁末回乡探望亲友的“我”的眼中所感受的乡村生活，写来是那样的亲切感人；但也给祥林嫂形象的塑造带来了一定的局限性：作者只能通过“我”的眼睛来塑造祥林嫂。组画既然没有采用第一人称的叙述方法，就可以单刀直入，直接用视觉形象把祥林嫂的思想感情、精神状态火辣辣地表现出来了。因此，我在表现祥林嫂有关灵魂的三个问题时，没有必要去刻画她和“我”相互问答中的神态，而且通过这三个问题所引起的幻觉来表现祥林嫂的思想感情和内心世界。从而使主题更鲜明，产生一种强烈的艺术效果。这也是对“化媚为美”这个规律的一次有意识的运用。鲁迅先生所说插图“能补助文字之所不及”，其原因，大概也就在这里吧。

我这些体会，希望能得到你进一步的指教。北京近来气候闷热异常，望多保重身体，至要至要。

裘 沙

1981 年 7 月

王朝闻致裘沙

裘沙同志：

7 日给我的信收读，这其实就是你四年来的创作经验谈。虽然没有来得及看到你的个展，就这些创作经验所显示的成就来说，你四年来研读鲁迅小说的努力可喜可贺。

海涅在《论〈堂·吉诃德〉》里谈到插图问题，说画家之于原著，不应当抓表面现象，而应当再现原著的思想内容——“诗人显示给我们的形象背后的深刻思想”。我同意他这样的要求，你对鲁迅小说的研读所走的，正是这种开动机器、实事求是的道路。只有这样，才能避免使自己的劳动成为丧失插图的独立性，沦于一种“装饰门面的奴仆”。

这次来不及畅谈我对你的创作经验的读后感，只着重谈谈我对你所认定的祥林嫂的死因的新发现。尽管我还不能像你这么十分肯定地断定，祥林嫂的死一定就是为了在地狱中与亲人见面，但你敢于肯定鲁迅原著《祝福》里的祥林嫂是死于这种精神的“自杀”，而不是死于饥寒与风雪，这是一个艺术家敢于独立思考而不盲从的可贵的努力和好的作风。画家的认识倘若没有独立性，他的作品谈得到什么独创性？海涅所指责的浮光掠影与不负责任的结果怎能避免？

记得祥林嫂的捐门坎，是她对于地狱的恐怖，为了避免她的灵魂在阴司里，因为两个死鬼男人要争夺她，阎罗大王只好把她锯开来分给他们。她曾问过：“那么，死掉的一家的人，都能见面的？”所以你如今有根据地强调她的死，是为了渴望人生的幸福，终于勇敢地走向地狱……我虽不能立刻肯定你的这一判断，但我并不因此忽视你深入研读《祝福》的认真，你那不与人苟同的判断的可贵。的确，小说《祝福》没有明确指出，祥林嫂究竟是怎样“自杀”的，但它已经反复暗示，打听有没有地狱，一家人能不能见面的祥林嫂，可以“因此发生别的事”，也就是“或者有了什么的预感”。我虽没有读过你在《当代》第 3 期所发表的论文，但相信你把这种预感解释为祥林嫂的“自杀”，不是脱离原著的瞎胡扯，而是认真研读

《祝福》的结果。一时虽然还看不到你怎样表现这种判断的形象的成果，但我确信你为表现什么所作的努力探索，已经给如何表现的成功创造了可贵的可能性。这种勇于探索的行为是值得肯定的。

你说鲁迅笔下的祥林嫂的死，与曹雪芹笔下的秦可卿的死，“有异曲同工之妙”，这么强调事物与事物的联系而不是强调事物与事物的差别，我以为是不难理解的。希望不至因此引起某些误会，误会你以为这两个不同社会地位的妇女的死，完全属于同一社会原因与社会性质，因而贬低你在表现什么方面的努力。

忠于原著与发挥艺术个性，可以和应当是互相促进的双方，所以我支持编者发表你这样的创作经验谈。

王朝闻

8 月 6 日凌晨于无声的海滨

（原载《美术》1981 年第 9 期）

作画与做人的哲学

——记“裘沙作鲁迅文学著作插图展览”座谈会

高焰　整理

在纪念鲁迅诞辰一百周年的活动中，裘沙和王伟君二同志的“鲁迅文学著作插图展览”，引起各方面观众的重视。1981年9月29日，《美术》编辑部召开座谈会，几位左翼文艺界前辈，由亲人陪伴着登上中央美术学院展览馆三楼，和到会的中青年一起参加讨论。大家的发言是应该充分肯定的，指出实际存在的弱点和不足，将自己的真心话发表出来，一片至诚之声。

可称创举

座谈会由《美术》主编王琦同志主持。他提到《美术》刊出书籍插图专号后，争相订购的情况，说明插图艺术在文化建设上所占重要位置。而鲁迅生前，对插图艺术曾予以极大关心，不仅亲手引进《死魂灵百图》和《士敏土之图》等，对我国明清书籍插图也非常重视。几十年来，我国插图艺术有了很大发展。许多同志画鲁迅文学作品插图，有很多优秀作品。裘沙这样搞成三百余幅插图，举行专题展览，却是个创举。

为了揭示生活的底蕴

江丰同志和华君武同志是举办这个画展的主要倡议者。华君武同志赴新疆，行前叮嘱要认真宣传裘沙画展的意义。江丰同志则在画展前言中开门见山地写道：“这里展出的近三百幅图画，并非为高雅之士赏玩之作。它带给人民群众以生活的信念和力量；它凝聚着对生活的严肃思考，它奉献给伟大鲁迅以一颗赤诚之心。正是用这颗赤诚的颤动的心，挥动画笔，去理解、去揭示生活的底蕴。”指出裘沙

"对《阿 Q 正传》和《祝福》等名著，经过反复研究，在理解上另辟蹊径，判异前贤；他笔下的阿 Q 和祥林嫂别开生面，自具典型。"这种评价，不仅出于重视裘沙的创作，而且出于深知其创作的甘苦。座谈会上，江丰同志着重谈到深入生活的重要，说："如果没有充分的生活依据，在家里想一想，画'我头脑里的东西'，是画不出好作品的，裘沙 20 岁以前都在故土绍兴附近度过，熟悉鲁迅笔下的人物及其生活环境，而且有深厚感情。他不满足这点生活底子，重回绍兴，也不是去一次就马上画得出来的。一次收获不大，二次、三次，先后五次下去，生活在那里，熟悉、理解了生活里各种处境的各种人，虽然小说写的是六七十年前的生活，社会已经变了，但人物和环境总是带着过去的烙印的。把过去的体验和今天的发掘联系起来，比较、思考，终于取得丰收。他作画很认真，从不马虎。有的画，反复征求很多同志的意见，构图一次不成，二次、三次以至七次更改，费了不少心血。搞艺术的，就要有这种毅力，这种严肃认真态度，就要不怕困难，要吃苦。艺术就是在克服困难过程中完成的。一次次克服困难，才能提高，才能有所突破。这个画展，可以说是打倒'四人帮'以后最值得观赏的美术展览会之一"。

昨天与今天，联系与差别

王朝闻同志前天离京远行赴新疆留下发言："裘沙同志对我说，他到绍兴故乡吸取有助于画好鲁迅小说插图的生活知识，意外发现了某些与阿 Q 精神相联系的现象。有一个人走过来干涉他在现场画速写，竟然说：'画画有啥用场？你还能把钞票画出来吗？五元的、十元的，那才有用。可你画不出来'。而裘沙感到这个人的神态、外形就像阿 Q。这人的话使我很吃惊，深感教育群众的任务的艰巨，也为裘沙能够这样深入实际生活有所得，而感到高兴。我从外地回京，听说美术界又有轻视实际生活的看法了。对于这，我希望裘沙的画能有助于克服偏见。那人的几句话，不一定就是裘沙所需要的素材，但是，这样的素材，对画家来说，也是一种很可贵的知识。我相信他几次的故乡之行，是和他们反复阅读鲁迅原著一样，对他与王伟君共同创作的《阿 Q 正传二百画》等创作活动，起了很重要的作用。小说《阿 Q 正传》里的生活，对今天的画家来说，是一种历史题材。今天的画家不可能直接体验那些已经过去了的生活实际，但是为了认识昨天的实际，今天的生活是否值得认识呢？我以为，今天当然不可能代替昨天，而对当前的现实生活的认识，有助于认识一去不复返了的过去。今天和昨天，既有差别，也有联系。今天所存在的偏见——否定艺术的价值，把五元、十元看得高于一切的观点，和阿Q那尼姑一定偷和尚之类的观点，至少有思想方法上的一致。所以我觉得，不论是从昨天与今天的联系着眼，还是从双方的差别着眼，认真了解当前的实际生活，在一定意义上，就是认识过去的生活。只要严肃对待双方的差别，完全可以避免历史题材现代化，只要严肃对待双方的联系，也可以在直接了解今天的同时，间接了解昨天。创造性的灵感，不可能像一片祥云那样从空而降，它只能在艰苦的劳动中受孕和发育。裘沙的作品未必已经充分反映了他对生活的认识。为了更深入地认识鲁迅的小说，他将有新的故乡之行。但是，可以肯定：倘若他们轻视间接生活经验，想象能力也不得不像秋后的蝈蝈翅膀，要振动也是振动不出声音来的吧。裘沙画展代表着美术家对昨天与今天的关系的政治态度。我对他的成就的祝贺，也就是对大家的祝贺。”

迅师麾下，得道多助

裘沙同志应大家的要求，谈了他的主要创作体会。他从中学时，就爱读鲁迅小说，觉得有乡土气息，有味道，但不是读懂了。读懂，是从“十年动乱”开始，那时，他被搞得不许工作，扣发工资，党籍也不予恢复。在极大的苦闷中，回答了他当时不能回答的问题，解释了当时不能解释的生活现象的，就是鲁迅著作。“四人帮”打着鲁迅旗号，妄图借以打倒一切，恰恰是搬起石头砸了自己的脚；裘沙同志却在学习鲁迅著作中，对人生有所认识，并懂得了路应该怎样走，生活下去应怎样战斗。他深感鲁迅著作是我们中华民族的骄傲，应普及成全国人民都能理解的精神财富。他决心用绘画宣传鲁迅精神。收集资料时，他向处在同样逆境中的几位文艺前辈倾诉自己的心里话，意外地得到很多老同志（鲁迅生前的朋友、学生）的热情支持。裘沙谈到他三次请教茅盾同志，并成为冯雪峰同志全家的忘年挚友，突然哽咽了。他当时不知道雪峰同志得了癌症。这位党的文化老战士，带着不治之症，帮助裘沙正确理解鲁迅，识破“四人帮”，还曾两次挤公共汽车远道登五层楼，到裘沙家看画稿，分析作品，促膝倾谈……，他的第一幅作品《又为斯民哭健儿》，脱稿时间是1973年，画的是鲁迅由许寿裳陪同参加杨杏佛烈士的送殓仪会。江丰、曹靖华、唐弢、王朝闻、朱丹、马彦祥等老一辈艺术家都曾热情帮助他了解史实、理解人物情感，经七次易稿，才画成同志们较满意的这幅画。裘沙深感：不是他个人在搞创作，他的作品里溶汇着老一代同志们的心血，体现着他们的艺术意愿。在“四人帮”横行的日月，他把生活理想全部寄托在画鲁迅著作上面。但他却因创作，因在收集资料过程中编辑出版《鲁迅》照片集，竟然受到再次追查。他在被扣发工资异常窘困的生活条件下，节衣缩食进行的创作活动，竟被视为“别有用心”，他和各方面的正当联系又被诬为“招摇撞骗”，强令禁止。但一切矛盾方面总是向自己的反面转化的。“四人帮”的迫害和压力，把他以前未曾体察过的社会阴暗面，赤裸裸地暴露在他面前，促使他思考、探求。他说，这些条件，促使他加深了对伟大鲁迅及其著作的理解，否则不会有这样强烈持久而明确的创作欲望。他感到他对鲁迅著作的理解，对生活的认识都还很不够，还要像同志们挚诚勉励的那样，继续下工夫学习、研究，并长期地再到农村中去，为创作准备更充足的条件。

探索、理解、锤炼、升华

文艺理论家钟惦棐同志说：“裘沙对鲁迅著作和为人做了研究，有比较深入的理解。展出的作品就是他研究的结果、理解的结果。”他对第一室的展品评价更高些，认为对青年一代会很有启示。他说：“有的年轻人以为绘画的变形出于任意性，是创作的捷径。其实，不在造型能力上进行艰难的锤炼，不熟悉艺术规律，对客观事物、对生活没有比较深刻的探索、研究和概括，从何处升华？我不赞成抽象派，但照相式的道路也不好。各种艺术都有其自身的规律，这也就是该种艺术何以存在的理由。我提出电影要和戏剧离婚。首先是由于舞台的艺术真实和电影的艺术真实，作为手段或手法，极不相同。各种艺术都应独立发展，才有真正的‘百花齐放’。互相吸取又互相区别，吸取是手段，区别是目的。在摄影艺术高度发展的今天，绘画自应发挥造型艺术本身的不可取代性。裘沙那张横幅的鲁迅像，便太追求像，我不喜欢。而另一些作品，从照相镜头跳过去了，超乎像外，得其环中。走过艰难的道路，才获得了较多的自由。不久前读到《美术》上发表的几个年轻人的文章，我很同意他们的见解：构图要接近生活，不硬摆置，打破舞台框框。你看，达·芬奇的《最后的晚餐》深刻影响了近代舞台，数百年后，舞台又反过来影响绘画。其中固然有个生活积累和生活面的问题，恐怕也还有个绘画意识需要重新唤起的问题。”

由衷的祝贺，坦率的批评

早在50年代就创作出鲁迅小说著名版画插图的古元同志，对裘沙画展表示由衷的祝贺。他说：“我认识裘沙20多年，他从来是认准正确方向，抓住大的目标，就专攻，就全力以赴之。风格如其人，他的画风出于他的人品。几年来，门户打开，各种思潮、各种画风卷进来，如果没有主见，没有坚定的信念，吸取、借鉴什么，抵制、排斥什么不明确，就会动摇，方向也会模糊。有人容易受波动，看风向，容易出头的、时兴的，就一窝蜂似的去追逐，盲目性很大。但也有不少同志不随波逐流，忠于人民，坚持现实主义，搞出了成绩。这是我们这个队伍的可贵品质，应大力发扬。裘沙总不满足自己的现状，不停顿地探求生活的底蕴，探索艺术的奥秘吸取各种营养。他在表现手法上，简练、夸张，概括性强，有变形，有象征，进行了各方新尝试，很好。但还应着力地把普通群众的理解能力、欣赏习惯、艺术趣味等等考虑进去。我感到个别画面中夸张变形与人物性格不够吻合，与群众欣赏习惯距离远了些。例如祥林嫂站在丈夫和儿子的两个坟头之间，那身影过于纤秀、苗条，不符合农村劳动妇女祥林嫂的身份。《阿Q正传二百图》幅数太多，有重叠，再版时可再挑选一番，精一些更觉集中，百幅可能显得每幅都新鲜。”

走顽强者的道路，好啊！

在场好几位同志说诗人艾青是美术界新事物的热情支持者。艾青同志说：“这样的画展很好，看了之后，使我们有个回忆的机会，又看见我们中华民族的悲哀。这悲哀是那么持久，从离骚到祥林嫂，阿Q…… 在长期封建制度下，人民遭受百般蹂躏，喘不过气来。裘沙就是表现的那压得喘不过气来的时代，作品表达感情很强烈。他吸收了外来的营养，主要是珂勒惠支。欧洲多少画派，没有像珂勒惠支那样深刻地反映德国的社会矛盾。她观察了德国社会，表现了尖锐的矛盾，看了使人感动。她的传统在欧洲应该继承下来，但没有很好地继承，却出现了达达派、表现主义、抽象派……记得1932年，我们春地画会举办展览，鲁迅借给我们全套珂勒惠支版画。那天我在展览会值班，来了一个人，在签名册的角落里签了很小名字。此人就是鲁迅。我只见过他这一面。由于鲁迅的传播，珂勒惠支的画风在我国有重要影响。现在，抽象派在欧洲铺天盖地，使我迷惑不解。难道人类处于那样一个社会现实，就没有值得反映的？还是反映够了？远远没有。我最近写了篇文章，谈艺术的否定产生了否定的艺术。我并不完全否定抽象派和朦胧诗，但有些年轻人，要完全肯定，自视那么高，要取而代之。我还是恋恋不舍于现实主义传统。裘沙的可贵在于坚持为现实服务，而且有很多创新。我们队伍中有不少同志走这条顽强者的道路，好啊。”

明朗，再明朗些！

去美国参加纪念鲁迅先生活动刚刚回来的30年代老作家萧军同志讲：“我在美国看了好多‘艺术’。草地上立着许多钢管，人家告诉我：这是雕塑。又看到几个士敏土块块，堆起来，也称为艺术。（艾青：我在外国看到一堆东西放在角落里，以为是盖厕所用的，人家也说这是雕塑。）我不懂，问：‘艺术家们自己懂不懂？’回答说：‘他不会告诉你的。’走向艺术的否定，结果是来了否定的艺术。我想，原因是若干世纪以来，现实主义大师太多了，而他也要成为艺术家，正面竞争不过，想办法另走小路罢，千奇百怪的办法，天机不可泄露。因为他也要存在，要出名，好借此为生。艺术是形象的，把它抽象化，还有什么意思？谁也不懂，何必放在大庭广众之间？我们坚持现实主义道路，是我国各色各样看不懂的艺术所不可比拟的。我在裘沙、伟君作的《阿Q正传二百图》观后记中写：‘阿Q是世界文学典型中的典型。他和哈姆雷特、堂吉诃德是世界文学三大典型。不管什么阶级、民族……’任何人都有迟疑不决吧？哈姆雷特是这种典型，主观愿望很好，效果不好，大有人在吧？那是堂吉诃德。任何人都有精神胜利法吧？阿Q这个典型特点无处不在。仅就‘文化大革命’十年来说，要没有一点精神胜利法，就活不下去。挨打了，是儿子打老子；今天不行，我将来再如何如何……这就是阿Q精神的一些表现。阿Q是包含世界性、人类性的典型性格。欺软怕硬，譬如说，‘尼姑就一定与和尚私通’等等逻辑。这样的处世态度，这样的‘学说’，我们接触的难道还不多吗？裘沙和伟君同志忠于人民，忠于鲁迅文学事业，创作上数量已不少，质量上还正在提高。我看了一楼那些画（指《狂人日记》、《祝福》、《药》等插图），总感觉到有些阴沉之气；二楼的《阿Q正传二百图》就比较明朗了，阴沉之气已渐渐脱下去了。我还是后记中那句话：希望他的画风明朗、再明朗些。裘沙和伟君同志取长补短，我相信在艺术上一定会向‘更上一层楼’的方向发展的。”

绘画也要“进入角色”

同萧军同志一起到美国访问的老作家戈宝权同志说：“我们把裘沙同志的《阿Q正传二百图》和他画的几幅鲁迅画像带去，在纪念鲁迅的学术讨论会上，举行鲁迅书展时展出。听到的反应很好。为鲁迅小说作插图的画家很多，各有各的理解，表现方式也各有特点。我曾看到裘沙画的好多绍兴一带农村人物写生和村镇小景，连人家屋里的摆设以及厨房用具都画了速写。他对鲁迅作品中的人物心情、动作和生活环境作了细致的研究，找到充分的生活依据。他搞创作时，是‘进入角色’的。他所画的阿Q，喜怒哀乐和说不出的内心活动，都活灵活现，外形是始终一贯的，精神面貌也是在变化中求得始终一贯的，对环境的描写也很真切。看他的画，好像跟着阿Q走进未庄，沿着那些小巷和河道在走。其他人物，如赵太爷、假洋鬼子、王胡、小D都跃然纸上。当赵太爷打阿Q那一巴掌时，一只大手伸出来，作了夸张的表现，是电影镜头赶不上的；而当阿Q走上‘中兴’之路时，赵太爷不敢称他阿Q，怯怯迎上去满脸赔笑，称‘老Q’，那种神情，画得妙极了。裘沙同志为鲁迅画的许多画像，能把各个时期鲁迅的精神风貌画出来，这是由于他通过学习、研究，并融会自己的全部生活感受，才达到对鲁迅伟大精神和人格有深刻的理解。他还为《呐喊》、《彷徨》、《野草》、《朝花夕拾》、《故事新编》等作品集画了很多草图，积累了一本本的插图小稿。他也为鲁迅的杂文作了插图，这就比小说插图更难。而他下决心要一生为普及鲁迅著作贡献全力。我祝愿他在这方面能作出更大和更多的成就。”

令人振奋，引人深思

在北大中文系任教的孙玉石同志，是鲁迅研究学会的新生力军。他说：“裘沙画展，是令人振奋也是引人深思的，是美术发展史上带开拓性的一个现象。鲁迅是我们伟大民族之魂。我们所有研究鲁迅的，无非是学习、发掘鲁迅精神，用文字传播开去。用绘画艺术，把代表我们伟大民族灵魂的鲁迅精神表现出来，成为便于普及到广大群众的精神食粮，这是美术界的一个大课题。裘沙深入农村体验生活严肃认真，下了苦工夫，才出大成绩。粉碎‘四人帮’不多久，我也曾去绍兴，那时老乡很穷，到处是破房、粪缸，我看哪里都感到破破烂烂，鲁迅故居房屋也歪歪斜斜，当地人说：‘你们不要总是看了就走，出些钱修理修理吧！’我的心感到沉重，却没裘沙那样锐敏的艺术眼光。我很喜欢他为鲁迅杂文作的插图：巨石下压着的野蓟；生命的路；肩住了黑暗的闸门，放他们到宽阔光明的地方去……杂文的精神体现出来了。如：《路》，画一个瘦骨伶仃的人，周围布满荆棘，手握柴刀，衣服已刮得一块布片都不存，身后留下带血的脚印，继续向前走去。我看了很感动。肩住闸门，画一个青面獠牙狮面形大门，象征封建主义的沉重压力，被一个巨人撑开，用肩背顶住，放一群孩子奔出去……这都不是图解，而凝聚了作者的探索精神和生活感受。裘沙既坚持了现实主义艺术传统，又吸收其他流派的表现方法，实行拿来主义，为我所用。他在艺术上路子也是很宽的。”

海外归来者的心里话

15年前从外国归来的郑振庭同志，刚回到祖国怀抱就饱经“十年动乱”之苦，现也在北大任教。她在座谈会上听别人发言时，不时激动起来。她说：“文艺界很多领导同志在‘四人帮’沉重打击下，仍冒着风险，不约而同，热心地支持裘沙画鲁迅，这件事本身就使人深深感动。鲁迅的正义呼声震动了中国，也震动了世界。今天，鲁迅精神在祖国大地上正起着振奋民族精神的作用。尽管我的国外亲友纷纷叫我再次出国，我也不去。祖国是我的亲母亲。我要跟十万万同胞一起参加振兴中华的伟大事业。裘沙的创作也给我很多启发。”

热能从人民中来

老版画家彦涵同志说：“我和裘沙同志平时接触和交换意见较多。彼此都在处境不妙时为鲁迅著作画插图。他是不吭声、非常勤奋地从事艺术劳动的画家。他的创作热能很大。他的热能是从人民中来的，是鲁迅精神哺育的。他不怕帽子，不怕棍子，不怕高压，‘四人帮’的迫害挫折不了他的锐气。他兢兢业业埋头苦干，令人非常钦佩。马蒂斯说他自己的作品，是供人们坐在沙发上喝咖啡时欣赏的。

中国话说是供茶余酒后消遣的。裘沙的作品不是这样，他的劳动成果是献给广大人民的，而且是具有强大热能和教育意义的宝贵精神食粮。他作的鲁迅文学插图，使我们看到了我们民族所经历的灾难是多么的深重而长久，这正可以激励我们继续推动历史的发展，改变落后状况，为建设社会主义四化和精神文明做出贡献。”

殊途同归

吴冠中同志托人捎来书面发言，匆匆的字迹写出真挚的话语：

“我和裘沙相识不太久，是在秦皇岛一同教学时，俩人同住一间屋里开始的。我们很快成了知己，赤诚相见，对文艺问题谈得很坦率，因为有了一位很可靠的介绍人，这位介绍人就是鲁迅先生。裘沙谈到了他对鲁迅的真挚的爱，对鲁迅乡土、人物、人情的深刻的了解和浓厚的感情，一直谈到他在‘四人帮’期间自己出钱编鲁迅影集的经过。我手头有这本影集，是鲁迅博物馆送我的，我原先不知编辑者就是裘沙。

“裘沙教素描，重人物，他自己搞插图，早期的表现手法偏写实，长于精神的表现。我教色彩，重风景，自己要求发掘美感，作画偏爱形式……也许我们并不走在一条道上。然而我们相处很好，不是生活上互相迁就的那种庸俗关系，而是在艺术上的意愿相接近，真心诚意地彼此相学习。我体会到，艺术的表现形式千变万化，随着思想感情的发展，技法必然不断增生，表现手法之间无须争颂，唯重感情的真，视伪为大敌！”

指出疵点

来京办事的湖南人民出版社的朱正同志坦率地说：“我七找八找，找出画面上两个点疵：阿Q和小D打架，小说写两人揪在一起的影子在钱家照壁上映出一个虹形，画中影子却落到地上；在处死阿Q的布告上，文字不会用‘以儆效尤’，而必用朱笔写‘以昭血戒。’”

宁吃野菜也坚持

萧军同志的女儿萧耘同志抢最后几分钟时间说：“我是晚辈，对裘、王二位老

1981年王励君从杭州来北京，协助妹妹、妹夫的“裘沙作·鲁迅文学作品插图展览”做了很多烦琐而必须的工作。

师非常尊敬。他们开始创作鲁迅先生著作插图时，到南方去深入生活，并搜集有关图片，路费是自己出，买绘画材料也是自费。裘沙老师的工资当时还在继续扣发期间。回京后，全家所有的钱都用光了，无钱买菜。王伟君老师天天从她上班的景山少年宫荒芜的土地上采野菜带回家。他俩人带两个孩子，吃野菜熬到下月伟君老师领工资的时候……他们当时不会想到今天开这样的画展，也没有希望何时能够出版。这期间他们还遇到一些什么意想不到的困难，只有他们自己知道。全家吃野菜的事，给我教育很大。所以，这次我陪同父亲到美国，看到美国某些画家的画室宽绰极了，立刻就想到裘沙家的两间小屋。现在他一家四口，孩子已成年，一起住在20余平方米里头，画稿越来越多，占地方越来越大，人只好占地方越来越小，最后只好向‘高空’发展了。工作条件如此，竟能创作出这样多的有价值的作品。说明我们中国艺术家们是非常有骨气的，是在诸种困难条件下工作下来的，是非常让人佩服而尊敬的。”

参加座谈会的其他同志：许鲁野、伍必端、华夏、尹戎生，还有天津来的周艾文等诸同志，竟没有得到发言时间。即使发了言的也感到语犹未尽。会上，同志们对作画和做人的关系问题都深有所感。发言中那种坦率热忱的批评，座谈会洋溢着一种新的风气。虽然对部分作品的评价恰恰相反，但都是出自真挚感情的真诚声音，对进一步思考创作问题，都会有新的启发的。

（原载《美术家通讯》1981年第7期）

走老路，探新步

张怀江

我的心情很是激动：当我详细阅着《阿Q正传二百图》的幅幅画面，接到“裘沙作鲁迅文学作品插图展览”的请柬和江丰同志为你的画展所作的《前言》，以及回想到1974年我在你家看到你在起草鲁迅去参加杨杏佛追悼会的那幅创作稿子的严谨态度和高度的艺术表现力，还有后来你几度去绍兴经杭州与我的晤谈……你的往昔与今天，你的辛勤和硕果，都使我很激动，回忆很多往事，也很欣慰。

江丰同志的《前言》写得很好，写出了你在艺术创作上所坚持的正确道路和所取得的重大成就！你的插图作品，确是不为高雅之士的赏玩而作的，而是带给人们以生活的信念和力量，这才是艺术的主要使命！你不为世情所动心，将有限的年华放在艺术的典型形象的塑造上去发光，去埋头不息的探索！今天，在纪念鲁迅诞辰100周年的日子里，这样大量的插图作品显示了你的才华和功力，我确是非常欣慰，谨此向你表示最由衷的祝贺，祝贺你的展出成功，祝贺你创作上不断成功！

——致裘沙

1981年9月16日

解放以来，对于插图创作，像你这次画展那样受到各界重视、支持和评价之高，还是鲜见的，甚至是仅有的。我已详读了《美术》上所刊载的你和王朝闻同志的通讯文章，今后还将整理发表座谈会上诸位前辈的重要发言内容，我确是为你坚持走着的一条正确的创作道路、高度认真的创作态度和别具一格、泼辣深沉的创作风格而深为感动，它受到高度的重视和评价，是完全应该的！这不仅只是你个人的事，更主要的是涉及在当前美术界各种思潮显得活跃（或说是较为混乱）的情况下，作为一个人民的艺术家，应该走怎样的道路问题！预祝你在不久的将来，创作出更为优异的作品来！

——致裘沙

1981年10月19日

高于生活

真正的艺术家，应站在更高的层次上去审察人间俗事，去对待身外之物！

——致裘沙　王伟君

1987年7月14日

（原载中国文史出版社2008年出版《张怀江谈艺书简》）

阿Q的再现

——裘沙画展观后

东方舟

画家裘沙创作的“鲁迅文学作品插图展览”由北京移到福州展出了。其中包括《阿Q正传二百图》、《祝福》、《狂人日记》及其他插图共几百幅，琳琅满目，成功地再现了鲁迅先生笔下的阿Q、祥林嫂、狂人等的感人形象，帮助我们加深对鲁迅及其作品的认识。这里想着重就《阿Q正传二百图》谈些观感。

60年前，鲁迅写成《阿Q正传》，在国内外引起极大的反响。有的人和阿Q对照，察看自己的灵魂；有的人则认为阿Q是个坏蛋。一些外国朋友则赞叹再三，像法国作家罗曼·罗兰就说：这部大作“是属于世界的。法国大革命时也有过阿Q，我永远忘不了……”多少年来，众说纷纭，看法不一。现在有机会看到裘沙、王伟君合作的画展，看到重现着的阿Q艺术形象。到底阿Q是一个怎么样的人，对我们有什么启发，可以从中寻求一些共同的语言。

裘沙笔下的阿Q，别开生面，表情复杂丰富，性格突出，真是喜怒笑骂皆本相，甜酸苦涩尽滋味。看他塑造的那幅阿Q头像吧，撅起嘴巴，翘起鼻，右眼睁开，左眼微合，斜睨着人。他究竟是见大人而藐之，还是怕大人而自藐呢？是自认“虫豸”，还是自逞英雄？是百分之百的憨厚质朴，还是带有几分狡猾？……几年前一度流行的那些面谱分析法，眼下一概失灵。只有仔细端详，认真思索，对照原著，揣摩鲁迅创作阿Q的成因，才知分晓。

鲁迅是这样介绍阿Q的：“有农民式的质朴、愚蠢，但也很沾了些游手之徒的狡猾。在上海，从洋车夫和小车夫里面，恐怕可以找出他的影子来的，不过没有流氓样，也不像瘪三样。”裘沙基本上把这些本质重现出来了。在北京展出时，文艺评论家王朝闻看到无家可归的阿Q在人家门前伸懒腰，打哈欠的画面时，连声叫好。鲁迅儿子周海婴边看边说：“要是我妈妈还活着，也来看看该多好啊！”难怪许多观众流连忘返，一位扮演过阿Q的演员，对着悬挂在墙上的阿Q像，瞠目凝思，心驰神往。一些专家议论说："简直把阿Q的本相画活了，是这个样！"这个评价多么中肯呀。然而裘沙和王伟君同志为了追求达到"是这个样"，曾付出多少辛勤的劳动。首先是他们对鲁迅著作进行潜心钻研，认真琢磨，不仅去熟悉阿Q所处的时代背景、阿Q的个性特征，而且更着重探索、挖掘他的灵魂实质，画了改，改了又画，从不以形似为满足，力求做到从人物的一笑一怒，一举一动中传神。看阿Q指着头上的癞疮疤那一幅吧，阿Q一再受人嘲弄之后，想出报复的一法：仰脖朝天，不看人世，抬起左手，伸出一个指头，指着左额上的一块发亮的地方说："你还不配！"文图对照，给人以深刻的感受。

裘沙同志还善于透过细节体现人生哲理。且看阿Q头上那条刻有旧时代印记的辫子，阿Q是把它作为祖传的至宝、地道的国粹看待的。他公然宣称：头上没有一条真正的辫子，就是没有了做人的资格。阿Q对没有辫子或假辫子，是"深恶而痛绝之"的，他和小D"龙虎斗"时，各自留一只手护辫，只用一只手打人，可以看出他是多么爱辫如命呀。自称"革命"时，虽把辫子盘在脑后，一失意又想把它放下来。总之，不管盘起也好，放下也好，他始终是带着那条代表旧时代印记的辫子生活的。画家也就紧紧抓住这条对阿Q来说有深刻的历史根源和社会原因的辫子不放，深刻而生动地描绘出旧时代思想印记的这一条辫子是怎样牢牢地缠绕在那一代人的灵魂深处的。

鲁迅曾在写成《阿Q正传》之后作过预言："我也很愿意如人们所说，我只写了现在以前的或一时期，但我还恐怕我所看见的并非现代的前身，而是其后，或者竟是二三十年之后。"裘沙以准确有力的笔触重现一个带着辫子生活的形象。它给我们这一代人的启示也是很深刻的。

早在50年代，裘沙以画人手见长，我从报纸上见过他画的手、臂，或青筋暴露，或肌肉隆起，颇有力量。但嫌肤浅一些。而今画面上的阿Q，笔到之处，力透纸背，一下子戳到灵魂深处去了。可以说明裘沙同志已从过去热衷于表面夸张，进而追求内在的生命力，使内容和形式更好地统一起来，既保持了当年奔放的风采，又增添了深沉的底蕴。裘沙雄浑有力的画风，加上伟君精细独到的艺术构思，合璧之作，理所当然地要受到观众热烈的赞许。

裘沙同志生于浙江绍兴附近的嵊县，20岁以前不曾离开故乡，对画阿Q、祥林嫂等这种乡土气息很浓的文学形象，具有得天独厚的有利条件，可他并没有靠这些"老本"信手画来。解放后，他曾六次返回绍兴水乡体验生活，认真查访故迹，还画了一幅绍兴地图，密密麻麻地标出鲁迅生活过的、笔下提及的地名和水流。为了寻找阿Q的模特儿，他天天留心观察一个在街头巷尾专事寻人挑衅、逗乐、吵嘴、打架的游手好闲的人。有一天裘沙正在偷偷地动笔画他时，被其发现后嚷道："去，你画我有什么用！要画就画一张钞票，五块的、十块的！"裘沙就是这样在水乡来回奔波，从许多模特儿中提炼、凝聚、加工，经历了八年时间，才画出今天的"是这个样"的阿Q来。用裘沙自己的话说："画家离开了生活，就像晾在干地上的鱼，没半点活气。"

裘沙同志在艺术天地里正走着一条"严肃看取人生，深刻解剖人生，有力描绘人生"的道路。这对我们从事文艺创作的人来说，是很值得学习的。

（原载《福建日报》1981年12月19日第4版）

时代哺育的，献给时代的

——介绍裘沙和王伟君同志合作的鲁迅著作插图

高焰

在纪念鲁迅先生一百周年诞辰的活动里，裘沙“鲁迅文学作品插图展”，可算是美术队伍最为重要的献礼之一。插图展不仅受到观众的欢迎和喜爱，还得到文艺界前辈著名作家、艺术家们的由衷称赞，甚至被认为是捧给人民的高热能精神食粮，是学习鲁迅精神、宣传鲁迅精神的一项可贵的创作实践。

这次展出的作品，有处在各历史时期、各种境况中的鲁迅画像；有已出版的单行本《阿Q正传二百图》原作；有为《祝福》、《狂人日记》、《药》、《明天》等小说插图，以及散文、诗和杂文的插图，共计300多幅。另外，这其中有些还是1973年“四害”横行时，作者处在极其困难处境中创作的。

野蓟的性格

“十年浩劫”中，裘沙和绝大多数正直的知识分子一样持续深受林彪、“四人帮”法西斯专制的迫害。在那赴诉无门的逆境中，几曾陷入迷茫、颓丧和哀愁。1973年，裘沙抱病带着一个有病的孩子，回京就医。白天跑医院四处奔波，直到晚上才回到冷清的家中。为了打发漫漫长夜，他从箱箧中翻出《鲁迅全集》，重新一篇篇一本本捧读。结合自己的亲身阅历和周围生活的种种现象，反复咀嚼，就是这一反复咀嚼，犹如绝处逢生，霍然使他从新的高度理解了人生真谛。他更深刻地理解了鲁迅“横眉冷对千夫指，俯首甘为孺子牛”的精神——中华民族之魂，这精神正是我们民族希望之所在，力量之所在。他感到应该以这种精神，扎扎实实为我们伟大的民族做些力所能及的事。他决定用长满硬茧的手重操画笔，让自己的绘画有所作为，于是便始作《又为斯民哭健儿》。

《又为斯民哭健儿》取材于鲁迅生平史实。1933年6月8日，杨杏佛烈士在上海惨遭国民党特务的暗杀。在当时，鲁迅先生已得知自己的名字也在国民党特务的黑名单上，然而，为伸张正义，斗争到底，仍毅然决然地赴万国殡仪馆，为杨送殓。画幅表现了鲁迅战取光明、骨头最硬的品格。

在收集资料，征求意见过程中，裘沙得到了多方热心的支持。他南北奔走，得鲁迅照片百余幅，内有很多是未曾发表的。他埋头潜心研究，对照鲁迅日记、书简和有关同志的回忆录，明白了照片背后特殊的背景及有关生活细节，更进一步懂得了这些留影中深刻的历史含义。例如：1931 年 7 月 31 日全家合影，乍看以为是一张普通的生活照片，而经考证才知道，柔石等牺牲后，关于鲁迅先生的谣言四起，为释老母惦念，特意同许广平携海婴两次出门去照好这张一家三口的全家相，寄往北京。照片中，鲁迅先生深沉刚毅的神情，令人感觉到当年那种险恶形势，也更加理解了此后两年，为纪念柔石等牺牲而写下的：

惯于长夜过春时，挈妇将雏鬓有丝。
梦里依稀慈母泪，城头变幻大王旗。
忍看朋辈成新鬼，怒向刀丛觅小诗。
吟罢低眉无写处，月光如水照缁衣。

骨肉情，同志爱，坚毅的战斗精神，深深打动着裘沙。他征得周海婴同志的支持，两人合编了一本珍贵的照片集《鲁迅》。时值 1975 年的 7 至 9 月间，得到出版社的重视与采纳，决定作为特急件，赶在 1976 年纪念鲁迅逝世 40 周年时出版。这对于身处逆境的裘沙来说，也算是逆境中的一度中兴吧。

但不久，“四人帮”刮起了“批邓”阴风，裘沙正大光明的一切努力，却被当作为“右倾翻案”，甚至被说成为“别有用心”，“招摇撞骗”……就连海婴同志也因与裘沙的密切交往，而遭责难和警告。裘沙到上海、绍兴等地去收集资料，检查考证，其支出的差旅费全部自付，无处报销。在那严寒的丙辰早春，他从南方回京，为了尽快还清差旅费之债，家里的钱用光了，他和爱人王伟君同志带着两个孩子，咀嚼着无以下饭、几乎断炊的苦楚。所幸的是伟君按照一位老园艺工人的指点，在她上班的所在地景山公园内的荒坡上，天天采回很多开着淡紫色十字花的二月兰和带刺的野蓟，供四口人从中摄取维生素和植物蛋白。

也正是那一刻，他体验到鲁迅先生抒写的战士的生涯，钻入草莽丛中去舐掉

《于无声处听惊雷》

身上的血迹。他沉闷而抑郁，但没有停步。外面是为镇压“四五运动”疯狂挥舞的棍棒和铁拳，是“批邓”、“反击”、“追查”的一片喧嚣。他哪儿也不去，沉默着。把满腔愤慨和憎恶倾注到创作上，又一幅素描《于无声处听惊雷》诞生在丙辰清明之后。

1976年10月，正当粉碎“四人帮”举国狂欢之时，照片集《鲁迅》准时出版了。虽然照片集未能充分体现裘沙编纂此书的初衷，但购得这本珍贵读物的读者们，无不感谢它的无名编者。五年以后，裘沙画展的举行，把他对鲁迅精神的领会，对作品的理解和对生活的感受与认识，以及在绘画艺术上的新探索，都公之于世。这也就是把八九年来的创作甘苦，为人生、为艺术所做的一切努力和盘托出。

一位知心朋友看了画展后说：“我看到了裘沙的自画像。”其实裘沙又何曾有这种“自我表现”。朋友指的是裘沙为《野草》集中的《一觉》所作的插图：巨石下的绿色小草。正如鲁迅原句：“野蓟经了几乎致命的摧折，还要开出一朵小花……”

野蓟开花时节，正是草木欣欣向荣的阳春三月。

迅师麾下，得道多助

裘沙的《又为斯民哭健儿》起笔于1973年“四人帮”棍子帽子满天飞的时期。但他却不是在孤军作战。少年裘沙是在旧中国绍兴一带农村度过的。青年裘沙是在解放后上的大学，掌握了绘画专业能力，成长在红旗下。裘沙相信他的那些老师——30年代接受鲁迅指引、并在中国共产党的领导下从事左翼文艺运动的前辈们，相信他们经过十几年革命战争和几十年政治风雨后，即使处于“史无前例”的逆境，也不会冷落他。甚至深信，他会得到他们的鼎力支持。

他首先叩开了蛰居陋室的江丰同志家门。被迫退休的文化老战士撂下手中的研究资料，热情接待了自己这位50年代的学生。裘沙带去的初稿，画的是鲁迅和许寿裳同往殡仪馆去。江丰看了说：迅师此去不带钥匙，是明知形势险恶，准备不回来的。要选择最能体现内心感情的情节，为此，还要画上许广平，她曾拿着钥匙追出门来。为了进一步了解这不平凡的历史情节，并把三个人物形象画好，裘沙又访问了好多文艺界长者。唐弢同志告诉他：许广平同志生前曾说过：那天，迅师刚下楼，她发现钥匙留在桌上，便拿上追至大门口，迅师没有接钥匙，说“我不带了！”她明白这意味着什么，一下愣住了。这个尚未见诸文物史料的真实生活细节，使裘沙深深感动。他决定就表现此情此景。曹靖华同志向他介绍了许寿裳的品格、为人，以及他同鲁迅先生的关系。马彦祥同志和王朝闻同志分别帮他揣摩三个出场人物的位置、动势和神情……画稿变了七次才最后完成。画中鲁迅先生那回身示意，决然冒雨前往的神态，表现了革命先驱蔑视反动派白色恐怖，大义凛然，挺身而出，生死置之度外的气概。许寿裳与之偕往，并为之撑伞的动势，流露出深切的爱护和同仇敌忾、生死与共之情。画中许广平握钥匙的手已垂下来，伫立门口，目送他俩雨中上路，那神情既不再是愕然，也非单纯忧虑，令人感到那是爱与憎，信念与危难感，希望与担心……诸种强烈矛盾着的情愫的交织。这幅画，画风朴朴实实，却动人心弦。无怪朱丹同志为此画题写了鲁迅先生的诗之后，又写了题记。那雄健的书法与文字内容浑然一体：

岂有豪情似旧时，花开花落两由之。
何期泪洒江南雨，又为斯民哭健儿。

裘沙从创作这幅画后，开始了对鲁迅的深入研究，并把画鲁迅作品的插图和为鲁迅画传作为毕生事业。也就是从此时起，和当年迅师麾下文艺战士、今天社会主义文化建设战线上的老一代们，结为神交、深交。他曾三次登门请教茅盾同志，茅公每次都热情接待了他，并解答他求教的重要问题。周建人同志曾七次接待他的来访，其中有的是单独详谈，长谈。萧军同志一家和他结成了忘年之交。更使他提起就热泪盈眶的是冯雪峰同志。裘沙第一次贸然往访时，年逾古稀的冯老已患肺癌（只是尚未发现），问明来意，竟像久别重逢的友人，推心置腹，长谈过午，帮助裘沙正确理解鲁迅及其著作，启发他分辨“是”与“非”。现在回忆当时的谈话，愈益钦佩这位优秀共产党人的政治远见！冯老对他收集、考证、整理资料，处处给予细心指导。裘沙要什么资料，冯老总是毫不犹豫地借给他。为了帮助裘沙考虑如何把创作搞好，冯老两次孤身出门挤公共汽车，远道登五层楼，到裘沙家看画稿。这位在 1927 年大革命失败的年代里入党，长期在白区工作，还到瑞金领导过中央党校等工作，经过长征，又曾根据亲身斗争经历写出《上饶集中营》历史小说的革命长者，像鲁迅先生以伟大襟怀培育青年一代的成长那样培育着新的一代。

裘沙深感这不是他个人在搞的一项事业。在他的作品里，融汇着老一代同志们的心血，体现着他们的意愿。可以说，在裘沙强健蓬勃的艺术生命里，活跃着前辈文化战士的生命基因。在鲁迅百岁纪念时，这个画展超越了个人的意义，也可以说，它不单是裘沙个人的，也是我国文艺队伍的贡献之一。想一想吧，在那乌云压顶的时期，南北各地那么多知名的和不知名的文艺界前辈，动不动受到帽子棍子的残酷打击，甚至筋骨也受到摧残，却不约而同，冒着风险，披肝沥胆地支持着裘沙。真可谓迅师麾下，得道多助啊。

独到的理解，创造性的表现

任何作品，若能深深打动人心，其成功的因素总是多方面的。

看裘沙画展，很多同志感动不已。通过回味过去的悲哀，涌起关心现实和有关继续改革、扶植新生事物的思考。裘沙创作成功的一个重要因素，是对鲁迅著作的独到的理解。

例如：对于《阿 Q 正传》，他很不同意把“可卑”、“可耻”等字眼堆到阿 Q 身上；

《阿Q正传二百图》之一（“阿Q，你怎么会姓赵！——你哪里配姓赵！”）

他甚至认为“哀其不幸”尚可，“怒其不争”的提法就有必要重新考虑。因为阿Q生活在那样的时代，他是没有办法争的。他的愚昧落后，甚至欺软怕硬，都是那个社会造成的。可卑、可耻的是赵太爷、假洋鬼子等等。原著所揭示的我国半封建半殖民地社会长期停滞的症结，在于这股可恨的黑暗势力的反动、贪婪、投机。而阿Q处在被奴役地位，他要革命，一心想改变现状，本能地对赵太爷、秀才、举人和假洋鬼子一贯反感，因此，主要应报以同情。但决不同情他的“我要什么就是什么……”，以及阵线不清等等重大历史局限、自身的本质弱点。用造型艺术手段对上述一切进行剖析和披露，在鲁迅小说插图创作中，这篇是最难的。

第 1 幅为阿 Q 没有家。画阿 Q 早晨起来先打个哈欠。画其常处于疲惫状态的，间或不得温饱，更不能讲体面的那一身瘦削筋骨。一下便令人如闻其声，如嗅其味。接着，画他在一个管家监督下割麦，给老财主家舂米，给东家撑船，还有，在东家二门外站着吃饭的姿态，都着力表现出阿 Q 被剥削的劳动者身份。画家通过形象和气氛，亮明了自己的观点、立场和同情之所在。第 10 幅所画一个老头子和善地望着阿 Q，颂扬他“真能做！”阿 Q 那喜欢的神态，不仅嘴巴笑，那耸动的肩膀和一身不太发达的筋肉，还有瘪肚皮也笑了起来。阿 Q 极端窝囊的一生中，只有一回这样片刻的舒畅，体现出画家对阿 Q 的基本评价。

从很多画面可以看到：在和闲人们玩笑、吵闹和打斗中，阿 Q 挨过多少揍，肌肉抽搐着，脖颈缩缩着，全身扭曲着。正如阿 Q 受了打击之后要报复，向更弱小者去发泄时，小 D 的退避和无可奈何的招架，小尼姑受欺侮后，在苦于无告时发出咒骂，所表现的那个时代的愚昧，是令人揪心的。但使人为之惊觉的，是赵太爷给阿 Q 的嘴巴（画家夸张了那只打人的手），是假洋鬼子抡起来打阿 Q 脑袋的“文明棍”，还有秀才举起的大竹杠。

阿 Q 身上有流氓无产者的气质和行径，画家却从来不把他当做流氓分子来画。他画阿 Q 幻想有个妻子抱给他一个儿子，这就把阿 Q 追求寡妇吴妈当做人生正常行为来看待了。但赵秀才们却斥骂他“反了”，连做短工糊口的条件也剥夺掉。画家的同情全合乎无产阶级的人性。

为揭露赵太爷一班人对阿 Q 分到的赃物也要攫为己有的卑鄙本性，画出了赵太爷那骄矜、伪善、贪得无厌的面孔；邹七嫂为弄到了一条廉价的裙子而啧啧喳喳的小市民气；寻上门的地保那喋喋不休的嘴；和伸向阿 Q 要每月“孝敬钱”的肮脏手；……从几个侧面揭开了腐败之极的剥削阶级的遮羞布。而被逼得蹲在墙角、再也无处躲避的阿 Q，被剥削、被压迫到再也不能忍受、忍耐了。正当此时，革命浪潮到来了，恰在举人、太爷们惶恐不安时，阿 Q 却一跃而起。这完全是阶级本能的。看，鸟男女们的慌张使他多么快意！他怀着“革这伙妈妈的命，太可恶，太可恨！……”的强烈愿望，高兴地唱着“……我手执钢鞭将你打……”，走过赵家大门时，一贯摆威风、满脸横肉的赵太爷，此时怯怯地迎着，低声叫“老 Q”。那副尊容，才实在可笑，可卑！但画家并没有忘记：在阿 Q 革命之梦里，与阿 Q 同样苦命的小 D，竟也和豪绅们一同被五花大绑起来，等着处死。阿 Q 阵线不清，

《阿Q正传二百图》之一(未庄人都惊服,说这是柿油党的顶子,抵得一个翰林。)

画家却是清的。画中无辜的小D哀诉、申辩的神气,豪绅们的死硬、阴沉的面孔,寄托了画家的阶级感情。同情深,揭露也深。观众还真切地看到:在阿Q沉溺于荒唐梦境时,地主豪绅在"咸与维新"口号下,从诚惶诚恐,转而捷足先登,佩戴上"银桃子",使革命变质失败。

伟大的原作以犀利的讽刺,写出了时代的愤慨和大悲哀。插图让我们看到:佩戴"银桃子"假革命牌牌的赵、钱两家,重又神气起来时,阿Q又不辨敌我,找假洋鬼子去表示要革命。洋先生却再次向他扬起"哭丧棒"(文明棍),喝令"滚出去”。尽管阿Q惯用精神胜利法，并容易忘却，但那再次打来的“哭丧棒”，最后使他把自己和佩戴假招牌的那一伙从根本上区别了开来。这从连续几幅阿Q脸上笼罩的郁闷看得很分明。直到他被推到绝路，作为狱中死囚，他爽快地回答难友：“因为我想造反”；在处死判决书上划圈，赴刑场路上遇见吴妈喊“二十年后……”很多画面形象是幽默的，气氛却是抑郁而悲怆的。在结束这部插图时，最后画了一幅抒情画：阴风怒吼、黄沙蔽天的刑场上，一支瘦狗在舐噬死于非命者的血。看完，在寻味那一去不复返了的悲惨岁月时，不禁要认真思考原著深刻揭示的历史教训。凡有一定阅历的读者或观众，对于阿Q精神和阿Q的命运，总不至于浮浅地当做一个蠢人的滑稽故事来看待的吧！

《阿Q二百图》的成就，不在幅数多，而在于对原著理解的准，对生活观察得透，思考得深，把握人物的个性、气质、相互关系以及面貌、体态的特征，用绘画语言进行了灵魂的剖析，发人深省。

裘沙认为：鲁迅先生写阿Q，提出了中国严重的农民问题，写祥林嫂，反映出了中国严重的妇女问题。

1980年的《当代》上，发表了裘沙的一篇学习体会《略论祥林嫂之死》。与某些戏剧、电影、连环画所描写祥林嫂冻饿而死不同，裘沙用较充足的理由，说明祥林嫂是在年终大典前夜自己寻死的。他认为：祥林嫂在求生不得，死无牵挂的绝境中，唯渴念她那死去的孩子与丈夫。她询求人死后有没有灵魂，死后的一家能不能在地狱里见面的答案，一旦得到即使不肯定但有一线可能的回答后，她便宁愿忍受传说中地狱里的最后审判和酷刑，径直去寻求和亲人见面的机会。也正因为她是寻死的，才惹怒鲁四老爷，高声斥之为“谬种”。

冻饿而死和自己寻死，无疑都是封建礼教严重迫害的结果。为什么裘沙一定要坚持自己的理解呢？他主张：插图艺术，必须立足于两点：忠实于原作，忠实于生活。他对祥林嫂之死作出独立的判断，一是根据原著塑造的人物形象反映的时代心理状态。二是根据实际生活的逻辑，是从精神实质上深入理解的结果。基于此，裘沙和王伟君二同志合作的祥林嫂插图，出现了特别使人动心的效果。

最初出现的祥林嫂，正如原著所写：模样周正，手脚壮大，尤其两颊还是红的，画中形象令人爱见，是在不幸的生活道路上阅历不深，保留着青春光彩的农村劳动妇女。这个美好形象如同按下了牵动人心的琴键。接着，是鲁四老爷冷酷的面孔；具有同样冷酷的心，却常摆出一副善相的鲁四婶；卫老婆子那讨好主人，趋身向前，把事情说得天花乱坠的薄嘴片；还有那个柳妈，对于祥林嫂再嫁后得到一丝幸福踪迹，虽报之以会心的笑，但终究属于封建礼教的俘虏和奴仆，画出的是一个蒙昧的迷信说教者模样。人物不多，形象各自有其深刻典型性。画家认为：祥林嫂经第一次婚姻不幸、做奴仆之苦、被出卖、遭绑架……种种摧残之后，在封建礼教统治较薄弱的山坳里，一度获得了做妻子和母亲的权利。为此，全套插图只有一幅色彩明丽的画面，用来抒写祥林嫂再嫁后的家庭幸福感。而失去这短暂的幸福后，她还能够生活下去的唯一精神支柱，也就是对这个家的思念。因为是再嫁，捐了门槛也不能改变她做奴隶都不够条件的境况时，她对人世完全绝望了。但对再嫁从不后悔，而宁愿付出残生，不顾传说中地狱的恐怖，去追寻再嫁后得到的幸福的余温。祥林嫂形象是具有强烈反封建礼教意义的。因前画面着意描绘了那个明丽的山村之家；又画祥林嫂沦为乞丐，一无所有，只有手中捧着的一只小鞋；最后画她冲向地狱，被扒光了也要在增棱作响的刑具声中，抢上去拥抱自己已失去的孩子，眼角挂下一滴血泪。这就很合乎情理，确能动人心魄，催人泪下。反封建礼教的主题，得到强烈的表现。

和裘沙同志同心协力合作完成这两部小说插图的王伟君同志说得好："我们画阿Q时，感到阿Q像个朋友时时在自己身旁，和他一起感受着他一生遭遇的大不幸。这样进入了角色，肯定他什么，批判他什么，就分明起来，批判也是带着感情的。我们的创作，从来都是有感触地画，有生活地画，有感情地画。画完阿Q死去的那张，一种凄凉之感，使人久久不能入睡。画出祥林嫂的血泪，悲愤不能自已，最后遵照原作的结尾，画了'天官赐福'，处理所有的天官，都是例行公事，无动于衷，只有上界一个怀抱中的小孩子，把两手扑向人世间。作画时感情发展到这一步，非这样表现不可。"

他们为小说《明天》、《药》、《狂人日记》，为散文集《野草》中的《一觉》、《过客》……作的插图，无不体现出对原作准确、独到的理解，对生活的深刻认识与感受。确如鲁迅先生指出的：看人生，因作者而异；看作品，因读者而异。读鲁迅著作，每个读者阅历深浅不同，在理解上也大有不同。裘沙对于自己出生在鲁迅故乡绍兴一带，对当地风土人情、社会面貌有近20年的亲身接触，并不满足，也不自恃曾长期下乡劳动、工作，对农民和农民问题有较深的认识。为了搞好鲁迅著作插图的创作，他专门先后五次回到故乡去，进行反复的观察、体验、研究，不仅获得了丰富的绘画素材，更从而结合自己几十年来并非风平浪静的阅历，对

《一 觉》（野蓟经了几乎致命的摧折，还要开一朵小花。）

原著有了独到的理解。

在艺术处理上，他们接受鲁迅先生提倡的拿来主义，创作实践上有很多创新。不仅借鉴珂勒惠支、杜米埃等的画风，也经过选择、消化，汲取外国现代艺术的某些手法，在表现原著的思绪和感情，表现生活激起的胸中波澜方面，象征的、意识流的、表现派的、夸张、变形的……无不为我所用，无拘无束，效果也更见充分。

结合对自身阅历的内省，裘沙在研读鲁迅著作、日记和书简而有所得时，在收集、校勘迄今在国内外所能找到的鲁迅照片而深有感触时，他不禁惊叹了：有谁能像鲁迅先生这样把自己的全部言行，甚至五脏六腑都公之于世，而经受得住历史的鉴定与评价呢？伟大鲁迅精神，启发他懂得了应怎样做人，怎样走路。他也由此愿以自己毕生精力，从事宣传鲁迅精神的工作。展出的多幅鲁迅画像，能符合同志们心目中的鲁迅形象，也正是由于对鲁迅精神的深刻理解，和顽强的野蓟般的意志吧。

让“横眉冷对千夫指，俯首甘为孺子牛”概括的伟大鲁迅精神，在我们新的时代，在建设社会主义物质文明和精神文明的历史进程中，成为我们克服各种艰难险阻，团结奋进的精神力量！

1982 年 2 月 28 日，脱稿于 9 次列车中，8 月 3 日誊清于峨岭灯光下

（原载《鲁迅研究年刊》1982 年）

且蘸浓墨写裘沙

——裘沙所作“鲁迅文学作品插图展览”观后

张怀江

裘沙，这位忠于人民的画家，把他用几年心血所凝聚的“鲁迅文学作品插图展览”，以其虔诚的双手，呈献在鲁迅故乡的浙江人民面前，深情厚礼，十分可贵！裘沙说，这是他多年来的一个心愿。

鲁迅是中华民族的灵魂和骄傲。裘沙作为鲁迅的信徒，以其独到见解和艺术才能再现了鲁迅笔下的人物。人们可以从他的展品中，形象地感受到中国社会长期停止落后的症结所在及其形形色色的社会相。我作为他的旧时师友，更从他充满激情的疾笔中，仿佛察觉到他那源于人民、走向人民、一生笔墨为人民而走过来的脚步声。

裘沙的画笔，是贫下中农的诉苦热泪给它染红了的。那是三十年前的事了。裘沙原名裘伯浒，作为浙江美院的学生，曾投身在浙江余杭县良渚乡土改的大风暴里。那时，他曾为贫雇农阿根的诉苦史画成短篇连环画，想不到在展出时，竟使阿根在画前泣不成声，激发了阶级觉悟，从而走向斗争的前列。而当裘沙在阿根的破锅里发现他吃的是野菜时，人民的深重灾难使裘沙度过了几个不眠之夜。他强烈地思索着时代、人民、革命、艺术之间的相互关系，悟到了一条至理：人民需要革命和艺术，艺术需要革命和人民。他决然与自己以往的“艺术至上”决裂，从“形式”的胡同里回头，立志要让画笔为人民。裘沙的个性就是这样：想不通，就憋不吭声；想通了，就决不回头。从此，他辍学去中国青年报社专事普及美术而付出了十多个年头。又为汲取创作源泉，在山东农村建立长期生活基地，爱农民为至亲，画农民而倾情。他创作于60年代的《老贫农民赞》就是以虔诚注饱画笔，歌颂了他当年革命的开导者、今天哺育着他的最亲人。那时我正跌倒在地，记得我在读到这些画面时，像是仰视裘沙在拿着土改时裘伯浒手里的画笔，坚定地站立着，真可说是一种慰藉！

是的，裘沙在我心目中是挺直而立。他平易质朴，挺直得像一株清瘦的修竹，“咬定青山不放松，立根原在乱石中；千磨万击还坚韧，任尔东西南北风”。正由于他咬定人民，立根生活，才使他在十年浩劫这另一场的时代变革中，面对“四人帮”反革命路线的迫害，能够怀着不屈者的心情，从干校抱病回京，在被尘封了三年的斗室中，孤灯长夜，重读着《鲁迅全集》的篇篇页页，使他更加深切地感受到鲁迅思想的伟大和深刻，更加清醒而有力量了。他振奋着，愿为普及鲁迅的伟大思想而奋斗终生。他的第一个选题《又为斯民哭健儿》，就是表现鲁迅敢冒惧危去悼念杨杏佛的凛然正气，并借寓自己的不屈的斗争意志。从此，裘沙在学鲁迅中画鲁迅，在编印《鲁迅照片集》的过程中，埋首在鲁迅思想的精髓里去深析而别具见解；又曾几度与爱人伟君同志自费去绍兴探访和体验生活而花光了零钱、用尽了画纸。在揭不开锅的时刻，他和伟君还带着两个孩子到郊区挖野菜来充饥。写到这里，我不禁搁笔支颐想当年。当年土改时阿根吃野菜的旧时代缩影，竟重演在“四人帮”洗劫期内中国画家的生活里！然而裘沙学习鲁迅那种“吃的是草，挤出的是奶”的精神，把他对鲁迅作品的独到见解，全身心地挤注在《阿Q正传二百图》、《祥林嫂》、《药》等连环画幅里，也表达在《彷徨》、《呐喊》、《野草》等等杂文插图中。以数以百幅蔚为大观的作品举行这个鲁迅文学作品插图的专题展览，不仅是具有开拓性的一举，殊属难得。而且仅从他的《阿Q正传二百图》来浅析，也可见他在艺术创作上的功底之深。

《阿Q正传》是鲁迅的不朽杰作。阿Q是中国新文学史上最具有深远意义的文学典型，他身上的愚昧、麻木、落后的一面，正是封建统治者长期施行思想奴役和愚民政策的结果。鲁迅通过这一典型的塑造，还借阿Q一生的屈辱历史，描绘了一个典型的农村阶级对立的环境，批判了辛亥革命的不彻底性。作品所揭示的“精神胜利法”之类，至今仍有一定的现实意义。裘沙不是阿Q，但尝到了“四人帮”的“不许革命”的哭丧棒。裘沙没有“精神胜利法”，有的是把自己十年劫乱中的屈辱之愤摆进《二百图》中。他运用素描的朴素语言和坚实的造型基础，倾注自己的感受和激情的笔尖，放手纵横，致力于阿Q多种性格的深刻揭示，而又善于抓住形象特征而夸张。他不求真实于形式，也不为细节的描摹，疾笔中能见形象的深度，夸张中更显艺术的真实。裘沙正是在吃透原著精髓所在，摆进自己的真切激情，动用他的生活底子和素描功力而致成的。这是现实主义的创作成果，也是他思想、生活、激情、技巧诸多因素的化合产物。正因为如此，再现在笔下

在纪念鲁迅诞辰100周年的画展中，王伟君陪同中央戏剧学院李伯钊老院长，师生一起观展。

的阿Q，是勤劳混杂着愚昧，“奴隶造反”伴随着不幸归宿，给人以可怜又可哀的强烈的形象感受。细读一下《二百图》，住在土谷祠时的阿Q，深恶假辫子的阿Q，“精神胜利”的阿Q，对着吴妈跪下时的阿Q，发财时的阿Q，造反时的阿Q，在衙门里跪下画押、说出“过了二十又是一个……”时的阿Q，都以其鲜明的、不同的形象跃然纸上而感染着观众。裘沙这样的笔力，还见诸《药》的“一手交钱、一手交货”一画上，寥寥几笔，强烈地勾出了革命先烈的鲜血与华老栓的蒙昧之间的形象对比；见诸《祝福》结局时的白发祥林嫂，她的内心世界显示在形象的塑造上，也自具典型。还有他为杂文所作的插图：《石头压着的幼芽》、《生命的路》、《打开铁门》、《带血的脚印》……无一不是忠于原著精神，但又充分发挥插图艺术的特点，引人进入一个可视的象征境界里，受到哲理性的启示！了解裘沙的同志将可由此联想到裘沙正像那被压的幼芽，又是踏着带血的脚印，在“四人帮”的淫威下，摆进自己的切身感受，矢志为普及鲁迅的伟大思想而匍匐前进的。

这篇小文，评人多于品画。我想裘沙的画，读者在亲睹其作品全貌后，会各自作出评论的。我在这里，愿借报纸一角，多费一些笔墨，要向读者说的是：裘沙的一生脚印，裘沙的事艺精神，裘沙的人品骨格，他是不愧为一个党的画家的。他不软骨，不沾市侩气，不看行情作画，不作玄虚之说，而是学着鲁迅画鲁迅，忠于人民，忠于生活，忠于艺术，以其不摧之信念和特有的语言，形象地表达他对鲁迅作品的独到见解，这在今天正在恢复现实主义艺术原则本来面貌之际，是值得浓墨一书的。

（本篇刊载于中国美术学院出版社出版《瘦骨刀魂——张怀江艺术研究文献集》，此稿经报社删节后，改题为《饱蘸浓墨写人民》发表于1982年3月7日的《浙江日报》）

人是故乡亲

——看绍兴的裘沙画展有感

周艾文

在江南春雨霏霏的二月天，我在绍兴鲁迅纪念馆门前，意外地碰到身背画夹的老同学裘沙。

“啊，怎么在这里碰上？”我俩情不自禁地为这次巧遇而感到高兴。

更使我感到高兴的是，裘沙告诉我，在4月间绍兴将举办他的“鲁迅著作插图展览会”。

去年10月，正当纪念鲁迅先生诞辰一百周年的时候，我曾特地赶到北京，在帅府园观赏过他的画展。在北京的画廊中，我就有置身在山阴道上的感觉。今天，在鲁迅的故乡，通过裘沙的画笔再现鲁迅笔下的人物、风光，无疑，这是非常有意义的事。

裘沙，是我的少年同学。那时，我们都是中学生，尽管不理解鲁迅著作的博大，但对鲁迅的小说和散文已感到分外亲切。同学二三人，在剡溪边上谈阿Q，谈孔乙己，说闰土……故乡的人物，故乡的风光，曾深深地感动过我们年少的心灵。裘沙有志于鲁迅著作的插图，在那时候就植下了根。

4月，正是江南好风景的时节，我又特地到了绍兴，在龙山脚下，再次看了裘沙的画展，格外感到亲切。

在绍兴，看过画展的人都有一个共同的感觉，觉得鲁迅先生带着他笔下的人物阿Q、狂人和祥林嫂又回到绍兴来了。裘沙的插图除了《祝福》是有色彩的水粉画外，都是黑白分明的炭画。看起来，似乎比较单调。为什么在这样“单调”的画幅中，人们却津津有味地观赏而不忍离去，这究竟有什么奥妙？这倒是值得探索的。

老实说，在绍兴开这样的展览会，其难度比在别处要大。谁都知道“画鬼容易画人难”，在这里都熟悉画中人、画中物，如没有深厚的生活基础，没有对人物作深切的、细腻的了解，是很容易“透底”的，用绍兴话来说，难免是要“戳蹩脚”的。

裘沙的插图，有他独到之处，诚然因素很多，但有一个不容忽视的因子，这正像江丰同志所说：“它凝聚着对生活的严肃思考，它奉献给伟大鲁迅以一颗赤诚之心。正是用这颗赤诚的颤动的心，挥动画笔，去理解、去揭示生活的底蕴”。

《阿 Q 正传二百图》之一（他想：不错，应该有一个女人，断子绝孙便没有人供一碗饭。）

在文艺作品中，反映生活的底蕴，常常通过耐人寻味的细节。“细枝末节见精神”，表演艺术是这样，造型艺术何尝不是这样。绘中的细节，与文学作品中的细节一样，这是作者深入、细腻地观察生活的结果。裘沙的画，尽管没有五颜六色，却耐人寻味，这是与他从生活的底蕴中开掘出来的细节不无关系的。

绍兴人看裘沙的画，倍感亲切。这不仅画面上反映了稽山镜水，而更可贵的，它非常透剔地刻画了阿 Q、狂人、祥林嫂这些人物形象。

重现阿 Q 这个形象，是一件非常艰巨的事。“增之一分而太过，减之一分而不足”，要恰到好处，这不仅要十分认真地研读鲁迅著作，要有透彻的理解，还要对“未庄”的生活了如指掌，非常熟悉。何况《阿 Q 正传》问世以后，自丰子恺画的阿 Q 开始，已不下十七八种，又多出于名家之手，各有千秋。而裘沙要另辟蹊径，确实困难重重。他近九年来，十下绍兴，足迹几乎踏遍越中的大小城镇，画下了数以千计的速写，集腋成裘，才有裘沙笔下的阿 Q。

像阿Q刚出场的三幅画，全都是通过生活的细节，惟妙惟肖地刻画了阿Q的身份。高擎一双弯曲而又捏拳的手，张着不断打着呵欠的大嘴，从中就不难体会这个无家可归的而又无拘无束的，但为吃饭又不得不出外打短工而只有早起的阿Q的两重性格。他通过含蓄而细腻的笔触，画阿Q在土谷祠内随地撒尿的背面动作，刻画了这个玩世不恭的、十分懒散的阿Q。至于“没有固定的职业”，如出于单纯的想象，很容易出现繁琐、肤浅的画面，而裘沙却通过绍兴常见的早晨的情景（河边排着粪桶，而阿Q在冷清的街上彷徨回顾），通过这些生活的细节，简练地反映出阿Q“没有固定职业”的情景。

至于刻画阿Q的“我们先前——比你阔得多啦”的场面，画家没有照葫芦画瓢，不停留在“间或瞪着眼睛”的原文上，而用绍兴一带的人爱用“扇小鼻头”的动作来表示他看不起人的画面。如果不剀切入微地研究阿Q的为人和深入细致地观察生活，这个生动的细节是很容易被忽略的。当阿Q向吴妈“求爱”而遭到冷遇以后，画家只让阿Q的两手又靠又抱地倚着一条吴妈刚坐过的长凳。这条冷板凳更增加了阿Q的寂寞和忐忑的心情。画面实在简约而丰富。像这样深刻的细节，在裘沙的笔下美不胜收，举不胜举。正因为这些凝炼着人物性格和生活色彩的细节，构成了裘沙插图的特色。因此，绍兴人看起来显得格外真切。他们认为裘沙笔下的阿Q没有卖弄噱头，是一位土色土香的、可爱而可气的人物。

当然，裘沙的笔下也有夸张的手法、变形的形象。如赵太爷打阿Q嘴巴的那只“巨手”，以及祥林嫂在贺老六和阿毛的新坟间站着的秀拔的身影，我看都“酌奇而不失其真，玩华而不坠其实”，用这种夸张而不失其真的形象，以一当十，更耐人寻味。

裘沙在绍兴的画展仅仅展览了十天，来参观的人不仅有干部、职工、学生，还有许多头戴毡帽的农民和身缚青布围裙的妇女。他们指手画脚，看到自己的老乡阿Q、祥林嫂的种种不幸的遭遇，真是感慨万端，欷歔不已。“月是故乡明，人是故乡亲”，裘沙通过在绍兴的画展，他增强了鲁迅著作插图创作的信心。他的一生将为画好鲁迅著作而呕心沥血，他的足迹要长期留在稽山镜水之间。

（原载绍兴文艺刊物《鉴湖》1982年第4期）

奉献给伟大鲁迅的一颗赤诚之心

雷中岣　醒　民

裘沙同志的“鲁迅文学著作插图展览”最近在乌鲁木齐展出，对我区的美术创作是一次推动，特别是对我区的插图工作将产生有益的影响。

正像江丰同志所说：“这里展出的近300幅图画，并非为高雅之士玩赏之作。它带给人民群众以生活的信念和力量，它凝聚着对生活的严肃思考，它奉献给伟大鲁迅以一颗赤诚之心。”确实，此次展览撼人心魄。“阿Q”、“祥林嫂”给我们展开了中华民族的历史画卷，使人联想起这个伟大民族的悲哀。在封建制度统治下，我们的民族所经历的灾难是多么的深重而长久！

裘沙同志中学时代就爱读鲁迅小说。他对鲁迅笔下的人物有着深厚的感情。十年动乱，在极大苦闷之中，他更感鲁迅的伟大。于是决心用绘画来宣传鲁迅精神。1973年，他的第一幅作品《又为斯民哭健儿》诞生了。就像当年彷徨后的鲁迅之处女作《狂人日记》问世后一样，从此闸门大开，一发而不可收。接着他在两个半月的时间里，一口气创作了200多幅插图。

裘沙同志的插图，画风质朴无华，着意于人物性格的塑造。所画人物生动、深刻，生活气息浓厚。“阿Q”、“祥林嫂”、“赵大爷”、“假洋鬼子”……一个个栩栩如生。尤其是“阿Q”，那喜怒哀乐的表演和滑稽的内心活动都被刻画得惟妙惟肖，使人看去想笑而又想哭。

插图作品不是文学作品的图解。它应当在文字的基础上进行再创作。这就要求画家“要善于打进去，又善于跳出来”。在这点上裘沙同志给我们作出了典范。在《祝福》的结尾处，画家根据自己的生活经历创造了祥林嫂为能与阿毛的灵魂相见而投河自杀的情节，既符合情理又寓意深刻。最后一幅画只画一个祥林嫂落入水中的旋涡，使人的思想随着打转的旋涡而浮想联翩。

裘沙同志在60年代已是知名的插图画家。他一直坚持现实主义的创作道路，在实践中他不停地探索：探索生活的底蕴，艺术的奥秘，吸取各种营养（主要是珂勒惠支）。他的表现手法简练、夸张，概括性强，有变形、有象征，进行多种尝试。他的这些尝试，是为着丰富表现手段而不为悦人耳目。所以他的作品一眼看去，首先闯入眼睛的还是人物。只有在你细细品味绘画的形式时才会发现作者在形式美的运用上作得何等自然、精到。形式美在完成表现任务之后就悄悄地溜走了！这就是被常用来阐明形式和内容关系时所说的“得鱼忘筌”吧！

更值得我们学习的是裘沙同志的创作态度。为了更准确地刻画鲁迅小说插图，他首先反复研究原著，“在理解上另辟蹊径，判异前贤”。之后他五次去鲁迅故乡绍兴深入体验。发现了阿Q形象后，竟一直追随观察了11天，把人物一行一动深刻脑际。所以他笔下的阿Q、祥林嫂才“别开生面，自具典型”。在创作过程中他广泛听取意见，曾七易画稿，直到满意。他所作的鲁迅杂文插图也多是如此，不但是插图，而且也是具有独立欣赏价值的艺术品。

裘沙同志立志一生要为普及鲁迅著作贡献全力，这是值得尊重的。我们衷心预祝他在这方面取得更多更大的成就。

（原载《新疆日报》1982年7月25日第4版）

在什么山上唱什么歌

张 艳

本报消息　经中国美术家协会推荐，应新疆美协的邀请，中央工艺美术学院装潢系副教授、中国美术家协会会员裘沙同志来疆举办“鲁迅文学作品插图展”，并于 7 月 21 日抵喀。

近些年来，裘沙同志潜心钻研鲁迅思想，着重从事鲁迅作品插图的创作，并取得了极大的成功。他在坚持现实主义创作方法的基础上，广泛吸收各种绘画流派的有益营养，创作的鲁迅作品插图形象生动、构图新颖、笔墨简练、感情真挚，而且具有浓郁的生活气息。去年人民美术出版社出版了他和王伟君合作的《阿 Q 正传二百图》。

7 月 22 日下午，裘沙同志与喀什各族美术工作者进行了座谈。他根据自己的创作实践，就如何搞好美术创作，如何走自己的艺术道路等问题，发表了很多好的意见。裘沙同志认为：要搞好美术创作，基本功训练很重要，但基本功是无止境的，它和艺术也不能画等号。因此，对于搞美术创作的同志来说，特别对已有工作岗位的同志来说，艺术和技术应同时下工夫，边打基础，边搞创作。

在谈到鲁迅作品插图创作为什么能获得成功这一问题时，裘沙同志说：“为了搞鲁迅作品插图创作，有些人千里迢迢到绍兴体验生活，而我的有利条件是和鲁迅同乡，在绍兴地区生活了 20 年，对那里的风土人情很熟悉，鲁四老爷、阿 Q、祥林嫂的形象，我心中有几十个。因此别人往绍兴跑一百趟，也抵不上我 20 年的生活。也就是说，创作源泉来自于你熟悉的生活。有些业余美术工作者放弃自己熟悉的生活，从浙江、福建等地跑到黄山、桂林去写生，这样是很不容易出成果的”。裘沙语重心长地对喀什的美术工作者说：要走出自己的艺术道路，要繁荣喀什的美术创作，必须“在什么山上唱什么歌”，表现自己熟悉的生活。立足本地，面向基层，这是个方向问题，也是个战略问题，因为只有这样才能真正搞出成果来。

专业画家要搞创作必须有生活基地，业余作者不存在这个问题，生活很丰富，为什么还是搞不出创作来呢？裘沙同志认为，搞艺术创作，除了必须有一定的基本功和丰富的生活之外，还有一个更重要的问题，那就是理解生活的能力，应该在这方面狠下工夫。座谈会上，裘沙同志谈他画阿Q出场这一插图的创作体会时说："阿Q出场之前有多种表现方法，但总觉得太一般。经过反复琢磨，才构思出这样一幅画面，清晨阿Q起来后，懒洋洋地在土谷祠门前打了个呵欠，然后到土地菩萨像前去撒了泡尿。这样一下子就把阿Q玩世不恭的性格淋漓尽致地表现了出来。打哈欠、撒尿，这种生活现象人人都熟悉，然而只有理解了阿Q，这些生活素材才能变成艺术。"

座谈会上，裘沙同志还回忆了这样一件往事，对大家很有启发。有一年，裘沙同志在河南农村画村史，其中有幅画是几个农民在拉犁。农民们看得兴高采烈，而裘沙同志在旁边直发愣：忆苦思甜怎么变成了看热闹？后来他找农民深入一调查，才知道当时农村也还有人拉犁，而农民在旧社会当长工，感到最痛苦的莫过于年三十夜，财主阖家欢乐，他们还得给那些财主家挖厕所、挑大粪。生活熟悉了，和农民的感情一致了，他又重新画，这次农民看画展时，心情就很沉重。因此，裘沙同志就"艺术即自我表现"这一论点，发表了自己的看法：这有其正确的一面，即艺术必须要有作者自己真挚的感情，但这种感情必须和人民一致。只有和人民同喜同乐，同悲同愁，作品才能感染人。

座谈会上，裘沙同志还对文艺创作的内容与形式以及如何看待西方表现主义、抽象主义画派等问题，发表了自己的意见。

（原载《喀什日报》1982年8月7日第3版）

不倦地探索和追求

——裘沙、王伟君“鲁迅文学作品插图展”观后

范崇岷　阎庆生

裘沙、王伟君所作鲁迅文学作品插图，最近在西安展出。

置身画展陈列室，我们仿佛亲身感受到鲁迅原著所反映的时代黑暗的重压，看见了种种丑恶、畸形的社会现象，以及阿Q、祥林嫂等中国人活脱脱的灵魂……这百来幅插图，堪称引读者进入鲁迅原著思想与艺术境界的好“导游”。画家尊重、忠实于原著，在插图艺术上，探索、创造了与原著写意传神、着重揭示人物灵魂这一特色既相一致，又有自己鲜明艺术个性的若干表现方法。人物形体描绘常出以夸张之笔，但毫无做作之感，素描画法常与彩粉画法相结合，情节、动作的选择，往往是贯通前后，“最富于生发性的顷刻”……可以看出，珂勒惠支版画的粗线条，富激情、有魄力对画家不无影响。表现主义的某些手法，也在画家笔下留下了“为我所用”的痕迹……

祥林嫂有关灵魂问题的三幅画的处理，作者断然避开原著中的叙述线索，而把主人公的幻觉摆到画面的突出地位乃至占据全部画面，使她的精神世界赤裸裸地外化，突现为可见的视觉形象，产生了强烈逼人的艺术效果。祥林嫂憧憬与阿毛见面那幅，整个画面涂着红中略带有黄的火光，主人公闭目紧抱心爱的阿毛，面部和身体都为这象征着幸福的火光所映照，然而，象征着黑暗现实的三股黑色大铁叉从画面横叉过来……其表现手法是何等简洁、别致！

裘沙告诉我们：“我过去在老家见过阿Q这种人，很多，但难于把握。前几年，在绍兴农村找到一个人非常像阿Q，我跟了他十几天，观察、揣摩他说话、走路、吵架的样子。还搞了一个塑像，将他的特征记下来。1980年春开始画插图。不是一张一张地画，而是将未庄的整体、人物记在心中，连贯起来画。最快一天画过七张。我觉得，阿Q的形象不是我想出来的，而是从我脑子里跳出来的……”老实说，很少听到过插图画家这么深切的经验之谈。唯其少和深切，弥足珍贵。

苦难，考验过画家，也磨炼着画笔。“十年动乱”中，裘沙被作为“文艺黑线人物”批判，被开除党籍。他是冒着很大风险搜集、考证、编辑鲁迅照片和画插图的。工资被扣发，他多次自费去绍兴体验生活，连买信封、拍照片也全都是自费，以至有时连买菜都没钱，负了债。正是在这庄严而又艰难的工作中，裘沙夫妇寄托着理想，找到了乐趣，甘之如饴。难能可贵的是，裘沙精研鲁迅小说，有已发表和未发表的论文数篇，特别是对《阿Q正传》、《祝福》持有独到见解。同时，裘沙研究插图美学，在莱莘《拉奥孔》的启发下，明确认识和初步阐述了插图艺术最根本的创作规律——“化媚为美”。这两方面的工作，是裘沙插图艺术长足进步、获取成功的一双“基石”。

裘沙是中央工艺美院教师。他生在绍兴，在家乡生活了20年。以后为创作鲁迅小说插图，又五次回绍兴体验生活。他这次来西安给我们留下了难忘的印象：质朴、诚恳，有韧性。分手之际，他说，下一步他将创作酝酿已久、难度较大的《鲁迅画传》。盼这新作早日问世。

（原载《西安晚报》1982年9月23日第3版）

裘沙笔下的《祝福》

何振志

爱好文学的人往往喜爱看到出于名家之手笔的名著插图，而名家的理解和构思也引着读者往更深处思索。

裘沙的《祝福》组画使人心折，他“正是用这颗赤诚的心、颤动的心，挥运画笔，去理解、去揭示生活的底蕴”。这套《祝福》组画与过去看到的同一主题的画，甚至与戏剧和电影给人的感受迥然不同，它又苦又涩，它的特性又利又钝，像方言，像高腔，却又像哑剧，使人欲哭无声，它的强力如激光般直透心底；它还像黑夜里饮泣吞声默默流去的小河……看了这组画，已远远淡去的印象突然变成特写镜头，在封建和贫穷两个粗杠子底下被压碎的祥林嫂凄苦的一生似乎又浓缩地展现出来。我深信在创作时，裘沙必定感到早愈的伤口又在渗血，仿佛又回到旧时黑沉沉的夜。

裘沙热恋家乡绍兴，熟悉那里的一景一物和家乡人，因而能把景物人物重新塑造。这组画也足以说明艺术上的难题是如何解决的：它用概括、简化、变形、夸张的方法画成，而不是精描细绘，让人平心静气去观赏的作品。它能舍的全舍，留下的则被强化了，这样的作品把人们恬静的心情搅乱。它操纵观者的情绪，使你屏住气走进这篇不朽的文学名作，再深入地去加以理解。

每一幅都抓住主题，都带有强烈的情绪。《逼迫成亲》那一幅，在热闹的吹打中，通红的喜烛前，她只求一死，四周却挤满人们的笑脸，一个个头部都只有主要轮廓勾画出神情。这动的、乱哄哄的一切，构成了无需细节的怪场面，其真实感使人如身临其间。在祥林嫂的形象上，面部始终没有被清楚地刻画，她的发型、头部、身材、动作一起构成一个整体形象：苦命的、不祥的，被封建社会意识活活吞噬的女人。即使在她和丈夫一同看着儿子的那一幅里，她的形象也预示着这幸福的短暂。另一幅《她真是走投无路了》的构图既简又精，用直线结构，几笔就强调出她瘦骨嶙峋孑立在苍穹之下，对着世上唯一和她有着联系的两个坟堆。再者，《祝福》组画的色彩精炼独到，色彩用的是油画棒，画出中国地方风味，连地狱和天地圣众也符合中国人的想象。他借鉴外国的化为自己的，化得真是恰到好处。

（原载《解放日报》1983年12月18日“美术欣赏”版）

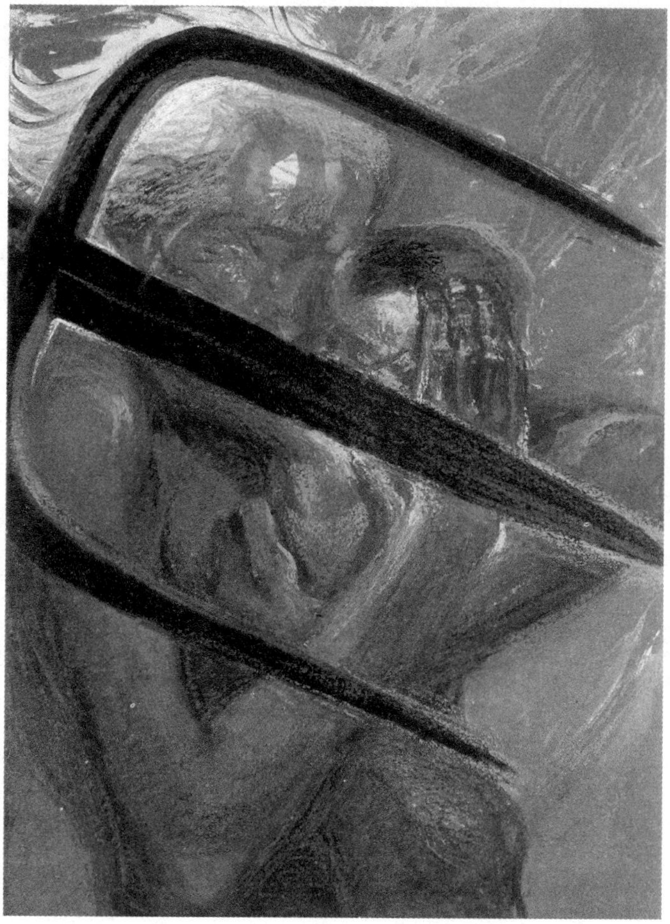

《祝福》组画之一（“那么，死掉的一家人，都能见面的？”）

要有长期的生活体验

王 瑶

裘沙同志：

承邀请参观了你的“鲁迅文学作品插图展览”，我觉得很好，这是你多年来的创作成果。特别其中《阿Q正传二百图》，规模宏大，刻画细致，这是为《正传》所作的插图中还没有见到的。你的插图艺术中，有两点突出的：一是从大量的资料出发进行构思。例如在这之前，你编过鲁迅先生的很完备的图片集，因此下笔有史料依据。二是你有长期的生活体验。我在参观时，觉得你画中的生活气息扑面而来。你的素描基础也很好，还善于吸取外来的各种艺术流派的可取之处，滋养了你的艺术。参观你的插图艺术，有助于对鲁迅先生作品的理解，这是对热爱鲁迅先生作品的读者很有帮助的。鲁迅先生生前很爱好插图艺术，在这方面他作了大量的介绍工作，哺育了中国新兴插图艺术的成长。因此你长期的孜孜不倦的对鲁迅作品插图的创作，也是对鲁迅先生很好的纪念。

握手！

9 月 25 日，鲁迅先生百年诞辰纪念之际

（原载《文学报》1983 年 12 月 15 日版）

不是序

——致裘沙同志的信

楼适夷

裘沙同志：

在1981年9月，全国纪念鲁迅诞辰一百周年的盛大活动中，现在已成为古人的江丰同志，特地向我推荐了您的鲁迅作品绘画展览会，认为是必须看一看的。为了可以仔细的琢磨与吟味，我独自一个人去看了，特别是《阿Q正传二百图》使我完全沉迷了。而且有好几天使我感到很大的激动，我忍不住拿起笔来要给你写一封信。这封信只写了一段，我觉得有的说法还是不足够的，因此没有继续写下去寄给您。现在您的作品即将在日本出版，要我写一个序言。我归根到底还是不懂得艺术的，我不能写序，就把那封未写完的旧信，继续补充写完，用我外行人的观点来谈谈您的绘画吧。

小小的展览室里挤着不少的观众，但四周围好像什么声音也没有，大家都在静静看壁上展出的画幅，沉浸在一种异样的气氛中。我觉得这气氛很沉重，而且有点阴郁，同时心里又感到深深的激动。我发现鲁迅用语言文字所创造的一个艺术世界，在您的黑白线条与阴影中，又重新把它再创造出来了。从30年代一直到现在，我看过多少用绘画与舞台形象，乃至后来在银幕上所看到的阿Q，可能艺术家们的体会各有不同，但不知什么缘故，我总觉得与我在读鲁迅作品中所感受的气氛与形象常常是不相同的，不仅是在形象上，特别是在精神气质上。我认为鲁迅先生的阿Q不仅仅刻画了一个人物，传述了一个时代而是塑造了一个历史，一个民族的巨大的典型。在阿Q这个艺术典型身上，我们不能不感觉到历史的、民族的，也应该说是人类社会存在阶级和阶级斗争以来，在人的肉体和灵魂中所刻下的深重的伤痕。高尔基说过，世界文学史不过有几十个最大的艺术典型。我想高尔基也许没有读到鲁迅的《阿Q正传》，但阿Q之必将成为世界文学史上最大的艺术典型之一，是无可怀疑的。有些绘画或戏剧，也包括电影，把阿Q描绘成一个小丑、一个愚物，好像只是供人嘲弄，供人逗乐，或者至多也不过令人怜悯的人物。我以为那是和鲁迅作品的精神实质，有很大距离的。通过您的这些绘画，我看到您对鲁迅的思想与艺术著作，是经历过深入学习和严肃思考的，不但从您的经历和体验中，非常熟悉鲁迅所写的生活环境与历史时代背景，您还具有一颗炽热的心、深厚的感情和坚定的信心和力量，去理解、去热爱、去认识鲁迅笔下的人物和他们必然要走向的道路。阿Q岂止是令人悲悯的人物，他使我们见到他满身斑驳的创伤。这样的创伤不仅仅存在阿Q的身上，也存在于我们随时随地所接触到的人们的身上，甚至是在自己的身上，或多或少地显明的铭刻着。使我们感到怆痛，感到抑郁。这历史的、民族的、也是人类阶级社会所给予人的命运是多么的残酷！而且教育我们，启发我们去深思，激励我们奋发起来，除了斗争，更没有别的道路。阿Q是要革命的，即使他最后只能遭逢到悲剧的结局，但这不是结局而只是一个开始，成千成万的阿Q前赴后继地涌现了出来，新的时代就是这样到来的。

我以为阿Q这个艺术典型之所以伟大，正在于最高度、也最深刻地概括我们所面临的这个生活与时代，它不是让我们咏叹，让我们呻吟，而是给我们激励，给我们鼓舞和奋发的。在陈列室徘徊久久，我的思潮起伏，情绪激动，真觉得不忍离之而去。我懂得了什么叫做绘画艺术上的神似，我以为您要是没有一颗对伟大的鲁迅先生赤诚的敬爱的心，没有对人民的热爱，是不可能创造出这样艺术作品的。

我写这封信不能作什么艺术的分析和评价，我只是写出我自己的一点感受，我愿意把这种感受直率地告诉您、和您的作品的读者。但这不是画册的序言。向您和您的亲密的合作者王伟君同志，致以
衷心的敬礼！

1985年12月31日于北京

（原载日本岩波书店1986年9月出版《裘沙画集·鲁迅之世界》）

呼唤真诚

钟惦棐

“修辞立其诚”，是中国一条极古老的美学原则。它关注的不是量，而是质。不以辞藻为重，略所在而取所出。所出在诚，则嬉笑怒骂，皆成文章。

文学家以文字述怀，演说家以语言论辩，画家以线条和色彩造型，雕塑家和建筑家以泥土和木石唱歌，音乐家以旋律抒情，舞蹈家以律动达意，而戏剧、电影表演艺术家用声音和体态叙事。它们在彼此区别而又相互联系的基础上进行艺术思维，其中最基本的、也是最可贵的，是一个“诚”字。古希腊人为我们留下灿烂的雕塑文化，使人们在欣赏中发现自己的真实价值，而不必借助华贵的服饰。歌德说“谁要是看到人的美，就没有邪恶的东西能够触犯他；他觉得自己和自己，自己和宇宙都协调一致了”。孔子也用“思无邪”评价《诗经》，认为主客体之间的正确关系，还在于艺术家对事物所持的态度。

1981 年 9 月 16 日，我在北京的《光明日报》上发表过一篇题为《裘沙和他的〈阿 Q 正传二百图〉》的短文，用今天中国文艺界的常用术语，就是以它“呼唤真诚”。裘沙对鲁迅先生的诚是极为动人的。为了把鲁迅的文字化为视觉形象，他用了可谓毕生的精力。当我在江丰家认识他时，“文化大革命”尚未结束。他不仅在政治上处于被攻讦的地位，经济上也拮据不堪。到实在难以为继时，他和他的妻子王伟君便到地里拔野菜，而画鲁迅如故。所用的纸张和画具都是上好的。

这种真诚还由鲁迅而及于冯雪峰。

前两天有个朋友拿来一本《新文学史料》，其中载有胡愈之提到冯雪峰当年被划为“右派”的事。我希望他转告《史料》编辑部，雪峰从病重到逝世，裘沙知之甚详，他为雪峰请医生，跑医院，一直到 1982 年为雪峰家乡筹建冯雪峰研究学会。

这《史料》之事后两日，忽然接到裘沙的电话，说岩波书店要出版他的画集，

1986年日本岩波书店出版《裘沙画集·鲁迅之世界》封面

并要我为他作序。我说绘事对我已渺乎远矣，说不到点子上。他说并不要我说绘事，只说人事。我想了想，也对。这几年，文艺界思想洞开，令人可喜，但五花八门也是有的。比如电影，去年是“少女年”，今年又是“男人女人年”。这自然也不足怪，再过一万年，文艺也不可能是野草闲花，少女少男、男人女人，也总还是有的。事情在于他们的依存，和人们对这种依存的领悟。生活作为表象，许多东西几乎是无意义的。如《祝福》中的祥林嫂，自然也是女人，嫁过两次，还生了个儿子叫阿毛。这样的事情在中国和世界，可谓无地无之，不同的是鲁迅以一个新知识分子的眼光，揭示其“民国”虽然改变了称号，却原封不动地保留了旧时代的一切，生活在社会底层的祥林嫂，只能在旧历除夕的爆竹声中，迷茫地死去。

可见女人和女人在不同的阶级、不同的时代和不同的社会中，有着怎样的不同。

裘沙热衷于鲁迅当年的艺术境界，不只是由于他和鲁迅是同乡，因而对鲁迅所描写的景物和人物倍感亲切，还由于鲁迅当年的艺术主题，中国虽经数十年的变化，仍不失其现实意义。而鲁迅对改变中国国民性的持论，今天也或多或少地存留在中国人民的习染之中。祥林嫂的儿子阿毛虽然被狼吃掉，但她并不以此断子绝孙。连阿Q、孔乙已和九斤老太的身影，也常常在眼前游动。听说有个行销很广的百科全书近年拆掉了鲁迅作为中国文学家和思想家的辞条，这恐是由于他们太不了解东方和中国。

如今搜集在这里的115幅画，大体可以看出裘沙在探索鲁迅和表现鲁迅方面的痕迹。

裘沙开始用木炭作画，很明显地先后受到德国画家杜米埃和德国画家凯绥·珂勒惠支的影响。珂勒惠支粗犷的用笔，和一颗郁结而爱抚的心，无疑深刻地影响了裘沙的绘画风格。所不同的，是他更以对描写对象的崇敬，而变化着自己的画风。这崇敬，使他不事浮华，但也不免由此而束缚着自己的想象力，或者说流于拘谨。等我1981年看他的《祝福》时，使我惊异的是他开始不拘于形态的实，而求意境的真。这无疑是十分可喜的变化。无须引经据典，也可以体察出鲁迅精神恰恰是要用猛力"投枪"，去刺破画外的死寂。雍容不属于鲁迅。电影在50年代改编了《祝福》，80年代改编了《药》、《伤逝》和《阿Q正传》。相比之下，我仍以为《伤逝》意蕴较深，而缺点亦如裘沙初期，虔诚多于酣畅。《祝福》流于"温"，《药》流于平，而《阿Q正传》流于"滑"。阿Q是个令人哭而不是令人笑的人物。古人说"读《出师表》而不下泪者，非忠臣也；读《陈情表》而不下泪者，非孝子也"。由此也可以说：读《阿Q正传》而不仰天长啸，恸国民任人摆布直至以颈血供人观赏者，非志士也。中国的辛亥革命在形式上比明治维新进了一步，因为它"共和"了。但在资产阶级革命的彻底性上却不及明治维新。这个后果便是在今天，我们也能深刻的感觉出来。

严格说来，无论绘画、雕刻，也无论戏剧、电影，要形似鲁迅是不可能得到鲁迅的。细读鲁迅的作品，他不仅乖史法，甚至也乖文法，唯其在思想上和形式上都不落入前人窠臼，才显示了鲁迅之为鲁迅，确定了他在近代中国思想界和文学界的先驱者地位。鲁迅当年看陶元庆为他作的画像而深爱之，是由于陶元庆以几条持重的线，表现了一个平凡而傲岸的灵魂。

因此，裘沙在画风上的演变，不是别的，正是他对鲁迅有了更深切的理解的结果。

1986年1月4日

（原载日本岩波书店1986年版《裘沙画集·鲁迅之世界》序）

鲁迅的文学精神

（日本）野间宏
咏生译 陈弘校

鲁迅是一位真正伟大的作家。从我的心灵深处，从别人、从自己最隐蔽的心灵深处发出的这个声音，撞击着我的耳鼓。鲁迅是一位伟大的稀世罕见的大文豪，我深知我亲耳听到的这一句话不会从我身旁消失，决不会离我内心远去。它不仅已使我铭心刻骨，而且包裹着我的整个灵魂。

这话语永无休止地刺着我。它刺破了我的皮肤，令我骨头寸断，然而被禁锢的我却因此而得到一线生机，使我得以复苏。鲁迅的语言、鲁迅的作品不断地刺痛着我，使我明白了自己被带到了一个如何黑暗的，莫明其妙的，什么也看不清的地方，我终于发现自己早已消失，已再也无法行走，即将被人置于抛弃之中，我好容易察觉到这一点，于是我唯有尽全力寻找，寻找从那里逃脱的出口。这是我完全没有料到的。

说实话，我曾深信自己已精通鲁迅的作品。即使在反复阅读其作品时，也从未改变过这种信念。可是就在某一瞬间，我却产生了巨大的变化。我读了《野草》题辞，读了《影的告别》，读到《求乞者》时，突然产生了想读《阿Q正传》的欲望，于是便开卷疾读。就像《野草》使他的读者变得赤诚那样，我读着这一篇有许多短句的文章以后再读到《阿Q正传》时，一个活生生的毫无掩饰的阿Q从字里行间走出来，打动了我的心。它对我产生的作用是那样的强烈，那是无论任何别的东西都难以替代的。不仅对我，同时也必然地把这种瞬间的震动带给其他的读者，只有这样的作品才是真正的无与伦比的文学家笔下之作。鲁迅的作品真正能抓住了新的广大的读者，但能彻底理解了这一点的人却很少。鲁迅是孤独的，但他从这彻底的孤独中，找到了通向每个孤独的被分割得四零五散的无法互相信任的大众的道路。于是，鲁迅将版画运动推向全国的设想便产生并开始实施。

在文章开始我写道，我听到了从我的心灵深处，从别人从自己的最隐蔽的心灵深处发出的声音。我此时的心境就是那样，附着在阿Q身心的各种丑陋的，令人侧目的东西在一个接一个地坠落消失着：

“阿Q没有家，住在未庄的土谷祠里；也没有固定的职业，只给人家做短工，割麦便割麦，舂米便舂米，撑船便撑船。工作略长久时，他也或住在临时主人的家里，但一完就走了。所以，人们忙碌的时候，也还记起阿Q来，然而记起的是做工，并不是‘行状’；一闲空，连阿Q都早忘却，更不必说‘行状’了。……

“阿Q又很自尊，所有未庄的居民，全不在他眼睛里，甚而至于对于两位‘文童’也有以为不值一笑的精神。夫文童者，将来恐怕要变秀才者也，赵太爷、钱太爷大受居民的尊敬，除有钱之外，就因为都是文童的爹爹，而阿Q在精神上独不表格外的崇奉，他想：我的儿子会阔得多啦！加以进了几回城，阿Q自然更自负，然而他又很鄙薄城里人，譬如用三尺长三寸宽的木板做成的凳子，未庄叫‘长凳’，他也叫‘长凳’，城里人却叫‘条凳’，他想：这是错的，可笑！油煎大头鱼，未庄都加上半寸长的葱叶，城里却加上切细的葱丝，他想：这也是错的，可笑！……”

鲁迅最初是以嘲讽的笔调来描述《阿Q正传》的。但随着小说的发展，一改最初的笔调，开始费尽心思地写着，不禁和阿Q融为一体了。尽管如此，我可以说还是没有猜透鲁迅在《阿Q正传》中是以怎样一种心情来写阿Q的。当然，我当时也始终认为鲁迅是伟大的作家，并决心向他学习，而且对别人也是常常这么说的。但是现在细想起来，我对鲁迅的认识尽管已达到比较深刻，如果把鲁迅的思想比作深渊的话，那我就是站在深渊的一角，把自己融入它的怀抱，把其作品当做自己的作品去体味。但是我还没有达到，我本身像鲁迅那样为中国舍身而生活和写作，而且从未改变其姿势和态度。

我读了《野草》，我被暴露无遗，当我转向《阿Q正传》时，那毫无任何伪装、活生生的阿Q出现在我眼前向我迫近，打动了我的心。许多东西将阿Q的身心厚厚地包裹起来。阿Q看到种种令人侧目、令人忍俊不禁的东西。可是，阿Q是鲁迅在彻底了解了中国大地上生息繁衍至今的农民和人民之后，所创造的淋漓尽致的艺术形象。鲁迅拥有那出类拔萃的创造力，他伟大而且是能及时察觉满身都有中国几千年痛苦烙印的最底层人民的觉醒时刻，不管遇到什么阻力都舍身奋起勇往直前的革命者。

裘沙先生和王伟君先生长期居住在北京，立足于鲁迅那种矢志用文艺改造中国人民大众的精神，倡导文艺运动的地方。他们一直追寻鲁迅的所有小说、诗文、杂文，并以现实的人物为媒介，对原作品中的人物作了深刻研究，锲而不舍，经过多次反复，终于在这里用他们的研究结晶为我们绘出了一幅真正的《阿Q正传》图。在他们利用凝缩在《阿Q正传》中的鲁迅的伟大革命思想和可称为改革精神的文艺的无穷无尽力量的影响下，追索阿Q形象的过程中，查寻了鲁迅在北京度过的大约15年中发生的一切，矢志不移，描绘出了一个真正的阿Q，一个鲁迅的真正阿Q。

过去人们对《阿Q正传》中的阿Q有各种各样的理解和认识。关于创作《阿Q正传》的真正目的，鲁迅曾写过《〈阿Q正传〉的成因》一文，我试图以我个人的理解探求作者写在这篇文章中的真意。西谛先生有这样一段话："这篇东西值得大家如此的注意，原不是无因的。但也有几点值得商榷的，如最后'大团圆'的一幕，我在《晨报》上初读此作之时，即不以为然，至今也还不以为然。"西谛先生再次读了收集在《呐喊》中的《阿Q正传》时再次提出异议。鲁迅也对此作出了回答。西谛先生还指出："似乎作者对阿Q之收局太匆促了；他不欲再往下写了，便如此随意地给他以一个'大团圆'。像阿Q那样的一个人，终于要做起革命党来，终于受到那样大团圆的结局，似乎连作者他自己在最初写作时也是料不到的。至少在人格上似乎是两个。"

对此鲁迅写道，阿Q在人格上并没有分裂成两个："这样地一周一周挨下去，于是乎就不免发生阿Q可要做革命党的问题了。据我的意思，中国倘不革命，阿Q便不做，既然革命，就会做的。我的阿Q的运命，也只能如此，人格也恐怕并不是两个。民国元年已经过去，无可追踪了，但此后倘再有改革，我相信还会有阿Q似的革命党出现。我也很愿意如人们所说，我只写出了现在以前的或一时期，但我还恐怕我所看见的并非现代的前身，而是其后，或者竟是二三十年之后。"

鲁迅坚决肯定阿Q的人格问题上决不存在分裂为二的问题。阿Q和中国革命的历史是一致的。即使是辛亥革命时期，阿Q也是一个革命者，即使是在其后到来的时代，他还会是一个革命者。对于这一点鲁迅已用寥寥数语含蓄地点到。鲁迅锐利的笔锋触及了历史，并极早地发现了超越时间和空间的永恒的文学的作用——文学的无用之用，把它置于自己的身心之中，所以，他才能摆脱绝望、没有希望的绝望。鲁迅用"能够培养精神的文学的职责和功效"的火，把备受折磨和压迫、被麻痹、被灌输虚伪和被深深刺痛的阿Q的身心之中的这一切烧尽。鲁迅舍弃自身，向中国人民身心中的诗放出火焰，使全体人民燃烧起来，成为一个冲破巨岩似的坚壁而出的热血沸腾的革命者。

裘沙先生和王伟君先生，把那黑色、那白色、那变化万千的白点、黑点、线和面加以立体的构思，刻意追寻、体味鲁迅的创作意图，把握了这与天空一样广阔与大地一样深沉的文学精神和革命精神，准确地发现了阿Q这一形象自身所产生的诗韵，并将其用于对阿Q的姿态、形象的描绘上。画家用皮包骨头的脸庞，毛发稀疏的秃头，锐利的三角眼，还有那一双由于劳动而长得比一般人又大又长的手来刻画他——他那双时而用来庇护自身，时而搭在头上，时而支着腮，偶尔被反手束缚时呈现出掌心的凹痕的手。画家还细心地用放在身体两侧的两只细长而弯曲的手来表示“快跑了六十多步，这才慢慢地走，于是心里便涌起了忧愁”时的阿Q。在表现“对于自己的盘辫子，仿佛也觉得无意味”的阿Q时，画家着重于表情处理，给我的印象是难以忘怀的。“洋先生不准他革命，他再没有别的路；从此决不能望有白盔白甲的人来叫他，他所有的抱负，志向，希望，前程，全被一笔勾销了”。阿Q佝背、垂手、低着头，在河边大步前行。瘦骨嶙峋的身子前倾着，几乎要摔倒，无倚无靠的一副可怜相。这幅画是我最难以忘怀的，它充分显示了艺术魅力，描绘了一个极端懊丧消沉的阿Q，而绝无给人卖弄笔墨之感。那盘着辫子的头上就像停着一只大蜻蜓，这也是表现懊丧之极的阿Q的一个细节。阿Q的眼睛：那双大睁着的呆望着咬住了自己灵魂的恶狼的眼角的眼睛里，黑眼珠从来没有这么多过，阿Q的这双眼睛被画得活灵活现了。他被迫得十分狼狈，使得不禁要喊“救命”了。然而阿Q却没有从嘴里喊出来。他仿佛两眼发黑，两耳雷鸣，全身像微尘似的要迸散。阿Q的这一双眼睛，被描绘得淋漓尽致。

阿Q是超越了时间和空间，与革命同生的人物。只要中国革命了，阿Q就能革命。阿Q是中国革命的种子，是几千人、几万人、几千万人革命火种的化身。

《祝福》真是一部不可思议的作品，裘沙、王伟君两位先生在这里所用的色彩和构图一反以前的模式，从而使读者对鲁迅的小说也有了崭新的感受和认识。在这之前，日本人认为鲁迅的小说不过是描写阴暗社会的低沉的文学，但裘沙、王伟君两位先生的画一定能在使日本人彻底改变这种错误的看法上起重要的作用。我也为此而高兴，心中泛起了极大的喜悦。只有凭借这本画册重温鲁迅的作品才不辜负裘沙先生对鲁迅原作长达15年的精心研究。他博采中外各派绘画艺术之长，用色彩和构图，把《祝福》及其他作品里放出的白、青、红、黄、粉红、褐、灰各种色彩相互组合、重叠，使它们焕发出艺术的光芒。画家为了这一天的到来作出了巨大的

《祝福》（小黑白画）

努力，同时也使自己的画技日臻成熟。这一天终于到来了，这是对画家所作出的辛勤劳动的报答，更是画家艺术达到高峰的佐证。对此我又是十分高兴的，我想就用《祝福》这个标题来表达我衷心的祝福。然而我不仅希望无论在日本，还是在他的祖国中国都要重读一下鲁迅的作品，而且希望至今尚未读过鲁迅作品的日本人和中国人，在接触鲁迅作品时，一开卷就要全身心地去感受、去交流，从书中发现问题，又从书中找到答案。我想这当然也是裘沙先生所期望的。在此，我只是替他说出了这个愿望而已。

《祝福》是一篇不可思议的作品。这种不可思议的力量，寓于小说中的女性，寓于祥林嫂之中。作家出色地把握住了她们的那种千金难买的勤劳品德。这种品德深深地打动着读者的心。书中的中国农村的风情，大多是我连想都想不到的。我曾经读过泰戈尔的一个短篇小说，描写一位美丽的姑娘同一位朝三暮四的男子相爱，那位乱施淫威的首领发现后，把她扔到堆满柴薪的山上，用大火烧她。我读完这篇按传统意识构思的小说时深受感动。《祝福》中祥林嫂经受的苦难看起来似乎没有那么可怕，但她受的苦难并不亚于那位姑娘。何况泰戈尔笔下的姑娘尽管美丽的容貌被毁，但还是保住了生命。她只要把脸掩盖起来还有和自己的情人在一起生活的日子，虽然更残酷的命运在等待着她。

《祝福》是这样开篇的：在旧历年底，“我”寄住在鲁四老爷家。在大家忙着准备年终大典（即“祝福”）的那个下午，“我”碰到了祥林嫂。“我到镇的东头访过一个朋友，走出来，就在河边遇见她”，她质问道：

“一个人死了之后，究竟有没有魂灵的？”（中略）

“也许有罢，……我想。”我于是吞吞吐吐地说。

“那么，也就有地狱了？”

“啊！地狱？”（略）“地狱？……论理，就该也有。……然而也未必……谁来管这等事……”

“那么，死掉的一家的人，都能见面的？”

“唉唉，见面不见面呢？……”（略）“那是……实在，我说不清……其实，究竟有没有魂灵，我也说不清。”

这时“我”已知道自己也还是完全一个愚人，什么踌躕，什么计画，都挡不住三句问。深感不安的“我”，躲进书房里，就愈加不安起来，于是决计明天进城去。“福兴楼的清炖鱼翅，一元一大盘，价廉物美，现在不知增价了否？……鱼翅是不可不吃的……”“我”已没有心思考虑这些。就在这时，“我”听到祥林嫂已在傍晚倒在路边死掉的消息。小说的开篇很巧妙地将“我”放在一个特殊位置上，并予以嘲笑。这样才能引出最后被东家觉得碍事撵出来而成为老乞妇的生涯。她的故事已铭心刻骨地深印在读者的心中。

比她小十岁的丈夫死了，祥林嫂来到鲁四老爷家帮工。“她的做工毫没有懈，食物不论，力气是不惜的。人们都说鲁四老爷家里雇着了女工，实在比勤快的男人还勤快。到年底，扫尘，洗地，杀鸡，宰鹅，彻夜地煮福礼，全是一人担当，竟没有添短工。然而她反满足，口角边渐渐地有了笑影，脸上也白胖了。”

可是她婆婆要她回去，于是她被两个男人拖到船上带了回去，嘴里塞了东西，即便哭闹也不闻其声。被迫改嫁后，丈夫又死于伤寒，孩子阿毛也被狼叼走脏腑。当她再次来到鲁四老爷家时，头脑已不像先前那么灵活。寡妇改嫁被看做是伤风败俗的事，在被人认为是最神圣的祭祀之日主人却什么也不让她干。当她流着泪把阿毛被狼叼走五脏的情景讲给众人听时，女人们改变了鄙薄的神色，还陪她流泪。可她一遍又一遍地重复这个悲惨的故事，于是女人们眼里再也不见有一滴泪水。后来她们的话题由阿毛转到改嫁。人们让她回答改嫁时不愿意，将头撞在香案角上想寻死，血流不止，可最后又为何依了人家？那额上的伤疤，就成了人们嘲笑她的笑柄。于是就“总是瞪着眼睛，不说一句话，后来连头也不回了。她整日紧闭了嘴唇，头上带着大家以为耻辱的记号的那伤痕，默默地跑街、扫地、洗菜、淘米”。过了快满一年的时间，她从四婶手里取来了积存的工钱，换了十二元鹰洋，请假到镇西头去。不一会儿她回来了，神气很舒畅，眼光也分外有神。高兴似地对四婶说，自己已经在土地庙捐了门槛了。因此在祭祖时，“她便坦然地去拿酒杯和筷子”。当被四婶大声制止后，她就像受炮烙似的缩了手，脸色变得灰黑，

“也不再去取烛台，只是失神地站着”。她连一点精神都没有了，“有如在白天出穴游行的小鼠”。于是鲁四老爷把她打发走了。

请看画家笔下的《祝福》：年轻的祥林嫂被两个男人往船里拖着。她的青色的夹袄，在强壮的男人手臂中显得极微弱却又很刺眼。从船舱中伸出张开的手就像是船本身长出来的手，祥林嫂发髻上白色的头绳和红色的发饰好像是极度痛苦中迸发出的强烈的愤怒。还有她向别人打听孩子、寻找孩子阿毛的画面。祥林嫂来到一个山坳里，她面前的草叶中那朵朵粉红花瓣的小花就像是被她那惊惨的目光染成的。后面斜坡上延伸着的随风伏倒的草丛，恰似与她绝望的心情相重合。还有，用十二个鹰洋去土地庙捐了门槛的祥林嫂和立在她面前的穿着深褐色宽大衣服的土地神的姿态，充分表现出那就是祥林嫂幻想中的救星，它能接纳她，并拯救她这个虔诚的祈祷者。

鲁迅的《狂人日记》比果戈理的《狂人日记》更得体。鲁迅把普希金和果戈理并称为俄国近代文学之父。果戈理从俄罗斯的民间传说中提炼出这样一个故事，使它具有极高的思想性。鲁迅特别欣赏这篇小说，并把它从德语版转译过来。然而果戈理的《狂人日记》所批判和讽刺的对象是封建官僚制度的统治者沙皇；但鲁迅的批判对象是中国的社会制度，即以家族制度为中心的封建统治制度和作为其精神支柱的儒家礼法道德。鲁迅在小说中把“吃人”两字分开，意在“吃人”和“被人吃”是两种不同的恐怖。作者两面夹攻，把吃人的封建制度抨击得体无完肤。作品进行了奇特的超越一般的彻底的批判，使读者感到自己被带进了另一个世界。可就在读者意识到这一点的瞬间，却又被带回现在的这个世界的恐怖感——原来中国是一个身怀“吃人者”的孕妇。作品就这样向读者提出了一种极其怪诞的恐怖。这是名副其实的新文学作品。作者也不知道何时自己会成为吃人者，而且常怀疑自己已经变成了吃人者，并为此感到害怕。这篇作品极大地冲击了时代，使很多读者的精神为之颠倒。但这是理所当然的，我能想象出来。这是一篇带给人们恐怖和颤栗的作品，理当成为中国现代文学的源头，下面引用小说中第十、十一、十二和十三章中的片断。

十

大清早，去寻大哥；他立在堂门外看天，我便走到他背后，拦住门，格外沉静，格外和气地对他说：“大哥，我有话告诉你”。

“你说就是。”他赶紧回过头来，点点头。

“我只有几句话，可是说不出来。大哥，大约当初野蛮的人，都吃过一点人。后来因为心思不同，有的不吃人了，一味要好，便变了人，变了真正的人。有的还吃。”（中略）“这吃人的人比不吃人的人，何等惭愧。怕比虫子的惭愧猴子，还差得很远很远。”

“易牙蒸了他儿子，给桀纣吃，还是一直从前的事。谁晓得从盘古开天辟地以后，一直吃到易牙的儿子；从易牙的儿子，一直吃到徐锡林；从徐锡林，又一直吃到狼子村捉住的人；去年城里杀了犯人，还有一个生痨病的人，用馒头蘸血舐”。（略）

十一

太阳也不出，门也不开，日日是两顿饭。

我摆起筷子，便想起我大哥；晓得妹子死掉的缘故，也全在他。那时我妹子才五岁，可爱可怜的样子，还在眼前。母亲哭个不住，他却劝母亲不要哭；大约因为自己吃了，哭起来不免有点过意不去。如果还能过意不去……

妹子是被大哥吃了，母亲知道没有，我可不得而知。（略）

十二

不能想了。

四千年来时时吃人的地方，今天才明白，我也在其中混了多年；大哥正管着家务，妹子恰恰死了，他未必不和在饭菜里，暗暗给我们吃。

我未必无意中，不吃了我妹子的几片肉，现在也轮到我自己，有了四千年吃人履历的我，当初虽然不知道，现在明白，难见真的人！

十三

没有吃过人的孩子，或者还有？

救救孩子……

在《狂人日记》的一幅幅画中，那淋漓的一滴滴鲜血，就是悬挂在反写的楷体“仁义”两字上的中国历史。为了表达人的惭愧，画家把鸟、鱼和猴子置于人之上。那蓝色的旋涡和粉红色的斑点，那呲着牙的猴子和大张着嘴木呆呆的鱼，以及那摊开双手仰脸朝上行将倒下的“比虫子的惭愧猴子还差得很远很远的”欲言无词的人。这一切凄惨正发自鲁迅的内心。呈现在作家面前的是这样凄惨的一个中国，一个赤裸裸的中国，要改变这种局面，每个人都要有同自己战斗到底的勇气。而凄惨也就在这种奋斗中产生。

《药》与其说是一个凄惨的故事，还不如说是一篇令人灵魂凝固的作品。《狂人日记》超越常情，整篇笼罩着一种怪诞的气氛，似乎是一部与常人意识相背、曲折、昏昧、冗长的作品。《药》与其说是超脱了常情倒不如说是这样一篇作品：小说中出现的人和事不是紧密相连的，而是像影子那样时隐时现忽生忽灭的，令人捉摸不定。老栓特意去买被处死刑的革命者的人血蘸的馒头，那些人血馒头是专门卖给肺痨患者用来止咳的。老栓的儿子小栓也在不停地咳嗽。老栓把刚买来的人血馒头给儿子吃，可小栓的母亲华大妈却怎么也心不安。坟场一段可谓这篇小说最精彩的一部分。华大妈蹲在小栓的坟前，“排出四盘菜，一碗饭，哭了一场。化过纸，呆呆地坐在地上”。这时又来了一个老妇。她在与小栓一字排着的坟前摆出了同华大妈一样的东西，立着哭了一通，化了纸锭。她大声说道：“瑜儿，他们都冤枉了你，你还是忘不了，伤心不过，今天特意显点灵，要我知道么？”她四面一看，又对着坟冢说道：“你如果真在这里，听到我的话，——便教这乌鸦飞上你的坟顶，给我看罢”。可是周围死寂一般，“那乌鸦也在笔直的树枝间，缩着头，铁铸一般站着”。

《药》中有这样一幅画：让儿子吃了人血馒头的华大妈看着一个老妇人穿着漂亮的花衫，她那纤细的手从袄袖里伸了出来，华大妈再也不忍躲着偷看了，她终于来到了那老妇的面前。想到那吃了人血馒头还是死了的儿子，那失去儿子的痛苦和悲伤使她俩走到了一起，她们紧紧地拥抱在一起。这悲切漫延了整个画面。鲁迅的小说刻画了买人血馒头者和人血被做了馒头者等可悲的群众，多少年来受愚昧观念束缚的农村妇女，在坟场上那种孤立无援、悲惨至极的情景被描绘得淋漓尽致。

鲁迅确实非常熟悉生活在农村的人们，并且对农村的迷信、愚昧，甚至连人血馒头和上坟这样鲜为人知的事情也写得那么详细，而且还从中发现了蕴藏着的巨大革命潜力的阿Q。出类拔萃的伟大鲁迅，永远活在日本人民心中，永远活在中国人民心中。永远，永远。

在结束本文前，我还想提一提鲁迅在日本留学时，一度立志学医，在仙台医学专科学校接触藤野先生的人格后，终于放弃学医的过程。这是鲁迅生活中的一件大事。他在《呐喊》自序中这样写道："我便觉得医学并非要紧事，凡是愚弱的国民，即使体格如何健全如何茁壮，也只能做毫无意义的示众的材料和看客，病死多少是不必以为不幸的。所以我们的第一要著，是在改变他们的精神，而善于改变精神的是，我那时以为当然要推文艺……"基于这种考虑，他怀着发起文艺运动的决心回到中国，他这个志向形成之前一直受到了藤野先生的影响。他在《藤野先生》一文中深情地写道："但不知怎地，我总还是时时记起他，在我所认为我师的之中，他是最使我感激，给我鼓励的一个。（中略）他的性格，在我的眼里和心里是伟大的，虽然他的姓名并不为许多人所知道。"

《药》插图之一（小路上又来了一个女人……）

鲁迅在仙台医学专门学校遇到并从师于藤野先生。其后多年鲁迅一直把藤野先生亲笔题句"惜别"的照片挂在墙上用来激励自己。一想到这些事，我便感到莫大的欣慰。我作为进行过侵华战争的日本人的一员，在当时就深信日本终将战败，并为制止战争作过不懈的努力。但作为没能达到目的的一名日本文学家，我的感受是可想而知的。

（原载日本岩波书店1986年版《裘沙画集·鲁迅之世界》序）

用绘画表现的鲁迅之世界

（日本）藤山纯一
徐前译 陈弘校

1936年10月19日，鲁迅在上海逝世，至今已整整50周年了。

在鲁迅逝世30周年、40周年之际，日本都举办了纪念展，展出鲁迅的遗物和遗稿。使我担心的是，在鲁迅逝世50周年的1986年，仅仅举办鲁迅的遗物、遗稿展览来引起人们的关注，已经变得困难了。因为与10年、20年前相比，人们已不大阅读鲁迅的作品了。我从中国朋友那里得悉，即使在鲁迅的祖国——中国，也存在着这种倾向。

如果说，鲁迅的文学已经过于陈旧，没有多大意思的话，那么，这种倾向的出现也是无可奈何的事。

但，事实并非如此。

鲁迅逝世后这50周年的历史，简单地说，是一部动荡的世界史。在这段历史中，人们常常想起鲁迅，他促使人们思考，给予人们勇气。在这里，我并非想写《鲁迅论》，而只不过认为，在鲁迅逝世50周年后的今天，鲁迅生前向我们提出的问题尚未解决，阅读鲁迅、研究鲁迅，因而比以往更为重要了。这是无可否认的事实。

在这样的时候，我见到了中国画家裘沙、王伟君夫妇的画，这是将鲁迅的文学作品转化为绘画作品的创作。使我看到这些画的是日中友好协会全国本部事务局次长坂田辉昭先生。

看了几幅作品之后，我想到在上述情况下举办这样一次画展，并出版这样一部画集，也许是一次最适宜的鲁迅逝世50周年的纪念活动，或许能够成为赢得鲁迅读者的一次良机。

表现鲁迅作品的绘画，我以前也曾看到过一些，但都没有觉得怎么好。因为鲁迅的存在实在太伟大了，所以画家也因而太拘束，所描绘的成了解说性的图画，总而言之，大多是没有什么意思的。和那些作品相比，裘沙夫妇的作品以其强大的力量打动了我的心。

我首先看了《祝福》中祥林嫂向旁人打听“一个人死了之后，究竟有没有魂灵的”这一场面的画。黄色的底衬上画着使人联想起当时的中国的图案，在这背景中，站立着祥林嫂。画面完全是中国式的，祥林嫂的形象也是个非常典型的中国的中年农村妇女。尽管如此，这幅作品引起人们联想到德国的表现派画家们和挪威画家蒙克的作品。直到逝世前仍在翻译果戈理的《死魂灵》一书的鲁迅，与其说是一个决不肯放过农民的复杂的内心世界的作家，莫如说是一个不能无视这一内心世界的作家。因而这幅绘画作品才会与同样描绘这一内心世界及其痛苦的那些欧洲画家们偶然产生相似之处。我认为在这些地方，也显示了画家接近鲁迅个性，描绘出一个独特的世界的能力。

“那么，也就有地狱了？”“那么，死掉的一家的人，都能见面的？”祥林嫂不断地追问着。她的悲痛以及对于人类来说过于“本质性”的问题，被作为一个具有色彩和形体的画像表现了出来，我为此而感动。鲁迅在《祝福》中写道，在祥林嫂的提问前，“我已经知道自己也还是完全一个愚人”。这幅画在表达原著的成功之处，在于站在画幅前的人们恐怕也都会产生与主人公同样的感觉。

接着，我看了《阿Q正传二百图》，这是以黑白素描画的作品。可以说阿Q是鲁迅塑造的一个典型人物。对阿Q的理解是对鲁迅的理解，是对中国的爱情、是东方人的自觉的理解，结果也就意味着探究“人”的解放的问题。我想夫妇两人为创作这套组画必定是最费苦心的了。最初，我觉得他们所画的阿Q的脸有些过于动物化了。但仔细看去，即可明白并非如此。这是画家在反复阅读原著、设身处地地体会了当时的各种境遇之后，所画出的已与自己融为一体的阿Q。阿Q的喜、怒、哀、乐，绝望和希望，正是画家本身的。如果不是画家们带着个性去领会的话，那就不是活生生的人物了。因此，阿Q的脸虽说看上去像是动物化的，但其中深藏着那种带有个性的激情。而且，这激情必将尽情地爆发。阿Q至今仍然是一个谜一样的人物，而正因为是个谜，才更扣人心弦。夫妇俩所画的阿Q，确是以画家的素描功力及其个性向这个谜的挑战。

后来，我继续看了他俩为表现鲁迅作品而创作的《药》、《离婚》等多达400幅以上的作品。越看越加深信，只有举办这些作品的展览会，出版这些作品的画集，才是1986年在日本最为适宜的鲁迅逝世50周年的纪念活动。因为这些作品都是粉碎“四人帮”之后，在中国文艺复兴时期的无穷能量中产生的，充满自由而又富于个性的艺术作品。这次在纪念和日本因缘深远的大文豪鲁迅的时候，向日本介绍和展出这些从未有机会在国外得到应有评价的、中国现代画家的优秀作品，这在日中文化交流史上也有划时代的意义。

现在，东京的展览会已定于今年8月末由朝日新闻社主办，然后在仙台于9月份由河北新报社主办。其后，将在各地陆续展出。

另一方面，我的前辈、日本著名作家野间宏先生也为裘沙、王伟君夫妇的画所感动，并且向岩波书店的绿川亨社长提出了出版画集的问题。绿川社长以野间宏先生本人为画集撰写《序言》为条件，承诺了出版事宜。

当这篇文章发表时，为纪念鲁迅逝世50周年，夫妇两人的画册将在日本出版，展览会也已经陆续开幕了。由于这些活动，我非常喜悦地期待着鲁迅的著作在日本为更多的人阅读，而研究与理解鲁迅作品及其思想的事业对于日中两国人民所具有的意义，在1986年的现在，我们深信是无比巨大的。

（原载《中国画报》1986年第9期）

中国画家笔下的鲁迅世界

（日本）针生一郎
王赛珍 译

我从自己有限的见闻中感觉到：现在的中国美术界开始由漫长的黑夜解脱出来，正充满着活力进行多样化的探索追求。在克服“文化大革命”造成的混乱的同时，继承中国数千年的文化传统，开始积极推动与国际间的交流。美术家们深深体会到创造自由的宝贵，以综合东西方、新与旧为宗旨，重新学习现代西方，并超越它去寻求中国独自的表现素质。

有这样一位画家，在他身上焕发着中国美术界的新生气息。他于1930年出生于浙江省嵊县，幼年丧母，肺病使他中途辍学，这便是靠自学走上画家道路的裘沙。他少年时代就酷爱鲁迅作品，这或许是因为嵊县和鲁迅故乡绍兴仅一山之隔，小说中描写的风土人情格外近似的缘故吧。解放后不久，他在接受了木刻函授教育后，毕业于中央美术学院华东分院。1951年进入中国青年报编辑部，以后15年期间一直担任美术记者。他的妻子王伟君生于杭州，毕业于浙江美术学院和沈阳艺术学院，也是位画家。

然而，1966年开始的“文化大革命”中，裘沙被视为修正主义苗子，下放到河南省潢川县“五七”干校劳动。在这期间孩子生病，生活困苦不堪。就在这环境里，他重读鲁迅的文章，搜集鲁迅的肖像照片，1974年完成炭画集《鲁迅肖像画集》。接着从粉碎“四人帮”的1976年开始，夫妇共同致力于创作炭画《阿Q正传二百图》。然而最困难的还是1978年，对鲁迅作品的分析研究和多次走访绍兴花费不少时间。在这一年，裘沙恢复了中央工艺美术教授职位，回到了北京。由于当时被扣发了薪水，一旦支出材料费、差旅费，家里甚至有时没有钱买蔬菜，靠妻子采摘野菜来下饭。

1980年《阿Q正传二百图》一完成，年底人民美术出版社就发行了。裘沙一鼓作气，又开始了鲁迅其他小说、杂文等的油性粉笔画的创作。在鲁迅诞生一百周年的1981年，这些作品共300余幅左右，以“裘沙、王伟君鲁迅文学作品插图展览”之名，在中国几大主要城市巡回展出，所到之处都引起了强烈的反响。今年正是鲁迅逝世50周年，从8月底开始到9月中旬，夫妇两人的作品，加上三套以上的新作首次在国外由《朝日新闻》社主办，在东京有乐町玛丽恩和仙台市博物馆展出，届时夫妇俩也将来日访问。此外，已经决定出版《鲁迅选集》的岩波书店也将出版《裘沙画集·鲁迅之世界》和《裘沙、王伟君绘画之特装版〈阿Q正传〉》。

我看了一遍预定展出的作品，感觉它触及到了充满现代中国苦恼和希望之情的尖端感性。两相比较起来，似乎以木炭描绘的《阿Q正传二百图》、《药》和四幅鲁迅像，用概括的线条和明暗现实地反映了历史环境和生活风俗。与此相反，油性色粉笔所描绘的《狂人日记》、《祝福》、《孤独者》、《伤逝》、《离婚》、《呐喊》人物像和以杂文为主题的作品，在多色彩的色调变化中突出反映了心理的、幻想的境界。

总而言之，无论是木炭画或油性色彩画，我被用这样一些朴素的材料能发挥出如此丰富的表现力而震惊。尽管能明显地看出杜米埃、蒙克，尤其是由鲁迅自己介绍给中国，并将铜版画原作赠给鲁迅的凯绥·珂勒惠支的影响，但每件作品的表现，归根结底还是以对鲁迅的解释和作者内在的必然里产生的。

裘沙夫妇的绘画连作，与以往的“插图”概念是否相吻，尚难定论。自由选择小说或评论中的一节将它的情景诉诸视觉形象，又保证故事和基本思想的连续性、一贯性以及绘画表现相对的独立性，就此一点，组画承受着较之一般的绘画更难的课题。据《美术》杂志1981年9月号刊载过的裘沙与王朝闻的往返书简看，作者曾熟读过莱辛的论文《拉奥孔——论绘画和文学的界线》。文学的特质是“动作”（原文 Handlun，作品中人物的言行举止所构成的故事情节），而绘画的特质则在于它的视觉形象，这一点是意味深长而应该深刻铭记的。“插图作者要有很好的文学修养，对文学作品既要钻得进去，深刻理解作家的思想，懂得作家的艺术，同时又要能够跳得出来，不使自己成为文学作品和作家的奴隶。钻不进去，对原作理解不深，画出来的插图不免肤浅；跳不出来，就是不懂得绘画和文学作品的界限，不能充分发挥视觉艺术的特有的性能和画家的主观能动性，这样画出来的插图，往往变成文学作品简单的图解而不免平庸。平庸和浅薄都缺乏生命力。”

从这封信的内容中得知，裘沙感到自己在鲁迅研究中能超越一般读者水平，是从短篇小说《祝福》开始。《祝福》写的是旧历年终的下午，人们为迎接除夕而忙碌着。“我”在路上碰见了曾经给叔父家当过女佣、现正沿街乞讨的祥林嫂。故事从“一个人死了之后，究竟有没有灵魂？”“那么，也就有地狱了？”“那么，死了的一家的人，都能见面的？”这三个疑问使“我”难以答复开始。

第二天，在热闹的祝福声中，她倒在路旁死去了，使我回想起她的半生经历来。祥林嫂初到叔父家时，据那嘴舌灵巧的介绍人卫老婆子说，祥林嫂是刚刚死去了丈夫，其实是逃婚出来的。后来就被婆婆伙同两个男人强拽回去了，再次和山里的一位男人成了婚。祥林嫂悲愤自己的苦命，一头撞到香案上以示抵抗。可是，当她与这个男人生下一个男孩时，丈夫却又病死。接着孩子又被狼叼走了。走投无路的祥林嫂再次回到叔父家来当佣人。这一次她整个人都变了似的，加上儒教宣扬女子再婚为不道德的观念，周围的人对她也很冷淡。当初对她的不幸曾报以同情的人们，渐渐地不再重复那安慰的话了。谁也不再搭理她。这样，她从叔父家被赶出来之后，只有去乞讨。最后，终究没有逃脱穷困而死的命运。

而裘沙对这篇小说的解释却是这样的：“经过反复阅读分析，我发现祥林嫂并非死于风雪之中，而是在别人的祝福时候感到自身的寂寞，相信了人死之后大概有灵魂的回答，为了和死去的一家人见面而自杀的。弄清祥林嫂的死因，决非‘毫无意义的事’（至于用什么手段自杀，才是不重要的）。地狱的最后审判，是封建礼教惩罚祥林嫂改嫁失节最酷烈的手段，曾经给祥林嫂以极大的恐怖，然而这大恐怖终于敌不过祥林嫂追求幸福的渴望。她终于勇敢地走向地狱，目的是为了重温一下改嫁所带给她的、早已破灭的人生的幸福。通过这一出格的行动，祥林嫂沉默而倔强的性格最后完成了，小说反封建的主题也最后完成了。”

裘沙的这一发现是在1977年秋，在这之前，他曾多次构思组画《祝福》的创作，但那时他感到连最起码的选择情节、构思画面的条件都欠缺。譬如，就祥林嫂问死后有没有灵魂这一情节来说，究竟是表现希望或者表现恐怖，还是表现希望与恐怖交织的那种心力交瘁的状态呢？进而是否表现她对神仙世界的疑惑和控诉等等，种种疑问，都无法判断。在分析不彻底的情况下，只好依葫芦画瓢，把几种情节处理都画出来进行比较。即使这样，由于自己没有真正理解原著，故而依然无法判断哪一种处理方法更合乎鲁迅的原意。

综上所述，要画什么的问题明确之后，剩下的就是如何表现的问题了。然而，后者的解决也非轻而易举的事，为了这一矛盾的解决，竟持续了三年之久。1981

年 1 月的一天，裘沙突然产生将祥林嫂的三个疑问表现出来的这一构思，《祝福》组画便一举成功了。这一构思，正是基于以下的理论推断的：

“小说采用了第一人称的叙述方法来塑造祥林嫂的艺术形象的。这种叙述方法充分发挥了作者利用个人经历的因素使小说达到非凡的真实性的创作特色，从岁末回乡探望亲友的‘我’的眼中所感受的乡村生活，写来是那样的亲切感人；但也给祥林嫂形象的塑造带来了一定的局限性：作者只能通过这‘我’的眼睛来塑造祥林嫂。组画既然没有采用第一人称的叙述方法，就可以单刀直入，直接用视觉形象把祥林嫂的思想感情、精神状态火辣辣地表现出来了。因此，我在表现祥林嫂有关灵魂的三个问题时，没有必要去刻画她和‘我’相互问答中的神态，而是通过这三个问题所引起的幻觉来表现祥林嫂的思想感情和内心世界。从而使主题更鲜明，产生一种强烈的艺术效果。”

裘沙的组画《祝福》，溯着与小说叙述稍稍不同的顺序，离开了第一人称的视线而随祥林嫂的足迹发展。从青年幼稚的祥林嫂由一个卫老太婆领来一场开始；继而是她被两个男人强拉硬扯抬进船舱里去；接着在第二次婚礼上坚持反抗的场面；不久，孩子降临，夫妻俩短暂的幸福到来了；可后来丈夫去世，母子两人身穿孝服；紧接着又是孩子被狼叼走的悲痛。尽可能地简化背景，在增强象征性的同时，随着女主人公境况的改变，色调也忽明忽暗地变化着。第二次来当女佣的她，遭到周围的攻击，加之地狱观念的威胁，她急速地衰老，最后沦为白发苍苍的乞妇，就这样发出了三个疑问。

当提到“死了以后能不能同家人见面”时，地狱狱卒的钢叉斜竖着，在背后燃烧着的大火之中，母子二人裸体拥抱着。接着出现了“她那无精打采的眼睛忽然发亮了”的场景（小说中这句话是在祥林嫂遇见“我”，提出三个问题的时候）。最后是将她完全吞没的那黑旋涡，以及布满空中抱着婴儿的众神们为了赐给人们幸福而渐渐接近的场面。很明显，画家将祥林嫂与阿 Q 视为同类，表现手法是西洋画式的，但风俗人情和地狱之类，则完全是十足的中国式的。

就《阿 Q 正传》而言，裘沙并不是那么容易就找到了自己独到的解释，倒是在多次的创作尝试中，加深了对阅读的体会罢了。这段情形就引用他的信中之言吧：“例如原作用‘割麦便割麦、舂米便舂米、撑船便撑船’，这三个并列句来描写阿 Q 没有固定职业的情况，用三个画面表现出来之后，却使我感到另一种深意，阿 Q 是一个随便怎样对他进行剥削都可以的奴隶。更加衬托出后来连当奴隶都不可得的可悲处境。对阿Q其人，我既不同意说他是一个地主阶级的复辟狂，也不认为他是一个落后的不觉悟的农民典型。我觉得《阿Q正传》的实际意义比我们所理解的更为深广。鲁迅先生在这部世界名著中，通过阿Q这个不朽的艺术形象写出了国人的灵魂和中国的人生，这是中国社会、中国革命的一面伟大的镜子。这也是我所以要用二百多幅画面来表现它的原因。

“我对《阿Q正传》的理解，不在这里谈了，这里只想谈一下生活积累的问题。要表现鲁迅先生眼中的中国的人生，如果离开丰富的生活体验，是不可想象的。我创作《阿Q正传二百图》的生活基础，主要是解放前近20年的家乡农村生活，因为我的故乡和绍兴仅一山之隔，所以风土人情有很多相同的地方。我见过阿Q式的人物，见过他们怎样舂米，怎样割麦，怎样在小酒店里调笑，怎么在戏台下拧妇女的大腿，以至怎样在临刑前叫喊‘再过二十年又是一条好汉’等等。‘十年浩劫’，又使我对阿Q走投无路、一步步走上绝路的遭遇感同身受，同时又憎恶阿Q似的以报私仇、谋私利为目的的‘革命党’。我遵照鲁迅先生的教导，不以旁观者的立场来看阿Q，画阿Q；不以滑稽和哀怜为目的；努力使自己成为阿Q的知音，同时又严酷地解剖他身上的毒瘤，希望由此而开出反省的道路来。我在整个创作过程中，自己深感不足的仍然是生活积累的贫乏，我虽然有近20年的浙东农村生活，然而毕竟没有深入到生活的最底层中去；解放以后虽然多次去绍兴体验生活，但看到的也是一些表面的现象罢了。很多画面，如果不到生活中去深入发掘，那就只能在绘画技巧上做点表面文章罢了。而我所追求的并非单纯的艺术，而是活的生活、活的严峻的中国人生。《阿Q正传二百图》实际上也凝结了我自己50年的人生体验，然而还没有达到自己所希望达到的水平，我准备继续努力，一直画到自己满意为止。”

在这里，尽管也有些中国式的礼仪和美丽的修辞，较之祥林嫂，在描写更加能体现中国民众的矛盾和迷惘的阿Q这一形象时，必须而且只有完全深入到民众生活中去体验，去观察，这是可以理解的。透过“文化大革命”的苦难，作者事实上深深感到：阿Q不仅是过去的典型，而且在今天也是近在咫尺。

细看《阿Q正传二百图》，首先使人震惊的是：绝不是把阿Q描写成一个痴呆，而是既灵敏，又自尊心极强、能干的人。本来应是一个受周围的人珍视和爱护的性格。然而，阿Q既没有家又没有固定职业、没有老婆，处在社会的最底层，因而也只得个慢慢扩展活动范围，有机会就狡猾地钻来钻去。通过这脸上挂着一副勇士的面貌却又秃顶癞头，《二百图》清晰地将辛亥革命前后的浙江农村生活活生生地再现出来了。

裘沙、王伟君夫妻两人的共同创作，不知是如何分工的。画面有时把背景省略，将阿 Q 的面部或赵太爷与阿的 Q 形象进行特写，时而用黑色炭笔浅晕，浮现出远方的景色和群众的面影，再以光、景配于画面的最亮处，使得空间趋于复杂。无论怎样处理，它与油性粉笔画比较，这组黑白炭画连作减少了一些不必要的抒情和幻想，给人们的印象是：它的表现更加尖锐，感人之力也更加直截、更加强烈。直至最后，是被放在牛车上游街、即将被处以死刑的阿 Q 披着长辫发，在脑海中浮现饿狼的眼睛时的惊恐，以及行刑之后，群众已经散去，只有一条狗在舔着地上血迹的场面。

回溯完这《二百图》，我们需要很好地再次领会一下鲁迅先生的一段名言："据我的意思，中国倘不革命，阿 Q 便不做，既然革命，就会做的。我的阿 Q 的运命，也只能如此，人格也恐怕并不是两个。民国元年已经过去，无可追踪了，但此后倘再有改革，我相信会有阿 Q 似的革命党出现。我也很愿意如人们所说，我只写出了现在以前的或一时期，但我还恐怕我所看见的并非现代的前身，而是其后，或者竟是二三十年之后"。

《狂人日记》是鲁迅先生最初由果戈理的同名小说得到启发而写的第一篇口语体小说，借用记录了狂人妄想的日记的形式，尖锐地讽刺了人吃人的弱肉强食的现实，以及作为其根源的中国儒教思想和封建体制。可是，这个作品作为新文学的出发点而具有强烈的冲击力，还在于它揭示吃人的和被人吃的之间似同共犯的相互关系，以及将这憎恶它、批判它的自身也置于同一构造里面去而引起的战栗吧。

1977 年，裘沙谈起他曾打算对这篇作品进行绘画创作，但终于失败，或许也与这篇小说超越"我"这种独特的第一人称的性质有关吧。1981 年当他再次拿起这篇小说时，就不再拘泥于原著的行文，而只着重于其基本思想的表现了。在这里，第一人称的叙述被换成了这个人物的形象，他以月夜作背景，视狂吠的野狗和相互敌视的人类为同质，双目凝视着古书上记载仁义道德的文字，而字里行间的背面却流出殷红的血迹，终于挣脱那不知名的怪物的重压，最后伸出双臂来拯救尚未被吃人的习惯所传染的婴儿。

《药》是鲁迅早期的优秀短篇小说，同样深刻地挖掘了令人战栗的中国社会的矛盾根源。经营茶馆的老栓忍受众人的白眼，买了蘸有被处死的革命者的鲜血的馒头，以为这样的人血馒头对肺病患者有疗效。这是因为老栓的儿子也得了肺病。可是吃了之后并不见效，小栓还是死了。小栓的母亲蹲在儿子的墓前，这时，一个儿子被杀了的老太婆也来了。她为了分散自己的悲哀，对着坟墓说：叫这乌鸦飞上你的坟顶吧！可是，乌鸦在树枝上站着毫不动弹。华大妈和那位老太婆怀着同样的悲哀，紧紧地拥抱在一起了。在以这一短篇为主题的裘沙的这套组画中，与德国表现主义画派的手法相似的效果充分地发挥出来了。

《伤逝》插图之一（子君的父亲来到这里，将她接回去了。）

以知识分子的孤独和梦幻的破灭为主题的《孤独者》、《伤逝》等组画，其表现手法令人联想起现代心理剧和电影的剧照，它有时透过幻想及抽象要素来展示人物的内心世界。结婚与离婚都要有声望的人做中介人，不过只是金钱的交易和仲裁仪式所需而已。在以此为主题的《离婚》组画中，风俗和心理的因素，在画面上都被着重地强调着。鲁迅先生认为，男女主人公的孤独、空虚也是中国革命必须解决的课题。在以鲁迅杂文为内容的一套组画中，犹如标语牌和广告牌那样，观念与形象相结合，传达出强烈的声音。

中国美术的传统，不限于以诗书画为一体的理念的文人画家的流派，其与造型和文字，与哲理，也都有密切的关联。因此，裘沙、王伟君夫妇以鲁迅文学为目标而探求其绘画表现，既非个人的爱好，亦非权宜之计，而正是中国美术的正道。而且，随着鲁迅作品的主题和写作风格的展开，如前所述，他们的画风也多种多样。特别是我称之为幻想乃至象征的要素，常常与吃人的和被人吃的、被处刑的或被遗弃而趋于死亡的和对此漠不关心的作为旁观者的众人产生关联，是与鲁迅先生所特有的问题意识紧密相联而产生的。而且，他们的绘画，相对地说，已经从鲁迅作品中独立出来了，以造型的视觉形象重新追溯中国革命的原点。最为重要的还是让人们燃起那种重读鲁迅作品的欲望。

鲁迅说过：插图“能补助文字之所不及”，这夫妻两人在某种程度上实现了这一点。

（原载日本《世界》杂志 1986 年第 10 期）

鲁迅《阿Q正传》解题

（日本）竹内实

阿Q是失去了土地的农民，但仍从事农业，所以称得上农民。小说中没有交代他是从父亲那辈，还是自祖父那辈到未庄的，但在他那孤独一人的生活中，看不到父亲、祖父的影子，从这一点看，阿Q恐怕是在一家离散后，从邻近的村子流落至此的。阿Q做日工，或许可以说是工人，可干的活计却是割麦、舂米、撑船。一年中，也并非经常有活可做，所以笼统地算起来，或许可以称作失业者。阿Q没有家，住在未庄的土谷祠里，他有时也去酒店喝两杯，赌上一场，似乎可以算做流浪汉、游民。不过，这样的称呼，未免城里味儿浓了些。未庄是个不大的村子，走不多远就是村外的水田了。

在中国行政区划分为村庄、城镇、城市，简称“村”、“镇”、“城”。

城市与城镇之间差别很大，城镇与村庄也相差甚远。

阿Q在村子里喂不饱自己的肚子了，只好来到镇上。他在镇上亲眼目睹了枪杀革命党人的场面，这使他回到村子后，又有了一个颇为自负的话题。警察、审判、执刑，只有到了镇一级才具备有这样的机能。最后，阿Q被抓，押到镇上，审判后被处以死刑。科举这一中国录用官吏的考试制度，按秀才→举人→进士三级晋升。未庄赵财主的儿子是秀才，只不过是科举准备阶段的合格者，阿Q所去的镇里，只有一个举人。因为曾在举人家做过工，阿Q颇为自负，受到村人的尊敬。

在村中，有时闲逛、有时做工的阿Q生活似乎并非十分困窘。但是，自从出现了小D这一竞争对手之后，景况就大不如前了，似乎有些生活不下去了。村里还有个叫王胡的秃头老汉，但不知是因为所做工种的不同，还是由于王胡是个懒汉不怎么打工之故，总之，在找活计这方面，阿Q并没有意识到他的存在。

未庄的雇工市场规模有限，每天有两个雇工就足够了。

可以说阿Q很有些侠义，不愿在狭小的天地中与别人争夺受雇的机会，于是来到了城镇。但这里也并没有那么多事情可做，只好受雇于小偷团伙。

日工、工人、流浪者、游民、小偷，在这些职业（如果那也算得上是职业的话）中辗转，或被迫从事这些职业的阶层中有阿Q，这一阶层曾广泛存在于中国。

他该怎么做？他自己也从没认真考虑过。但革命一来，社会中的躁动刺激着他，使他想到了"社会必须变革"，于是他喊"造反了！"并因此而兴高采烈。小说中用飘飘然形容阿Q这种高兴的样子。飘飘然，即断了线的风筝，乘着上升的气流，在空中漫无目的飘荡的样子，兴奋的心情，飘然欲飞的感觉。

但是，阿Q并没有因此而得到物质上的利益，也没能加入革命党。他被作为闯入赵财主家的强盗的同伙抓了起来，受到审判，在判决书上画了圈儿（不识字的农民，在别人代笔的姓名下画圈儿，也有的在圈儿中点上点儿），在镇里游街示众后，被公开枪毙了。

无可否认，阿Q是个愚昧的汉子，阿Q是一个阶层的存在。中国革命之父孙文将人类分为"先知先觉"、"后知后觉"、"不知不觉"三类时，大概是将阿Q这类人物归结到"不知不觉"这一类中了吧。孙文希望大家成为先觉者，或受到先知者号召而觉醒的后觉者，但是，他也认识到存在一部分不能寄此希望的人们。毛泽东在延安进行的讲演中也曾说过"愚昧的民众"（在现行的毛选中这句话被删除了）。冷静的政治家必然注意到，愚昧的男子构成了一个阶层——大众政治本应能够依靠的阶层，实际上处于麻木、愚昧无知的状态。

但是，我以上所说的只是根据我自己对孙文的理解，对毛泽东的理解。

如上所述，孙文将人区分为三类。那是根据天赋才能进行的划分。"先知先觉"的人是发明家（这里的发明指的是懂得事物的道理），"后知后觉"是宣传家，"不知不觉"是实践家。即：有首先提出革命理论的导师、革命政党的领袖人物；有将这些理论传与他人的活动家、党员；还有受到启蒙而参加运动的一般民众。

孙文倡导"行易而知难"的学说（到达真理是困难的，但一旦掌握了真理，做起来就容易多了）。他根据自己的学说将人分为三类，并不是将"不知不觉"者贬为麻木、愚昧无知的一群。但是，其他两类人已经处于知觉状态时，不知不觉者实际上处于怎样一种状态呢？他们是实干家，可在动手干之前，处于什么状态呢？那一状态是否就是《阿Q正传》中的阿Q其人呢？

而且，一旦干起来，他，或者他们是否将上升为"后知后觉"者呢？

毛泽东也反复强调说"愚昧者最聪明"，"创造历史"。这愚昧中不存在蔑视。

但是，可以这样来表现的吃喝拉撒睡劳动的日常生活，尚未参加革命者的生活通过阿Q的例子清楚地显现出来。

那么，是否可以说这些“不知不觉”、愚昧的人们一旦觉醒，即是实干家、革命者呢？孙文、毛泽东的回答是肯定的。孙文是三民主义，毛泽东是马列主义，他们是党的领袖，不能否定与自己共鸣的人们，不能蔑视民众。

现在我们暂时离开孙文的革命、毛泽东的革命，回到《阿Q正传》的阿Q上来，这里没有孙文，也没有毛泽东。

不能说没有孙文、没有毛泽东就不是革命，世界上的所有的革命也还都是革命吧。不能说在这世界革命史上没有阿Q。罗曼·罗兰讲过：“在法国革命也存在着阿Q。”

阿Q的存在是社会的存在。所以有的叫阿A，有的叫阿B，不一定都要叫阿Q。因此，那不是阿A，也不是阿Q，而是许多。取名阿Q是源于《阿Q正传》。

据说《阿Q正传》发表时，曾有知识分子读者（因不是知识分子成不了读者）以为是以自己为模特儿所做的小说而发了慌，并且推断作者可能是四川出身的文人。因为署名是巴人，而巴是四川省的古名。

然后，出现了阿Q已经死了，阿Q的时代已经过去了这一主张。因为20年代已经走过了一半，农民运动已蓬勃兴起。他们主张，阿Q是中国农民的文学典型，而现实中农民已经开始革命。因此，像阿Q这样描写农民的小说已经过时，作者仍旧不过是落后于时代的无聊文人。

当时，中国共产党逐渐取得了革命的领导权，革命的重点转向农村。因此，对于左翼文艺批评来说，《阿Q正传》成了困难的滞销的作品。

不久，改正了鲁迅落后于时代的批评。但正由于这一改正，则更需要试图对他杰作中的农民像做出一些新的解释。

解释是各式各样的，例如：阿Q特有精神胜利法，即所谓的“阿Q精神”原本是统治阶级的东西，但作者将其拿来，使其体现在农民身上，小说广泛集中了人类一般所特有的弱点等等。但那些评论基本上都将小说中阿Q接触的革命限定为“辛亥革命”，评论的人们大多都立足于正在兴起的农民运动和节节胜利的“新民主主义革命”。因此，作为农民的阿Q承担了“辛亥革命”的历史局限性，鲁迅很可能对此进行了尖锐的指责和批评。

新中国一成立，出现了阿Q和阿Q主义已经完全、永远过时了的论调。因为新的革命取得了胜利。

但是，数年后，茅盾在纪念鲁迅逝世20周年的纪念集会上的开头演说中讲道："阿Q没有死，至少我们身上还残留着他的影子。"这时的阿Q已不是辛亥革命时代中普通农民的阿Q，而是作为旧时代思想的残渣的阿Q。但是，这一发言也还基于下一次革命前的立场。

下一次革命即无产阶级"文化大革命"，简称"文革"。

"文革"如果从挥舞着《毛主席语录》、高喊"毛主席万岁"的红卫兵的出场算起的话，那是在1966年开始的。"文革"结束如以毛泽东逝世"四人帮"被捕为界线的话，则应是1976年。国家主席刘少奇未经审判即遭受虐待。从这些事实中清楚地看出这是一场权力之争。批判官僚主义、批判资本主义、批判修正主义，批判文艺等等，斗争的发起者们进行了种种表现。许多党和国家的领导人在运动中失足，受到侮辱；知识分子取得的业绩成了遭受批判的依据，被赶到农村、边境，天天喂猪、扫街、扫厕所，这些都是当时能够见到的真情实景。

不仅仅是能够见到，而且是司空见惯，人们已无动于衷了。今天来看是反常的事物，在当时则很平常，甚至是受奖励的事情。哪里出现了革命，红卫兵一马当先。所谓的红卫兵即大学、中学里的男女学生们。

鲁迅被认为是期待着这样一场革命的。鲁迅生前批判过的人们，新国家成立后仍然享有很高的声望，但在这次运动中失足了这也是事实，但是即使有应该批判的事物，也不应付诸"文革"这一暴力形式。在"文革"中失足人们的错误，被"文革"发起者、支持者们扩大了。确实他们中有人犯了错误这也是很自然的，但是，因此而得出使他们犯错误的"文革"也是必然的，这种理论不是很奇妙吗？

在中国，这一状况持续了十年。知识分子在这期间，农村的体力劳动是艰苦的，食物、住房条件都相当差，实际上是一种强制收容（基本上是城里单位集中移居农村）。

在这一"革命"中，知识分子（并非一定是大学毕业生）面对着的民众的表情是怎样的呢？民众包含了红卫兵，对于他来说，这是怎样一种存在呢？

假如"文革"前，看了《阿Q正传》之后，你得出阿Q是辛亥革命时期的农民、当时的社会是黑暗的、非近代的这一感想的话，那么当你遭到红卫兵的殴打、揪斗，被带去游街，用眼角的余光见到路人、居民的视线和他们的窃窃私语时，你的心中还认为《阿Q正传》仍然是描写辛亥革命的作品吗？

据说裘沙、王伟君在下放农村期间埋头于鲁迅的作品之中。“四人帮”为强化宣传而利用了鲁迅之名，所以知识分子读书虽遭指责，但读鲁迅却是无可谴责的。但是，自然是不能像“四人帮”所要求地那种读，并且还将鲁迅的作品画成了画。特别是《阿Q正传》，他们是逐字逐句深思熟虑后才绘成画的。这是鲁迅读解史、鲁迅研究史上罕见的用绘画创作来表现对鲁迅的仰慕、倾倒。可以说是项伟业。

在此之前也曾有过将《阿Q正传》变为绘画作品的尝试，比较知名的有丰子恺、程十发。

丰子恺以简单、漫画风格（不如说更接近于童画）的笔调，勾画出人物的表情、服装、背景等大致的轮廓。他也是随笔画家。

程十发出生在江南地区，所以原作没有记述的情景也画进了他的画面。如建筑物的墙壁、屋顶的建造样式、铺着石子的路、有着石阶的桥、酒店里的男酒客、装绍兴酒的酒瓮、尼姑和尚的服装等等。

强盗闯进了未庄的赵家，原作中没有描写当时的情景是怎样的，但程十发画了强盗，让他们穿着与前来抓阿Q的士兵同样的军装，从而超越了原作象征性的暗示，公开指出强盗就是革命政府的军队。

鲁迅说自己小说中的描写是绘画技法中所说的“白描”。这是一种不依靠色彩和细部描绘，而以墨线的浓淡将想表现的事物以最佳效果表现出来的表现方法。虽说如此，对不了解当地风土人情的外国读者来说，总感觉有些说明不充分。程十发的画面，画进了原作中省掉了的细部，成为一种补充说明，对外国读者颇有帮助。

与此相比，裘沙、王伟君的画由于是逐字逐句领会了原文之意后的作品，所以如果翻阅他们的画，直到最后一张均可找到原作中相应的文字。尽可能不增添原作没有的细部描写，用构图和色彩的暗淡，将作者试图告诉人们的深刻内容表现在画面上，使读者从画面上感受到其深刻之所在。

阿Q的脸《阿Q正传》中自然没有一一描述，但将已知的内容（鼻子的形状、突出的嘴唇、深陷在眼窝中的眼睛、忧暗的目光、宽宽的额头、发辫等等）一一真实地画出来，在此之前几乎是困难的。鲁迅后来曾说明“阿Q应是三十岁左右，相貌普普通通，有着农民式的质朴、愚蠢，但很沾了些游手之徒的狡猾”。当时鲁迅住在上海，因此，我们不难从上海马路上众多的人力车夫中间找到阿Q的影子。在此之前，也有几位画家做过尝试，并各有所长，但裘沙和王伟君的作品因其数量之多，增加了写实性的动人的力量。

裘沙和王伟君不仅仅从《阿Q正传》这一小说的角度上画《阿Q正传》，而且广泛地阅读了鲁迅的杂文，将从中得到的感受也画进了作品。经历了“文革”这一场特殊的“革命”，饱尝的辛酸化做了体现在阿Q革命、鲁迅革命中的强韧精神，洋溢在画面之中，没有一丝叹息悲苦的感伤，充满着面对苦难的力量。

裘沙和王伟君在国内几个城市举办了他们的画展，他们的画作在国内已被人知晓，绍兴是他们画展的一个会场。

绍兴的人们看到画中的阿Q，纷纷说：“阿Q回来了。”

据说在画展之前不久，剧作家陈白尘编剧的电影《阿Q正传》正在上映，绍兴人们对此很有些不满。电影中的阿Q尽是些滑稽动作，而裘沙和王伟君的画中没有使人发笑的滑稽之处，绍兴人注意到这一点。我没有看过这部电影，也没有看过陈氏的剧本，但我想象中的阿Q是滑稽的。不过绍兴人认为裘沙和王伟君严肃的阿Q才是真正的阿Q也许是理所当然的。我认定是滑稽地方的日常生活的片段，阿Q一定是很严肃、很质朴地去做的。

而且，四周的绍兴的风土人情更不能忽略。作品并非想介绍绍兴，但出生于绍兴的裘沙和出生在杭州的王伟君的笔下，自然而然地飘逸着江南绍兴的空气，更兼之外乡人看作很滑稽的生活中的各种行为，对于绍兴人来说，也许原本是很严肃的。绍兴人的原作由绍兴出身的画家来画，看到这一绘画作品的绍兴人为“阿Q回来了”而高兴。在此，存在着这一画品的现在的一种意义，即：只以革命和阿Q为题，这画是画不出来，这原作小说也是写不出来的。

实际上，对于作为绍兴这一土地、历史、人情风土的集合物的绍兴来讲，也许革命是金字塔尖上的东西，而构成其底部的绍兴才是至关重要的。而且，也许他们认为这一金字塔其实很该颠倒过来，把三角形的顶端放到下面来。乡土精神在那里相当浓厚。虽不能断言《阿Q正传》是所谓的乡土文学（单纯的乡土文学），但只把革命，而且是抽象的革命与阿Q结合起来，对于阿Q，恐怕已经是难以承受的负担了。当然，我并非想将阿Q禁锢在绍兴这块天地中。

在京都，我得到了与为参加在日举办的画展而来日本访问的裘沙、王伟君夫妇面谈一个晚上的机会。在那次交谈中，我印象最深的就是上面谈及的这段绍兴人的感想。当然，和对阿Q的解释同样，在此，文责由笔者自负。

画面中可以看到蒙克的影响，在几乎是锁国状况下，中国无名的、今后必将崛起的画家摸索找到了蒙克，这使我感动。鲁迅喜欢联系到木版画，他本人也为普及木版画做出了努力，但揭示了西洋近代绘画与鲁迅作品结合可能性的这一画品，提出了鲁迅研究史上未曾有过的新课题。

裘沙是怎样摸索找到蒙克的呢？从中国美术杂志刊载、介绍的文章中可略知一二。不知是对绘画产生兴趣时、还是逐渐作为专家崛起时的事情。“文革”开始了，处于封闭状态中的他突然对蒙克产生了强烈的兴趣。他托在图书馆、图书室工作的朋友悄悄借出登有蒙克情况的书籍杂志。“文革”的经历唤起了他对蒙克的怀旧之感，“文革”的经历使他更加倾心于鲁迅。他以这样的形式和精神，向我们倾诉着自己心中的呐喊。

王伟君开始是个出主意、提建议的旁观者，但不久她也拿起了画笔，加入了创作的行列。作为自己的领域，风景写生归其所有。听说裘沙、王伟君的下一个课题是鲁迅的传记，我与本书的读者共同期待着他们下一个作品的完成。

（原载日本岩波书店 1986 年出版裘沙、王伟君画集《阿 Q 正传》）

裘沙、王伟君画集日本宣传系列

裘沙、王伟君画集《鲁迅之世界》（岩波书店版）宣传册

绘画强烈的印象所想到的

1936年10月19日，鲁迅结束了56岁之生涯，今年是他逝世50周年。鲁迅的同乡、中国画家裘沙先生呕心沥血领会并用绘画表现了鲁迅的世界。画家抓住了作家的内心世界，刻画出人物群像。看了这些绘画作品，使我产生了一种驱使我去重读鲁迅作品的冲动。我甚至感到自己以往对鲁迅的观念被打破了，给我的印象是那么的强烈。这本画集将由岩波书店出版发行。它的出版所起的作用和绘画的冲击力是巨大的。

（日本）井上靖

（原载日本岩波书店出版《裘沙画集·鲁迅之世界》宣传卡）

肩负着中国明暗两面

在被辱骂为反革命的黑夜里，一双眼睛正在一字一句地阅读着鲁迅的文章，那翻书的手也曾是被劳役的手，不久终于获得了自由，一幅又一幅地画下去。这个人就是裘沙，助手是他的妻子。鲁迅说过这样的话：“绝望之为虚妄，正与希望同。”我认为裘沙的画告诉人们绝望也是需要绝望的勇气和力量的。从这里我们看到了正是一位肩负着现代中国明暗两面的艺术家的存在。

（日本）竹内实

（原载日本岩波书店出版《裘沙画集·鲁迅之世界》宣传卡）

裘沙画集《鲁迅之世界》出版前言

“人必须活下去”，阿Q等鲁迅文学作品中众多的人物，揭示了人的这一朴素的心态。把与旧社会势力相抗争，而又顽强不屈的生存方式淋漓尽致地表现出来，并把反抗与斗争的激烈观念诉诸现代。中国画家裘沙把鲁迅笔下的人物群像加以形象化，以绘画的形式鲜明地表现出来。

我书店曾于鲁迅生前的1935年，将《鲁迅选集》收录在岩波文库，于战后的1956年，出版、发行《鲁迅选集》十三卷本，把鲁迅文学的全貌传播给我国。在这个基础上，作为鲁迅逝世50周年纪念又出版发行的现代中国绘画具有特色的作品裘沙画集《鲁迅之世界》，它将开启人们对鲁迅文学新的视野。

（陈　弘　译）

（原载日本岩波书店出版《裘沙画集·鲁迅之世界》宣传卡）

岩波书店新书预告
——裘沙画册《鲁迅的世界》

为了纪念“鲁迅逝世50周年”，画家以生动逼真的画像来表现以描写人间百

态著称的鲁迅作品。堪称现代中国绘画界出现的一抹瞩目的亮色。（解说：野间宏）

（原载日本 1986 年 6 月剪报）

鲁迅《阿 Q 正传》

为了纪念鲁迅逝世 50 周年，1986 年 8 月至 9 月在东京和仙台举办了“绘画《鲁迅的世界》展”，其现场的热烈程度记忆犹新。现代中国画家裘沙、王伟君夫妇创作的《鲁迅的世界》，源于对鲁迅作品的深刻的理解，对鲁迅一生的深刻的理解，以及自己在“文革”中漫长而又黑暗的体验与思索。

本书收录了《阿 Q 正传二百图》（实际包括扉页在内共有插图 206 页）。竹内好以筑摩书房版《鲁迅文集》第一卷为翻译蓝本。

既然有“逐字译”一说，那么《阿 Q 正传二百图》就可以说是素描的“逐语画”了。阿 Q 的行为越滑稽，其中所蕴含的鲁迅先生的痛苦、悲伤、愤怒就越深刻。如何将其转变为图像？是彻底地将其滑稽化，还是完全写实地再现，抑或其他？《二百图》给出了答案，而且是独一无二的绝妙的答案。

鲁迅名作《阿 Q 正传》能以这种形式出版发行让人欣慰。

（原载《日中文化交流》1987 年 1 月 1 日）

与鲁迅同在
——插图画家裘沙、王伟君

在为鲁迅（1881—1936）系列著作绘制插图的画家当中有裘沙（58 岁）、王伟君（55 岁）夫妇。研读鲁迅的著作之后，构思插图，然后诉诸笔墨。在裘沙先生的策划中，所有的程序都由两人共同完成，每一张作品都凝聚着两个人的创作激情。在北京东部三里屯的一套位于五层楼的公寓里，他们的客厅兼做画室，如果没有其他事情干扰，每一天都继续着这一工作。夫妇两人认为“鲁迅教给我们的东西很多”。鲁迅逝世50周年之际《鲁迅的世界》（岩波书店）出版，去年11月《裘沙画册》出版，最近完成了新作《野草》。

（原载日本《劳动与学习》1988年10月号）

鲁迅逝世50周年裘沙画册《鲁迅的世界》

有了四千年吃人履历的我。当初虽然不知道，现在明白，难见真的人！

没有吃过人的孩子或者还有？

救救孩子……

（原载岩波书店出版《鲁迅选集·狂人日记》）

画册以被称作是中国近代文学的里程碑的《狂人日记》、世世代代生生不息反抗强权的百姓浮雕式的作品《阿Q正传》等主人公为素材，描写了在肮脏龌龊的封建社会底层挣扎的众生相。画册把人们内心的愤怒和痛苦生动地描画出来，充满着极为鲜活的真实感。《祝福》的令人炫目目的鲜艳色彩，《药》、《阿Q正传》的凌厉的笔触所描写的人物形象，把观众的视线强烈地吸引到了鲁迅的世界当中。画家以画笔为工具，以精美的画像来诘问艺术的本质，可以说是现代中国画坛的令人瞩目的特色绘画。（解说：野间宏《鲁迅的文学精神》）

裘沙 1930年出生于浙江省绍兴。1951年中央美院华东分院毕业。“文革”中受迫害，1972年以来致力于鲁迅作品的插图绘画。1978年恢复名誉。1981年，于鲁迅诞辰一百周年之际举办“鲁迅文学作品插图展”在中国各地受到好评。现任中央工艺美术学院教授、中国鲁迅研究学会理事、中央美术学院兼职教授，在北京居住。

（原载日本岩波书店《图书》杂志1986年第8期）

魯迅没後50周年記念展
絵画で描く『魯迅の世界』
現代中国画家 裘沙・その妻 王偉君
8月29日㊎～9月3日㊌
午前11時～午後7時
有楽町・朝日ギャラリー
（有楽町マリオン11F）
入場料：大人 400円
大・高校生 200円
中・小学生 無料
⊙主催／朝日新聞社 ⊙協力／岩波書店 ⊙後援／中国大使館 日中友好協会全国本部 日中文化交流協会
⊙協賛／宝酒造株式会社 企画：造形センター 作品：「阿Q正伝」「祝福」「薬」ほか400点 監修：針生一郎 岸陽子
（問い合わせ）朝日新聞東京本社企画第一部・魯迅50周年記念展係 ☎03-545-0131（代）

裘沙画集 魯迅の世界
魯迅没後50年記念出版
8月22日発売
B4変型上製・カバー・彩色画51葉・素描64葉・総頁138頁
定価4800円
▶10月9日発売
阿Q正伝［挿絵入り特装版］
B6判・304頁
定価4800円
魯迅作／裘沙・王偉君画／竹内好訳
岩波書店

宣传画

鲁迅逝世50周年裘沙画册《鲁迅的世界》

再现了鲁迅笔下的在封建社会底层苦苦挣扎的众生相。画家用令人眩目的鲜艳色彩和凌厉的笔触将其生动地反映出来。是现代中国绘画的令人瞩目的一缕亮色。

（原载日本岩波书店《东方》杂志1986年11期）

裘沙、王伟君画鲁迅《阿Q正传》

鲁迅说“绝望之为虚妄，正与希望相同”。阿Q的反抗和叛逆就是其象征。能够将其生动地描绘出来的画家，不能不说具有极其透彻、尖锐的眼光。

本书收录了206页插图和《阿Q正传》的翻译全文。

B5开、302页、定价800日元

（原载日本岩波书店《东方》杂志1986年11期）

裘沙和《鲁迅之世界》

黄际昌

裘沙，原名裘伯浒。现年五十有六。半个世纪以来，他做过许多噩梦和美梦，做梦也没曾想到有这么一天，竟东渡日本，把两份礼品——画展和画册展现在日本和世界人民面前，而且正赶上日本朋友纪念鲁迅逝世50周年的大潮。

（一）

今年8月，潮湿而闷热的盛暑刚刚过去，在日本首都东京的闹市区，贴出一幅崭新的画展海报，上面印着：

鲁迅逝世五十周年纪念展

现代中国画家裘沙、王伟君绘画表现《鲁迅之世界》

坐落在东京神田区的一家大书店——三省堂，同时陈列出一本崭新而精美的画册——《裘沙画集·鲁迅之世界》。列在同一书架上的还有达·芬奇、毕加索等举世闻名的艺术大师的画册。

举办这个“纪念展”可谓兴师动众。由日中友好协会全国本部、日中文化交流协会和中国驻日本大使馆等为后援，分别由朝日新闻社（在东京）、河北新报社及仙台市博物馆（在仙台）等单位主办；全力支持和协助举办“纪念展”，与此同时承担出版画册《鲁迅之世界》的是岩波书店。

一本画册，一个画展，酝酿了半年多光景，足以说明日本朋友纪念鲁迅的热忱，也可以看出日本推进日中文化交流之速度。裘沙及其夫人王伟君接受东邻的邀请，于今年8月28日翩然降落在东京的成田机场。

第二天，他俩卷进了一个热的旋涡。画展在朝日新闻纪念会馆揭幕了。常言说得好："外行看热闹，内行看门道。"今日光临此地的行家高手们，对展出的438幅作品，看得十分细致，几乎不放过每一个画面、每一根线条。一些人聚集在一幅鲁迅头像面前，久久凝视。适才开幕式上那种热烈喧闹场面不见了，此刻形成凝重的肃穆的氛围。

说到这幅头像，在国内早已引起注意。曾与鲁迅过从甚密、交往很深的作家萧军就赞叹过："这是我所看到过的鲁迅画像在神情和特征上最精湛的一幅。"有人看到这头像，不由得联想起法国大雕塑家布德尔的贝多芬铜像，二者可以媲美。裘沙为此付出了多少的艰辛啊！他广泛搜集鲁迅生前各个时期的照片104幅，通读鲁迅的作品，将照片与鲁迅日记、作品进行对照考证、研究，观其形，揣其心，得其神韵，才画成"这一个"！

很多日本观众在《阿Q正传二百图》画前，顺序看了一遍，又回过头重新细看一遍，大厅发出啧啧赞声："画活了！"71岁的作家野间宏看得最真切的是阿Q的佝背、垂手、低头、瘦骨嶙峋的身子，和那盘着辫子的有疤痕的头……他兴高采烈地说："鲁迅的阿Q正是这样！"著名作家井上靖称赞裘沙"用绘画的形式表现了鲁迅作品的深奥的艺术境界，他的画感人肺腑！"还说："看过之后，我有了一种冲动，想再一次研究鲁迅文学的冲动，因为裘沙的画打破了我迄今持有的对鲁迅的观念。"

大厅里，还有些日本观众正在交谈："日本还有阿Q在四处游动！""对，让今天日本的阿Q也好好反省！"裘沙亲耳听到这种呼声发自一个如此发达的资本主义社会，还是第一次。他想起罗曼·罗兰几十年前说过的"法国大革命时也有阿Q"。到了80年代阿Q的幽灵还在日本游动！啊，鲁迅不曾预见过吗！

"东京的纪念画展办成功了！"发起这次活动的日本朋友向裘沙夫妇祝贺。野间宏先生格外高兴。"画展"才开几天，岩波书店内存放的鲁迅作品被读者抢购一空。书店为了满足购者的迫切需求，正在加速赶印十三卷本《鲁迅选集》！

一个画展，一部画册，推动了日本的"鲁迅热"。

（二）

裘沙为什么深知"鲁迅的世界"？

说来也巧，裘沙和鲁迅是同乡，他的家乡是绍兴市嵊县崇仁镇，与鲁迅故乡只一山之隔。他对鲁迅故乡的风俗人情相当熟悉。他的曾祖父一心考举人，白送了年轻的生命。他的母亲迫于封建礼教20岁就精神失常，30岁孤寂地死去！眼看着亲人一个个地被封建社会“吃掉”，裘沙的童心早熟了。他在故乡生活20年，积20年之痛苦经验，来读鲁迅“故乡”的作品，他入了迷。他希望有一天能拿起笔来，重现鲁迅先生作品中的众生相。

夙愿得偿。解放初期，他考入杭州国立艺术专科学校，受到艺术教育家林风眠的赏识，得到不少名师的指点。没毕业，他就到中国青年报工作了，有机会走遍神州大地，真切地对“国民性”作面面观。可惜好景不长，“十年动乱”，在劫难逃。裘沙在那场民族大灾难中，震惊、痛苦、抑郁、思索。在那动荡的年代中，他捧读鲁迅作品，如饥似渴。“先生给了我一把利刃！”拿它解剖“国民性”，解剖别人，也解剖自己。

在“四人帮”横行的岁月中，裘沙把一腔积愤注入画笔。他决心为《阿Q正传》画图。在一间只有16平方米的卧室里，他用画板当屏风，围成一个约四平方米的画室。他先用胶泥塑成阿Q的头像，放在案上。他久久地望着阿Q，阿Q也牢牢地盯着他，互相凝视，心灵感应，裘沙产生一种强烈的创作冲动。他提起炭笔，先试画了一个伸懒腰打哈欠的阿Q，“唔，就是他！”裘沙鼓励自己画下去。案头那个头像似乎也在怂恿他“画下去”，画了一幅又一幅。画到阿Q挨打时，他自己也皱起眉头；画到阿Q自夸是“赵太爷的本家”，自己也手舞足蹈。有时苦于想不出“这一个”的这一刻的形象，他干脆把自己上衣脱光，赤身裸体地自对着穿衣镜扮鬼脸，自当模特儿（正当北国乍暖犹寒的4月天啊！）阿Q的死期越来越近，裘沙也觉得有什么东西在“咬”自己的灵魂似的。画第二百幅，阿Q终于被处决。这时裘沙放下笔，周身像散了架，一种孤寂感油然而生，他像失去了一个亲近的朋友，难过极了。聊以自慰的是赶在自己年满50的前三天，了却一桩为鲁迅先生的《阿Q正传》作画的心事。三天之后，裘沙因劳累过度，突发高烧，在呻吟中跨过半百之年。

因为反战坐过牢、受过苦的老作家野间宏，听了裘沙的生平介绍，不胜感慨：“裘沙君，我深信，你的作品是用你的全身心画出来的，是用画到自己病倒了的献身精神才画出来的——这就是鲁迅提倡的韧性吧”。野间宏还说：“看了你的作品，我感到一种巨大的迫力，它仿佛来自银河系，不断地撞击我的心灵。”

袠沙及其夫人笔下出现的艺术形象，不只是那些带着旧社会的深深烙印的、被扭曲了的人物，袠沙还着力地表现另一部分，如《前驱的血》、《生命的路》、《解放幼者》、《这样的战士》、《理水》。即使是画阿Q，它不仅仅画他的劣根性，还着力表现他向往革命的潜在的优根性！袠沙多年致力于全面认识和表现“鲁迅的世界”。他的这番苦心孤诣，被日本研究鲁迅的专家、京都大学教授竹内实一语点破：“看了袠沙君的作品，我看到一位肩负着现代中国明暗两面的艺术家的存在”。

日本的观察家、评论家，从袠沙夫妇的作品中有新发现。一位教授说：“这些作品是经历十年‘文革’才创作出来的，因此画家在理解鲁迅作品的深刻涵义方面有新的突破；这些作品是在中国实行了开放政策才创作出来的，因此画家在艺术手法上‘中西结合’了，发展中国画风，这是又一突破。”日本美术文艺评论家针生一郎从中得到更大的信息：中国美术走出国门，加入国际文化交流，这意味着中国艺术家确有创作自由！中国艺术界流动着新鲜的空气！

（三）

袠沙的画集列于岩波书店的名家书架之上，袠沙的画展登上日本艺术的大雅之堂，袠沙夫妇沉浸在幸运的暖流里。但是，兴奋中他们又保持着冷静。伉俪之间，私下里作过种种设想：如果中日邦交没正常发展，“阿Q”、“祥林嫂”怎么留洋？如果鲁迅的影响已“过时”，日本怎会在今天连连举办我们的纪念性画展？

在并非梦幻而是活生生的事实面前，夫妇俩开心地笑了。他们想起鲁迅先生生前的预言，中日两国人民的友好，将来一定会发展的。袠沙夫妇东渡开“展”，又是一个中日友好的新见证。半年筹措，其间有许多难以忘却的“纪念”，这里略举一二。

日本艺术家怎么发现中国有这样一位“袠沙君”的？首先是藤山纯一偶然从一本美术杂志上见到袠沙的几幅画，他感动了，马上把这本杂志送给野间宏先生。这位年近古稀的作家也感动了，立即介绍给岩波书店的绿川亨社长。绿川亨萌发了一个念头：一定要把这些传神之作介绍给日本广大观众和读者。就这样，袠沙的画东渡了。

有人曾担心这样的画册在日本赚不了钱。岩波书店重申一贯方针，我们出版的画册都是世界上一流的作品。只要作品有艺术价值，赔钱我们也不在乎。岩波

《理水》（终于太平到连百兽都会跳舞，凤凰也飞来凑热闹了。）

书店已有一百多年的历史了（鲁迅生前与店主有过交往），它是日本国内第一家出版《鲁迅选集》的单位。30年代，郭沫若从日本返中国，其日籍夫人和儿子得到岩波书店经理岩波茂雄先生的照顾。中日建交以后，岩波雄二郎先生继承父亲的遗志，致力于日中友好，每出一种新书，他都要赠给中国五册。这次为了纪念鲁迅，又全力赞助支持。绿川亨先生欣然地告诉裘沙夫妇一则喜讯：岩波书店除了印画册《鲁迅之世界》和加印十三卷本《鲁迅选集》之外，还要把裘沙夫妇合画的鲁迅的《阿Q正传》印成特装本!

从藤山纯一的“第一发现”，到野间宏先生的支持，到岩波书店一而再地出版裘沙的画册，这里交汇着中日文化的清流，谱写出友谊的新歌。

裘沙和他的夫人于9月5日到了仙台。日中友好协会全国本部副会长佐佐木信男在宴会上说：“鲁迅先生青年时期在仙台求学，可以说我们仙台人民对鲁迅思想的形成，也做了一番贡献，我们引以为自豪。”仙台市博物馆馆长东海林恒英，告诉裘沙夫妇：在这里建立的鲁迅纪念碑，是市内人民捐款建成的。从鲁迅故乡来的裘沙，今天到仙台，如闻乡音，如见故人。绍兴—仙台，日本—中国，四海存知已!

在仙台，青年的鲁迅播下了友谊的种子。今天，裘沙夫妇来到仙台，拜谒鲁迅纪念碑。走近碑前，献上花圈，裘沙夫妇的泪水滴落在花瓣上。先生，故乡的来人向您老人家三鞠躬！

归国的日子临近了。岩波书店绿川亨社长见告：即将派人去欧洲商谈画册《鲁迅之世界》在欧出版事宜。野间宏先生再三叮咛裘沙要保重身体，多出作品。分手时，宾主互相激励：一定要把鲁迅的文化结晶奉献给更广大的世界！

（原载中国新闻出版社1988年版《今日中国》，初刊1986年10月28、29、30日《人民日报》海外版）

他们轰动了日本

——裘沙夫妇印象记

周庆伟

两个在自己的国家少有名气的中国人和他俩合作的画，一下子在国外出了名，一下子轰动了日本。无声无息出去，英雄一般凯旋，这才想到欢迎，类似的事近年听得不少，也无甚稀罕。

但这次在国外出了名、轰动了日本的不是别人，正是过去常为鲁迅作品画插图却少有影响的裘沙和他的妻子王伟君。一个叫野间宏的日本作家，一个叫藤山纯一的美评家，一家叫做岩波书店的老板绿川亨，只用几个月的时间，就从中国“盗”走了裘沙夫妇和他们的全部作品。由岩波书店一口气推出《鲁迅的世界》和《阿Q正传》两部装帧精致的大型画集，使正为失去鲁迅读者发愁的岩波书店为之一振，因为不仅这两部画集供不应求，就连长年沉睡在书屋的所有的鲁迅作品都被一购而空。裘沙与王伟君在东京、仙台等地的画展成为当时当地的要闻，吸引的人数之多，规模之大，借日本评论界的一句话说：前所未有。人们为着纪念鲁迅来，也是为着裘沙夫妇的艺术而来。许多人尤其是妇女常泣于画前。而在这之前，中国出版界没有想到，中国美术馆门前也不曾见过他们的画展海报！

我常想，一个在外面出了名的人，许多人都想去认识他，或是前去捧场。也许有人会像祥林嫂那样反复对人说：“咳……我真……”，为自己预感的迟钝而后悔不迭；或像当年闻说阿Q从城里回来便一窝蜂向土谷祠涌去的那群小脚女人，“阿桂哥”长、“阿桂哥”短地问他要这个、要那个，甚至像赵老爷那样屈驾光临。幸得鲁迅虽是中国人的，却也是全世界的。让谁先谁后，并无甚要紧。将鲁迅说得愈好愈伟大，作为中国人脸上愈是有光。却有一要紧的是，鲁迅并非坐别人的轿子学会走路的，有人想乘鲁迅的轿子，去贱卖满脸的猴像，却实在没有意思。我看中国人想自己脸上有光，并非只指着鲁迅说他是自己的本家，更应该做一个活着的鲁迅才是。

《有主义的人民》

裘沙夫妇的所作所为，其志在于为鲁迅的世界争取更大的艺术空间和理解空间，他们今天的艺术成就已经促成了这一事实。

我正是以这样的尊敬心情去拜访了他们。在见到他俩之前，我心中总有一种作为国人的内疚：以为那本应由祖邦冠以名人名画推出的，却让异邦人先自抢了去，说什么也觉着惭愧和遗憾。但我毕竟叩响了裘家的门。

让我这时多谈裘沙夫妇的为人及身世，恐怕有些琐屑。我只想说，这两个50开外的艺术家是热情、率直、易动感情的。他们生在鲁迅的家乡，穿着非常朴素，甚至可以说有些破旧，似乎缺乏自我欣赏的能力。他们生就一副矮小的身材。我想有人见着这样瘦小而略显佝偻的身躯准会说，“光从这两个人如此弱小的身体来看，无法想象它们怎么能包住那般巨大的艺术热流！”我说，这是陈词滥调。

裘沙夫妇十数载如一日与鲁迅笔下的人物同悲欢，共哀乐，积五千余日夜的心血，不仅形象地重现了鲁迅的世界，而且开拓出自己独特的艺术天地。如果没有细读裘沙夫妇的画，我是不敢以这种口气来谈论的。

裘沙及妻王伟君的画对很多美术界同行和读者来说，也许并不陌生。1981 年第 9 期《美术》、1981 年 10 月号英文版《中国妇女》、1981 年第 9 期《江城》、1981 年第 5 期《大地》，以及 1981 年 9 月在中央美术学院举办的《鲁迅文学作品插图展览》等，他们早已露出终能成就的端倪。裘沙与王朝闻 1981 年关于鲁迅作品插图的五封信，则是画家美学思想的一个折射。

去欣赏他们的画吧！尽管你有丰富的想象力，尽管你有深刻的审美意识或是极强的鉴赏力，但是，你还是去欣赏吧——画是他们的灵魂，跟鲁迅一起活着的灵魂！这样说，一点也不过分！

（原载《中国文化报》1986 年 11 月 26 日第 2 版）

画家裘沙教授和夫人王伟君回故乡考察讲学

县工艺美术协会　剡溪艺苑

这里展出的近300幅图画，并非供高雅之士赏玩之作。它带给人民群众以生活的信念和力量；它凝聚着对生活的严肃思考；它奉献给伟大鲁迅以一颗赤诚之心。正运用这颗赤诚的心颤动的心，挥动画笔，去理解、去揭示生活的底蕴。

——江 丰

中央工艺美术学院裘沙教授和夫人于本月20日回到了嵊县，受到县委、县府罗鉴宇、陈尔庄等领导的亲切接见。几天来裘沙夫妇不辞辛劳地对故乡的美术事业、城乡建设、山川桑田和风土人情，做了大量深入细致的考察，对家乡近几年来的深刻变化与成就感到十分高兴。所到之处，受到当地政府和家乡人民的热烈欢迎。

27日下午又应县工艺美术协会和剡溪艺苑的邀请，裘沙教授还作了一次《鲁迅的世界》创作讲座，参加听课的有县政协、县府办等领导，有来自上虞文联的客人及来自我县各地的职工、农民、学生等美术爱好者和协会会员共120多人。

在美术讲座中，裘沙教授介绍了“鲁迅的世界”美术作品在日本展出并出版巨型画册的过程和盛况。以画笔描绘鲁迅笔下的人物，用栩栩如生的艺术形象向日本以至全世界人民再一次启示鲁迅的伟大精神，这是作为鲁迅故乡人的裘沙、王伟君的骄傲，也为家乡与祖国争了光。

用裘沙教授的话来说：“19年的家乡青年时代的生活是我创作的源泉，而多次回到绍兴和家乡艰难捕捉鲁迅笔下的艺术形象，是使我感到能够成功的诀窍。”

在创作问题上，裘沙教授强调要有自己的思想语言，要有自己的艺术结构和风格。他例举在创作“祥林嫂”组画过程中，不但注重艺术表现因素，而且循着

《祝福》组画之一（“那么，也就有地狱了！”）

鲁迅的思想对人物的身世和遭遇作了深入的科学研究和推理，把冻饿而死在大雪之中的祥林嫂的各种迹象认为是抉择了能与丈夫和阿毛再见一面之念而自杀。这个重大突破从而更进一步揭示了旧社会的封建礼教统治的残酷和黑暗。

从裘沙教授的介绍和翻开《鲁迅的世界》画册的一页页画面中，无论是祥林嫂捧着阿毛的虎头鞋，哭干了眼泪而流出最后的一滴血，或是仅仅表现掇着人血馒头的康大叔和向土地爷撒尿的阿Q，都无不是鲁迅笔下典型人物的艺术再现。正如诗人艾青指出的，这画展使我们又看到了中华民族的悲哀。这悲哀是那么持久，从《离骚》到祥林嫂、阿Q……在长期封建制度下，人民遭受百般蹂躏，喘不过气来。裘沙表现的，就是那压得喘不过气来的时代，作品表达感情很强烈。

随着裘沙教授动人的讲述和看到的画面，《鲁迅的世界》所描写的人物，已是裘沙经自己深入理解中的人物了，这又正是裘教授在强调创作来源于生活，创作必须进行艰苦地思索，必须发扬鲁迅精神的创作思想的体现。

在艺术风格方面，裘教授吸收运用古今中外的艺术流派，创作出“中国线描和西方色彩相协调，表现主义和现实主义相结合”的生动画面，体现了自己独特的风格。他说我们中国从屈原到鲁迅都贯穿着中华民族的骄傲，但进入了一个开放的、文明的时代，美术界也自然应该重视、吸收和发展现代多种画派的风格，消化成我们自己民族的绘画艺术，为两个文明建设作出贡献。

裘沙、伟君老师远道从北京回故乡考察、讲授，令人感动，对我们专业美术作者和业余爱好者来说，更是一次难得当面聆听教诲的好机会。时间虽短暂，印象却难忘。他们为创作《鲁迅的世界》数十年如一日的探索精神将不断激励着我们前进。

1987 年 10 月 30 日

探索与突破

——为《裘沙画集》出版而作

（美国）葛浩文

“没有吃过人的孩子，或者还有？”

“救救孩子……”

凡是对中国现代文学感兴趣的读者都知道这是鲁迅名著《狂人日记》的最末一句。它既是作者对中国腐朽的传统文化的控诉，又是对未来文化的一个期待。

我认识裘沙先生就是先由鲁迅这句话开始的。我在哈尔滨翻阅一个海外文艺刊物时，发现一篇评论《狂人日记》的文章，眼睛却被吸引在一幅极有力地描绘“救救孩子”的彩色插图上，作者便是裘沙。这幅画既简单又能抓住鲁迅当时渴求而不一定能得到的“救救孩子”的愿望，真是少见的好插图。我最初的反应便是希望与作者见一面，向他表示我的观感。通过朋友的介绍，我终于到北京去拜访了裘沙先生和他夫人王伟君女士。这一去的主要目的不仅在于认识两位插图画家（鲁迅小说系列组画有不少是夫妇两人合作的），或者亲眼看看原作，而是想了解有关文学插图的一些原则、体会以及它的作用和理想效果。最主要想知道为何看了几十年的文学作品，却一直疏忽其所配插图的我，居然由裘沙的插图而能更深入认识鲁迅的作品，得到更深刻的了解和启示，又能感到文与图如此的完整性。裘沙的插图虽然可被看为单独有力的作品，但将文与图当做一种相互充实的整体，更能使读者体会到插图本身的成功或不足并不限于绘画的技巧，还表现在画家对所表现的作品的理解上。

当天三个人交谈的时间很短，但我们却感到一见如故，有关文学、美术以及若干生活上的问题都很谈得来，看法往往是不谋而合，便决定第二天，也就是我那次停留在北京的最后一天，继续畅谈，一块儿看画。

果然，第二天我与一位来自大兴安岭的青年小说家（迟子建女士）步行到裘沙住处，当了一整天的客人，使我由此获得了我所虑及的问题的答案。

《挣扎》（我晓得他的沉重是假的，便挣扎起来。）

一般性插图的基本作品只不过是反映文学作品的表面气氛或描绘其一插曲，其效果往往只是无多大意义地“美化”报刊或书籍的版面，是可有可无之作；画得好就好，画得不好，也只不过是这么一回事。但另一种插图则不同，一旦与作品同时刊出，读者立刻感到是“非有”不可的一部分。原因不外乎此类画作不但是文学作品或全部或部分的精神、气氛，或启示的具体反映，更是画家对该作品的分析以及解释的表现，其效果及作用与评论和翻译相似。英国19世纪的菲兹即布朗[1]为狄更斯的小说所作的插图为一例，裘沙为鲁迅所作的插图亦然。

1 布朗（1815—1882），英国画家。他与狄更斯同时代，两人长期合作，成为狄更斯著作的主要制图人。因狄更斯曾用鲍兹作笔名，布朗特取名菲兹，以相映成趣。所作插图必能深契著者的用心，与文字相得益彰，已经成为书中不可缺少的一部分。表现视觉形象，图画更优于文字，因此，介绍狄更斯作品而略去布朗的插图，被公认为是一个很大的缺陷了。

为了创作出优秀的插图，作者非得把小说“看透”不可，要对该作品的作者生平和思想、历史背景及全篇的涵意有相当的研究和深刻的了解，要成为该作者或该作品最“认真”最“敏感”的读者，然后凭自己的绘画才能和想象力画出“揭露”性的插图，才能够达到文与图相互补充紧密结合的高峰。

裘沙之如何达到此标准，可列举人人皆知的祥林嫂之死为证。有关《祝福》结局的评论及插图，以往极为含糊。祥林嫂，这位传统社会的牺牲品一直都被读者认为是因饥寒交迫而悄悄死去，至于灵魂、地狱、死后团圆诸问题，因鲁迅文字的含蓄而只好不了了之。但裘沙对此情况一直感到不满，认为鲁迅对祥林嫂的下落该有个明确的交代。经过详细而非常科学的研究后，凭着小说内在的考证，裘沙便发现祥林嫂对死后的团圆的希望终于胜过她对地狱所面临遭遇的恐怖，最后还是自杀身亡，算是选择了与丈夫和儿子再见一面的机会。对鲁迅研究的这个重要突破，在裘沙为《祝福》创作的一组插图中表现得极为清晰而有力。

如今裘沙为鲁迅一向不容易被彻底了解的杂文也画了一系列的插图，这确实是一件可喜的事。这些作品不但能充实鲁迅的原著，并且将会促进我们对鲁迅重要作品的了解和欣赏，从而肯定这位鲁迅的“老乡”裘沙先生对插图艺术的贡献。

《裘沙画集：鲁迅文学作品组画选》这重要的画册终于能在中国面世，是相当可喜的消息。裘沙夫妇的作品虽在日本已出版了画集（定价相当于人民币120元），但在国内除了几个大都市开过画展外，一直都与中国广大的读者碰不着面。如今四川美术出版社出版普及版的中文版画册，真是难能可贵的好事，它可使80年代的中国同胞重新认识中国的文豪鲁迅先生。

1987年7月23日于加格达奇

（原载《人民日报》1987年11月19日，《科技日报》1988年1月17日再刊）

中国现代画家——裘沙

裘雪渔

故乡嵊县，山明水秀，地灵人杰，自古以来孕育出不少伟人名士。今天，就让我来介绍现代画家裘沙。

裘沙，原名裘伯浒，嵊县崇仁镇人，生于1930年。他是笔者大哥的长子。我们年龄相近，高矮也差不多，但他得叫我“小叔”，这在不明底细的人看来是很不寻常的事。

先母一共生了10个小孩，裘沙的父亲是老大，我属最小，所以我们叔侄关系是不折不扣的。

裘沙在小学时就欢喜涂涂画画，初中时代爱上艺术，进入高中后逐渐崭露头角。只是他身体单薄，时常生病，后来不得不辍学，居家疗养期间，他仍不断揣摩自习，因而绘事进步神速。

1949年初，我已来台湾，他不时与我通信，偶尔附寄近作。他以具名青野所作的版画，已使我刮目相看，疑是出于名人手笔了。那时我就料想他成为画家是指顾间之事耳。以后就失去联络，及至1985年，我风闻他已扬名画坛。1986年2月4日，我与他正式取得了联络。不通音讯38年，他已改名裘沙。第一封信的片段是这样写的：“我1949年考入国立杭州艺专，1951年到北京工作，开始当编辑，后来当教师，现在中央工艺美术学院任教。1957年和美术界的一位同行王伟君结婚。大儿子裘小鲁也已经28岁了，毕业于北京化纤工学院，现在北京绒毯厂工作。小儿裘大力毕业于我所任教的工艺美院，现在中国画报社工作，今年25岁了。”

1986年6月29日来信，叙述他近况如下：“今年日本朝日新闻社将举办我和伟君的画展。岩波书店将出版我们的画册，内容都是有关鲁迅的作品。8月28日，我和伟君将应邀去日本访问两周。”

1986年6月10日，裘沙又有来信，谈及绘画的事：“我1949年以前的画，保持下来的只有两张铅笔速写，其余全部都被我丢失了。吾叔来信说存有我早年的几幅版画，尚请便中覆印一份寄下，原作仍请小叔保存着，以免寄递丢失，因为它对我来说，也是绝无仅有的遗迹了。我在1949年考入杭州国立艺专之后，就没有再搞版画了。1951年到北京中国青年报社任美术编辑，主要画木炭素描。1972年起专攻鲁迅作品的创作。1981年在北京举行展览成功，接着就到福州、杭州、绍兴、乌鲁木齐（新疆省会，原名迪化）、西安、上海等地巡回展出，都很成功。今年又被日本著名作家野间宏先生赏识，由岩波书店为我出版《裘沙画集·鲁迅之世界》、《阿Q正传二百图》。同时朝日新闻社要在东京等地举办画展，定名为“鲁迅逝世五十周年纪念展·中国现代画家裘沙、王伟君夫妇用绘画表现的鲁迅之世界”，预定8月29日至9月3日在东京有乐町朝日新闻社纪念会馆展出，9月6日至15日在仙台博物馆展出，我和伟君将于8月28日动身，赴日本访问两周”。

有关他的家庭，信中这样写的：“我的家庭是非常幸福的，伟君和我同甘共苦。事业上，我俩也是拧成一股绳。她不仅是贤内助，而且是贤外助，这不论在北京文艺界，还是家乡父老都知道。我事业的成功得力于找到了一位好妻子，画集和展览的作品都是我们二人合作的”。

提到身体状况，他写道：“我曾生大病5次：1947年肺病；1952年胸膜炎；1974年冠心病；1982年底在外地得了乙型肝炎；1983年11月肝腹水与硬化，又胆结石、胆夷炎，几乎病危，经抢救脱险，至今一直在家休养。伟君1984年为了照顾我，提前离休。现在我病好了，化验正常已两年半，只是体力大减，至今没有完全恢复”。

从信中可知他身体仍是虚弱。除了妇科病外，好像什么病都有他的份儿，真是集百病于一身。当时我有回信给他：“你的身体素来不够硬朗，看了来信中一大堆洋洋大观的病症，真叫人吓了一跳。我深深地为你着急，但愿吉人天相。传说艺术家都是文曲星投胎的。戏剧中常演文曲星一旦有难，就会有仙人来相助，化险为夷。我想你的情形也正是如此。否则，成群结队缠绕着你的病魔，如何被你一一过关斩将的？不但此也，老天爷还特地差遣伟君与你结为夫妇，日夜照顾你，并助你事业成功。说起伟君，我用放大镜在相片上仔细端详过了，一眼便知是贤妻良母型的标准好太太，在现代的社会里打着灯笼也是找不到的，我真为你庆幸。我最关心的还是你的健康。你身为中国现代画家，正以彩笔报效国家，服务大众，就请你为国家、为自己、为一切关怀你的人珍重吧！”

袭沙以绘画闻名，但他的文章、书法绝不逊于绘画。我常常觉得接读他的来信是多重享受，理由有三：

一、可获悉故乡近况，亲友动态。

二、读他的信如读隽永小品文，回味无穷。

三、欣赏他的字体，苍劲中带有秀丽。

他写给我的信，即使是一张字条，我都珍藏着。四十年前的来信，也保管得完整如初。我曾带开玩笑式的向他建议："你给我的信，真情洋溢，辞藻美丽，可读性甚高，如将这些信件凑上我的那些滥竽充数的回函，将来很可以出一本《两地书》，届时少不了要请贤伉俪为该书画插图，以光篇幅。也许有人会笑：'这是东施效颦、鱼目混珠。'其实，鲁迅与许广平的《两地书》，一部分根本名实不符，他们有时二人同在一地，也是用书信往来的；我们的才是真正的《两地书》，而且这二地相隔几千里呢！更何况画插图的不是等闲之辈，是专门画鲁迅作品的原班人马。"

裘沙在大陆画坛崛起，声名远播，铁幕也挡不住。他的作品不断地来到自由世界。在台北，1986 年 11 月份的《雄狮美术》与《文星杂志》，1987 年第 18 期的《当代》刊物，都刊载有裘沙的作品，并且推崇备至。

作家李欧梵有英文本新著，在美国出版，书名为 Voices from the Iron House —— A Study of Lu Xun（《铁屋之声——鲁迅研究》）。该书封面也采用了裘沙于 1967 年绘的鲁迅头像。

裘沙的绘画，现在正受到各界和国际间的重视，事业如日中天，前途未可限量，这不但是他个人的成就，也是我嵊邑之光也。

（原载台湾《嵊讯》1988 年 6 月 2 期）

战取光明者

——观裘沙、伟君《鲁迅之世界》新作所感

黄怒波

裘沙，有着一个诗意的名字，还有着一个贤惠多才的终身伴侣王伟君老师。在人们的眼中，他们已站在了时代的成功者行列。许许多多的中外人士通过他们激动人心的国内外成功画展、名人大家的盛赞，和他们的一幅幅新作认识了他们，理解了鲁迅……然而，挚友却说他们是受难者，走在一条充满痛苦的荆棘路上。就连裘沙本人也一再告诉我：正是因为屡陷绝境，无路可走，他们才得以深刻认识了鲁迅……

的确，从官本位意义上讲，他们是弱小的，因为他们时至今日，竟无力觅得一间画室。白日，他们伏案切磋，创作一幅幅惊心动魄的力作；深夜，只有罢笔，因为爱子等候着在画案上睡觉。500幅作品的“鲁迅的世界”就是这样创作出来的。他们甚至于在蜚声海内外的今天，照旧不得不为生计奋斗，躲闪着厄运袭来。但是，我却感到了他们的强大，因为每当我看到他们的一幅幅新作，血就沸腾，心中就奏响一曲悲壮激昂的乐章。那一幅幅作品中，博大的爱，雄浑的美，生命的力，扑面而来，宣告：他们是命运的强者，在用自己燃烧的生命，发扬光大鲁迅精神，战取光明。

不是么，作为中国知识分子的一员，他们虽然和民族共同经历了种种苦难，但“虽九死其犹未悔”，在心头萦绕的总是祖国的发展、民族的前途。正因如此，当那金碧辉煌的古老巨龙穿越漫漫几千年历史长河，于1988年来到华夏大地时，陶醉的人们举杯相贺，为自己有幸成为龙的唯一子孙而骄傲于世。但他们却忧虑了，夜不能寐。因为，通过和敬爱的鲁迅朝夕相处，以及亲身经历的风风雨雨和对中华民族的过去、现在和未来的深刻思索，他们早就感到：古老传统文化的重负，正在使我们的民族失去开拓力，面临着被开除球籍的危险。痛切之下，他们蘸着浓厚的民族感、爱国情，创作了“我的大恐惧”，以一条巨龙从地球上失落，飘向

《伟大的长城》

浩瀚无垠的宇宙的可怕景象，再现了鲁迅先生的大恐惧和他们夫妻的忧虑，以期当头棒喝，惊醒世人。绝妙的是，巨龙失落之时，长辫子阿Q死抱龙身，从遨游太空的卫星旁划过，这是何等深刻，鲜明的对比。人类已进入太空时代，然而，阿Q的身影依旧在华夏大地作祟，终将随同那失落的龙一起被从地球清除而去。怀着同样心情，他们还创作了《伟大的长城》这幅作品。画面是沉重忧郁的，像一柄重锤，敲得人心痛。坚实的长城仿佛在哭泣，一位弱女子为她的牺牲而悲哀。也许，这幅长城使人感到太压抑了，不能给人那种千秋硕果的自豪感。可它却是整个中华民族几千年历史的最好写照！长城是宇航员从月球上看到的地球人工建筑之一，象征着中华民族的古老文化，足以值得我们自豪。但是，正如鲁迅先生所提出的，长城是伟大而可诅咒的。因为它用白骨垒成，是中华民族苦难的象征，它告诉我们：中华民族的苦难太深重了，走过的每一步，都留下了血的脚印。它也证明：中华民族太伟大了，经历了那么多磨难，血迹斑斑地走过了几千年，竟未垮掉！所以，裘沙夫妇认为：我们的民族是古老伟大的，我们的文化是光辉灿烂的，但我们不能仅仅为此而骄傲，应该敢于诅咒我们的过去，看到我们的文化来自于抗争和磨难，去努力创造一个崭新的未来。这就是他们创作这幅作品的动机和目的。

为中华民族带来勃勃生机的改革，也给裘沙夫妇送来了新生和希望。他们热

《缠足与垂辫》

情为改革的每一步讴歌呐喊，把全部的心血倾注在创作中。他们看到，虽然改革是历史趋向，但几千年形成的习惯势力、封建思想在改革的路上设置着种种障碍，需要发扬鲁迅精神，揭露批判它们。为此，他们创作了《缠足与垂辫》。当我们看到作品中那沉重的包袱、硕长的辫子、三寸金莲与鲜血淋漓的大刀，以及被踩于脚下的告示，心情能不沉重吗？历史告诉我们，几千年的封建主义存在，已使中华民族的“国粹”太多，以至于任何一步革新，都要付出血的代价。这预示着：我们今天的改革，依旧是步履艰难，面临着夭折的可能性。裘沙夫妇就是这样再现了鲁迅的思想，并赋予强烈的时代内容，表现了中国知识分子对改革的支持和忧患意识。《我们的生处和死所》可算是对改革之难的进一步诠释。鲁迅在“家庭为中国之基本”一文中对中国人的家庭观念、封闭愚昧进行了辛辣的批判。裘沙夫妇则以活生生的画面将此极尽渲染。它使我们想到：中国人确实先发明了火药、指南针，可是，火药造了鞭炮，指南针用来看坟山，全用在了家庭宅院，这是何等可悲可叹！由此，我们得知，如果不破除封建保守、小农经济的思想观念，中华民族的改革、发展，必将会徘徊不前，趋于衰败。

“鲁迅之世界”是丰富的，对于鲁迅先生思想的每一个方面，裘沙夫妇都忠实地表现。经历了不堪回首的年代，他们深深体会到失去了言论、思想自由的痛苦和代价。历史证明：社会的进步与发展，是以言论、思想自由的程度来衡量的，对言论、思想自由的剥夺和压制，必然阻碍人类文明的发展，导致社会的彻底崩溃。因此，他们深深理解鲁迅的苦闷，用《保护舆论的代价》这幅令人深思的作品，表现了鲁迅先生对真正的言论、思想自由的热望。《野草题辞》则有着诗一样的画面，表现了现实，却又具有丰富的浪漫色彩，充分体现了在险恶环境下，鲁迅先生坚定的革命信念和坦然的人生态度。我想，这幅作品如此令人回味，肯定是因为作者也借此倾诉了自己的生活感受与奋斗决心。《我的失恋》本是鲁迅先生讽刺当时盛行的失恋诗之作，裘沙夫妇却用优美绚丽的构图加以表现。一双虔诚的手掌捧上一条美丽的赤练蛇，产生了强烈的艺术效果，充分体现了鲁迅先生的幽默思想。说实话，谁又能想到鲁迅先生的一首拟古的新打油诗竟能被一幅画表现得如此生动呢？当然，我的心中宁愿把这幅作品看做是一幅表现爱情的美好浪漫之作，因为它实在太美了。

《答中学生杂志社问》

作为本文的结尾，我要郑重地赞美裘沙夫妇的《战取光明》这幅作品，它震撼了我的心！如果说，《鲁迅之世界》中的许多作品的基调是深沉悲壮的话，那么，《战取光明》却是充满了激昂慷慨的旋律。它使人想起了丹柯、普罗米修斯，想起了鲁迅和无数中华民族的优秀儿女。千百年来，有人沽名钓誉，有人行尸走肉，有人弄权扬威，然而，中华民族的一代代优秀的儿女却一往无前、前赴后继，奉献了自己的生命，呐喊抗争，为革命和自由战取光明。这幅作品不但是裘沙夫妇对中华民族优秀儿女献身的讴歌，也是他们自己心灵的写照和誓言。面对这幅画，强者必自励，弱者必自强，媚者必自惭，恶者必胆战。

许多人提出过,《鲁迅之世界》的创作手法是丰富的,为了真实地体现鲁迅作品的思想内容,裘沙夫妇未囿于常规,不拘一格地运用了多种艺术手法。《我们的生处和死所》巧妙地运用了民间剪纸艺术形式,仅仅是在画面上贴上了一张白纸和一张红纸,就使人知道了红白喜事之意。《保护舆论的代价》中,则用了两条透明胶带封住狮口,使人看来拍手叫绝。

1988年10月

(原载《绍兴鲁迅研究专刊》第9辑)

形象的鲁迅思想

——写在裘沙夫妇“鲁迅作品插图新作展”之前

袁 兵

裘沙热爱鲁迅。他坚持16年研究鲁迅的作品，对鲁迅的思想有许多独到的见解，并把这些见解表现在画面上。

裘沙画的《阿Q正传》、《野草》、《祝福》等作品于1981年在北京、乌鲁木齐、福州等地展出，于1986年10月又在日本东京、仙台展出，均获得成功。作为艺术家的裘沙并没有因之满足。他在现实生活中仔细观察，感受到在中国现代化的变革和封建主义传统思想的冲突中，中国人只有从封建的传统束缚中解脱出来，才能成为真正的现代人。“鲁迅的思想仍然是最锐利的解剖刀，鲁迅仍然是我们时代的伟大先驱。”

鲁迅思想不可思议的预见性和深刻性不断激起裘沙的创作欲。他从日本归国后，又一次埋头阅读鲁迅杂文。鲁迅所批判、揭示的社会现象，虽说相隔了半个多世纪，在中国今日的社会生活中仍可常常碰见。这使裘沙更迫切地要把鲁迅思想用绘画表现出来，让鲁迅精神能为建设中国现代化的人们增添一份力量。鲁迅的杂文不同小说，没有情节、人物、场景，没有戏剧性的冲突，有的只是不可视的、发人深省的思想。鲁迅深情地讴歌中华民族极其伟大的一面，也悲愤地鞭挞其落后、腐朽的一面。鲁迅批判黑暗的一面，正是要促国人猛醒，丢掉丑陋、愚昧，使伟大的一面更光明。裘沙抓住这个主调，匠心独运地画出了系列解剖灵魂的讽刺组画。

我从裘沙的画中受到启发和感染，又一次加深了对鲁迅杂文的理解，也增强了自信和自尊：我们民族不管经受多少曲折和苦难，总是一步步地向光明迈进！历史演变至今日，有多少仁人志士，为中华民族的生存和发展而不惜牺牲自己的一切，正像裘沙在《战取光明》中所描绘的：一位赤身裸体的青年高高举起熊熊的火把……

（原载《绍兴日报》1988年12月7日第3版）

鲁迅的世界

——记画家裘沙

郭梅尼

每次我喘息着爬上这小楼的顶层，走进裘沙狭小的家，总是看见他夫妻俩在全神贯注地画鲁迅先生的作品插图，桌上、墙上、地上全是画稿，祥林嫂、阿Q、孔乙己、闰土……所有鲁迅笔下的人物，还有鲁迅的散文诗、杂文和书信中闪光的思想，都被他俩用视觉形象一幅幅地表现出来，散乱的画稿占领了小屋的全部空间。一来到这儿，我就感到自己仿佛置身于鲁迅的世界。

裘沙和夫人王伟君合作画的《鲁迅之世界》，不仅在全国许多省市展出，受到文学界和美术界的赞誉，而且前几年曾经轰动了日本的东京和仙台，并在日本出版了两本画集，有力地推动了日本的"鲁迅热"。日中文化交流协会会长、著名作家井上靖写道："中国画家裘沙，用绘画形式表现了鲁迅作品深奥的艺术境界。他的绘画渗人肺腑。看过之后，我有了一种想再一次研究鲁迅文学的冲动，因为他打破了我迄今持有的关于鲁迅的观念。"近几年，他们创作的鲁迅像和《鲁迅之世界》中的部分作品又到了美国和欧洲。去年法国出版了他们插图的《阿Q正传》。今年，他们为法国著名学者鲁阿教授介绍鲁迅的著作绘制了插图，这本书又将在法国和意大利出版……总之，加强了鲁迅在世界上的影响，以《鲁迅之世界》宣传了"世界之鲁迅"。这几年，他们在这陋室中接待过日本、美国、法国、英国、瑞典、苏联、南朝鲜、香港和台湾的学者、作家、诗人、画家和记者的访问。裘沙已经走向了世界，他的人生正在放射异彩。但他至今仍然只有一个副教授的职称，每月工资140元，全家住两间窄小的房间。不少熟人说裘沙"混得太惨了"。裘沙却不停地在鲁迅的世界里耕耘，为向世界扩大鲁迅的影响立了功，为插图艺术立了功，为祖国争了光。

我和裘沙夫妇可以称得上是老朋友了。1953年，我刚到中国青年报当记者时，裘沙已经是报社较强的美术编辑了。他的画粗犷有力，震撼人心。但他本人却是那样文弱，干瘦干瘦的身躯，鼻梁上架着一副深度近视眼镜，一口难懂的磕磕巴巴的浙江话，唯有那一头倔犟的几乎竖起来的黑发，透露出了那倔犟不屈的内心。他自幼喜爱艺术，自学过木刻，后来就读于杭州国立艺专，1951 年到中国青年报工作，称得上是该报社的元老之一。

裘沙的成就令人钦佩，但他的道路却无比艰辛……

（一）

1981 年农历除夕之夜，到处是绵延不断的鞭炮声，春节晚会的欢笑声，家家户户都沉浸在节日的欢乐之中……

此刻，在北京市的一幢机关宿舍楼里，画家裘沙正挥舞着画笔，把他的满腔心血泼洒在画布上……

这是《祝福》的几幅插图："一个人死了之后，究竟有没有魂灵？""那么，也就有地狱了？""那么，死掉的一家的人，都能见面的？""她那没有神采的眼睛忽然发光了。"

画面上，在深沉的色彩中，露出祥林嫂腰间揣着儿子阿毛的小鞋，那皮包骨头的双手向空中举起，那瘦削不堪的脸上，一双没有神采的眼睛忽然放出了光芒，半张着的嘴，好像发出了使人毛骨悚然的生命的呼喊。

"阿毛——阿毛——"裘沙仿佛听到祥林嫂呼唤着她的阿毛，走向死亡，走向阴曹地府，要去和死掉的一家人团聚。

这是母亲的呼唤。

裘沙仿佛听见自己的母亲呼唤自己的声音……

"我出生在鲁迅的故乡绍兴府所属的嵊县崇仁镇。"裘沙用几十年难改的乡音和我谈起自己的家庭。"对鲁迅笔下的人物，我从小就非常熟悉，可以说，我是在'鲁迅的世界'里长大的。"

《鲁迅之世界》在日本展出时，老作家野间宏曾经想探寻裘沙画《鲁迅之世界》的奥秘。他问道："您为什么能对鲁迅笔下的人物理解，并且表现得那么深？"

"这要从我的曾祖父谈起。"裘沙回答。

"我的曾祖父是个秀才。"裘沙和我谈起了他的家事。"据说他考举人时考卷文章非常好。但有另一人也考得一样好，是录取我曾祖父还是录取另一个呢？主考官决定不下来。于是摆起香案，祷告天地，由苍天决定。抓阄的结果，我曾祖父落第了，回家后便含恨而死。在我的童年时代，老家的楼上还摆着曾祖父留下的两个大竹书箱，从来没人去打开。我出于好奇，有一次悄悄打开一看：啊！一层层，一摞摞，全是线装的经书。我从来没见过的两寸长的小本子，字很小，纸雪白。……这使我对封建的科举制度，对鲁迅笔下的孔乙己、陈士成等人物比较容易理解了。

“我的祖父是镇上的一位学问家，早年学的是西医，他有一玻璃橱厚厚的洋装书，用毛笔写英文也写得很流畅。但是，即便他学了许多西洋文化，封建礼教在他脑子里依然是根深蒂固。曾祖父一死，他就断送了自己的前程，回家来守孝，娶了比他大三岁的祖母帮他治家，守住祖传的家业。

“我妈妈是上过新学的，有点新文化。当时，我们乡下妇女都不上学。村里有五个女孩子上过新学，四个都是自己找的对象，唯独我妈妈是‘父母之命、媒妁之言’结婚的。这样一个新式女子，却进了我家那个以封建礼教森严而远近闻名的家庭。命运如何，可想而知了。当时，我由于年龄很小，不懂事，具体事也记得不多。后来听说，那时，父亲在城里做事，妈妈要求到城里去和父亲一起生活，这在现在看来是很自然的事，但在那时却是有悖于礼法的——哪有媳妇不在家里侍候公婆，却跟着丈夫到外边去飞的！据说有一次，一个母亲娘家的堂兄弟来我家办事，妈妈到客厅里去接待他了，这本是很普通的事，但在当时也被认为是越轨的行为。男女授受不亲嘛！村里有一个和母亲一起上过新学的女孩子私奔了，这是连累祖宗都会丢尽脸面的丑事，在镇上掀起轩然大波。于是舆论压力也涉及我妈妈身上，认为这些上过新学的女子都不是好东西。因此妈妈回娘家，只要走十几分钟的路，也得有一个老妈子跟着，必须当天去当天回……在封建礼教的束缚下，妈妈精神失常了……”

裘沙为我翻出了他珍藏的母亲的照片。照片已经发黄，但那秀丽的江南女子的风采依然是那样动人。短短的黑发，白皙的脸庞，一双秀美的眼睛透出灵气，那一身白衫和黑裙，一看就是30年代新女学生的打扮。多么可爱的少女啊！很难想象，她在封建礼教的重压下怎样变成了疯婆！

“妈妈的反抗精神很强。当时我虽然很小，但有些事印象很深。有一次我看见她和祖母讲话，讲着讲着就顶起嘴来，妈妈闷声不响地把煤油灯摔掉，祖母气得上去打她，她就还手对打。这是大逆不道的。祖父和父亲都闻声而上，打得妈妈躲进桌子底下……又有一次，她给我妹妹烤尿布，竟把尿布和小被子都放进火炉里去了，烧得浓烟滚滚。妈妈要放火！家里就把她捆在门板上，扔在潮湿的地上……她精神失常后，经常不知道吃饭，不知道上厕所，家里人叫她，她都不理。只有我叫她，她还听。

“我是祖母雇保姆带大的，和妈妈很疏远。后来，妈妈是怎样逃走的我都不知道。有一次，妈妈回来了，敲门，妹妹开门一看是妈妈，吓得脸色都变了，使劲把妈妈推出门外，将门关上。妈妈在门口站了很久很久。以后再也没有回来……

“这样，妈妈的概念在我们脑子里都快消逝了。上中学时，一位老师的妈妈问我：‘你怎么不去看看你妈妈呢？她很想念你呀。’她每天带着锁链，在门口唱呀唱；有时跑到田里去拔萝卜吃，遭人打；有时挨家挨户去敲门找我，问：‘伯浒在你们家吗？’她为什么光问我找我，不找妹妹呢？可能是那次妹妹把她推出门外，太伤她的心了。

“当时我好像很麻木，听了有关妈妈的这些情况，也没有唤醒我的感情，也没去看看妈妈。不久，外祖父来找祖父，说我妈妈已经病得不行了：‘她总是你们裘家的人吧，总该让她回来，让孩子们送个终’。祖父沉思着，说：‘已经快到年终了，正屋要供奉祖宗的，要回来，只有让她到菜园里的柴屋去……’

“那天晚上，妈妈被抬回来了。我跑出去看，只见一顶棉轿子，盖着一床青布被……柴屋中间铺了一张板床，找了个老太太照看。家里已经开始准备丧事了，父亲找了妈妈结婚穿的棉袄、裙子，染黑了。堂里灯火通明。可是，妈妈的柴屋里，只点了一根灯芯的小油灯。……

“祖父、祖母和父亲在一起商量了半天，把我叫进去，对我说：‘你妈妈得了肺病，要传染的，临终时，你不要进去靠近她，站在门口就行了’。

“后半夜，把我和妹妹从睡梦中叫醒。我们来到菜园里，四周一片寂静。我跪在柴屋门口的石阶上给妈妈送终，听见她慢慢地喘了一会儿气，就没声音了。老太太后来告诉我，你妈妈死时，神志非常清楚，她听说你们来了，还转过头来找你们，眼泪一下就涌出来了……下午入殓时，几个大汉把妈妈装入棺材，问我：‘孝子，你还要不要再看一看？’祖父忙说：‘不看了，不看了，快盖上吧。’钉棺盖的声音响了起来，一下一下，敲击在我的心上。直到这时我才感到心里非常沉重。

“祖父是办丧事的专家，带着我履行各种仪式。我身穿麻衣，手拿哭丧棒，在哀乐声中弯着身子领着棺材前行。街上还摆了两台路祭。一路上围看的人很多，纷纷议论：‘这个疯婆，生前是够苦的，死后福气倒不错，丧事办得这么热闹……’

到了西山，把妈妈埋进土里，天已经黑了。回来时，几个农民举着火把，走在前面，我坐在最后的轿子上。祖父曾嘱咐过我，上轿之后不能回头去看坟地，否则鬼魂就会跟回来。但我还是忍不住回头去看了，只看见一片黑暗。

“第二天早上，我醒得很晚，家里像平常一样平静，老妈子照旧在做她的针线，人们照旧聊天谈笑，就像没发生什么事一样。

“这时，我突然感到，我再也没有妈妈了……

“我真后悔啊，前天晚上，我怎么只跪在门口。我应该跑到妈妈身边，紧紧地抱着妈妈，搂着妈妈，不让她死去……

《我们追悼了过去的人，还要发愿》

“我真后悔啊，晚上，那一根灯芯的小油灯是那么昏暗，我连妈妈的脸也没看清。我真应该冲上去，撕掉妈妈脸上蒙的棉兜，好好看看妈妈……

“我真后悔啊，我觉醒得太晚，一切都来不及了。我蒙着被子大哭了一场，真恨不得跑回坟地，刨开坟土……”

以上的幼年经历，就成了裘沙理解鲁迅作品，特别是理解《祝福》的最早的原因。

正是在一个除夕之夜，裘沙完成了震撼人心的名作《祝福》的插图：在牛头马面钢叉的威逼下，在地狱燃烧着的熊熊的烈火中，祥林嫂紧紧搂着她的阿毛，眼角淌出了一滴带血的眼泪！

“祥林嫂到底是怎么死的？小说没有明写。”裘沙谈起了自己的创作过程。“一些根据小说改编的戏剧、电影和美术作品，无不把祥林嫂之死处理在鲁镇祝福的风雪之夜，倒毙在漫天风雪之中……经过反复阅读和分析作品，我发现祥林嫂并非死于风雪之中，而是相信了人死之后大概有灵魂的回答，便不畏地狱审判的恐怖，为了和死去的一家人团聚而自杀了。为此我曾写过一篇论文发表了。地狱本来是封建统治惩罚祥林嫂改嫁失节的恐怖刑场，而祥林嫂反而要到刑场去寻找自己的亲人，多么无视封建礼教的说教，无视神权世界的最后审判啊！另一方面，祥林嫂只有到那可怖的地狱去追求人生的余温，此外别无出路，这又多么可悲啊！祥林嫂的死，一方面，是十分深沉的悲剧，另一方面，却又包含着热烈的追求和不屈的反抗精神。”

“何止是一个祥林嫂，何止我的母亲。在封建社会里，正像鲁迅在《狂人日记》所揭示的那样，自己被人吃掉了，还会不知不觉地去吃掉别的人。这是一种吃人的制度！

“鲁迅先生的童年和我相差半个世纪，但我们的经历几乎是一样的。从封建皇帝到鲁迅先生的童年，再到我的童年，从祥林嫂到我的母亲，一个又一个，一代又一代，封建礼教不知吃掉了多少人！……”

我们追悼了过去的人，还要发愿。

（二）

在那年月，裘沙被批判为“修正主义党委拉进来的党员”，预备党员资格被取消。裘沙不服，按月交党费，一次又一次地写申诉书。以后，两口子都到“五七”干校劳动，儿子裘小鲁患了半身肌肉萎缩症，真是灾难重重。那时，许多单位请裘沙去画画。白求恩纪念馆约他去修改几幅旧作，不允许；出版社约他画鲍狄埃，不批准；某学院想调他去任教，又被安上了一些莫须有的罪名而去不成。……一连九次工作的机会都一一化为泡影，真是走投无路啊！自己的前途，国家的命运。……

压抑、苦恼、迷惘……

他常常骑上自行车漫无目的地使劲地跑啊，跑啊……

深夜，他常常梦见自己，倒栽着从天上朝下坠落，坠落，坠落。

“这时，‘五七’干校的同志们都已回北京了，几乎都分配了工作。他们要我签字，承认是‘修正主义路线下发展的党员’，同意取消预备资格，说是签了字就给我分配工作。我说：给不给工作你们看着办吧，我不能拿原则做交易！

“我当时是多么想找点工作干啊！连农业电影制片厂叫我去画肥效之类的科技卡通，我都答应了。但是，连这样的工作也不能够做。

“当时我想起了鲁迅先生的硬骨头精神。我对自己说：我不做奴隶行不行？为什么一定要等着上面给自己工作的权利？我自己不能给自己工作的权利吗？只是自己又能做什么呢？”

深夜，他捧着鲁迅文集读着，读着，感到书中所写的，就像是今天发生的事一样。

中学时他就爱读鲁迅先生的作品。那浓郁的乡土气息，使他感到写的就是自己故乡的事情。但这时才感到，自己过去根本没读懂。现在他开始懂得了路应该怎么走，生活下去应该怎样战斗。“我要用绘画传播鲁迅精神。”——裘沙终于给自己找到了工作。

他就开始忙着访问鲁迅先生的生前好友，在周海婴的支持下，收集到一大批鲁迅先生的照片资料。1974年他得了肝炎，又患了心脏病，不能站着画画了，就躺在沙发上，查阅鲁迅日记，把散乱的照片标上年代、背景，写出说明，编成了一册《鲁迅照片集》初稿。第二年，在周海婴的帮助下，这部照片集居然得到了出版的机会。为了进一步核实他的考证，在那时还在扣发他工资的情况下，自费出差去浙江作了调查……而《照片集》出版以后，不但没有给他稿费，连“裘沙编”三个字也没有。而且，“没想到，这一来竟触怒了当时当权的某些人”。裘沙回忆着当时的遭遇：“他们说我别有用心，招摇撞骗……以组织的名义。把我好不容易闯出的一条路全给堵死了。从北京到上海，到绍兴，人们都知道我裘沙是还在受审查的‘骗子’……原来，我被孤立仅仅是在本单位，这下我在社会上也被‘搞臭’了。我从来没有这样痛苦过，我看到鲁迅在一篇文章中为胡风辩、为巴金辩、为黄源辩。可是谁来为我辩呢？！我的眼泪一下就涌出来……太艰难了！要追求一点事业，实在是太艰难了！我真希望鲁迅先生地下有知，能看到我的一片真诚。

“没料到，在逆境中，有很多双热情的手向我们伸过来，给我们有力的支持，同时逆境也加深了我对现实的认识，对鲁迅著作的理解，促使我深思，促使我探求，燃起了我强烈的创作欲望。我把自己的所想、所求、所爱、所憎，一股脑儿倾注到画面上去了。那一段，我的创作速度之快，效率之高，连我自己都吃惊。一瓶白粉，两支毛笔，一些白报纸的小纸片，三个星期时间，就把《呐喊》、《彷徨》、《野草》、《朝花夕拾》、《故事新编》的106幅黑白画小插图一口气勾成了。”

“四人帮”垮台了。1981年鲁迅诞辰一百周年，裘沙、王伟君捧出了他们合作的鲁迅文学作品插图共300余幅，在北京正式展出。

开展的头天晚上，我来到裘沙家祝贺。他兴奋地给我谈着他艰辛的历程。

“真是太艰难了！有时候，到鲁迅博物馆查找资料，为了省五分钱车费，只得中途下车步行。1976年《鲁迅照片集》交了稿，自己却欠下了一身债。为了洗刷“招摇撞骗”的罪名，连生活费都还了债，又赶上儿子生病，家里找不出买菜的钱了。伟君说别再去向朋友借钱。好在锅里还有米，凑合着过几天吧。伟君不忍心让孩子们吃淡饭，从她工作的少年宫，景山公园的山坡上，挖回来一袋野菜……”

谈起这段经历，伟君便兴奋起来，她抢上来说：“那野菜叫二月兰，绿色的叶，紫色的花，可漂亮了。我们全家人都围着挑选野菜，洗干净后用开水一过，放上酱油醋一拌，挺好吃的。我们吃了两天。第三天，我发工资了。正好‘闰土’的孙子章贵从绍兴来，特地到家里来看我们，真使我们喜出望外。我们说，你来得正好，今天是这些时来头一天吃有菜的饭，还有春节剩下的一点白酒。到了第二年这时候，孩子们还说，让妈妈再挖点野菜回来吃，咱们纪念纪念。后来，美协的高焰同志写了一篇《二月兰赞》，还请人画了一张画哩！”

王伟君这个在江南生长的女子，虽已年过半百，依然是那么苗条、秀丽。她从小喜欢画画。父亲告诫说：学画有什么出息，就是学出来了也是个穷画家。果然不出父亲所料，这个全国解放前夕参军，随军南下的干部，不求高官厚禄，一个心眼追求艺术，革命40年了，基本工资仅仅89元。她说：“多年来，我深感从事艺术的艰难。我要求自己用纯净的艺术标准来做人，又坚持用纯净的做人标准来作画。但无论是艺术上的真还是生活中的真，都使我一再碰壁。这逆境却又启示我更好地理解鲁迅的思想。这30年来，唯一使我感到自慰的，是我依靠对艺术真挚的爱，终于没有放下画笔，而且身边有一个志同道合的裘沙，使我能够在工作和家务之余的短短时间里，在斗室的最小空间中，有坚持自己艺术追求的可能。”

多么好的妻子和战友啊！在裘沙的《鲁迅之世界》里，每一幅画，每一根线条，都有他们夫妇的独特感受。王伟君在一篇文章中写道：“我们无声无息地探索着，一步一个脚印地走着。我们的画和人一样，没有惊人的笔触，没有讨人喜欢的色彩，没有美妙的曲线，有的只是一点自己做人的本色。我们想表现的，也仅仅是由鲁迅思想所照亮了的、对人生的一点真实体验而已。到今天能开出这样一朵不像样的小花，对我来说，实在是太艰难了，因为栽培它的泥土太贫瘠，灌溉它的也不是什么清泉和甘露，而是我们民族的苦难的血泪……"

裘沙、王伟君的《鲁迅文学作品插图》在北京、福州、杭州、绍兴、乌鲁木齐、西安、上海等地巡回展出，轰动了美术界和文学界。著名画家、当时的美协主席江丰在画展的前言中写道："这里展出的近300幅图画，并非供高雅之士赏玩之作。它带给人民群众以生活的信念和力量；它凝聚着对生活的严肃思考；它奉献给伟大鲁迅以一颗赤诚之心。正是这颗赤诚的颤动的心，挥动画笔，去理解、去揭示生活的底蕴。"他指出裘沙"对《阿Q正传》、《祝福》等名著，经过反复研究，在理解上另辟蹊径，判异前贤；他笔下的阿Q、祥林嫂别开生面，自具典型"。他评价"这个画展，可以说是打倒'四人帮'后最值得观赏的画展之一"。许多研究鲁迅的老作家说，他们多年想象中的阿Q，终于在裘沙的画面上见到了。老作家戈宝权说："看他的画，好像随着阿Q走进未庄，沿着那些小巷和河道在走。其他人物，如赵太爷、假洋鬼子、王胡、小D都跃然纸上。"老作家楼适夷写道："我发现鲁迅用语言文字所创造的一个艺术世界，在您的黑白线条与阴影中，又重新把它再创造出来了。"

确实，裘沙的画已经大大超出了"插图"两字的含义，不是作品中情节和场面的说明，而是以作品的生活内容和思想情感内容为题材的再创造。它们既写实，又写意，感情、情调、意境、力度，形成独特的风格和强烈的感染力。

这一幅幅震撼人心的画，耗尽了裘沙的心血，加上长期的压抑和贫困，1982年秋天，他终于累垮了——患了乙型肝炎。他不甘心听从命运的摆布，躺在床上还在编画他酝酿了多年的《鲁迅画传》。自己不能写字，便口述，让伟君记录。病床上摊满了书刊、资料和提纲。

"《鲁迅画传》相当于一部中国现代史。"裘沙说。他在病床上拟好了100幅画稿的提纲。他住进了医院，出院后又忙着为即将在上海举行的画展整理展品。

1983年10月，裘沙刚出院两个月，病情却迅速恶化，又被送进了抢救室。医生们围在裘沙周围，输血浆，导尿……

新的工作单位的领导同志都来了，传染病室不能进去探视的规定也被打破了，探视时间也不受限制了。……裘沙感到有些不对头，他听见了外间护士向值班人员介绍自己病情的断断续续的谈话，感到自己可能是患了肝癌。

"这会是真的吗？没想到自己的命运刚刚好转生命就要结束了。"上海裘沙画展的请柬还压在他床头柜的玻璃板下。“可能到不了闭幕，我的名字上就要加上黑框了……”

巨痛，沉闷，窒息……

王伟君每天赶到医院来照顾他。在病房外，人们看到她愁眉苦脸，万分沉重；一走进病房，她便勉强装出笑脸，装出若无其事的样子。但是，袭沙看到，她的脸色死灰，脖子底下的肌肉都变成一层皮松松垮垮地垂下来，几天之中，她就变成一个老太婆了！

伟君装着微笑和袭沙说东道西，袭沙也强装轻松地答应着，谁也不敢看谁的脸。但是，终于两人的眼光碰到一起，哗一下，两人的泪水都涌下来了……

“当时，我才53岁。我想，一个人的生命总是要结束的，我自己是无所谓的，可惜，《鲁迅画传》的创作计划眼看着就要变成泡影了……啊……两个孩子还在上大学，都还没有对象，我一死，担子都落到她一人身上，她就苦了……我白天黑夜都不能入睡，静静地躺着，看着盖在自己身上雪一样洁白的罩单……突然，我感到那白罩单紧紧裹住我的身体，我的生命已经结束了……不，我应该往好处想：这是一片雪白的原野，一片白雪覆盖的山峦，我躺在洁白的原野上……我想了很多很多，连遗嘱、墓志铭都想到了。我拿过放在床头的小本子，用红色的圆珠笔，吃力地写了一行字：‘这是一个用自己的一生，真正认识到鲁迅的意义，将自己毕生精力献给鲁迅事业的人。’”

（三）

1986年1月5日上午9时，三位日本朋友来到北京市东郊三里屯的一幢机关宿舍楼里，一层层地向上爬着，直爬到楼的顶层，敲开了袭沙的房门。这三位日本朋友是东京造型中心社社长藤山纯一、岩波书店顾问高草茂和美术编辑浅井和弘。他们专程从日本赶来北京，和袭沙夫妇商议一件大事。

这一年是鲁迅先生逝世50周年。用什么来纪念这个具有重大意义的日子呢？日本的鲁迅研究者和鲁迅作品的热烈读者们正在为此发愁。他们想通过这次纪念活动在日本重新掀起“鲁迅热”，用鲁迅精神激励日本人民。但是，要达到这个目的，仅仅展出鲁迅的遗稿遗物已经不够了。这时他们看到了一本中国杂志，上面刊登了袭沙夫妇画的几幅鲁迅作品插图。他们被这些画深深地感动了。

“这是一次最适宜的鲁迅逝世50周年纪念活动。”藤山先生激动地说。他认为，只有举办这些作品的展览会，出版这些作品的画集，才是在日本最为适宜的纪念鲁迅逝世50周年的活动。同时，向日本介绍和展出这些从未有机会在国外得到应有评价的、中国现代画家的优秀作品，在日中文化交流史上也具有很大的意义。

日本著名作家野间宏先生也为裘沙夫妇的画所深深感动。他向享有盛誉的岩波书店推荐出版画集，并且要为画集撰写一篇长序。

前些日子，几位搞外事的朋友听说日本朋友准备来访，都热心地来帮裘沙夫妇收拾屋子。

“哎呀，怎么可以在卧室里接待外宾！”一位热肠快嘴的女同志说。“快，快，把床搬走。”

再看看那套50年代买来的破旧的沙发，几个从旧货店拉来的书柜，挂着、靠着、摆着的各种完成和未完成的画稿，挤满了一屋。裘沙夫人王伟君，常常是收拾好画案上的画稿，便打铺睡在上面。

“不要紧，我们物质上是不堪的，但精神上是富有的。”王伟君意味深长地说。

最后，他们搬走了床铺，挂上了自己画的鲁迅像，并配了一幅清代大书法家王铎的精品，在书柜里摆设了几件“文革”前收藏的古代明器，顿时使这个清苦的斗室，显得古朴而又高雅。

第一天，日本朋友提出了三个问题：

你们愿不愿意到日本去开画展和访问?

你们愿不愿意在日本出版画册?

你们愿不愿意在日本将这批画卖掉?

裘沙夫妇除去表示不愿在日本将这批画卖掉，其他两条都同意了。

第二天上午9时，三位日本朋友又准时到达。他们今天是来看画稿选作品的。他们都是这方面的专家，藤山先生已举办过90个现代中国画廊，高草茂先生是岩波书店精通西洋美术的高级顾问，可以代表书店当场拍板。

他们看一张要一张，一直要到400多幅了。

“是不是到此为止了？”裘沙说。

“为什么？”藤山先生不解地问，他深深地被这画库所吸引，恨不得再多要一些。

“还是少而精好。”裘沙回答。

沉思片刻后，高级顾问高草茂认真地说：“这些画稿还要不要修改？”因为出版的必须是定稿，岩波书店从来是很严肃的。

“别的都是定稿了。就是《阿Q正传》……”

“为什么？”高草茂问。

“因为阿Q的内涵太深刻了。我担心是不是理解得够了，说不定过两年还会有新的理解。”

“啊！那当然，那当然，艺术是无止境的。”高草茂欣喜地说，不禁佩服这位中国画家严肃的创作态度。

第三天，三位日本朋友拿出了方案。没想到，他们昨天看了画稿后，方案全变了。原先，画册定名为《鲁迅小说插图选集》，现在改成《裘沙画集·鲁迅之世界》。这意味着这些画的价值已经超出了“插图”的水平，完全是独立的杰出的创作了。日本朋友的确是识货的。原先他们准备出版后把版子给中国。这次给版子的事不提了，而且还提出要版权，国内外的版权都要。但裘沙夫妇不同意给国内的版权，他们希望自己的作品首先能在国内普及。

接着，把作品的目录、序跋的字数、开本的大小和大致的印数都定下来了。最后谈到了稿酬。由于裘沙不愿意拍卖他的作品，他们夫妇访日的费用只能靠稿酬来支付了。

“那怎么行呀！”翻译一听，代裘沙争起来。

裘沙夫人王伟君马上站起来说：“稿费我们不计较，我们的心愿只是为了纪念鲁迅先生。”

日本朋友马上站起来和裘沙夫妇热情地握手。

“我们都不是为了赚钱。大家为了同一个目的——纪念鲁迅先生。”藤山先生说。据后来计算，藤山社长的日本造型中心社为了组织这次画展亏损了一千万日元。

筹备工作紧张地进行着。不时从东京传来好消息：展览的规模不断升级，将由在国际上有影响的《朝日新闻》社来主办，日中友协、日中文化交流协会以及中国驻日大使馆，都作了展览的后援单位。岩波书店的《裘沙画集·鲁迅之世界》以最快的速度和最新的技术赶在展览之前出版了，《阿Q正传（206图）》正在加紧印刷中……

1986年8月29日上午9时，地处东京最繁华的闹市区的《朝日新闻》社的纪念会馆里，举行了有300多位文化界著名人士出席的隆重的画展开幕式。

在两大间展厅中间的宽敞的活动厅里，《朝日新闻》社企画第一部次长永田芳男先生、岩波书店社长绿川亨先生和中国驻日大使馆文化参赞等发表了热情洋溢的讲话，然后和日中文化交流常任理事、日本著名作家野间宏先生一起，剪开了鲜红的彩绸，接着，由研究鲁迅的专家——野间宏先生陪着裘沙夫妇率来宾们展厅去参观。

一走进展厅，裘沙惊愕了。438幅画都用高级的镜框和衬纸装裱着，在展厅中井然有序地陈列着。监修是两位日本教授：光和大学教授、文艺美术评论家针生一郎先生和早稻田大学教授、著名翻译家岸阳子女士，每张画的说明译文都是岸阳子的手笔，翻译得非常精彩。

“您觉得这样的规模可以吗？”野间宏边走边轻声问裘沙。

“我很满意。没有想到会这么隆重。”

来宾们认真地一幅幅观赏着，赞不绝口。

参展完毕，裘沙夫妇被请进一个盛大的宴会厅，日本朋友用鲁迅家乡的名酒——绍兴黄酒招待，大家举杯为这次展览的成功干杯。日本朋友热情的致词、黄澄澄的绍兴酒、日本姑娘献上的耀眼的鲜花，使裘沙夫妇兴奋不已。裘沙只感到有满腔的肺腑之言往外涌，自己事先准备的讲稿早已不能表达，甚至没从口袋里掏出来。伟君也在热烈的掌声中作了一次意外的即兴发言。

“当时太激动了，讲了些什么现在一点也回忆不起来。我们又穷，没有录音机，所以什么也没留下。”裘沙遗憾地对我说。

一个画展、两部画册，轰动了日本，推动了日本的“鲁迅热”。画展刚开几天，岩波书店内存放的鲁迅作品被读者抢购一空。书店为了满足读者的需要，正在赶印十三卷《鲁迅选集》、《呐喊》、《彷徨》等。

“仙台的展出也很隆重。”裘沙回忆着，“但最打动我的，是他们那么理解，他们对鲁迅的深厚感情，对我们的画，对我们的每个艺术手法都那么理解，甚至对我们情况都非常了解，连我画得生病了都知道。他们连连感叹：‘真是用整个生命在画啊！’

“在岩波书店，我送了一幅祥林嫂给社长，社长绿川亨先生连连说：‘这礼物太珍贵了！太珍贵了！我个人无权接受。你们还是送给岩波书店吧，我们把它装裱起来，永远挂在书店里。’

“最使我激动的是，在仙台展出时，他们安排的最后一个节目是向鲁迅纪念碑献花圈。我们没想到，他们早就把花圈准备好了。鲁迅纪念碑是仙台人民捐钱建造的，在郁郁葱葱的树丛中，高耸着鲁迅先生的雕像。我和伟君抬着花圈一步一步朝纪念碑走去，我的眼泪一下便涌出来了……我想起了自己走过的路，一步一步，能走到仙台，走到鲁迅先生的纪念碑前，真是太艰难了！我们的民族是这样艰难，我们自己也是这样艰难……”

（四）

裘沙夫妇从日本回来后，有人以为，“这回他们该发财了！”没想到，他们除了带回两本岩波书店为他们出版的精美的画册和几十册世界名画集之外，什么也没带回来。于是有人说：“他们也太亏了，彩电、录像机……什么也没捞着。”

裘沙却有着完全不同的看法。他说：“日本之行，对我来说，实在是太重要了。过去我们研究鲁迅，只有阶级的观点和民族的观点，而缺乏世界的观点，在方法上也是一个局部一个局部地向前推进的。虽然不能说这有什么错误，但仅仅这样研究是很不够的。因为鲁迅思想是一个完整的思想体系，而这个完整的思想体系正是在中西方文化大碰撞的背景下，在对中西方文化两方面都经过研究后，都有超常的深刻理解的基础上产生的。早在1907年鲁迅就说过，‘中国在今……明哲之士必洞达世界之大势，权衡较量，去其偏颇，得其神明，施之国中，翕合无间。外之既不后于世界之思潮，内之仍弗失固有之血脉，取今复古，别立新宗……则国人之自觉至，个性张，沙聚之邦，由是转为人国。人国既建，及始雄厉无前，屹然独见于天下……’（《坟·文化偏至论》）如果我们没有世界的观点，缺乏对世界思潮的理解，就不可能更深刻地理解鲁迅先生用毕生的精力，经过上下求索而建立起来的思想体系。这个思想体系，不仅有国内意义，而且有世界意义。正如野间宏先生所说：‘你们用展品表现鲁迅之世界向中国人民和世界人民宣传鲁迅，这是一件对全世界和平都有贡献的大事业。’这就是我们经过日本之行而得到的认识上的新收获，它使我们无论在研究鲁迅上，还是在《鲁迅之世界》的创作上，都打开了一个崭新的思维空间。从日本回来后，我们放弃了原来的《鲁迅画传》的创作计划，把创作的重点转到了杂文。这是因为鲁迅的伟大主要表现在他的思想和他的著作，而尤其是杂文的缘故。鲁迅杂文到底对中国提出了些什么问题，哪些已经解决了，哪些还没有解决，哪些今天还在严重地影响着我们的现代化进程，这些问题不是轻而易举搞得清楚的。这两年我都在做这方面的研究工作。而且为杂文作画，在世界插图史上也没有先例可循，更需要自己大胆地探索。这两年的努力没有白费，我们终于打开了一个新局面，画出了鲁迅杂文之图 50 幅。去年，我们把新画的杂文之图和《野草》之图带到绍兴、宁波去搞了一次《鲁迅之世界》新作展，反响非常强烈。有的观众说，这不仅是美术，简直是一项文化工程。宁波大学校长说，现在青年思想教育不好搞，没有想到这个画展在青年中影响这么大，比我们讲课都吸引人。

“你看，短短 14 天的日本之行，给我们创作上带来了划时期的变化，收获有多大。虽然在经济上我们花掉了一笔稿费，又没带回‘几大件’，但是事业上的收获，不是金钱能买到的啊！”

去年，一位旅日的南朝鲜画家拿着一本介绍裘沙的刊物来到中国，好不容易找到了裘沙。对裘沙说：“我们民族苦难太深重了，你的作品特别能引起我的共鸣。”但他一看裘沙的住室，不禁大为震惊。”

“生活太糟了，得好好改善一下。”他万万没想到，这位著名画家竟过着这样清苦的生活。“您只要卖几张画给我，就能使您的家庭全部现代化。”

裘沙笑了。当年日本朋友要出大价买他的画，他却想把自己的作品保存在国内而没有答应。那次展览，日本方面定的保险额就是六千万日元。这次，他还想到国外再搞几次展览来集中宣传鲁迅，竟又没有答应南朝鲜画家买画的要求。

南朝鲜画家很失望。但仍不死心，又进一步商量说：“能不能把您淘汰下来的画卖几张给我？”

“那些画更不行了。”裘沙回答。

“为什么？”南朝鲜画家不解地问。

“淘汰下来的画，只能毁掉它。”

南朝鲜画家赞叹：“您真是有良心的艺术家！”

“说心里话，我们也希望生活能改善一下。”裘沙坦诚地对我说。夫人王伟君接过话头，倾诉起来：“这两间小屋子，画画、吃饭、睡觉、接待客人，等等，全挤在这儿。刚刚摊开的画，晚上孩子回来吃饭就得收起来。屋里拥挤不堪，柜顶、床底下都塞得满满的。需要找一个资料，常常要爬到柜子顶上或者床底下。资料找到了，自己也累得没情绪画了。如果条件好一点，效率就会高得多。一遇上这些妨碍画画的事，真希望生活能改善一下啊！”作为家庭主妇，我理解她有更多的麻烦和苦恼。生活和家务就够她忙的，还要用主要精力来和裘沙一起画画，多么沉重的担子压在这个纤弱的妇女肩上啊！

“今天，支撑着我们这番事业的经济基础，仍然是我们两个人的工资。画画的颜料和纸张，我们买不起好的，只能用最普通的。”伟君拿出了裘沙那本《阿Q正传二百图》的草稿本。这是一个普通的笔记本，上面贴着用普通的白报纸裁成的火柴盒大小的一些小纸片。就在这些小纸片上，裘沙用两枝毛笔，一瓶白粉，勾出了这部震撼中外观众的力作。在展览会上，这些草图本身也曾获得许多名家的赞许。捧着这已经破旧的草图本，我想起鲁迅先生的名言：“他们吃的是草，挤出的是奶啊！”

在日本访问时，裘沙夫妇被邀请去国立东京西洋美术馆参观。白发苍苍的馆长前川诚郎先生看了裘沙的画集后，问道：“您到欧洲去过几次？”

“我这次来日本，还是第一次出国。”裘沙说。

馆长惊讶地问：“一次也没去过？那么，您的作品中大量的西方现代艺术手法是从哪里学来的？”

“从印刷品上看来的。”

馆长敬佩而又感叹地摇摇头。

谈到这里，裘沙感慨万端，他说：“我们并没有什么得天独厚的条件，唯一的条件就是这坎坷的经历。鲁迅先生非常感谢自己的父亲把家败下来，使他看到了人生的真面目。我有时也很庆幸自己始终处在逆境

《韧性的战斗》

中，使我对鲁迅思想有了更深刻的理解。但是，话得说回来，我只是一个平凡的人，并没有那么高的觉悟，也没有那么强的毅力，身处逆境，遇到种种困难，我也曾非常苦恼。好几次，我简直感到无法坚持搞下去了。我们两人整天关在这小屋子里画，年深日久，自己有时也会感到，画了有什么用呢？……创作，其实成了我们对命运的唯一的一点抗争，18年漫长的时间要坚持下来，实在是太难了！好在国内外不少有识之士，时时给我们以热情的鼓励和有力的支持，这是我们能坚持到今天的重要原因……”

听着裘沙的肺腑之言，手捧起他那破旧的草图本，再看看日本出版的精美的裘沙画册，我禁不住思考：如果裘沙的画，在日本卖了大价钱，他的身价，是否会和画价一起上升呢？

我还进一步想到，对于学习鲁迅，对于扩大鲁迅在国内和在世界上的影响，我们做得够不够？为什么这些年没有出现我国的“鲁迅热”？深深的忧虑和期待，同时交汇在我的心头。

1989年5月写于北京，1990年6月改定

（原载1991年第一期《当代》，后收入人民文学出版社2003年出版郭梅尼人物通讯选《挥笔写人生》）

鲁迅论文、杂文百图睟言

包立民

插图画家裘沙、王伟君的新作《鲁迅论文、杂文百图》，经过了4年的艰苦创作，终于完稿了。它完成于纪念鲁迅先生诞辰110周年前夕，这批作品将作为今年纪念鲁迅诞辰活动的一个组成部分，在北京与广大观众见面。

裘沙和王伟君是一对生活伴侣，又是两位艺术伴侣，几十年来在生活上甘于清贫，相濡以沫，在艺术上如切如磋，执着追求。他们长期合作从事为鲁迅先生的文学作品插图，用绘画形象来展示鲁迅的精神世界和文学世界。10年前，正值纪念鲁迅诞辰100周年之际，他们就以《阿Q正传》、《祝福》、《狂人日记》等

《人肉的筵宴》

300余幅鲁迅文学作品组画在中央美术学院陈列馆展出，尔后又先后在福州、杭州、绍兴、乌鲁木齐、西安、上海等地巡回展出，受到了文学界、美术界的前辈和广大观众的好评。5年后，为纪念鲁迅逝世50周年，他俩又应日本之邀，由日本朝日新闻社、河北新报社和仙台市博物馆联合主办，分别在鲁迅先生生前学习过和生活过的东京、仙台两地举办了画展，并由日本岩波书店出版了《鲁迅之世界》的画集。日本著名文学家野间宏还亲自为这部画集写了一篇长序，裘沙、王伟君的作品在日本也引起了强烈的反应。

与鲁迅文学作品组画相比，《鲁迅论文、杂文百图》的创作，难度要更大一些。原因是前者的原作，主要是小说，而小说是有较特定的故事情节、生活场景、人物造型等较具体的文学形象供画家从当时当地的形象资料和生活素材中发掘、类比、联想，从而再创造出新的绘画艺术形象；而后者的原作，则是论文、杂文，是没有故事情节，没有生活场景，更没有人物造型可供依傍、参照的，只能反复阅读原作，研究领会原作的主旨，从精粹而富有哲理的抽象论述中捕捉艺术形象。也就是说，前者是在小说中的特定的文学形象基础上，重新塑造艺术形象，将模糊的不可视的文学形象变成清晰的可视的绘画形象；而在后者则是在没有文学形象可供参照的前提下，从抽象的文字议论中塑造绘画形象。这里发表的就是《鲁迅论文、杂文百图》中的一幅。

（原载《文艺报》1991年6月22日第8版）

裘沙《鲁迅之世界》拉杂谈

楼兆丰

……没想到你那年去宁波采访匆匆间恰遇宁波大学刚在举办裘沙、王伟君画鲁迅著作的画展，看到了一部分鲁迅杂文的画，回来想找印刷品，那哪找得到。出了画册的，我也只见过你借到的这本《阿Q正传二百图》（听说四川出了一本《裘沙画集》，没见到）。中国出画册太难了，倒是1986年应邀去日本展览，人家以《鲁迅之世界》为名，给出了两本很漂亮的画册。《二百图》是80年代初就完成了的，介绍评论都已不少，其中有老作家楼适夷写的一篇评价很高的文章，不知你看到没有？裘沙自己也写了内容很充实的创作记。杂文画是1986年从日本回来后，近年的新作，已有百幅左右，但都放在家里。只有少部分曾与其他为鲁迅著作所作的画一起，随作者到宁波、绍兴展出过，恰被你遇上。此外有两本文学刊物曾发表过不多几幅。

裘沙画过的东西，“文革”前有《黄浦江边的怒潮》、《二七组画》、《野火春风斗古城》小说插图、《老贫农赞》等。其中《老贫农赞》较有影响，不知你看到过没有？“文革”后期他们夫妇有机会先后从干校回到北京，开始研读鲁迅著作，画了《阿Q正传二百图》、《狂人日记》、《祝福》、《药》、《孤独者》、《野草》等，全是鲁迅作品的组画，十几年来约有七八百幅，还在继续画。

你问画的作者情况，还特别注明“有无轶闻趣事”，那么便先说两件事。裘沙解放前夕学画，解放后不久，大约1950年，有几个同学曾因文艺思想不端正受到批评，他是其中之一。他的母校杭州国立艺专又被称为“新派画大本营”，而他是“新同学中文艺思想问题最严重”的一个。

三十几年后，当西方种种“新潮”美术重又在开始卷起热潮的时候，1982年，裘沙却“抛”出一个书面发言《我要继续走为政治服务的道路》。被人背地里骂“僵化”、“极左”。

不知你是否觉得矛盾，其实这类事我们也见多了，并不新鲜。因为你想多了解他，再多说几句。裘沙在进杭州艺专前，对西洋美术，包括“新派画”已有些涉猎，对“新派画”的一些名作也有了些熟悉乃至崇拜，故而他比一般解放后入学的新生要多一些包袱。也同许多知识分子一样，一般地批判讲大道理是不易接受的，必须有些什么事触发自己的深刻思考。他说他是1950年冬学校去农村参加土地改革时，看到自己参加画的一套贫农家史，竟然产生了他从未想象过的作用，开始重行思考艺术、社会、个人、群众、普及、提高、知识分子、工农大众等等问题，有了新认识。尤其是领悟了原来认为是最不能接受的“文艺为政治服务”的道理。自此接受了为工农群众服务与革命现实主义的道路。

后来裘沙一直在中国青年报工作。廿多年间曾很受重视，也一再因“右”挨批。他自己说这期间有两点收获：一是在报社工作，经常去到基层采访，创作组画，接触社会现实生活与劳动人民群众。二是工作的思想性要求与生活的复杂，迫使自己读书，思考，寻求理论指导，验证自己所做到底是否正确。而最后投入鲁迅著作，更获得了巨大思想力量，使他信念愈加明确和坚定：走鲁迅的道路。

80年代开始的变化中，裘沙感到许多事又在从一个极端走向另一个极端，甚至又回到原来的地方。西方“现代”艺术又趋向在中国回潮，还有人忽然又对“文艺为政治服务”大加批判，他忍不住，“跳”出来表明了一个个人志愿。

裘沙在文艺上选定自己的道路时是19岁，认定了这是真理，40年来便始终一贯，稳定、实在、上不随风、下不随潮。但因此又老是不“正确”，总是被批，被讽……这倒同你有几分相似，是否你又要“拈须作一会心微笑”？

杂文画与《阿Q正传二百图》面貌不同，你们报社画画的同志说当然是作者因潮流而求“变”。但你意恐主要还是“内容决定形式”之故。诚是。但你又怕作者不知是否此意，因现于“内容决定形式”正反对之声甚高。反对声高亦诚是，且我们美术界恐怕最高，因造型艺术有时看上去形式的分量特别大，目前的反对意见，其实一向早都存在，不过不好说，潜为“腹诽”，现在公开说出来罢了。这说明“内容决定形式”宣传了多少年，实际上并没有真正说服种种反对的观点（也因为并未能启发认真的反对者自己去思考），恐怕还要再用有说服力的方式，重新来过。

不过裘沙是相信“内容决定形式”的，与你意不违。他还相信文艺是宣传，是通过艺术性的、特殊手段的一种宣传。他至今仍很怀念在报社工作时，那种带着一定宣传任务，到工农群众中去体验生活搞创作的方式。问题在宣传的只能是自己拥护的真理。他们坦陈所以画鲁迅作品，就是为了宣传鲁迅的思想。而想画杂文，是觉得杂文可以更“直接”地宣传鲁迅思想。

《奴隶的心愿》

画杂文与原来画鲁迅小说产生了内容与表现上的不同要求。小说通过连贯情节、人物形象等等，他们已有一定经验（尤其是画鲁迅笔下的绍兴生活）。而鲁迅杂文，则是种种直接迸发的愤慨、深情、呐喊、警诫，热血沸腾，又极端冷静、切实。那样深邃精辟的思想，如何化为画面？他们感到必须更多地尝试多种手法，用隐喻、象征、画面多重隐现、杂叠、强调某些形式感等等。西方“现代艺术”中，有一些主张“直接”表现意识中抽象的东西，那些作品常常是迷惘、空虚的。但有些手法，他们也不拒绝借用。对西方“现代”艺术，裘沙并不觉得一定要如何干净决绝掉头不顾而去，只是再不会崇为楷模引为方向，不怕同它接触。鲁迅有很好的主张：拿来主义。

鲁迅说：“送来”、“抛给”不行，要“拿来”。老刘说这个提法高，现谈精华糟粕老谈不出结果，不如从这个角度来讨论，必有新意。他力促我重读《拿来主义》一文。真该重读，好多话都像是第一次读到：鲁迅说革命者得到一所奢靡的华宅，看见什么并不需要“当众摔在茅厕里以见其彻底革命”，而应当“沉着，勇猛，有辨别，不自私”，“放出眼光”取拿来主义。当然无用的东西便不要吸收，比如鸦片烟枪、烟灯等，“还有一群姨太太，也大以请她们各自走散为是，要不然，‘拿来主义’怕未免有些危机”。你也赶快再读一遍吧！我们几十年来，“当众摔在茅厕里以见其彻底革命”不是总受到过多的鼓励，而各种“姨太太”们，不是也弄得一些人头脑昏乱把事情搞出了危机……

鲁迅实是巨人。老刘说：鲁迅这样的人，是前知五百年，后知五百年的。

又扯远了。你问美术界对这些画的反应，现还了解不到，因为看到的人还很少。他们为鲁迅作品作画，这些年好像一直是文学界的反应与关注超过美术界（连国外也是如此，去日本展览是老作家野间宏先生起意邀请，日本的评论也是作家更多且热烈。欧洲一些国家也是作家首先注意到他们的画）。杂文画估计更会如此。不过听说宁波和绍兴展览时青年人反应热烈。你走得急，似未及见到。两地展出开幕时裘沙都在面前向观众作过一些解说，不想大大掀起了人们要求认识鲁迅的热情。宁波大学又请裘沙专开了一次讲座，不仅听众多，而且讲后不断有学生找到住处来同作者探讨，谈鲁迅，谈生活，谈他们心中一直在寻求解答的问题。今天的青年有不少没读过鲁迅作品，读了也不甚懂，不理解鲁迅的思想是多么深刻。画展推动、帮助他们去认识鲁迅，寻得鲁迅的指引去探寻人生。学校里形成了一阵鲁迅热，连几位外籍教师也到处找鲁迅作品的英译本。在绍兴，有些青年人自愿担当了讲解员，转讲从作者处听来的所画鲁迅文章的思想。有个青年感叹：这些年大家都“反思”，越来越“反思”不清，“反思”得一点自信心都没有了。今天看了画展，这才是最好的反思，鲁迅回答了中国社会的问题！

看到他们的画展使鲁迅的著作从冷落已久又成热潮，听到青年人的这一感慨，两位作者感到无比欣慰。

前几年我知道裘沙夫妇本准备画一套《鲁迅画传》。他们钻研鲁迅作品十多年，比较了诸家的研究，对鲁迅有自己的认识，还搜集了大量资料，包括一些堪称是“独家”的资料，创作这套画传对他们原是非常适合的。后来却没有画，转而很吃力地一幅幅画杂文，一画数年。他们为何改变计划，我原来也没注意，青年的感慨倒使我有点启示，裘沙对当时人们的思想混乱，是不安的，但却没有再发表什么意见，莫非他们觉得匹夫之忧无能为力，故而借重巨人“以其昭昭，使人昭昭”？原来他们所说的“更直接地宣传”鲁迅思想，还有这深一层的动机。果如此，那就更增一层可贵和可感了。

画杂文这几年，他们说画得很累，很沉重，也常常苦恼，我想这确实是要有一种动力在逼迫着的。前面说过这原是不大适合绘画形象的题目，有一些“现代”艺术虽也意欲打破传统美术格局，但对于表达一种确切思想的创作来说，可以拿来的东西实也有限。他们只有搜尽自己的全部生活与知识积累，探索一切可以喻意的造型方法，引导联想，触动感情，启人解悟，扩展表现能量与画面语言。为此曾觅取选用种种历史照片、手迹、名画、木版书插画乃至科技图片。对人们素知的人和事，想竭力找寻有根据的形象，如用了汉画像石上的大禹，纪念邮票上的袁世凯，章艳秋（绍兴一带知名的绍剧演员）演的《女吊》等等。有些杂文，内容令他们激动，但一直还画不出来（“主题先行”？但他们对此不以为意，也不以为然）。

创作情况我只知大略，你问得那么具体，需再找他们谈。但我觉得应提一提，这几年他们集中精力于此一事，严肃、庄重地当做一项工程在苦心经营，怀着对所欲宣传的思想的信服与崇敬，倾注了心血、感情（有激情原是裘沙创作的一个特色），付出创造性的劳动，是有价值的，因为这一切为着一个对人民、对社会有益的高尚目的（正如你上回说费力去挑雪填江与费力去筑坝修堤不可同日而语，很透彻。应对美术界文艺界有启发）。经历了“文革”，他们说要长期投入鲁迅思想的学习、研究和创作，将宣传鲁迅的思想，促进人们深一层的思考，引为自己的社会责任。宁波大学引发鲁迅热，可以视为一次检验，说明他们的创作的社会效益，他们的宣传是达到目的的。这里对我们几个人也一样，老刘已经手不释卷，决心通读《鲁迅全集》，不断来向我推荐必读的文章。我也准备先重温鲁迅杂文，再重读几篇小说……

又：前面谈到裘沙搜集有关鲁迅资料，可再述一“轶闻趣事”。鲁迅照片原来都知非常少，不想裘沙一番辗转追寻（他的钻劲很厉害，任何一点线索都追到底）。竟被他集了 104 幅。有几幅连周海婴都不知道。为了辨认照片上一些生面孔，他又从鲁迅日记、书信等各种材料查证，以及辗转寻人访问，叩门求教，也终于一一查明。这批照片总算编成了一本《鲁迅》照片集出版。遗憾的是时在 1976 年，照片中许多人（如林语堂，孙福熙，美国友人尹罗生等）都被认为“有问题”或“没把握”不能出现，制版时许多照片都被截割或涂修，不能以完整历史面貌问世。这样难得集到的宝贵照片，实应重新完整地出版。你交游广，能否找到一家有魄力的出版单位来办这件好事?

（原载《美术》1991 年第 9 期）

将鲁迅的世界带入生活的夫妇

胡勇

裘星宇 译

鲁迅，作为中国近代文学界最负盛名的文学家，激励了一代又一代中国人与黑暗的社会现实作斗争并努力创造更好的世界。

他已经成了中华民族的灵魂。已故的伟大领袖毛泽东主席曾这样评价道："孔子是旧中国的圣人，鲁迅是新中国的圣人。"

但是对于裘沙、这个61岁的老画家来说，鲁迅既是非凡的也是普通的。他是如此崇敬这位伟人，在过去的20年里他创作了大量以《鲁迅的世界》为主题的系列画作，如今已有千余幅。

痛苦

作为鲁迅的同乡，裘沙从童年起就熟悉了鲁迅笔下的许多经典人物，比如集中国人劣根性于一身的阿Q，和受根深蒂固的封建制度体系压迫致死的祥林嫂。

"可以说，我就是在鲁迅的世界里长大的。"裘沙这样回忆道。

裘沙出生于一个封建体制的大家庭，如同鲁迅笔下描述的一样，这里充满了荒谬的规范和禁忌。也正是这些规范和禁忌将裘沙的母亲、一个寻求自由的知识女性，逼成了疯子。——这正是裘沙对鲁迅笔下受难妇女的描绘与诠释总是那样动人和有力的原因吧。

"鲁迅对旧中国的描写是如此惊人的真实，我完全被他生动的描写深深地吸引了，以至又回到了我童年时的家乡。我知道，他是我们中的一员。"

"1951年，当我从中央美术学院华东分校毕业并来北京开创绘画事业的时候，我以为鲁迅的世界已经就此离去了。"确实，那时的裘沙全神贯注于用画笔描绘生活光明的一面，并在其中寻找到了巨大的满足。

但很快，裘沙的幻觉被打破了。“反右”斗争的开始和随之而来的“文化大革命”，他被送到了农村接受改造，停止了工作。

“我当时十分困惑，为了理清思绪，我重读了所有鲁迅的作品。突然间，我发现自己像阿Q一样，身在压迫之中却不敢抵抗。相反的，我经常用虚空的期望欺骗自己。随之，我又意识到，那些欺负我迫害我的人，也同样像阿Q一样。”

从那时起，裘沙第一次产生了一个这样的想法，他要用手中的画笔创造一个鲁迅的世界；他要向中国人展示：即使在许多年后的今天，鲁迅仍然是“新中国的圣人”。

他开始为鲁迅的小说创作插图，致力于对鲁迅著作诸如《阿Q正传》等的研究。并多次返回故乡为创作寻找原型。

1981年，为纪念鲁迅诞辰100周年，裘沙在北京举办了一场完全根据鲁迅小说而创作的绘画作品展，这次展览被艺术界称赞为“一项伟大的创举”。三年以后，他的妻子王伟君（也是一位画家），也加入了他描绘鲁迅世界的事业中。

1986年，裘沙和王伟君夫妇访问了日本，携483幅画作参加了朝日新闻社举办的一场大规模绘画作品展。这次展览十分成功，许多日本艺术家称赞夫妻俩“为世界和平作出了巨大的贡献”。

振奋

在日本的时候，裘沙被当地的文化名流看做是“表现了现代中国明暗两面的艺术家”。但许多参观过这次画展的观众认为画作的基调有些太悲观。

揭露民族的弱点是必要的，但更要紧的是指出该如何解决。不久，裘沙、王伟君夫妇便将研究方向转向了鲁迅作品中最振奋人心的部分——杂文。

1936年，就是在鲁迅去世前夕，他曾这样写道：“我们生于陆地，早营农业……历史上满是血痕，却竟支撑以至今日，其实是伟大的”。

鲁迅看到了这个民族的伟大，但从另一方面看，他从未终止过对这个民族根深蒂固的恶习的批判，也从未停止过探索出一条引导中国走向繁荣的新道路。

裘沙说：“鲁迅拥有心系国家的民族精神，我们的愿望，就是通过绘画将这种精神表现出来。”

不同于小说，杂文的写作运用的是原因和论证，而这些更难用绘画表述。夫

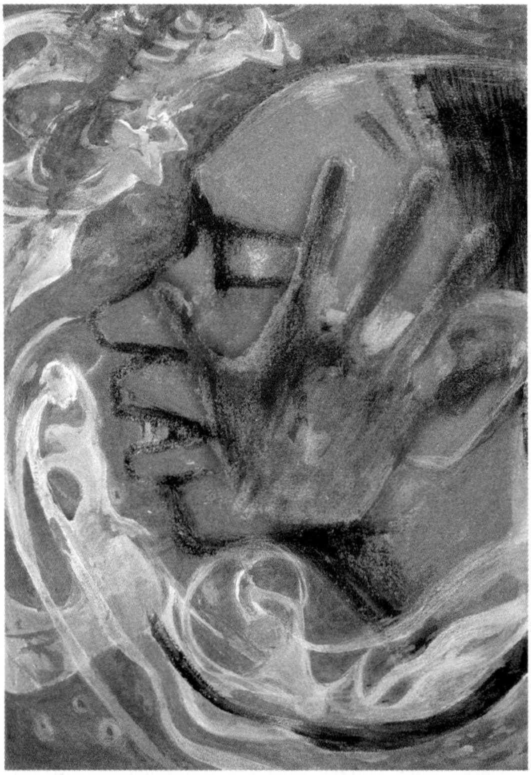
《闭着的眼睛便看见一切圆满》

妇俩曾试验过很多种画法，最终发展成了一种将诗歌、绘画和哲学结合于一体的独特风格。

他们完成了一百篇作品，并在 1991 年 9 月 25 日，鲁迅诞辰 110 周年的时候，在北京的中国美术馆举办了另一场画展。

他们用自己的作品为鲁迅那些见解深刻的语句作标注。例如，《闭上的眼睛便看见一切圆满》这幅画，就是他们从鲁迅在写于 1925 年的《坟 · 论睁了眼看》中得到的灵感。鲁迅这样写道：“中国人的不敢正视各方面，用瞒和骗，造出奇妙的逃路来，而自以为正路。在这路上，就证明着国民性的怯弱，懒惰，而又巧滑。一天一天地满足着，即一天一天地堕落着，但却又觉得日见其光荣。”

裘沙说：“这些作品并不是为了给人以娱乐，它们源自鲁迅杰出的思想，它们关注思忖着中国的过去，现在和未来，它们是源自我们内心的呐喊。”

美国著名的汉学家葛浩文教授曾将裘沙、王伟君夫妇与 19 世纪的英国画家哈博朗特 · 金 · 布朗相比较。他说：布朗给了查尔斯 · 狄更斯笔下的人物最好的诠释和描绘。而“裘沙为鲁迅所作的插图亦然”。这两位画家和与之相对的作家之间，是不可分离的。

（原载英文版《中国日报》1991 年 9 月 30 日第 5 版）

中国对鲁迅的崇敬

（墨西哥）安东尼奥·费尔南迪斯·阿尔赛
吴瑞根 译

9月24日 北京消息：从本周三开始展出的76幅绘画新作，裘沙和王伟君在画稿塑造的形象中，反映出他们的作品对中国本世纪伟大作家鲁迅强烈的崇敬和爱戴。

裘沙和王伟君夫妇是中国当代著名的画家。他们把自己的大半生绘画生涯奉献给纪念鲁迅。

明天，在北京中国美术馆大厅里，对中国新文学之父鲁迅诞生110周年纪念活动中，裘沙和王伟君新近绘作的76幅插图展览隆重开幕。

从青年时代起，裘沙就致力于对人类使命和对伟大作家鲁迅作品精神的研究。裘沙出生于浙江省美丽绍兴的一个村镇。这里也是鲁迅的故乡。

他的插图成果是一系列油画、粉彩画等汇集成名为《鲁迅的世界》的画册。

这些从明天起开始展出的新近绘成的插图，是和他的妻子王伟君共同创作的成果。

裘沙出生于1930年，1951年毕业于中央美术学院华东分校。他于1957年与王伟君结为伉俪，从此他们共同开始致力于传播鲁迅作品中的造型艺术，像《阿Q正传》。

1986年，在鲁迅逝世50周年之际，裘沙和王伟君在日本东京与仙台展出了他们的438幅绘画作品，并随即在日本出版了分别名为《鲁迅的世界》和《阿Q正传》的画册。

在中国出版了他们为数众多的画册。其中有一本名为《裘沙绘画作品集》，日本著名艺术评论家竹内实在他们画册日文版序言中说：“在他们的作品中有两幅绘画具有划时代的意义。”并说，裘沙作品是“反映现代中国光辉与黑暗两面的一位艺术家”。

在纪念鲁迅诞辰110周年之际，展览他们的作品有力地证明，在中国，裘沙被看做是“绘画与哲学结合具有中国独特风格的杰出代表”。

（原载墨西哥《至上报》1991年10月）

《即使逆水行舟，也只好拉纤：向前》

知难而进

——与裘沙、王伟君谈话录

王朝闻

在电话里听说你俩以鲁迅的论文和杂文为素材而作画，不免有点怀疑。对你俩过去为鲁迅小说《伤逝》或《祝福》所作的画虽有很好的印象，但将怎样以插图形式为鲁迅的论文或杂文作画，而区别于别人的讽刺漫画呢？

看了这些新作，例如这幅《战士与苍蝇》，不只觉得你俩四年来的努力闯出了一条新路，突破了插图方式的局限性，丰富了造型艺术的形式，而且对那些所谓“纯艺术”的噪声，具有一种使人感到不再那么昏头的良好效应。我像过去欣赏你们画的鲁四老爷夫妇对死了丈夫的祥林嫂那种淡漠的神气，不只四只眼睛眯缝着，连鲁四太大额头上的一块绿色都有独特的暗示性，像过去欣赏子君听了涓生所说的假话（“我已经不爱你了”）引起的情感反应的深沉感那样，觉得现在这幅新作品里那一只色彩美丽的苍蝇成了画面上的主角，孙中山先生的遗像以及“总理遗嘱”成为绿头苍蝇的背景和对比性的衬托，就是一幅富有艺术创造性和思想战斗性的力作。

为什么说这幅新作是艺术性与战斗性的结合？这不只因为它已经用造型方式表现出鲁迅杂文中的战斗思想——“战士战死了的时候，苍蝇们所首先发见的是他的缺点和伤痕，嘬着，营营地叫着，以为得意，以为比死了的战士更英雄。但是战士已经战死了，不再来挥去他们。于是乎苍蝇们即更其营营地叫，自以为倒是不朽的声音”，“然而，有缺点的战士终竟是战士，完美的苍蝇也终竟不过是苍蝇”；而且因为，它不是给鲁迅杂文作出笨拙的翻译，相反，它可能使观画者感到鲁迅的杂文并未过时，而且联想到苍蝇对待烈士的营营之声还没有消失。当代繁殖出来的新苍蝇们，比60年前的苍蝇打扮得更加美丽，显示出它们所标榜的时代特点。

这就是说，包括某些以苍蝇或“精英”自居否定中国革命历史及其艺术的论客，

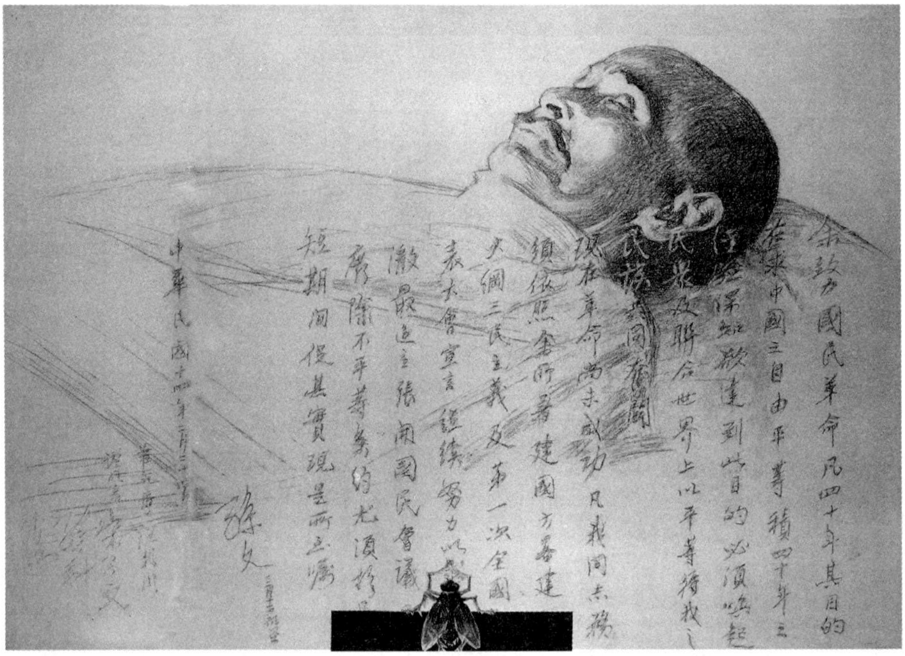

《战士和苍蝇》

他们那些营营的叫声证明，不只鲁迅杂文并未过时，而且人民需要你们这样的绘画。某些人咒骂四五十年来的中国美术不过是革命政治的“婢女和玩偶”，其实不过是拾他人残唾的一种蝇声。这个画展（编者按：指裘沙、王伟君为纪念鲁迅诞辰 110 周年举办的《鲁迅的世界》画展，已于 9 月 25 日—10 月 4 日在中国美术馆展出。）本是为广大观众服务的，但是，倘若上述论客从这幅新作引起对号入座的反思，譬如说，觉得自己的营营之声才是一种“婢女和玩偶”的性质，看画展对他也不无好处。

鲁迅说过，路是人走出来的；你俩这样以鲁迅的论文和杂文为蓝本的美术创作，也是在开拓一条不很平坦的新路。为了进一步发挥这种带象征性的造型艺术的特长，除了继续探索如何表现的方式方法，还应更深入地理解 60 余年前的鲁迅论文杂文的环境，以及它与 60 年后的当代现实的间接关系吧。既然纪念鲁迅诞辰 110 周年展出这一套作品，岂不又给你俩提供了再创造的客观需要。

（原载《人民日报》1991 年 10 月 25 日第 8 版副刊）

赞裘沙的《鲁迅之世界》画展

王 力

鲁迅世界是最难用绘画形式来表现的，而你们却奇妙地表现了。你们用绘画形象贴切地表现出了鲁迅的思想体系。

你们的作品不是插图，而是鲁迅世界的再创作。你们把鲁迅精神同新中国的实际紧密结合起来了。你们的作品有强烈的时代感，有现实的社会意义。它已成为鲁迅精神的一种表现形式和一个组成部分，因而发放光彩。

鲁迅思想是我们的民族魂，是我们的革命魂，是我们的改革魂，是我们的建设魂。鲁迅思想同毛泽东思想是相通的。过去、今天和将来，都是中国人民的战斗的锐利武器。

有黑暗，就有光明。有光明，就有黑暗。完全的光明，同完全的黑暗一样，那就什么也看不见了。揭露黑暗中讴歌光明，讴歌光明中揭露黑暗。有勇士，就有奴才；有孺子牛，就有哈巴狗；有园丁，就有民贼；有先驱者，就有反动派；有烈士，就有叛徒。或者用匕首，用投枪，用炮火；或者用号角，用战鼓，用赞歌；或者用透视，用良药，用手术刀。爱憎分明。这是鲁迅世界表现出来的完整的、全面的鲁迅精神。

鲁迅世界把高度的思想性和艺术性完美地结合起来。

鲁迅世界是中国的，又是世界的，是人类的共同财富。

我深深地为鲁迅世界所感动了。我受到了一次鲁迅思想的再教育。这是我看到过的最好的最有价值的一次画展。我对你们十九年呕心沥血的劳动表示敬佩。我祝贺你们的画展的成功，并希望它能发挥更大的作用。

一九九一年十月四日

（原载香港北星出版社出版《王力反思录》）

悲怆的纤夫

——致跨世纪的猛士

张卫红

在无边的旷野上，在凛冽的天宇下，一个世纪之初华夏人的孤魂久久地游荡——在他流着血，猝然倒下55年之后，在他含着泪，苦难降生110年的今天。

我属于那种很想做些积极的事情，又很容易碰壁灰心的青年。连续两天，一遍又一遍读着裘沙、王伟君先生的《鲁迅的世界》画展，我从心底升起了从未有过的震颤。沉厚的色彩、激烈的笔触、强烈的画面将鲁迅论、杂文的精华醒目地突出在我们的眼前，他的忧伤与愤懑、绝望与焦灼、热烈与慷慨混合着，一刹那间刺破我的胸口，血液一下子灼烧起来。我分明感受到先生和画者的苦心。

3000余年古国，从未曾有过王道。人民之所以讴歌，就为了希望霸道的减轻，或者不更加重。中国人，向来没有争到过“人”的价格，要生存，便闭起眼睛用瞒和骗，造出种种奇妙的迷路，一天天地堕落着，但又觉得日见其光荣。于是老调子固然唱不完，国家已经唱完——这是怎样绝望的历史，可惨的人生啊！而它偏又同时孕育出伟大来——这幅《伟大的民族》，背景是斑斑驳驳的苍痕，青的长龙、火的凤凰，背后重叠其纷乱的血迹，前方，伶瘦灰黑的行者似乎流尽了血，竟仍支撑着，爬行、爬行。……中国人，淌着血爬过可惨而伟大的千年文明。而惟独鲁迅，在可惨与伟大中愤然崛立，超越彻心彻骨的绝望，爆出惊骇的伟力，成为叛逆的猛士。“洞见一切已改和现有的荒坟，记得一切深广和久远的痛苦，正视一切重叠淤积的凝血，深知一切已死，方生，将生和未生。他看透了造化的把戏，他将要起来使人类苏生，或者使人类灭尽，这些造物主的良民们。……天地在猛士的眼中于是变色。”

大的孤独，是孤愤。大的绝望，是舍身。这是一条看不见尽头的激流，旋涡不断地打着滚扑来，扑向两个疲惫已极的纤夫，苍凉的肩、磨泡的手、粗厚的脚死死地挣扎着，悲酸地爬行着。拉纤，且只好拉纤；向前，且只有向前。我将坦然，欣然地走向死地。我将大笑，我将歌唱——这就是我们沾满血迹的民族魂啊！

对于魂的隔膜，恰恰表明我们浅薄。没有血腥历史的经历，没有深刻绝望的体验，便没有出离绝望的气魄和力量。年轻一代对于迈向现代化的进程操之过急，对于根深蒂固的国民劣根性缺乏准备，往往空有一腔热情，难酬报国之志，结果事与愿违，便那么容易地陷于苦闷无聊。或者，“风声雨声不吱声，了此一生；国事家事不问事，平安无事”；或者，“批判多于建议，牢骚大于行动”；或者，“麻派”、“舞派”、“托派”……而内心，是不情愿或者虚弱的。

鲁迅，似乎早就洞见了几十年后以至更远的苦闷，在留给“后来继续战斗的青年”的文字里，反反复复劝诫着。“愿中国青年都摆脱冷气，只是向上走，不必听自暴自弃者流的话，能做事的做事，能发声的发声，有一份热，发一份光。不必等候炬火，此后如竟没有炬火，我便是唯一的光……”改革开放的任务，继往开来的使命规定我们只有且只能去做那只是拉纤，不求图报的纤夫；只有且只能去做那点燃自己，照亮前方的萤火。愈是困惑，愈是奋起，少一些“最适于在中国生存的伶俐人”，少一些“消灭于极平常的，或者近于没有事情的悲剧者”，少一些“大小丈夫的威福、子女、玉帛的最高理想”，少一些“清谈”、“内斗”、“谋私”，窃天火而先煮自己的肉来吃，那么，我们将在这没有血腥的涅槃中成为真的猛士、铁的脊梁！我们将在舍弃小我的决裂中体验超越的壮美生命的大气！

其他大量画面里的含意，比如改革要“以鉥验（解剖）之术，进智识于光明”，“外之既不后于世界之思潮，内之仍弗失固有之血脉，取今复古，别立新宗”，青年们要“熬苦求学”，“合群的奋斗”，“能在世界新潮流中游泳，不被淹没”，并且“只是大众中的一个人，才可以做大众的事业”等等，无一不是字字珠玑，针针见血，颇须借鉴的。鲁迅之于现代化，是不朽的导师，中国之有鲁迅，是莫大的幸福。

裘沙、王伟君这对熬苦作画，熬苦做人的夫妻，经历过旧时代 20 年沉沉的黑暗，经历过共和国 40 年风雨的飘摇。他们在那颠倒黑白的浩劫里蓦然发现了鲁迅的伟力，用那双被鞭打的手翻书，作画。一画就是 19 年。他们的名字已蜚声内外，而至今清寒依旧。沙发是 50 年代的旧沙发，床是单人床边搭起一条木板，铁锅里煮过都市小山上挖来的野菜，画笔和颜料却是上好的。不去应酬，不事张扬，没有惊人的笔触，没有讨人喜欢的色彩，只有且正是用苦难的赤诚，才如此强烈地勾勒出一个同样苦难和赤诚的灵魂。而前者和后者，都是我们民族贫瘠浑浊的血泪滋养成的。这对清寒夫妻引为自豪的，不仅在他们的画，更在于他们是真正的

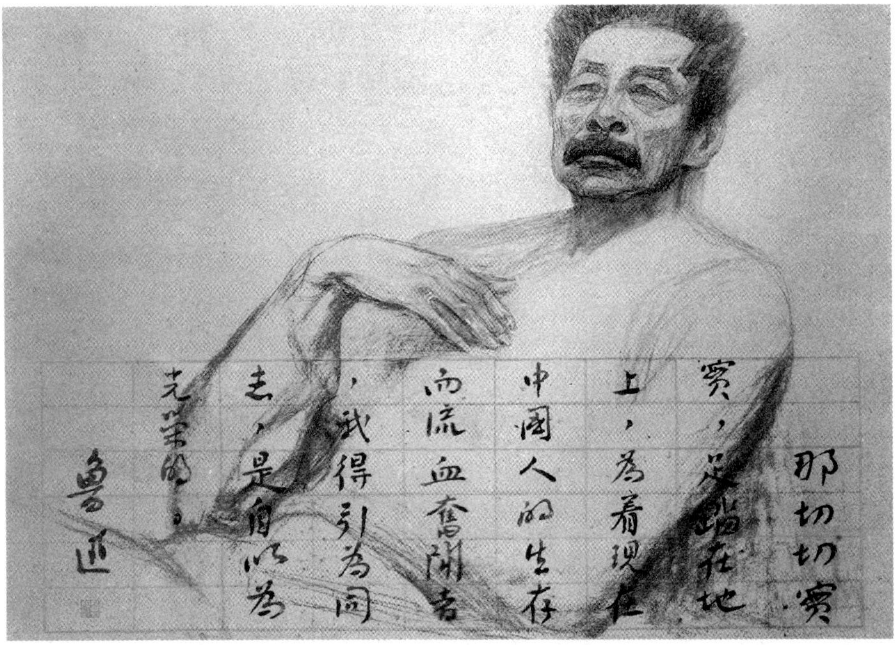

《期望》

“鲁迅主义者”。

鲁迅先生用“投枪”刺破纸外的沉寂，裘沙夫妇用画笔激励今天的人们，改革，要紧的是做。看这最后一幅《期望》吧：“一个高大的身影倒下去了／在无花的蔷薇上／那走在前头的／那高擎这倔强的火把的／那用最响亮的声音唱着歌的／……背影倒了／……在风雨连天的暗夜！”他的脸没有一分颜色，他抚着巨痛的胸口，目光无言，最后凝视着，那些在寂寞里奔驰的猛士。……

“那切切实实、足踏在地上，为着现在中国人的生存而流血奋斗者，我得引为同志。是自以为光荣。”

编者附言：1991 年 9 月《鲁迅的世界》画展由中国美术家协会、中国鲁迅研究学会、中国美术馆、中国青年报社、中国东方文化发展中心与中央工艺美术学院主办，在北京中国美术馆隆重展出。北京大学、北京师范大学、中国人民大学同学看了特别激动，派代表与作者进行了一次座谈。张卫红是参加座谈的同学之一，这篇稿子是她座谈后不久寄给作者的。

从外张奔向内凝

——写给跋涉在鲁迅世界中的画家裘沙和王伟君

柯文辉

鲁迅是高插云霄的峻峰，他的著作是浩淼的大海。画家裘沙、王伟君夫唱妇随，怀着对鲁迅的世界崇敬的真情，从中不断汲取人生与创作的启迪，以不同形式，完成近千幅作品，堪称艺苑一大创举。虽不敢说每幅都是杰作，但他俩都用尽全力。而比画更可贵的是勇于和昨日成绩较量的坚毅精神，不计毁誉地保持恒温，一韧到底，正与鲁迅的教导一致。我想有此襟抱，无论在何时何地都会替人民做点有益之事，享受劳动喜悦，积累供后学借鉴的经验，让生命发出平凡而应有的光热。

二位画家走过艰辛的漫漫长途。最初他们是充满青春活力的宣传画插图画家。鲁迅与现实生活的双重教导，师友的心灵的交流和滋润，中外无名读者深挚的关怀与切磋，使他们对鲁迅成长的环境的认识一次比一次深化，探求愈勤，愈感到学术和艺术丛林中鲁迅这株扎根于中华民族几千年文化，又善于批判吸收西方优良文化的大树特别高大郁勃，悟得在树下做两株小草的幸福，几番挫折，废画成堆，画风中外张的力逐渐趋于内凝，迎来了相对的成熟和迈向更高境界的智慧与力量。青灯不负苦心人！

对先哲名作，尤其是诗，容易图解，难于通过再创造，把忠于原作又有独立欣赏价值的佳作献给读者。诗与画是两种艺术手段，“诗中有画，画中有诗”的理想结合的成功之作并不多。给散文诗作画，在世界绘画史上缺乏成功先例。泰戈尔、纪伯伦都能画，也都不以从自己的散文诗中寻觅绘画灵感闻名。裘、王二君有碰碰这种样式的胆识，在总体上虔诚，一笔不苟，在每件作品上力图排除拘谨，放弃一定要成功的紧箍咒，寄情与线条色彩，传导自己读诗的感受，不满意时可以再画十次二十次，避免流于雕琢，让放松时的即兴发挥，为规定的诗境服务。他俩未将《过客》画成剧照，略去了老翁和女孩，只写出乐于跋涉、踏实求索的过客，他既体现了鲁迅当时的思想感情，又不是简单的自喻，而是个独立的艺术典型。

坚忍，在困苦中不失希望，不恋往昔，不停步于今朝，充满向往，有行动力，也有深广的阅历，除前额不驯服的立发唤起我们对鲁迅有不似之似的联想而外，迅行生风的动势，底层人物的衣饰、饱经风霜修长健劲的体躯，都画得很有分寸感，配上笔触明秀的天空流霞，长满野草野花，正在被过客跨过的坟墓，在今天与明天之交合处，开拓被众人踩出的小路，走向太阳。

《过客》（要走到一个地方去，这地方就在前面。）

《好的故事》在《野草》中最有亮度，美的新世界召唤着诗人拓宽彷徨中的憧憬继续呐喊。童年储存于胸底的泥土的芳香反刍出比故土更使人依恋振奋的优美画卷，镀上诗国理想的光辉，从现实跃入云锦般的艺术世界。珍惜童心，希冀，似水流年，有点初醒后颇不满足的惆怅，都被画家以颤动的彩笔传达于画的神经末梢之中，南天大野，灯火与朝曦联为一体，都是诗人喷射出的明艳，又抚慰着地母上的兄弟姐妹，动静互生，想象的空间雄浑阔大。我们面对彩画，再精读鲁迅先生的诗，把他幻想中“好的故事”变成可以触摸的现实而贡献微力，将是对艺术家最合适的报偿，虽然他们并不索取。

（原载《求是》1991 年第 22 期）

鲁迅战斗精神的再现

——裘沙、王伟君《鲁迅之世界》画展读后

（新加坡）周颖南

应“中国东方文化发展中心”之约，我专程来上海参加裘沙、王伟君夫妇《鲁迅的世界》画展，读后感慨万千，难以自已！

我有幸第一次和两位画家见面，对他俩19年来兢兢业业试图用绘画来表现整个鲁迅思想体系的那种进取、执着精神，感到由衷钦佩！他俩自己这样说：“鲁迅先生以他那犀利的笔揭示出中国社会这种根深蒂固的封建痼疾，原是为了唤起人们疗救的注意．然而它绵延以至于今，这实在是我们今天振兴中华大业的绊脚石，有再次唤起人们注意疗救的必要。而鲁迅先生所倡导的那种足踏在地上，切切实实为现在中国人的生存而奋斗的献身精神和开拓精神，更是我们今天民族腾飞所需要的。”我认为这就是画家今天展出在《鲁迅的世界》中100幅作品的创作动机。身为海外华人，我感到这真是一种掷地有声的鲁迅精神的再现，一种无比珍贵的爱国主义精神的体现！

在《鲁迅的世界》中，画家专门以鲁迅作品中战斗性最强的杂文为素材，结合现实生活进行艺术的再创作。听说王朝闻先生原认为鲁迅杂文很难用绘画来表现，但读了画家的几幅作品以后，连连点头。我喜爱美术，但不会画画，懂得也不多，读了画家的作品以后，认为他俩确实能很好地运用视觉艺术形象再现鲁迅作品的思想内容，结合现实还有延伸，发挥了美术的战斗功能，难能可贵。比如《健壮的新芽》中，画了一块占据了十分之八九画面的黑沉沉的巨石，下面画了两三棵被压着然而在茁长的新芽。在视觉上大小、强弱、硬软、生命的有无，对比太强烈了。“唯其幼小，所以希望就正在这一面。”又比如《中国的脊梁》一幅，以长城为背景，画了五六个企图挣脱囚锁的人。长城是历史的光辉又是历史的重负，把鲁迅的原文一对照：“我们从古以来，就有埋头苦干的人，有拼命硬干的人，有为民请命的人，有舍身求法的人……这就是中国的脊梁”。不难看出画家是很准确

《健壮的新芽》

地再现了原作精髓的。恰如诗人艾青说的，“表现的那压得喘不过气来的时代”，但又对人们寄予莫大的期望。

我觉得很有意思的是，裘沙夫妇是在“四人帮”横行，受到迫害的时候，加深了对伟大鲁迅及其著作的理解，激发起强烈持久而明确的创作欲望的。我觉得这点尤其可贵，同时也说明，对一切逆历史潮流而动的人来说，这倒是很具讽刺意味的。

画展中这样的画、这样的文字，对今天的中国人，特别对海外的华人，都很感亲切，深受启迪。裘沙、王伟君夫妇以夸张、变形的艺术表现手法构思这些作品，真是如影随形，十分贴切。他们无疑是吸收了外来的营养，借鉴珂勒惠支画风之外，好像也有毕加索的影子，这也是他俩取得成功的一个因素。

这个画展，不是一般意义上的画展，而是一次鲁迅精神的再发扬。是对前进、希望、光明、新生的歌颂，对腐败、落后、黑暗、迷信愚昧的鞭笞。这样的主题，是文学艺术永恒的主题。

（原载《解放日报》1992 年 4 月 23 日第 7 版）

把思想画出来

——看裘沙夫妇《鲁迅之世界》画展

鸰 子

在中国，知道鲁迅的人不少，但在今天，鲁迅已不那么令青年瞩目。他是过去时代的先生，穿着长袍，圆口布鞋，表情过于严肃，就是那20卷《鲁迅全集》读起来也颇感费力，我们许多人知道鲁迅，其实只知道他的名字，至多再加上阿Q、祥林嫂，或许也只知道他们的名字而已。

也许鲁迅过于沉重、压抑，或者有点尖刻、晦色，与现代青年的口味相距太远？也许因为“半吊子”们“玩深沉”，鲁迅的沉思也被当作了矫情，总之深刻的思想正日益遭到排斥，一些年轻人只愿在轻快的思绪中读一两段汪国真的格言，抄一两句席慕蓉的散文，仿佛灵魂就此可以得到抚慰，鲁迅自然是多余的了。

然而，这次，当裘沙夫妇带来的100幅鲁迅杂文图在鲁迅纪念馆展出后，许多观看的人都有种怦然心动的感觉，毫无疑问，鲁迅今天仍然是我们当中最伟大的一员。

我们感谢裘沙夫妇，不只是因为他们十年来含辛茹苦地摸索和美术上的创新，最主要的是他们把鲁迅思想的精粹，用传统的、现代的种种手法十分明快地表达了出来，使这个视觉时代的年轻人从画面上读到了鲁迅，认识了鲁迅，而这些画面又比今天他们所能接触到的大多数视觉形象更震撼人心。我们生活在一个漂亮的东西越来越多的年代，但真正能让人心灵震动的东西却很少很少。

请看：两个新生的婴儿生长在布满灰绿癌细胞的机体上，他们挣扎着，呼叫着，这是多么让人心悸的画面！ 下面是鲁迅的话：说到中国的改革，第一著自然是扫荡废物，以造成一个使新生命能诞生的机运。

再请看：一根大红柱，油漆纷纷剥落，露出里面灰朴朴的旧柱子，背景的墙上写着“国党革命”的大字。鲁迅说，我们多少年来干着的不过是粉刷油漆的事，这是多么的深刻！

还有一张图，整个画面是一大片阴沉、灰暗，密不透气的天空，只有一只小小的萤火虫闪着金光，鲁迅这样说："愿中国青年都摆脱冷气，只是向上走，不必听自暴自弃者流的话。能做事的做事，能发声的发声。有一分热，发一分光，就令萤火一般，也可以在黑暗里发一点光，不必等候炬火。"这不正是鲁迅本人的精神写照吗？

还有逆水行舟的拉纤者，在新潮流中奋力划水的稚儿们，埋首遮脸的孺子牛……每一幅画都让你沉思，每一次沉思都给你启悟，新一代人将在这里重新发现鲁迅，发现中国，发现一颗不甘绝望的灵魂怎样的苦斗。

这是一个需要思想却又回避思想的年代，一个视听覆盖阅读，却又无法替代阅读所得的年代，因此，让思想变成图画，让形象饱含思想就变得十分必要，我们无法抗拒现代科技携着音像作品的大举进攻，无法阻挡生活节奏造成的人们喜欢按电钮的习惯，我们只能试图在画面和形象中传播思想。

所以，在今天，需要更多的学人做把伟大艰深的思想简化的工作。在中国，普通大众对鲁迅的理解、认同也许比少数学者关在书斋里搞高深的研究还重要。正是从这个角度说，我们提倡把思想画出来。

《鲁迅杂文100图语录精粹》已编辑成册，鲁迅纪念馆门口（鲁迅公园内）有售。

（原载上海《青年报》1992年4月24日第8版）

阐释鲁迅的世界

胡 泳

鲁迅作为中华民族的伟大灵魂，许多年来，其振聋发聩的作品不仅以本来形式广泛流传，而且多次通过其他艺术语言表现出来，例如戏剧和电影。绘画方面，虽然从来不乏传写鲁迅的尝试，但决心以自己毕生精力，试图用图画来昭示整个鲁迅思想体系的画家，迄今只有二人——他们就是裘沙、王伟君夫妇。

裘沙毕业于中央美术学院，王伟君毕业于鲁迅美术学院，两人均是新中国培养出来的第一代画家。同时，他们又都出生在浙江，是鲁迅的同乡。鲁迅小说所刻画的浙江生活百态，他们从小就很熟悉，曾经如痴如狂地沉醉其中。但他们真正读懂鲁迅，并开始倾注心血画鲁迅，则是在多难的“文革”后期。那时，面对社会的混乱和理想的渺茫，他们感到前所未有的苦闷、迷惘，于是，他们重新捧起了《鲁迅全集》，逐篇逐卷地读下去。读后他们恍然觉悟：鲁迅昔日所抨击的种种现象，多年后依然是现实的存在。这无情的发现，促使他们深思和探求，也燃起了他们强烈的创作欲望。1972 年他们开始创作《呐喊》插图，从此一发而不可收，到今天，他们的鲁迅文学作品组画已逾 700 幅。

倏忽十余年过去，他们为画鲁迅尝到了多少辛酸，是难以尽言的。王伟君在一篇文章中写道：“我们无声无息地探索着，一步一个脚印地走着。我们的画和人一样，没有惊人的笔触，没有讨人喜欢的色彩，没有美妙的曲线，有的只是一点自己做人的本色。我们想表现的，也仅仅是由鲁迅思想所照亮了的，对人生的一点真实体验而已。”他们坚信，不懂鲁迅就不可能懂得中国。而用绘画传播鲁迅精神，是他们愿意为之毕生奋斗的事业。为这样的信念所激励，所有鲁迅笔下的人物，以及他的散文诗、杂文和书信中闪光的思想，都经他们的画笔，化作了一幅幅立体画面。用他们忠实观众的话说，“这不仅是美术，简直是一项文化工程”。

“愿乞画家新意匠”。裘、王二人在探索和表现鲁迅方面，风格技法曾经历了

《仅以知真理为惟一之仪的》

几次嬗变。出于对描写对象的崇敬，他们在开始画鲁迅小说插图的时候，线条和造型都失于拘谨，但不久两人就意识到，描绘鲁迅，形态的实是不够的，意境的真才是关键。形似鲁迅就必然失去鲁迅。由此他们的画风大变，向深刻表现人物的精神实质迈进了一大步。近年他们倾力于画杂文，这较之画小说当然难度更大；但他们的思路既已畅通，下笔再无顾忌，进行了许多更大胆的尝试：传统画法不敷使用，他们就有机地引进西方现代派的一些技法，并超越之去寻求自己独特的表现形式。于是，观众从他们的画中所看到的，不是鲁迅作品解说性的描摹，而是对鲁迅为人和著作精心把握之后的锤炼之作。

裘、王把他们的作品总题命名为“鲁迅的世界”。这个世界陈示的，决非供高雅之士赏玩之作，而是画家对生活的严肃思考和对人民的拳拳之心。著名作家楼适夷曾有诗赞曰：铮铮铁骨付丹青，沥血呕心传鲁灯。相信他们这项宏伟事业的重大意义，会被越来越多的人所认识。

（原载《人民日报》1992年5月12日第8版副刊）

女人该有独立的人格

张 楠

无论是女人，还是男人，重点不在前面表示性别的男或女，而在于后面表明在大自然中的位置和社会价值的人。

——题记

王伟君，画家，是著名画家裘沙的夫人。在公开场合，“裘沙夫妇”是他们两人共有的名字，王伟君和她的丈夫裘沙共同创作出大量的鲁迅小说插图，共同编鲁迅画册，办画展……他们一起共事，那么和谐，那么美丽。

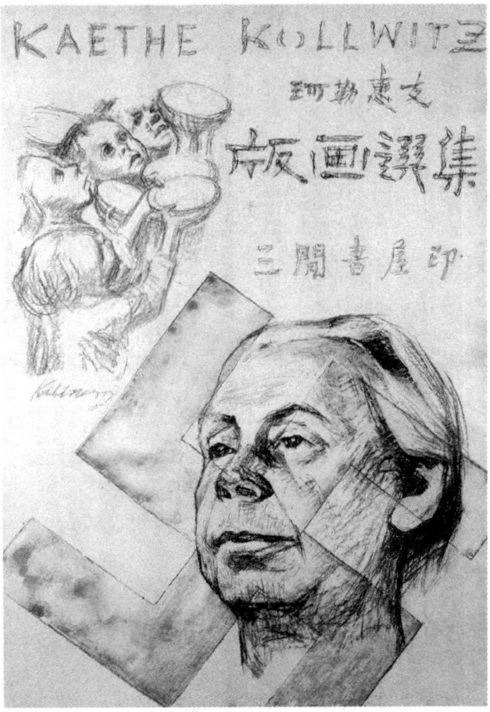

《为人类的艺术，别的力量是阻挡不住的》

记得一年前我为画家裘沙写专访，题目就定的是《魂系鲁迅的裘沙夫妇》。在公众眼里大约都以为王伟君老师是一位笼罩在丈夫光环之下的女人，事实上，每一个和王伟君老师接触的人都会强烈地感觉到她的独立人格，感觉到从她身上散发出做人的魅力和尊严。为此，我专门请她谈谈做女人的感觉。王伟君老师欣然应允，于是就有了这段谈话：

“生活实在太平凡，要我说几句关于女性的话，一时真觉得无话可说。因为我从来没有用女性的观念计较过自己，或者别人。

“我生长在旧社会，那时，不是把女性踩在脚下当奴隶，便是捧在手上当玩物，摆在桌上当花瓶，甚至当摇钱树。总而言之，女性没有独立的人格，只不过是男性的一种依附罢了。记得小学上劳作课，有一次自由作业，我选了块青田石，用刻刀给自己刻印章。好心的老师却过来劝我别刻了，说这不是女孩子做的。我一赌气，非把它刻成不可，而这方名章竟一直用到今天。后来我学了画，又想上大学。当时父亲的企业已破产，家境正困难，尤其不同意女孩子上大学去学画。只有母亲理解我，借了钱支持我实现自己的理想。我深感母亲这份感情的重量，在我的人生道路上，她始终伴我前行。在艺术上，我特别欣赏德国女版画家珂勒惠支，喜欢她那粗犷有力的画风，和她为一切被侮辱、被损害者悲哀、抗议、愤怒、斗争的深广的慈母之爱。正如法国作家罗曼·罗兰所说：凯绥·珂勒惠支的作品，是现代德国最伟大的诗歌。她为我们女性树立了榜样，促使我和裘沙一起，为继承鲁迅的事业，投入了我们全部的精力和物力。虽然有不少朋友为我们至今过着俭朴的生活而感慨，甚至不平，但我认为，这是我和裘沙所能够做到的最好的选择。

“我总觉得，无论是女人，还是男人，重点不在前面表示性别的男和女，而在于后面表明在大自然中的位置和社会价值的‘人’。一个具有独立人格的人，才是一个真正的人；既是一个普通的人，也是一个大写的人。我希望包括我小孙女儿在内的未成年的新一代女性，比我们更能把握自己的命运，创造出更高的价值。既不要因为自己是女性而自卑怯弱，更不要因为自己是女性而撒娇逞强，而是通过自己切切实实的努力，迸发出生命的光和热来。爱因斯坦说：‘一个人的价值，应当看他贡献什么，而不应当看他取得什么。’对女性来说，同样如此。

“关于女性。尤其是今天的新女性，我实在没有更多的话可说，就谈这点家常吧。”

女人，首先是人。——这是我从王伟君老师身上感到的人格魅力。

（原载《工人日报》1993年2月22日第5版专刊副刊）

嵊籍画家裘沙

周婴戈

公元1881年9月25日，中国“五四”新文化旗手鲁迅诞生在会稽山下绍兴城里一个书香人家。鲁迅从小就在书堆里长大，他的父亲周用吉是清廷秀才，因为身体虚弱，没有到外谋事，只是在家中读书，鲁迅很小也便开始了认字读书。鲁迅稍长，聚族而居的叔祖父周兆蓝便教鲁迅读四言韵语的国史启蒙读本《鉴略》。少年鲁迅读的书很多，但最让他喜爱的书便是有插图的《花镜》和长妈妈为他寻找的那一部带插图的《山海经》。欢喜配有插图的书，就是那时在鲁迅心里扎下了根，以至后来，鲁迅成为文学巨匠，还热心提倡欧美的木刻版画艺术为书籍作插图。遗憾的是鲁迅盛年早逝，他自己的书籍很少有插图配，这不免给中国读书界留下了缺憾。

鲁迅逝世后的40年，终于有一位画家拿起彩笔专力于为鲁迅的作品作画。他的画幅逼真地再现了鲁迅笔下稽山剡水的风貌，形象地表现了鲁迅作品的精神世界。他的画很快得到了中国文学界、美术界的首肯，连外国文化界也真挚接受了他的绘画。他成为中国第一流的用绘画表现鲁迅思想的画家，他就是嵊籍画家裘沙。

裘沙，1930年出生于嵊县崇仁镇，乡名裘伯浒。他的童年和少年是在家乡的崇仁镇和城关镇的嵊县中学中分别渡过的。家乡秀丽的山水和悠久的古剡文化使少年裘沙很早便开启了艺术的天赋，他极擅美术。1951年，他从中央美术学院华东分院毕业，北上进京，到中国青年报社任美术编辑、美术组组长等职。1978年后，执教于中央美术学院和中央工艺美术学院，此间便开始了专心致力于为鲁迅作品配画，因硕果累累，入选于美国国际传记协会《世界5000名人录》、英国剑桥国际传记中心《国际名人录》。

裘沙的代表作，是《鲁迅的世界》大型系列绘画，该作品在国内八大城市九次举办画展，并在美国及日本的东京、仙台展出过。1991年9月25日，在鲁迅先生诞辰110周年纪念日之际，裘沙与其夫人王伟君又一次在北京市中国美术馆举办《鲁迅的世界》个人绘画展。笔者有幸观摩了该画展，从中也便领悟到为什么裘沙能用绘画如此生动地表现出鲁迅的思想世界，重要的原因是裘沙从故乡的稽山剡水中汲取了艺术的营养。

此次画展可分两大部分：一是鲁迅小说插图，有《阿Q正传二百图》、《祝福》、《在酒楼上》等；二是画家为鲁迅的杂文配绘的百余幅图画。显而易见，前部分作品是要领会鲁迅笔下的人物，而后一部分的画幅则是要表现鲁迅自身的品格。对于习惯于追求线条和色块的画家，要求他运用逻辑和辩证思维方式去把握一个思想家头脑的容量，这无疑如同让画家一切从头开始一样。

而这“从头开始”完全是命运逼迫出来的。“文革”“十年浩劫”中，裘沙这位从嵊县中学到中央美术学院华东分院、提前毕业便在报馆做美术编辑的一生清白的画家，也仍然没有逃脱政治妖魔对知识分子的迫害，他像当时所有正直的艺术家一样，痛心地离开了自己耕耘的田地，下放在河南团中央“五七”干校……

1977年，裘沙到中央工艺美术学院重新拿起画笔，他就专心致力于为鲁迅的书作画，最先构思的是《呐喊》、《彷徨》这些小说作品的插图。本来为报刊画插图，是裘沙在中国青年报社当了15年美术编辑的老行当，但这一次是为鲁迅的作品，又特别是为鲁迅眼里的国民世相作画，裘沙的笔就变得异常沉重。这样，他没有急于拿起彩笔去勾画图形，而是一头扎进书海里，鲁迅的书信、日记到小说、杂文，他都看了又看，一部莱辛的《拉奥孔——论绘画和诗的界线》也被他翻烂了。裘沙这样研读的目的，是为了努力把握住鲁迅先生的整体思想和作品人物的内在蕴含；读书的结果，使裘沙对鲁迅作品的理解越来越深刻，对作品本身有了突破性的见解。终于在1980年，裘沙在北京市大型文学刊物《当代》第三期上发表了《略谈祥林嫂之死》的评论文章，一个画家通过探究小说人物的环境和心理，而提出了祥林嫂是死于自杀的结论，这分明是做了一件文学评论家所做的事情。可是，裘沙自己说，这就是他为鲁迅作品插图所必经的基础性工作。

吃深吃透了鲁迅的书之后，裘沙才回过头来构思他的画稿。他画了，扔掉，扔掉又捡起来。他作画简直是自己折磨自己，因为他不想只在绘画技巧上做点表面文章，去追求单纯的艺术，他所追求的是“活的生活，活的严峻的中国人生”。裘沙欲用绘画表现鲁迅眼中的中国人生。他也就一再告诫自己不要忽略对生活的体验。裘沙本来就是在会稽山麓嵊县的崇仁镇长大的，他熟悉那里的乌篷船、社戏和九斤老太，可是要把鲁迅笔下江南水乡最突出的特色点缀到画幅上，裘沙依然不满足对已有生活的积累，他一遍又一遍地自费回到故乡，回到稽山剡水中间，去观察环境，体验生活，他要在故乡的山山水水中汲取艺术的营养。

《祝福》组画之一（待到祥林嫂出来淘米，那船里便突然跳出两个男人来。）

裘沙回到故乡，回到养育他童年的崇仁，那里的“小桥流水人家”，一切都对他那样熟悉。裘沙与乡亲们住在一起，他用已经生疏了的乡音与村民、劳工们交谈，参加他们的劳作，观察他们的生活姿态；在故乡，他努力去追寻生活中鲁镇那弥漫着祝福爆竹声和祥林嫂沿街乞讨交织在一起的历史痕迹，去触摸那当街一个曲尺形大柜台的小酒店和农忙时节舂米、割麦的“短衣帮”们，去临摹那飞檐灰瓦、白墙石基、宅边有五柳村的农舍。故乡的一切一切都促发了裘沙的艺术灵感，为他创作鲁迅笔下的人物和鲁迅描绘的“鲁镇”的世界，提供了丰富的素材。

在吃准了鲁迅的思想认识和把握了鲁迅笔下人物的性格和环境之后，裘沙才一幅一幅地把他脑里的形象轮廓记写下来。他作画的原则是依循大诗人陆游“功夫在诗外”的创作途径。裘沙在他为鲁迅作品配绘插图的过程中，就更体会到“功夫在画外”的真谛。因为，裘沙认识到祥林嫂是在祝福的年夜中自杀超度的，所以在《祝福》画集的尾声就用了“一个人死了之后，究竟有没有灵魂的？”和“那么，也就有地狱了？”“那么，死掉的一家的人，都能见面的？”这三幅画来表现祥林嫂在鲁镇的祝福声中，对设想地狱与死去的阿毛相见的渴求，而不是按照普通的解释，说祥林嫂是被动地冻饿而死的。这样在画面处理上就赋予了祥林嫂以新的生命力，人物内在的思想活动用外在图形表现出来了。1986 年，裘沙、王伟君的鲁迅作品插图画册，由日本研究鲁迅的著名学者野间宏、竹内实等发起在日本岩波书店出版，画册的封面就正是“头发全白，纯乎是一个乞丐的祥林嫂在孩子们的祝福爆竹声中吻着一只小童鞋，以表现祥林嫂多么思念死去的阿毛”。人物的心理活动跃然纸上，使祥林嫂再也不仅仅是木雕似的乞丐了。

裘沙画《阿Q正传》，是对鲁迅原著下工夫最大，回故乡最勤的阶段。裘沙深知一部《阿Q正传》凝聚了鲁迅对民族国民性的全部认识，小说犀利深刻，内涵丰富，虽然只写了一个未庄和阿Q，但它触及了关系我们民族盛衰兴亡的大问题；而且，在日本《阿Q正传》都选编入中学教科书中了，可谓家喻户晓。“画鬼容易画人难”，《阿Q正传》这样被世人熟识，要画出阿Q的形与神，可谓难乎其难。为此，裘沙把大量准备工作投入到读鲁迅著作和在生活中捕捉阿Q的影子；鲁迅寄《戏》周刊编者信中对阿Q的评价，裘沙时时温习，揣摩，他力求画出一个鲁迅笔下的“疑心到像是写自己，又像是写一切人，由此开出反省道路”的阿Q；而这阿Q毕竟不是报馆的编辑和教育司的督学，裘沙认定阿Q应该是地道的我们嵊县能见到的“破脚骨”式的破落农民，因此，裘沙在画《阿Q正传》的时候，回故乡最勤，他常常坐在崇仁镇村头的大樟树下，看着来来往往的行人，他要在这里寻找那些往日游闲的“破脚骨”的影子。本来裘沙有很重的肝病，不知是创作生命力的驱使，还是家乡剡溪水的甘美，裘沙的肝病倒一天天的好转了。他逢人就讲：还是家乡的山水好。

裘沙就是这样全身心地投入到为鲁迅和鲁迅作品作画的事业中，他画插图简直是钻到鲁迅的思想世界中，图形和笔调也采用了鲁迅作品的那种沉重感，他力求用绘画来完整、准确地表现鲁迅的精神。已故中国美术家协会主席、老画家江丰这样评价裘沙的作品：“它并非供高雅之士赏玩之作，而凝聚着对生活的严肃思考；它奉献给鲁迅一颗赤诚之心。”裘沙用这颗颤动的心，挥动画笔，去理解、揭示生活的底蕴。

如果你站在裘沙绘画作品的前面，你也一定会感到画幅中所透发出来的那一份生活的坚实；画面的经营，色调的渲染又无处不流露出从稽山剡水中汲取的艺术营养，裘沙就是脚踏着故乡的大地开始他的艺术创作的。

（原载台北《嵊讯》1993年8月第12期）

王力与裘沙

海军　永增

《传记文学》1994年第二期刊载了王力的《武汉“七·二〇事件”始末》，第五期又刊载了《王力访谈录》。《访谈录》中说王力并不像一些传闻中所说的“正在隐居赋闲”，说“他每天的研究日程安排得满满的”，“从来不曾赋闲”。

1991年10月2日，王力接到一个朋友的电话，说裘沙《鲁迅的世界》画展明天是最后一天；说裘沙是当代有名的画家，他的画展曾在国内外举办多次，并获法国1991年读书节创作奖；说是画得非常精彩，请他必前往一看。

画鲁迅？画鲁迅作品？鲁迅那样伟大，思想那样深刻，鲁迅的作品内涵那样丰富，用绘画的形式来表现是很难的。要想体现时代精神就更不容易了。真能像他们说得那么好吗？去看看再说吧。

可是，一迈进美术馆的展厅，王力就被裘沙的作品深深地吸引住了。每一幅画似乎都很熟悉；可每一幅画都那么深刻，那么富有感染力。好像鲁迅的灵魂站在每一幅画中，在与人交谈，令人激动不已，令人深思不已。他一幅一幅地看下去，体味着、思考着，看完了整个画展。他感到眼前展开了一个深邃的、崭新的世界。

“太好了，太好了！”当晚，王力就给裘沙及其夫人王伟君写了一封信：

鲁迅世界是最难用绘画形式来表现的，而你们却奇妙地表现了。你们用绘画形象贴切地表现出了鲁迅的思想体系。

你们的作品不是插图，而是鲁迅世界的再创作。你们把鲁迅精神同新中国的实际紧密结合起来了。你们的作品有强烈的时代感，有现实的社会意义。它已成为鲁迅精神的一种表现形式和一个组成部分，因而发放光彩。

鲁迅思想是我们的民族魂，是我们的革命魂，是我们的改革魂，是我们的建设魂。鲁迅思想同毛泽东思想是相通的。过去、今天和将来，都是中国人民的战斗的锐利武器。

有黑暗，就有光明。有光明，就有黑暗。完全的光明，同完全的黑暗一样，那就什么也看不见了。揭露黑暗中讴歌光明，讴歌光明中揭露黑暗。有勇士，就有奴才；有孺子牛，就有哈巴狗；有园丁，就有民贼；有先驱者，就有反动派；有烈士，就有叛徒。或者用匕首，用投枪，用炮火；或者用号角，用战鼓，用赞歌；或者用透视，用良药，用手术刀。爱憎分明。这是鲁迅世界表现出来的完整的、全面的鲁迅精神。

鲁迅世界把高度的思想性和艺术性完美地结合起来。

鲁迅世界是中国的，又是世界的，是人类的共同财富。

我深深地为鲁迅世界所感动了。我受到了一次鲁迅思想的再教育。这是我看到过的最好的最有价值的一次画展。我对你们十九年呕心沥血的劳动表示敬佩。我祝贺你们的画展的成功，并希望它能发挥更大的作用。

裘沙夫妇在逆境中呕心沥血十几年，画展成功，在国内外引起了强烈的反响，也赢得了许多赞誉之辞。然而，当裘沙夫妇收到王力这封热情洋溢的信时，仍不禁为这封信对鲁迅、对《鲁迅的世界》的理解，也为信中反映出的自己的成功深深地感动了。如果说，“知裘沙者王力也”，好像并不过分。10 月 7 日裘沙夫妇就给王力回了信。

王力与裘沙原本素不相识，而此时，无需觥筹交错，也无需阿谀寒暄，他们似乎已经是息息相通的老朋友了。裘沙决定为王力画一幅画像。

为了从各个方面了解王力，裘沙索取了王力的大量的照片：年轻时的、得癌症以前的、有历史意义的和现在的。他还两次登门与王力交谈，观察他、了解他。经过几个月的构思，一个栩栩如生的王力的形象跃然纸上。王力看后，非常满意，说：“裘沙抓住了王力存在的基本形式，那就是思维。”王力写了一首诗送给裘沙：

鲁迅新天地，画描时代芽。
灵魂清旧国，形象育新华。
一意倾心血，千金视土沙。
写真情刻骨，世代笔生花。

画一幅画像，尚且如此认真。由此可见裘沙的创作态度是多么严谨。由此又可以想象，《鲁迅的世界》凝聚了裘沙夫妇多少心血。日本已故著名作家野间宏就曾这样写道："裘沙先生和王伟君先生长期居住在北京，立足于鲁迅那种矢志用文艺改造中国人民大众的精神，倡导文艺运动的地方。他们一直追寻鲁迅的所有小说、诗文、杂文，并以现实的人物为媒介，对原作品中的人物作了深刻研究，锲而不舍，经过多次反复，终于在这里他们的研究结晶为我们绘出了一幅真正的《阿Q正传》图。在他们在凝缩于《阿Q正传》中的鲁迅的伟大革命思想和可称为改革精神的文艺的无穷无尽力量的影响下，在追索阿Q形象的过程中，查寻了鲁迅在北京度过的大约15年发生的一切，矢志不移，描绘出了一个真正的阿Q、一个鲁迅的真正阿Q。"

可见，裘沙夫妇的画是心声的流露、是心血的结晶，无怪乎外国友人无需翻译就能看懂他的画。

日中文化交流协会会长，老作家井上靖这样写道："鲁迅的同乡，中国画家裘沙先生呕心沥血领会并用绘画表现了鲁迅的世界，画家抓住了作家的内心世界，刻画出人物群像。看了这些绘画作品，使我产生了一种驱使我去重读鲁迅作品的冲动。我甚至感到自己以往对鲁迅的观念被打破了，给我的印象是那么的强烈。"

美术评论家、"现代中国美术馆"设立发起人会事务局长藤山纯一也写道："表现鲁迅作品的绘画，我以前也曾看到过一些，但都没有觉得怎么好。因为鲁迅的存在实在太伟大了，所以画家也因而太拘束，所描绘的成了解说性的图画。和这些作品相比，裘沙夫妻的作品以其强大的力量打动了我的心。"

裘沙在国际上享有如此的声誉，但命运之神好像并不愿意对他垂青。1994年3月3日，《中华老年报》刊登了裘沙的一篇文章，题为《阿难》。文中说："记得十多年前去敦煌，文物研究所的一位少女，曾经这样说过我：'不知怎的，我一见就觉得你很像站在释迦身旁的那位阿难。'我与佛祖无缘，也没有阿难陀的颖悟，老天爷给我安排的，倒确乎是个能使和尚成佛，却给俗人遭灾的华盖运。自己无论怎样拼搏，也摆脱不掉罩在头上的那顶华盖。

"我两三岁时，母亲就因精神失常而失去了家，她去世时我才13岁。她的死促使我突然早熟，从此开始了对人生、真理、事业的思索、追求和拼搏。我整个学生时代都很严峻，毕业之后，在新闻战线27年，教育战线12年，天灾人祸，层出不穷，大起大落，反复无常。正是那次史无前例的浩劫和无路可走的绝望，迫使我找到了中华民族近代史上最伟大的思想家鲁迅。从此，我和老伴一起，便全身心地投入了历时22年之久、被日本文化界题名为《鲁迅的世界》的巨型系列创作。

"……被日本已故著名作家野间宏先生称为'这是一件对世界和平事业有贡献的大事业！'这样一件具有世界意义的大事业，竟是我们这样两位穷画家于本职工作之外作出的一项无偿奉献。我们不但为此付出了极大的代价，作出了极大的牺牲，而且它的成功，丝毫没有改变我们可悲的命运。谁能说得清楚这里的得和失？！天知道我们对此究竟应该笑，还是应该哭？！

"鲁迅《自嘲》诗云：运交华盖欲何求，未敢翻身已碰头。破帽遮颜过闹市，漏船载酒泛中流。横眉冷对千夫指，俯首甘为孺子牛。躲进小楼成一统，管他冬夏与春秋。

"厄运，它使我从心态上就贴近了鲁迅。这兴许正是我得天独厚的地方。"

读了这篇文章，王力陷入了深深的思考。

裘沙说他是运交华盖、受苦受难的"阿难"，从某个角度说，真有点像。也许谁也不相信，具有国际影响的大画家裘沙的住房条件、生活条件、作画条件竟是那样的简陋。退休之后，才得了一个副教授的头衔。……正如裘沙自己所说："屈原、司马迁、韩愈……历史上有所成就的人，没有一个是在舒适的环境中取得成功的。裘沙夫妇就是自诩运交华盖、身处逆境的。他们身处逆境，愤而作画，在小小的斗方之室中，创作出了一幅幅不朽之作。"

但是，我们不能不直面人生，正视现实：《鲁迅的世界》陈列馆几经周折，仍无着落。800多幅作品放在纸箱中，不见天日，有的已经开始变色，剥落。裘沙甚至没有足够的钱买优质颜料。……

这些很现实的问题，怎样才能解决呢？裘沙这样一个画家，究竟应该怎样体现自己的价值呢？王力记得，"阿难"是"阿难陀"之略名，梵文原意并不是受苦受难，而应译为"欢喜、庆喜、无染"。有天赋、有成就的画家裘沙不应该是受苦受难的"阿难"，他应该是"欢喜、庆喜、无染"的"阿难陀"。王力思考着，忽然想到了"嘉德"。1994年2月27日，王力参加了"中国嘉德"94春季拍卖会。3月28日，王力给中央写了一封信，信中说："今年2月27日在北京举行的'中国嘉德'94春季拍卖会，是我国社会主义市场经济发展过程中的一件新事物，是我国实行改革开放的文物政策的一次大胆的而又慎重的尝试。……所以尽管我已是 73 岁高龄的晚期癌症患者，我还是像小学生一样，坐在一个凳子上，坚持五小时多，看完了中国书画部分拍卖的全过程。我特意坐在香港的和英国的拍卖专家的旁边，向他们恭恭敬敬地请教和学习。我看到了并思考了许多问题。”

信中还说：“不应宣传以卖画为耻的论调。有的画家，例如我的一位朋友裘沙，他创作了油画《鲁迅的世界》，外国人愿出几万美金收藏他的作品，他一张也不卖，宁可过清贫的生活。这是很值得尊敬的。吴冠中先生、叶浅予先生都是除义卖外概不卖画。我也很尊重他们。但是，卖画的画家，也同样是值得尊敬的。郑板桥做官时和生活宽裕时也不卖画。后来穷了，不能不卖画，他同样是高尚的。即使在社会主义社会，劳动（包括高级的精神劳动），还是谋生的手段。作品还具有商品属性，它还是使用价值和（交换）价值的统一体。它的（交换）价值的特殊表现形态，只有在市场上，才得以充分的展现。在市场上，名家与非名家价格差异是极大的，这是合乎规律的，也是合理合法的。有的画家虽然自己不卖画，他们的作品实际上都是有社会俗成约定的价格。因此，切不可把卖画不卖画，作为进步不进步的标准。”

对！以画养画！不用再打报告、等批示，也不用四处奔走，乞求什么人开恩来建《鲁迅的世界》陈列馆。王力当时就“打的”跑到裘沙家里，侃侃而谈。

日本人要买裘沙的画，韩国人要买裘沙的画，法国人要买裘沙的画……不管出多高的价钱，裘沙都没有卖。现在，裘沙夫妇为王力的论点所打动，也被他的精神所感动。为了《鲁迅的世界》，裘沙是要考虑考虑了。

回来后，王力挥笔给中央有关领导人写了一封信，信中说：

“我很高兴。我说服了裘沙，他同意了我的建议。

“他住的房子，使我很吃惊。一家人挤在青年报宿舍的一个两居室里。书籍、资料、艺术品占满了所有空间。他的杰作就是在这样条件下创作出来的。向上边打报告，几十年都得不到解决。

“裘沙完全可以靠自己来改善工作和生活的条件。他应该而且可以生活得很好。人们不应当靠大锅饭。不但可以不向国家伸手要钱，还可以向国家贡献钱。

“他的作品是国宝，但是只能用纸板箱捆着，堆放在楼道上。靠国家拨款办陈列馆，都是即使批了，后来又吹了。这些宝贵的作品的命运，就只有听任自然界腐蚀和毁灭了。为什么不可以依靠自己卖画，以画养画，来解决《鲁迅的世界》陈列馆的基金呢？

"裘沙，以及任何一个有作为的艺术家和作家，完全可以依靠自己的劳动产品来获得相应的社会地位和报酬。我们的社会应当改变以官位来衡定人的价值的陈腐的封建的观念。部长级画家同处长级和尚一样，都是荒唐的观点。我们的改革，已经深化到了社会生活的各个领域，这些旧观念到了必须改变的时候了。"

信后还附了一篇文章：

我建议裘沙拍卖《鲁迅的世界》画展中一幅代表作——就是那一张在国内外十四次展览中作为引首的鲁迅像。这是一张具有永久魅力的人物画的杰作。一切保持原样，下边有"民族魂"三个大字。

鲁迅魂就是民族魂。鲁迅的世界，反映中华民族的灵魂。

鲁迅是属于中国的，也是属于世界的。

鲁迅不仅是中华民族灵魂的工程师，同时也是人类灵魂的工程师。

《鲁迅的世界》不是表现中国的贫穷和落后，而是表现中国的富有和先进。

《鲁迅的世界》不是代表中国的过去，而是代表中国的未来。

鲁迅恨的只是一切不合理的事物，而爱的是一切合乎理性的事物。在恨中也反映了对民族、对人类深刻的爱。

鲁迅不是人与人之间的仇恨和争斗的象征，而是人与人之间的友爱和世界的永久和平的象征。

《鲁迅的世界》，为所有的不怀偏见的中国人所接受，所喜欢，不是偶然的。

《鲁迅的世界》，是东方文化的高峰，为日本人接受和喜欢是很自然的。而且这个题目就是日本人提出和确定的。

韩国人也喜欢它，除了上面的理由之外，还因为在历史上韩国人和中国人有着共同的命运。

俄国人像喜欢托尔斯泰一样喜欢鲁迅。

法国人也很喜欢它，因为鲁迅思想代表着东西方文化的交汇。《鲁迅的世界》表现了全人类的良知和理性。绘画的形象用不着翻译，就为外国人接受。同样的道理，英国人和其他欧洲人也都喜欢它。

美国人喜欢它，还因为美国文化是当今世界上最广博地汲取一切外来的优秀文化所组成的。

《鲁迅的世界》，不仅是属于中国的，也是属于世界的。我们不应当自我封锁，不但不应当拒绝，而且还应当鼓励全世界的著名博物馆，全世界的大收藏家来收藏《鲁迅的世界》。

《鲁迅的世界》，理应进入世界，成为全世界收藏品争购的热点。

曹雪芹“十年辛苦不寻常”，他的产儿《红楼梦》得到了历史的和世界的承认。

裘沙25年的辛苦，当然也是不寻常的。《鲁迅的世界》，已经得到历史的和世界的承认。

裘沙的命运，在理性的社会里，不应当像曹雪芹一样潦倒，不应当像他所说的永远是苦难的“阿难尊者”。

我建议裘沙参加嘉德公司今年秋季的拍卖会。

杰出的画家，理应得到优厚的报酬和生活条件。大家都习惯性地躺在所谓“社会主义”的大锅饭上边，靠政府，等政府，求政府来提级，提薪，分房，是很难办得到的，我以为这并不反映社会主义的优越性，甚至这并不是科学的社会主义。

画家的高级劳动产品，通过交换得到优厚的报酬，在一切社会里都是合理合法的，是符合社会主义按劳分配原则的。

《鲁迅的世界》博物院的建立，也不要完全依靠政府的拨款。

因此，裘沙参加嘉德的拍卖，具有重大的意义。

它将反映我国社会主义市场经济的发展过程的一个重要标志。

它将改变人们在习惯势力束缚下的许多陈腐的观念。这也是一次思想的解放。只有解放的新思想，才有解放的新生活。

只有解放的新思想，才能看见客观存在着的新生事物，并从中求到真实的规律性，这才叫科学的实事求是。如果是不解放的陈腐的思想，那也谈不上实事求是。

我希望，通过裘沙参加嘉德的拍卖，以及其他的新政策和新措施，支持嘉德公司，使之逐步办成与英、美的克里斯蒂拍卖行和索思比拍卖行同等地位的拍卖行。

这两篇文章，大胆地向习惯势力、陈腐的观念挑战，勇敢地为新事物呼吁呐喊。深刻的哲理、雄辩的语言，尖锐地触动着人们敏感的神经，在禁锢得很深的“禁区”里掀起了层层波澜。

这两篇文章，把裘沙卖画同“中国嘉德”拍卖会联系起来，与王力的奔走呼吁相配合，提醒着人们都来关注“中国嘉德”94秋季拍卖会，关注裘沙怎样“从

《切实的奋斗》

没路的地方践踏出来”、“从只有荆棘的地方开辟出来”一条新的“生命的路”来。

王力与裘沙，结识于《鲁迅的世界》，又在为《鲁迅的世界》的呐喊中日益加深了友谊，他们还将为《鲁迅的世界》共同奋斗。愿他们的友谊地久天长。

（此稿未曾发表，作者海军、永增为王力的女儿和女婿）

可贵的专一

代绣　庄辛

北京画家裘沙、王伟君夫妇在20多年里，专心致志于为鲁迅先生的作品作插画，数达千幅。他们这种锲而不舍，始终如一的专攻精神，实在令人钦佩和振奋。

说来有趣，裘沙夫妇是在“文化大革命”中开始以鲁迅作品为题材作画的。他们看够了造反派的嘴脸，终于悟到鲁迅的作品正是拯救他们的良药。“文革”以后，他们面对社会不良风气，也认为鲁迅的作品是一剂良药。裘沙这样写道：“鲁迅先生以他那犀利的笔揭示出中国社会这种根深蒂固的封建痼疾，原是为了唤起人们疗救的注意。然而它绵延以至于今，这实在是我们今天振兴中华大业的绊脚石，有再次唤起人们注意疗救的必要。而鲁迅所倡导的那种足踏在地上，切切实实为现在中国人的生存而奋斗的献身精神和开拓精神，更是我们今天民族腾飞所需要的。”裘沙夫妇正是基于这样的理解和认识，拿起画笔来的。他们希望把鲁迅的思想，鲁迅的祈愿与深沉的感情画出来。在“四人帮”横行时期，他们节衣缩食，夜以继日在掩蔽中从事艺术创作，不为外人所知。“四人帮”垮台后，他们终于公开活动，多次回绍兴家乡深入生活，希望把鲁迅笔下的人物——从语言艺术变为视觉形象的形体具象。

裘沙夫妇认为为文学作品作插图，插图作者必须有较好的文学修养，对文学作品既要钻得进去，深刻理解作家的思想，懂得作家的艺术，同时又要能够跳得出来，不使自己成为文学作品和作家的奴隶。钻不进去，对原作理解不深，画出来的插图未免肤浅；跳不出来，就是不懂得绘画和文学作品的界限，不能充分发挥视觉艺术的特有的性能和画家的主观能动性，这样画出来的插图，往往变成文学作品简单的图解而不免平庸。平庸和浅薄都缺乏生命力。

鲁迅先生的作品迫于当时的环境，或晦涩或隐喻或看似消极暴露，致使现在的青年读起来比较困难，于是他们夫妇的“再创作”就变为极有意义的了。说到鲁迅先生看似消极的作品，这里不妨借叶圣陶先生的解说，予以澄清。他说：消极是不错的。我以为消极中寄托真愤慨，鄙视当时的一切坏人坏事，积极当于言外求之。裘沙夫妇正是以这种态度对待鲁迅作品的。

他们在“再创作”中，真诚而严肃地阐述了鲁迅作品的精髓，对现实社会指出其病根所在，以引起治疗的注意。这不是消极的暴露而是积极的引导。比如裘沙夫妇画《杂文之图·生命的路》，引鲁迅的话：“什么是路？就是从没路的地方践踏出来的，从只有荆棘的地方开辟出来的”。画一个背向观众的赤身裸体的开荒者，持着镰刀在披荆斩棘地前进，在他脚下开出了一条路。此时他正抬头望着远方，预示着前面还有漫长艰巨的任务，需要去开辟。这样的画，激励着人们奋起。又一幅《健壮的新芽》，引鲁迅原文：“自然，这，是很幼小的。唯其幼小，所以希望就正在这一面”。画面是一块占据画面十分之九的巨石，新绿的两株幼芽被压在石下，但在蓬勃茁壮。从画面上看，让人感到被压得喘不过气来，但从发展看，它却让人充满希望、充满信心，觉得巨石的压迫最后是必然要被推倒的。

当然，裘沙夫妇所画的，仅涉及鲁迅作品的一部分，但有些题材要比上述两例复杂得多，有的甚至表现出阴森森的黑暗势力，令人窒息，有的是表现封建余孽在作祟，令人胆寒，但对这些作品认真加以逼视，又无不透过画面显示出愤懑，显示出抗争，令人奋起。面对这样的插画，与其说是对艺术的欣赏，毋宁说是艺术的呐喊与抗争。对此，裘沙夫妇数以百千计的“再创作”，实际上是熔入于鲁迅先生的创作中，是原作所缺少的视觉艺术的补充。江丰先生说得好：“作者这种熔研究与创作于一炉的特色，发掘了人物形象的精神面貌，突出了造型艺术的个性表现，即此一端，也使我们有理由把它推荐给我们的读者了。”

细读裘沙夫妇的画，深感他们在画风上受法国画家杜米埃和德国画家珂勒惠支的影响很大。特别是珂勒惠支粗犷的线条、沉郁的构图，被裘沙夫妇运用得驾轻就熟而又有所创造，有所生发。他们和珂勒惠支同有一颗深沉的爱抚的郁结的心，使读者深受感染，引起共鸣。我们认为这也正是裘沙夫妇取得今天这样的成就的关键所在。他们的作品在日本展览时，引起强烈反响。日本野间宏先生作序，由岩波书店出版了他们的画作《阿Q正传二百图》。

（原载《厦门日报》1994年9月23日）

用画笔解读鲁迅

李玉屏

去年，回大陆探亲后走访北京，北京鲁迅博物馆的陈漱渝教授问我，到北京想看什么？我说，你介绍的就行。陈教授说，我介绍一对夫妻，他们是中国画家中最特别的画家。就这样，我认识了裘沙和王伟君。

这对夫妻画家住在北京三里屯的一栋五楼公寓里，二房一厅，房间都很小，比较大的一间是他们的画室兼书房。一张大画桌占了房间三分之一的地盘，再加上两张沙发一张茶几用画笔解读鲁迅，所剩无几的空间又排满了书柜，其中一整柜的书都是鲁迅的作品。灰白的墙上挂了几幅裘沙画的画，有张约十号大的炭笔素描，画的是鲁迅。

冬日的上午，阳光从窗外暖暖地透进，我们三人挤坐在画室里。初次见面，却很亲切。裘沙，瘦弱而敏感，忧郁的眼神闪现着坚毅的耐力。王伟君，端庄、细腻，浅浅的笑里，满是灵秀。

裘沙，毕业于中央美术学院，本以木刻为主，后来在报社做美编。王伟君则毕业于鲁迅美术学院，做过杂志美编，也是北京少年宫的美术老师。

20 年来，裘沙与王伟君以专业的美学学养，用绘画的艺术，诠释鲁迅的文学世界。到当时为止，已完成 800 幅以上的作品，仅只《阿 Q 正传》，就画了 206 幅，其他尚有《药》、《祝福》、《故乡》、《朝花夕拾》、《故事新编》、《狂人日记》，以及鲁迅的杂文单幅画。我去看访他们时，他们手边正在进行的是《呐喊》与《彷徨》两画。裘沙与鲁迅，两人的关系相当微妙。鲁迅是浙江绍兴人，裘沙也是，裘沙在 20 岁以前，未曾离开过家乡，所以，鲁迅笔下的人物、景观与民情，对裘沙来说，是相当熟悉的，感觉也就特别深厚，对作者更是由喜欢而近乎崇拜了。此外，鲁迅曾至日本习医，后来为改变国民的精神而投入文艺的创作。裘沙的祖父也曾到杭州习西医，又以消忧子为笔名，著《历代帝王纪元册》，及《随庐见闻随笔》等书。

而裘沙的母亲，是位受新式教育的女性，但是嫁到裘家后，仍受到传统的压抑而痛苦，裘沙深深体会到旧社会强大的力量。后来，在“文化大革命”时，裘沙下放到农村，他看到的迷信、矛盾、愚昧与悲苦，这一切景象仍是鲁迅笔下的世界，未曾因时代的改变而改变，人没有人的地位，争得的仍是奴隶的地位。“文化大革命”的代价，是得到了更多赤裸裸的国民。于是，裘沙夫妻开始研读鲁迅的小说、诗文与杂记。裘沙说，他的第一步是为鲁迅作品画插图。这个构想来自于他中学时，读到格林童话《卖火柴的女孩》。可能是受到北欧表现主义的影响，这本童话里的插图是以木刻展现。裘沙在艺术学院主修木刻，他即以他的专长木刻，为鲁迅的作品作插画，立刻受到欢迎而出名。不久，法国的 Michelle Loi（是位汉学家兼鲁迅研究者），以法文撰写鲁迅的童年，里面的插图全由裘沙提供。这本书由法国 Biblio 书局出版。因文字流畅深厚，插图适宜，有画龙点睛之妙，且出版精美，而荣获法国橡树奖。

插图画出名以后，裘沙有了更远大的计划，他要把鲁迅的作品，一本本地画出来。为此，他们夫妻俩五度重返绍兴，对当地再作深度的了解，然后，以炭笔和油画棒画出鲁迅最伟大的文学名著——《阿 Q 正传》。每幅以 39.5×27.2 的尺寸画出，共 206 幅，震惊了画坛和文艺界。

鲁迅的阿 Q 与英国大剧作家莎士比亚的《王子复仇记》中的王子哈姆雷特，以及西班牙塞万提斯的《堂吉诃德》，同列为世界三大人性。堂吉诃德是英雄式的理想主义，即使被罪犯打得遍体鳞伤，不得动弹，还丝毫不怀疑他的事业的胜利，他代表的是人类对信念的永恒追求。哈姆雷特却是怀疑主义者，他常为细小的失败而意志消沉，他代表的则是优柔寡断、悬疑不决的个性。阿 Q 则是精神胜利法的表征，每当他无法克服外在的困境，如经济的剥削和高阶层社会人士的鄙视时，他不堪于屈服，却又无力反抗，只好以想象的胜利自我安慰一番。阿 Q 的口头禅是：“将来，我的儿子比你强！”

裘沙说，鲁迅创造阿 Q，是以阿 Q 心里的愚笨，挖出人性的弱点。阿 Q 是个令人哭而不是令人笑的人物，他的本质是好的，但也沾了些游手之徒的狡猾。这样的人物，怎样以他的外形来强调？在裘沙的画笔下阿 Q 约 30 岁左右，有皮包骨头的脸庞，毛发稀疏的秃头，锐利的三角眼，还有一双因劳动而长得比一般人又大又长的手。

裘沙与王伟君的《阿 Q 正传》，于 1986 年，为纪念鲁迅逝世 50 周年，由日本岩波书局出版，同时出版的尚有《裘沙画集：鲁迅的世界》，并有438幅画作，在日本展出。立刻轰动日本文化界，被誉为是一位肩负着现代中国明暗两面的艺术家。作家井上靖说：绘画的冲击力是巨大的。1989年，部分作品又在巴黎出版。裘沙也被美国传记研究中心收入《世界5000名人录》（第二版）。

有这样的成就，在于画家能完全掌握作家的创作精神，而与之心神合一。如裘沙和王伟君用白、青、红、黄、粉红、褐、灰等粉彩的相互组合与重叠，绘出全本的《祝福》。

《祝福》的故事看似简单，有关女主角的死，却有些复杂，容我简略述之：

一个年轻人（当然是鲁迅自己），在旧历年底时，到鲁镇的鲁四老爷家作客。当人家忙着年终大典——祝福的下午，碰到了鲁家的女佣祥林嫂。

女主角祥林嫂被认为是个不祥的女人。她结过两次婚，她的前夫小她10岁，死了。为了生活，祥林嫂出来做工，后来被迫改嫁。在讲究守节的传统社会，她过着被唾骂的日子。但是她却生了个儿子阿毛。不幸的是，这第二任丈夫死于伤寒，儿子阿毛又被野狼吃了。孤苦无依的祥林嫂又再次回到鲁家做女佣。

那个下午，祥林嫂看到年轻人时，问了三个问题：一、一个人死了之后，究竟有没有灵魂？二、那么，也就有地狱了？三、那么，死掉的一家人，都能见面了？

年轻人吞吞吐吐地说："也许有喽……"，"论理，就该也有"，"见不见面呢……我也不清楚……"

当晚，也就是在年终家家庆团圆的"祝福"大典时，祥林嫂倒在路旁死了。

鲁迅在处理祥林嫂的死，是自杀？或是冻死？相当含蓄地没有明写。拍成电影时，把女主角安排饥寒而亡。但是裘沙凭着这三个问题，认定祥林嫂是怀着到地狱去见一家人而自杀身亡的。所以，裘沙在塑造祥林嫂这个苦命的女人时，在她的头上，总有一段红头绳。这段红色，是女主角希望的火花。

画中的每个人物，都是思之再三的产品。例如，当村里的女人告诉祥林嫂说，像她这样不守节操的女人，将来到了地狱，会被阎罗王用锯子锯开身子。一个讲鬼的村妇，把她画成什么样呢？裘沙把这个弄神说鬼的女人画成女鬼模样。裘沙说，想想看，当我们听别人讲鬼故事时，听得入神，不但觉得四周鬼影幢幢，把讲鬼的人也当做鬼了。一幅画里的任何一点空间，或是人与事的布局、构图，都是如此考究，裘沙的作品，的确可以用"真诚的呼唤"来加封了。

再举一例说明创作的艰辛。

鲁迅的《狂人日记》和俄国文学家果戈理的《狂人日记》略有不同。果戈理的《狂人日记》所批判和讽刺的对象是官僚制度的统治者沙皇，鲁迅所讽刺的则是吃人的礼教。鲁迅在小说中把“吃人”两字分开，意在“吃人”和“被吃者”是两种不同的恐怖。一般画家，把吃人的动作，非常夸张地画出来：一个人张开大口，把另一个人往嘴里塞。裘沙说，这样直接与具体的表现，失去了思考的空间。裘沙的画法是：一双眼睛，痛苦地望着窗外，窗外的玻璃上有四个血淋淋的大字：仁义道德的反写。这幅画的标题是：觉醒。

20 年的深刻探索和艺术表现，他们用画笔代替解剖刀，把鲁迅笔下的人物，栩栩如生地描绘出来。他们的画作，到世界各地展出，也一再获得肯定。日本政府要求部分的作品，予以收藏，裘沙舍不得。裘沙说，他要在绍兴建一座鲁迅展示馆，让鲁迅对社会的关怀，和鲁迅的智慧、哲学观，永远长存。

裘沙对我说，他最大的愿望，是有一天，能在台湾展出。因为鲁迅曾说过：人类最好是彼此不隔膜，而相关心，最平正的道路，却只有用文艺来沟通。

裘沙和王伟君坚毅地守着贫困，努力创作。如果以他们的名声，和绘画的技巧，画些单幅作品，一定大有市场，而且有更丰富的收入，但是，为什么要如此执着呢！

裘沙给我看了一幅《随感录》的文字介绍，裘沙是这样写的：就像萤火虫一般，也可以在黑暗里发一点光。愿中国青年，只是向上走，不必听自暴自弃者的话。能做事的做事，能发声的发声。有一分热，发一分光。不必等待炬火。此后，如果没有炬火，我便是唯一的光，倘若有了炬火，出了太阳，我们自然心悦诚服地消失……

艺术创作者，总有股强大的力量，驱使他们全力以赴，裘沙与王伟君就是。

（原载《台湾日报》1995 年 1 月 10 日第 9 版副刊头条）

阿 Q 同胞炎黄种

包立民

裘沙翻阅《百美图》画照时，冷不丁对我说：“我最不喜欢画自己的像”。我不无惊讶地问为什么？他回答得也妙，“因为我对自己的形象不感兴趣”。

按照常理来说，一个人对自己的形象没有兴趣，毛病往往出在长相上，或丑陋、或奇异、或有残疾……生理长相上的缺陷，有碍审美观瞻。平心而论，裘沙的长相，虽然说不上俊美悦目，但也不属于奇异丑陋令人侧目之列，只是有点呆，有点迂，有点痴，整天皱着眉头，仿佛有多少解决不完的难题。

不过，从画家（尤其是漫画家）眼中来看，画人物像（包括自画像）最忌五官端正、眉清目秀的标准型长相，最忌抓不住脸部的特征。从裘沙的长相来看，也还不是标准型。

记得第一次见到裘沙，我的眼前突然闪现出一个我并未见面（只见过照片）的左联作家柔石的形象。裘沙与柔石的长相确有相似之处（不止我有此观感），都是瘦弱的书呆子，长方脸，脸上架着一副深度近视镜……奇怪的是两人不仅长得相似，在精神气质上也相似，他俩都是鲁迅的信徒。所不同的是，柔石是鲁迅生前的信徒，是鲁迅著作身体力行的宣传者，而裘沙则是鲁迅身后的信徒，是鲁迅文学作品形象化的阐述者。两个信徒，前一个出生在浙江宁海，后一个出生于浙江绍兴嵊县，都是浙东人。柔石逝于 1927 年，裘沙生于 1930 年，倘若世上真有轮回转世之说，那么鲁迅身后的信徒裘沙，会不会是从鲁迅生前的信徒转世而来的呢？

裘沙是一位出色的鲁迅作品插图画家。也许是乡土亲缘，他自幼就爱读鲁迅小说，但真正读懂鲁迅则是在人到中年——也就是十年动乱以后．那时他身处逆境，扣发工资，不准工作，开除党籍，不准革命。正是在这种不准革命，不准工作的逆境中，他读懂了鲁迅，读懂了《阿 Q 正传》。他决心用绘画来宣传鲁迅精

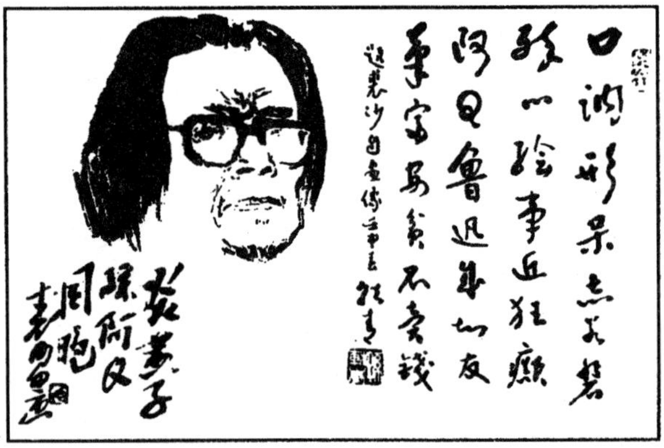

著名书法家孙轶青为裘沙自画像题词：口讷形呆志如磐，醉心绘事近狂颠。阿Q鲁迅成知友，笔富安贫不卖钱。

神。也正是在这样的逆境中，他与妻子王伟君一起，数易其稿绘制了鲁迅作品插图，博得了文学前辈和美术前辈的一致好评。

奇怪的是，这样一位出色的人物插图画家，为什么不愿画自己的像呢？在最近的一次闲谈中，他告诉我说，“文革”期间，他革职在家，曾经借画浇愁地画过几幅自画像，其中有一幅画的是素描肖像，一副愁容苦脸相，他越看越生气，题上了“无可奈何之日”，他还画过一幅鹰，不能展翅高飞的鹰，也题上了一句“大块文章无写处”。这幅不能展翅的鹰，实际上也是他的自画像——心灵的自画。这两画后来给一位朋友见到了，劝他不要惹是生非，赶快烧掉。结果烧倒是没有烧掉，却藏到了一处连他也难以找到的地方了。

应该说，80年代以来，裘沙在政治、思想、艺术上得到了很大的翻身，但在经济上却没有多少翻身。因为他画的不是商品画，让画商品画，他又不干。可以说，在经济上他依然愁眉难展，处于“无可奈何之日”。要他画自画像，当然也躲不开一脸愁容。我想，这也许是他对自己的形象不感兴趣，不愿画自画像的心态罢。

长铗归来乎，愁眉展！有什么办法可以让这位出色的鲁迅作品插图画家的愁眉为之一扫呢？！

（原载《工商时报》1995年4月24日第8版）

用画笔诠释鲁迅

——记画家裘沙、王伟君夫妇

张剑荆

(一)

裘沙、王伟君夫妇是耐得住寂寞和清贫的画家。

晚秋的一天下午，我来到两位先生的工作室。来之前，人民大学的朱维民教授告诉我，裘沙夫妇正义务为12月份在北京举办的“毋忘国耻”大型美展作画，他们为这次美展画了十几幅画，用鲁迅思想诠释那场战争。这是十分独特的视角。在那场战争中，中国死伤人数在世界各国中是最多的，同时，中国投敌人数也是最多的。怎么理解这一现象？也许鲁迅能给我们一个启示？因此，在朱维民介绍了裘沙夫妇的情况后，我立即就拜访了两位先生。裘沙先生不平地说，纪念那场战争持续了这么长时间，竟没有谁提鲁迅对侵略者和对被侵略者的看法。鲁迅当年就说过，压迫者和被压迫者绝不能成为朋友。也没有谁提到鲁迅对被侵略者不幸结局的预示。

鲁迅正是因为中国的弱和饱受欺凌才弃医从文的，正是因为洞察到中国国民的精神奴性才放弃了强健体魄能救国的幻想。

在给这次美展提供的一幅画中，裘沙夫妇演绎了鲁迅先生的《凶兽和羊》：“中国人但对于羊显凶兽相，而对于凶兽则显羊相，所以即使显着凶兽相，也是卑怯的国民。这样下去，一定要完结的。我想，要中国得救，只要青年们将这两种性质的古传用法，反过来一用就够了：对手如凶兽时就如凶兽，对手如羊时就如羊”。

裘沙先生将这个思想，用带有梦幻、魔幻色彩的形式表现了出来。同一个人，对着左上角那温驯、纯洁的羊，则圆眸凶睁，持着匕首，而对右上角的凶兽，则低眉顺眼，双手合抱。画面上，魔幻的色彩和结构仅衬出情势的荒谬和不可思议，用这种超现实主义风格来传达对国民性的分析，真是妙极。

裘先生说，鲁迅于 1936 年去世。当时日本军国主义吞华之心已经昭然，鲁迅先生实际上已对一年后的局势了然于胸。

（二）

裘沙先生今年 65 岁，王伟君先生 63 岁。裘先生与鲁迅的家乡只一山之隔。裘先生从 11 岁开始，就对鲁迅的书着了迷。

“但后来解放了，革命了。感到鲁迅的时代过去了，鲁迅过时了。一直到‘文革’，忽然发现鲁迅的时代没过去，觉得无路可走，因此重新用鲁迅的眼来看这世界，感到他太了不起了。”裘先生冷静有力地说。

1972 年，“批林批孔”运动正酣时，两位先生开始用鲁迅的眼来看这个世界，这一年，两位先生都进入“不惑之年”。

从 1972 年到 1980 年，裘沙夫妇磨砺出他们的第一部作品：《阿 Q 正传二百图》。

他们当时并没有想到，这是他们 23 年用绘画来表现鲁迅世界的开始。但无疑，他们迈出的这第一步，是足够坚实的，因为他们获得了“新宗”。

裘沙先生平静地说，在“文革”中他们发现有两个鲁迅，一个真的，一个假的。假的鲁迅是被极左势力“兵化”了，法西斯化了。而他们发现了真鲁迅，因此才下决心用绘画来展示鲁迅之世界。

“解放了这么多年，我们自己还未摆脱奴隶的地位，还是奴隶，这时我们决定，掌握自己的命运，走自己的路。因此丢掉了别的。如果将这搞出来，这辈子就算没白过。”

这一搞，就是 23 年。

王伟君先生说，做一个真正的艺术家，就是用火煮自己的肉。23 年，尽管裘先生看上去十分的瘦弱，身患疾病，但画家的火仍然很旺，而贡献给人类的，是那 3 大卷皇皇巨著：《鲁迅的世界全集》。8 开本 3 卷书将由河北教育出版社和广东教育出版社耗资 300 万元出版。

（三）

翻阅尚在二校中的书，我被深深震撼了。

鲁迅先生的《狂人日记》，我读过多遍。无须说，鲁迅先生的语言是富有穿透力的，对中国历史的洞烛，确是惊天地而泣鬼神。对于这样一部已深深震撼了读者心灵的作品，一般的插画，充其量只起到装饰作用，而对于那已被震动的心灵，也只能像碎石投海而已。然而，裘沙先生的《狂人日记》却是那样与众不同。裘先生用四幅画四个主题来表现这部作品：疑惑：他们会吃人，就未必不会吃我；觉醒：我翻开历史一查，满本都写着两个字“吃人”！挣扎：我晓得他的沉重是假的，便挣扎着出来。呐喊：没有吃过人的孩子，或者还有？救救孩子……

这四幅画已远远超出了文本插图的范围。它是对鲁迅世界的一种探测，是对原著文本的重新诠释，在某种意义上，这四个主题可以搬开原著的背景而独立，也就是说，绘画实际上是对人类命运本体的诠释。四幅画，像四重奏，由迷惘而觉醒，由觉醒而抗争，而只有呐喊，才有希望。人格的生成，大致如此。这组画中，最撼人心魄的，是最后一幅：呐喊。画面上，是烈火一样的底色，两支巨大的手臂和铲子一样的手托住一轮耀眼的太阳，太阳里，沉睡着一个胎儿，一个即将分娩的纯净希望。

裘沙夫妇创作的《祝福》独具匠心。这组由 18 幅画组成的长卷，充分体现了两位艺术家对鲁迅的理解。

早在 1977 年，裘沙先生即形成了对《祝福》的重新诠释。裘沙先生说，祥林嫂不是冻馁而死，而是自杀。通过这个发现，一个新的艺术形象就诞生了。裘先生这组画中最有冲击力的正是构成祥林嫂自杀逻辑的那四幅画，这是祥林嫂的疑问连结成的链条：“一个人死了之后，究竟有没有魂灵的？”“那么，也就有地狱了？”“那么，死掉的一家的人，都能见面的？”这三个链条的结局是：她那没有神采的眼睛忽然发亮了。

裘先生说，祥林嫂是抱着这样的希望而自杀的：去地狱的孽风毒焰之中找寻亲人，去追寻那现世中找不到的人生余温，因此，地狱不再可怕，死不再可怕。

（四）

裘沙夫妇 23 年的艰辛，终于为中国现代文化树立了一块丰碑。我相信这是不朽之碑。裘沙夫妇是谦逊的，他们把自己的创作归于鲁迅。他们说，他们是在“为鲁迅新宗而呐喊”。裘沙在 1988 年的一次演讲中，提出了鲁迅主义。但我认为这些画作的不朽，不仅仅是因为鲁迅的不朽，裘沙夫妇23年艰苦卓绝的努力已足以铸成这不朽之碑。裘沙夫妇的作品在海内外举办过14次展览，每次都引起轰动。好评如潮，持久不衰。

日本著名作家井上靖评论说，看了裘沙夫妇的画，“我甚至感到自己以往对鲁迅的观念被打破了”。

日本另一著名学者藤山纯一在谈到裘沙夫妇的画由岩波书店出版时说，裘沙夫妇的创作，在日中文化交流史上具有划时代的意义，是一件对世界和平有贡献的大事业。

日本鲁迅研究专家竹内实说，裘沙是肩负着现代中国明暗两面的艺术家。

在东京大书店，裘沙夫妇的画册与欧洲艺术大师的画摆在一起。

法国一位权威专家说，裘沙先生的作品“像一盏灯”。

美国汉学家 Howord Goldblant 也盛赞他们的作品。

人类的命运在根子上是相通的。裘沙夫妇的创作，是用世界通用的语言——绘画，来打通不同言语横在人类之间的厚墙，是冲破这无物之阵的尝试。它在世界各地唤起的热情说明这个尝试是成功的。

（原载《中国经济时报》1995年11月7日第8版）

《鲁迅之世界全集》序

（法国）米歇尔·鲁阿
顾忆林 译

王伟君女士与裘沙先生多年来一直在为鲁迅的著作配制插图。在他们的作品集《鲁迅之世界全集》终于行将问世之际，他们请我为作品集作序，我接受了。这三卷本的作品集奉献给人们的是一份取之不尽、永远具有生命力的艺术财富。

我没有见过鲁迅，这是我一生的遗憾。本来我是可以认识他的，我只比他的儿子周海婴稍长几岁；本来我是应该有幸认识他的，可惜，当我第一次踏上中国国土的时候，鲁迅离开这个世界已35年之久！我在大学从事学术研究的时候开始阅读并翻译中国白话诗，在书籍中我遇到了鲁迅，一个不仅作为诗人，作为中国现代文学奠基者的鲁迅，而且是一个“五四运动”(1919年)的闯将，一个与旧中国的思想习俗势不两立，与“吃人”的旧道德的虚伪和压迫抗争的斗士，总之一个立志推翻“孔家店”的鲁迅。那是1971年，借用鲁迅逝世后那些比他年轻的朋友们的话来形容：“我的心和他的心一起跳动”。

然而，在此后的许多年间，我一直没有动手翻译他的著作，面对这一浩大艰巨的工程，我感到束手无策：如此深刻的思想，如此优美的语言，我自觉没有能力将其“引进”法国，而不削弱其锋芒与魅力。但是，在中国那些认识鲁迅，热爱鲁迅的朋友那里，在每次返回法国时迎接我的人们中间，我不断地得到同样的鼓励：不惧困难，翻译鲁迅。有一天我终于下定了决心。关于具体的翻译进程我就不在此赘述了。十年之后，我组织起了一支研究队伍，我们首先收集并出版了已经翻译成法文的鲁迅作品，然后便带着几分惶恐踏上了荆棘载途的征程。很快，从中国纷纷向我们伸来了援助的手：李何林、王瑶、林志浩，还有国家文物局的专家们自愿做了我们的老师，每当我们在语言上，含义上或历史上有不明了之处，他们就为我们考据，和我们一起核实。接着，在迁址圣德尼后的巴黎第八大学创立了“鲁迅小组”。“鲁迅小组”的使命是与鲁迅著作的出版者人民文学出版社的研究人员合作，翻译介绍鲁迅小说、故事、散文和诗歌集——即《鲁迅全集》十六卷中的八卷，作品共 22 种。当时我们计划十年达到目标！现在十年已经远远超过了。

然而时间并没有被浪费。在中国的鲁迅研究人员与教师（主要是北京和上海的）和由高年级学生与教师、研究员组成的鲁迅小组之间，求教与解答的书信往来不息，一年又一年鲁迅小组的成员换了一批又一批。最初支持出版计划的法国出版商没有履行他们的允诺。金钱变成了一切的主宰。在中国以及世界及各地发生的许多我们未能预料的事情，将我们所有的规划搁置浅滩。我们能够做的，中国的合作伙伴和我们，只能是继续埋头工作，等待时机：手稿一摞一摞慢慢地堆满了书架。李何林先生重病缠身，未能来法国看望我们就离开了这个世界；接着是多事的 1989 年，王瑶先生也离我们而去了，他只来法国作了一次短暂的逗留。在此之前我曾多次访华，一次比一次失望。在一次访华期间（那次是为了北京外文出版社第二年要出林志浩先生的《鲁迅传》法文版，我去中国做最后校样），有一天晚上在友谊宾馆出现了两位来访者，著名的鲁迅作品插图画家裘沙先生和王伟君女士。几天以后我踏上了返回法国的旅途，行李中多了几本精致的书，鲁迅在那些人物以及表现其思想内涵的插图中，又获得了生命，就在我失去继续前进的勇气的时候，他们的友谊充实了我的心灵。

《鲁迅之世界》不仅是裘沙和王伟君一生围绕鲁迅作品而创作的水彩画、木炭画、速写和其他绘画艺术的画集名称，而且是对鲁迅真实的内心“世界”忠实而感人的再现，每一个鲁迅的阅读者，只要在他的书中听到过那撕破夜空的愤怒“呐喊”与呼唤，都会在心里产生共鸣。起码我是这样感受的。两位画家的艺术创造之所以具有神奇的艺术魅力，关键在于准确。这儿所说的“准确”不仅是指风光景物的细腻传神，和富有诗意的场景的真实性，使人一看便认出那是鲁迅的故乡（也是裘沙的故乡！），更多的是指传达鲁迅思想的准确性。我们每一个诞生在中国疆土之外，没有经历过那日渐远离的时代的外国人，都能从这些画面中接受鲁迅的思想，表达自己的“世界”，因为在这里，它是完全忠实的双重“再现”的结果：作者用词语传达和表现的，与两位艺术家用他们的表现手段传达的是同一真理。

作为翻译的鲁迅立志将西方进化思想“引进”“沉默的中国”，同时也引入所有仍为奴隶的民族，盗取火种的“普罗米修斯”曾经是他的理想。鲁迅从世界各国最有胆识、最清醒的作家那里汲取的博大精深的思想、矢志不移的追求精神，应当由我们、鲁迅的翻译者，继承并传播下去。裘沙与王伟君的《鲁迅之世界》是另一种意义上的翻译，它并不比我们的翻译容易，却使我们的翻译更加易于接受。它是两种感觉方式之间的纽带，两种文化之间思想沟通的桥梁，它是一种超越国界的语言。这种语言不需要词语，也许正因此它能达到我们所达不到的深度。这就是为什么我感激《鲁迅之世界》给予我的帮助，它像一盏灯引导人们更深入地走进鲁迅的世界，铺通昨天因外界的阻挠而未能修建的道路，让人们得以继续曾被迫中断的旅途。这盏灯走在我们的前面，照亮了鲁迅作品中尚不为我们所知的天地，召唤我们继续开垦，继续耕耘。它预示着我们将紧随而至，引导着我们向那片天地前行，它使我们的事业名正言顺。

《战取光明》

当然，我还没有机会欣赏三卷《鲁迅之世界全集》的所有作品，甚至连收入第一卷的也没能都看过，但是我对他们大大小小的作品早已十分熟悉。我见过画展的介绍，见过他们发表在杂志上的插图（尤其是发表在北京鲁迅博物馆的《鲁迅研究月刊》上的），他们为我新近两部关于鲁迅的书所作的画。特别是那本为孩子们而写的鲁迅的童年，书中那些美丽的插图是裘沙和王伟君特意创作的，所以我深知他们的作品具有一种神奇的力量，它们能吸引住你的目光，接着你的心神便随之起伏，不再平静。

就这样，你的目光停留在那张被痛苦扭曲的脸上，或是那张可憎的面容上，就这样，你被那幅因人物的一个姿态动作而根本看不见脸的画面所吸引，许久许久，不能离开。我不是绘画艺术的行家，所以我不想去谈什么“主义”，鲁迅也这么说过，关于“主义”，还是让人们根据喜好，去判别是更接近于中国的传统技巧还是西方的现代理论吧。我认为这里不涉及哪个特定的“主义”：现实主义、象征主义、印象派或表现主义，任何事先的选择都将在创作过程中留下痕迹。在这里，我们看不到理论的束缚，然而——请不要误会——每一笔每一划都体现了画家的艺术追求。从挥笔作画的那一瞬间起，到画龙点睛的最后一笔，直觉的冲动与事先的酝酿思索始终伴随着画家，一切都是画家心灵长期与鲁迅世界及其“呐喊”相沟通而产生的结果。

《鲁迅之世界》最大的成功要数小说人物：首屈一指的是充满矛盾的阿Q形象；还有祥林嫂，千千万万受害妇女中的一个。阿Q画像中给我印象最深的，是那张侧着的脸，痛苦但自尊，幼稚中透着机灵，那一巴掌的痕迹还清晰可见。关于祥林嫂的插图，难以忘怀的是那张头上缠着白布的年轻寡妇发现孩子被狼撕成碎片后的画面：坟地里野草丛生，除了几朵开在春天里的白花之外，已经什么也没有了，而她却从此背上了沉重的负罪感，惟恐野兽再来村里；看不见寡妇面部绝望的表情，只有发现不幸降临时那突然停住的脚步和那身躯所表现出来的痛苦……翻开《狂人日记》，你立刻会看到关在黑色铁栅栏后面的那张年轻文人的脸，你唯一看得清的那双眼睛却不看着你，一根根铁条迫使你凝神细察：原来那铁条的格局组成的是“仁义道德”，代表吃人的旧道德的四个字。在接近故事尾声的时候，突然，犹如一道闪电，另一个画面的出现使你震惊，激起你思绪万千：像一只抛起的球，又像太阳，一个年幼的孩子从拯救他脱离黑暗的成人手臂中飞脱而出：“救救孩子们！”

当作品没有情节完整的故事，当思辨取代虚构的时候，裘沙和王伟君的插图尤显珍贵。鲁迅的散文、杂文与各种“小品”就是一例，散文中的叙述者是作者自己。插图不仅不加重抽象意识，相反，画面像闪电一般将鲁迅深刻的思想内涵揭示在我们眼前，一旦从画面中领会了含义，鲁迅的世界便顿时一片亮堂，而我们则欣喜地发现鲁迅的世界原来也正是我们的世界。我喜欢“生命之路”，满地荆棘的田野里，一段刚开辟出来的小径，一个男人站立着的背影在晨曦中染上了一层紫铜色；他刚直起身来，想喘一口气，左手正擦着额头的汗水，或许正手搭凉棚，向远方眺望，谁知道呢？他的右手握着一个小三角形的黑锄头把。在他与我们之间是一块已经除去荆棘的土地，上面留着他的脚印，红色的，是太阳光的颜色还是他流的血？因为我们这些外国人，即使从感情以及理智上都是十足的鲁迅

《吃教》

派，我们观察世界往往运用不同的参照系，闪入我们眼帘的画面常令我们震惊，需要做不少努力才能接受。如果说理解某些超越中国传统的插图并不困难，例如这个画面：天地时空中龙飞凤舞，一个中国人脑袋朝下，从天上直落而下，地面上燃烧着熊熊烈火。还有那幅画，把长城描绘成一座关押着一代又一代屈死的奴隶的监狱。那么，借用西方文化的象征而作的画就不太容易理解了，比如这幅让人心灵为之震颤的画面：刀叉已准备齐全，等着客人入席用餐，而盘子里盛着的却是耶稣和他的十字架。然而，我们还是理解了。这回依然需要我们跨越国界，去捕获真谛，不过假使我们读过鲁迅的文章，理解就不成任何问题了。鲁迅在一篇文章中说道，老百姓称那些在中国以布道为职业的外国传教士为“吃教”的，他认为人们也完全可以在中国找到“吃政治饭的，甚至吃革命饭的人……”盘子里的耶稣揭露的是鲁迅的同胞。但是我们为什么不能借这幅画去做这样的理解呢：在我们的国家，这个“我们”所居住的国度，也不乏“吃教的”，“吃政治饭的”，甚至“吃革命饭的”。这个例子告诉我们，一幅画可以具有惊人的力量，可以引导人们去发现未曾看到的真理。条件是它必须像《鲁迅之世界》中的作品一样，盖着鲁迅思想的印章——鲁迅——真理的传播者，我们需要您，比任何时候都更加需要您。

破砂锅居里的砚田牛

刘祖禹

（一）

一个盛夏日的上午，借着雨后的凉意，我造访了著名画家裘沙、王伟君的家。早就听说裘沙住的还是30年前分给他们的老房子，房间里的摆设布置很赶不上时代的潮流，这一回眼见是实。裘沙管自己的居家叫破砂锅居，两间不大的房子，稍大的一间沿着墙排列着一溜旧书架、书橱，一直爬到墙顶，上面摆满了书和画稿；刚刚从《鲁迅之世界》新作展撤下来的展品斜靠在屋子的另一面墙旁。更小的另一间是他们的卧室，墙旁、各个角落都摆满了书，有的书、资料和画稿是放在纸盒子里的，也高高地摞了起来。卧室里那张床是一张单人床加一块狭木条拼成的，怎么看都不能把它说成是双人床。卧室外的过道，沿墙根也排着书架。一个书架上面用帘子拉着，稍稍掀开一看，挂着几件衣服，衣服后面和下面还是摆着书和各种资料。这是这两位画家的衣橱。小小的厨房被一只只小木箱子、纸盒子以及用砖垒成的架子占据着，里面盛放着炊具。王伟君说，这还是当年下“五七干校”时学到的一种厨房布置。当时在“黄湖五七干校”不就是这样将就吗?

那间大一些的房子是裘沙两口子的客厅兼工作室。靠窗的是他的画案，也是施展不开手脚的一张普通书桌子。25年了，两口子加起来就是50年，他们的近千幅画鲁迅的画作都是怎样一幅幅画出来的呢？这张又老又旧的桌子怕是最忠实、最不会掺假的见证了。沿房间的墙边横着一个长沙发，如果这还可以称作沙发的话。沙发座凹凸不平，我正要坐下去，裘沙忙说：“不，不，你坐那张”。他指着挨着这张长沙发的另一张破旧程度差不多的单人沙发。我心里想：那我今天倒偏要坐坐这张长沙发。我弯腰坐下去，怎么也坐不稳，呵，可着着实实领略了这张长沙发给人的颜色了。后来，裘沙苦笑着告诉我：“有时楼外人家扔掉的沙发，兴许比我这个破沙发还好些，可是我哪好意思去捡！”就这些破沙发，裘沙接待过多少慕名而来的外国客人：丹麦大使，美国的汉学家、法国使馆官员、日本画家……

在这两间小屋里，满架满橱的书和画是这对夫妇的宠物。除此之外，这里确实可以称得上别无长物了。一对饮誉海内外的老画家就生活在这么两间寒酸得让人吃惊的，真正称得上是破砂锅居的房子里！裘沙在自己的画上盖的画印刻着三个字：砚田牛。他比喻着自己数十年来凭借着小小一方砚田在不断地像牛一样耕耘着……

（二）

今年是鲁迅先生诞辰115周年，逝世60周年，裘沙、王伟君《鲁迅之世界》新作展就是为此而举办的。这是他们举办的第15次画展了，老两口十分看重这次画展，他们把它看做是平生以来最重要的一次画展。我没有赶上开幕那天去参观。我是第二天，7月6日才赶到王府井大街北京国际艺苑美术馆去看的。倒好，第一天参观的人多，好多熟人同裘沙说不上几句话；第二天人少，裘沙夫妇陪着我们，还坐下来说了好一阵子话。画展共展出44幅画。我细细地看了两遍。有些画过去见过，有不少是新作。那幅在入口处挂着的鲁迅头像是裘沙自己很得意的一幅作品，这是一幅旧作，也就是作家萧军曾经动情地赞美过的，认为“是他所看到过的鲁迅画像在精神和特征上最精湛的一幅”。这幅画画着这位中国空前的伟大文豪的头部的右侧面：鲁迅的头颅微微扬起着，眼睛微闭着，鼻子底下那一抹黑胡须鼓起着……这是一幅极富伟人个性和特征的画。它久久吸引着我，难以挪动脚步。

《惟有明白旧的，了解过去，推断将来》

这个画展占有两间展厅，水磨石地面一尘不染，一排排顶灯把一幅幅画作照得十分光亮。我沿着右边的画室看下去。几乎每幅画的构思都采自鲁迅的原作。画面上配着鲁迅的原话，仔细地品味着，确实使人感到有一种画面和文字的不可分割性。有的画直白，有的画含蓄。几乎每幅画都经过裘沙夫妇苦苦的思索。有一幅画画着一头猛兽，身上中了几根暗箭，但仍然没有倒下，仍然昂首挺立着……这是引自《两地书》中的一句话："中国多暗箭，挺身而出的勇士容易丧命"。另一幅画画着一张龙床，床前两只坚强的胳膊举起了锤子和镰刀，这是引自《二心集》的一句话："唯有明白旧的，看到新的，了解过去，推断将来，我们的发展才有希望"。鲁迅的这句话配上这个画面，给人的印象是十分强烈、深刻的。再一幅画的是一个巨大的车轮辗过了野蓟，但一朵粉红的小花，连着被压在车轮下的花枝，仍然高傲地竖挺着，盛开着。这是引自《呐喊》的一句话："野蓟经了几乎致命的摧折，还要开一朵小花。"注视着这个画面，谁会不被这种不畏强暴，仍然具有如此顽强的生命力，仍然强烈地实现着自己的价值的小花而不感动呢？画展中还有裘沙为鲁迅的一些诗词名句，诸如："横眉冷对千夫指，俯首甘为孺子牛"，"度尽劫波兄弟在，相逢一笑泯恩仇"作的画，给人以强烈的富有现实色彩的印象。

（三）

国内鲁迅研究界和美术界一些学博资深的专家对裘沙、王伟君的画品和人品推崇是很高的。不少人认为，国内名家，但对鲁迅精神把握之深、之准确，当推他们两位。裘、王两位作画的最大特点是把对鲁迅的研究和绘画艺术的创造熔于一炉。他们的画作是鲁迅研究领域中不可缺少的一个组成部分，而且对整个鲁迅研究作出了许多宝贵的贡献。裘沙说："鲁迅的学问博大精深，经史子集以至佛学、道学等等几乎无所不涉。我要画鲁迅，就要跟上他每一个脚印。他涉猎什么，研究什么我都要紧紧跟上，把他研究过的书买来，我强迫自己钻进去。喏，这就是我的屋子里装了那么多书的缘故。"那天在裘沙家里，裘沙环绕书架，就是这样对我说的。

裘沙的"陋室"起名为破砂锅的意思：打破砂锅问到底。我觉得这正好如实反映了裘沙治学、求艺的严谨态度和一丝不苟精神。数十年来，裘沙、王伟君两位精读鲁迅的作品，研究这些作品的思想、精神。尤其是着力研究鲁迅的思想体系和他的思想核心。经历了多少寒暑，经历了多少白天黑夜，但收获也是喜人的。那天，裘沙欣喜地告诉我，他最近有一个重要收获，他觉得他悟到了鲁迅的“立人之道”是鲁迅思想的核心。研究鲁迅的专家大有人在。学术问题可以探讨、索微，但是裘沙领悟到的，毕竟是他苦苦求索的一个成果。裘沙的绘画功力也是很扎实的，他的素描在美术界是早已驰名的。他还师承德国著名画家珂勒惠支的绘画技巧。珂勒惠支粗犷的线条和一颗深沉而爱抚的心，深刻影响了裘沙的画风。有一位专家在评论裘沙的画作时，概括了三句话：既是鲁迅的，又是民族的，也是现代的。裘沙在艺术生涯中不断地得到前辈、同行的厚爱和教导。1981 年，裘沙与著名美学家王朝闻有一次笔谈，我有幸读到了，印象至深。裘沙在给王朝闻的信中，讲到了他在把握鲁迅思想方面作出的努力，包括他花了很长时间去研究鲁迅先生的作品，一有机会就去绍兴“体验生活、揣摩人物”。由于裘沙从小就生活在阿 Q 的故乡，他见过阿 Q 式的人物，见过他们怎样舂米，怎样割麦，怎样在小酒店内调笑，怎样在戏台下拧妇女的大腿，等等。总之，他熟悉这个人物的形象，他的生活环境，他的内心世界。他坚持自己在艺术实践中一方面对原作要理解正确，同时要有自己的创见。信中还反映了裘沙“对自己在创作的准备工作做得还很不够方面”的不满。他说他常常“自己深感不足的仍然是生活积累的匮乏”。王朝闻十分赞赏裘沙的见解。认为，一个艺术家敢于独立思考而不盲从，“不与人苟同的判断”是可贵的努力和好的作风。王朝闻在信里说：“为了用绘图解释鲁迅的小说，首先要了解小说的思想内容。就以怎样画好阿 Q 临刑前怎样画圆圈这一情节而论，究竟在视觉形象方面，怎样把小说描写的阿 Q 那种抱怨自己连画圆圈也画不圆的心情，画得既可笑又可怜，而不是使读者只觉得滑稽，这很不容易……这就必须尽可能深入体验作家鲁迅对于愚昧而又值得同情的阿 Q 的态度。”后来，他经过许多时日画得的《阿 Q 正传二百图》在日本正式出版。作家楼适夷曾经写过这样一段话：“《阿 Q 正传二百图》叫我入迷了……从 30 年代至今，我看了画图和舞台中所表现的阿 Q，总觉得不像阿 Q。从你（指裘沙）的画图中，我见到了心目中的阿 Q，这不仅仅在形象上，尤其是在精神上……你的画塑出了令人悲悯，令人怆痛，令人认识历史民族和命运，哀其不幸，怒其不争，发人深思，令人奋起的形象。”这是一个作家对画家思想、艺术成就的很高评价。

优秀的艺术是没有国界的。裘沙经常得到来自海外的有识之士、同行的鼓励和评论。1986 年，当裘沙、王伟君夫妇的画在日本展出时，日本著名和平战士野间宏始终陪伴着裘沙夫妇。野间宏也是一位德高望重的作家。他十分崇敬鲁迅，视鲁迅是“使我铭心刻骨，而且包裹着我的整个灵魂”的人。他说，出类拔萃的伟大鲁迅永远活在日本人民心中，永远活在中国人民心中。他也赞扬了裘、王两位博采中外各派绘画艺术之长，画作焕发出艺术的光芒。他知道裘沙身体很弱（裘沙当时正是重病甫愈去东瀛办画展的），满怀深情地对裘沙说：“好好保重身体。把这件事（指画鲁迅），这件对世界和平有利的事做成！其他什么事也不要操心了”。裘沙夫妇曾为长期从事鲁迅研究的法国著名作家鲁阿夫人著述的《告别先辈》画了封面和大量插图。这是一本以鲁迅青少年时代生活为内容的青少年读物，是1991年法国读书节上最受人瞩目的图书之一。裘沙夫妇和鲁阿夫人同时获得了当年读书节八角形橡树奖。前不久，鲁阿夫人热情洋溢地为裘沙、王伟君即将出版的新作《鲁迅之世界》（三卷本）撰写了一篇长文。文章中充满了对鲁迅的尊敬，也洋溢着对裘沙、王伟君画作炽热的感情，并给予了高度的评价。她认为，这三卷本奉献给人们的是一份取之不尽、永远具有生命力的艺术财富。她说，画集“是对鲁迅真实的内心‘世界’忠实而感人的再现”，“两位画家的艺术创造之所以具有神奇的艺术魅力，关键在于准确”。

裘沙在美国也有知音。著名汉学家葛浩文博士特地光临破砂锅居，拜访了裘沙、王伟君这两位“当代中国的穷画家”。他认为裘沙的画，以《祥林嫂》为例，把祥林嫂的去世，看成是追求一种解脱，是追求全家在冥冥世界中得到欢聚的欢乐，是对鲁迅研究的重要突破。他高度赞扬裘沙夫妇解释和表现鲁迅作品的成功，并把它看成是同19世纪著名英国画家H. 布朗对英国大作家狄更斯作品的插图一样。

（四）

裘沙是用倾注一切的精神去作画的。去年，他和王伟君两人编辑《鲁迅之世界》（三卷本），千余幅画，十几万的文字，无论联系英译文，还是编辑、校对、画版式、跑印刷厂，都是自己干。他骑着辆旧自行车，在北京的大街、胡同里来回地蹬着。有一个朋友说，每每看到他的那副模样，就不禁使人想起“堂吉诃德”。这句话不含揶揄，恰恰是朋友们对裘沙这种献身精神的由衷钦佩。裘沙对我说：“那一阵，每天我们都是黎明前三点钟起床，晚上睡一段，中午再睡一段，除去工作，其他什么事都压榨得干干净净了。等到最后一批校过的文稿送去工厂，回到家里，一头倒下，直觉得什么也不会动了，浑身上下一点力气也没有了，好像连动弹一下手指头的力气也没有了。”他说话的时候我看着他精瘦的身材和瘦削的脸庞，虽然据他自己所说的最累的时候已经过去，但是裘沙的眼睛里还流露出疲惫劳顿的神色。他的确是够辛苦的了。著名画家古元好些年前在一次座谈会上就曾经说过：裘沙“从来是认准正确方向，抓住大的目标，就专攻，就全力以赴之，风格如其人，他的画风出于他的人品”。

对事业的执着追求，这是一种高尚的人品。裘沙这方面的人品在美术界和鲁迅研究界是早有口碑的。不仅在他的绘画生涯中如此，前些年在中央工艺美术学院任教时也是如此。他开课讲素描，他的讲课提纲准备得十分认真，不只是讲一般的美术理论，而且把他在报社当美术编辑、下乡采风等丰富的艺术实践中的所得同理论紧紧结合起来。尽管裘沙并不十分长于辞令，他的讲课却像磁铁般吸引了工艺美院的学生们。不只是本系本年级，外系外年级，甚至外院校的，也都蜂拥而来，真可谓听课者如潮。

裘沙就是这么个人，干什么事都那么认真，非得打破砂锅问到底。他打破了一口口砂锅，简直把命都豁上了。裘沙夫妇一天 24 小时，除去睡觉、必要的生活和休息以外，似乎是什么别的业余兴趣和爱好也没有了。一个朋友告诉我们一个真实的笑话。一次，裘沙去参加一个有许多文化界名流参加的研讨会，著名的相声演员姜昆也到会。但是裘沙居然不知姜昆是何许人。姜昆为裘沙“执著丹青，不问外事”的精神所感动，一个晚上，他特意来到裘沙下榻的房间里，一口气为裘沙说了六段相声，让裘沙听够了“瘾”，把裘沙感动得什么似的，现在，破砂锅居里有了一台电视机，那是前不久才新添置的。但是，破砂锅居里的主人们闲着看电视打发光阴的机会仍然没有。

（五）

鲁迅的精神孕育着一代青年，也孕育着裘沙。

裘沙从鲁迅的思想宝库里得到了新的领悟，又用自己新的发展和创造，不断丰富着鲁迅研究学的宝库。这是对我们当代和后代功不可没的劳作。不管有什么人怎样歪曲、诽谤鲁迅，往鲁迅身上泼污水，说什么鲁迅的精神过时了，或者把

《人国既建，乃始雄励无前，屹然独见于天下》

鲁迅的作品中的人物广告化了，任意贴上商业化的标签，这一切都无损于鲁迅的光辉，也无影响于裘沙的追求和劳作。

齐白石大师曾经说过：“艺术是寂寞之道。”裘沙甘心“寂寞之道”，一股劲地如痴入迷地画着，画着……但是人们也越来越多地了解到裘沙的生活和工作确实还有很多艰难之处。两老收入不丰。外出采风、搜集材料，路费及一切开销都得自己掏。朋友们劝他不妨卖掉一部分画作，以补事业之歉。也真是有一些社会人士，包括外国人士找上门来索购他的画作，并许以重金。裘沙硬是咬住牙，不卖。朋友们劝他劝得多了，甚至引出鲁迅的话：一要生存，二要温饱，三要发展，裘沙的心眼似乎也活动起来……但是裘沙对生活水平并没有更多的追求，最使他梦牵魂回的始终是他的事业。有一次，裘沙告诉我，如果获得一些必要的工作条件，他还可以再画十年。画完了《鲁迅之世界》，他还要接着画鲁迅画传，还有许多许多工作要做。这时，我想起了诗人艾青当年曾经用极为热烈的言辞向裘沙欢呼过：“裘沙的可贵处在于坚持为现实服务，而且有很多创新。走这条顽强者的道路，好呵！”

是的，画鲁迅是画家的生命，是他一生的精魂所系，一息尚存，他是一定要沿着“这条顽强者的道路”走下去的，他是绝不会封笔的。

（原载《文汇报》1996年8月21日第12版独家采访）

鲁迅的、民族的、现代的

——裘沙、王伟君画展观后

李允经

在鲁迅先生逝世60周年来临之际，裘沙、王伟君题为《鲁迅之世界》的绘画展览和学术研讨于7月上旬在国际艺苑举行。展览会观者络绎，研讨会气氛热烈。大家盛赞两位画家是以鲁迅精神作画，并已成就斐然。

间或为鲁迅造像、为鲁迅个别作品绘制插图的艺术家，可谓成百上千。但是，立志把自己的毕生精力和全部艺术，都献给鲁迅、献给鲁迅的事业，并为鲁迅的生平和论著精心创作了大量美术作品的，却只有裘沙和王伟君。这种情形虽不敢说是绝后，但却是空前的。两位画家已为自己选定的事业整整奋斗了25个春秋，并且还将继续奋斗下去；已经创作了上千幅作品，而且还将推出更新、更美的力作。此前，他们以鲁迅为专题的画展，曾先后在北京、上海、杭州、绍兴、西安、乌鲁木齐以及日本的东京、仙台等地举办。作品陆续为国内外各种报刊登载者，为数亦颇为可观；而由日本精印出版的《裘沙画集·鲁迅之世界》，更堪称硕果。此外，在法国、意大利、美国以及我国的港台地区，他们的画作都赢得了学界的青睐，日益引起热烈的反响。

要表现"鲁迅之世界"，必先走进鲁迅的世界。25年来，他俩也正是在走进鲁迅世界的同时来完成"鲁迅之世界"的再创造的。他们通读《鲁迅全集》，对于重点篇章，更反复诵读，领会推敲。尔后，或四出奔走，搜集画材，其劳碌之状，宛如两只辛勤的蜜蜂，或神思独运，伏案试作，少则三易其稿，多则一成九弃。在创作生涯中，他们每天寝不安席，食不甘味。此中苦乐，真是如鱼得水，冷暖自知。面对商海大潮的奔涌，他们毫不动心，却以鲁迅所倡导的傻子精神和韧战精神，追求着自己画作的学术品位和艺术价值。他们这种君子固穷，只讲奉献的高尚品德，已是有口皆碑，令人崇敬。

他们这次展出的作品约为40余幅。数量尽管不大，但却大都是以鲁迅作品为依据而创作的，显示鲁迅精神之不朽和思想之深邃的力作。有关小说的作品，有《一件小事》和《长明灯》；以杂文为依托创作而成的，有《习惯与改革》、《论雷峰塔之倒掉》和《二重思想》等；以散文为蓝本而造型的，有《范爱农》和《藤野先生》等；以散文诗为依据而塑造的，有《这样的战士》和《墓碣文》等。鲁迅的《一件小事》，曾经入选中学语文教材，可谓尽人皆知，家喻户晓。可是，有关这篇作品的总体把握，也还是见仁见智，并不一致的。大体说来，是当政治形势严峻、调门唱得高昂之时，多强调作品歌颂工人阶级（人力车夫）高尚品质的一面；在政治气氛宽松、人们心态平和之时，则认为作品是在描写一位小资产阶级知识分子，严于解剖自己并不断前进的故事。但是，裘沙、王伟君则认为：作品的主旨是以这“一件小事”来否定北洋军阀统治时期之所谓“国家大事”的（主要是指袁世凯称帝和张勋复辟）。我认为，两位画家的这一看法，不仅是新颖、独特的，而且也是符合鲁迅原著的精神的。基于这一整体性的把握，他们在为《一件小事》作画时，为了使“小事”和“大事”形成强烈对比，并以“小事”来否定“大事”，便特意分作两幅来画。在“小事”一图中，用了明朗的色彩，描绘了车夫搀扶着老女人向前走去的情景，背景是朝阳的光环，示人以光明和希望。而在“大事”一图中，却以灰暗的色调在人力车后倒画了袁世凯复辟帝制的图景，构成了对当局之所谓“文治武功”的彻底否定。这种对于原著主题的独创性的把握，不仅显示了两位作者已经真正地走进了鲁迅的精神世界，而且也使他们的画作与此前所有为《一件小事》而绘制的插图面目不同。

被誉为“匕首和投枪”的杂文，是鲁迅用以抨击时弊和切除社会痈疽的锐利武器。鲁迅曾说：“我以为凡对于时弊的攻击，文字须与时弊同时灭亡，因为这正如白血轮之酿成疮疖一般，倘非自身也被排除，则当它的生命的存留中，也即证明着病菌尚在。”（《热风·题记》）然而，值得关注的是，鲁迅所攻击的时弊，有些至今也并未灭亡。倘若鲁迅地下有知，他一定会为此而深感悲哀，但另一方面，则又表明他的许多杂文，至今仍有着强烈的现实针对性。倘为鲁迅杂文作画，不消说，是应当开掘其现实意义，为社会主义精神文明的建设服务的吧！

在这方面，两位画家所作之《习惯与改革》是颇堪寻味的。

鲁迅在同名杂文《习惯与改革》中指出：“真实的革命者，自有独到的见解，例如乌略诺夫（即列宁）先生，他是将‘风俗’和‘习惯’都包括在‘文化’之内的，并且以为改革这些，很是困难。我想，倘不将这些改革，则这革命即等于

《习惯与改革》

无成，如沙上建塔，顷刻倒坏。”显然，列宁的见解，表明了他作为革命家的远见卓识，所以两位画家特意在画面中，描绘了富有远见的列宁的形象；鲁迅的预测，也显示了他作为一位思想家的料事如神，为此，作者特地选取了一个杂耍的场面作为画面的背景。于是，在这场闹剧中，象征着“革命”的红旗倒了下去，而作为取代物的三色旗帜倒升了起来；虽然它到底能飘扬几时，也还是个疑问。现在，红旗落地已不再是伟人和先哲的预言，尽管我们不会干涉别国的选择，但这历史的教训却不能不引以为鉴。

按照马克思、恩格斯《共产党宣言》的指示：共产主义革命不但要“同传统的所有制关系实行最彻底的决裂”，而且要在它“自己的发展进程中”，“同传统的观念实行最彻底的决裂”。毫无疑问，这种“决裂”决不可能在一朝一夕间完成，它必然要经历一个除旧布新的过程。在这个过程中，植根与旧传统、旧文化的各种腐败现象（如贪污盗窃、行贿受贿、卖淫嫖娼、贩毒吸毒、拐卖人口以及权钱交易、以权谋私等等），都会和潮水涌来一般，侵蚀着社会主义大厦的根基。恰如鲁迅所说：“旧社会还有它使新势力妥协的好办法，但它自己是决不妥协的。”“旧社会的根柢是非常坚固的，新运动非有更大的力不能动摇它什么。”（《二心集·对于左翼作家联盟的意见》）因此，严明法纪并不断地加强社会主义精神文明的建设，在改革开放的今天，就具有特别重要的意义。而一切“真实的革命者”，都应当像鲁迅笔下的“这样的战士”那样，大踏步地走进无物之阵去，向着各色花样、各类旗号、各种外套、各式点心的腐败和邪恶，脱手掷出自己的投枪。

在艺术表现方面，裘沙、王伟君十分重视作品内容。这分明与他们所选择的绘画题材紧密相关，如果连鲁迅作品的内容和意义都没有明确的把握，画作将取何种形式，实在就无从谈起。当然，随着内容的明确，形式的探求也就开始了。频频外出，查阅各种相关的资料；置身居室，反复试作草图画稿，都是为了寻求与内容适切的艺术表现形式，追求着内容和形式的完美统一。这种谋篇构思的方法，在当今画坛唯美、抽象、变形、追新的风气之下，显然不算时髦，甚或被讥为“陈旧”，但它却相当符合鲁迅的美学思想。因为鲁迅就说过：“工人农民看画是要问意义的”，“‘意义’在现代绘画上是一件很重要的事”，“绘画成了画家的专利品、和大众绝缘，这是艺术的不幸”（《鲁迅论美术》第 202 至 204 页）。

为了寻求贴切的表现形式，两位画家的作品也就突破了某一画种的局限，呈现出丰富多彩的格局。有的用水彩水粉，有的是油画小品，有的用水墨，有的是素描。也因为追求最佳的艺术表现效果，他们将艺术视野扩展至古今中外，贪婪地向一切艺术遗产和民间艺术学习。这样，在他们的作品中，我们能看到对于蒙克、珂勒惠支、杜米埃等西方艺术大师技法的吸收；同时，也能看到对于陈洪绶、陶元庆以及我国民间美术的借鉴。

总之，裘沙、王伟君是集学者与画家于一身的作者，其画作则是熔研究与表现为一炉的佳品。他们的艺术，既是属于鲁迅的，也是属于民族的、属于现代的。

（原载《美术》1996 年第 9 期）

深入鲁迅之世界

——谈裘沙、王伟君的鲁迅题材作品

李 松

表现鲁迅，为鲁迅作品创作插图、连环画、独幅画，是当代美术创作的一个大题目。从 20 年代以来，很多画家，包括徐悲鸿、丰子恺、司徒乔、蒋兆和、古元、彦涵、李可染、贺友直、张怀江……都创作过有关的作品，广泛涉及各画种。而创作持续时间最久、数量最多，画得特别深入的是裘沙、王伟君夫妇。他们以 25 年岁月，锲而不舍，心无旁骛地从事于这一题材领域的创作，是专画鲁迅题材的大画家，是弘扬鲁迅精神的仁人志士。

裘沙现在是中央工艺美术学院的教授，"文革"期间，由于曾和黄胄、邓拓等人的交往而受到冲击。他回忆说：那时候太苦闷了，对中国未来的希望在哪里感到茫然，好多问题找不到答案，后来找来《鲁迅全集》，一边读一边流眼泪。1973 年，他开始为鲁迅著作画插图，是画给自己看的，因为当时没有地方可以发表。慢慢地画多了，就拿给朋友们看，而这些画在当时成为大家唯一的却又是共同的精神慰藉。到 1981 年，不知不觉已积累到 300 多幅。在前美协主席江丰提议下，于纪念鲁迅诞辰 100 周年活动中，在中央美术学院的展览馆为他举办了"鲁迅文学作品插图展"。华君武看了以后说，应当在全国举行巡回展。画展先后在福州、杭州、绍兴、乌鲁木齐、西安展出。

王伟君早年参军，参加过抗美援朝，在部队搞画报。1953 年复员上大学。她初从倪贻德学画，后入东北鲁迅艺术学院，毕业后分配在少儿出版社工作。她和裘沙志同道合，都是自幼喜欢鲁迅著作，喜欢珂勒惠支的艺术，在 70 年代末，创作鲁迅《祝福》插图时，王伟君也参加了，但开始时总也不肯署名。萧军见他们夫妻观点如此默契，画的也是我中有你，你中有我，早就建议他两人合作。到裘沙大病之时，不能动笔了，每每由裘沙口述读鲁迅著作的体会和自己的构想，由王伟君执笔。从创作《阿 Q 正传二百图》时起，两人共同署名，一直合作到今天。

今年7月，纪念鲁迅逝世60周年，在北京国际艺苑举办裘沙、王伟君“鲁迅之世界”画展（10年之前，他们曾在日本举办过纪念鲁迅逝世50周年“鲁迅之世界”画展）之时，他们已创作有关鲁迅作品的绘画1000多幅，除了鲁迅日记之外的16卷《鲁迅全集》，每篇小说都配了画，杂文、书信等则选其主要观点配图。这一壮举感动了很多中外研究鲁迅的专家学者，也感动了出版家。先后有7家出版社打算为他们出版画集，但多因经费有难处未能实现。最后由河北、广东两家教育出版社决定联合为他们出版三卷本的《鲁迅之世界》全集，共收作品850幅，中英文对照，翻译界的权威杨宪益为之担任英文翻译。序言则是由法国的鲁迅研究学者鲁阿撰写。

美术创作题材的选择，往往推动了作品内容的深化。鲁迅作品的深刻性，对时代、对社会理解，触动的深度，为绘画创作的深刻化奠立了基础，甚至使一些画种出现突破性的发展。

在完成《鲁迅之世界》以后，裘沙、王伟君又已着手一项新的创作——《鲁迅画传》。

为鲁迅作品作插图是很艰难的事情，一是很难达到鲁迅思想的高度，二是有些认识到了也很难画得出。裘沙、王伟君在创作中有时只能是“不择手段”，为了表达自己的认识，往往要突破绘画的固定观念和手段，却由此而使自己的创作发展为鲜明的现代性、表现性，或者说也就是裘沙、王伟君的艺术个性。那是在鲁迅精神直接影响下形成的，有韧性战斗精神，有强烈的使命感。尽管他们的作品有些还不能说是十分成熟和完善的，然而，他们毕竟已经深入到一个为同行们所未曾涉足过的广大的精神世界，并为此付出了全部的热情和最佳创作年华。他们也以此赢得了人们的敬重。

（原载《中国艺术报》1996年9月20日第3版）

裘沙和伟君的鲁迅世界

肖燕立

关于裘沙，今年写他的人渐少。然而正是这几年，裘沙和伟君的鲁迅研究更加深度，画作也愈渐精彩。

在北京三里屯一间简朴的单元房里，我见到裘沙和王伟君夫妇。裘沙很瘦，脸上有一种专注执着的神情；伟君则总是善良地微笑着。就像一对久违了的师长，他们没有一丁点“名人”的矜持与狂傲。房内有一张大大的写字台，有二面墙的大书架，墙上多是他们自己的字画。沙发与家具均很陈旧，找不到一件现代的时髦用品。他们管这里叫“破砂锅居”，意为“凡事要打破砂锅问到底”，这正是裘沙性格的写照。

裘沙向我叙述他和伟君研究和绘画鲁迅的始末，话语真诚而直率，一代知识分子向往真理，忧国忧民的潜质溢于言表，心灵毫无保留地敞开着，那是一片坦坦荡荡的光明世界。

走进鲁迅的世界

裘沙与鲁迅，似有一种天然的联系，同是出身于破落封建家庭，家乡只有一山之隔；都在文化教育战线上做过事，而后中止任职自由写作；同样“运交华盖”仍为中华民族的兴旺忧心如焚……

“文革”后期，裘沙身处逆境，深广的忧愤促使他和伟君重新读起了《鲁迅全集》。鲁迅是他们从少年时代就崇拜的大作家，这场史无前例的浩劫，才使他们真正看到了鲁迅思想的光辉，正像在黑暗中看到了光明。所有百思不得其解的问题都在鲁迅的作品中找到了答案。夫妇俩决心要用绘画把鲁迅震撼心灵的思想展示出来。在当时这是他们所能得到的唯一的一点慰藉。

裘沙四处寻求鲁迅生前好友和家属，以更深了解鲁迅的精神与思想。许多文化界的前辈被裘沙的执着感动了。冯雪峰同志曾拖着患癌病的身体挤公共汽车，爬上五楼亲自为他的画作提建议；老画家江丰、刘开渠、朱丹，文艺评论家王朝闻、钟惦棐，老作家茅盾、萧军，翻译家曹靖华、戈宝权，戏剧家马彦祥、唐弢等都给了他热情的帮助。鲁迅之子周海婴还向他提供了70多幅鲁迅珍贵的照片。鲁迅的三弟周建人先生，还特地为他详细讲述鲁迅的日常生活习惯。这些帮助使裘沙1976年就推出了第一个研究成果——由他收集、考证、编辑的《鲁迅》照片集，由文物出版社出版了。这部收集鲁迅照片最完备，为鲁迅研究界、文艺界提供了珍贵史料的专集的出版，又成了裘沙"不可容忍"的一条新"罪状"。如果不是打倒了"四人帮"，他因此蒙受的屈辱，将一辈子也无法洗清，他不再申辩，沉默着。裘沙和伟君更深刻更坚定地走进鲁迅的世界。

1981年，当全国人民隆重纪念鲁迅先生诞生100周年之际，裘沙和伟君的第一个画展《鲁迅文学作品插图展览》，由中国美术协会、中国鲁迅研究会、中央美术学院、中央工艺美术学院联合举办，在北京隆重开幕，展出有关鲁迅的作品300幅。一时好评如潮，反响强烈，全国美协决定在全国巡展。但是刚展览了6个省市裘沙就累垮了，他又开始了与命运的另一种抗争。当第7次画展在上海开幕的时候，裘沙已经病危正在医院抢救之中。但是，对生活的热爱，对真理的追求终于使他脱离险情，并且奇迹般地康复了。

从那时起至今，15个年头过去了，不管外界发生什么变化，不管美术界、文化界怎样被拜金主义所冲击，裘沙和伟君都甘守寂寞，全身心地沉醉于他们的鲁迅世界。画展在国内外举办了15次，次次都取得很大成功。在三里屯那间"破砂锅居"里，裘沙和伟君已经把自己的精神世界融入了鲁迅的世界。

为鲁迅精神光大而上下求索

用画家来命名裘沙，那是远远不够的。应该说他是一个思想者。对于鲁迅，他是先有透彻的研究，深刻的感悟，然后才付诸画笔。每一幅画，都是一段思想的阐述，是研究和理解的结果。所以了解裘沙的画作，应该首先了解他对鲁迅思想研究的贡献。

1977年，裘沙发表《略谈祥林嫂之死》，文章提出突破性观点——祥林嫂非冻饿而死而是自杀身亡。裘沙对鲁迅的《祝福》进行深入细致的分析之后，以确凿的证据指出：祥林嫂战胜了死后必入地狱的大恐怖，下定了去地狱的孽风毒焰中寻找亲人的大决心而自杀。这才符合祥林嫂“出格”的倔强性格和这个人物反对封建礼教的典型意义。

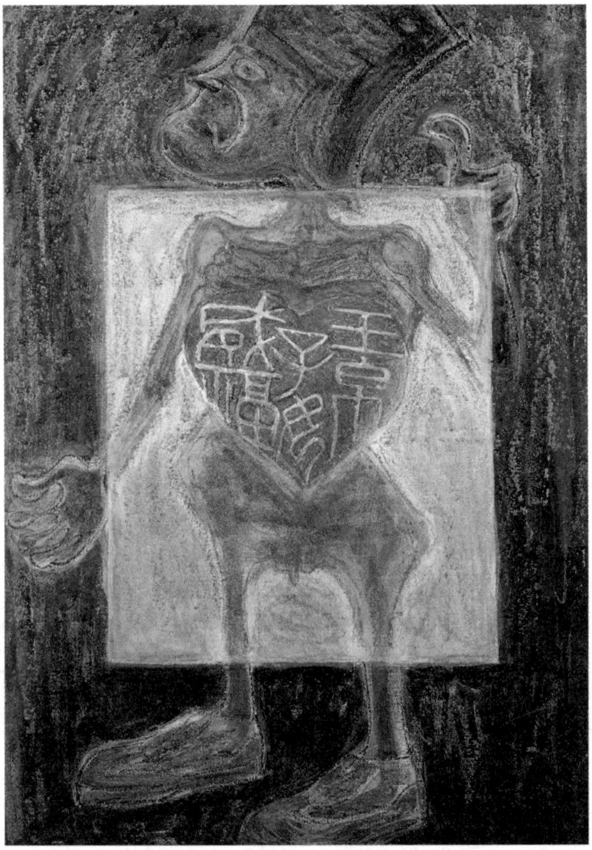
《大小“丈夫”的最高理想》

1986年，裘沙的《鲁迅之世界》应邀去日本展览，他在《写在阿Q正传200图在日本出版之际》一文中，阐述了对阿Q本质的崭新认识。他认为，阿Q绝不仅是一个普通农民的典型，而是国人魂灵的真实写照，而且这国人魂灵的核心也不单纯是一个“精神胜利法”，而是鲁迅在《随感录五十九·圣武》中所指出的：“简单地说，便只是纯粹兽性方面的欲望的满足——威福，子女，玉帛，——罢了”。这是国人的最高理想，作品中的知县大老爷、白举人、把总、赵太爷、秀才、假洋鬼子无一例外。在这种统治阶级思想的影响下，阿Q也有幻想，但他四处碰壁，只能借助精神胜利法来满足自己的欲望。这篇论文把对“阿Q”的研究，提高到一个崭新的层次。

1988年裘沙在一篇后来被题为《为鲁迅新宗奋力呐喊》的画展开幕辞中，提出了研究“鲁迅主义”，即研究鲁迅自己的思想体系的主张，他说：“鲁迅是太伟大了。他的甚至是20世纪初期的某些论断，直到80年代末期的今天才被人们所警觉。历史一再证明：对中国社会的剖析和论断，能经历时代风雨的洗礼而益见其光辉者，惟鲁迅一人而已。这一严峻事实促使我们得出这样的结论：研究‘鲁迅主义’。”今年为了阐述这鲁迅“新宗”，他一口气写出了《〈人之历史〉——鲁迅的方法论》、《〈文化偏至论〉——一篇纲领性的论文》、《何物“鲁迅新宗”》、《鲁迅立人思想的成因》、《立人与新兴的无产者》等5篇短论。他确信“这种独立的自我体系的鲁迅思想价值的研究，必将为中华民族带来强大的活力和无限生机，这是我们不惜以自己毕生精力从事《鲁迅之世界》创作的根本原因和巨大动力”。

了解了裘沙对鲁迅思想研究的深度，才有可能去欣赏和理解他和伟君的画作。

画出鲁迅思想之灵魂

鲁迅，一个高山仰止的名字，他的傲骨，他的深邃，他浩繁巨著中所包含的伟大思想，绝不是用简单语言可以概述的。用色彩和线条去表现出来就更加不易。所以裘沙和伟君的创作之路是一条前人没有走过的艰辛之路。

但同时，色彩和线条是没有国界的，他们描绘出来的意境、氛围和视觉形象将给观者留下宽广的想象余地，你尽可以调动自己的全部积累去理解鲁迅思想的伟大和画作者自己独特的理解和诠释。所以，裘沙和伟君的画不光是“看”，更需要“读”。它给予观众的不单是感观的享受，而更多的是思考的愉悦。

裘沙和伟君早期的作品，以表现鲁迅生平和小说为主。他们的第一幅作品于70年代初产生于“地下”，即7易其稿而完成的《又为斯民哭健儿》。接着又创作了《狂人日记》、《药》、《祝福》等组画。其中最为著名的是《阿Q正传二百图》。这是一套木炭素描组画。几乎是每一句话一幅图（其数量已超过果戈理的《死魂灵》插图一倍），把阿Q的性格和心理状态刻画得十分细腻。这个阿Q体现了作者对阿Q这个人物的整体认识，他绝非戏剧电影中那些小丑化和脸谱化的阿Q，而是一个具有独立个性的人物，甚至不乏正面色彩。显然这个人物融进了作者自己的喜怒哀乐。作品在绍兴展出时，老百姓奔走相告：“我们的阿Q回来了。”“我们戏可以不看电影可以不看，这个画展不可不看。这个阿Q他没有噱头，看了以后把我们的心都揪起来了。”

《鲁迅之世界》首展后艾青同志说：裘沙的画使我们“又看见中华民族的悲哀，这悲哀是那么持久……”《鲁迅之世界》在日本展出后著名日本作家井上靖说：“看了这些绘画，使我产生了一种重读鲁迅作品的冲动，甚至打破了我以往对鲁迅的观念，给我的印象是那么强烈！”

近几年，裘沙和伟君致力于鲁迅论文杂文之图的绘画创作，无论在思想上还是艺术上都进入了他们的巅峰。杂文没有情节，用绘画去表现纯粹的思想，这需要

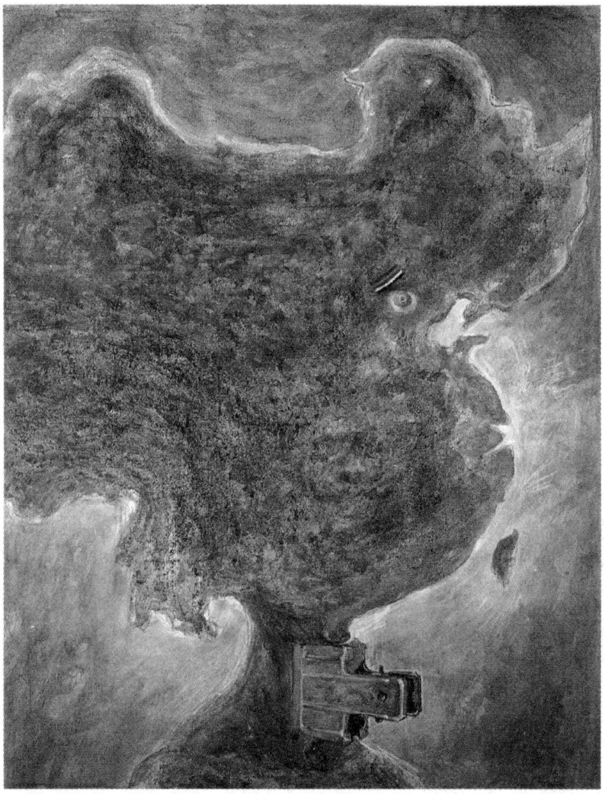

《无声的中国》

构思和技法的双重功力。这些作品大都由裘沙主要构思，伟君具体完成的。他们的合作已炉火纯青、水乳交融。而每一幅画都是思考的沉淀与心血的凝聚。如《无声的中国》，一幅20年代的中国地图成了一个侧面的人像，他的嗓子，被一个有金龙图形的夹子夹住，哑了；地图上的北平和一面北洋军阀时期的五色国旗正好组成了他瞪着的眉眼；扬子江和钱塘江口的夹角，又巧妙地组成了他张口结舌的口舌。这表现形式是作者苦苦思索了9年才忽然找到的。在这些作品面前，技法和派别的评论已显得苍白无力，为了表现思想，一切绘画手段，无论古今中外，都被充分调动起来了：水彩的、油画的、工笔的、写意的、传统的、现代的、抽象的、具象的，统统运用自如，融会贯通。当你凝视这些作品的时候，心灵被鲁迅的思想所震撼，往往忘却了形式。他们出色的艺术再现，用语言很难尽述，只能留待读者自己去品味和欣赏。

今年在鲁迅诞辰115周年之际（9月25日），裘沙、王伟君《鲁迅之世界全集》（1—3卷）即将由河北教育出版社和广东教育出版社联合出版，这对振兴中华和和平事业有着特殊的意义。因为鲁迅是中华民族的民族之魂，鲁迅思想闪烁着人类深刻智慧之光，让这光芒在中国和世界发扬光大，正是裘沙和伟君矢志研究鲁迅的本意。

（原载《生活时报》1996年9月13日第三版 副刊，《作家文摘》1996年11月1日第12版选刊）

走进鲁迅的世界

——“鲁迅与青年——裘沙、王伟君作品展”侧记

木 人

今年的10月19日是鲁迅先生逝世60周年。为了纪念这位近代中国思想界和文化界的先驱，10月18日至26日，新闻学院和校团委宣传部联合举办了“鲁迅与青年——裘沙、王伟君作品展”。之后，又相继举行了主题为“鲁迅与青年”的报告会和研讨会。

（一）

“鲁迅先生的思想真是太深刻了，我们的力量真是太渺小了。”

——摘自裘沙、王伟君的画展开幕致辞

在画展开幕仪式上，我们第一次见到了裘沙和王伟君，想不到这两位因以绘画展现了完整的《鲁迅的世界》而闻名的画家竟是如此纯朴。裘沙先生异常的消瘦，面庞上刻着深深的岁月留痕。他显然是个真挚易感的人，说到动情处，常常哽咽难言。相形之下，生活和事业上重要的支持者——夫人王伟君则显得沉静得多，总带着纯真的神情。

就是这一对夫妇，含辛茹苦24载进行鲁迅作品的插图创作，用充满深情的画笔，用艺术和思想的结晶，为我们展现出一个完整的鲁迅世界——《裘沙、王伟君——鲁迅之世界全集》。

就是这一对夫妇，他们的作品已在国内外展出15次，被日本文化界誉为“肩负着现代中国明暗两面的艺术家”。而法国人则评价他们的作品是“一种超越国界的语言……能达到我们所达不到的深度”。

也就是这一对夫妇，家中除了上千幅作品和汗牛充栋的书籍，清贫如洗，却

毅然拒绝了外国人高价购画的请求，表现出中国艺术家的风骨。

这就是裘沙、王伟君——平凡的中国人，不平凡的中国画家，立誓用画作来表现“真鲁迅”的“真裘沙”、“真伟君”。

在画展中，在报告会和研讨会上，裘沙夫妇都面临着许多人这样的疑问：“为什么你们要将毕生的精力投入到这项事业中去呢？”然而，当你看到他们谈到鲁迅时的虔诚与激动，当你看到他们那撼人心魄的作品，你定会感到鲁迅的思想、鲁迅的人格精神已渗入他们的灵魂深处。那，是一个一生都解不开的情结。

（二）

谨以此集，献给现代中国最伟大的思想家鲁迅先生；献给为中华民族的生存和发展而献身的，过去、现在和未来的先驱者、开拓者和奋斗者；献给为人类进步、友谊、和平而奋斗的，世界各国已知和未知的朋友们。

——摘自裘沙、王伟君画展前言

“鲁迅与青年——裘沙、王伟君作品展”是在学生活动中心进行的，展厅的布置由新闻系的学生承担。两个展厅内共展出了170余幅画稿，作品下有简单的鲁迅原话作为注解。比起裘沙夫妇以前的个人作品展，这次确实简陋了许多，但它却体现了90年代大学生所欣赏的风格：简洁而又朴实、平凡中不失庄重。

展出图片简单记述了先生的一生。那些年代久远的黑白相片，那清秀的手迹和朴素的作品封面，那书赠秋白的对联“人生得一知己足矣，斯世当以同怀视之”，都展示出先生平凡的历程和平凡的情感。然而先生又是当之罗曼·罗兰所赞誉的英雄：“我称之为英雄的，并非以思想或强力称雄的人，而只是靠心灵而伟大的人……主要是成为伟大，而不是显得伟大。”先生兼具深刻博大的思想与令人敬佩的人格，他是真正平凡的，而他的“成为伟大”恰是最真实的伟大。

鲁迅先生通过文学来表现思想、真理、挚情与心灵的伟大，杂文是他最富个性和战斗力的作品，此次展出的170多幅画稿都是以《二心集》、《且介亭杂文集》、《华盖集》等文集中的杂文为蓝本创作的。鲁迅的杂文，往往微言大义，或激昂尖锐，或幽默讽刺，通过一些社会现象、日常所见透视政治、社会、心理的内蕴与哲理。因此，只有在深刻地理解了鲁迅的时代、鲁迅的思想内涵，鲁迅的内心世界之后，才能将这些深刻的作品诉诸形象。这一幅幅画“使我们又看出了中华民族的悲哀，这悲哀是多么持久”（艾青语）。

10月18日下午举行的开幕典礼显得简单、隆重，吸引了相当多的来客，李文海校长来了，带来人民大学全体师生的支持与祝福。王富仁教授则激动地留下了“鲁迅是中华民族脊梁”的赞语。

萧军之子萧鸣来了。他久久地伫立在展台前，这一幅幅的画作是否使他忆起了父亲所描述之先生种种：他对萧军、萧红父亲般的关怀，在危难中的扶助，对其作品的支持……

《藤野先生》（小黑白画）

佐藤桂美枝小姐来了。这位物资学院的日本外教，自中学时第一次读到《藤野先生》起，就喜爱上了鲁迅的作品。她带来了满捧的鲜花，以表达对裘沙夫妇由衷的敬意。

凡此种种，都令裘沙、王伟君喜悦不已，而最令他们欣慰的是，终于将作品带至校园，带给了这些散发着青春活力的“黑发人”。

（三）

“只要能培一朵花，就不妨做会朽的腐草。”

——鲁迅

这次画展的创意产生于新闻系张征老师与裘沙、王伟君的一次会面。那是今年6月，裘沙夫妇在北京国际艺苑举办了个人新作展，张征老师参加了同期举行的研讨会。望着举座一位位白发学者，出于教师的敏感和责任心，她发出了“只有青年人——‘黑发人’参加到研究鲁迅、学习鲁迅的行列中来，青年才有希望，国家才有希望”的感慨，而这恰恰也是裘沙、王伟君的愿望。于是，就有了将画展带入高校的提议。于是，就有了这次画展的成功举行。

是的，鲁迅是最关心青年的，这种为培养鲜花而甘作腐草的精神整整贯穿了他的一生。他鼓励青年们充满自信，奋斗不息。一幅题为《健壮的新芽》的作品，就表现了这一点：一枝幼草在巨石的罅隙中顽强地生长着，自然的恶劣摧不垮它旺盛的生命力；“自然，这是很幼小的，但是，唯其幼小，所以希望正在这一面。”先生这样说道。

《破雪草的故事》（可恶的冬，虽然还以为自己是强有力的主子，但我们破雪草，已在唱他的葬式的歌。）（裘星宇作）

鲁迅还鼓励青年追求真理，为国家、民族谋求充满希望的将来。正如这幅《战取光明》的国画：许多重叠的人影正在追寻一轮辉煌的太阳，先生表述道：“人生现在实在苦痛，但我们总要战取光明。即使遇不到，也可以留给后来的……”

然而，90年代的青年会继承先生的遗志，追寻先生的足迹吗？答案是肯定的。正如外交学院的一位同学所说：“忘记了过去就意味着背叛！不能忘记的除了岁月中淋漓的鲜血、惨透的人生，更应有为民族、为中国奉献一生的人。”同时，我们还将继往开来，秉承先生的教诲，承担起民族振兴的重任。“现在，中国不乏鲁迅的精神，而缺鲁迅一样的人。我们欣赏的不仅仅是艺术，我们应该从画展中去发掘创造艺术——21世纪中国人的艺术。”劳人院94的一位同学这样谈到。

“用无我的爱，牺牲于后起新人”是鲁迅一生的信念。而我们呢？从画展中走出，又将从何处开始人生？

（原载《青年人大》1996年11月10日第6期第3版）

发扬鲁迅为代表的文化精神

钱理群
李 岷 向 晖 整理

10 月 25 日，“鲁迅精神与当代青年”座谈会在我校举行。本文是北大中文系教授钱理群老师在会上的讲话，我们特加以整理，以飨读者，相信对大家会有所启迪。

——编者

今天，我回到母校（钱理群系我校新闻系 56 级毕业生）参加这个会议，很大的目的是向裘先生和王先生表示我的敬意。我们今天是第一次见面，但他们的作品我一直非常爱读，而且有很多感触。

鲁迅和别的作家不一样，他的身上有一种特殊的魅力。你要冷静地读他，必然要把生命投入进去。裘先生、王先生的作品给我的最深的感触是在他们的作品中有强烈的鲁迅的生命，也有他们二位的生命。这是一种融合，是对鲁迅的真正了解。他们把全部的精力都投入到为鲁迅造像中是很有意义的。

我长期以来研究鲁迅，宣传鲁迅有两个基本信念：一个就是鲁迅本身的力量。单从这一点我就可以无私保卫鲁迅。只要认真读了他的作品的人就没有不被他吸引的。我想，在现代中国，任何一个考虑中国问题、考虑个人问题、考虑人类问题的思想者而且有一定文化程度的人都会接受这一点。另外一个信念就是要相信年轻人。鲁迅真正的知音应是当代青年。当然正如鲁迅所说，青年“有醒着的，有糊涂的，有睡觉的……”诸位就是醒着的青年，也许对鲁迅的书读得不多，但抓住了鲁迅的精神。比如对鲁迅的不满于现状。鲁迅说，“不满是前进的轮子”。同学们表现出对现状的不满就体现了这种精神。还有对真的东西的追求。我觉得这种精神还是能被当代青年所接受的。现在对青年的种种议论使青年有时觉得自己好像什么都不是。我觉得人应该有一种自信精神而不应该去找别人。鲁迅最反对找什么老师。他用了一句很粗的话："不要找什么'鸟导师'。"他的意思就是要青年自己走自己的路。

我这几年一直在思考一个问题，就是大家都在说要弘扬民族文化传统。"弘扬"这两个字我有所保留——我姑且先用这个词。那么我们要弘扬什么民族文化传统？民族传统到底是什么？什么属于民族文化传统？我觉得这在认识上是有分歧的。有些人一讲民族文化传统就讲儒家，其实民族文化传统是多元的。我觉得更重要的是新文化、现代民族文化，而现代民族文化无疑是以鲁迅为代表。我们要继承发扬民族传统，首先就要发扬以鲁迅为代表的新文化。现在有很多人谈到"引导青年"。我对"引导"这两字又有所保留。就算承认"引导"两字，那又拿什么去"引导"？又拿什么对青年进行道德教育？这是应该首先考虑的。北大去年搞了一个什么"修身养性月"，我一听就火冒三丈。这个时候来修身养性？北大？北大来搞"修身养性"？！北大是新文化的发源地，用儒家传统来修身，要把青年引导到什么地方去？我不否认儒家，但如果拿儒家那套去引导青年，我很担心。最近有个报社要我参与出版一套青年修养丛书，我断然拒绝了。我担心把青年搞得谨小慎微。我看过一本书的提要，讲得非常具体。其中有个小故事：大学生不是搞捐款吗？有个同学没捐款，他就很自责。我说捐不捐款是小事，何必为此弄得自己很痛苦，这叫什么修养？谨小慎微还不要紧，最可怕的是变成伪君子。当年鲁迅批判儒家有一点就是它培养伪君子。而现在我对青年最不满的就是伪君子越来越多。鲁迅早就指出，中国是一个文字的游戏国，是做戏的虚无党。而这种现象现在竟越来越严重！举个例子：开小组会时，所有人包括发言者本人都知道发言是假的，但他要说，大家要听，还要汇报，层层汇报，层层都知道是假的。这让我想起《皇帝的新装》。我们就像光着身子的皇帝，但就没有一个小孩说："这是假的！"安徒生让那小孩来喊"这是假的！"就是希望年轻人能说真话。而我却发现越来越多的学生在说假话！这不能全怪青年，种种环境逼迫他必须这样。但我的确非常忧虑：如果一个民族，尤其是年轻一代这样下去的话，这个民族是没有希望的。在这一点上我们必须继承鲁迅精神，就是说真话。鲁迅有句名言："敢说、敢笑、敢哭、敢骂、敢打。"我想再加一句，就是"真说、真笑、真哭、真骂、真打"！我觉得鲁迅最根本的精神就是真，要做真的人！当然"真的人"概念是很广泛的，但起码的一条就是不说假话。反过来说，完全不说假话也做不到。鲁迅就公开说"我要骗人"。我觉得敢于说真话的人了不起，敢于承认自己"我要骗人"

《真要活下去，就先该敢说、敢笑、敢哭》

的人更了不起。鲁迅真就真在这个地方，学习鲁迅最主要就是要学这个东西，做一个真的人！

因此，照我的观点，要引导青年，不论进行道德教育还是理想教育，鲁迅是更应该作为引导人的。我觉得他体现了一种现代中国文化精神。要发扬传统文化，首先就要发扬鲁迅为代表的现代民族文化。这是我最近一直在考虑的问题。

（原载《青年人大》1996 年 11 月 10 日第 6 期第 2 版）

奇人·奇画·奇书

王得后

奇人裘沙、王伟君，相貌平平，谈吐木讷，不善交际，内心却燃烧着奇异的生命之火。在经历“文革”浩劫而劫波未尽的年头，竟开始穷25年的精力，只画一个人，这就是鲁迅；只画一个世界，这就是鲁迅的世界。奇不奇？ 中国画界，专擅山水、花卉、翎毛、人物的大家多矣，然而只画一座名山、一条大河、一花一草、一鸟一兽、一个人物，而决不心无旁骛的，似乎没有。

画家先以线条，后增益色彩，用具象描绘大千世界。工笔毫发具现，惟妙惟肖无论，泼墨山水，依然为山为水，形神毕肖。现在裘沙、王伟君却异想天开，另辟蹊径，来画鲁迅人格、鲁迅精神、鲁迅思想。这世界，“于无声处听惊雷”，“大象无形”，难不难？奇不奇？

裘沙、王伟君这两位画家，各有自我，偏又能“二人同心”，通体合作。不错，他俩是夫妇。但不是什么“夫唱妇随”，不是什么“贤内助”，而是“相依为命，离则两伤”。爱情如此，婚姻如此，命运如此，事业也如此。两枝画笔，一个世界，奇也不奇?

这是真的，“数十年如一日”的话好说，“数十年如一日”专心致志于一件事，是非常难的。“十年寒窗苦”，“板凳甘坐十年冷”，也不过10年。他们二位却苦干了25年，合在一起就是半个世纪了。我敬佩这种奇苦的精神，目为奇人。

世有奇人必有奇事。没有奇事不成其为奇人。裘沙、王伟君是画家，因此而有奇画。

如果只画作品插图，如《〈死魂灵〉百图》，早有范例，不足为奇。如果只画依原作的连环画，我国曾有过黄金时代，佳品多多。虽画种不同，也不算稀奇。奇的是他俩画鲁迅精神，画鲁迅思想。

他俩把握着鲁迅思想，并把握着鲁迅表达思想的精辟炼句，还有意象，如《争存天下，首在立人》、《朦胧的发祥地》、《战取光明》，用耐人寻味的构图和对比强烈的色彩——加以艺术地表现。他俩把汉字融入画中，取今复古，打破古典和现代的鸿沟，呈现出异样的画风。又善用隐喻和比喻，画面中每一部件都是精心构思的。画与所引鲁迅原句相辅相成，相得益彰。真的，单是通过读画而读到他俩选录的鲁迅的一系列精警的炼句，就足以震撼人心。

这在鲁迅研究界是早有定评的。不但每次画展，鲁迅研究者奔走相告，以能欣赏原作为快慰。全国硕果仅有的唯一一家鲁迅研究学术刊物《鲁迅研究月刊》，从 1991 年开始，陆续选登他俩的创作。今年，我国第一位鲁迅研究博士王富仁教授，也在《方法》杂志主持《鲁迅图说》专栏，每月发表读解裘沙、王伟君创作及由读解引发的思想评论。第五期就《学界官魂》发表的《中国知识分子的历史使命》，题目就很迷人的。

敏感的日本学界、画界、出版界捷足先登，早在 1985 年就发现了这对奇人的奇画，立即邀请他俩于次年到日本东京展览他俩的创作，并由岩波书店出版《鲁迅的世界》。

鲁迅曾赞扬“不耻最后”。认为“多有‘不耻最后’的人的民族，无论什么事，怕总不会一下子就‘土崩瓦解’的。我每看运动会时，常常这样想：优胜者固然可敬，但那虽然落后而仍非跑至终点不止的竞技者，和见了这样竞技者而肃然不笑的看客，乃正是中国将来的脊梁”。现在好了，广东教育出版社和河北教育出版社联合出版裘沙、王伟君的《鲁迅之世界全集》，分杂文论文之图、小说散文之图、小说及其他之图三卷，收画 857 幅，787×1092 的大开本，印制精美，纸质优良，一部奇书于是出世了。

当年——1935 年，鲁迅自费选中国宣纸，用珂罗版印造《凯绥 · 珂勒惠支版画选集》时，在版权页上，印上“有人翻印，功德无量”八个大字。肯出巨资出版《鲁迅之世界全集》这样决不会畅销，却定然传世的精品图书的，不争论，我以为也是“功德无量”。

最近几年，好几家教育出版社扩展视野，为文化的长远建设计，出版了系列高品位图书。声名鹊起，令人感佩。或说：他们已腰缠万贯。盖“仓廪实而知礼节，衣食足而知荣辱”故。然而古人所说“饱暖生淫欲”不也是又一种现实么？我们的祖先对人生的洞察精到若此，而我们的文化建设依然是一大根本问题，这又是一个奇观吧？

（原载《中华读书报》1997 年 6 月 11 日第 3 版）

世纪之交的艺术巨作

——评裘沙、王伟君《鲁迅之世界全集》

钱理群

这部“志在揭示鲁迅思想体系”的艺术巨作，出现在、并且只能出现在这世纪之交的巨大的困惑与巨大的希望里。

这是对一个世纪的中国思想、文化的艺术总结。

这是这一个世纪不断失败，又不断奋起的中国土地上的儿女，通过自己的艺术家之手，传给后代子孙的一份精神遗产。

应该向为之耗尽心血的两位艺术家致敬，应该为中国的思想界、美术界，为中国的出版界祝贺：终于有了这样一部从内容到形式都堪称“精美”，并且具有震撼人的灵魂的力量的传世之作。

在一个世纪即将结束的时候，人们是要算“总账”的。而正如鲁迅所说，“历史结账，不能像数学一般精密，写下许多小数，却只能学粗人算账的四舍五入法门，记一笔整数”。这就是说，历史的筛选是无情的；我曾在一篇文章里这样说，“在20世纪大舞台的许多人物，连同他们的种种高论，大概都要在这历史的‘结账’里被忽略不计；但同时，也必定有一些人（及其思想）是要进入这历史的‘总数’里的，而其中的极少数人则会在这‘总数’里显现出特殊的光彩，从而在这世纪历史上，打上个人的印记”。

鲁迅即是这极少数人中的一个。

人们经常谈论“弘扬民族文化传统”，却往往把它局限为“古代文化传统”，而忽略（或不承认）一个基本的历史事实：经过无数志士仁人近百年的艰苦卓绝的努力，我们民族已经产生了自己的“现代思想文化”，并且形成了新的“传统”。鲁迅正是“现代民族文化传统”的最杰出的代表，或者说，鲁迅思想与著作里凝聚（集中）着“中国的现代思想（文化）”，作为现代中国“民族魂”，鲁迅深刻影响了中国几代知识分子，并进而影响了现代中国民族思想、性格与心理。而且鲁迅的影响是随着时代的发展日益深入的。处于世纪末的中国人、中国知识分子，特别是年轻一代，无论是在反思本世纪的历史经验，或面对现实的种种困境，讨论中国的“现代化”问题，还是展望21世纪中国的历史与精神走向，都会想到鲁迅，与他进行心灵的对话，从他那里吸取智慧与力量。甚至可以这样说，由于鲁迅思想的超前性，真正消化鲁迅这份“世纪遗产”，使之成为全民族的精神财富，将是世纪交接期（从世纪末至下世纪的相当一段时间）中国思想文化界最重要的任务之一。作为本世纪现代思想文化的“结晶”，鲁迅思想将融入新世纪的新思想之中，而永葆其青春。

令我们这些鲁迅研究者感到惊异与惭愧的是，裘沙与王伟君两位艺术家，比我们中很多人都要早，也更深刻地认识到了鲁迅的真正的价值。正是他们，根据鲁迅本人在本世纪初所提出的目标——“中国在今，必洞达世界之大势，权衡较量，外之既不后于世界之思潮，内之仍弗失固有之血脉，取今复古，别立新宗”，第一个明确地指出，一个世纪的创造、实践的结果，这终于诞生的“新宗”，正是那“包藏在《鲁迅全集》中的博大精深的鲁迅思想体系”；他们进而提出：“现在，真到了全面地、系统地研究鲁迅自身的思想体系的时候了。而这种独立的自成体系的鲁迅自身价值的研究，比其他的研究更为重要，它必将为中华民族争存世界，带来强大的活力与无限的生机”。他们如此郑重宣告：

“这就是我们……不惜以自己的毕生精力从事《鲁迅之世界》创作的根本原因和巨大动力。

“用图画来再现鲁迅先生震撼心灵的艺术世界。

“用画笔揭示鲁迅先生光照全球的思想内涵，——为鲁迅先生的新宗奋力呐喊，这是时代赋予我们的使命。”（《绍兴“鲁迅之世界新作展”开幕式答辞》）

他们站在世纪的高度，为自己选择了一个空前的思想的课题与艺术的课题。

这也是空前的难题：这首先是因为鲁迅的思想是超前的，要真正理解他的价值并不容易。本世纪人们说够了关于鲁迅的种种赞词；但鲁迅自己却一再表示：“别人猜测我，都与我的心思背驰，因此我觉得我在中国人中，的确有些特别，非彼辈所能知也”。这“热闹中的寂寞”，曾使鲁迅产生莫名的悲哀感与荒诞感。

而且“鲁迅的世界”也是很难进入的。鲁迅早就说过，他“所说的话，常与所想的不同”，他“为自己、为别人的设想是两样的”。鲁迅在他的“墓碣文”上赫然刻着几个大字：“……答我。否则，离开！”这是地狱的门口，并不是所有的

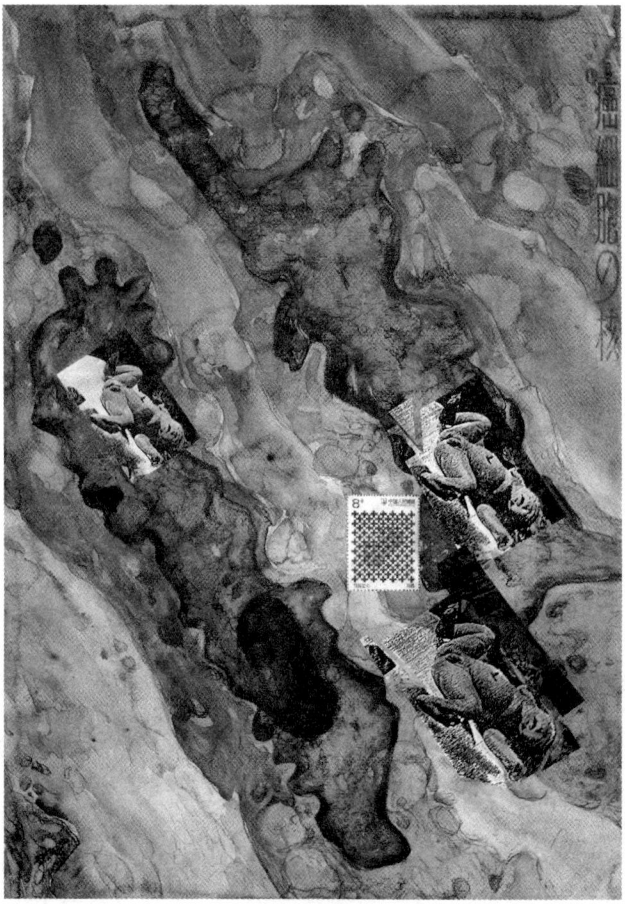

《改革的第一著》

人都能进去的。“骂杀”者进不去；“捧杀”者进不去；“谬托知己”者进不去；不愿深思者进不去；不敢正视“淋漓的鲜血”，不敢拷问自我灵魂的“卑污”的怯弱者也进不去。

裘沙、王伟君两位鲁迅的同乡，说他（她）们是“历经60余年的生活实践，透过一次又一次的社会大变动，从全民族的大苦难中，才“认识”鲁迅，并“感觉”鲁迅的“世界”的，那是在极度绝望中终于寻得的唯一的希望。这不仅说出了真实，而且概括了一部世纪中国现代思想、文化史：我们民族是用半个世纪创造了自己的现代思想家、文学家，又用了多半个世纪才开始认识与接受这个思想家与文学家的：创造与接受都同样艰难，并且都要付出血的代价。

裘沙、王伟君两位真诚又不免天真的艺术家，还说他（她）们是经历了那场“空前的浩劫”，才抛弃了人们强加于自己的“假鲁迅”形象，而“找到了鲁迅思想的真谛”的。这更引起了我自己，以及你，你，你，我们每一个人的共鸣——流血的心灵之路都是这样走过来的，裘沙、王伟君与我们本是精神兄弟姐妹。我们都是走出了精神的炼狱，“抱着自我毁灭的大决心”，将自己的生命投入到“揭示鲁迅思想体系”这一神圣事业中的（《鲁迅之世界全集》“后记”）。我们、他（她）们和你们（每一个读者、观众），一起描绘、书写与观察。“鲁迅之世界”，同时也就是在描绘、书写、观察每一个“自己”。

“揭示鲁迅思想体系”，作为一个艺术课题，提出本身，就是一个大胆的创造，非凡的想象。——画界多有画人、画物，却鲜有画“思想”的。

而且正如老电影艺术家钟惦棐先生所说，“无论绘画、雕刻，也无论戏剧、电影，要形似鲁迅是不可能得到鲁迅的”，这就必得要从“神”上去接近鲁迅，对鲁迅的作品、思想要有自己的独特理解与发挥，还要把鲁迅的文字的“语言”创造性地转化为自己的绘画的“语言”。也就是说，既要“深入”鲁迅的世界，还要“走出来”，成为“独立”的艺术世界：这“出”比“入”是难上加难的。

而裘沙、王伟君两位却基本上做到了。当你面对这一幅幅构思奇特、运笔绝妙的画图：无论是《若其道术，必尊个性而张精神》、《人肉的筵宴》、《伟大的长城》、《生命的路》，还是《闭着的眼睛便看见一切圆满》、《危险的点火》、《改革的第一著》，或者是《学界官魂》、《小杂感（1—4）》、《关于中国的王道》，你都会感到一种思想与艺术的震撼力，进而把你引入一个既是哲理的，又是生命的新世界：既是鲁迅杂文、小说中的，又是画家的创造与发现，并且最终属于你自己的世界。同时产生的，却是出自内心的重读鲁迅作品的强烈冲动——此时的“鲁迅”已经由艺术家的创造而融入你的生命中了。

于是，人们发现了艺术家的《鲁迅之世界》的自身的独立价值：如法国的鲁迅研究者米歇尔·鲁阿夫人所说：“它是一种超越国界的语言。这种语言不需要词语，也许正因此它能达到我们所达不到的深度”，“它像一盏灯”，不仅“引导人们更深地进入鲁迅的世界”，而且透过艺术家的眼睛，我们又重新发现、认识与感受了自己所生活的“世界”；经过一个世纪的艰苦跋涉，鲁迅的灵魂，裘沙、王伟君两位艺术家的灵魂，以及我们每一个读者的灵魂，在这三大册巨作里遇合了。

因此，当我们掩卷回味时，艺术家在全书“后记”里发出的生命的呼唤，又从心底里升腾而起——

在20世纪即将逝去，21世纪即将来临之际，以鲁迅的名义，祝愿——

愿世上除去害己害人的昏迷和横暴；

愿人类都受到正当的幸福！

1997年6月19日凌晨写毕于燕北园

用画笔来研究鲁迅

朱 正

几十年来出版的研究鲁迅的书籍不少，这些书目都成了一本书了。这些书，或是介绍鲁迅的生平，或是分析他的作品，或是阐发他的思想，作者们各有各的心得，各有各的见地，但是他们都是用文字来传达出自己的研究成果。如果是艺术家，他可不可以用艺术的手段来传达出他研究鲁迅的心得呢？裘沙和王伟君夫妇合作的画集《鲁迅之世界》，证明这是可能的。

正如世界上许多名著都有画家为之插图一样，在裘沙、王伟君之前，已经有画家为鲁迅的小说作插图了。我就看见过丰子恺的《漫画阿Q正传》、丁聪的《阿Q正传插画》、葛原为《药》作的木刻插图。裘沙、王伟君也为《阿Q正传》作了200多幅插图，此外还给其他一些小说和散文作了插图。这些插图都显出了画家独特的风格，画家对鲁迅原作的理解。比如范爱农，掉到水里了，鲁迅只说他的尸体“是在菱荡里找到的，直立着。不明白他究竟是失足还是自杀”。画家画了一个直立在水中的范爱农，水波的色彩让人感到是一面倒置的五色旗——辛亥革命以后所规定的国旗。他正是因为对辛亥革命后的局面极度失望才死的吧。这就同通常意义的插图大异其趣了。

作为这部大型画集最重要的特色的，还不是这些插画，而是画家从鲁迅论文和杂文受到启发而画的那些作品。作者用他的画笔说出了他对鲁迅这些文章的理解。这不同于小说的插图，那不过是用直观的造型把文字叙述的故事和场景再现出来，就像把小说改编为电影或者连环画那样，未必是怎么困难的事情。而这些画所要表现出来的却是鲁迅博大精深的思想。这却是一种艰辛的创造性的工作，是一种别开生面的鲁迅研究了。要做好它，画家就必须对鲁迅的思想有很深的理解，并且能够从鲁迅所涉及的历史文化领域找到适于表达这些思想的艺术素材。使这些作品做到艺术性和思想性的统一。

鲁迅从他年轻时代开始，就有一种“立人”的思想，认为“人立而后万事举”，这话引起了画家的共鸣。画集中有一幅，在大写的“人”字的背景上，象征地画出了几十年间中国人所作的种种探索和种种努力，成效如何呢？画家画了一个大大的问号和两个大大的惊叹号。其实，事实摆在那里，有目共睹的。

《我之节烈观》一文为几千年来深受宗法制度残害的中国妇女呼号，愿人类都受正当的幸福。画家绘出了一座用沉重的花岗石砌成的贞节牌坊，上面并没有铸刻奉旨旌表的字句，却有一个面有泪痕的妇女头像！是的，如果静听的话，每一座贞节牌坊下面不都是有一位受到残害的妇女在哭泣吗？在牌坊前，画家献上了一束白花，追悼这过去的人，也是发愿要除去制造并赏玩别人苦痛的昏迷和强暴吧。

画册中有一帧孔子像，背景是袁世凯签署《通令尊崇孔圣文》。这正好印证了鲁迅的一段话：“从 20 世纪的开始以来，孔夫子的运气是很坏的，但到袁世凯时代，却又被重新记得，不但恢复了祭典，还新做了古怪的祭服，使奉祀的人们穿起来。跟着这事而出现的便是帝制。而孔夫子之被利用为或一目的的器具，也重新看得格外清楚起来，于是要打倒他的欲望，也就越加旺盛。”现在，20 世纪只剩下最后三年多了，21 世纪就要来临，而这幅画和这段话却不失其现实意义。现在还不时听到重振儒学的声音，以为孔夫子的学说将在 21 世纪起很大的作用。我很赞同邵燕祥《无可羡慕》中对孔学的评价：“因为它长期作为历史上同封建统治体系共存共荣的孪生物，连同它所造成的封闭保守僵化的文化心理，不但在过去一个多世纪以来抵制过科学与民主，抵制过马克思主义，至今还在抵制改革、开放和一切革命的、进步的思想文化和科学技术。”

从这里也可以看到，鲁迅虽然逝世 61 年了，他的许多意见远未过时。他对中国国情、中国国民性的洞察，他对世态人情的洞察，就在这本画集中也有不少的反映。像他说的中国现在还可以更腐败；中国多暗箭，挺身而出的勇士容易丧命……就都足以令今人深思。他说的制驭别人的妙法：可压服的将他压服，否则将他抬高，这法子现在还有不少人在用。在《切实的奋斗和目下的危机》这个题目之下，画家绘出了拉着犁前行的牛，也画了清谈的知了、内斗的公鸡，和谋私的狐狸。当初这一帧在展览的时候，就有观众指着哈哈大笑，说现在岂不正是这样的吗！由此看来，鲁迅并没有脱离今天的现实生活。裘沙和王伟君的鲁迅研究，更没有脱离今天的现实生活。这也就是他们的作品深受读者欢迎的原因吧。

《在现在中国的孔夫子》

要取得这样的成绩，当然不能是一朝一夕之功。这一对夫妻画家从 1971 年起从事这一项研究和创作，已经孜孜矻矻 25 年了。他们都是浙江人，家乡距绍兴都不远。画集中收了他们 1975 年在绍兴所作的一组写生画，可以看到他们早已在着手这一工作的准备。这一组画在今天看来，更有文献的、认识的意义。去年我曾到绍兴旅行，东昌坊口鲁迅故居前面已经修筑了宽阔的马路，越王台遗址前面也盖起了一片高楼。而画集中保存的当年的写生，还是小桥流水人家，东昌坊口还是一条小巷，越王台畔也是一片田园景色。以后谁要拍摄或者绘制当年的情景，恐怕就应该以这些当年的写生为依据了吧。

这样一部三大卷八开本的豪华画集，全部彩印，不是一件容易的事情。广东教育出版社和河北教育出版社拿出大力气来出这样一部书，可以说是出版行业的一大盛举，值得庆贺。听说，两位画家就要着手鲁迅画传的创作，我想，以他们对鲁迅的深刻的理解，以他们多年的积累，这必将是一本出色的书。我殷切地期待着。

无声的呐喊
——与鲁迅世界平行的裘沙、王伟君世界

刘巨德

我们古老的中华民族，经历了无数血与火的灾难和考验，它所以能坚强地向前迈进，因为祖国灿烂的文化养育了一批又一批优秀的儿女。

今天，我看到《裘沙王伟君·鲁迅之世界全集》的大型画册问世，十分高兴。裘沙先生和夫人几十年来钻在鲁迅的世界里，以民族之喜为喜，以民族之忧为忧，精神完全溶化在鲁迅世界中。

他们对鲁迅思想炽热的爱，倘若没有绘画广阔无垠的空间去释放，他们瘦弱的身躯必将被燃烧。梵高渴望生活，裘沙先生和王伟君夫人，渴望真理，渴望真善美，渴望中华民族宏大昌盛的气象与伟力早日复兴。他们已不是为艺术而艺术，而是为和平、自由、进步事业呐喊而艺术。

他们与鲁迅同乐、与鲁迅同悲、与鲁迅共鸣呐喊的倒影，虽无声，却动人心弦。笔调刚正，粗狂，苍茫，从阿Q、孔乙己，到祥林嫂，每个形象都被裘沙先生和夫人化为悲剧的灵魂形态将永在。祥林嫂满头白发，在红黄蓝的爆竹声中，显得愈加夸张，愈加焦灼。“究竟有没有灵魂？”祥林嫂双手颤抖着，一只孩子的鞋被捧在嘴边无尽亲吻，眉宇痉挛，与黑衣浑然，一个善良母亲的游魂悲凉地上腾九天，下达九地，给人无限辛酸。阿Q在画家笔下，则成为了一个画圈不圆的悲剧，令人窒息且惭愧。裘沙先生和夫人对这些民族苦难缩影的塑造，十分锐利和富有感悟力，且形象简洁有力。这不仅把鲁迅的文字形象化，更突破了一般插图为文学作注解的从属性，好像电影插曲与电影一样令人难忘。

更为可贵的是裘沙先生和夫人以虚幻的镜子看鲁迅世界，大胆想象同构，使绘画语言达到了与文学语言平行的力度。例如《无声的中国》一图，画家把大半个中国地图幻化为人面纹，象征似地勾画出一个历经沧桑的奇异中国人，满脸洪荒与斑驳，咽喉为一个龙纹纸所夹，眼睛豆圆，与一面国旗重合。隐喻至深，发

人深省，幽默、辛辣。鲁迅面对民族苦难的呐喊和剖析，被裘沙先生和夫人表现得十分巧妙。可以说，他们树立了插图与文学并行不悖的典范，他们的插图大部分已成为独幅画。他们对鲁迅世界的研究与翻译，自然也再现了自己的世界，无数可见或不可见的民族命运与他们与大家紧紧相连。一位外国学者指出，中国经济改革的开放，必将引发全民族文化事业的复苏。中华民族优秀的儿女必将在民族的深重灾难中，获得超拔的精神与力量，推动我们伟大的民族走向新生，走向现代，走向世界。

瑰丽的诗史

《鲁迅之世界全集》是画家裘沙、王伟君夫妇作为一项文化工程，呕心沥血历时25年而完成的大型作品集。《全集》三卷，以沉思中的鲁迅画像、“取今复古，别立新宗”（青年时代的雄心），和1936年葬礼中覆盖灵柩的旗帜上“民族魂”三个大字开卷，让我们一翻开画集就沉浸到庄严肃穆的氛围和深沉的思考之中。《全集》第一卷为鲁迅论文、杂文之图，展示了从《坟》、《书信》等23种著作中精选出来的鲁迅有关中华民族前途和命运的主要论点的深刻内涵。第二卷为鲁迅小说、散文之图，集中了画家为《呐喊》、《彷徨》、《野草》、《朝花夕拾》、《故事新编》等五部文学著作全部作品而创作的组画、单幅画，以及部分作品的人物造像。第三卷为鲁迅小说及其他之图，内容有《阿Q正传》207图，为《呐喊》等五种文学著作创作的小黑白画；以及为鲁阿《告别先辈》一书创作、曾获法国1991年读书节橡树奖的一组插图；同时还有画家为创作做准备而绘制的两组作品——《古城旧貌》和《故乡印象》。全书共859图。凡表现鲁迅著作的作品标题和说明，全部由画家录自鲁迅原文，并按1938年版《鲁迅全集》包括其习惯用字刊印，以求存真。中英文对照，由我国翻译家杨宪益、戴乃迭夫妇和刘乃元教授英译，裘克安教授译校。

鲁迅是现代中国具有世界意义的大思想家。他著述浩繁，思想博大而又深奥难懂，读他的作品需要有一定的阅历。有大阅历，更有大领悟。这部画集，正是针对这特点而创作的。它紧紧抓住了思想家鲁迅直面人生，探索如何使中华民族“雄厉无前，屹然独见于天下”，“要人类都受正当的幸福”等根本问题，特别是通过整整一个世纪广阔的社会生活场景，让人们从中国乃至世界严峻的史实中，触目惊心地看到了鲁迅思想的光辉。正是这标志着中华民族最高智慧的光辉思想，使画家获得震撼人心的艺术力量，经过长年累月的“执着探索和苦心构思，创作出这诗史般瑰丽的《鲁迅之世界》”（刘开渠语）。对中外美术史上从来没有人敢于涉足的杂文之图，在画家笔下也被表现得得心应手。“不仅不加重抽象意识，相反画面像闪电一般将鲁迅深刻的思想内涵揭示在我们眼前，一旦从画面中领会了含义，鲁迅的世界便顿时一片亮堂，而我们则欣喜地发现鲁迅的世界原来也正是我们的世界”（鲁阿语）。

随着创作的进程，这部画集中的大部分作品，都曾陆续在国内外举行的 17 次画展中，在大陆和港台地区以及日本、法国、美国的出版物中，分别和广大读者见过面，而且以其对鲁迅思想理解的准确，表现的深刻，艺术的精湛，在国内外久享盛誉。如 1980 年创作的《阿 Q 正传二百图》，一问世就被国内外专家认为它画出了“一个真正的阿 Q，一个鲁迅的真正阿 Q”（野间宏语）。这次由画家自己编成《全集》，由法国汉学家鲁阿教授撰写长“序”，由广东教育出版社和河北教育出版社耗资数百万元精印出版，不仅向国内外读者首次推出了《鲁迅之世界》的全貌，而且通过这全貌，更进一步让我们领略到鲁迅以毕生精力所“别立”的“新宗”的大体轮廓和风采。“这本画集的出版所起的作用和绘画的冲击力将是巨大的。”（井上靖语）

《鲁迅之世界全集》于去年人们纪念鲁迅逝世 60 周年之际付梓，今天出版，又欣逢香港回归祖国的大庆典，作者、序者、译者、编者、出版者隆重推出这部力作，“谨以此集，献给现代中国最伟大的思想家鲁迅先生；献给为中华民族的生存和发展而献身的，过去、现在和未来的先驱者、开拓者和奋斗者；献给为人类进步、友谊、和平而奋斗的，世界各国已知和未知的朋友们”（《全集》卷头语）。

（原载《中华读书报》1997 年 6 月 25 日专刊）

走进鲁迅的内心世界

金炳亮

有一对画家夫妇，从事艺术创作几十年，但创作的全是关于鲁迅及其作品的画作，几十年不改初衷，六七十年代鲁迅树为“文化旗手”时是这样，八九十年代有人贬鲁迅为“文化落伍者”时也是如此。

他们是裘沙、王伟君。

他们的画，有华丽的油画、清秀的水彩画，有细致的铅笔画、木炭画；有简练的速写，也有很独特的具有强烈视觉冲击的黑白画。1981 年，裘沙、王伟君在北京首次展出作品，获得极高评价，萧军、王朝闻、华君武、戈宝权、艾青、楼适夷等知名作家、艺术家均撰文推崇。80 年代中后期，他们的画在日本、法国等地展出，其轰动程度不亚于国内。海外汉学家评论说，裘沙、王伟君把形象化了的鲁迅作品带到了海外，有助于外国人重新认识鲁迅。日本岩波书店还将画家创作的 200 多幅《阿 Q 正传》插图出版了单行本。

同一时期，在中国文坛内外不断地对鲁迅予以否定的声浪中，在鲁迅生前的论战对手梁实秋、林语堂等以无可抵挡之势走近读者时，鲁迅的形象淡化了，裘沙、王伟君的作品墙里开花墙外香。但是，中国毕竟是对外开放的，裘沙、王伟君的画在海外“吃香”的消息不断传回国内。更重要的是，尽管对鲁迅的否定之声不绝于耳，但正像鲁迅生前不断遭人诋毁甚至辱骂一样，越是对鲁迅进行否定，越表现出否定者的浅薄无知，鲁迅的真知灼见则愈见显著。当梁实秋、林语堂像一阵风吹过图书市场之后，尘埃落定，读者发现，屹立不倒的仍然是鲁迅这棵大树。

在这样的形势下，出版 3 卷本近 1000 页的 8 开本大型精装画册《鲁迅之世界全集》，对读者来说，具有别样的意义。

《鲁迅之世界全集》收集了裘沙、王伟君 23 年来所创作的有关鲁迅本人和鲁迅作品的全部画作，以及对鲁迅作品的评论等。有关《阿 Q 正传》、《祝福》、《狂

《吾未绝大翼于方来》

人日记》等作品的插图，作者在不同时期用不同形式进行了多次创作，全集也收了进来，以便读者了解艺术家创作的原貌。

裘沙、王伟君的画是对鲁迅真实的内心世界忠实而感人的再现。为了忠实再现鲁迅笔下的世界，裘沙、王伟君进行了长期的资料搜集和研究工作，并最终成为鲁迅研究专家。他们同是鲁迅的故乡人，对鲁迅创作的自然和人文背景具有天然的亲和感，定居北京后，他们无数次返回故乡，一方面搜集资料，一方面实地写生，为创作作准备。这是他们的作品获得专家的首肯并使广大读者感动的原因所在。

最使我感动的是艺术家创造的阿Q和祥林嫂的形象。阿Q那刚毅却带一点奴性，充满自尊又不得不屈服，混杂着高傲和卑微的复杂表情的脸，的确使我们对国人的灵魂有深刻的认识，而这，正是鲁迅先生创作阿Q形象的初衷所在。祥林嫂木然的脸，失神的眼光，总是低着头的神态，让人涌起莫名的忧伤和感动。艺术家创作的《野草》插图使读者对《野草》有了新的观察视角、新的思维空间。可以这么说，鲁迅在那些人物以及表现其思想内涵的插图中又获得了新的生命，“这就是我们在中国大地上，从旧中国到新中国，从抗日战争到改革开放，历经60余年的生活实践，透过一次又一次的社会大变动，从全民族的大苦难和大希望中所认识到的鲁迅，和感受到的鲁迅所揭示的，严酷而又充满哲理的世界！”（《鲁迅之世界全集》后记）

（原载《粤港信息日报·粤港周末》1997年9月12日第13版）

裘沙夫妇

游 耳

十余年前读过王朝闻、钟惦棐写裘沙、王伟君创作的文章，留下很深的印象。后来翻阅鲁迅纪念集，偶尔看到裘沙、王伟君夫妇关于《呐喊》、《彷徨》的插图，很是感动。我浏览过许多关于鲁迅的绘画作品，但独裘沙夫妇的，过目难忘。用色彩与线条，再现出鲁迅心灵的一隅，不是深味鲁迅的人，殊难做到。裘沙夫妇，于此用力甚勤，其数量可观的绘画，别出新径，可谓妙品。

他们把大半生精力，用于研读鲁迅上，用画笔，对应鲁迅作品，一篇篇勾勒，20余年，志向不改。世间作画者，最难的是再现经典作品的神韵。绘画与语言文字，要达到情境的一致，可相映成趣。亚历克舍夫为高尔基小说配画，已成珍品；法复尔斯基给果戈理作品插图，其味隽永，为世人所叹。裘沙夫妇有感于鲁迅的博大精深，以画笔再现鲁夫子神韵，一篇一篇对照，一本一本揣摩，卷帙浩繁，曰《鲁迅之世界全集》，不仅致力于形似，更着眼于神合，高远的情思，令人喟叹。

阅读裘沙夫妇的画，像在沉重的精神下的穿越，鲁夫子世界中斑驳的精神之光，从中浑厚地倾泻出来。这是个悲怆、昏暗的世界，无数个苦难的灵魂在凄风苦雨中向我们走来。作者选择了现代派的手法，将诸种意象传神地写出，有杂文中的哲思，有小说人物的感觉，有散文笔致中的激情。我尤喜欢对《祝福》的理解，祥林嫂世界悲怆的韵致，被写活了。绘画中有古中国式的写意，但色调与韵致，却融进许多西洋画特征。鲁迅小说，其实亦是东西方文化碰撞的产物，单用白描或限以西洋油墨，均难以写活鲁迅，裘沙夫妇用生命的光热去感知鲁迅世界迷人的地方，其中构画写意，均颇有新意，笔墨之间，意象叠起，能将鲁迅的文化隐喻以画面方式渲染出来，实属难得。

裘沙生于绍兴，与鲁迅同乡，对故土风物人情颇为熟悉。曾见过他为创作鲁迅小说插图作准备的《故乡印象》片断，均为版画，乡土气悠然飘出。其《春耕》、

《斗牛》、《小屋》、《小庄》等图，静谧幽玄，可与《朝花夕拾》影迹相参证，似乎把鲁迅早期记忆中的风情托出。他后来较准确把握《祝福》、《五猖会》、《范爱农》诸篇作品，正是对绍兴文化沿革有独特领略的缘故。从乡土文化中走进鲁迅世界，不失为一个好的视角。裘沙作品中，回荡的便是对鲁迅久远的共鸣。这共鸣一直伴着他，在先驱者的世界里奔走着，体味着。画家与文学家，在更高的层面上，心是相通的。图文互证，殊途同归，正是人文情感的规律。

我去过裘沙、王伟君的家。那是个雨日，屋子里闷得很，两人正在埋头创作《鲁迅画传》，准备今年 9 月 25 日在炎黄艺术馆举办“《鲁迅的世界》——裘沙、王伟君画展”。穷尽一生精力，为鲁迅画像，描述这个伟大的先驱，那情形，很让人感动。我喜欢他们的画室，虽过于简陋，一看便知清贫之所，但那中间流动的，却是人间深的情感。与一颗平凡而伟大的灵魂相依相存，是幸福的，我于此中，忽然得有“悟道”的快乐。

（原载《北京日报》1997 年 9 月 25 日第 7 版）

一对画家的痴情

包立民

近日，裘沙打来电话激动地说，他和妻子王伟君合作绘制的《鲁迅之世界全集》已印出来了，出版社派人专程送样书到北京。大八开，三厚本，沉甸甸的，还散发着油墨的清香，他们是刚从印刷厂取出就上了飞机……

作为裘沙、王伟君夫妇的好朋友，作为推荐这部书稿给广东教育出版社和河北教育出版社的我，听到这个喜讯由衷地感到高兴。因为我知道他们是在怎样的环境和条件下，又是以怎样的毅力和精力，积25年之功，数易其稿绘制而成的。书稿交到出版社后，他们又多次对照原稿，几乎参加了设计、编辑、校对的全过程。一句话，这部巨著是他们用生命拼搏而成的。

正如北京大学中文系教授、中国鲁迅研究会理事钱理群先生所说，这是部“志在揭示鲁迅思想体系”的艺术巨作，是他们“深入”到鲁迅的世界里，从“神”上去接近鲁迅，对鲁迅的作品、思想又有自己的独特理解与发挥，把鲁迅文字的“语言”创造性地转化为自己的绘画的“语言”，成为“独立”的艺术世界……二位艺术家比他们中的很多人都要早，也更深刻地认识到鲁迅的真正价值，令他们这些专业的鲁迅研究者感到惊异和惭愧。应该向为之耗尽心血的两位艺术家致敬，应该为中国的思想界、美术界，为中国的出版界祝贺：终于有了这样一部从内容到形式都堪称“精美”，并且具有震撼人的灵魂的力量的传世之作。

花烛之夜风满楼

裘沙和王伟君是一对典型的书呆子、画呆子，婚前既无罗曼蒂克的花前月下的恋情，婚后又无安逸舒适的生活，有的只是坎坷和艰辛，他们的欢乐和苦恋是常人没有的。

袁沙回忆，他与王伟君相识在1957年年初。当时他在中国青年报报社任美术组组长，而王伟君在中国少年儿童出版社当美术编辑。青年报、少儿社都属团中央系统主办。在一次由他组织的青年美术工作者座谈会上，他发现与会者中有一位穿军大衣的姑娘，她一言不发，只冲他点点头。不久，他又在王府井外文书店见到了她，依然是这身打扮，两人都在找书，照面时又互相点了点头。这两次见面点头，可算是他们的相识。

几个月后，袁沙为青少年读者绘制了一套工人领袖林祥谦的插图，画稿送到出版社，美编们看了个个摇头，认为画得太野，给青少年阅读恐怕不相宜。画稿传到王伟君手中，谁知她不仅大声叫好，并且据理力争，终于使这套作品在编辑部通过了。

叫者无意，听者有意，这片叫好声被编辑部的郑闻慧听了进去。郑女士是著名画家黄胄的爱人，而黄胄又是袁沙的好朋友。

作为年长袁沙5岁的好朋友，黄胄正为男大当婚的袁沙操心，他知道袁沙秉性老实，只知埋头工作，不善交际应酬，至今连女朋友的影子也没有。当听说王伟君居然能力排众议，独具慧眼赏识袁沙的作品，又听说王伟君还是一位才貌出众的江南杭州姑娘，参加过解放军，跨过鸭绿江，自幼酷爱美术，转业后又先后在鲁迅美术学院和中央戏剧学院学过绘画和舞美专业时，黄胄大声叫好。

真是天赐良缘，机不可失。事不宜迟，他对爱人说，星期天把他们请到家里来见面。这一面却成了影响他们终生的一面。袁沙说，当时他们两人心灵的门都紧闭着，没有这一面，即使再见上20次面，可能也走不到一起。

袁沙至今记忆犹新，王伟君这一天脱下了肥大的军大衣，换上她自己设计并制作的毛蓝色春装，显得格外豪爽、矫健，充满青春活力。而王伟君则记得这一天他们谈得最多的是德国女版画家珂勒惠支的作品，她最喜欢珂氏的作品，而袁沙的作品中又渗透着珂氏的影子。

王伟君告诉我，他们从在黄胄家见面到结婚只有三个月。我问王伟君，听说当年追你的人不少，你们相识不久又赶上“反右”，袁沙也列入了被批名单，你为什么偏偏选中他？王伟君低头沉思了一会儿道：“袁沙给我的印象是邋邋遢遢，不修边幅，说话结结巴巴，不善言谈，画也不拘成法，用有些人的话来说是野路子。但是他在工作上很有魄力，很有才干，尤其是艺术才干、艺术魄力。他的画与他的人一样，看起来不帅，但是有思想，有力度，这是我最为欣赏的。”她还说：“袁沙说话虽结巴，但从不说假话。至于他政治上挨批，对我来说更没有关系，因为我自己有一个判断人好坏的政治标准，就是看他对革命事业是否忠诚，是否言行一致。鉴于这个标准，我对裘沙挨批的事没在意，连他出生于地主家庭，也是‘文革’中有人贴他的大字报，我才知道。”

裘沙插话补充道，“反右”开始，他因报道青年雕塑界的问题，被列入批判对象，以后又定为中右，受到“免予处分”的幸遇。不过他和王伟君结婚之日是7月13日，正是报社开大会批判“右派”之时，批判会开到六点才散。晚上7点，举行婚礼，他们的花烛婚礼是在充满火药味的气氛中举行的，正如他在王伟君的自画像上所题诗道“花烛之夜风满楼”。今年7月13日，正值他们结婚40周年！

笔富安贫不卖钱

我接触过众多的美术家，也不乏书呆子、画呆子，但是呆得像裘沙、王伟君夫妇这样痴迷不悟地醉心绘事的还实属罕见。曾任过中国青年报社社长的孙轶青，在裘沙的自画像上写道：

口讷形呆志若磐，醉心绘事近狂痴。
阿Q鲁迅成知友，笔富安贫不卖钱。

他们的痴迷精神，首先表现在错误的时机（“文革”期间）、错误的环境（他俩均属派系批斗对象），又自讨苦吃地选择了鲁迅这块硬骨头，作为自己安身立命的创作题材。从鲁迅小说到鲁迅散文，从鲁迅小品到鲁迅杂文，从有文学形象可以捕捉，到只有抽象的思维可以感悟，绘制构思的难度越来越大。而创作条件一开始就异常地艰苦，艰苦到有时候到鲁迅博物馆查找资料，为了省五分钱车费，只得中途下车步行。1976年《鲁迅》照片集交了稿，他俩却欠下了一身债，连生活费都还了债。又赶上儿子生病，家里找不出买菜的钱了，伟君不忍心让孩子们吃淡饭，从她工作的少年宫、景山山坡上挖回来一袋野菜，凑合过了几天……

进入改革开放的80年代以后，总能打翻身仗了吧，不然，他们的痴迷精神，视艺术品为纯净神圣的精神产品，尤其是《鲁迅的世界》，这是中华民族之魂，不是敲门砖，更不是摇钱树。用王伟君的话来说：“我深感从事艺术的艰难，这艰难主要由于自己执着的追求，我要求自己用纯净的艺术标准做人，又坚持用纯净的做人标准来作画。”这个标准太纯净，纯净到“水至清无鱼”的境界。

在纪念鲁迅诞辰100周年时，他们创作的300多幅《鲁迅文学作品插图》先后在北京、上海、绍兴等十多个大中城市巡回展出，受到了广大观众的欢迎，也赢得了研究鲁迅的文学界、美术界权威人士的好评。展览的轰动效应频频不断，可经济效益分文全无。由于长期劳累过度，裘沙病倒了。住院时他偷听到医生说是肝病晚期，就在床头的小本上，用红色的圆珠笔为自己写下了墓志铭：“这是一个用自己的一生，真正认识到鲁迅的意义，将自己毕生精力献给鲁迅事业的人。”伟君来看他时，他们互相装得高高兴兴，仔细地端详对方。裘沙看到伟君一下老了许多，人也消瘦了，而伟君感到自己平时忙于单位的工作，没有照顾好他，等到她离开病房后，两人都失声地哭了。以后伟君到处求医生找偏方，并精心地照料裘沙。她从一口口喂他吃饭，到扶着他从床上下来迈开第一步，一步步走下他们家的楼梯。她为此辞掉少年宫的工作，同裘沙全身心地投入到鲁迅的世界里。

1986年，纪念鲁迅逝世50周年，裘沙的病刚恢复，夫妇俩应日本《朝日新闻》等单位之邀，带着400多幅鲁迅文学作品插图，到东京、仙台两个城市巡回展出，得到日本著名作家井上靖、野间宏先生，日本著名鲁迅研究学者竹内实教授的交口称赞，也受到了广大日本观众的欢迎。岩波书店还为他们的插图出版了两本精美的画册。日本朋友很想收购或买他们的原作，但被他们婉言谢绝了，本来可以到手的经济效益，又被他们拒绝了。

回国不久，一位旅日的韩国画家拿着一本介绍裘沙夫妇的刊物，来到中国，好不容易找到了他们家。他万万没有想到，这么著名的画家竟然过着如此清苦的生活。他诚恳地对他们说：“你们只要卖两张画给我，就能使你们的家庭全部现代化。”但他们想把自己的作品留在国内，留给中华民族的子孙后代，让他们去感受鲁迅作品的风采，他们又拒绝了韩国画家买画的要求。

诚然，鲁迅作品的插图不是商品画，也很难进入艺术市场，于是我劝他们适当画些商品画，一来改善生活，二来以画养画。他们听了只是微微一笑；说多了，他们才回上一句：“时间不够用呀！鲁迅的世界要画的东西太多了，如果不抓紧些，恐怕是画不完的”。

平心而论，改革开放以来，京城的画家是受益较明显的知识层，不少画家都买了高级住宅，家中安上了现代化的设备，有的还买了小轿车。可他们家里依然如故：

《伟大的泥土》

一张旧画案、一张已失去弹性的长沙发、一台旧风扇、一张旧八仙桌、一张 1.2 米宽的旧床。据我所知，一部电话还是前年向一位友人借了钱才装上的……这就是他们婚后 40 年的生活写照，真够得上“吃的是草，挤的是奶！”他们用自己的一生，在苦恋中实践了鲁迅“任个人而排众数，非物质而张精神”的“立人之道”，这样才使他们找到了鲁迅思想的真谛，终于向炎黄子孙和世界人民奉献出一个光彩夺目的诗史般瑰丽的《鲁迅之世界》来，这就是他们所得到的人生最大的价值！

（原载《中国妇女》1997 年第 10 期）

无声的呐喊

——观“裘沙、王伟君画展”

陆天宁

画家裘沙、王伟君夫妇创作完成的《鲁迅之世界》部分精品145件，于9月25日在炎黄艺术馆展出。他们历时25年，努力用画笔揭示鲁迅思想的深刻内涵。

出生在鲁迅故乡的裘沙、王伟君，20岁之前不曾离开故土。他们对家乡的生活十分熟悉，他们对鲁迅笔下的人物有着浓厚的感情。在他们60多年的人生经历中，特别是“十年浩劫”期间，他们真正“认识”到鲁迅，并“感觉”鲁迅的“世界”，那是在极度绝望中寻得的希望。他们深刻地体会到鲁迅的伟大，从而开始了对鲁迅著作如饥似渴地学习和研究。

“揭示鲁迅思想体系”，作为一个艺术课题，其本身，就是一个大胆的创造和想象。对鲁迅的作品、思想要有自己的独特理解与发挥，还要把鲁迅的文学“语言”创造性地转化为自己的绘画“语言”。既要“深入”鲁迅的世界，还要“走出来”，成为“独立”的艺术世界。画界多画人、画物者，而裘沙、王伟君却唯画“思想者”。

为了准确地刻画鲁迅的形象，他们完成了《鲁迅照片集》的搜集、考证、整理和编辑工作。他们一次又一次地回到绍兴，凭着对鲁迅创作中的自然和人文背景的天然亲和感，实地考察、写生，搜集创作素材。他们对鲁迅作品中的人物心理、动作和生活背景作了细致的研究，找到充分的生活依据。

读裘沙、王伟君的画作《阿Q正传》，沿着画面中那条小巷边的河道似乎跟着阿Q走进了未庄。祥林嫂满头白发，在爆竹声中显得愈加焦灼。“究竟有没有魂灵？”祥林嫂双手颤抖着，一只孩子的小鞋捧在嘴边不断地亲吻，眉宇痉挛，一个善良母亲的游魂悲凉地升腾九天，给人无限的辛酸。裘沙与王伟君面对这些民族苦难缩影的塑造，是对鲁迅真实的内心“世界”的忠实而感人的再现，似划破夜空的强烈“呐喊”。在他们的作品面前，你会感到一种思想与艺术的震撼力，进而把你引入一个既是哲理的，又是生命的新世界；既是鲁迅杂文、小说中的，又是画家的创造和发现，而最终属于你自己的世界。同时会产生重读鲁迅作品的强烈冲动，使我们每个炎黄子孙得到鲁迅思想的震撼和启迪。

（原载《中国文化报》1997 年 10 月 4 日第 4 版）

《解放幼者》

尊个性而张精神

——鲁迅“立人”思想引起画界、学界共同关注

邵燕君

9月25日，即鲁迅诞辰116周年纪念日，在北京炎黄艺术馆举办的以鲁迅“立人”思想为主题的画展——《鲁迅的世界》，引起学术界特别关注。十数位近年来在鲁迅研究方面有新突破的专家学者聚首北京，为此召开了四天的研讨会。

学者们认为，画家裘沙、王伟君夫妇不但以艺术家的理解和表达方式深刻描画了鲁迅的世界，而且画展凸显的“立人”思想，也为学术界提出了一个富有新意的命题，深入下去，可促使鲁迅研究进一步打破禁区，进入一个新的阶段。

鲁迅是在他的早期文章《文化偏至论》中提出“立人”命题的。他指出，“争存天下，首在立人”，而“立人”的途径则是“尊个性而张精神”。与会者认为鲁迅是一向极力强调个性发展和思想自由的，而这在传统的鲁迅研究中一直受到扭曲和掩盖。用裘沙先生的话说，“文革”中，鲁迅被“兵化”了。

许多研究者认为，鲁迅当年描绘的中国人精神奴隶的状态今天并未完全消除，而商业时代的来临又可能使年轻人在不自觉中沦为物质的奴隶。因此，对鲁迅“立人”思想的研究，有重要的现实意义。一位年轻的研究者说，对这样一个重要命题的研究由画家提出，是对研究者的鞭策。

画展中最引人注目的一幅画是裘沙夫妇的新作，画面背景是长征路线图，正上方是毛泽东着军装的画像，下配一段毛主席语录：“中国革命的胜利可以说是实事求是、独立思考的胜利。陈独秀、王明、李立三、瞿秋白、张国焘，都不能实事求是、独立思考，都盲目地跟着别人的指挥棒转，所以他们只能把中国革命引向失败。千万不能把自己的脑袋长在别人身上”。左下侧绑着一支供签名的笔，右下倒是彭德怀、马寅初这两位著名的因坚持己见而受迫害的革命者、知识分子的签名，画面寓意深刻，引人深思。

著名鲁迅研究学者钱理群先生认为，“签名”极具象征意义，知识分子要启蒙

大众，首先需自己觉醒。“现在裘沙夫妇首先签上了自己的大名，我自信也能签上自己的名字，希望能签名的人越来越多。”

研究者们认为，鲁迅之所以能提出“立人”思想，是建立在深刻体验基础上的，他对奴隶的状态极为敏感。今天的人要走近鲁迅，也要有自己的体验。裘沙夫妇正是在坎坷的经历中领悟到鲁迅思想的真谛。他们的生命历程，正是中国知识分子在鲁迅思想启蒙下，从“奴隶”到“立人”的良好范例。

现为中央工艺美术学院副教授的裘沙先生一生富有传奇色彩。五六十年代，曾几度大红大紫——作为为工农兵服务的青年宣传标兵，受到过包括毛泽东在内的领导人接见，还因一组“老贫农”的素描被《解放军报》称为解放军学习的榜样。具有讽刺意味的是，在每次“大红”过后的政治运动中，他又成为批判的对象，甚而几次死里逃生。

裘沙先生说：“有大阅历才有大顿悟，瞿秋白自以为理解鲁迅，但他真正理解鲁迅是在他赴刑场前，写《多余的话》的时候；冯雪峰也自以为理解鲁迅，他真正理解鲁迅是他被打成右派的时候。”裘沙说，当他走投无路，从钉好的木箱中再翻出中学时就开始看的《鲁迅全集》时，边看泪水边哗哗地流。“我不但看到了一个真鲁迅，更看到了‘文化大革命’的荒谬和教训。”

从此，他和夫人王伟君将全部心力投入到对“鲁迅的世界”的绘画创作中。25年中，共创作了800余幅作品，在国内外展出18次。虽然这些画既不能带来职称，也不能带来钱，有时还会带来一些麻烦，但他们坚持“把脑袋长在自己的脖子上”。

裘先生说：“为鲁迅呐喊是我们一生的使命。鲁迅呐喊是为了‘救救孩子’，我比鲁迅的儿子海婴只小一岁，但我并没有摆脱鲁迅当年的状态，我把希望寄托在我的儿孙辈。此次画展正是我们呐喊的最强音。”

（原载《华声》月报 1997 年 11 月号海宇纪闻）

执着追求，自强不息

——写在"裘沙、王伟君《鲁迅之世界》画展"上

榴 坤

读艺术家的传记，与艺术家交往，艺术家留给我的印象总是比较独特，与众不同。他们或是衣冠楚楚，一派潇洒；或是蓄发留须，不修边幅。最近在裘沙、王伟君《鲁迅的世界》画展上见到他们夫妇俩，裘沙就属于后者。裘沙精瘦的身体，披着垂耳的短发，穿着一件质地类似涤卡的布衣裳，感情深沉，然而不善表达，拙于谈吐，不禁使人联想到荷兰大画家梵高的亦痴亦智，大智若愚。王伟君则不崇尚时尚，质朴无华，从她的言谈举止中透出艺术家特有的气质。从外形看他们都貌不出众，但在绘画上却成绩斐然，特别是刻画鲁迅先生笔下的人物，个个栩栩如生，思想深刻，技法娴熟。我以为用画笔把握、揭示鲁迅精神之深、之精，再现鲁迅先生笔下的艺术世界之美，裘沙、王伟君是佼佼者。

这次在炎黄艺术馆举办较大规模的裘沙、王伟君《鲁迅的世界》画展，展出的 177 幅作品是从他们 25 年创作的 800 幅关于鲁迅作品中选出的，生动体现了他们的艺术才华，集中展示了他们取得的辉煌成就，因而受到美术界、文学界权威人士和朋友们的极高评价。画室首先展出的是一幅鲁迅先生头像，裘沙、王伟君介绍这是他们的近作，看上去形神俱佳。记得去年在皇冠假日饭店画廊展出的头幅也是鲁迅头像，那幅画像被与鲁迅有过深交、已故作家萧军认为是他"看到的鲁迅画像在精神上和特征上最精湛的一幅"。

在宽敞的画室里，墙上挂满了放在镜框里的大型画幅，有单色素描，也有彩色画幅。其中有鲁迅散文、杂文的插图，有鲁迅著名小说《狂人日记》、《阿 Q 正传》、《祝福》、《药》、《伤逝》等的插图。大幅年轻鲁迅在日本的一坐像，在灯光映照下，清新明丽，光波流泻。当你徘徊于画幅之间，你被其粗犷的笔触、深刻的内涵、下层的人物所吸引、所触动，也似进入了鲁迅的世界。有人说画阿 Q，仅让人看了觉得滑稽那就缺乏深度了，裘沙、王伟君把阿 Q 画得既可笑又可怜，恰

到好处。作家楼适夷曾高度评价裘沙画的阿Q形象，认为“画出了令人悲悯，令人怆痛，令人认识历史民族命运，哀其不荣，怒其不争，发人深思”。看裘沙、王伟君的《鲁迅的世界》不能不说是一种美的享受，其中有深沉的美，有悲怆的美，也有激奋的美，令人看后心灵莫不为之震撼。

裘沙绘画的根基是扎实的。他毕业于中央美术学院华东分院，一出校门就在《中国青年报》当美术编辑。他一向对自己的专业肯下工夫，加上报社又为他创造到基层深入生活的机会，使他得以练笔练思想。记得1957年他到三峡去画了300幅素描；1963年到农村深入生活，创作了7幅《老贫农赞》，老贫农脸上显示生活沧桑留下的皱纹以及那双勤劳的双手，给当时新闻界和美术界留下深刻印象。新时期他在中央工艺美院任教。王伟君毕业于东北鲁迅美术学院，先后在中国少年出版社、中国少年报社任美术编辑，是同行。他俩1957年结为伉俪。可以说裘沙夫妇在绘画功力和技法上都有深厚的造诣。

看裘沙、王伟君画展给我们很多的启示：最重要的恐怕是每个人都应当有在事业上、艺术上的追求，而且要执着，不惜为之付出全部心血和代价。裘沙、王伟君为了自己挚爱的美术事业，从不急功近利，宁可受穷，也不为“金钱”、“利禄”所诱，安于贫困，甘于寂寞，一步一步坚定往前走。用裘沙的话说，只要一息尚存，就把一颗赤诚之心奉献给伟大的鲁迅先生。这种执着追求、自强不息的精神值得我们学习。

（原载《工商时报·大地周刊》1997年11月13日第8版）

“？”与“○”

——漫议裘沙、王伟君夫妇及其绘画《鲁迅之世界》

王乾坤

（一）

因为人有自由意志，所以只有人才有“问”。问，是人的一个规定，甚至可以说人人是“问”的动物。从构形上看，人的脑袋就像一个大问号，不知这个符号的创制者是否从人脑的状貌获得了创意灵感。

科学、哲学、艺术等等一切精神部类都是以问为存在理由的。中国自古有“学问”一说。真正的学问家无不是问号家。苏格拉底喜欢孩子般地在大街上与别人理论问题，并且习惯长久地站在雪地上痴想，整个就是问号的化身。柏拉图著作的基本文体就是问与答。希腊的学问起源于“惊奇”之问。没有问号就没有希腊，也没有后来的笛卡儿、莎士比亚、康德、马克思、尼采、爱因斯坦等等一切伟才大杰，没有我们一言以蔽之的广义上的西学。中国呢？也差不多，忧患元元的《周易》即起于对命运的卜问。儒学之祖孔子“入太庙，每事问”。老庄更彻底，他们不屑于一切经验之问，而直接逼问无限与道体。而屈原不仅问他人、问自己、问鬼神，更有纯粹用问号组成的《天问》。真正定一尊是后来的事。

可以毫不夸张地说，每一个经典圣哲的诞生，每一个新文化机运的到来，甚至哪怕一个像样的小人物的问世，都是以问号为胚胎，并且都可以用问号标识其特征的。

宗教好像有些例外，那是一个只能信而不能问的领域。但是吊诡的是，宗教恰恰是问得无法再问时才停下来的。释迦牟尼成佛之前没有一天不在问，他在菩提树下哪里是在静坐，那是在问，而且是“大问”。事实上人类的“大问”、“母问”都集中在宗教那里。

由问而信，由信而问的反复轮回，这是人类精神现象的两大矛盾运动，也是一个人精神活动的两种基本形式。从个体生命而言，一般地说，问号是属于少时的，而句号是属于老时的。老人和小孩都喜欢喋喋不休。不过小孩打破砂锅问到底，是不断地把问号洒于世；老人絮絮叨叨，则是把自以为是的结论告于人。

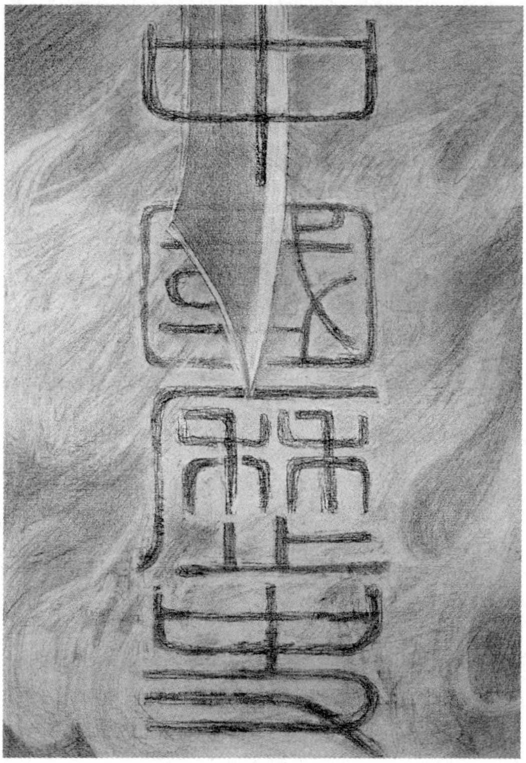
《圣武》

画家裘沙夫妇却是倒着来的。他们的青年时代，是在只有信而没有问中度过的。如果你有幸读裘沙那时的个人画集（倘没有能够，是不妨留心那个时代出版的“革命读物”，其中很可能有他的作品），那样，你将发现，其中只有句号，绝无问号。裘沙作为一名“文艺战士”，曾在全国范围内获得过嘉奖。那年月，他甘心在红人的角色中，不知道怀疑，不知道反思，没有青年人应有的问。至于王伟君，一个今天看来也不乏“天真纯情”的少女、长期的少儿美术工作者，居然也没有好好地问一问用大人的逻辑设计小儿有多大的合理性与合法性。

我相信她一定有过疑窦，一定在孩子们的“工农兵画”、“大批判画”前皱过眉；也许，这一切还来不及定格为问号，便作为“小资产阶级艺术情调”，由自己悄悄地给革掉了。

进入70年代，裘沙夫妇先后进入“不惑之年”。不惑意味着结论。可是他们反倒“惑”了起来，孩子般地问了起来。仿佛已经逝去的“而立”、“不惑”岁月不作数，人生要从头再来。

“我从哪儿里来？”

“妈妈肚中来。”

“妈妈从哪儿来呢？”

“从妈妈的妈妈肚中来。”

“再往前呢？很前很前的前呢？”

……

打破砂锅问到底，这是典型的儿童问法。每一个人之父母都会碰到这样的纠缠。裘沙的问题没有这样直观，但却类似孩子：

“我是谁？”

“我算什么？”

“我是奴隶。我是阿Q。”

“我为什么要做奴隶？为什么要做阿Q？”

“我能不能不做奴隶？不做阿Q？”

“我能不能做一个人？”

……

裘沙夫妇这时不愿问老人，也无老人可问。他们已成老人，只有自我纠缠。

大概从此开始，他们把自己那栖身的小天地命名为“破砂锅居”。“破”，是一个动词，一种动姿。可以想象，这一对大小孩发愿于怎样一种新的生活方式，将进行怎样一种心灵的纠缠。

不过，使二人由大而小、返老还童的不是通常人格心理学上的周期循环，而是一次偶然又不偶然的变故。

由于一桩令人听了还要揣摩何以构成事件的“事件”，他成了“政治骗子”。由红得发紫一下子变成垃圾般的乌黑。一扇扇本来向他敞开的朱漆大门向他砰然关上，一张张熟悉的脸突然向他板起了面孔。猝不及防，跌入深渊。他对人生的复杂性从未盘问过、疑惑过，而别人替他准备的现存答案此刻全成了空洞的谎言。他毫无精神的准备，“只好眼睁睁地看着自己的毁灭，无可奈何地毁灭”。

一个人面临灭顶之灾时，首先想到的是摸索希望。有死亡心理报告称，人在这种时候最容易想到母亲，想到以母亲作象征的家园，可是他早已没有了母亲，那位年青的善良的女性生下裘沙的第二年就被礼教逼疯了，不久就如祥林嫂一般地死了。不知是他在之前曾有过隐约的希望储备，还是家园感起了作用，总之，他想到了鲁迅，这位绍兴老乡。

鲁迅很不以为然将其著作列为青少年读物，认为没有阅历的人读不懂他的东西。裘沙年过四十，也许适逢其时，他一下子就从中读懂了人生，读出了希望。他们说是鲁迅给了他们活下来的勇气。可是，读过鲁迅的人都知道，鲁迅并不许诺什么希望。他认为希望是无所谓有，无所谓无的，并且讨厌喜鹊，而宁可乌鸦般地报告坏消息，或者撕毁自己的和别人的好梦。那么，鲁迅是通过一种什么样的思维路径支撑着这一对夫妇的呢？

这机关就在于，从鲁迅那里，他们知道了，先前的玫瑰色不过是一种错觉，不值得怀念，跌下来不足惜，它使自己站到了实地。所以王伟君说，他们同时感谢“文革”。

实地便是支撑。他们由此获得了一种蓝天般的澄明，“于一切眼中看见无所有，于无所希望中得救”。他们把逝去的一切推开，光荣与幻想，统统化为零。

他们将笔墨狼藉的斗室命名为“零斋”。零便是无所谓有无所谓无。只有不断地“走”，不断地“反抗绝望”，才是真的。这便是他们一发而不可收，20多年如一日，走自己的独木桥，心无旁骛地营造其《鲁迅之世界》的秘密。

也许，对于他们的探索，弄学术的会不以为然，因为其中没有理论“范畴”、“概念”；奔艺术的会不以为然，因为他们没有归落于某个画派和圈子；守教育的也同样会不以为然，因为他们乖违教学大纲和操作矩度太远。大概因了这些，再加上竖子般地不通世故，虽然其成就早已广闻于朝野，并饮誉于海外，他终于只能以副教授退休。

呜呼！在可以靠法术批量生产“教授”、“著名某某家”的今天，在他的作品越来越远播海外的今天，这个头衔也就越来越构成一种讽刺。他讽，抑或自讽？

根据“不以为然”者的标准，也许这些“不以为然”不算是误读了他们。但有一点可以肯定，他们已经通过疑问、诘问、盘问、拷问，逐步识破了身外之物奴役人的把戏，并自觉地把自己为之奋斗过的一切不断化为了零，不为之所累，从而主宰自己，不断地释放自己。摆脱奴役，进入创造难道不是生命中最重大的事件？还有什么比这更有魅力和更有原本的价值？

同时，正是把自己还原为独立的人，他们又不期然而然地切向了学术、艺术之大宗大本：自由。而让羁勒和“他由”于论坛、艺坛、教坛的“不以为然”者失去了平衡。

人文世界的大道法则常常就是这样奇怪。

（二）

那么，人们有理由并且应该提出这样的问题，裘沙夫妇是不是或者说会不会成为鲁迅的奴隶呢？一个年轻的女记者已经在一次会上发出了类似的疑问。

大人们不屑于回答小儿们的这类问题。然而小儿们的问题未必是好回答的。

这是孩子之问。理应在“打破砂锅问到底”之属。我不知“破砂锅居”的两位大“小人”问过这个问题没有。这疑问不能轻易放过，非同小可。

撇开裘氏夫妇本身，从理论上讲，以任何一个有限的人和他物为宗本，偶像化，都有可能失去自己。这是通则，即使所宗本的是鲁迅，也绝不例外。所以如何定格鲁迅，这对任何一个“以鲁迅为楷模”的人都必须警惕的。偶像化常常就是在不自觉的情况下悄然而至的。

钱理群大概有感于此，在《心灵的探寻》一书的引言中，曾分别引用了两位诗人的句子，来申言自己的立足点：

霜风呼呼地吹着
月光明明地照着
我和一株顶高的树并排立着
却没有靠着。
我如果爱你——
绝不像攀援的凌霄花，
借你的高枝炫耀自己；
我如果爱你——
绝不学痴情的鸟儿，
为绿荫重复单纯的歌曲；
也不只像泉源，
为常年送来清凉的慰藉；
也不止像险峰，
增加你的高度，衬托你的威仪。
不，这些都还不够！
我必须是你近旁的一株木棉，
作为树的形象和你站在一起。
——舒婷：《致橡树》

他认为，研究者与鲁迅，不管自己是如何平凡，都必须保持与伟大的对象，“在精神与心理上的绝对平等”。那就是说，二者之间必须是“‘并排立着’的平视，而绝非俯视的审判眼光，与仰视的卑谦心理”。

多少年前，有一位学者曾在一次会上就此提出“商榷”（钱缺席），他认为这是“自高自大”：“我们怎么能与鲁迅平视呢？”

我很吃惊。以为鲁学界中人，无论如何，都要“商榷”，那我们的学者们究竟是在什么样的意义上“学习鲁迅？”究竟在何种意义上把握了鲁迅，而称其伟大的呢？这实在叫人难以放心。

由此可以引出一个问题：在解释者眼里，毁偶像者可能不可能成为偶像？破教条者可能不可能成为教条?

事实说明：可能。文本的价值，从来不是“客观的对象”单独提供，而是由释读者一起来创造的。这就正如奴仆的眼中只有主子和奴仆，而不会有真正的英雄。当代西哲不承认有孤立的“客观文本”，决非胡言。

所以，要接近鲁迅，解释者必须“立人”，必须回到“我”自己，“张大个人之人格”，“以己为中枢”。这是防止偶像化、教条化的绝对原则，没有别的法门。可以说，鲁迅一辈子都在以各种调子宣说这个原则，只是“尊崇者”恰恰在这至关重要的一点上听不懂。

而裘沙夫妇的可贵，正是没有忘记在此。他们的切入点，正是集中在鲁迅的“立人”思想。从选择鲁迅开始，就是为了学着他，从此站起来，做一个独立的人。(他的“破砂锅居”及其生产的上述问号，便是一个证明。）从这个意义上说，寻找鲁迅就不是寻找他物，而是寻找自己。

他们是不是已经寻找到了自己，成了一个独立的人。这倒是其次。20多年的努力表明，他们恪守着这种选择，一如既往。这就足以让人放心。

近年来，二位多次倡议，以“立人”

《中国的进化》

思想为主题，召开鲁迅思想讨论会。在鲁迅立人思想提出90年之际，他们终于如愿。也正是在这个时候，他们推出了以“立人”为宗旨的大型画展——《鲁迅之世界》。

（三）

看裘沙夫妇的画展，已经是第二次了。第一次是中国美术馆，谈不上很深的印象。由于彼时的心境使然，只是对其中一幅《五色旗下“无声的中国”》刻骨铭心。多少年了，我能随时从记忆仓库中提取出来。如果能使画笔，我甚至可以凭印象复写出来。当然，我更能把彼时的情感回忆出来。至于其他的画，几乎一幅也不记得。那是六年前的事。

但是自此之后，脑库中储存了“裘沙夫妇”这个概念。他们零星发表在有关杂志上的作品也是看的，但也不过是看看。或会心地笑一笑，或会心而不笑，如此而已。

第二次是今年 9 月，地点是炎黄艺术馆。这次让我会心的却不只是某些画，而是其中的主题。二位以醒目的文字将其标出：“取今复古，别立新宗”（其巨型画册亦以此为题而刻于卷首）。更严格地说，引起我注意的是其中的一个“宗”字。而我所以一下子注意于此而且亢奋起来，是因为我近年来追根究源的，正是这个“宗”字，而且，我正在撰写的一部书稿，书名就拟为《别立新宗》，用以对鲁迅世界作哲学读解。

因此我看得很认真，为了求证印象，我甚至造访其府，对其人其画寻踪。

裘沙夫妇瞄准的，是鲁迅思想的一个制高点。并且，他们把透视的焦点集中于《文化偏至论》，还就此写过一篇题为《何谓“鲁迅新宗”》的论文，认为这“新宗”不是别的，而是“尊个性而张精神”的“立人之道”。这是一种很到位的努力。而这一切，由两位艺术家作出，多少叫人诧异。

然而，我并不是说他们已经登堂入室。这一点裘沙先生很自觉，他说他现在还在探索。

因此，将《鲁迅的世界》整个地说成是他们艺术探索的结果，并不贴切，我宁愿说这些作品只是他们追寻的踪迹。事实上，正如上述，比较自觉地从“别立新宗”的制高点来把握鲁迅，是两人近几年来才有的。虽然，凭着他们的人生体验和艺术悟性，之前的很多作品也与“新宗”相遇，但由于没有成熟的理解背景，这种相遇往往是偶然的。

这种不自觉，必然影响到了对鲁迅的“视界融合”，影响到了对鲁迅的开掘。不妨例举之。

科学技术、科学知识在鲁迅思想中，当然是有位置的，但鲁迅本质上不是一个科学主义者，他不可能同意胡适等的“科学人生观”之说。他对科技的肯定是很有分寸的。从“致人性之全”、人的“主观内面之精神”出发，他提醒注意科学对人生的僭越：“奉科学为圭臬”、“举世惟知识之崇”。提醒物质至上主义对人的性灵的吞咬。相对于科技、知识的物质力量而言，他更看取的是科学中的人文价值。即便是科学发现本身，他更强调科学者的“理想”、“圣觉”、“超自然之力”或“非科学的理想”。这些天才的思想同当今世界对工业技术文明的反省，以及当代世界西方人文思潮，是一致的。这是人类的一种共同语言。关注人类命运者、立人者，理当关心世界的这种存在状况。

然而在我所读到的裘沙夫妇的所有画中，却不见这个主题。整个来说，裘沙夫妇关注的是“人对人”的奴役。“物对人”的统治，这同样是对“立人”的否定。大概是现实中深恶痛绝的情感中心使然，他们多少忽视了鲁迅的这一思想。当然，二位画家不仅注意而且浓墨重彩地表现了鲁迅对“升官发财”、“求福”之类的揭露；但此种揭露，历史上早已有之，并不构成鲁迅之为鲁迅的深刻洞见尤其是现代水平。裘沙先生承认：“没有对技术文明的反省的作品，是确实的，这是在现实生活中，我们还没感到这方面的压力。”我则认为，既然是“鲁迅之世界”，就应有鲁迅之“世界人”眼光和生命触角。事实上，这种压力在当今中国早已赫然地与传统的物役搅在一起，辗轧着、吞噬着人的灵魂。

我想，如果在今天新的境界上重新咀嚼和处理这些材料，情况也许会两样。

两位艺术家对我将其20多年的心血之作理解为“过程”或“踪迹”表示了极大的兴趣，我那惴惴不安的心才定了下来。于是我又斗胆建议：

以前的作品分别从鲁迅的杂文、小说、散文等侧面描绘对象，那这只是一种横向表现。而即将挥毫的《鲁迅画传》，应该理解为一种纵向的历史勾勒。我以为这还不够。这是因为，上述内容过于追求鲁迅思想的社会功能效果，并没有完成鲁迅的形上的精神世界的把握，而后者，因为它扬弃了一些偶然的历史细节，也就更能勾勒出与人类性更相通相契的鲁迅之魂。因此还应该有，在这纵横之笔的基础上的比这二者更抽象、更原型、更凝练、更诗意的因而更艺术化的元点（或原点）的绘画语言，作点睛之笔。而这最后一点，不仅是艺术语言的真正用武之地，尤其与他们的现代派手法相宜。

此三者合起来构成一个立体坐标，由局部具体而广延抽象，由近于图说诠解而臻于艺术完美，以形成他们更丰满的《鲁迅之世界》。而无论是哪一部分，都应该在画家会然于己心的“新宗”之光的烛照下进行。

这本是站着说话不怕腰疼的玄论。听了我这一番不知天高地厚的门外胡诌，裘沙先生竟毫无玩笑之意地说：让我们把以前化为零，从零做起。其坦然之状让人肃然。

（四）

不知两位先生在命名“零斋”的时候，是否想到过鲁迅“一切都是中间物”的话。这里不妨说，“中间物”就是不完善，就是“零”。在“过客”眼中，终点和起点是一回事，都是零。“过客”不在乎起点与终点，只知道按心中的声音“走”，由中间物寻找无限。

无限永远不可及，但得永远地寻找；寻找就是问，就是探索，就是反抗绝望。人生的意义就在这反抗之中，不在之外的喝彩与勋章。

也许，这些“建议”对一对年近七旬且心力交瘁的老人过于残忍，但我以为他们已经具备足够的意志和艺术力走下去，并突破一个个零。假设过去的“零”对他们只是一个休止的句号，或者说，一枚勋章，剩下的时间就只是抚摩、把玩勋章，我想他们的心性决不会安顿，生活也绝不会有乐趣。

这难道不是更残忍？

况且他们“纠缠如毒蛇，执着如怨鬼”，不愿就此走出“破砂锅居”，还要打破砂锅问到底。况且，从存在论上讲，人既然走出伊甸园，就只能挣扎，无法宁息。除非人不想做人而化为木头。

“我还是走的好”，这已经是“过客”之宿命。

1997 年 11 月 1 日

（原载《鲁迅研究月刊》1998 年第 3 期）

鬼气·血气·正气

孙 郁

看了裘沙夫妇的《鲁迅之世界》画展后，几位朋友，曾开过一个小型座谈会。钱理群先生说："这些作品，充满了血气。"这话，我是同意的，好像也说出我内心的感受。读解《鲁迅之世界》，不仅又体味到了鲁迅的悲愤、痛楚的灵魂，更主要的，是在其中，看到了当代文人对这颗灵魂相呼应的精神觉态。这不是简单的对鲁迅气质的复制，我以为这里隐含着鲁迅以后的文化史，以及这一文化史所折射出的知识分子的内在情结。鲁迅以及鲁迅以后的文化纽结，那么深地嵌在这里，几代人的忧患与企盼，都在这里汇聚了。

浏览《鲁迅之世界》，不会有半点的轻松。它的调子是沉郁的、肃杀的。依我看来，裘沙夫妇的世界，纠缠的是鬼气、血气，还有正气。这是作品的底色，一切精神气韵，都是在这个底色中生发出来的。我很感慨于作者的心绪，他们那么虔诚地还原着鲁迅的世界，每一幅画，都印有浑厚的情绪。绘画的道路是多样的，风格亦多姿有别，可裘沙夫妇，偏偏选择了鲁迅，且一画就是20余年。没有什么语言能像鲁迅那样更准确地描摹中国人的灵魂了，裘沙夫妇相信，在绘画世界，追寻鲁迅的足迹，可以找到一个属于自己的精神表达式。他们的困惑与焦虑，在鲁迅的世界里，得到了自由的释放。

鲁迅曾说，自己的作品，太黑暗了，这黑暗，在我看来，便是亦隐着某种鬼气。读他的小说、杂感，寒冷之处，散出的常是地狱般的阴森。他毫不畏怯于这鬼气，那凛然正视于它的存在的勇气，我们看了，不禁吸一股冷气。鲁迅作品常常缠绕着魔鬼的阴影，《野草》、《彷徨》便是淹没在这一长影中的挣扎。所谓鬼气，一方面是对存在的虚无的揭示，是实在的非人道性；另一方面，便是鲁迅自己内心绝望的心绪，它与佛教中的苦难感交织在一起，呈现出灰暗的、阴晦的色调。这一切，深深地感染了画家，我在裘沙夫妇的笔致里，重新感受到鲁夫子心灵痛楚的一隅。

那些关于旧礼教吃人的画面，关于知识分子孤寂心境的描摹，可以说将一个浑厚的精神预言呈现出来了。画家勾勒绍兴风俗，孔乙己、祥林嫂、阿Q，形象可感，可以说色泽相吻，仿佛鲁迅的小说被重新激活了。祥林嫂绝望的神态，以现代派的笔法抽象出来，我在这里读出了软刀子杀人的残酷。裘沙夫妇的画面布满了哲思，那痛楚的形象统统笼罩在鬼气之中，使人不得喘息。而阿Q的形象，入木三分，在压抑的氛围里，他的木然、自欺、得意的样子，虽不免滑稽，可其破陋的身影后，给人的是无量的哀痛。我以为裘沙笔下的阿Q，是对鲁迅作品精彩的复原。第一眼看到他，便让人感到阿Q的原貌便应是如此。仅仅流于滑稽不是阿Q，仅仅木然呆板也不是阿Q。阿Q的世界是“鬼气”王国的唯一的活的“存物”，他是黑暗世界里，弱小者得以苟活的写真。裘沙夫妇的笔调是诗意的，在阿Q形象的背后，有着太多民俗的与哲学的意向，这意象融进了画家独有的体验，他们把千百万读者的感受，汇聚到同一个焦点上了。

画家在这一点上的体验，使我看到了不同的艺术语言表达同一意象的可能性。文字与绘画在呈现人的心灵活动时，存在着共同的脉息。它们以不同的途径而抵达到同样一个彼岸。裘沙夫妇的特点在于，不仅仅像一般鲁迅研究者那样囿于抽象与顿悟，而是经历鲁夫子的精神原态，将心境完全移植于对象世界里，并以相近的情绪对鲁迅进行了当代式的解释。我觉得画家的身上是染有鬼气的，与裘沙交谈的时候，我深切地感受到他的这一特点，这正是他与鲁迅交流的前提。裘沙在以自身的经历，印证了旧文明戕害人的个性的残酷性，“文革”中绝望的历史，使他在深切的感受中，走进《野草》的世界。无所不在的“无物之阵”，正在向弱小的生命压来。画家在传统绘画与西洋绘画里，从未找到像鲁迅式的精神意向，他们忽然从鲁夫子绝望的抗争里，悟出了生存的勇气。一遍遍感受着，一遍遍呼应着，在无所有的灰暗中得救，在与鬼气的搏杀中苏醒，构成了画家世界一个崭新的图式。

《鲁迅之世界》中的鬼气，达到了出神入化的程度，似乎一切理性的话语，都不及这影子的沉重。画家捕捉乡民、知识者、乡绅、恶棍，无一不淹没在夜一般的冷寂中。裘沙夫妇善于描摹鬼影，佛家世界森然的地狱之景，在画面中纷至沓来。鲁镇的雪夜、楼阁上的酒客、原野的狼迹，读了不禁令人栗然。他们的画面永远滚动着这类意象。这是“荒原”感、“地狱”感。《野草》世界斑驳的意象，被重新唤起了。“乞求者”、“墓志铭”等寒气袭人的图式，是鲁迅式的，也是现代主义式的，我从画面中的色泽、形态中，好像回到了《野草》的文本。真的，不是经历过精神“荒野”的人，不会创作出如此浑重的作品。以鲁迅为中介，画家找到了一个属于自己的世界。

在这个世界里，还明显地呈现着另一种气息，这便是钱理群所说的血气。血气者，一是个体自由意志的冲荡之魂，一是殉难者与幼小者的死亡的形迹。画家在自己的作品中一再渲染着血淋淋之感，好像整个世界都罩在其中。他们对鲁迅关于礼教吃人的理解，对刽子手以软刀子杀人的思考，均颇有见地。死灭的天地间洋溢着血色，人的灵魂被忧愤与绝望所充塞着。《狂人日记》、《灯下漫笔》、《为了忘却的纪念》等等，那昏暗而泛红的调子，被他们以更惨烈的方式加色处理着，给人以强烈的震撼感。这些血色不仅在小说的系列中被强化着，而且在杂文的图式中也被突出着。鲁迅的杂文，是他的生命的表达方式，也是其生命的存在形态。画家们注意到了鲁迅血性的气质在思想中的投射，他们在画面中不断强化着动感，强化着生命之流的冲荡气息。诸如对“中国脊梁”的理解，对“生命的路”的审视，其中突奔着岩浆般的激流。裘沙夫妇对鲁迅叛逆意志的领略是很有特色的，一方面是茫茫的苦海，一方面是孤独漂泊者的奋然独行，“我以我血荐轩辕”的凛然之气，在那里浑然迸出。《觉醒》那一幅，在恐怖的目光里，映现的是血，画家的血迹涵括了“仁义道德”的母题。《呐喊》的画面，是一双手捧着一个生命的胚胎，胚胎的周围，是红红的光泽，好像人的希望的朗照在那里散开。《杂文之图》画了一个裸体者在荆棘中劈荆斩棘而行的姿态，身的背面印着曙色，而足迹则染着斑斑血迹。行路人的前方是泛着亮色的唤召，虽然它是朦胧的，常常淹没在暗影里，但那旗帜般的光泽，将生命的路映亮了。这是一幅哲理的图景，那里不仅有着鲁迅那一代的憧憬，也有裘沙夫妇那一代的渴望。读着画家的作品，内心不禁在燃烧着，好像感受到了梵高，也体味了珂勒惠支式的情感。我在那些变形、畸态、压抑的画面里，依稀聆听到了来自先驱者内心的汩汩流动的自由之声。他们的作品太沉郁了，有时让人喘不过气来，但那其间却涌着生命之流。画家处理人物、环境，均带有强烈的主观色泽，紧张、劲健、冲荡，使呆板的人物形象后，流出别一样的声音。这声音属于鲁迅的，抓住了它，便抓住了艺术的灵魂。

裘沙夫妇的画，是痛苦心灵的折射，几代人对鲁迅的读解，差不多都汇聚到了他们的色彩和线条间。这使作品升腾出一股正气。这便是鲁迅所谈的“民魂”，他说：“惟有民魂是值得宝贵的，惟有他发扬起来，中国才有真进步”。（《华盖集续编·学界的三魂》） “正气”乃是植根于民众中正义的精神，它是人类赖以进化的内驱力。裘沙夫妇注意到了此点，因此，组画中几乎看不到流行的世俗的东西。我一直觉得画家身上蕴含着一种渴望，在纷纭多致的图景中，其表达的是相近的东西。在那些充满忧患的画面间，鲁迅模式成为一种灵魂，这在他们那里几乎成了先验的东西。将鲁迅精神先验化，一方面使裘沙夫妇找到了一个思想支点，但另一方面，自我的潜能便被淹没在鲁迅的智慧里。对正气的追索一旦成了先验化的注释，自我就可能消失了。画家的感人之处或者局限可能便在这里。应当说，在对鲁迅小说、散文的把握上，两人的技艺是精湛的，但对杂文的解释，有时确有观念化的痕迹。这令人想起某些宣传画的作品，将理念形象化，容易限制精神的自由流动。解释鲁迅必须绕开先验的存在，鲁迅的诱力便在于对先验的否定，从人的极终价值法则即人的个性出发，去构画思想。画家们实际上在深层领域已意识到了这一点，之所以将形象观念化，其实正是对一种极终的价值理想的企盼吧？画家们凭着敏锐的感觉，捕捉到了鲁迅世界中蕴含的凛凛正气。《又为斯民哭健儿》、《于无声处听惊雷》、《健壮的新芽》、《前驱的血》、《中国的脊梁》、《解放幼者》等等，尽管还带有宣传画的旧痕，可那其中对鲁迅精神的揭示，是令人难忘的。裘沙夫妇钟情于对一种确切性观念的追索，这使作品不得不与“载道”式的寓言模式相吻。其实每幅图画在深层的空间里均是一个隐喻，我在这里感到这两位画家竭力揣摩或抵达思想者精神彼岸的苦境。西方宗教绘画里是有这类神圣的冲动的，裘沙夫妇似乎亦染有一种殉道的情感，他们“从一而终”的虔诚里，闪烁的正是圣界式的纯正之光。诸如对“立人”的理解，对“希望”的思考，对个体价值与民众生存的反省，都迸射着一种焦虑的渴望。无论是令人窒息的画面，还是奔放、冲动的图景，那其间，是有着带泪的嘶喊的。一百年来中国民众的精神追求，被画家以特异的笔触，融汇在自己的画面里。裘沙夫妇可贵的一面在于，不仅努力地还原着鲁迅的世界，而且以韧的精神，将鲁迅以后的中国的风风雨雨，汇聚到自己作品的底色里。读解鲁迅，其实正是读解中国。这些作品以整体方式，呈现出几代人心灵的历史，那生生不息的“民魂”，从这里向我们滚来。黑暗中诞生的光源是最迷人的，在血气与鬼气间生长的艺术，比象牙塔的闲适、雅致要更美丽、动人。仅此，《鲁迅之世界》，会长留于天地之间。

（原载《鲁迅研究月刊》1998年第3期）

画家与哲人

张梦阳

见到画家裘沙，就想起“行走的哲人”余纯顺。

从外表看，裘沙和余纯顺一点儿也不像。余留着大胡子，身材健壮，气概非凡；裘从未留须，身体瘦弱，话音轻微。然而从精神上观察，他们又实在太像了。在很多人物欲膨胀、永无餍足的时候，余却只需一顶帐篷、一个睡袋、一瓶净水和一包压缩饼干，甚至在阿里荒原吃榨菜嚼黑虫；裘虽然已是扬名中外的大画家，却仍生活清朴，衣衫简素，形若穷教书匠，家里破破烂烂，无一件高档家具。余离开许多人求之而不得的大上海，独自行走于雪山激流、大漠荒滩之间，付出了8年青春时光，11次过长江，17次渡黄河，用他那双大脚一步一个脚印量出了川藏、青藏、滇藏、中尼公路5条天险路的全程。裘摒弃高价卖画的生财之道，25年来矢志不渝地在鲁迅的世界行走，为寻找阿Q的原型，访遍绍兴的街巷河桥，为汲取鲁迅思想的精粹，长年浸泡在鲁迅著作中，为寻找最恰当的绘画语言表现鲁迅的一个思想，往往苦苦构想很长时间，甚至10年之久，终于以沥沥心血凝结出千余画幅，成就了《鲁迅之世界全集》的艺术巨制。余在高耸入云、晶莹肃穆的雪峰和深不可测、万年静卧的冰湖面前兀然肃立，被大自然的造化之美惊得目瞪口呆，在精神的大自由中享受宇宙万物的赐予。裘则在鲁迅世界的深刻、博大、奇崛、瑰丽的大气象面前，仰首静观，低头默想，将大悟后的结晶化为形象、睿智的画面，一进入炎黄艺术馆《鲁迅之世界》展厅，就令人顿生一种大气沉潜、真力弥漫之感，大哲与大悟、超凡与壮志如蒸腾的云霞回绕于画幅之间，使观者与画家一起共享鲁迅这位宇宙精灵的大智慧。当然，他俩在行走中也略有不同，余孑然一身，孤旅独行，在就要与已通132小时长途电话的红颜知己尚昌平谋面结婚的前夕，于罗布泊遇难。裘却与同是画家的王伟君结为伴侣，比翼双飞，令人敬仰，让人“嫉妒”！

在人们把余纯顺当作探险壮士、上海骄傲顶礼膜拜的时候，雷达先生独具慧眼，看到了余从物化威胁中寻觅心灵自由的哲学精神，以“行走的哲人”称之，揭示了这位“精神上的超凡者”的真谛。同样，要领悟裘沙、王伟君《鲁迅之世界全集》的真谛，也必须首先把握哲学精神，看到他们和余纯顺一样，都是“行走的哲人”！

其实，他们毕生景仰的鲁迅先生又何尝不是一位“行走的哲人”？！鲁迅在《野草》的《过客》中就这样描绘了自己的精神化身：“约三四十岁，状态困顿倔强，眼光阴沉，黑须，乱发，黑色短衣裤皆破碎，赤足著破鞋，胁下挂一个口袋，支着等身的竹杖”，不管前面是野百合、野蔷薇，还是坟地，都一往无前、义无反顾地走、走、走……

只有抓住这种根本精神，才能理解和表现鲁迅的哲学。

“至今为止的统治阶级的革命，不过是争夺一把旧椅子”——这是鲁迅对人类历史作出的警策、形象的哲学概括。而改变这种现象是极为艰难的，鲁迅却“明知前路是坟而偏要走”，勇猛、悲壮地“反抗绝望”。裘沙夫妇颇费匠心地用一把“旧椅子”和寓意深邃的背景画面精警地表现了鲁迅的历史哲学与反抗精神，振聋发聩，耐人寻味。

《要想进步，总得连根地拔去了“二重思想”》

《二重思想》的画面更令人惊醒，我也由此开出了反省的路——自己头脑深处不也是兼有帝王思想与共产主义信仰吗？“我若为王”，不也会如此这般？！绝大多数人都难于改换这样的头脑，简直是几近绝望！而鲁迅却韧性地反抗着……

《闭着眼睛便看见一切圆满》——脸上挨了一巴掌，血印深深烙在面颊上，却闭着眼睛，“用瞒和骗，寻出奇妙的逃路来”，此人像是阿Q，又像是我、你、他……而鲁迅偏要打破这虚假的圆满，唤醒人们睁了眼看世界……

《无声的中国》——把大半个中国地图幻化为人面纹，中国人的咽喉被铁夹夹着……试想中国倘无鲁迅那样的绝望的反抗，那样的无畏的呐喊，该会怎样更加的沉默？！

海涅说画家为名著作插图时，应当再现“诗人显示给我们的形象背后的深刻思想”。裘沙夫妇正是再现了鲁迅显示给我们的形象背后的深刻思想、历史哲学和反抗精神。刚听说他们要画鲁迅杂文之图时，我曾有所疑虑，觉得思想是难于以画面表达的。现在我叹服了，他们知难而上，不停“行走”，结果比小说之图更上一层楼，更为深刻、成熟了。个中道理，或许在于鲁迅杂文本身就是以简劲的形象语言表达凝重的哲学思想，那些上升到哲学峰巅的精粹部分，是最简单、直接、明了而又最含蓄、深厚、蕴藉的。裘沙夫妇呕心沥血，终于发现了这些精粹，苦苦构思出最易于表现这些精粹的画稿，又以深湛的素描功底和蜡笔、油彩等与鲁迅风格相适的抽象派现代手法，将这些精粹成功地凸现了出来。其中的哲学与美学问题，真值得写一部或几部学术专著加以论析。

裘沙、王伟君说他们是经历了那场“空前的浩劫”，才抛弃了人们强加于自己的“假鲁迅”形象，而“找到了鲁迅思想的真谛”的。这段自述，令我想起他们那幅《受骗之后》的画：亚当与夏娃惶惶然捂脸而行，后边是真与假的背景……这莫不是他们的自画像？！我们这一代中国知识分子岂不是都有过这样的心灵体验？鲁迅痛心于中国知识分子的“不悟自己之为奴”，他正是为了没有奴隶也没有奴隶主的“第三样时代”而反抗绝望，这恰恰是鲁迅思想的真谛。大疑大悟，小疑小悟，不疑不悟，不对奴隶时代种种以假乱真的骗术表示怀疑，就不可能“悟自己之为奴”，不可能走出奴隶时代，不可能成为“真的人”！而这种疑与悟，只可能在自己的痛苦体验中获得，在对历史与社会的深刻认识中升华。

无论做什么事业，倘没有挣脱奴隶状态的悟性，进入自觉的哲学境界，都难于成为大家。徒步旅行，如果仅是“壮士”探险，就可能适得其反，把自己的心情走坏，变成浮夸的狂人和“路痴”，不可能成为“行走的哲人”。挥笔作画，如果仅是把画当成赚钱的工具，就只可能与大艺术无缘，充其量成为画匠，不可能是真正的画家，成就《鲁迅之世界》这般的大气象。做学问，如果没有张汝伦先

《孤独者》（小黑白画）

生最近强调的陈寅恪“读书不肯为人忙”的传统学术精神，将生命融化在学问之中，就可能陷入曲学阿世、俗学媚世、伪学欺世的泥淖，变成奴性十足的犬儒，哪里会成为大学者？！

于此商品时代，愈发须注重哲学精神。其实，最早提倡商品经济、市场规律的孙冶方、顾准等大经济学家、大思想者，不正是这种精神的典范么？

“我们不想为官，不想作匪，更不想充当衙役和马弁；我们要弘扬的是民族魂，要遵循的是鲁迅必尊个性而张精神的新路。事实证明鲁迅先生将永远与我们同在。”后来在电话里我问他为啥不让日子过得好一点儿，也画点能卖钱的画。裘沙说：“我不喜欢敷衍。我不渴望天堂。我喜欢地狱，因为在地狱里，你能听到怨鬼的呼号。”这一番表白让人警醒让人心寒，我们久已听不到、拒绝听呼号，我们沉浸在嗲嗲的“也”声中很久了。这种神圣的忧患意识难道就产生于这贫穷、逼仄、不公平的生存状态？

裘沙夫妇画的是鲁迅的世界，表现的是自己心中的呐喊，鲁迅的世界也是裘沙夫妇的世界。日常茶饭的谈话，即是他们留给我们的大说教。

理想主义者裘沙和王伟君《孤独者》组画之三《我已经真的失败，——然而我胜利了》的画面上画出了暗夜里发出像一声狼嚎的孤独者魏连殳头朝下坠落下去的情景，让人想起鲁迅“梦坠空云齿发寒”的诗句。正如鲁迅在引进异邦新声，倡导摩罗诗派时曾寂寞地问：“今索诸中国，为精神界之战士者安在？”我们比任何时候都更需要鲁迅。

（原载《鲁迅研究月刊》1998 年第 3 期）

高龄“产妇”裘沙拼命产下巨婴

——《鲁迅之世界全集》出版了

细 雨

大陆画家裘沙伉俪，不避艰辛，无畏万难，穷毕生之力，终于完成了一部巨著——《鲁迅之世界全集》。

为了出版这部高水准的巨著，裘沙筹备多年，几经波折。工作无分巨细，要求极端严格，一切非达到尽善尽美不可。举例来说吧，本来用简体字已排好了版，毅然决定临阵换将，改采繁体字印刷，目的就是要尽量忠于原著。因为鲁迅当年在世时，根本没有“简体字”这玩意儿，他的经典之作的一笔一画都是以繁体字写成的。

巨著的另一特色是：每幅插画的题句，引经据典，都出自鲁迅作品的原文，并有最精确合适的英文翻译。中英对照，相互辉映，妙处无穷。由此也可窥见这“巨婴”人小志大，一出世就想进军国际，扬名天下。

《全集》包括三大卷，光看封面内记载，就知它出身名门，身价不凡。

书名：鲁迅之世界全集（全三卷）

作者：裘沙　王伟君

出版发行：广东教育出版社　河北教育出版社

印刷：深圳当纳旭日印刷公司

规格：787×1092 毫米，8 开本，134 印张

版次：1996 年 11 月第 1 版

书号：ISBN 7-5406-3671-8

重量：净重 10.5 公斤

售价：人民币 1800 元

出版期间，裘沙全家总动员，除了裘沙夫妇领军外，两位少爷裘小鲁、裘大力都榜上有名，担任了要角。还有译校者裘克安先生也鼎力相助，可说是裘氏菁

英尽出。裘氏素来是罕见的“稀有民族”，这次可大大的扬眉吐气了。

裘沙已年近古稀，以医学的眼光来看，凡超过 45 岁以上的，均属高龄产妇，生产是相当危险的，何况怀的是巨婴，所以笔者将这次出版比喻作“高龄产妇生巨婴”，一点也不过分。

裘沙是笔者的嫡亲侄子，只小了两岁，但他得叫我“小叔”。原来家母生过十个小孩，其中两个是夭折的。裘沙的父亲是老大，我属老么。裘沙是我大哥的大儿子，本名伯浒。他下面尚有许多弟弟，是依照伯、仲、叔、季排列命名的。最后的四弟因排列用完了，便叫做“毕序”。

我们叔侄年龄相仿，从小一起读书，一起游玩。中学时代都爱读鲁迅的小说。直到大陆将易帜时，我们才分道扬镳。他留在大陆致力艺术，我则来到台湾习医。后来，裘沙专门从事鲁迅作品的插画，娶了爱妻王伟君。两人志同道合，夫唱妇随，从此只羡鸳鸯不羡仙了。

鲁迅在大陆上有至高无上的地位，是众所崇拜的偶像。且看毛泽东对他的称颂：“鲁迅是中国文化革命的主将，他不但是伟大的文学家，而且是伟大的思想家和伟大的革命家。鲁迅的骨头是最硬的。他没有丝毫的奴颜和媚骨，这是殖民地半殖民地人民最可宝贵的性格。鲁迅是在文化战线上，代表全民族的大多数，向着敌人冲锋陷阵的最正确、最勇敢、最坚决、最忠实、最热忱的空前的民族英雄。鲁迅的方向，就是中华民族新文化的方向。”

鲁迅在大陆上既有如此崇高的地位，裘沙是鲁迅作品的插画家，理应也受到礼遇，事实上却不然。正如流言所传：大陆上一个研究原子弹的科学家，其待遇尚不及在路边卖茶叶蛋的老头儿。裘沙家的生活过得很清苦。

我起初摸不清状况。1991 年 5 月，我和老伴专程飞北京去看裘沙。满以为他是有名的画家，住的一定是花园洋房或高楼大厦，食宿不成问题的。我们舍弃旅馆而住进了他的家。还有一个原因是：我们已 40 多年不见了，浩劫后重逢，要谈的话太多，该好好的叙旧一番。同时借朝夕相处的机会，也可以亲身体验他们的生活。

我们被带到五层高的公寓，没有电梯，背着行李，爬得气喘如牛。

房子很小，只有一间卧室，一间客厅，还有简单得略备一格的厨房和洗手间。我们大失所望，但已不能打退堂鼓了，只好“既来之，则安之”。

卧室里只有一张床，裘沙让我们睡，他们夫妇则在客厅搭起木板安身。我想推辞，但主人以客为尊，硬说我们是长辈，又从远道来的。我们也就恭敬不如从命了。

裘沙骨瘦如柴，身体一向不好，三天两头有病。半夜里，听到阵阵咳嗽声从客厅传来，使我深感不安，怕他睡不惯木板，又担心他旧病复发。

伟君养了一只宝贝猫，名叫“咪咪”，全家对它宠爱有加。主人作画时，常常以它为模特儿。它从小养尊处优惯了，长得肥头胖脑，一副福相。白天，它眯着眼睛伏在窗台上养神，夜间则跟主人同床而眠。那晚，它不知床已让给客人，仍照常来床上睡觉。内人讨厌它，但挥之不去。后来它大概发觉有异，离去前，狠狠地在内人放置那里的衣服上，撒了一泡尿，以示抗议。

裘沙的卧室与客厅，堆满了各种书籍和杂志，还有各式的画框，挤得似乎透不过气来。所有的书橱、书架显然已不敷应用。如此狭窄纷乱的居处，裘沙竟能画出了不起的杰作，是不可思议的。我也不敢想象，这样局促的房间，美籍名作家葛浩文博士和台湾的大作家兼史学家柏杨先生，还有许多大陆上的知名人士，都曾到过这里，作为座上客。这情况正如《陋室铭》所写：“室雅何须大，花香不在多；谈笑有鸿儒，往来无白丁。”

停留北京期间，我们每天忙着游览各处名胜古迹。晚上，兴致勃勃的裘沙，他脑子里尽是些鲁迅作品插画的构想，又为我们用幻灯片展示他的新作，并不厌其详地在一旁解释。

鲁迅的小说，插图一目了然，容易被接受，但散文却有点深奥，令人莫测高深。我看着听着，渐渐地觉得眼皮沉重起来。裘沙看到我疲态毕露，只好草草收场，否则难免会演出“对牛弹琴”。

鲁迅著作等身，为其作品作插画的画家很多。光是《阿 Q 正传》，据我所知，除裘沙外，尚有丰子恺、丁聪、程十发等。但丰氏只画了几十张，丁氏也画得不多，程氏画了 108 图。独有裘沙，凭着一股傻劲，竟画了 200 图，名曰《阿 Q 正传二百图》，实际上不止此数，而是 203 图。鲁迅其他的作品，从事插画者更是寥寥无几。但裘沙每年都有大量的新作发表。这次《全集》是集历年来大成，把鲁迅所有的作品都一网打尽了。

裘沙被誉为画鲁迅像的权威，这头衔是最具资格的批评家萧军授予的。萧军是鲁迅一手提拔最得意的学生，师生过从甚密。无疑的，萧军是能瞻仰鲁迅风范最多的人。他曾经说：“我看过不计其数的鲁迅画像，我认为裘沙画的最酷肖、最

《现在要图，实只在熬苦求学》

传神。”

从此，裘沙的鲁迅画像便声名大噪。大陆上有许多研究鲁迅的杂志，争相采用，作为封面，连美国也流行。例如某美国大学的李欧梵教授，出版了有关鲁迅的英文著作——《Voices from the Iron House》（铁屋中的呐喊）。未经裘沙同意，用他画的鲁迅头像作为封面，被我发现了，便写信告诉裘沙，他再转告在美国的朋友葛浩文，葛又传话给李欧梵。李立即向裘沙致歉，并赠送该书讨教。

大约两三年前，裘沙就有出版鲁迅全集插画的计划。得悉后，我真替他捏一把冷汗。想鲁迅作品浩瀚，以裘沙百病丛生的身体，如何担得这艰巨的工作？我深怕他吃不消，说不定连老命也得赔上。

筹备工作一展开，裘沙即一心一思，全力以赴。他夜以继日，孜孜不倦，忙得连生病的时候都没有。

出版的横生枝节，日期的一延再延，叫人失去耐性。只有裘沙的信心丝毫未减，努力也从不松懈。

每次我写信去问裘沙“何时能出书？”他总回答说：“快了，快了！”但始终“只闻楼梯响，不见人下来”。

《全集》终于在千呼万唤、引颈翘盼中问世。裘沙为了让我先睹为快，特拜托正要来台北参加学术交流的吕政先生转交。

接到吕先生通知，我和内人马上赶去他下榻的旅馆。只见房间内放着像箱子般的麻布袋，我猜这就是《鲁迅之世界全集》。但它的大小颇使我吃惊。试试重量，怀疑里面盛的是铁板，我暗暗叫苦，但不动声色，怕内人发现。老伴有过惨痛的经验：记得第一次返乡探亲，我贪得无厌，买了一大批书，拖回台北。结果所盛的箱子挣破了，双手的筋也扭伤了。从此以后，妻闻“书”色变。我们送给吕先生一份礼物，再三感谢他不辞辛劳，把那么笨重的书，千里迢迢从北京带到台北来。

这《全集》委实太高太大了，我所有的书橱和书架都容纳不下，只好暂时放在桌子上。三卷庞然大物紧紧地装在用布和硬纸板糊成的盒子内，没留一丝空隙，要拿出来很不容易。于是我动脑筋，设计了一个小机关，只要拉动一根绳子，书即可顺利出来。我的外孙和外孙女，这四个小捣蛋，知道此秘密后，便时常来拉绳子，屡试不爽，觉得新奇好玩。

自从拥有《鲁迅之世界全集》后，我顿时成了又富又贵的人。可不是吗？书商在广告中说：“穷者因书而富，富者因书而贵。”凡亲朋好友光临寒舍，我总要拿出《全集》来献宝，顺便也展示我得意的“拉绳出书”的玩意儿。

拉拉杂杂地写了许多。我本来是想写裘沙在恶劣的环境下，排除万难，冒险出版《鲁迅之世界全集》，结果偏差了，只得自我解嘲说：

“虽不中，不远矣！”

1998年元月九日于台北市

（原载《嵊讯》1998年8月第21期）

裘沙与《鲁迅之世界》

李 可

你知道“横眉冷对千夫指，俯首甘为孺子牛”吗？

你知道“吃的是草，挤出的是奶”吗？

你知道祥林嫂、阿 Q、孔乙己吗？

1999 年 10 月 19 日，裘沙将在鲁迅博物馆举办“鲁迅的世界”画展。

尽管晚了一年，《鲁迅的世界》终于出版。

画册摆在裘沙的案头，厚厚的，三大本，布面精装，印刷考究，配上精致的锦匣，很庄严，也很沉重。裘沙不善言谈，给人一种木讷甚至迟钝的感觉，但脸上仍然荡漾着自豪和满足，话语也就多了几分。

裘沙的画我早已看过——毕竟与裘沙相识已有几年，而每次见面，都要谈他的画，谈他的画册，谈他心中的鲁迅，谈许多许多的人和事。然而坐在裘沙那张破旧的沙发上，望着已经打开和没有打开的画卷，我似乎真正体会那庄严——鲁迅精神的庄严，我似乎真正理解那沉重——追随鲁迅的沉重。

（一）

在一次画展上认识了裘沙。

1995 年岁末，为纪念世界反法西斯战争胜利 50 周年，悼念“南京大屠杀”中 39 万死难同胞，北京一些艺术家举办了一个名为“毋忘国耻”的画展，裘沙的画也在其中。那天早晨飘起了雪花，天阴沉沉的，肃杀的冬日使参观者走进展厅时带着满身压抑。

裘沙的画始终以鲁迅为题材，一幅《凶兽和羊》引得许多人欷歔徘徊。画以

《凶兽和羊》

鲁迅《华盖集·忽然想到（七）》“可惜中国人但对于羊显凶兽相，而对于凶兽则显羊相。……也还是卑怯的国民。我想，要中国得救，只要青年们将这两种性质的古传用法，反过来一用就够了：对手如凶兽时就如凶兽，对手如羊时就如羊！”为题，将画面剖为两半，一半是一个低眉顺目的柔弱女人，面对张牙舞爪的猛虎，双手合十，绝无丝毫反抗的意思；另一半则是一个狰狞的恶人，手持锋利的短刃，扑向一头温顺乖怜的小羊。女人和恶人其实是一个人，一个人的两面。我对绘画完全外行，我很难用自己的语言评说这幅画的艺术水准，但我能确切地感到画面传达的信息，我感到羞愧和耻辱……

一个纤巧的女孩在裘沙画的鲁迅像前放上一束花，花为这个悼念亡灵的展览带来几分亮色。她鞠躬的时间很长，随后用不很流利的汉语同裘沙谈了起来。她说她从日本来，她说她真的不知道她的民族曾有这样血腥和残忍的历史，她说她的灵魂正被痛苦地吞噬。和裘沙一样，我们都相信她是真诚的，她没有必要为她的国家承担责任，经过了半个世纪，记忆不是已经淡漠了吗？我们甚至觉得，让她看到这些卑鄙、龌龊和残暴，对一颗清纯美丽的心来说，是否公平？不过，不忍看不愿看却不能不看，这就是历史，历史对任何人都是公平的，承认历史需要良知，甚至需要勇气。

和裘沙熟了，便向他约稿，约他的画，也约他的文字。记得最早用在刊物上的一幅画名为《切实的奋斗和目下的危机》，画面上方大约占据五分之三空间，是一头健硕的牯牛，正拉着粗糙的犁铧，在荒蛮的土地上艰难地行进，大概这就意喻着“切实的奋斗”；下方一分为三，分别画着一只自鸣得意的蝉、两只凶猛无比的斗鸡、一只正在撕扯猎物的狐狸，同时配有“清谈”、“内斗”、“谋私”的提示，这自然是“目下的危机”了。如果这还不能说明问题的话，那么请看鲁迅的文字：“我们的古人将心力大抵用到玄虚飘渺平稳圆滑上去了，便将艰难切实的事情留下，都待后人来补做，现在可正到了试炼的时候了。现今觉悟的青年，至少还可以共同奋斗三十年。不够再一代，二代……但足以破灭这运动的危机，在目下就有三样：一是日夜偏注于表面的宣传，鄙弃他事；二是对同类太操切，稍有不合，便呼之为国贼，为洋奴；三是许多巧人，反利用机会，来猎取自己目前的利益”。鲁迅先生离开我们60多年了，按先生的说法，当时“觉悟的青年”即使今天依然健在，已是耄耋老人，而那“再一代”、“二代”，或者二代以后的“……”其实究竟算作哪一代并不重要，问题是那些“艰难切实的事情”我们做得怎么样，问题是那些“目下的危机”仍然是“目下”的“危机”。这真让我们汗颜——我们自己、我们的上一代、甚至我们的下一代。

文学家以文字言志，画家以线条和色彩述怀，雕塑家和建筑家以泥土、金属和木石达意，音乐家以旋律抒情，舞蹈家以形体的律动造型，戏剧影视等表演艺术家则以声音和体态叙事，不同的艺术形式可以表现各自的主题，也可以表现共同的主题。裘沙用绘画手段表现鲁迅作品的思想内容，这种解析是否确切（囿于解析者的艺术功力和理解能力，也囿于不同艺术形式表现手法的局限）姑且不论，但这种尝试是有意义的。早在1981年，王朝闻先生即写信给裘沙说：“这种勇于探索的行为是值得肯定的！”

（二）

1930年4月，裘沙出生于浙江嵊县崇仁镇。崇仁离绍兴不远，如若起早，只须翻过一座小山，当天即可打个来回。裘沙的家境与鲁迅也有几分相似，祖上曾是大户，但没落了，没落的家族仍然保留着过去的传统。

少年裘沙其实就生活在“鲁迅的世界”。鲁迅笔下的山水草木、风土人情，在别人，也许是需要把握的艺术形象，而在裘沙，却是对故乡最深切的记忆。那阴暗的冬日里漂泊在河上的乌篷船，那狭窄曲折总是湿滑的青石路，那酒店那毡帽还有那茴香豆，甚至那弥漫在空气中的泥土的潮气，这一切，对裘沙是那样亲切，那样鲜明，那样终日萦怀挥之不去。裘沙说过，他之所以将鲁迅作为毕生的追求，首先是因为鲁迅作品唤起的乡情与亲情，是那种细雨闲花般的滋润，是那种本能地发自内心的喜爱；当然，更重要的是鲁迅精神的感召，是鲁迅对人生、对人性的深刻揭示，是鲁迅使他懂得如何做人、如何做事。

鲁迅离开这个世界时，裘沙还是一个不谙世事的幼童，而跨越半个世纪的时空差异，使自己的心真正贴近鲁迅，真正感受鲁迅思想律动的脉搏，裘沙说，是逆境中以鲁迅为砥砺，对社会、对人生的重新思考。在家乡上中学时，裘沙就爱读鲁迅的小说，那时吸引他的主要是作品中浓郁的乡土气息，是鲁迅著作中越咂越醇的醉人芬芳，但这不是读懂了。真正读懂鲁迅，是这以后，特别是“文化大革命”经历了人生的跌宕起伏后对心灵深处和外部世界重新审视的时候。如果我们不能用大彻大悟这个词汇形容这时候的裘沙，至少可以说，裘沙因此获得精神的解脱，因此获得生活的勇气和奋起的力量。他不再苦闷，不再因为种种不公长吁短叹，他从鲁迅身上获得一种强烈的使命感，这使命感使他决心用绘画宣传鲁迅精神，宣传中华民族的骄傲。

裘沙开始在同样身处逆境的文艺界人士中收集资料，工作异常艰苦但却令人终生难忘。裘沙回忆道，他曾三次请教茅盾先生；他因此成为冯雪峰先生全家的忘年挚友，而那时他竟不知冯雪峰已经身患癌症。每当讲到冯先生热情与他探讨鲁迅，几次拖着病弱之躯挤乘公共汽车，远道赶到裘沙的五层陋室，揣摩画稿、分析作品、促膝倾谈，裘沙总禁不住哽咽。

裘沙的第一幅作品是《又为斯民哭健儿》，脱稿时间是1973年，画的是鲁迅由许寿裳陪同参加杨杏佛烈士的送殓仪会。为了这幅作品，裘沙七易其稿。

为了使创作符合生活的真实，裘沙并不满足20年故乡生活的积累，他七次回到故乡绍兴，一次次在那些乡间小路上走过，一次次与那些鲁迅反复刻画的小人物攀谈，寻找鲁迅思想发展的脉络，体会鲁迅对故乡人物和生活的把握，发现今天仍然保留着的昨天的烙印。这些努力没有白费，正如江丰先生所言，裘沙的作品“凝聚着作者对生活的严肃思考，它奉献给伟大鲁迅以一颗赤诚之心。正是用这颗赤诚的、颤动的心，挥运画笔，去理解、去揭示生活的底蕴”，因此，他笔下的艺术形象“别开生面，自具典型”。

（三）

“横看成岭侧成峰”。苏轼《题西林壁》中的名言给后人留下许多美学遐想，也留下许多哲学思考。

裘沙用色彩和线条在画布（或画纸）上显现鲁迅用文字描述的形象，这种再创作的前提是忠实于原作，但使用的手法不同。然而，恰恰因为使用了不同的艺术手段，与一般读者甚至鲁迅研究者相比，裘沙多了一种观察鲁迅的新的视角、新的方法。或者说，裘沙用画笔将鲁迅提供的艺术原型凝固为画面，又从对这画面的反复观察与揣摩中，对鲁迅溶解在文字中（或者隐藏在文字中）的思想有了新的发现、新的理解。艺术为裘沙提供了一柄解剖生活的新的手术刀。

比如阿Q。阿Q是鲁迅笔下最具代表性的人物，按照鲁迅的解释，“阿Q该是三十岁左右，样子平平常常，有农民式的质朴、愚蠢，但也很沾了些游手之徒的狡猾。在上海，从洋车夫和小车夫里面，恐怕可以找出他的影子来的，不过没有流氓样，也不像瘪三样”。一些学者认为，鲁迅对阿Q的态度是“哀其不幸，怒其不争”，裘沙却认为并非如此，因为在当时的历史条件下，阿Q能争到什么呢？他不是已经把辫子盘到头顶上，向革命党递交了入党申请书吗？为了造反，阿Q不是连性命都丢掉了吗？裘沙认为，阿Q只能成为阿Q式的革命党，“我要什么就是什么，我喜欢谁就是谁”，破坏有余建设不足，不可能给革命带来任何胜利的希望。但这并不是阿Q形象的典型意义所在，如果阿Q仅仅是个农民，非但当时那些并非农民的小官吏没有必要认定作者是借阿Q之名辱骂自己，更不可能在时隔多年之后，在“文化大革命”中产生那么多阿Q式的革命党。阿Q形象的概括力和普遍性，的确超越了某一阶级或阶层的界限，而具有全民族的意义。鲁迅说过：“我虽然已经试做，但终于自己还不能很有把握，我是否真能写出一个现代的我们国人的魂灵来。”

这是一种什么样的魂灵呢？裘沙指出，这是被新世纪的曙光照彻的千年封建社会的沉重痼疾，这是对什么主义都无干的单有“我”的魂灵，这是以威福、子女、玉帛为内容的纯粹个人兽性方面欲望满足所组成的最高理想。这种国民性表现在阿Q身上，便是威风和阔气。他在现实生活中屡屡碰壁，便乞灵于精神胜利法，不是先前比人阔，便是儿子会比人阔。而那场革命的白日梦，正是这种种狂想在阿Q魂灵中的反映。裘沙说，鲁迅以他那犀利的解剖刀，无情地剖析了包括阿Q

在内的各式人等的现代国人的魂灵，剥出一个危害我们整个国家民族魂灵的大毒瘤。

基于以上认识，裘沙笔下的阿Q是个令人无论如何笑不出来的人物。以木炭为绘制原料，以黑白二色为基调，以破旧的屋宇和阴暗的背景构筑的空间，更增添了作品强烈的压抑色彩。阿Q的布衫、阿Q瘦骨嶙峋的身材、阿Q难得闪出亮色的眼睛、阿Q头上盘住辫子的蜻蜓一样的竹筷、阿Q在囚车上才仿佛有些清醒有些觉悟的自嘲，看过这些画面，直让人不得不咽下苦涩的泪水。裘沙认为，一些影视作品把阿Q处理成小丑模样，不啻于用力胳肢一位极度悲苦的人，你要他笑，还是要他哭？难怪一位文学界前辈说："读《阿Q正传》而不仰天长啸，恸国民任人摆布直至以颈血供人观赏者，非志士也。"

美国著名汉学家葛浩文博士称赞裘沙夫妇解释和表现鲁迅作品的成功，并认为其与19世纪英国画家H．K．布朗的插图同狄更斯作品的不可分割性有异曲同工之处。日本著名作家野间宏则称裘沙夫妇"用绘画向中国人民和世界人民宣传鲁迅，是一件对世界和平具有贡献的大事业"。

（四）

裘沙称自己位于北京三里屯的居室为"破砂锅居"，我以为恰如其分。

第一次造访裘沙，印象最深的是那只双人沙发。裘沙很热情地把我让到沙发上，同时很尴尬地告诉同去的一位女士，那沙发其实只能坐一个人，因为弹簧都坏了。人坐在左边，弹簧们被挤到右边；人坐在右边，弹簧们被挤到左边；如果两边同时坐人，很难预料会发生什么情况。

那套两居室单元房间很小，也很旧。一间是裘沙夫妇的卧室兼储藏室，另一间则是会客室、餐厅兼画室。看着那几乎转不开身的狭小空间，我问裘沙如何作画。裘沙告诉我，惟一的一张写字台是王伟君的（王伟君早年毕业于沈阳美术学院，是中国美术家协会北京分会会员，夫妇二人携手在鲁迅的世界耕耘），裘沙的画案只是一块木板，平时，木板放在不起眼的地方，用时拿出来，一头搭在书柜上，一头搭在窗前的暖气片上，几百幅画作就这样一幅幅从这块木板走向庄严的展厅，走出国门，走向世界。若是画大一些的画，就要启动那张沙发了。沙发搬到门厅，腾出来的地方将将可以放开一张稍大的画板。画再大一些的画，屋里放不下，只

《雄大的魄力》

好求朋友，找熟人，到美术院校借一间画室，看人家的脸色，还得听人家的吆喝。

曾以为画家都是富有的。一幅画，动辄成千上万，随便拿出三幅两幅，还愁挣不够一家人的吃穿使用？可裘沙偏偏不卖画。他说，凡得意之作必是心血凝结，无论出价多少，总是不肯出让的；若是稍逊一些的作品，自己尚有遗憾，便拿出去换钞票，如何对得起鲁迅，如何对得起他人。朋友们劝他，既然人家欣赏你的作品，总比锁在自家柜子里好；又劝他，精品舍不得卖，不妨仿制一幅两幅出让，也好改善工作条件，创作更多佳品。劝的人多了，裘沙似乎心动，也会答应“考虑”。不过看得出，他在搪塞。

贺敬之曾为裘沙夫妇的画展题词：“鲁迅活着——活在继承鲁迅传统的艺术家笔下；鲁迅活着——活在为社会主义现代化斗争的战士心中。”我因此似乎对裘沙有所理解，理解一位战士的情怀：那每一幅画，便是他生命的每一个链条；一个个链条串联起来，便是他一生走过的路。他时时审视自己，时时检索这路上的每一个脚步。鲁迅的世界就是他的世界，鲁迅的世界就是他的生命——生命的价值中没有金钱的位置。

的确，裘沙的生活是清苦的，清苦得让人不可理解。60多岁的人了，无论参加会议，还是探访亲友，无论路途远近，也无论春夏秋冬，夫妇俩总是早早出门，去挤北京城永远拥挤的公共汽车——为了守时，更为了省下几个钱，买那些越来越贵的画笔颜料，买几本心爱的画册。那一年，北京国际艺苑举办裘沙夫妇的画展，开幕式当天，老两口不敢大意，破天荒打了一回“的”。以至于到了展厅后，裘沙逢人便说，今天是打“的”来的，很为自己的奢侈而激动。

我当时也有些激动。我真不明白，追随鲁迅为什么竟是如此艰难，为什么“必先苦其心志，劳其筋骨，饿其体肤，空乏其身”？后来，见到裘沙常用的一方印——“砚田牛”，想到鲁迅的“俯首甘为孺子牛”，想到“吃的是草，挤出的是奶”，我似乎有些醒悟，似乎感觉到：灯红酒绿、纸醉金迷中是出不了鲁迅，也是出不了裘沙的。如果这便是“天将降大任于斯人”的预示，我想我应该释然了。

毛泽东说过：“旧中国的圣人是孔夫子，新中国的圣人是鲁迅。”我想，这是激励裘沙遨游鲁迅世界的精神动力，也是对鲁迅存在与价值的最好诠释。

（原载《中国合作新报》1999 年 9 月 23 日第 12 版）

倾毕生精力，造民族之魂

——画家裘沙、王伟君伉俪完成《鲁迅之世界全集》

袁惠贞

用绘画来表现鲁迅思想的《鲁迅之世界全集》三卷，是中央工艺美术学院教授裘沙、王伟君伉俪作为一项文化工程、呕心沥血25年而完成的大型美术作品集。被人们称为“世纪之交的艺术巨作”。

《鲁迅之世界全集》不仅是裘沙、王伟君围绕鲁迅作品而创作的水彩画、木炭画、速写和其他绘画艺术的画集名称，而且是对鲁迅内心“世界”忠实而感人的再现。他们对鲁迅思想炽热的爱，倘若没有绘画广阔无垠的空间去释放，他们羸弱的身躯必将枯萎。像梵高渴望生活，裘沙和王伟君渴望真理，渴望真善美，渴望中华民族宏大昌盛的气象与伟力早日复兴。他们已不是为艺术而艺术，而是为和平、自由、进步事业呐喊而艺术。

裘沙、王伟君都是鲁迅的同乡。裘沙先生生于1930年，20岁以前不曾离开故土。他对家乡的生活十分眷恋，对鲁迅笔下的人物有着浓厚的感情。特别经历了那场“空前的浩劫”，更深刻地认识到鲁迅的伟大，并开始用画笔来表现鲁迅。为了更准确地刻画鲁迅形象，他于1975年完成了《鲁迅》照片集的搜集、考证、整理和编辑工作；为了创作鲁迅小说的插图，他们曾多次回到绍兴体验生活。祥林嫂是鲁迅在小说《祝福》中刻画的平凡、质朴、不幸的劳动妇女。鲁迅曾这样描述祥林嫂：“五年前的花白的头发，到今已经全白，全不像四十上下的人；脸上瘦削不堪，黄中带黑，而且消尽了先前悲哀的神色，仿佛是木刻似的：只有那眼珠间或一轮，还可以表示她是一个活物。”从裘沙夫妇作品中可以看出他们对原作精神的准确把握，并以独特的绘画语言，予以表现和再创造。作为一种造型艺术，不可能像语言艺术那样对人际关系、社会网络进行翔实、细腻的描述，但却可以通过概括或象征等手法，予以形象地表现。欣赏祥林嫂组画，教人联想到那像山一样压在祥林嫂身上的封建礼教、宗法势力。也让人看到裘沙夫妇纯熟、简练、酣畅的笔法。

又如鲁迅名著《阿Q正传》，裘沙、王伟君共画了200多幅插图。这套作品的成功，首先在于对原著精神及人物性格的理解、把握，其次便是表现在对原著的忠实与视觉形象上的超越。阿Q这个享有世界声誉的小说人物，其典型意义就在于他所概括的精神内涵，已超越了其本身那个流浪雇农的形象，而体现出民族文化心态屈辱变形的历史。他质朴，却也沾有游手之徒的狡猾；他自尊自负，又自轻自贱；在现实中他处于被压抑、被损害的地位，但其精神世界却常处于“优胜”的境地，他那“精神胜利法”是一种与现状相悖反的虚妄的变态心理。裘沙夫妇的绘画正是基于对阿Q性格特征的准确把握而展开再创造的，他认为鲁迅的目的在于“要画出这样沉默的国民的魂灵来”（鲁迅：《俄译本（阿Q正传）序》）。在人物性格的揭示上，他力图恰如其分，一语中的，不满足于对文学作品的图解，而进行独具匠心的创造。

裘沙是位造型功底扎实、善于性格刻画的画家。刻画阿Q时，在200多幅作品中，他通过阿Q各种各样的表情、动态，生动、多侧面地揭示出阿Q交织着复杂因素的精神世界。往往寥寥数笔，便形神毕肖。

据画家介绍：“《鲁迅之世界全集》共三卷，第一卷为鲁迅论文、杂文之图，展示了从《坟》、《书信》等20多种著作中精选出来的有关中华民族前途和命运的主要论点；第二卷为鲁迅小说、散文之图，集中了画家为《呐喊》、《彷徨》、《野草》、《朝花夕拾》、《故事新编》等五部文学著作全部作品而创作的组画、单幅画，以及部分作品的人物造像；第三卷为鲁迅小说及其他作品之图，内容有《阿Q正传》207图，为《呐喊》等五种文学著作创作的小黑白画。《鲁迅之世界全集》三卷，共859图，其中一组插图曾获法国1991年读书节橡树奖。”

《鲁迅之世界全集》是作者对鲁迅思想的精辟理解和深刻表现。作品讴歌了中国文人从屈原到鲁迅的忧国忧民的民族情怀，具有中国诗、画、哲理相结合的独特风格。给人以深邃的启迪和强烈的心灵震撼。

（原载新华出版社1999年10月出版《艺林撷菁》）

带着鲁迅的诗魂奔向铁流

阿 涵

无 题（为了忘却的纪念）

鲁 迅

惯于长夜过春时，挈妇将雏鬓有丝。
梦里依稀慈母泪，城头变幻大王旗。
忍看朋辈成新鬼，怒向刀丛觅小诗。
吟罢低眉无写处，月光如水照缁衣。

在鲁迅诞辰120周年纪念的前夕，我曾给远在北京的中国现代鲁迅画家裘沙、王伟君通了电话。因为我们既是同学，又是战友，都是曾经自以为是鲁迅的学生，同时都是在风雨战斗中在鲁迅的旗帜下带着鲁迅的诗魂走向革命的，而今都已到年已古稀的老学生、老战士了。

当时我们都是杭州进步学联的学生，在中共地下党刘苇、倪贻德教授等带领下参加了于子三学运。在西湖雷峰塔下，一个破庙——杭州绘画研究所，我们经常在晚上和国立艺专的一些同学一起召开鲁迅诗歌朗诵会。记得朗读最多的是鲁迅先生收集在《南腔北调》集里的《为了忘却的记念》。在诗歌朗诵会上，这首无题的歌，我常常读得泪痕满脸。画家伟君，总是给我擦泪说：阿涵别哭，我们总有一天也去四明山闹革命的。

因而杭州解放的第二天，即“五四”节那天，我们终于实现自己的心愿，由第二野战军第十二军文工团美术队队长王建敏带领我们入伍。从此成了解放军的一员。解放金华、兰溪、义乌，接着就进军大西南。我就分配在三十四师一〇一团，参加白马山、乌江战斗，以及解放武隆、攻打白市泽机场、解放歌乐山的战斗。

重庆解放后，我军又回师北上参加抗美援朝出国作战，保卫祖国。我当时临时担任了战地记者，伟君在军部，后来调到三十五师。抗美援朝战争结束，我调到三十五师炮团，伟君考取了鲁艺，又实现她读鲁艺的心愿。直至成了鲁迅画的专家。伟君小我几岁，但对鲁迅著作有独到的钻研。

《遗给继续战斗者的启示》

去年抗美援朝50周年纪念，我们被军部邀请参加回娘家活动，我们相见又朗诵鲁迅那首诗，伟君说：李大哥别流泪。我在学校叫她小王、小妹。

当今在这伟大的纪念鲁迅的日子里，回想着往事，许多许多……因为我们是带着这首诗参加革命，奔向战斗的……

2001年9月20日

以鲁迅精神画鲁迅

马 克

无穷的远方，无数的人们，都与我有关。
——为纪念鲁迅诞辰120周年而作

裘 沙 王伟君

在我国当代画坛上，裘沙、王伟君夫妇是两位专门学习、研究鲁迅，并且献身鲁迅事业，以鲁迅精神画鲁迅的杰出画家。近30年来，他们不辞艰辛，锲而不舍，全身心地投入创作实践，共创作出了表现鲁迅伟大形象，解读鲁迅著作的美术作品一千余幅。

今年，欣逢鲁迅先生诞辰120周年，他们又在中国现代文学馆举办《世界之鲁迅》画展。这是他们举办的第23次也是最具新意的一次展览。新在哪里？新就新在思想认识的飞跃和创作主题的深化。由《鲁迅之世界》到《世界之鲁迅》，就是他们理论研究与创作实践密切结合的必然，也是他们创作主题进一步深化的集中体现。展览中许多有关题材的作品，都雄辩地证明着鲁迅的思想是超越时代和国际的。比如《无穷的远方，无数的人们，都与我有关》和《这样干，行吗？！》这两幅画，前者通过形象的深入刻画，揭示了鲁迅博大的胸怀，尤其是那双微眯远眺的眼睛，似乎已把大千世界融入自己的心中。后者则通过历史真实照片的映衬，表现出鲁迅鲜明的态度，他既支持苏联工农革命，但又反对极左的肃反运动。

如果我们再从外国的知名人士和广大观众的强烈反应来考察，则可以更直接地表明鲁迅是中国的，同时也是世界的。譬如法国学者鲁阿教授说："我们则欣喜地发现鲁迅的世界原来也正是我们的世界。""鲁迅——真理的传播者，我们需要您，比任何时候都更加需要您。"日本作家野间宏则称发扬鲁迅精神"是一件对世界和平有贡献的大事业"。在日本文化界甚至还有人欲借鲁迅精神作为振兴日本的力量。因此，今天我们纪念鲁迅，不仅因为他昨天的伟大，更因为他的思想今天仍然具有别人无法代替的作用。他的一些观点，不仅没有过时，而且好像就是针对今天的现实而发。

这次展览，更加充分地体现出裘沙、王伟君热爱鲁迅、研究鲁迅和表现鲁迅的满腔深情和执著的追求精神。可以说他们把自己的生命完全融入到鲁迅的精神世界里去了。正如我国著名艺术家黄宗江十年前所说："你们依附于鲁迅身上，看来，鲁迅也依附于你们身上。"他们除去画画，还写过不少研究性文章，并到一些大学举行座谈和报告，不遗余力地宣传鲁迅。最近他们出版的《新诠详注文化偏至论》及所附录的五篇论文，则以严谨的治学态度和独到的见解，大力张扬鲁迅思想体系的真谛，坚定不移地传播鲁迅的火种，企盼人类更加美好的未来。

尤其令人欣喜的是，这次展览的作者除去裘沙、王伟君两位主将之外，又增添了新成员。可以说，他们一家老少三代都带着自己的作品站到了宣传与捍卫鲁迅思想的前沿阵地。儿子裘小鲁和裘大力是第一次正式参展，他们的作品给展览带来新的活力，现代电脑制作的运用又拓宽了展览作品的表现手段。刚刚十岁的孙女裘星宇和七岁的孙子裘冕，在1999年于鲁迅博物馆举办《鲁迅之世界》的展览时曾各自以一幅鲁迅的素描头像参展，颇受欢迎。这一次他们更大显身手，分别为鲁迅翻译的荷兰童话《小约翰》和俄国作家爱罗先珂的《童话集》创作了两套长篇插图，而且还合作了爱罗先珂的剧本《桃色的云》和日本武者小路实笃的剧本《一个青年的梦》的插图。这些作品，色彩鲜明，形象生动，想象丰富，童趣横生，流露出他们对鲁迅老爷爷译作的天真感受和孩子特有的艺术才华，看后令人为之心动。这是鲁迅精神的感召力，是家庭教育有方的成果，预示着我国继承和发扬鲁迅精神的后继者是大有人在的。

如何正确地理解鲁迅，进而继续发扬鲁迅的精神，并非轻而易举之事。正如鲁迅所说的“改革，奋斗三十年，不够，就再一代、二代……”那样，国家民族精神的改革和振兴，同样也要经几代人的奋斗。

（原载《人民日报》2001 年 9 月 25 日第 12 版）

坚守我们的信仰，在今天的中国

——读裘沙：《新诠详注〈文化偏至论〉》

钱理群

裘沙先生这本装帧高雅、内容厚重的书，给我带来了惊喜，并引起了共鸣与深思。

惊喜的是，裘沙先生是一位著名的画家，竟然以如此大的精力来为鲁迅的著作专作“新诠详注”，这是我们这些专业的鲁迅研究者深感惭愧的。

裘沙先生说：“这是我和伟君两人梦想了近30年，想以自己的微力构建起这座鲁迅思想殿堂的一个至关重要的组成部分。”——这句话让我想了很久。

“近30年”前，正是“文革”的后期。记得裘沙先生说过，他和王伟君先生是经过“文革”的民族与个人的大苦难，在极度的绝望中发现、认识与接近鲁迅的。他们也同时发现、认识与接近了马克思主义。这就是为什么在这部主要阐释鲁迅“立人”思想的专著中，裘沙先生要郑重其事地引述马克思与恩格斯的《共产党宣言》的原因。

这一切都是我所能理解的：这里正包含了我们这一代人精神发展的历史。

我在很多的场合都说过，我们是读马克思主义的经典著作、毛泽东的著作，以及鲁迅的著作长大的。而无可回避的事实是，开始时我们的阅读是被规范化的，因而不免是盲目的。我们其实更多的是读讲解马克思主义与鲁迅的小册子，现在就看得很清楚，其中有许多私货，灌输给我们的有不少是“假马克思主义”与“假鲁迅”的东西。真正由“要我读”变成“我要读”是在“文革”的后期。在我们从精神的迷狂中醒来，开始用自己的眼睛看世界用自己的脑子想问题的时候，迈出的第一步就是甩开各种各样的小册子，直接读马克思主义的原著与鲁迅的原著。于是，我们在将生命一并投入的如饥似渴的阅读和独立思考中发现了属于自己的马克思与鲁迅。这种发现的喜悦我至今还难以忘却。记得当我在恩格斯的《路德维希·费尔巴哈和德国古典哲学的终结》里读到了下面这段话时，我感到的是一种刻骨铭心的灵魂的震撼："这种辩证哲学推翻了一切关于最终的绝对真理和与之相应的人类绝对状态的想法。在它面前，不存在任何最终的、绝对的、神圣的东西；它指出所有一切事物的暂时性；在它面前，除了发生和消灭、无止境地由低级上升到高级的不断的过程，什么都不存在。……它的革命性质是绝对的——这就是辩证哲学所承认的唯一绝对的东西"。

同样的震撼发生于读鲁迅的《关于知识阶级》，他在那里强调"真的知识阶级"是永远不满足现状的永远的批判者。于是，我发现了马克思与鲁迅的相通，并由此找到了自己的哲学，找到了自己作为"批判的知识分子"的存在价值和理由。我相信这样的心灵的震撼与选择也属于裘沙先生、王伟君先生。他们在本书中一再强调"辩证唯物主义的哲学"的意义就是一个明证。

当然，他们在30年前更注重的是鲁迅的"立人思想"。我曾在一篇文章里提到，"裘沙、王伟君两位艺术家，比我们中很多人都要早、也更深刻地认识了鲁迅的真正价值"。他们在"文革"后期，即发现了鲁迅的《文化偏至论》的意义（而那时最流行的观点，是视之为鲁迅前期思想的局限性的表现的），并根据鲁迅在世纪初确立的"取今复古，别立新宗"的目标，提出了"鲁迅新宗"的概念，认为鲁迅建立了一个以"立人"为中心的思想体系，这是20世纪终于诞生的中国的"新宗"。他们由此而作出了一个决定后半生命运的重大选择："以自己的微力构建起鲁迅思想的殿堂"，"为鲁迅的新宗奋力呐喊，这是时代付与我们的使命"。在他们呕心沥血、用画笔完成或部分完成了《鲁迅之世界画集》、《世界之鲁迅画传》两部艺术巨作的同时，又献出了这本对"鲁迅新宗"作理论阐释的学术著作。三部作品有如三足鼎立，互为呼应，本身也自成一个体系。为此，他们花费了整整30年的时间。

"30年"，这是一个相当沉重的数字，我掂量着它的分量。这30年，中国以及我们自身发生了多么大的变化啊，曾有过多少彷徨，动摇，"昨是而今非"啊。这两位艺术家却始终坚持着30年前的选择，不摇摆，不犹豫，心无旁骛，埋头硬干，"不知老之将至"。这种力量与境界，不是用"毅力"所能解释的。在我看来，最根本的原因在于，他们已经将鲁迅的"立人"思想化作了自己的理想与信仰。他们是为自己的理想与信仰而拼搏不止啊。

这是怎样一种理想与信仰呢？

裘沙先生告诉我们：鲁迅的"立人"思想的核心内容是力主"根柢在人"，"首在立人，人立而凡事举；若其道术，乃必遵个性而张精神"，即把发展人的个体精

《二十世纪之新精神》

神自由作为“立国”的根本。裘沙先生发现，鲁迅的这一“立人”思想，与马克思、恩格斯的《共产党宣言》的下述论断是根本相通的：“代替那存在着阶级和阶级对立的资产阶级旧社会的，将是这样一个联合体，在那里，每一个人的自由发展是一切人的自由发展的条件”。而按恩格斯在一封通信里所说，这条原则是最能概括“未来新时代的精神”的。

可以说，正是前述永远的批判精神与这里所说的追求“个体精神自由”的理想（在我们看来，这两点正是马克思主义与鲁迅思想根本相通之处），经过几十年的磨炼，已经成为像我以及裘沙、王伟君先生这样的知识分子的基本信仰。它决定了我们在现实生活中的基本立场与选择。

在“文革”以后的30年里，有两个最响亮的口号，一是“实现现代化”，一是“发展就是一切”。而作为一个有理想与信仰的批判的知识分子，我们还要追问：这是什么样的“现代化”，什么样的“发展”？

裘沙先生在他的《鲁迅的一篇纲领性的论文——〈文化偏至论〉》里，分析了曾经有过的几种现代化的发展模式：一是为个人私利而大挖国家的柱石，即所谓“个性与物质的结合”，这是鲁迅在《论雷峰塔的倒掉》里曾经批判过的，他称之为“奴才的破坏”；一是“大跃进”时期全民炼钢式的抛弃了科学精神的群众性建设狂热，那是“众数与物质相结合的社会实践”；一是“文化大革命”时期鼓吹精神万能的群众运动，这是“尊众数而张精神的全民大实践”。而历史已经证明，所有这些发展模式都给中国人民带来了巨大的灾难。历史是不能倒退的。

但我们任何时候都不能放弃“立人”的目标。物质的富裕与国家的富强，必须以保障每一个具体个体生命的精神自由为前提。如果相反，以对个体精神自由的剥夺与压抑来换取物质富裕、国家富强，人依然没有摆脱精神被奴役的状态，这绝不是我们所追求的“现代化”。

任何时候都不能忘记：“每个人的自由发展是一切人的自由发展的条件。”我们所追求的是“共同富裕与共同发展”，是每一个具体的生命个体的物质的满足与精神的自由。只要还有一个人或一个群体没有获得自由发展，我们自己就是不自由的，我们自身的发展也是不健全的。我们必须对作为社会的弱者、弱势集团的中下阶层以更多的关注，无视甚至鼓励两极分化，只着眼于少数“富人”的发展，绝不是我们所要的“发展”。

我们必须坚守这一切，尽管在今天的中国，一切理想与信仰都变得不合时宜。

我们必须坚守这一切，尽管我们清楚理想与现实的距离，尽管我们意识到自己的理想、信仰的某种乌托邦性。在本书所引述的恩格斯的书信里，在用《共产党宣言》里的论断来“概括未来新时代的精神”时，就已经说明：这是免不了要“坠入空想主义”的。

但我们仍然要坚守这一切，不仅因为人是不能没有乌托邦的，更是因为只有有了彼岸的理想、信仰的追求，我们才能永远不满足于现状，对现实保持清醒，不断地发出我们的批判的声音。

这篇书评，越写越近于“夫子自道”，这不仅是情不自禁，更是因为我一直把裘沙先生视为我的精神兄长，我们是“心有灵犀一点通”的，于是就有了这样的由共鸣而产生的任情发挥。应该感谢裘沙先生的大作给我及每一个读者的丰富的启示。

2001年8月19日写毕于燕北园

(原载《济南日报》2001年10月12日11版)

专画鲁迅的画家夫妇

摩 罗

尼采上小学时，有一天突降大雨，同学们都拼命奔跑着往家里赶，尼采却像平时一样不紧不慢地走回家来。母亲问他为什么不像别人那样跑回来，尼采说："老师常常教导我们，不要在街上奔跑"。

这个故事让我想起了一个完全一样的中国故事。画家裘沙先生在学校上体育课时，老师让学生跑步。所有的学生都跑出去之后，裘沙却原地不动。老师问他为什么，他看着脚上的新鞋说，奶奶讲过，穿了新鞋不能到处跑。

这种故事的解读方法多种多样，而且，发生过这种故事的小孩肯定为数不少，犯不着从这里寻找一个人日后建功立业的依据。但是，如果这样的故事再与故事主人公别的素质结合起来，那就是另一种情形了。以郑重的态度坚守自己的责任，以偏执的情感要求自己的行止，任何情况下都不放弃不迁就，这样的精神素质是一个人成就美好事业的必要条件。

裘沙在50年代是一个紧跟政策的画家和美术编辑。他像听奶奶的话那样听上级领导的话。后来的多次政治运动中，他不断受到批判。正因为他紧跟跟得太郑重，就更加无法理解无法接受人家对他的挑剔和批判。"文革"中，他们带着大儿子随团中央系统去了"五七"干校。有一次他请假回北京，深夜研读鲁迅著作。读着读着就大彻大悟了，禁不住趴在桌上嚎啕大哭。他说，难怪我怎么认真都得不到尊重，原来我不过是一个奴隶，以前怎么就不知道呢？鲁迅的这些书，以前也没少读，怎么就读不懂呢。30年后，裘沙先生对笔者说，读鲁迅的书，只有你懂得自己是奴隶，才能真正读懂。裘先生的这句话，我记得最牢。

就在那次嚎啕大哭之后，裘沙认清了他这辈子的使命，那就是用绘画的方式，与鲁迅进行精神交流。这之后的20年来，他和他的夫人王伟君女士，一直在画鲁迅著作。也就是用绘画的方式展现鲁迅作品（包括小说和杂文等）的情感和思想。

《窃火者》

现在，这一对夫妇又在画《鲁迅画传》。

这是唯一一对把自己大半辈子专于画鲁迅、只画鲁迅的画家。

他认准了穿新鞋不能乱跑，纵使有老师的命令也不跑。他认准了自己是一个奴隶，就用十倍的勇敢，为改造自己的奴性而工作。这就是不断与鲁迅所说的“真的人”趋近的人。

（原载中国工人出版社 2002 年 1 月出版的摩罗著《因幸福而哭泣》）

理解深刻，画才出色

刘乃元

（一）

多年来，为鲁迅作品画的图解已经不计其数，图解的风格不同，形象各异，这些区别主要来自美术家对作品理解的角度和深度。鲁迅笔下的人物常见的有数十个，已经被人们以各种艺术形式表现出来，特别是阿Q和祥林嫂在舞台和银幕上的形象早已为人们所熟悉，绘画和雕塑更不在话下了。裘沙、王伟君两位在《鲁迅之世界》中描绘的阿Q和祥林嫂和此前其他艺术形式中出现的这两个人物很不相同，令人耳目一新，可以表明画家对鲁迅作品的理解比许多人高出一筹。裘沙的两篇文章《略谈祥林嫂之死》和《写在〈阿Q正传二百图〉在日本出版之际》见解突出，说理透彻，读来受到很大的启发。这些文章说明了我们的画家对原著的理解超出常人。裘沙的图解所以出色，是因为他对鲁迅原著的理解出色。

（二）

先说阿Q。许多艺术形式把阿Q表现得愚蠢、可笑、鄙琐，头脑混乱而且流气十足，不折不扣的一个小丑和笑料。多年来随着艺术的传播，阿Q的这种形象已经家喻户晓，深入人心，只要提到阿Q，人们的头脑就现出一幅古怪而滑稽的嘴脸，时间长了就形成了习惯性的阿Q的形象，弄得非如此便不成其阿Q了。电影《阿Q正传》特地挑选笑星充当主角，足以说明阿Q在人们心目中应该是什么样子。其实鲁迅并不想把阿Q写成这个样子。鲁迅在说明阿Q的形象时首先指出这个人“普普通通”，他既不是流氓也不是笑料，所到之处并不引人注意，无论在未庄普通劳动者的队伍里，还是后来买他的贼赃的人群中，阿Q从来就是一个无

《阿 Q 正传二百图》之一（未庄人都用了惊讶的眼光对他看……）

声无息、默默无闻的人物，他即便突然失踪甚至死掉也许并不为人所知。阿 Q 其人不过如此，任何把他描绘或是表演成引人注目的小丑都和鲁迅笔下的阿 Q 相距万里。

裘沙的文章《写在〈阿 Q 正传二百图〉在日本出版之际》我读了好几遍，深刻地感觉到裘沙阅读《阿 Q 正传》和鲁迅的其他作品是极为认真的，在这方面我确实应该向他学习。裘沙指出，阿 Q 只是一个普通的国人，并非古怪的特别人物，不甘心屈服于侮辱和剥削，渴望革命但政治觉悟又低。他革命的目的是在经济上、生活上谋私利，阿 Q 式的革命党破坏有余而建设不足，非但不可能给革命带来胜利的希望，而且连阿 Q 本人也被钻进革命营垒的反革命势力镇压下去。裘沙进一步指出，阿 Q 并不仅是农民的典型，否则《阿 Q 正传》的发表就不会引起当时并非农民的小官吏认定作者是借阿 Q 之名辱骂自己，更不可能让我们在“十年动乱”中又产生阿 Q 式的革命党在中国大地上活跃的感觉，因为这些引起我们联想的人大都并非农民。这说明阿 Q 形象巨大的概括力和普遍性，远远超越了某一个阶级和阶层的界限，具有全民族的性质。

根据鲁迅为《阿 Q 正传》俄译本所作的序，裘沙认为鲁迅写这部小说的目的是要写出“中国人的灵魂”。写出一个民族的灵魂谈何容易，对于一个作家是何等巨大的任务，完成这样的任务需要何等锐利的观察和深邃的思考！

用图画表现鲁迅笔下的任何一个人物都不容易，表现阿 Q 这样一个不仅家喻户晓，而且多年来被某些艺术形式搞得面目全非的人物就更难。裘沙和王伟君为《阿 Q 正传》画了 200 张插图不必一一细说，单是第一页阿 Q 的图像就给读者以震慑。“亏他怎么画出来的！”人像贵在神似，裘沙画的阿 Q 头像活脱一位贫苦而劳累的农民，土气而且憨厚，狡猾但不聪明，看得出沾染了城市里的流氓习气，却没有丧失劳动者的本色，绝不同于舞台上惹人发笑的小丑。和以往不同艺术形式中各色各样的阿Q相比，这应该是真正阿Q的样子。

鲁迅先生为写阿Q绞尽了脑汁，写出了这篇不朽的杰作，鲁迅之外没有人写出阿Q。裘沙为了画出阿Q研究鲁迅作品，花费了多少心血，终于成功地创造了这个复杂人物的准确的形象。一位艺术家没有深厚的艺术功力和对鲁迅作品的深刻理解是不可能做到的。阿Q这样一个人物的出现，是中国文学的一件大事，因为他成功地代表了中国人的灵魂；同样的，裘沙、王伟君凭着对原著的深刻理解画出了与众不同的阿Q，也是中国美术的一件大事，因为他们帮助人们正确地理解了阿Q。

（三）

再说祥林嫂。几十年来在美术作品和戏曲舞台上，祥林嫂这个人物甚至比阿Q更为观众所熟悉。这个人物从青年到老朽，巨大的年龄跨度为演员提供了展示演技的绝好的机会。整个故事的情节已经家喻户晓，但祥林嫂最后究竟是怎么死的却没有引起舞台编导们足够的注意。裘沙在《略谈祥林嫂之死》一文中，通过仔细研读鲁迅原著，发现了鲁迅“是以高度的艺术技巧和异常深沉的潜台词来表现”祥林嫂之死的。这样就一举推翻了人们久已公认的“祥林嫂因冻饿而死”这个概念。祥林嫂是屡遭不幸、备受欺凌、至死不敢反抗的一位农村劳动妇女的典型。她老病交加，大年三十冻死在风雪中，赢得了无数观众的同情之泪。

《祝福》组画之一（她真是走投无路了。）

然而祥林嫂究竟是在不幸的面前俯首帖耳、逆来顺受，还是对压迫她的封建势力英勇抗击，拼掉性命在所不计呢？这是怎样理解鲁迅笔下这一人物的关键问题。

祥林嫂死前问了三个极为重要的问题，她想知道有没有阴间，人死后是不是变成鬼，以及死后能不能和死去的亲人相聚。一个再嫁的寡妇已经在鲁四老爷所代表的封建势力眼中没有容身之地，丈夫和儿子连续死去的巨大悲痛又压得她喘不过气。祥林嫂凭着极大的勇气和坚忍度过了晚年，但她没有向压迫她的恶势力投降。她始终不渝地爱着死去的丈夫和儿子，已经说明了她对封建势力的抵抗和蔑视。在生命最后的时刻她把对亲人的思念寄托在阴间鬼蜮，完全不把死后的恐怖放在眼里。祥林嫂特意挑选年底祝福的时刻自杀身亡，把鲁四老爷等人弄得怒不可遏而又无可奈何。拼出一死向阴间的恐怖挑战而同亲人团聚，同时也给阳世的敌人以沉重的打击，这是多么勇敢的、伟大的精神!

裘沙根据鲁迅的原著这样理解了祥林嫂之死，他的理解是有充分根据而不容辩驳的。这样的祥林嫂，和世俗理解的那个穷困潦倒、冻饿而死的老妇人真有天壤之别!

我们的画家给临终的祥林嫂画了一幅满头白发、怒目而视的正面像，眼里几乎喷出愤怒的火焰而绝无丝毫的可怜相，令读者首先毛骨悚然，继而感到巨大的同情和崇敬。我们的艺术家确实准确地画出了祥林嫂。

作为伟大文学家的鲁迅首先是伟大的思想家，想要画出鲁迅的思想必须先正确理解鲁迅。裘沙、王伟君所做的图解帮助我们理解鲁迅，裘沙的文章又帮助我们理解他的图解。裘沙的劳动是成功的，我向他们表示深刻的敬意。

2002 年 5 月于北京

艺品之高基于人品之高

——读裘沙《陈洪绶研究》

李 松

当代画家之中很多人都在创作上受到过明代画家陈洪绶的影响，也有一些研究陈洪绶生平的著作，但在某些关键的环节未能深入参透。裘沙《陈洪绶研究》一书，对陈洪绶所处的时代环境、思想和插图创作作了深入的剖析，特别是依据一些新的史料，探赜索隐，对陈洪绶的死亡年月和死因提出新的见解，论证陈洪绶是以死表明不愿以自己的艺术为异族权势者效命的节烈之举。裘沙以自己的这一著作纪念陈洪绶殉难350周年（2002年），从而为陈洪绶研究提供了新的角度、新的高度。

裘沙对陈洪绶艺术的着迷和研究起始于上世纪的50年代。他说对自己的艺术道路影响至深的有两位画家，一是德国的珂勒惠支，一是陈洪绶。——这也反映了许多与他同辈的美术青年共同的艺术取向。他购得一本桃花坞木刻本的《水浒叶子》，珍如拱璧。这部书和他的研究心得成为他后来在中央工艺美术学院讲课的重要内容之一。作于崇祯皇帝下诏“严禁浒传”第二年的《水浒叶子》为陈洪绶“自写其所学所问，以英雄忠义之气郁郁芊芊，积于笔墨之间”（张岱）的重要代表作品。裘沙做了大量考证，从明末政局的变化和陈洪绶的行止对照上，说明《水浒叶子》是陈洪绶于国家民族危急存亡之际，企图以忠义之气力挽狂澜的发愤之作，是他针对朝廷的谬论以图画的形式发表的一篇《告天下书》。其创作动机是批评朝政，为此甚且做了不惜以身殉国的思想准备。

裘沙继而从《水浒叶子》借鉴民间形式、整体结构、人物选择、画赞、造像、创作思想、版本、对后世影响等各个方面作了深入的研究。在此基础上，对书中的40个人物一一作了赏析。裘沙以画家的敏感和学者的严谨所做的这些议论，也是美术鉴赏类著作中的力作。

裘沙花了巨大精力撰述的还有陈洪绶的《九歌图》、《西厢记》图、《归去来图卷》、《博古叶子》等与文学创作有关的重要绘画作品，都是结合着原作的思想内容，对照陈洪绶创作时的社会环境、交游、创作心态，一层层地剖析，揭示出画家创作时的良苦用心和艺术上的独创精神，从而使这些作品成为理解陈洪绶艺术发展心路历程的一方方界碑。

裘沙近年从诗人陈朗处获得有关陈洪绶生平的一条重要史料，从而对陈洪绶55岁时“趺坐床箦，喃喃念佛号而死”的蹊跷之死作出考证，写了《陈洪绶死于“黄祖之祸”初探》一文附于书中（原刊于《新美术》1996年第2期）。那条史料是陈洪绶同时代的诗人丁耀亢写的：

哀浙士陈章侯（时有黄祖之祸）

到处看君图画游，每从兰社问陈侯。
西湖未隐林逋鹤，北海难同郭泰舟。
鼓就三挝仍作赋，名高百尺莫登楼。
惊看溺影山鸡舞，始信才多不自谋。

此诗收入已故历史学家邓之诚所编《清诗纪事初编》。邓按：“此诗作于顺治九年，陈洪绶以不良死，他书未及。”裘沙认为“此说无可怀疑，完全可信，陈洪绶是一位爱国激情特别强烈的画家，这新史料的发现，无论对陈洪绶一生评价，还是对清初社会情况的了解，都是很重要的，应该引起海内外学者，尤其是中国美术史家的重视。”

丁诗中所用的“黄祖之祸”、“鼓就三挝”都是三国祢衡的典故。祢衡击鼓骂曹，激怒曹操，被遣送荆州刘表，再转送江夏太守黄祖，终被杀害。邓之诚所说的“以不良死”，“不良人”是唐代对缉事番役的称呼。

鲁迅说“明社垂绝，越人起义而死者不少，至清被称为叛贼”（《女吊》）。陈洪绶当甲申之变，“时而吞声哭泣，时而纵酒狂呼，见者咸指为狂士”。顺治三年，清兵陷绍兴，陈洪绶为大将军固山所掳，因拒画险遭杀害，逃遁后，避乱削发为僧，改号悔迟、悔僧。“陈洪绶的死因性质严重，为了避免灭门之祸，当时在杭之儿媳竟拒绝赴绍奔丧；《陈氏宗谱》也将其卒年改成‘辛卯（顺治八年）十月十六日’。”还有一些反常现象：在陈洪绶死时，许多友好竟无一字挽诗悼词，直到二三十年之后，事过境迁，才有人为诗文，极力称道其“虽卿相王侯无以夺其孤洁之操”（罗坤)，“忠孝大节”（程象复）……

由这些在清代酷烈的文字狱夹隙中留下的诗文，裘沙推断，陈洪绶应是在顺治九年，由于触怒了清朝某一显赫的权贵（也可能是最高统治者），在大祸临头之时，急归故里（还有“不良人”——密探特务的严密监控)，计议应变之策。从诸多迹象看，陈洪绶是自杀而非被杀，很可能是步其师刘宗周的后尘，绝粒而亡。“成为中国士林舍生取义、风骨独存的一大典范”。

把握住陈洪绶一生的思想脉络，也就容易清楚地把握住贯穿于其《九歌》插图等作品的主旨、创作构思和艺术表现的着力之点。裘沙是把画家生平研究与艺术赏析作为整体来探索的。

裘沙的陈洪绶研究是他对于鲁迅研究的延伸。在书中，特别引用了鲁迅的两段话：

我们从古以来，就有埋头苦干的人，有拼命硬干的人，有为民请命的人，有舍身求法的人……虽是等于为帝王将相作家谱的“正史”，也往往掩不住他们的光耀，这就是中国的脊梁。（《且介亭杂文·中国人失掉自信力了吗》，1934 年）

底本如能借出，我想，明年一年中，出《老莲画集》一部，更以全力完成《笺谱》，已有大勋劳于天下矣。（致郑振铎，1934 年）

《这样的战士》（小黑白画）

裘沙着手写作《陈洪绶研究》是在 1984 年大病之后，当时他因患肝中毒几至不起。为了写这本书，他请教了不少人，查阅了大量资料，初稿曾请李一氓看过，后来又得到过不少朋友的协助，书稿写成后积压了 19 年，经过种种曲折，终于得以出版，裘沙借鲁迅的话，自慰“已有大勋劳于天下矣”，“陈洪绶地下有知，无疑会感到高兴的”。不过这又是去年的话了。

2003 年 9 月于北京

悠悠雪峰情

——记画坛伉俪裘沙、王伟君

何恃坚

9月26日，来自日本和全国各地参加第三届冯雪峰研讨会暨雪峰百年诞辰纪念会近百名专家学者怀着对雪峰的崇敬和怀念之情，风尘仆仆地从上海会聚到雪峰故里——神坛村参观。在故居、在墓地，有的在深思，有的在追忆……其中一对年逾古稀的老者小心翼翼地拿出随身携带的一张冯雪峰画像、一套《鲁迅之世界全集》赠送给了故居，并挥毫在留言本上留下了“中国的脊梁”几个大字。这对老人就是花一生心血，用绘画表现鲁迅笔下之世界，再现“鲁迅魂”而誉满海内外的中国现代著名画家裘沙、王伟君夫妇。

沿着鹅卵石铺就的林间小道，裘沙夫妇手持一束康乃馨，随着人流缓缓地来到雪峰墓地前，献上了鲜花，面对冯雪峰墓碑深深地三鞠躬。凝望着墓前一棵体现雪峰人格和人品挺拔的松树思绪万千，雪峰的英姿笑容顿时浮现在他们眼前。

裘沙和雪峰是两代人，原本素不相识，但是共同的语言、共同的追求，使两颗心碰撞在一起，成为了忘年交。产生共鸣则缘于鲁迅的情怀。

现年73岁的裘沙出生于嵊州，解放时考入中国美院，成为了林风眠的高足。1951年《中国青年报》创刊时进报社任美术编辑，1957年与少儿出版社美术编辑王伟君结婚，在新闻战线工作27年，教育战线工作12年，创作美术作品层出不穷。

1963年裘沙创作的素描《老贫农赞》在《中国青年报》整版刊登，影响很大。全国各大报纸纷纷转发，其中两张画被中国美术馆收藏。然而那场史无前例的浩劫把裘沙夫妇推进了绝望的境地，下放到“五七干校”劳动改造。一时间他们对中国民族有没有希望产生了怀疑和困惑。1972年春节，裘沙带着病重的儿子回北京看病，这个偶然的机会，又重读了《鲁迅全集》，才认识到中国革命的发展、教训都淋漓尽致地展现在鲁迅的笔下，鲁迅的文章如同及时雨，滋润了裘沙的心灵。他一边看一边流着眼泪，鲁迅成了他的精神支柱。从此，裘沙夫妇发誓一辈子研究鲁迅思想，他们全身心地投入到《鲁迅之世界》巨型系列绘画创作之中。要创造鲁迅绘画系列，就必须收集鲁迅有关史料。裘沙知道在北京有一位被称为了解鲁迅后期思想和创作的“通人”——冯雪峰，如果能够得到他的帮助和指教，那么许多疑难问题就能迎刃而解，事半功倍，于是，他就冒昧上门请教，敲开了冯雪峰家的大门。

曾记得1973年的初夏，一天上午，裘沙贸然跑到一个相当拥挤的小院子里去访问。出来开门的正是雪峰同志——一位身材削瘦而精神矍铄的老人。

当时冯老在家里校订《鲁迅日记》，并代出版社答复读者有关鲁迅先生的各种问题的来信，工作是相当繁重的。当他明白了裘沙的来意后，就放下工作和裘沙作了一次长谈。他不仅回答了裘沙的问题，还举了不少实例，指出当时鲁迅研究中存在的问题，要裘沙坚持实事求是的原则，不要受外界的影响。从那以后，裘沙经常去向冯雪峰请教，要什么资料，冯雪峰总是毫不犹豫地借给他，有的事情不清楚就帮裘沙细致地查问。冯雪峰为了帮助裘沙把鲁迅先生的画画好，还两次跑到家中来看创作稿，给了很多的宝贵的指导。每当裘沙有新的收获和进展时，冯雪峰的高兴真不下于他自己。

王伟君也忆起了第一次见到冯雪峰的情景。刚从“五七干校”回来的王伟君，随裘沙来到了雪峰家中。雪峰就像家里人一样招呼着，无拘无束，一点儿也没有那种高不可攀的长者之感。他们犹如久别重逢的朋友一般，谈话气氛十分融洽。随着时间的流逝，两家的往来更加密切，交谈的内容也越来越广泛。许多读者的来信，冯雪峰都和裘沙一起过目，其中有包子衍、朱正的来信。

1975年年底，裘沙夫妇去看冯雪峰，冯雪峰满怀深情地说：“你们是我最后的朋友了”，并把一本鲁迅先生手编的绸面烫金的《死魂灵百图》送给裘沙做纪念，还在扉页上郑重地写上“冯雪峰敬赠”五个字。裘沙见到冯雪峰最后一面是1976年2月6日在北京医院太平间走廊里遗体告别仪式上。只有几十个亲友参加了小小的遗体告别仪式。望着冯雪峰那倔强的头，干枯的面容和骨突的手，裘沙心情十分沉重。与冯雪峰交往了两年多时间相互留下了许多美好的记忆，但遗憾的是没有留下一张合影。后来，裘沙夫妇回忆他的音容笑貌，画了第一张冯雪峰的彩色画像挂在家中，以示纪念。

1981年9月15日由中国鲁迅研究协会、中国美术家协会、中央美术学院、中央工艺美术学院联合举办的“鲁迅文学作品插图展览”（裘沙作品）在北京中央美术学院展览厅展出时，盛况空前，在国内外引起强烈的反响。日本已故著名作家野间宏先生称这是一件对世界和平事业有贡献的大事业。裘沙的画是心声的流露，心血的结晶，雪峰对他的帮助也功不可没。随后裘沙的绘画作品展在全国巡回展出。

12月10日，巡回展第一站来到福州。福建美术家协会领导吴高清是裘沙的同学，在展览时他们一起畅所欲言，他们谈到了鲁迅、冯雪峰，裘沙对冯雪峰为人处世赞不绝口。当他知道吴高清也是义乌人时，连忙说道冯雪峰太不简单了，他是义乌人的骄傲。高清告诉裘沙，如有时间可以到义乌走一走，看一看。县委书记谢高华是他的朋友，对文化十分重视，他把谢书记的家庭住址告诉了裘沙。裘沙不顾春节来临回家过年的风俗，而是凭着对雪峰的崇敬之情顺道从福州乘火车独自在义乌下了车，在车站附近找到小旅馆住下后，下午就急匆匆地按高清提供的地址，找到了谢书记的家，开门见山地介绍道："我是从北京来的画家，高清的同学，我找你有一件事：义乌有个冯雪峰很了不起，你们应该弘扬他的精神和思想，应该成立一个研究会，这也是对中华民族的贡献"。并把随身携带的展览请柬，给谢书记过目。谢书记听到一个陌生人大赞冯雪峰十分欣慰，两人一见如故，围绕冯雪峰的贡献、地位，谈得非常投机。

1982年义乌文联恢复了工作，准备商讨成立"冯雪峰研究会筹备委员会"。文联写信给裘沙、夏熊，商量活动如何安排，请哪些名家当顾问。裘沙收到信后，当时列出了一系列名单，有丁玲、胡风、楼适夷、聂绀弩、杜鹏程、骆宾基、林琼等。裘沙通过电话和上门拜访邀请，一一落实。他们都认为这个主意很好，都同意参加这个活动。裘沙把活动情况回复给了义乌文联。

1982年2月，鲁迅作品绘画巡回展在绍兴举行，开幕后第二天裘沙与夏熊就从绍兴赶到义乌正式参加文联恢复会议。裘沙先念了名家的贺信，随后在会上作了一个多小时关于冯雪峰生平的概况、功绩及研究冯雪峰革命生涯的重要性的发言；夏熊则讲了父亲为人处事的细节事例。举手表决同意后，正式成立冯雪峰研究会，他们随后急匆匆地赶回了绍兴。1983年首届冯雪峰研究会在义乌召开，裘沙接到了邀请函后因身体病危，不能前来参加，感到十分遗憾。丁玲发起的第二届冯雪峰研究会在北京召开，裘沙推掉了一切事务，参加了这次会议，认真倾听了大家的发言，感触更加深刻了。

今年是雪峰百年诞辰之际，裘沙夫妇接到了第三届冯雪峰研讨会在上海召开的邀请函后，立即回复表示不管遇到什么困难他们都要参加，随即就产生了画一张冯雪峰画像赠送故居的念头。夫妇俩搜集了大量雪峰照片作参考进行整理创作，经过几个月的酝酿构思，一张刻画雪峰内心世界的画像终于在雪峰故里行之时，赠送给了故居，以表怀念雪峰之情。

（原载《义乌日报》2003 年 10 月 15 日文化广场）

《中国的脊梁》

以美术之力，留鲁迅永驻

——记“我以我血荐鲁迅”的著名画家裘沙教授

宋立民

裘沙，中国美术家协会会员，中国鲁迅研究学会理事，中央工艺美院教授，美术教育家。1930年4月出生在浙江嵊县崇仁镇；1948年参加中华全国木刻协会第二届函授班学习；1951年于中央美院华东分院提前毕业，志愿到中国青年报社工作。“十年浩劫”中备受迫害。1978年到中央工艺美术学院任教。1981年9月，中国美术家协会、中央美术学院等在京联合举办其第一个画展“鲁迅文学作品插图展览”。1986年，在日本仙台举办“鲁迅逝世50周年纪念展·裘沙王伟君用绘画表现的《鲁迅之世界》”。迄今已举办个展20多个。出版画集有《裘沙画集·鲁迅之世界》、《鲁迅〈阿Q正传〉二百图》（日本岩波书店）、《鲁迅论文、杂文160图》、《新诠详注文化偏至论》（山东画报社）、《阿Q正传二百图》（人民美术出版社）、《裘沙王伟君之图·野草》、《裘沙王伟君之图·彷徨》、《裘沙王伟君之图·呐喊》、《裘沙王伟君之图·故事新编》、中英文对照本《鲁迅之世界全集》（人民美术出版社）等。

从冯雪峰的家乡赶来

2003年10月3日，广东阳江。“鲁迅与书画摄影艺术研讨会”上，笔者见到了仰慕已久的中央工艺美院教授裘沙先生和他的老伴王伟君女士。

裘沙先生头发粗而硬，胡子稀而长，穿着普通得毫无艺术家风度，说话时重重的江浙口音略带沙哑，表情认真而亲切，沧桑的面容常常显露出孩子般的纯净。

“我们刚刚在浙江义乌参加了纪念鲁迅先生的好友冯雪峰先生诞辰百年的活动。”裘沙先生还沉浸在对“湖畔诗人”冯雪峰先生的回忆中。

“金鹧鸪，银鹧鸪，飞来飞去飞义乌。”义乌籍的冯雪峰年轻时于杭州“歌笑在湖畔，歌哭在湖畔”，是“五四”以来继胡适《尝试集》、郭沫若《女神》后第三本新诗集《湖畔》的四作者之一。后参加红军二万五千里长征。20 世纪 30 年代成为上海左翼作家联盟党的负责人之一，是鲁迅的挚友和学生。新中国成立后先后担任过《文艺报》主编、中国作协副主席、人民文学出版社社长。1957 年被打成右派，全家蜗居在 20 平方米的平房里。“文革”期间，冯雪峰在“五七干校”放鸭子。“文革”后期，苦海中的冯雪峰也许知道此生平反已经无望，便把对鲁迅先生的一腔深情“转嫁”给浙东汉子裘沙——他不但将自己所知的鲁迅全部介绍给裘沙，而且对鲁迅作品中的难点和掌故，对 30 年代“左联”成立前后的恩恩怨怨，都和盘托出，并作出了胸怀坦荡的解释。

1979 年 4 月党中央恢复了冯雪峰的党籍和政治名誉，而其时他已经去世三年……

笔者在《义乌日报》上读过冯雪峰先生儿子的回忆，说其父 20 世纪 70 年代初正遭不幸，罹患癌症，处境十分艰难。而同样正遭不幸的画家裘沙、王伟君夫妇却不顾风险，每每上门探望。后来冯雪峰去世后好几年，裘沙先生才知道自己当年之所以能够比较快地洗清冤屈，恢复正常工作，前前后后都是由冯雪峰在重病中托人办理的。这种自己身罹危难却念念不忘朋友的情意，裘沙先生当然不会忘记。

不无巧合的是，裘沙先生的第一件关于鲁迅的美术作品——画于 1972 年的素描《又为斯民哭健儿》（取材于鲁迅《悼杨铨》中“何期泪洒江南雨，又为斯民哭健儿”诗句）正是在冯雪峰先生的鼓励和帮助下完成的。为了那幅作品，他专程走访了鲁迅好友冯雪峰先生。谈及这件事情，裘沙先生的目光中溢出明亮的光泽：“他热情地给我提供资料，讲述细节，鼓励我一定画好”。

2003 年 9 月 26 日，裘沙夫妇从北京赶往义乌，将一幅冯雪峰画像和一套《鲁迅之世界全集》赠送给冯雪峰故居，并且在留言簿上挥毫写下“中国的脊梁”几个大字。而后，他们每人手持一束康乃馨，前往冯雪峰先生的墓地，献上了鲜花并深深地三鞠躬，表达了一腔哀思，一腔感激。纪念活动结束，两位老人这才直奔广东。

缘何“我以我血荐鲁迅”

阳江是广东著名的文化之乡、书画之乡。鲁迅博物馆馆长陈漱渝先生在阳江市鲁迅研究学会编的《鲁迅与书画艺术》一书的“序言”中说：“在这块沃土上，哺育了阮退之、关山月、何士德等文化名人。”仅10月3日到会的就有专家、教授、艺术家、市委领导、大学生和普通干部工人100多人。

“看到有这么多人热爱鲁迅，我非常感动。我看到了这个城市的生命力，年轻人的生命力。”裘沙先生说，“20世纪40年代，我上初一，就开始喜欢鲁迅。1949年解放了，我想，鲁迅已经故去，又是新社会了，是不是那一页翻过去了。可是一次又一次的运动，一直到‘文革’，逼着我不能不想：为什么我们付出了这样昂贵的代价？为什么‘十年浩劫’中我们还是‘无声的中国’？我发现，需要有一定的阅历才能看懂鲁迅，而当代中国比以往任何时候都需要鲁迅！

“‘文革’开始后不久，‘把裘沙揪出来！’的大字报就贴出来了。造反派让我‘从头交代’，可是我却连自己的生辰八字都记不清楚了，就和造反派顶上了牛。”1969年4月，裘沙被下放到河南潢川县——团中央“五七干校”接受贫下中农再教育。1970年，以“修正主义党委拉进来的党员”为由，他的党员资格被取消。在干校里他干的活是从茅厕中挑蛆，洗净喂鸭子。以后，裘沙有十多次机会回北京工作，但都被以“这个人不能用”为借口而压制。在“踏上一只脚、永世不得翻身”的极端苦闷的日子里，裘沙捧读《彷徨》与《呐喊》，体会到了祥林嫂的走投无路。他说：“读着读着，眼泪就流下来了。”他写道：“在科技领域里，当光束进入红宝石小棒，棒的两端一激烈碰撞，就会产生极大能量而形成激光。在社会生活中，当一个人被华盖笼罩得黑暗之极无理可说时，他只要不毁灭，同样会产生耀眼的激光。逆境厄运，它使我从心态上贴近鲁迅，理解鲁迅世界，这兴许正是我得天独厚的地方。

“嘤其鸣矣，求其友声。”裘沙先生说，“我是被‘造反派’打得爬不起来的时候才真正发现鲁迅的伟大。我要用自己一生的经历来感受鲁迅，把民族的苦难和希望通过画鲁迅像、画鲁迅的作品表现出来。这将是我对中华民族最大的贡献，于是我开始画鲁迅。

“我从1972年开始画鲁迅，后来我的爱人也和我一起画，再后来两个儿子也加进来，孙女儿也加进来，我们全家一起画鲁迅。”

说起干校，还有一段小插曲：枯坐鸭棚里守夜的裘沙在如豆的油灯下积郁难耐，时常手痒想画。后来赶上一次节日活动，20余名美术工作者接受了“画中心”的“任务”。一天，干校“校友”胡耀邦同志碰到多日不见的王伟君，问裘沙最近在干什么？答曰按“两报一刊”社论的精神画林彪与毛主席离开遵义，向胜利进军。胡耀邦说：“怎么画林彪？！”“九一三”之后，裘沙夫妇去看胡耀邦，耀邦同志很高兴地拿出饭盒里仅有的三个凉饺子招待。裘沙说：“那天听了你的招呼，那张画没有再画下去。”胡耀邦笑着说：“什么叫历史唯物主义？历史唯物主义就是按历史的本来面目解释历史。你们应该多画点劳动人民。”

一致到“缺点也是一样的”

杭间先生在其《精神的伸延——裘沙夫妇的〈鲁迅世界之图〉》一文中这样介绍裘沙与王伟君的相逢相识和“以沫相濡”：

“比裘沙小两岁的王伟君是个杭州姑娘，当年从师中国现代美术运动的巨子倪贻德学习油画。她从老师那里接受了注重结构、用笔泼辣、追求绚丽色彩的画风。1949 年从军，1951 年参加志愿军赴朝，战争结束后她仍然执著于绘画，终于如愿就读于鲁迅美术学院和中央戏剧学院。

“促成裘沙和王伟君结合的红娘，是别具慧眼的黄胄夫妇，而沟通他们心灵的‘媒人’是珂勒惠支。这位德国画家粗砺的线条，对底层人们的深沉情感，经鲁迅介绍来中国后，便成为进步美术家的一面旗帜。裘沙和王伟君因为共同的爱好而接近、产生感情进而结婚，都是因为他们心目中有一个共同的珂勒惠支。

“在他们的创作中，王伟君以她独特的视野、女性的观察力，给裘沙的构思注入新的血液。《祝福》中写祥林嫂的阿毛给狼叼去，‘大伯来收屋，又赶她。她真是走投无路了，只好来求老主人’几句时，王伟君提出强调祥林嫂‘走投无路’被迫离开贺家时，应该向贺老六和阿毛告别。于是就增加了被赶出来的祥林嫂戴着孝，拎着简单的包袱，低头站在荒野中一大一小坟堆中间的画面。远处是寂寥的天空，祥林嫂的悲哀表露无遗。

“王伟君既要同裘沙一起创作，又是两个孩子的母亲，还要在北京市少年宫上班，她身上的担子可想而知。裘沙病重之后，她不管工资级别的损失，提前办了离休。平时只要裘沙构出一个小稿，王伟君就迅速将它变成一张完整的作品。”

生活尽管清贫，裘沙夫妇坚守一条：鲁迅不能当商品出卖。曾有韩国人想买他们的画，被拒绝。韩国人提出那就买他们淘汰的画。裘沙说，既然淘汰了，自然是要毁掉的。

裘沙和王伟君夫唱妇随，同情同好，很受大家敬重。见到裘沙夫妇，笔者首先想到的是郑逸梅先生六千六百一十三条《艺林散叶》的第一条："沈尹默、褚保权夫妇书法相类似。郁达夫、王映霞夫妇亦然"。裘沙先生与夫人都是江浙口音，都和蔼可亲——没有一点满身油彩而目空一切的"画家气"，都在以画鲁迅为生存方式，甚至连长相都相当一致：饱经沧桑的皱纹，清癯的面庞，智慧而清澈的目光。王伟君说："有人说青年人不喜欢鲁迅了，不是这样。有个性又有人性，才会对社会有贡献，别人才会喜欢。心术不正，本事越大危害越大。"她在《我的追求》一文中写道："我要求自己用纯净的艺术标准做人，用纯净的做人标准作画。"

"她每天临摹鲁迅的字，已经到了可以送人的水平了。"裘沙先生感慨道，"我们太一致了，以至缺点也是一样的，她的缺点也是我的缺点，例如我们都不会生活，不会同人打交道，日常生活上马马虎虎。"

"日本作家对我教育很大"

"1986 年，日本作家野间宏先生邀请我去办了两个展览。"裘沙先生不无感动地回忆说，"不少日本人如今对鲁迅很重视。"日本"诺贝尔文学奖"得主大江健三郎说："在 20 世纪的亚洲，最伟大的作家就是鲁迅。"在鲁迅的故乡不时有对于鲁迅的偏见和误解出现的时候，日本进步作家却像裘沙夫妇一样做着"血荐鲁迅"的工作。2002 年，日本还举行了非常隆重的纪念鲁迅到日本留学一百周年活动。

裘沙先生介绍说："野间宏先生和井上靖齐名，他说鲁迅是真理的传播者，现在比任何时候都更加需要鲁迅；并且称发扬鲁迅精神'是一件对世界和平有贡献的大事业'。他说自己的'灵魂已经被鲁迅统治'。日本青年正在物质欲望中一步步沉醉而丧失信仰，很缺乏正确的精神上的指导，需要用鲁迅思想拯救经济发达后的文化界。他的举动对我震动很大，教育很大。"

于是，接到野间宏先生的邀请后，裘沙夫妇欣然前往。

"从日本回国，美国人、英国人、韩国人都不断地来找我，向我们了解鲁迅。德国一位教授对我说，全欧洲都有鲁迅的影响，他从鲁迅的论述中甚至看出了对于欧洲现状和苏联解体的预言。"

从《鲁迅之世界》到《世界之鲁迅》，裘沙和老伴王伟君的创作主题向跨越时空的"鲁迅主义"进发。他们以自己的画笔，雄辩地证明着鲁迅的思想是超越时间和国界的。比如《无穷的远方，无数的人们，都与我有关》中“心事浩茫连广宇”的鲁迅微眯远眺的眼睛，似乎已把大千世界融入自己的心中。法国学者鲁阿教授看了裘沙夫妇的展览说：“我们欣喜地发现鲁迅的世界原来也正是我们的世界。”

早在十几年前，我国著名艺术家黄宗江就对裘沙夫妇说过：“你们依附于鲁迅身上，看来，鲁迅也依附于你们身上。”裘沙夫妇心怀鲁迅，走遍全国。绘画之外，还写了不少论文，并到不少大学举行座谈和报告。继《新诠详注〈文化偏至论〉》之后，裘沙夫妇的图画本《呐喊》、《彷徨》、《野草》、《故事新编》等相继问世。他们以严谨的治学态度和独到的艺术见解，大力弘扬鲁迅精神的真谛，又无反顾地播撒着鲁迅的火种。

“鲁迅点中中国人穴脉的话语不仅没过时，反而正当其用。”说及日后的打算，裘沙先生说他将致力于“鲁迅主义”和“鲁迅思想体系”的宣传：“鲁迅有自己完整的思想体系，需要我们去理解、探讨、宣传。我会一直画下去！”

“总有一天鲁迅书法会被承认”

“谁言一点红，解寄无边春”。鲁迅先生在《拟播布美术意见书》中说过，美术是紧跟“国魂”而转移的。“虽武功文教，与时间同其灰灭”，只有民族的精神，“往往以美术之力，得以永驻”——裘沙夫妇做的正是弘扬“民族魂”的事业。

裘沙先生告诉笔者，一位研究鲁迅思想的专家开玩笑说，裘沙老师，幸亏你的命不好，命好了你出了大名，大概也搞别的去了吧。“我说，不论如何我不会变的——我那幅最出名的鲁迅素描像只画了12分钟，当时有感觉，有冲动，不画不行。记得那是半夜，先画了一幅，不满意，又画，成功了。还有一幅画得比较成功的鲁迅素描，是1976年。我当时就住在首都工人体育场附近，那边开大会，说悼念周总理是‘反革命动乱’，呼口号。我控制不住，要画鲁迅，必须画鲁迅！把我的纪念和愤怒全画进去！”

正因为是心血凝就，所以裘沙先生的几幅名作都是自己收藏。他说：“中国美术馆他们要收藏我画的鲁迅，通知来了，我没有送去，我舍不得，时过境迁，以后或许就画不成那样的画了。”

笔者询问是否可以临摹。裘沙先生说，临不像的，有学生把我的鲁迅像放大、临摹，不行，出不来当时的效果——画里面的感情、作画时的激动情绪是没法临摹的。

陈漱渝先生对笔者说，有裘沙先生的一支画笔，他可以画鲁迅为业、为乐、为生命。

谈及木刻的现状，裘沙先生说：“现在搞这个的不多了。画家常常是画了几幅画就忙着去赚钱了，赚钱也是应该的，但是能够兼顾就好了。美术界这个奖那个奖很多，也有人说你画的鲁迅应该得什么什么奖。我说，这是我自愿的事情，我还是自己奖自己吧！他们说你画阿Q，你自己也是个阿Q！”

既然鲁迅的书法“融篆隶于一炉，听任心腕之交应，朴质而不拘挛，洒脱而有法度”（郭沫若语），为什么目前一些“名家书法选集”没有收入鲁迅呢？裘沙先生解释说：“见仁见智，书法尤然。总有一天鲁迅的书法会被大家承认的。”

道别之际，望着步履蹒跚、携妻子儿女共同画了几十年鲁迅像的裘沙教授，笔者想起鲁迅去世之际郁达夫的话：“没有伟大的人物出现的民族，是世界上最可怜的生物之群；有了伟大的人物，而不知拥护、爱戴、崇仰的国家，是没有希望的奴隶之邦。”“生死、肉体、灵魂、眼泪、悲叹，这些问题与感觉，在此地似乎是太渺小了，在鲁迅的死的彼岸，还照耀着一道更伟大，更猛烈的寂光。”

与郁达夫的话交相辉映的是裘沙先生十年前的墓志铭。1982年，因过度劳累，缺乏营养，裘沙染上了乙型肝炎，但他仍在病床上对王伟君口述《鲁迅画传》草图。1983年，被误诊为肝癌之际，裘沙先生写下了自己的墓志铭：“这是一个用自己的一生，真正认识到鲁迅的意义，将自己毕生精力献给鲁迅事业的人”。

（原载《名人传记》2004年11月第231期）

《世界之鲁迅画传》专家论证

裘沙、王伟君是著名的画家，鲁迅研究专家。数十年来，在深刻理解鲁迅作品的基础上，用画作诠释鲁迅思想、宣扬鲁迅精神，取得了令人瞩目的成就，其画作已得到国内外美术界、学术界的认可与肯定；必将成为我们中华民族宝贵的文化财产的一部分而传之于世。

继大型画册《鲁迅之世界》之后，他们又积数年之功，创作了《世界之鲁迅画传》。这册《画传》，涵括鲁迅生活的时代背景、生平事迹，主要作品的有关图片、画作计5600余幅，并附有翔实的文字说明。

这部《画传》内容之丰富，图片资料之全备，画作之精美，对鲁迅理解之深刻，是此前出版的任何一本类似画册所无法比肩的，是一部不可多得的杰作。

这部《画传》的出版发行，必将引起国内外美术界、学术界的注目和激赏。

王世家

2005年8月15日

这是一本富有创造性的鲁迅传。

作者以绘画形式，描写了伟大的文学家、思想家、革命家鲁迅的生平事迹以及在文学艺术方面所作出的巨大的（伟大的）贡献。其中有不少方面，是一般研究家未曾涉及的，或涉及不深，或仅止于猜测，而没有作出进一步的分析或论述。在这部著作中，作者多年以来，锐意穷搜，经历了千辛万苦的收集与整理，并加以阐述、发扬，并作出富有创造性的论述。这对于鲁迅及其著作的研究工作者，不仅可以作为参考，实际上，是具有巨大的启发性的。有些资料是十分难得的，其本身也是很有价值的。

由于是《画传》，并且涉及的方面很广，这就让读者发挥他的创造力和想象力了。（因为很少文字说明）对于书中涉及的众多人物（外国的、古代的）这就需要在阅读此书时，加以思考了（分析，甚至批判的）。这个不成熟的意见，仅供参考而已。

王士菁

2005 年 9 月 17 日

裘沙、王伟君二先生穷毕生之力画出鲁迅之世界，在我们中国没有第三个画家，也没有第二部这样的作品。

《世界之鲁迅》以裘沙、王伟君二先生创作的近千幅绘画为核心，广泛集纳关于鲁迅创作和鲁迅生活之时代、社会的照片、图像等资料，形象生动，内容丰赡，对于从图像认识鲁迅的创作、思想及其时代来说，并世无两。

鲁迅小说插图的创作，品种多，数量大，质量高，但用绘画作鲁迅小说插图，不仅穷尽鲁迅全部小说，并具有阐释功能的美术作品，《世界之鲁迅》，首屈一指。

特别是，裘沙、王伟君二先生，知难而进，大胆尝试，为鲁迅杂文作插图，形象地“阐释”鲁迅思想，取得了可喜可贵的成绩。而这种成绩的取得，是建立在裘沙、王伟君二先生对于鲁迅的深刻研究基础上的。裘沙先生的专著《新诠详注〈文化偏至论〉》显示了深厚的造诣；鲁迅研究界曾举行学术会座谈切磋。《世界之鲁迅》中的画选，曾在鲁迅博物馆展览，深得观众和鲁迅研究者的激赏。多位鲁迅研究专家曾撰文评论并推介两位先生的创作。

《世界之鲁迅》如能出版，以飨读者，可谓功德无量。谨此推荐。

王得后

2005 年 9 月 22 日星期四

裘沙同志：

得知您的《世界的鲁迅画传》将于今秋出版，以纪念迅翁逝世 70 周年，谨预致祝贺！

您对鲁迅其人其文的理解之深，您风格独具的绘画功夫之精，为我深知。记得我读您和伟君合作的《鲁迅的世界》后，曾持赠四语：“画出了对鲁迅的深刻理解；画出了鲁迅理解的中国人的灵魂；画出了古今相近的人情世态；画出了所见皆同的忧国忧民之心。”

这次，我有幸得先读《世界的鲁迅画传》的部分原稿，真是大开眼界，一如目睹鲁迅当年之曾目睹，亲历鲁迅当年之所亲历。可以说这是具象的鲁迅年谱，是彩色的鲁迅评传。以贤伉俪的画作为主，配以照片，再附以适当引文、解说，一卷在手，鲁迅的一生尽现眼前了。

鲁迅的世界十分丰富，他经历的时代，他所处的社会，他曾受的影响，他接触的种种人和事，他的探索和追求……合起来几乎可以看到19、20世纪中国以至世界的变迁。中国人可以从鲁迅看见世界，外国人可以从鲁迅看见中国。如贤伉俪之对“鲁迅的世界”、“世界的鲁迅”的熟悉和理解，而又能精心融入画作，并世恐难有能匹配者。

在纪念鲁迅逝世70周年的时候出版这本画传，意义重大，我以为这是你们贤伉俪送给中外鲁迅研究者以及广大读者的一份大礼，而且，甚至可能成为被珍藏的文物。

我知道您还在继续征求意见，不断进行修改，目的是力求完备、完善、完美。见仁见智，我也提了些意见。但各家的意见，本身也会有不同，只能供您参考。从总体着眼，我看这本画传可以说是宗旨明确，思路清晰，安排得当。贤伉俪的画作固是对鲁迅其人其文的精当解读，即大量的老照片，作为历史的见证，也都是难得之物，理应尽量保存。因此，我认为这本画传不可大改，也无须大改，文责自负，画责自负，不要做牵一发而动全身、因小失大的事。否则，将是无法弥补的伤害。

我孤陋寡闻，好像前此从未有过这样的一本鲁迅画传，今后恐怕也难有。编撰力求完美，印制似也应力求完美，以相得益彰，成为传世之作。

期待着本书早日面世。

专此，谨颂

大安！

王景山

2005年4月26日

裘沙同志：

《新诠详注〈文化偏至论〉》早已拜读完毕，因为当时赶着校对一部清样，未能及时给你去信。非常抱歉！请谅。

对于此书，你确实下了许多工夫，付出了一些心血；读后，我确实获益匪浅！

此书确实称得详注。你旁征博引，充分利用了许多工具书，所引都是恰当的，或比较恰当的。这节约了读者许多时间，而你却付出了艰巨劳动。当然，这一些劳动都不是浪费的，大多数的读者，从“详注”中对于鲁迅先生的原著一定会获得更多更深刻的理解。

作为该书的“附录”的几篇论文，也是很有价值的。这不仅对于初学者在学习方法、思想方法上起到指导的作用；对于我们从事专门研究工作的人，也有很大的启发。其中特别是在如何对待外来文化，如何吸收并有利于我国文化的发展，尤其是在“立国”、“立人”方面，你的论述都提到了一个新的高度，新意迭出，言人之所未曾言，把鲁迅研究工作向前推进了一大步，细心的读者从其中必将得到新的收获。

对于鲁迅先生的“拿来主义”，我也想做一点系统的研究工作，但兹事体大，牵涉方面很多，总是下不了决心。读了你的专著之后，得到了不少的启发和教益；如果时间许可的话，也想在这方面下些工夫。

末了，我想到一点小意见：你在注文方面，旁征博引，确实花了许多时间，但对于初学者，似仍存在一些困难。如果在适当之处，再增加适当（不是大量）现代汉语（包括难字注音）注释，那就更便于读者了。

此书的装帧设计以及排版格式，都别开生面，这也是一个创新。我通读全书，未发现一个错字。你在这方面也花费了一些工夫。山东文艺出版社的认真负责精神也是功不可没的。特别是在目前出版情况下，我第一次见到这样装帧设计的好书！

匆忙写来，不妥之处，请指正！

此致

敬礼！

王士菁

2002年10月23日

赞鲁迅的精神儿女们

——读裘沙、王伟君画出的鲁迅世界

柯文辉

世界艺术史上还缺这样的前例：一对画家夫妇把相对成熟的中年到老年，献给一位作家著述的再创造，拒绝了钱孔里飞出金光四射的捆仙绳、陈词花样翻新的消费文化对有限生命的无限虚耗，心灵获得净化，精神找到充实，创造力喷泉怒涌，常画常新，开拓出一片源于大师思维又溶入自身个性的大花圃。这就是裘沙、王伟君贤伉俪敬献给同胞们的《世界之鲁迅画展》。流光不负苦耕人，他们笔下鲁迅的世界称得上繁丰、深刻、刚劲。努力用绘画语言，塑造一系列形象。裘沙当年在报刊上发表过激情倾泻的黑白画，又是研究陈老莲有独到见解的专家；伟君长于兼工常写色调素雅的中国画。他俩献身艺术的忘我境界又超出了事业成就，前者是花，后者是根。尤其令我敬佩！可称为拼命苦干舍弃大部生命自塑以塑人的典型。在浮躁、追星的学风中卓尔不群。我对画沉思，自惭渺小，虚掷光阴，浅尝辄止。从而引发劳动的渴望，战胜自己弱点的振作。希望充满阳光的笑靥又在平凡的道路上招手了。自1926年陶元庆为鲁迅作木炭速写以来，鲁迅及其作品一直是画师们憧憬的情结，构成一道多彩的风景。在一两件建筑上胜过裘、王二兄的不乏其人，陶元庆的造像与《彷徨》的书衣，至今无人超越。但像两兄这样贡献一条长街的，则无人与之并肩。持久的能源与自觉，基于对祖国文化的赤子之心，对创作对象夜以继日的开掘中，享受到默契的大欢欣，抵消了苦、倦、单调。他们悟到离开鲁迅，20世纪的思想文化史将大大减色。没有哪位文学家像迅翁那样准确地找到了历史位置；自剖并剖析封建社会，人性弱点；以全新视角审视神州大地上发生过的一切；又是“拿来主义”的典范。《野草》跳过摹仿与“彩排”，一步到位成了世界经典。这些对画家是挑战，是压力，是诱惑。理解是表现的前提。避开平庸的复述，减少造境遥深的图解与再现，方能调动欣赏者的创造力，与大师画家三者会心相顾一笑。

他们作了刻苦的准备工作：仅鲁迅的照片就编印过专集；凡《鲁迅全集》里提到的著作，尽量找到研读；有关先生的人和事的记载，作品的铨译，一一搜求，考订；小说散文及诗中涉及的风习人情、历史背景，反复从视觉形象加以考查。勤奋出才华，才用得其所便出成果。

作画之初，他们也曾过于追求讲究力度，有些试作近乎剑拔弩张，再衰三竭，即吴昌硕批评过的"鼓努为力"。觉醒而后，由外拓而内敛，对狂人、陈士成、祥林嫂神经痉挛过程的层次；吕纬甫心理灰暗颓唐的心路历程；魏连殳那种鲁迅式的寂寞，天地间孤独无告的大哀……无不废画成堆，十易其稿，让图像自己发言，不倚赖文字去抄近路，免得削减感染力。一些跨度长、场景较多的故事，还打破时空限制，不机械尊重希腊悲剧的"三一律"，错综交叉，似乱而有序。我戏称为"复调的戏剧化处理"，造险破险，步步上升到明朗的凝蓄，一目了然与反复咀嚼的读者各得其所。小说、散文、散文诗的大部，皆有人物，杂文则是哲理诗、政论匕首的变奏曲，万变一心。作者又不能当万能串场或节目主持人使用。由情绪幻化、提取的形象愈具独立审美内容则对原著愈忠实。心象的揭示更需反复酝酿，最后化险为夷，延伸、跳跃、回荡，节奏发展了，主题犹如导演在舞台上死去，又无所不在。我一眼看上去最顺畅最自然的画面背后，都藏着艰辛异常的幕后故事，非局外人所能表白。只要拿图对比原著深入品味袅袅余音，用不着我絮叨了。

也有好心朋友认为他俩的开采可以告一段落了，剩下时间可以开辟第二、第三战线。回答是否定的，他们还将画出迅翁整理点校的古籍；当年有所为而译，并有画境开发的异国名著。爱罗先珂君所著童话剧《桃色的云》已和观众见面，单说剧里拟人化出现的几十种花花草草就足以使一般同行望而生畏。他们不仅表现得精微劲秀，还传导出讨人心声的主旋律——爱是生之动力，伟大的爱不被所爱对象的理解是人类的不幸之一。童心，略带凄哀又不失向上的美很醉人。

苏联作家伊利亚 ·爱伦堡说："画只能看，不能说。"我深表服膺。欲知庐山真面目，还请读俩画师的创作。

（原载《绍兴人》2005年12月总第10期）

读解鲁迅的画之河

司马无疆

老画家裘沙是新时期以来努力攀登学者化高峰的画家之一，他著《陈老莲年谱》，重视明末清初流产于大统一的启蒙运动，发掘渴望个性解放又不知往何处解放的悲剧性。完成这一出色的插曲（可惜至今未碰上识货的出版家），又回到老题目对鲁迅的研究，注释了《文化偏至论》（山东文艺出版社已精印问世），搜集编印了鲁迅画传，对先生“必尊个性而张精神”的立人学说独有会心，用来作为红线与纲绳，和志同道合的夫人王伟君，画成几千张作品，构成了《世界之鲁迅》的艺术长廊。于东邻首相参拜战犯亡灵之后的“九一八”纪念日，揭幕于中国现代文学馆展厅。给首都的文化生活，吹来一阵清凉的金风，引起专家与读者群的关注，是对画家夫妇两万个悠长劳动日的安慰和回报，给他俩已过古稀的脉管，注入了青春的血液。

鲁迅创作集的图画本，已由捷足先登的漓江社取到桂林出版。秋后陆续还将赶印出《坟》、《热风》、《华盖集》与续编、《而已集》五册杂文的彩图本，服务读者，胆识过人。以上著作在两座大厅中只作了摘萃式展出。其他的画所选不过五分之一，洋洋大观，让欣赏者应接不暇，获得和一般绘画差别显著的思辨之乐，又富于形象，甚至是与大师思想相通的心象。

为展览引航的鲁迅画像，是“回眸时看小於菟”（小老虎，指爱子海婴）那种睿智的父爱，乐观、轻松，运线虔敬，凡中见奇，情绪饱满。为我们营造了安详沉思的氛围。小说人物如祥林嫂笔触忧愤哀痛，白发上的高光把苦难圣洁化、母性化。她瘦削，眼神凝滞，被歧视冷漠饥寒逼到疯狂的边缘，颤动的嘴唇似乎还在絮叨，整个表情处在觉醒的门槛之外，即将质询灵魂有无的前夕，与我们记忆中的小说里的人物一叠合，看着生出“久之忽觉身上寒”（吴嘉纪咏菊名句）的效果。画家还写出一张日本版的类似故事，疯狂的母亲抱着朽烂的死婴，立在树上

《为人类》（解剖学家K为了完成探索脑和脊髓奥秘的大研究，他终于解剖了儿子的宠物——一条特别伶俐的小狗L。不料，他刀下的L，原来竟是为了救L而自己套上小狗衣服的儿子！）（裘罴作）

哀号。双峰对峙，把母题世界化了。神权、族权、夫权没有国界，人道主义亦然。这种处理比让她去砍门槛更忠于原著。

“我以我血荐轩辕”一画未动用鲁迅青年时照片，轩辕氏注入了魔幻现实主义成分，神话现实与印第安土著原始造型多位一体。人顶上空源于汉画像石的玄武（灵龟），又具东方的神妙意境。拓宽了诗的疆域，献祭热血者的自觉，与“荃”（人民）对他苦衷不尽理解的矛盾溢出了画框。

诗、小说，有抒情主人公与人物，较易于移入视觉。而政论、被诗化哲理化的杂文的主次角色，要从情绪里去淘金，避开图解、叙述、故事化剧照、连环画等演绎方式，尤需画内外功力，赖线条中电波传情，电脑无能为力。《中国无产阶级革命文学和前驱的血》，借用当年鲁迅印在“左联”刊物《北斗》上珂勒惠支女大师的名作《牺牲》，画面献出儿子的母亲代表中华民族，对柔石、胡也频、殷夫、李伟森、冯铿五位烈士的哀悼。木刻占全画三分之一篇幅，中部一行牺牲者遗像，下面是带有如花鲜血的足印，两旁各一条撕裂的粗纸，印着鲁迅警句。物象多，安排得秩序井然，不乱不挤，肃穆深沉，抓人视线。

杂文提到的秦始皇画做雕塑式小像，威严无漫画成分。有些画中包含前后两三组场面，主次分明，后景配角力求传神，决不马虎。有些镜头对列，摇曳多姿，呼喊、激动、跳宕、奔驰，放中有收，藏锋沉着，不露恚角。借用外国名画如《命运》等，与华人造像的贯通圆融上尤见匠心。

俩画家无意歇歇肩，笔锋将转入迅翁译作，此《小彼得》、《爱罗先珂童话集》，抛开名利苦化甜，已初见战果。将来还要主攻鲁迅校勘的古书，包括古小说旧闻，工程浩繁，画风还需发展变异，对体质既不服老，又得量体裁衣，劳逸结合。祝福俩兄更上层楼，在尊鲁迅个性中大张自己的精神，创造凡人的奇迹。

（此篇未曾发表）

明白时势，知人论世

——写在《世界之鲁迅之画传》即将出版之际

钱柔夷

初次见到裘老及夫人王伟君女士是在一个阳光暖暖的晌午。北京的冬天没有想象中的寒冷，裘老的家出乎意料的简洁平实，家中收藏最多便是书籍和画作，完全一副文人做派。二老也没有大画家的架子，态度和蔼，言语质朴，见到来自遥远同乡的我，更平添了几分亲近，让我没有生涩之感。

也许是出于对文化的共同爱好，抑或是同为绍兴人的缘故，和二老颇为投缘，谈及家乡的骄傲——鲁迅先生更是滔滔不绝，而听裘老讲他与鲁迅的画缘，则是一种福气，没有一丝功名的味道，只有内心的挚爱之情充溢其中。最让我感动的是，为了绘编这本《世界之鲁迅》的画册，裘老的双目在半年前发现黄斑变性，几乎不能看书了，这让我想起雨果说的一句话："人类的心灵需要理想甚于物质"。能够穷毕生之力画出鲁迅之世界，这既是画家的理想，更是他们创造的动力，令人深切体会到理想不是可有可无的点缀品，人只有有了理想，才等于有了灵魂。

二位为鲁迅先生作画传的想法始于 1972 年的冬天，也就是"无产阶级文化大革命"的后期。严酷的现实生活，让他们不断地感悟到鲁迅论点无比强烈的震撼力！即使进入了新世纪，仍然如此。譬如鲁迅于 1907 年在他撰写的《科学史教篇》中，就告诉我们：在发展科学的热潮中，"顾犹有不可忽者，当为防社会入于偏，日趋而之一极，精神渐失，则破灭亦随之。盖使举世惟知识之崇，人生必大归于枯寂，如是既久，则美上之感情漓，明敏之思想失，所谓科学，亦同趣于无有矣"。二老觉得随着高科技的突飞猛进，这担忧非但没有消除，反而日益猖獗。正是如此，更加坚定了对鲁迅思想的信仰。经过 33 年的拼搏，终于完成了这样一部以丰硕的事实、形象的语言向人们揭示鲁迅思想不朽的世界意义，因而称之为《世界之鲁迅》的画传；而且于今年纪念鲁迅先生逝世 70 周年之际，可望出版了！这对国内外鲁迅事业的追随者们来说，应该是一件不小的大事。

整个创作计划一开始就得到了周建人先生、曹靖华先生、冯雪峰同志、唐弢先生、戈宝权先生、江丰老师和周海婴同志的支持。其中的很多作品都由他们提供相关资料。"世界之鲁迅画传"即由周建人先生题词。完成的第一幅作品，便是表现鲁迅参加杨杏佛先生追悼会的《又为斯民哭健儿》。鲁迅先生那天离家"不带门匙，以示决绝"情景，便是由唐弢先生提供的。画家通过曹靖华先生，不但与周海婴同志相识，并且由于海婴同志提供了大量的照片，促使他们全身心沉浸到鲁迅先生的身边去了！不久，他们又深深感到真要创作好《鲁迅画传》必须从鲁迅的作品入手，先把《呐喊》、《彷徨》、《野草》、《朝花夕拾》、《故事新编》一篇一篇地画了出来再说。1997 年，在那部以表现鲁迅作品为内容的《鲁迅之世界全集》出版，又荣获全国第三届图书提名奖之后，他们才回过头来，全力投入《世界之鲁迅画传》的编创工程。由于工程繁重，而集绘画、历史文献图片、文字和装帧艺术于一炉的表现形式又多样化，这套本来打算两年完成的《世界之鲁迅画传》，他们整整拼搏了 8 年！到处收集、编入书中的有关照片就达 1928 幅之多，手稿、地图、书影也有 1702 幅，绘画作品 2044 幅（包括德国画家珂勒惠支、比利时画家麦绥勒莱和画家祖孙三代精心创作的作品）。按时间次序，分成四大卷。诚如王士菁先生所说的这是一本富有创造性的鲁迅传。

《世界之鲁迅画传》是一部全方位图释鲁迅思想的成因、发展及其真谛和价值的专著。画传的主体，是由画家精心设计创作、表达举世无双的鲁迅思想的精髓及其巨大的世界意义的图画，尤其是那几幅占两页版面的大画。老照片具有一种独特的让我们亲临其境的视觉效应，因此从 1973 年开始创作《又为斯民哭健儿》以来，二位对图片的收集至今没有中断，从国内到国外，凡是与鲁迅有关的人与事，都在他们的搜求之列。因此，这部《画传》老照片数量之大，也颇为惊人。其中许多照片，除了鲁迅在南京水师学堂所爬桅杆的照片，清国驻日使节杨枢的照片、东京御茶之水新貌的照片等等，都是首次进入鲁迅的传记。有的照片更是来之不易。例如弘文学院校长嘉纳治五郎和东京汤岛圣堂（孔庙）的照片、日本水产朱舜水遗址的照片等都是日本朋友宫秋道男先生帮助他们从日本找来的；《摩罗诗力说》介绍的波兰诗人克拉旬斯奇（S. Krasinski）本人及相关的照片，中国无法找到，全部都是法国电视三台的导演、副导演亨利朗日和左思夫妇为他们特地从波兰找来的。又如法国作家菲立普和奥地利女作家至尔妙伦的照片、画像和书影，便是德国著名汉学家、柏林洪堡大学的 Helmut Fesscn（中文名尹虹）教授，在大手术之后，为他们从德国找来的。为了支持把鲁迅画传创作好，北京鲁迅博物馆、上海鲁迅纪念馆、绍兴鲁迅纪念馆、广州鲁迅纪念馆、人民文学出版社、中国大百科全书出版社、香港中文大学等单位，以及鲁迅的朋友和朋友的亲属给他们提供了史料和照片……

如此种种，表明友好的外国人士对鲁迅先生的崇敬之情，证明鲁迅思想影响之广，影响之深。鲁迅是中国的，也是世界的。毛泽东同志曾在1971年强调："要读鲁迅的文章，劝同志们读鲁迅的杂文。鲁迅是中国的圣人，我算是贤人，算鲁迅的学生。"并且号召大家："一读马列，二读鲁迅，三看参考消息。"非常深刻地展示了鲁迅思想的巨大价值和认识真理的不易。作为尚有觉悟的国人，都有义务和责任把鲁迅先生的思想推广至全球。

这里我们要感谢我们的裘沙、王伟君两位先生，我们相信王世家先生所说的，这部《画传》必将成为我们中华民族宝贵的文化财产的一部分而传之于世。必将引起国内外文艺界、学术界的注目和激赏。作为绍兴人，我们感到无比的光荣和自豪！

裘沙：绍兴嵊州籍著名画家。33年前，历尽坎坷的裘沙及其夫人王伟君女士决心把自己的后半生奉献给宣扬鲁迅的事业。从创作第一幅作品《又为斯民哭健儿》起到现在，他们已创作出将近2000幅关于鲁迅的作品，他们的作品饱含着鲁迅忧国忧民的民族精神。曾举办过25次鲁迅画展，作品充分体现了裘沙夫妇热爱鲁迅、研究鲁迅、表现鲁迅的满腔深情和执著的追求精神。鲁迅之子、76岁高龄的周海婴专程赶到绍兴观看画展。周海婴感慨地说："裘沙老画家一辈子都在执著地研究鲁迅的著作和思想精髓，他画得很深，想得很深。我今天看了以后，对他更钦佩、更敬仰了！"

据记者了解，2006年恰逢鲁迅逝世70周年之际，应北京鲁迅纪念馆馆长孙郁、上海鲁迅纪念馆副馆长王锡荣及清华大学美术学院之约，画家今年会在北京、上海等地举办《世界之鲁迅》的画展！

（原载《光明网》2006年3月21日）

“我为鲁迅狂”

——京华访画鲁迅专家裘沙、王伟君夫妇

钱柔夷

五一节前后，北京高大的马缨花树散发出阵阵幽香，记者首次访问了著名画家裘沙先生和王伟君女士。裘沙和他的大儿子裘小鲁整天伏在电脑前绘画八年，终于编成了他们用心血凝结的著作《世界之鲁迅画传》。有关专家称，这是一部记叙鲁迅最为详尽的作品，使“鲁迅之世界”走向了“世界之鲁迅”，其学术价值是无法衡量的。今年元旦，《文化交流》又收到了他们为纪念鲁迅“取今复古，别立新宗 100 周年”而制作的新年贺卡。

34 年前，历尽坎坷的裘沙及其夫人王伟君女士，决心把自己的后半生奉献给弘扬与传播鲁迅的事业。从创作《又为斯民哭健儿》到现在，他们从夫妻两人到第二代、第三代全家都投入了这一事业，他们收集了大量有关鲁迅的图片，创作了将近 2000 幅关于鲁迅的绘画作品，先后举办 25 次纪念鲁迅的个人画展，在国内外引起强烈反响。楼适夷说《阿 Q 正传二百图》“真正画出了鲁迅笔下的阿 Q”。夫妇俩合作的画集，由人民美术出版社、香港中文大学出版社、日本岩波书店、法国 Lelivre de Poche 等，分别用中、日、法、英四种文字出版。经过这 34 年的拼搏，至今，他们创作的《鲁迅之世界画集》，包含了《鲁迅全集》每一篇文章的作品之图。

喜为“鲁迅狂”

曾有人称裘沙为“鲁迅狂”，记者问裘沙对此怎么看？ 他坦率地回答说：“有人这样说过我，我自己没有这样说，但这也是事实。”他在中学一年级就崇拜鲁迅，1946 年开始正式学画不久，就设法找到鲁迅病中编辑、出版的德国版画家《凯绥 · 珂勒惠支版画集》。1948 年他在全国木刻协会学习木刻，为函授班第二期学

员。1949年9月进杭州国立艺术专科学校（现为中国美术学院）学习。1951年3月提前毕业后到中国青年报社任美术编辑、记者、美术组组长等职。在团中央第一书记胡耀邦领导下，成为我国新闻战线一名活跃的画家。王伟君解放前也在杭州国立艺专西湖艺术研究所学习，专攻油画，1949年5月参加中国人民解放军，1951年参加中国人民志愿军赴朝鲜前线，1953年回国深造，1956年调共青团中央工作。在艺术上，也是一位珂勒惠支的崇拜者。1957年他们因艺术志趣相同而结婚。1972年，夫妇俩又在逆境中感悟到鲁迅思想的真谛，于是，不计个人得失成败，全身心地投入了传播鲁迅的事业。他们1981年在北京举办了第一次纪念鲁迅的个人画展。1986年应邀访日，并于东京、仙台举办画展。美国、意大利、韩国、英国、挪威、法国、秘鲁等国学者、记者相继来访，进一步促使他们感悟到鲁迅思想的世界意义，于是他们又进一步从世界大视野中对“鲁迅主义”进行全面而深入探索。

第一次画鲁迅

谈到第一次画鲁迅的感觉，裘沙说：“我第一次画鲁迅，是在1956年。这年全国纪念鲁迅逝世20周年，活动很多，北京鲁迅博物馆也是这一年落成的。中国青年报文艺部的同志叫我为文艺副刊画了一幅鲁迅和郭沫若站在一起的素描；中国少年报的美编也叫我给周建人先生的女儿周晔所写的回忆文章配了两幅插图。我记不清其中哪一幅是我画鲁迅的第一幅作品了。鲁迅是中国文化革命的主将，能为鲁迅先生的纪念活动，献上一幅小画，心里很高兴。第二年，王伟君还专程到绍兴鲁迅故居去住了几天，画了一批很有价值的油画速写”。裘沙接着说：“等到1972年，经历了‘文革’的空前浩劫，感悟到鲁迅思想的真谛之后，我们在劫难中拿起画笔来为鲁迅造像，心情就更不同了：我们心中充满了为鲁迅事业而献身的激情！这就是我后来自称‘阿难’的那种心情。”

他理解的“鲁迅新宗”

2006年是鲁迅先生逝世70周年，热爱鲁迅的人们都以自己独特的方式纪念我们的“民族魂”。而裘沙做的，则是深刻探究鲁迅思想的真谛。他经过30余年的探索，认为鲁迅先生在1907年于《文化偏至论》中所宣告的“取今复古，别立新宗”

的“新宗”，即鲁迅思想的精髓。“鲁迅之世界”到“世界之鲁迅”，他们创作的主题向跨越时空的“鲁迅主义”进发，为弘扬鲁迅先生所提出的建立“人国”的理想，即中国古代思想家所提出的“立人”思想而努力。鲁迅先生的“世界之思潮”是指“人的解放”大潮。正如鲁迅先生在《文化偏至论》一文中所说：“是故将生存两间，角逐列国是务，其首在立人，人立而后凡事举；若其道术，乃必尊个性而张精神。假不如是，槁丧且不俟夫一世。”鲁迅先生从世界形势中希望能建立的“人国”，便是这样一个既互相尊重各自的个性，又共同张扬崇高的精神、充满着“诚和爱”的和谐社会。可以说，这是鲁迅先生一生事业的思想纲领。过去大家认为，这只是一个无法实现的乌托邦，但它和今天中央提出的建立和谐社会是一致的。

应该建立“世界之鲁迅”美术馆

裘沙与夫人王伟君为探索、阐明、弘扬与传播这鲁迅新宗，几十年如一日的拼搏，付出的代价也实在太大了！他们因此而被视为“狂人”，也是顺理成章的事。鲁迅先生自己早就说过“人生得一知己足矣，斯世当以同怀视之”。他们夫妇俩志同道合、殚精竭虑，可以说把自己的一生都贡献给了绘画与诠释鲁迅的事业中。为此，上海鲁迅纪念馆在朝华文库中设立了“裘沙、王伟君专库”。

现在，他们既然已经完成了“鲁迅之世界”到“世界之鲁迅”这两大系列，并详细诠释了《文化偏至论》等五篇鲁迅用文言写成的重要论文，以后他们还要做些什么呢？裘沙说：最后还想完成的一个任务，那就是希望有一大间普通的房子，能像敦煌莫高窟的某一窟那样，或者像罗马梵蒂冈西斯廷礼拜堂那样，或者像曲阜大成殿最后一殿那样，建起一座“世界之鲁迅”的美术馆来，在四壁画上一套能极其精炼地展示出这位“新中国圣人”世界意义的壁画，以供国内外热爱人类进步事业的人们瞻仰。

（原载《文化交流》2007年第2期）

裘沙：为何舍命传扬鲁迅

方 朔

他给自己写下墓志铭

“在科技领域里，当光束进入红宝石小棒，一经棒的内部粒子激烈碰撞，另一端就会产生出极大能量而形成的激光。在社会生活中，当一个人被华盖笼罩得黑暗之极无理可说时，他只要不毁灭，同样会产生耀眼的激光。逆境厄运，它使我从内心上贴近了鲁迅，深刻理解鲁迅世界。”裘沙如是说。

与裘沙先生推心置腹促膝而谈，首次是1995年秋，在沈阳的《萧军纪念集》首发式座谈会上。时隔12年，在萧军的故乡凌海市举办的纪念萧军诞辰100周年活动中，我又与专程从北京前来的裘沙先生久别重逢，互相都倍感亲切。

裘沙先生有着浓重的浙江口音，头发粗黑，胡子疏白，面容清癯，神态沉静。伴他同行的夫人王伟君， 满头银发，面目清秀，举止轻盈，话语温柔，与裘沙总是形影不离。

裘沙和夫人王伟君是当今我国传扬鲁迅思想和精神的两位杰出的艺术家、创新者。他们创作的鲁迅肖像画，被萧军评为他所见到的，最能表现鲁迅精神面貌的作品。中国美术家协会、中国鲁迅研究会、中央美术学院、中央工艺美术学院于1981年9月，在京联合举办裘沙和夫人王伟君的第一个画展《鲁迅文学作品插图展览》。1986年，日本朝日新闻社、河北新报社和仙台博物馆在东京、仙台，为他们举办了“鲁迅逝世50周年纪念展·《鲁迅之世界》”画展。迄今已创作近2000幅关于鲁迅的绘画作品，在北京、上海、绍兴、杭州、宁波、福州、乌鲁木齐、西安、秦皇岛等地先后举办26次纪念鲁迅的个人画展，国内外文化界、美术界反响强烈。他们在国内外出版的画集，几乎全是有关鲁迅的：《鲁迅之世界》、《鲁迅〈阿Q正传〉二百图》、《鲁迅论文、杂文160图》、中英文对照本《鲁迅之世界全集》等。

等待出版的，还有四卷本《世界之鲁迅画传》、《鲁迅全集之图》、《鲁迅译文集之图》以及《世界之鲁迅美术馆大壁画初稿》等专著。

我对裘沙先生敬仰已久。他和夫人志同道合，30余年持之以恒地传扬鲁迅思想，那种舍生忘死的精神和至死不渝的感情，当今实属凤毛麟角，感人至深。多年来，夫妇俩仅靠工资生活，却坚守一条——为鲁迅先生作的画决不能当商品出卖。20年前，曾有一位韩国人想高价买他们表现鲁迅的作品而被拒绝。于是，韩国人提出买他们“淘汰的画儿”。裘沙说：“既然淘汰了，自然就是要毁掉的。”

多年的郁闷、劳累、缺乏营养，曾使裘沙不幸得了乙型肝炎、冠心病。1983年，他被医院诊断为肝癌晚期，只有几天的生命了！有关单位，甚至中国美术家协会，都去人向他告过别了！在病榻上他极其认真地为自己写下了墓志铭：“这是一个用自己的一生，真正认识到鲁迅的意义，将自己毕生精力献给鲁迅事业的人。”然而，命运却让他活了下来！

对鲁迅的认识沉重而话长

鲁迅先生逝世这么多年，当代中国是否还像以往那样需要鲁迅？裘沙在20世纪40年代上初一时，就开始崇拜鲁迅。1949年全国解放，满以为鲁迅的时代就此结束了，直到“文革”后期，残酷的现实，逼使他终于感悟到鲁迅思想的真谛，深感当代中国，“比以往任何时候都需要鲁迅！”

谈起对鲁迅思想的认识和感情，可谓沉重而话长。

“嘤其鸣矣，求其友声。”解放初期，裘沙先生在团中央书记胡耀邦同志“报纸要唱时代进行曲”的指导下，成了一位我国新闻战线上极其活跃的青年画家，曾经来沈阳、本溪、抚顺、大庆作过采访。“文革”之时，整个团中央系统的工作成果，竟然被“造反派”全部否定了！全体干部都被下放到河南潢川县的团中央“五七干校”去劳动。

一天，干校“校友”胡耀邦碰到多日不见的王伟君，问裘沙最近在干什么？王伟君说按两报一刊社论的精神，画林彪与毛主席离开遵义，向胜利进军。胡耀邦惊奇地说：“怎么画林彪？”之后不久，“九一三”林彪事件果然发生了！裘沙夫妇在公休日那一天去看望耀邦同志，胡耀邦拿出饭盒里仅有的三个凉饺子招待。裘沙对胡耀邦说：“听了你的招呼，那张画没有再画下去。”胡耀邦说：“讲究历史唯物主义，就是按历史的本来面目解释历史。你们应该多画画工农群众……”

“九一三”事件对毛泽东的打击几乎是致命的，害得他大病一场，毛泽东因此再次想到鲁迅。在11月曾对人讲：“鲁迅是中国的第一等圣人。中国的第一等圣人不是孔夫子，也不是我，我是圣人的学生。”毛泽东为何想到鲁迅，我想该是感叹鲁迅先生对社会对人生认识的深刻和准确。正是此时，裘沙也埋头重读50年代出版的《鲁迅全集》，常常感动得泪流满面。

在他心中突发出一种从未有过的勇气：“从今之后一定要做一个堂堂正正的中国人！把民族的苦难和希望，通过一部《鲁迅画传》表现出来。把感悟到的鲁迅思想和精神真谛全部画出来，让中国更多的人尽快地醒悟过来，不要再做现代的阿Q了！”于是，在文化劫难中，他重新拿起画笔来为鲁迅作画，心中充满了为传扬鲁迅思想奉献终身的激情！

最先决意画的，是鲁迅参加杨杏佛追悼会，发出“于无声处听惊雷”的呐喊——“又为斯民哭健儿”。画面是：风雨天，鲁迅参加杨杏佛追悼会，做好了踏上不归路的准备。表现出不畏一切、大义凛然、视死如归的精神和气概。鲁迅的挚友许寿裳为其撑伞同行，表现的是“人生得一知己足矣”。因在“文革”中，他看到身边那些背靠背“揭发”同志的软骨头，实在让他感慨万千。

裘沙构思了许多画面，一连画了几幅，都流于时行的模式，自己很不满意。反复思考使他醒悟到：失败在于自己还没有真正认识和了解真实的鲁迅。

一天中午，裘沙拿着老院长刘开渠的一封亲笔信，来到北京老作家萧军的家。当时，萧军还被管制，处境十分险恶，但还是破例地在家中接待了他，整整谈了一个下午。临走，还建议他再找些人，多了解些具体情况。因此，他在北京拜访了周海婴、周建人、周丰一、茅盾、曹靖华、冯雪峰、何爱玉、丁玲、胡愈之、戈宝权、唐弢、葛琴、章川岛、楼适夷、骆宾基、杨霁云、孙用、尹庚、聂绀弩和胡风的亲属；自费去上海拜访了杨杏佛的家属赵志道和杨小佛、郁达夫的夫人王映霞、蔡元培的女儿蔡粹盎、许杰、罗静轩、陆晶清、俞念远；去杭州拜访了黄源、许钦文；去绍兴拜访了董秋芳、吴姒鸿以及陶成章、蒋抑卮、陶元庆的家属等知情人，并搜集了鲁迅生前不同时期的100多张照片——比当时周海婴家和鲁迅博物馆保存的照片还多——后来他倾囊借债，无偿地出版了《鲁迅》照片集。

经过一年的努力，裘沙表现鲁迅生平的第一幅作品《又为斯民哭健儿》，终于完成：在一个阴晦的天气，鲁迅在家门口没有要夫人许广平拿来交给他的大门钥匙，扔掉烟头，扭身，昂首，义无反顾，满腔怒火地走向杨杏佛追悼会……这幅画成功了，萧军、周海婴和熟悉鲁迅的许多人看了都说："画活了，鲁迅先生当时就是这个样子！"裘沙接着感到，要创作《鲁迅画传》，还应该首先把鲁迅的作品一篇一篇全部深入地表现出来才好。果然，在创作中又发现祥林嫂并非由于冻饿而死，而是为了去地狱和阿毛见上一面而自杀的！《阿Q正传》则并非为了引人同情或嘲笑，而是为了揭示"国人的灵魂"和"中国的人生"，引发人们自我反省而创作的！这鲜为人知的读书心得，又促使他立刻进入激奋的创作状态，鲁迅小说中的人物、情节，以至杂文的思想精粹，都不断地涌现在他的画面上来。

甘做现代中国的脊梁

1936年，郁达夫在《怀鲁迅》中写道："没有伟大人物出现的民族，是世界上最可怜的生物之群；有了伟大的人物，而不知拥护、爱戴、崇仰的国家，是没有希望的奴隶之邦"。

1986年，裘沙、王伟君在一个多月的访问日本的过程中，进一步感悟到鲁迅思想博大精深的世界意义。从1987年开始，他终于更进一步地领悟看到了一个在世界思想史上"取今复古，别立新宗"自成体系、极其辉煌的鲁迅思想殿堂！

现年78岁的裘沙坚信鲁迅的箴言——"希望是附丽于存在的，有存在，便有希望，有希望，便有光明"。"中国自古以来，就有埋头苦干的人，有拼命硬干的人，有为民请命的人，有舍身求法的人……这就是中国的脊梁"。他不但在中央工艺美术学院、中央美术学院，还曾经到北京大学、人民大学、北京师范大学、宁波大学给青年学生讲鲁迅，让鲁迅给他们指明前进的方向，使他们受到了极大的鼓舞。

裘沙和王伟君现在已经完成了《鲁迅之世界》到《世界之鲁迅》这两大系列画集，他们不但拿画笔传扬鲁迅的思想和精神，还用文字详细诠释鲁迅早期用文言写成的《文化偏至论》等五篇重要论文。虽然有人认为，鲁迅早期的思想受尼采思想影响，不是新文化运动的正宗思想。但裘沙认为："鲁迅先生是中国启蒙运动的真正先驱。启蒙运动的意义在于让人民认识自己，使人民成为自觉的社会成员，而不是一个盲目的生存者。鲁迅先生在《文化偏至论》一文中所说'是故将生存两间，角逐列国是务，其首在立人，人立而后凡事举；若其道术，乃必尊个性而张精神。假不如是，槁丧且不俟夫一世。'鲁迅先生从世界形势中，希望能建立的‘人国’，便是这样一个既互相尊重各自的个性，又共同张扬崇高精神的社会，这是鲁迅先生一生事业的思想纲领。”如果，联系到现实社会，以人为本，执政为民，科学发展，深化对国民素质的教育，建立和谐社会，促进世界和平，同样都需要继承和发扬鲁迅的思想和精神！

“鲁迅点中中国人脉穴的话语，当今不仅没有过时，反而正当其用！”

裘沙强调：“鲁迅有自己完整的思想体系，历史需要我们去理解、探讨、宣传。”裘沙认为，要全面了解中国的民族精神，就要认真研读鲁迅的书，才会有个比较清醒的认识。中华民族需要反思30年代鲁迅先生的一些话。我们只有常温鲁迅的作品，自我警惕，自我解剖，以严谨的治学态度和独到的艺术见解，去大力弘扬鲁迅精神的真谛，义无反顾地播撒鲁迅的火种，才可以防止自我堕落。

裘沙先生在他写的《一篇纲领性的论文——〈文化偏至论〉》里，分析了曾经有过的几种现代化的发展模式：

一是为个人私利而大挖国家的柱石，即所谓“个性与物质的结合”，这是鲁迅在《论雷峰塔的倒掉》里曾经批判过的，他称之为“奴才的破坏”。

二是“大跃进”时期全民炼钢式的抛弃了科学精神的群众性建设狂热，那是“众数与物质相结合的社会实践”。

三是“文化大革命”时期强调精神万能的群众运动，这是“尊众数而张精神的全民大实践”。

但历史已经证明，所有这些发展模式都给中国人民带来了巨大的灾难；而历史是不能倒退的。

我们任何时候都不能放弃“立人”的目标，物质的富裕与国家的富强，必须以保障每一个具体个体生命的精神自由为前提。如果相反，以对个体精神自由的剥夺与压抑来换取物质富裕、国家富强，人依然没有摆脱精神被奴役的状态，这绝不是我们所追求的现代化社会。

我们所追求的共同富裕与共同发展的社会，是社会大多数人不断获得物质需求满足和精神需求自由的社会。

有人认为，每一个人对鲁迅的认识和理解，所受的影响，都不可能一样，在一千个人心中，就会有一千个鲁迅。在任何时候，鲁迅的真正的接受者、理解者都是民族中的少数精英和有良知、有良心者。鲁迅的伟大在于他是第一个将现代中国看透的人，第一个将当时中国专制、残暴的本质真相揭露在世界面前的人。

鲁迅生时受到一些人攻击和暗箭，死后仍有一些人，希望将他彻底忘却或消失。还有一些人，表面上将鲁迅先生摆在祭坛上顶礼膜拜，不过是伪装自己内心的仇恨和虚弱。鲁迅批判憎恶的奴才、假洋鬼子们等，在鲁迅死后仍以原样原态逍遥于世！多年来，我们总是致力于政治体制和经济体制的改革，却忽视了民族素质的提高和个人品质的升华。结果是，经济上去了，人品下降了！GDP上去了，环境资源破坏了！少数人暴富了，多数人贫困了！

“率先透过笼罩在传统文化和近代文化论争上的迷云，将中国现代文化重建的核心拨正到理应作为文化主体的中国‘人’身上，以深重的忧患理性和民族情感提出了‘首立在人’的人本文化观，指明了由立‘人’到立‘国’的革新自强之路。”真乃至理之言！

1999年，法国第三电视台拍摄世界100位文学家，在中国选中鲁迅先生。导演朗日在走访了若干鲁迅研究者后，对裘沙夫妇感慨地说：“你们对鲁迅的感情非同寻常。两位艺术家始终坚持自己的选择，心无旁骛，矢志不渝。这种力量与境界，不是用毅力所能解释的。你们已经将鲁迅的‘立人’思想，化作了自己的理想与信仰。你们是在为自己的理想与信仰而拼搏不止……”由于赴日画展的成功，美国、意大利、韩国、英国、挪威、法国、秘鲁、澳大利亚等国学者、记者，相继访问或给予报道；美国传记中心理事会为了表彰他创作《鲁迅之世界》的艺术成就，不但把他编入《世界名人录》，而且推选他为《25年来有杰出贡献的500领导人》之一而给予奖状，更使他感悟到鲁迅思想的世界意义。当东欧和苏联相继解体之后，法国学者鲁阿教授为裘沙夫妇的大型画册《鲁迅之世界全集》撰写序言的时候，更大声疾呼：“鲁迅，真理的传播者——我们需要您，比任何时候都更加需要您！”

裘沙说“以自己的微力构建起鲁迅思想的殿堂”，“为鲁迅的新宗奋力呐喊，这是时代赋予我们的使命”。可叹的是，现实许多的人，却难以领悟到裘沙夫妇舍命传扬鲁迅思想和精神，以及在现代中国发展中的真正意义和作用！

（此篇未曾发表）

潜心弘扬鲁迅思想的裘沙、王伟君夫妇

——读裘沙、王伟君编绘《阿Q正传二百图》

姜维朴

一、别具特色的《阿Q正传二百图》

在中国出版界，长期以来以连环画艺术歌颂鲁迅的伟大事迹，或移植鲁迅的文学作品，涌现了不少优秀作品，而裘沙、王伟君夫妇编绘的《阿Q正传二百图》，可以说是其中一部具有鲜明特色的卓越之作。

所谓鲜明特色，是我在阅读了众多的同名连环画之后，感到裘沙夫妇这部作品，在把握阿Q这位主人公的典型性方面，比较准确而具有深度。两位画家在动手编绘时，正是中国大地乌云密布的“文革”后期，一场旷日持久的“历史灾难”使画家感到移植鲁迅这部名作的意义。他们在深入领会鲁迅对阿Q典型意义的预言：“民国元年已经过去，无可追踪了，但以后倘再有改革，我相信还会有阿Q似的革命党出现。”“我只写出了现在以前的或一时期，但我还恐怕我所看见的并非现代的前身，而是其后，或者竟是二三十年之后。”因而，裘沙夫妇“决心把《阿Q正传》这部杰作，形诸画面，以期引起更多的人们的疗治和警觉”（见裘沙《〈阿Q正传二百图〉创作追记》，刊于《连环画艺术》1989年第2期）。怀着这种历史责任，他们结合创作，阅读了篇幅巨浩的《鲁迅全集》，七次深入绍兴地区体验生活，物色阿Q及其他人物形象，经过反复推敲，才成功地塑造了这一人物的形象。

鲁迅在1934年11月25日发表于《中华日报》副刊《戏》周刊的《寄〈戏〉周刊编者信》中说：“在这周刊上，看了几个阿Q像，我觉得都太特别，有点古怪。我的意思，以为阿Q应该是三十岁左右，样子平平常常，有农民式的质朴，愚蠢，但也很沾染了些游手之徒的狡猾。在上海，从洋车夫和小车夫里面，恐怕可以找出他们的影子来的。不过没有流氓样，也不像瘪三样。”从裘沙夫妇描绘的阿Q形象，我们大体上是可以体会到这些特点的。他是靠劳动生活的，因而具有劳动者的质朴，在开端的几幅劳动的画面中，都可以看到他质朴可爱的身影。在第 10 幅中，他受到老者的颂扬“阿 Q 真能做”，阿 Q 满面欢笑的天真劲头，令人有一种亲切感。而到他不断遭受欺凌，一再紧皱眉头，为自己申辩，或在内心反驳“你还不配”之时，我们也会感到他如何在为自己的自尊而不屈，以至运用起所谓的精神胜利法（见第 19、20、21 幅）。在阿 Q 开始“造反”后，突然受到周围人们的另眼看待，连赵太爷也毕恭毕敬地问候“老 Q……发财么”，他实在有些得意忘形，“飘飘然地飞了一通，回到土谷祠，酒已经醒透了”。他向土谷祠管祠的老头子要了两个饼，便点起烛火，吃了饼，得意地构思着“造反”的一幕幕美景（见第 134—139 幅）。第 134 幅的阿 Q 是阿 Q 最具有生气而神采飞扬的特写，更引发起读者对阿 Q 的关注，预感到“美梦”破灭后的恶果。果然，接下来的更是形势的急转直下，假洋鬼子之流不但不准他“革命”，而且还挥起“哭丧棒”。他更痛恨假洋鬼子，埋怨白盔白甲的人不来喊他入伙。第 172 幅刻画了他这种欲前不能只好等待时来运转的心情。但是，直到他被擒出土谷祠，“才有些清醒”，令人越发沉痛地感悟到：阿 Q 的“革命”而导致“大团圆”的悲剧，是人吃人社会所酿成的必然结果。裘沙在《〈阿 Q 正传二百图〉创作追记》中写道：“我们在塑造阿 Q 形象的时候，特别在‘样子平平常常’上下工夫。阿 Q 的样子越是平常、质朴，便越有普遍性，越能引起观众的共鸣和反省。我们这样做，并不意味着要为阿 Q 魂灵中丑恶的东西作辩护，而是要在普遍的人性中把丑恶的东西揭露出来，在质朴中把愚蠢的东西揭示出来。”

《世界的火灾》（他抱着大火把，一家一家的点起火来，于是……）（裘晃作）

《阿 Q 正传二百图》不仅塑造了阿 Q 这个令人深省的主人公典型形象，而且，围绕阿 Q 而出现的赵太爷、假洋鬼子等人物，都以独特的形象展示出他们冠冕堂皇而又丑恶不堪的灵魂。看，第43幅中的赵太爷因阿Q说自己姓赵，惹得赵太爷扇了阿Q一个嘴巴，画面上这只伸起的大手似乎带着风声，即将打在阿Q骨瘦嶙峋的脸上。第81幅，阿Q因“调戏”吴妈匍匐跪在赵太爷身前请罪，赵太爷端坐在八仙桌旁，手持水烟袋，何等威风！而到第129、130幅，赵太爷因阿Q的“突然发迹”而低三下四地迎合着低声地叫阿Q为“老Q”，使阿Q理都不理。这些有权有势，掌握着阿Q命运的统治者，长期压在中国人民头上的恶势力，随着时代的变化，也不断地变化而又万变不离其凶恶的本性。在故事结构上，作者基本上保留了原作的结构，又吸收了连环画的连环性和电影的一些艺术手法。画面以中近景为主，不时以特写刻画人物的面部表情，如阿Q那双既傲视一切又时而陷于苦思冥想的眼睛，那厚厚的嘴唇和翘起的鼻头，都常常表露出其内心复杂的感情。画家还常常画出阿Q那双由于劳动而特别粗大的手，后来，在法庭上被迫在判决书上画圆圈时吃力地握着不听话的笔，另一只手也在用劲，连骨头节都似在咯咯作响，但圈儿终未画圆……

裘沙的故乡是绍兴地区的嵊县（现称嵊州市），伟君出生于杭州，他们对阿Q的生活环境比较熟悉，再加上多次到绍兴一带体验生活（裘沙就曾七次赴绍兴），这使他们在构思人物和环境，表现风土时尚方面，就更具有独到之处。当然，重要的是深入理解鲁迅这部经典的精神实质，才能完美地以可视形象去展现文学内容，使一部震撼了一个时代的文学巨著，又以美术与文学相结合的连环画艺术，得以更广泛、更深入到人民群众和青少年心目之中。作品在最后结束一幅，构思更别出心裁，不直接表现阿Q倒在血泊之中，而是在异常空阔的天地之间，一摊血留在地面上，尸首不见，“看客”们也早已散尽，只有一只狗——像是饿急的狗在急不可待地舔着浓浓的血。悲惨的一幕似乎告终了，但给人的感觉却是远远没有了结，而是无尽的遐想和深沉的反思！

二、热烈的反响

裘沙、王伟君经过六年（1974—1980年）的呕心沥血，完成了这部作品，由人民美术出版社于1981年7月出版（肖祖石、周道银责编），24开本，用铜版纸印刷。在当时来说，这算是比较高级的连环画册了。上世纪30年代受到鲁迅先生热情关怀，在左翼文学运动中做出重大贡献的萧军，为画册写了后记，史无前例地提出了“鲁迅先生的阿Q，和莎士比亚的哈姆雷特、塞万提斯的唐·吉诃德，在世界文学的典型人物中‘是典型中的典型’”这一论点，热情赞扬了裘沙夫妇在美术领域取得的成就，“是忠于人民，特别是忠于鲁迅先生文学事业的画家，若干年来如一日”。

作品问世后，很快受到社会的热烈欢迎。美术界领导人江丰得悉《阿Q正传二百图》完成之后，当即提议将裘沙夫妇的作品以“鲁迅文学作品插图展览”的形式，作为美术界纪念鲁迅诞辰100周年的一份献礼，于1981年9月，由中国美术家协会、中国鲁迅研究会、中央美术学院、中央工艺美术学院联合举办。这提议，又促使裘沙夫妇采用连环画的另一分支——组画的形式，完成了《狂人日记》、《祝福》、《药》和5幅杂文图，以便使画展内容更丰富，形式更多样。周建人、曹靖华为画展题名，江丰为画展作序，文学界老一辈权威人士丁玲、戈宝权、著名诗人艾青、电影理论家钟惦棐，美术界领导人王朝闻、华君武、古元、彦涵、蔡若虹等，都对作品给予热情的点评。丁玲、萧军、戈宝权还将画册作为赠送国际友人的礼品，出国时带到美国、日本。楼适夷（人民文学出版社副社长）参观了裘沙夫妇的作品展览之后，立即去新华书店买了十本《阿Q正传二百图》，寄赠给文艺界的好友，又给尚未见面的裘沙写了一封很有分量的信，说：“特别是《阿Q正传二百图》，使我完全沉迷了，而且好几天使我感到很大的激动。”“我发现鲁迅用语言文字所创造的一个艺术世界，在您的黑白线条与阴影中，又重新把它创造出来了。”“我懂得了什么叫绘画艺术上的神似，我以为您要是没有一颗对伟大的鲁迅先生赤诚的敬爱的心，没有对人民的热爱，是不可能创造出这样的艺术作品的。”（以上文艺界人士的发言、信件等，详见裘沙《〈阿Q正传二百图〉创作追记》。）

1986年，日中文化交流协会常务理事、反对侵华战争的老作家野间宏，美术评论家、“现代中国美术馆”设立发起人会事务局长藤山纯一，在日本看到这本《阿Q正传二百图》，立即与岩波书店商定：于这年8月、9月先由日本朝日新闻社在东京举办，后由仙台市博物馆、河北新报社在仙台联合举办“裘沙夫妇用绘画表现的《鲁迅之世界》”大型画展，以纪念鲁迅先生逝世50周年，并邀请裘沙夫妇赴日访问。与此同时，由岩波书店出版发行的两部画集：《鲁迅之世界》和《鲁迅·阿Q正传》，被出版界同仁公认为日本出版界当年的压卷之作。开始，《鲁迅之世界》已编选了《阿Q正传》50图，等总编辑绿川亨看到原作后，认为这套作品一幅也不能删，又马上改变计划，另外出版了这部特装16开本《鲁迅·阿Q正传》，并由“从这里我们看到了正是一位肩负着现代中国明暗两面的艺术家的存在”的日本著名学者竹内实教授撰写题作“解释”的后记。全书共有图205幅，较人美版画册多了两幅。尤其是在故事结束之前，增加的那幅堂而皇之地申说阿Q的“罪行”、“据刑律就地正法”的大字布告，与结尾那幅狗在吸食血泊的画面相烘托，更给人以强烈的艺术震撼。（十年之后，画家又在阿Q被击毙时增加了一页黑纸，让我们和阿Q一同感受生命的毁灭：“两眼发黑，耳朵里嗡的一声，觉得全身仿佛微尘似的迸散了”。）日本友好人士为这部作品作了热情洋溢的评介。日中文化交流协会会长、老作家井上靖说：“看了这些作品，使我产生了一种驱使我去重读鲁迅作品的冲动。……它的出版所起的作用和绘画的冲击力是巨大的。”野间宏说：“我读《阿Q正传》，一个活生生的毫无掩饰的阿Q从字里行间走出来，打动了我的心。它对我产生的作用是那样的强烈，那是无论任何别的东西难以代替的。”“出类拔萃的伟大鲁迅，永远活在日本人民心中，永远活在中国人民心中，永远，永远。”藤山纯一说：“这些作品都是粉碎‘四人帮’之后，在中国文艺复兴时期，在纪念和日本因缘深远的大文豪鲁迅的时候，向日本介绍和展出这些从未有机会在国外得到应有评价的、中国现代画家的优秀作品，这在日本文化交流史上也有划时代的意义。”（这些言论在《连环画艺术》1989年2期和四川美术出版社的《裘沙画集》中，有翔实的报道，这里限于篇幅从略。）

裘沙夫妇艺术创作的影响很快就传到了意大利、法国、美国、韩国、新加坡，以及我国的香港和台湾地区。法国研究鲁迅的权威学者鲁阿教授采用裘沙夫妇的大量作品做她译著（法文版《阿Q正传》）的插图。由法国鲁阿译著、裘沙夫妇配图的话说鲁迅童年的《告别先辈》，获1991年法国读书节橡树奖。裘沙本人接连被英国、美国收入《世界名人录》，又于1993年被美国传记学会董事会定为“最令人钦佩、最有成绩和对社会做出贡献的500名最有影响的领袖人物”之一，被提名载入传记，并授予“二十五年成就奖”。

强烈的国际反应，让裘沙夫妇进一步认识到鲁迅思想的世界意义，决心竭尽全力，为鲁迅这位在东西方两个文化交会点上“取今复古，别立新宗”的大思想家，构建起一座在中国和孔子遥相并峙，在世界和“以生命写成文章”的苏格拉底、释迦牟尼、耶稣基督等三位大哲互相呼应的创世纪的思想殿堂，以期使博大精深的鲁迅思想更能深入千家万户，流传国内外人民之中。1997年，《鲁迅之世界全集》由广东教育出版社、河北教育出版社联合出版，获全国第三届图书提名奖。

到十年之后的今天，《鲁迅之世界全集》这一系列，已经将《鲁迅全集》除《日记》及极少数书信外的每一篇都配上了图，总数量已达2350余幅之多了。而《鲁迅译文集》的《域外小说集》、《现代小说译丛》、《现代日本小说集》、《奇剑及其他》、《在沙漠上》、《竖琴》、《一天的工作》、《山民牧唱》、《壁下译丛》和《译丛补》也都每篇配上了插图；《月界旅游》、《地底旅行》、《一个青年的梦》、《爱罗先珂童话集》、《桃色的云》、《俄罗斯童话集》则在他们的指导下，由其小孙女裘星宇和小孙子裘冕以自己的童心，用插图和连环画的形式配上了图，获得了意想不到的效果。2001年，在中国现代文学馆，首次举办以“世界之鲁迅”命名的大型画展时，这部分充满儿童情趣的作品，由教育电视台“太阳城堡”作了专题报道，《鲁迅研究月刊》也再三予以选刊，向国内外读者作了介绍。与此同时，一册为深入探讨鲁迅新宗，采用古人注释《四书五经》的格式写成的《新诠详注〈文化偏至论〉》特装本，由山东文艺出版社出版。书后附录的五篇论文，鲁迅研究专家王士菁先生看后认为，把鲁迅研究推上了一个新的高峰。

三、深情寄连苑

裘沙夫妇在全心全意以美术来表现鲁迅伟大思想的同时，还十分关心连环画阵地的发展情况。我与裘沙相识于上世纪50年代。《中国青年报》在每个时期都十分重视刊登连环画和对连环画的评介文章，对我们这些专职的连环画工作者，是极大的支援。最早的《中国青年报》美术部主任娄霜，便十分重视连环画，他自己创作的《虎龙英烈传》长篇连环画在开国初期就产生了重大影响。我在《连环画艺术》总第11辑发表的《中国新连环画艺术的四十年》一文，提到娄霜的这一作品，立即引起裘沙的反响。他于《连环画艺术》总第13辑发表了题为《一个被遗忘的角落——记〈中国青年报〉的连环画工作》。这篇文章以详细的事实，记述了《中国青年报》从1951年一成立便十分重视连环画的史实。

《中国青年报》是团中央的机关报，它对连环画的重视，必然对连环画的提高和推广，产生重大影响。裘沙所列出的该报1951年4月27日创刊号开始到7月1日两个多月期间发表的连环画就有：

《党和人民的好女儿——丁佑君》，17幅，娄霜编绘。

《消灭匪患——中国人民解放军为民除害》，11幅，彭斌绘。

《小约翰》插图之一（他逆着凛冽的夜风，走向那大而黑暗的都市，即人性和他们的悲痛之所在的艰难的路。）（裘星宇作）

《妈妈，我愿意见见毛主席》，11幅，古一舟画。

《售棉储棉爱国家》，12幅，丁望文，娄霜画。

《不朽的人——献出生命保全弹药车辆和桥梁的援朝铁路工人刘景洲》，16幅，景初等绘。

《中国共产党三十年》，37幅，6月26日五、六两版全版，赵枫川、左一舟、吴静波画。

《毛主席故乡的党的组织》，16幅，娄霜、裘伯浒（裘沙）画。

从以上目录中，可以看出作品题材之丰富、编绘阵容之强大。当时在娄霜的领导下，《中国青年报》美术组很快发展起来，编创人员先后有郭晶莹、朱红、蹇人斌（丁午）、华三川、刘禾、李黑、晁锡弟等。这些同志有的一直坚持连环画的编创工作，成为美术界、连环画界的卓有贡献的名家。而裘沙便是其中的佼佼者之一。

从裘沙这篇文章中，我们还可以看到在新中国刚刚成立之际，连环画如春天的花蕾，争分夺秒，纷纷绽放。这种可贵的时代精神，很值得我们继承发扬。裘沙夫妇，就是从这样的时代大踏步走来的。

热爱连环画事业，也是他们在鲁迅重视连环画的精神启示下而身体力行的。我和裘沙同志50余年的友谊，也可以说是对鲁迅精神的共同感受下而凝结的。当他们夫妇在“文革”后期就立志要画《阿Q正传二百图》时，我便和编辑们决定将其作为人美社连环画重点选题，并寄予了极大期望。正当周总理号召尽快恢复连环画出版工作的紧迫岁月里，我突然于1974年冬患脑血栓而不能行动，上一次医院十分困难。大量工作在等着我处理，刚复刊的《连环画报》也不得不放下。我个人和家人及单位同仁们都十分焦急。正在这时，裘沙领着中医研究院的一位心脑科的专家胡焕章大夫，找上门来了，给我做了详细检查，除了开出中药药方，还教我一种偏方：坐在沙发上两脚蹬一根擀面棍。就是这个偏方加中药的治疗和锻炼，又因为胡大夫十天半月就来诊视，我两个月后即基本恢复了工作。如今我每每想到裘沙当时为我操劳奔忙的身影，他那消瘦的面孔和诚挚的目光，似乎还在眼前。据我了解，裘沙这种热心助人救危的行为并非偶然，而是经常如此。当文学界的前辈、曾与鲁迅先生亲密相处的冯雪峰同志，在晚年不幸患重病时，裘沙就经常带着医生前去救治。当时，还是“文革”的峥嵘岁月，政治阴云并未在我们头上消散，就更令人感到这种友谊的可贵！

《淡淡的血痕中》（裘大力作）

从裘沙夫妇的艺术生涯中，使我感到鲁迅精神不仅体现在他们的作品中，而且也体现在他们的处事为人上。为弘扬鲁迅思想而不惜牺牲一切，已是他们的坚定不移的人生信念。最近裘沙来函告知：他们继《鲁迅之世界》之后，又全力以赴地投入另一部巨大的《世界之鲁迅》画集的创作编纂之中，已编入他们的近千幅作品，又根据文章搜集了大量图片（数千幅），这部巨作问世之前已得到不少专家的好评。尤其值得一提的是，一组能集中展示鲁迅精神的《鲁迅是世界的》大型连续壁画初稿，也大体构成。一座弘扬鲁迅精神世界的思想殿堂，也胜利在望了。我不禁为这种献身精神而深为感佩。我坚信：有着这种精神和激情，他们一定会攀登又一个新的高峰，为中国人民和世界人民增添一份更为厚重的精神财富！

2007 年立秋前后

（原载人民美术出版社 2009 年 10 月出版的姜维朴所著《新中国连环画 60 年》）

裘沙的艺术之旅

——对当代中国独立思想的呼唤

王栩宁

裘星宇 译

引 言

裘沙（1930—　），中国当代画家、中央工艺美术学院（现为清华大学美术学院）视觉艺术系教授。他的画作，大多富于比喻，有象征意义，意在鼓励人们追求认真、独立的生活。自1970年底至今，裘沙始终致力于对鲁迅（20世纪早期文学家）及鲁迅思想的研究与探索，并以画作的形式对其进行了深刻的阐述。本文意在对这一开创性工作进行大略介绍，和对此工作之于当今中国人民的意义作简要探讨。

中国的“当代艺术”

“黑猫、白猫，抓到老鼠，就是好猫。”[1]随着1980年底，邓小平这句名言在中国的广泛流传，“高速收益”作为一种最重要的行事理念，得到了中国广大人民及机关团体的认同。在这一理念的引导下，大多数中国人将“捉到老鼠”，作为其增长学识，发挥才干的主要目标。在刚过去的20年中，他们全身心地投入了对财富的追求之中，投入了以人道的、非人道的，合法的、非法的，地区的、国际的等多种方法索取金钱的浪潮之中。中国人已经使他们的社会发生了巨大改变，这其中也包括改变其曾经选择遵从的信条，即严格地说，转向了对资本主义信条的追随。这里似乎再也没有任何空间，使人们得以从经济以外的其他方面，思考人生的价值。在中国所有的大众传媒中，严肃的政治讨论，正在遭受着各种荒谬的广

1 邓小平于1992年的一次部长会议上，第一次提出这句话，实际上，这是一句四川的谚语。1986年后，被赋予了更宽泛的含义。

《黄金世界的破绽》

告式宣传的压榨与排挤。甚至在文学与艺术的领域——那些传说中为思想者而生的国度里，人们似乎也对探索意味深长的人类问题丧失了兴趣；特别是当这些问题与市场经济的信条相悖的时候。这是一个全新的中国，一个物产丰富、人民庸碌、思想空洞的中国。

在艺术领域内，这种思想上的空洞主要表现在犬儒主义的大众性上。例如“流氓文学”变得流行，甚至于1980年后一度成为当代主流文学。视觉艺术方面，这一思想空洞的现象则反映在对无知、痴笑面孔的不断描画，和对市场需求的不倦迎合。艺术家方力钧[1]曾以纯粹鲜艳的色彩创作了一幅打着呵欠的微笑面庞，并取得了不错的收益。在其后的15年里，凭借着对此类作品的反复创作，他变得十分富有。另一位艺术家曾梵志[2]，他画里的人都藏在微笑的面具后面，这幅画卖了7536万港币，创造了中国艺术品市场上的价格纪录。为了赚取钱财，此类作品讥诮地发挥着其艺术作用。它犹如一剂思想意识的麻药，对抗着当局的同时，去掉了一切因严肃评论而冲淡人们对于人生的政治或哲学思考的可能性。但是，由于它对占支配地位的观点富于挑战性，此类画作在中国多被贴上了“先锋派”的标签。对于当今的中国社会制度发展的历史，它远远不够凶恶。它不仅有别于官方艺术，对于当今的中国艺术家，它还是一种安全的商业投资活动，一种对于西方观众而言的，“当代中国艺术”的主要形式。也许，更重要的是，当局担心在当今的中国社会仍有少数具有罕见呼声的独立艺

1 方力钧：《中国艺术调查》，2009。
2 曾梵志：《中国财经》2009年2月23日“探索”。

术家，尽管那呼声传播的远没有那么广泛和迅速，但他们的作品，却完全不同于那些犬儒主义的笑脸或是官方的思想布道。裘沙就是这些独立艺术家中，值得注意的一员。

裘沙的背景

裘沙于1930年出生于浙江省嵊州市，一个大的封建地主家庭，他的祖父裘芹芬，以十分强硬的儒家思想和教条，管理着这个家庭。裘沙的母亲张雅琴，曾就读于倡导“新学”的学校，接受西方现代思想的教育。当她嫁入裘家后，她在心理上彻底被这个家庭的教条与习惯压垮了。最终，当裘沙三岁的时候，她作为一个精神错乱的女人，被送回了娘家。她去世那年，她唯一的儿子只有13岁。当时，裘沙的父亲已娶了另一个女人，并且离开战场回到了家。裘沙对其父的了解仍然知之甚少。就这样，在祖父母的抚育下，裘沙度过了他凄惨乏味的童年。长大以后，裘沙想要成为一名艺术家。他以学习木刻技艺作为起点，并于1949年通过了杭州中国美术学院的入学考试。利用这个机会，他离开了嵊州的老家。

在学院里，裘沙很幸运地破格成为了著名艺术家林风眠的学生。林风眠是现代中国艺术史上的一个重要人物。他的教学策略是：使东西方艺术在实践的过程中兼容并包，并鼓励学生练习“自由的思考”。这些准则深深地影响了裘沙对于艺术的领悟基础。在这所学校里，裘沙不仅学到了大量的艺术创作技巧，还见证并感受到了艺术的力量与革命的道德观。此时正值1951年，共产主义青年团正在着手筹备《中国青年报》的出版，他们需要一位美术编辑，裘沙便承担起了这份工作。他为这份报纸工作到1977年，从那时至今，就居住在北京。

裘沙十分赞同共产主义关于“为工、农、兵服务”的思想，并将其融入了他的工作之中：他加入了中国共产党，同时创作了大量以工人、农民、战士和共产主义革命为主题的绘画作品。然而，随着时间的流逝，他逐渐发现事情并没有那样简单地向前发展。特别是在“文化大革命”期间，一系列的社会、文化、政党及其自身生活的变化，使他不得不再一次的追问，到底什么才是人生的意义，什么才是真正的中华民族的希望。这是一个痛苦的历程，然而让他惊喜的是，他发现他的问题早在60年前鲁迅的文章中都能找到答案。这一发现打开了裘沙的思想，因为他意识到鲁迅的思想也会对其他中国人有益。这一发现也造就了裘沙中年时期的一个重要过渡。自那以后，裘沙挑起了解读鲁迅思想的重担，并致力于将这一思想作为当代中国社会一个具有挑战性的声音融入他的绘画作品当中。

1978 年，裘沙离开了《中国青年报》报社，从教于中央工艺美术学院（现为清华大学美术学院），并在那里获得了教授的职位。但是，无论他是什么身份，从事什么职业，他都始终坚持对鲁迅学说的探索与总结，并力图通过绘画、写作与授课的形式将其表现出来。在过去的 30 年里，他连续出版了多篇关于鲁迅的文章与画作，并在不同的城市里举办了多场特别的画展。这期间，裘沙还出版两套图书：《鲁迅的世界全集》[1] 和《新诠详注文化偏至论》[2]。不幸的是，他的呼声没有得到中国有关单位的重视，一度被指责为“一个政治骗子”[3]，直到 1990 年从大学退休，不再安排课程。理由便是：他自作主张而获得的“对鲁迅引用与描绘的成就，只会助长大学老师不务正业的恶习”。

裘沙与他的鲁迅思想

鲁迅（1881—1936 年），中国现代作家，他的文学作品，在将西方科学技术与现代观念引进中国文学方面有重要意义。鲁迅的文章大多着眼于讨论社会问题，批评传统做法和为彻底转变而斗争。他有时用官话写，有时却用地方的土话。所以，即使是对本土的中国官吏来说，理解他的语言仍十分困难，更不用说对于今天的新一代青少年而言了。因此，在他的作品中，裘沙运用视觉语言来解释鲁迅有时不易被理解的思想。另外，他还用易懂的现代中文，对鲁迅思想，做出自己的解释与评论。通过这种方法，裘沙填平了鲁迅语言与当今读者语言之间的鸿沟。甚至在有些情况下，填平了鲁迅与外国人之间的鸿沟。正如米歇尔 · 鲁阿，这位将鲁迅著作翻译成法文与英文的汉学家指出的那样：裘沙在《鲁迅的世界全集》这本书中的画作，可以被看成“另一种意义上的翻译，它并不比我们的翻译容易，却使我们的翻译更加易于接受。它是两种感觉方式之间的纽带，两种文化之间思想沟通的桥梁，它是一种超越国界的语言。这种语言不需要词语，也许正因此它能达到我们所达不到的深度”。

1 1996 年广东教育出版社和河北教育出版社联合出版。
2 2001 年山东文艺出版社出版。
3 见裘沙 2008 年作《我的三个梦》。

当然，裘沙的目的不仅限于单纯的翻译，虽然他的作品可以被看成是一种翻译。他的目的在于通过这一工具，将鲁迅思想传播给当代的中国社会，特别是传播给中国社会上的年轻人。首先，对于裘沙来说，鲁迅是一位“伟大的思想家”。故而，在他的书和文章中，他从未忘记强调：关键点在于鲁迅的理论和思想，而不是他的故事、他的多才多艺和他的语言。在最近的一篇文章里，他说：“在中国大地诞生”的“这位大思想家鲁迅，像他这样博古通今、学贯中西的大思想家，在全世界也是少有的”[1]。因此，在裘沙的作品中，主要表现的大都是鲁迅的政治、哲学上的批判观点。通过在自己文风上对这些观点的重组，裘沙说出了一些他不敢独自提出的观点。

建立“人国”——作为主要思想一次又一次的在裘沙的作品中得到强调。据他说，这一想法是在《文化偏至论》上第一次被鲁迅提出来的。裘沙解释道：对于鲁迅来说，中国是一个在传统形式上只适合于奴隶的国家，鲁迅认为中国可以，并且应该摆脱奴性文化的束缚，转而成为一个“人国”——根据裘沙的理解，这一观点正是鲁迅思想的核心。裘沙不断地搜索所有鲁迅的文章，收集那些带有鲜明思想或尖锐社会评论且对当今社会依然意义深远的文章和故事，然后通过自己的理解将其改组，简化为更易被理解的形式。换句话说，他是在用当代中国的视觉文化，将鲁迅的批判思想进行改组和重提。

贯穿裘沙工作的始终，有一些问题在鲁迅逝世的静寂之后被重新提了出来。比如，中国如何成为一个“人国”？那当然就是：“人立而后万事举”，“若其道术，乃必尊个性而张精神”。越来越多的，裘沙将其工作重心放在对两个问题的强调和探寻上：重建国家和解放独立批判的思想。在最近的一次画展上，裘沙引用鲁迅的话作为他的序言：“中国人，从未为合法的人道主义价值做过任何反抗，这使得我们陷入了一个如此绝望的境地，以至于我们要求一个奴隶的地位都成为奢望”。这一困境，早在60年前就已被鲁迅第一次提出来，它强烈呼唤着他的观众认真思考他们的政治地位和他们的人生价值：醒醒吧！你们那些麻木不仁的心；醒醒吧！从你们庸碌的生活中；醒醒吧！哪怕只有一瞬间。所以，当2008年裘沙再一次提出这一问题的时候，我们可以想象到，如今的观众不再只是被唤醒了对鲁迅那个时代的理解，而是更直接地被唤醒了对其自身生活现状的审视与思考。

不论社会已赋予了这些观众何种角色，不论他或她是突然发迹的商人，是尚

1 见裘沙2009年作《中国艺术的传统与现代性》会议论文。

无工作的工人，还是已然失去土地的农民，又或者是那些没有言论自由权的知识分子中的一员，一旦他们开始认真思考作为一个人，在经济生活以外，其他方面的价值，他们就有可能成为一个政府所谓的潜在的“不稳定因素”。虽然，当今中国最伟大的领导人已将所有“猫”的视线都吸引在了“捉老鼠”上，但假如，猫们可以跳出抓老鼠的世界而重新审视它们的价值，这个社会又会怎么样呢？

《再论雷峰塔的倒掉》

我们可以断言，中国当局机构已经意识到，裘沙的艺术虽借鉴于鲁迅的思想，但其意图却在于启迪当代中国独立社会意识的觉醒。根据中国政治文化的现实，裘沙的行为可以被看成是一场和平时期的反抗，一场代表他自己的斗争，一场呼吁人民为他们应得的权利而战的斗争。他鼓励人们延续鲁迅的批判精神，并且以一个独立的人的姿态斗争、发展，而不是作为一个传统“国家”概念上的奴隶。

裘沙的艺术，虽然表达清晰且易于理解，但它却并不漂亮和讨人喜欢，它不符合时下中国文化的风俗，亦不迎合大众市场的口味。他为自己的信念而奋斗，也许，他目前的艺术境遇比鲁迅那个年代更艰难，但毕竟，那是一个革命的年代，而如今的中国人则太容易被这个商业化的世界快速吸收、同化。当他大声呼唤着更加崇高伟大的人性思想的时候，又有多少人有耐心停下来聆听呢？在当代中国文化的大背景下，这也许近乎狂想。但幸好，在对这一梦想的坚持中他并不孤单，法国汉学家米歇尔·鲁阿说：“一幅画可以具有惊人的力量，可以引导人们去发现未曾看到的真理。条件是它必须像《鲁迅之世界》中的作品一样，盖着鲁迅思想的印章。鲁迅，真理的传播者，我们需要您，比任何时候都更加需要您。”

结 语

总之，我仍然相信，我们需要袭沙，就像我们依然需要鲁迅。尽管这呼声低弱微小得使我们仅能隐约听见，尽管这里仍存在着长久的没有回应的沉寂。鲁迅指出了我们现在的处境，他把这一情景写进了文章里，袭沙曾把它引用出来，而现在，我将又一次地引用这句话作为鼓励与结束语：

愿中国青年都摆脱冷气，只是向上走，不必听自暴自弃者流的话。有一分热，发一分光，不必等候炬火。[1]

（原载澳大利亚出版 Subjectivity, Creativity, and the Institution 一书）

1 鲁迅：《热风·随感录四十一》。

走近大家·纪念鲁迅先生诞辰一百三十周年
——用线条和色彩“翻译”鲁迅

王国平

他轻轻地拍了拍她的膝盖，说：“你少说点，让年轻人多说说”。

她轻轻地拍了拍他的膝盖，说：“今天中午吃你们绍兴的梅干菜肉面，好不好？”

他叫裘沙，81岁；她叫王伟君，79岁。

“头发如刺猬，形容消瘦”，“相貌平平，谈吐木讷”，这分别是电影评论家钟惦棐和鲁迅研究学者王得后眼里的裘沙。

“一个今天看来也不乏‘天真纯情’的少女”，“虽已年过半百，依然是那么苗条、秀丽”，这分别是华中科技大学教授王乾坤和著名记者郭梅尼曾经对王伟君的评价。

岁月无情，爬上了他们的面庞。但，“神”还在。裘沙依然慎言，须发还在张扬着他的个性；王伟君好笑，喜欢发表意见，天真写在脸上。

他们温和，平静，有着恬然的神色。行动迟缓了一点，记忆差了一点，住宿环境苦了一点，没关系，内心还有浪花在不时地翻涌。

鲁迅！

这个人，一路上伴着他们走到如今，也是他们大半辈子人生的主题。

墙上挂着他们合作画就的鲁迅肖像，有的在微笑，神秘莫测；有的在思索，无边无际；有的在怒视，铮铮铁骨……

书柜里几乎没有空地儿，而且大多跟鲁迅有关，整套的《鲁迅全集》就有7个不同的版本，上边都有批注的痕迹。

桌子上也是鲁迅的“天下”，石膏像，铜像。有一个看来像是外族的工艺品，算是“另类”。一问，是大翻译家杨宪益生前赠送的礼物。当初，他们要出鲁迅的画本，冒昧地上门邀请杨老先生把说明文字翻译成英文。杨先生不顾身在病榻，一口应允，还顺带搭上礼品以示情谊——拐个弯，又跟鲁迅联系上了。

鲁迅，俨然成为他们这个家庭的一分子。

他们，至今活在鲁迅的世界里。

“你们依附于鲁迅身上，鲁迅也依附于你们身上。”戏剧家黄宗江的评点，哲理味十足。

他们属于“闪婚”，鲁迅是远远的“媒人”

（黄胄把两个年轻人请到家里聚餐，只过了三个月，他们结婚了）

裘沙和王伟君是校友，但不曾在校园里谋面。

1949 年，位于浙江省绍兴市嵊县（今嵊州市）崇仁镇的裘家后生伯浒考取了杭州国立艺术专科学校，这就是日后的裘沙。他前脚踏进校门，比他年轻两岁的王伟君后脚踏出校门，从这里出发参军了。

这时的裘沙是个没有母爱的孩子。

“我妈妈是上过新学的，有点新文化。当时，我们乡下妇女都不上学。村里有五个女孩子上过新学，四个都是自己找的对象，只有我妈妈是‘父母之命、媒妁之言’结婚的。”谈及母亲，裘沙难掩激动。

《伤逝》（小黑白画）

这个新式女子嫁的是个封建礼教森严的家庭。裘沙的父亲在城里做事，她要跟着。不行！女孩子哪有不伺候公婆，到处乱跑的道理？

娘家堂兄弟来了，她到客厅接待一下。不行！男女授受不亲。

村里有个上过新学的姑娘私奔了，她被“连坐”：凡是上过新学的女孩子都不是好东西……

她精神错乱了。被打是经常的，最终被赶出了家门，四处流浪，凄惨度日。

她喜欢做的一件事就是挨家挨户地问：伯浒在你们家吗？

没过多长时间，她在落魄中走到了生命的终点。裘家把她的丧事办了，轰轰烈烈。

后来，裘沙读鲁迅的《祝福》，突然在祥林嫂的身上找到了母亲的影子。他开始感受到了鲁迅深邃的目光。

刚入学，裘沙就在林风眠的熏陶下徜徉于艺术的海洋，这时的王伟君正在抗美援朝前线经受生与死的考验。比如，行军时，走着走着，有轰炸，赶紧趴下，再爬起来，身边就有人永远起不来了。

她边画宣传画、写标语，边体味精神的内在力量，“志愿军的条件很艰苦，拿的是步枪，顶多也就是个机关枪。敌人是飞机、大炮、军舰，没法比。但一个人有了精神支柱，就可以超越实际情况，想出办法来”。

这种力量，她也从绘画里找寻到了。出生于杭州的她，打小就这么个爱好。但当时家里的经济条件不允许，父亲的反对更是关键，“他说学画有什么出息，中国有几个唐伯虎？就是学出来了也是个穷画家。但是，我认定在尔虞我诈、充满铜臭的旧社会，只有艺术才是清高的”。

她的偶像是德国版画家珂勒惠支，特点是泼辣，不羞涩、不克制，简练、丰富、深刻，很对她的口味。

这也是裘沙喜欢的风格。读中学时，他向老师借到珂勒惠支的画册，欢喜得想哭。

1957 年，在中国青年报社担任美术编辑的裘沙，受中国少年儿童出版社的邀请，给一本关于工人运动的学生读物画插图。结果，浓烈的珂勒惠支色彩遭到质疑。拿到出版社的美术组讨论，几乎一边倒地被投了否决票，原因是太粗糙了，不适合孩子阅读。

正在出版社工作的王伟君读懂了画里的门道，觉得用这样的风格表现主题再好不过。她站了出来，据理力争，还真把大家给说服了。

画家黄胄的夫人跟她共事，回家说起了王伟君。哪知道，黄胄是裘沙的采访对象，彼此颇为熟络。他决定做东，把两个年轻人同时请到家里聚餐。

“一谈，他喜欢的，我也喜欢，彼此很投机，有共同语言。这没有什么好说的了，结婚吧！”王伟君说得干脆。

相识才三个月，他们就步入了婚姻的殿堂，至今不离不弃。

对于这段姻缘，裘沙觉得充满了神奇：“我们太一致了，以致缺点也是一样的，她的缺点也是我的缺点。例如我们都不会生活，不会同人打交道，日常生活上马马虎虎”。

回望遭遇过的伤痛与磨难，王伟君庆幸有了这桩婚事："这辈子，唯一使我感到欣慰的，是我依靠对艺术真挚的爱终于没有放下画笔，而且身边有一个志同道合的裘沙，使我能够在工作与家务之余的短短时间里，在家庭斗室的最小空间中，有坚持自己艺术追求的可能"。

他们都感恩鲁迅，因为鲁迅是把珂勒惠支版画介绍到中国的第一人。1936 年 5 月，在中国面世的首部珂勒惠支版画集，就是由鲁迅自费以三闲书屋的名义出版的。

鲁迅以这样的方式和他们"相遇"。

他们画鲁迅肖像画鲁迅小说画鲁迅杂文

（冯雪峰回忆起鲁迅吃芒果时的情景）

"四十不惑"，这句话在裘沙身上失效了。

"文革"岁月，他 40 岁上下，越来越看不懂当时的世界。1972 年，"把裘沙揪出来"的大字报铺天盖地，裘沙失去了党籍，在河南"五七"干校接受再教育。他抑郁、彷徨、苦闷、无助。偶然的时机，他开始翻阅鲁迅，恍然大悟，茅塞顿开，社会上的林林总总，鲁迅早就说得明明白白。

"以前读鲁迅，觉得写得好，但好在哪里，不知道。到 40 多岁的时候，经历了不少事，再读鲁迅，就发现他太伟大、太超前了。"裘沙重新认识了鲁迅，也唤醒了自己，他情不自禁地拿起了画笔，要把鲁迅画出来。

外部的支持弥足珍贵。茅盾、冯雪峰、萧军、曹靖华、周建人等熟悉鲁迅的人士，纷纷为他提供第一手资料；王朝闻、江丰、钟惦棐等学术大家，自愿成为他的"智囊团"，随时准备奉献学术智慧。

视裘沙夫妇为"一生最后的两位朋友"的冯雪峰讲起了故事：有一回，鲁迅一边吃芒果，一边和他说着话。一不小心，鲁迅把剥好的芒果从手上滑落了。鲁迅从地板上捡了起来，竟然没有冲洗，直接吃了。冯雪峰诧异得很，鲁迅却笑开了，说这芒果实在好吃，舍不得。

啊！原来鲁迅也有普通人的性情，不总是"横眉冷对"。

《祝福》(小黑白画)

美学家王朝闻通过写信的形式给裘沙上理论课：要想用绘画的形式来“解释”鲁迅的小说，首先要理解小说的内容。要想做一个有所贡献的插图画家，必须要求自己成为一个能创造性地理解原著的欣赏者。

啊！插图不是简单的“直译”，而是要通过扎实的案头工作，创造性地“意译”。

这些，裘沙听到心坎上了。

他画《祝福》，心里缺少“一盘棋”，哪个情节需要入画，哪个场景需要重点处理，常常犹豫不决。例如，祥林嫂关于人死之后有没有灵魂这个情节，应该表现希望还是恐惧？还是因为希望和恐惧相互折磨而身心交瘁？还是应该表现她对神权世界的疑惑与控诉？

没办法，只好把几个设想都画出来，摆在一起进行比较。又似乎都有道理，都说得通，还是没有主意。

他遵循王朝闻的建议，回到小说本身，通过反复的阅读和分析，试图进入鲁迅的精神世界。结果他紧紧地抓住了一个关节点：祥林嫂是怎么死的？

比较公认的说法是她死于风雪交加的凄冷。裘沙发现，祥林嫂是在别人祝福的时刻感到自身的寂寞，相信了人死之后大概有灵魂的回答，为了和死去的一家人见面，她自杀了。

他当即撰写了论文，画什么的问题也有了眉目。

王朝闻来信为他欢呼：“尽管我还不能像你这么十分肯定地断定，祥林嫂的死一定就是为了在地狱中与亲人见面，但你敢于肯定鲁迅原著《祝福》里的祥林嫂是死于这种精神的‘自杀’而不是饥寒与风雪，这是一个艺术家敢于独立思考而不盲从的可贵的努力和好的作风。”

裘沙和王伟君都有些痴狂了。

为了尽量完整地搜集到鲁迅的照片，他们自掏腰包，四处奔波，欠下一身债。孩子又生病了，捉襟见肘，甚至连菜也买不起。王伟君不希望孩子干吃白米饭，下班时就顺道挖回来一袋野菜。

“那野菜叫二月兰，绿色的叶子，紫色的花，可漂亮了。我们全家人都围着挑选野菜，洗干净后用开水一过，放上酱油一拌，挺好吃的。我们吃了两天。……到了第二年这时候，孩子们还说，让妈妈再挖点野菜回来吃，咱们纪念纪念。”她曾经兴奋地跟郭梅尼回忆起这段经历，听不出来半点的辛酸与苦楚。

裘沙也是，以苦为乐，乐在其中。

他越来越感觉到，鲁迅1907年写就的《文化偏至论》，是整个鲁迅思想的纲领。但这篇宏论有滑向边缘的危险，他连续发文，以求引起重视。

写这篇论文时，鲁迅用词古奥，裘沙自认古文功底单薄，一刻也离不开辞书，而且还把所掌握的辞书来个总动员，“一一查找，反复核对，边查边读，边读边查，最后才能咬定应有的词义……几年下来，把家里的几部辞书几乎都翻破摸脏”。

其成果是《新诠详注〈文化偏至论〉》的问世。

他广泛涉猎，中外不拘，不仅认真研读了德国戏剧家莱辛的《拉奥孔——论绘画和诗的界线》，而且还把精通插图艺术的明末清初书画家陈洪绶作为研究对象，著有《陈洪绶研究——时代、思想和插图创作》。顺带了却鲁迅的一桩心愿：1934年12月，鲁迅在给郑振铎的书信中说，“底本如能借出，我想，明年一年中，出《老莲画集》一部，更以全力完成《笺谱》，已有大勋劳于天下矣”。老莲，正是陈洪绶的号。

读万卷书，还得行万里路。一有时间，他就奔赴绍兴，体验生活，揣摩人物，找寻灵感。他不遗余力地“钻进去”，精细地阅读原著，理解鲁迅的思想；又适时地“跳出来”，不让自己成为鲁迅思想的奴隶，而是清醒地划定绘画和文学作品的界限，充分发挥视觉艺术特有的性能和自身的主观能动性。

就这样，在“进出”之间，他的创作激情肆意迸发，灵感奔袭而至。王伟君在一旁出主意，夫唱妇随，通力携手，与鲁迅有关的画作接近两千幅。

他们获得的赞誉无数，办展览，出画册，搞讲座，忙得不亦乐乎。1986年1月5日上午，三位日本友人专程来京，邀请裘沙夫妇前往东瀛交流。

三位选定了四百多幅作品，一边啧啧称奇，一边调整方案。起初，日方拟定画册名为《鲁迅小说插图选集》，后改为《裘沙王伟君画集·鲁迅之世界》。他们不再把这些作品看成是简单的“插图”，而是认定为独立的创作。

同年8月29日，画展在东京开幕。当时《光明日报》驻日记者发回的消息上说：“由438幅油画、木炭素描和黑白画构成的画廊把观众带入了一个奇妙的世界。这里没有花香鸟语、松青竹秀，更无万马奔腾，而是一幅幅重传神而不重形，略带夸张，用粗犷泼辣的线条勾画出的‘阿Q’、‘狂人’、‘祥林嫂’等艺术形象。许多观众都是匆匆浏览一遍之后，再回过头来逐幅端详、揣摩。”

这是他们首度迈出国门，一下子就感觉到鲁迅不只属于中国，而且属于世界。

夫妇俩决定把视野放开，不再局限于画鲁迅的肖像和小说，而是把眼光瞄向了杂文，“鲁迅思想的深刻最直接地体现在他的杂文上”。

身边的朋友不由得一惊，这是过去没有人干过的事，杂文的艺术生命力怎么能用画笔表现出来呢？很容易沦为简单的说明和图解。王朝闻也婉转地劝说道：“你们还是搞小说好！”

这一回，裘沙和王伟君显得有些“叛逆”，他们硬着头皮，上！

成不成功，还是要问王朝闻。当他们把画杂文作品的照片送到他家时，这位美学家坐不住了，说画杂文的难关攻下来了。

他们以鲁迅的思维过着平静的生活

（孙郁说，他们在鲁迅的世界里释放着困惑）

· · ·

直到退休，裘沙的身份是原中央工艺美术学院副教授。

还是王乾坤总结得到位：“对于他们的探索，弄学术的会不以为然，因为其中没有理论‘范畴’、‘概念’；奔艺术的会不以为然，因为他们没有归落于某个画派和圈子；守教育的也同样会不以为然，因为他们有违教学大纲和离操作矩度太远。大概因了这些，再加上竖子般地不通世故，虽然其成就早已广闻于朝野，并饮誉于海外，但最终只能以副教授退休。”

他们成了“三不像”，但他们并不恼火，尽情地享受着内心的幸福。他们并不是简单地画鲁迅，而是要与生活周遭紧紧地契合，“经常有这样的情况，看到鲁迅的一段话，感到很重要，但只有在生活中感受到了，才真正有非画出来不可的冲动”。裘沙说，画鲁迅是内心的一个寄托，是向世界发声的一个渠道。

夫妇俩的“小算盘”，被专家捕捉到了。鲁迅研究学者孙郁写道：“裘沙夫妇相信，在绘画世界，追寻鲁迅的足迹，可以找到一个属于自己的精神表达方式。他们的困惑与焦虑，在鲁迅的世界里，得到了自由的释放。”

他们活在鲁迅的世界里，游刃有余，云卷云舒，恬静自如。

王伟君说过：“我要求自己用纯净的艺术标准来做人，又坚持用纯净的做人标准来作画……我们的画和人一样，没有惊人的笔触，没有讨人喜欢的色彩，没有美妙的曲线，有的只是一点自己做人的本色。我们想表现的，也仅仅是由鲁迅思想所照亮了的、对人生的一点真实体验而已。”

《复仇》（裘大力作）

他们的书房有过两个斋名，一是“破砂锅居”，取“打破砂锅问到底”之意，不断地追问、探索；一是“零斋”，一切归到原位，始终“在路上”，重新开始。

如今，尽管年事已高，前行的步伐不曾停歇。以往，他们用插图和画传的形式，把鲁迅思想体系完整地加以发掘和表现；现在，他们要在这个基础上，再用高度概括的壁画的形式，把鲁迅思想体系简明扼要地集中表现出来，以求构建起一座能辉映世界的鲁迅思想殿堂。

“我不知道自己的拼搏是成功还是失败，只记着当年一位老领导在逆境中勉励我的一句话：‘为真理而战’。”裘沙的干劲依然很足。

鲁迅始终是一个有形的存在。孙女报考电影学院，结果遗憾落榜。王伟君给她分析原因，最终的结论是孩子没有读懂鲁迅。

有道笔试题目是放一部电影，让考生写篇评论文章。小姑娘觉得这部电影的水准不高，但她还是耍起小聪明：既然老师选了这部电影，肯定是他喜欢的，如果我说不好，就得不到高分。她违背自己的意愿，吹捧了一番。

“鲁迅说过，批评必须坏处说坏，好处说好。她没遵守这条原则。”王伟君笑道。

《希望是附丽于存在的》

这些孙辈曾经也是画鲁迅的“新生力量”，老两口的住所还悬挂着他们的作品，充盈着丰富的想象力。但如今，他们基本上都把画笔放下了，“一上学就没有时间”。王伟君颇有些无奈。

无奈的事还不少。他们有部书稿，2003 年 9 月就整理齐全，计划出版，裘沙把后记都写妥当了，直到 2009 年，也没有问世。国庆节前夕，裘沙写了个补记。2010 年 8 月，出版有了转机，裘沙再度写下几段文字，记述彼时的欣悦。但最终还是搁浅了。看来，补记还得继续。

他们没有卖过一幅画，只期待这些宝贝能有个安稳的归宿。有人来接洽，一开口就要上千张。两口子不放心，也舍不得，提议先给两百张，看看管理得如何。如果还行，再陆续地委托管理。

对方不同意，坚持己见。王伟君生气了：“讨价还价，像做生意一样，格调实在太低了。”结果不欢而散。

他们依然在憧憬。

（原载《光明日报》2011 年 9 月 29 日第 13 版）

鲁迅新天地

（二）访谈问答

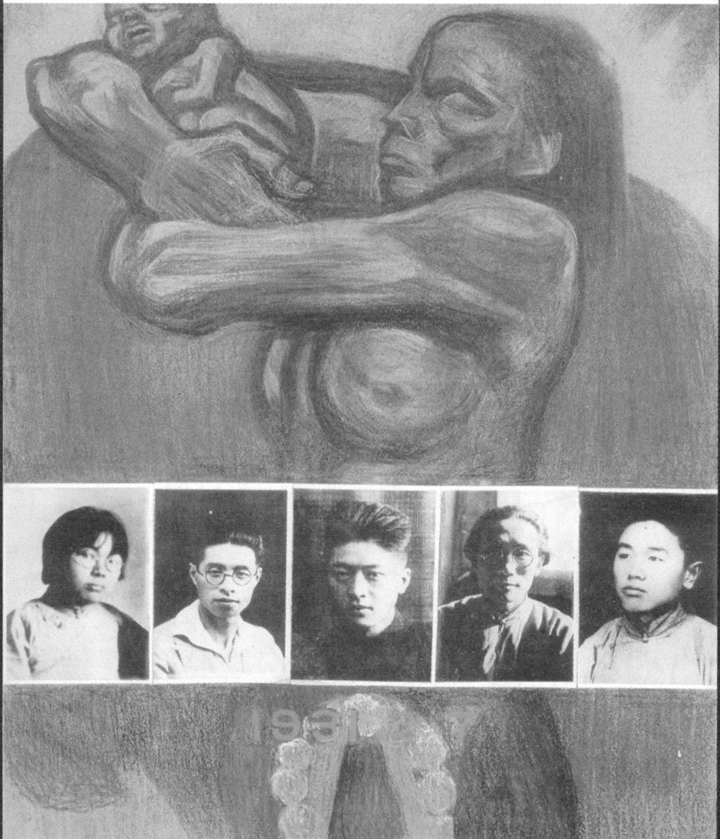

日本作家野间宏与画家裘沙谈《鲁迅之世界》

李雪 译

编辑部：这次借裘沙先生访日的机会，想就裘沙画册《鲁迅之世界》的发行，请本书的策划人野间先生与您详谈一下。

野间：裘沙先生是艺术家，我想我们之间能够无拘无束地、忘乎所以地神聊。我已经多次看过画册了，但是昨天在画册《鲁迅之世界》的展览现场，我又一次地欣赏了画作。作品被很好地布展于展览的空间，并且随着鲁迅作品的展开而展开。绘画在恰如其分的灯光之下，好像向我发出一种巨大的感染力。

画家全身心地投入，甚至摔倒也在所不惜，以这种精神来接近、接触鲁迅的作品，并且用形与色将其表现出来。我强烈地感觉到蕴含在那形与色之下的绘画的韵律，感觉到扑面而来的无穷无尽的一波深似一波的绘画的涌动。迄今为止，令喜欢鲁迅的日本的观众感叹居然还有这般色彩、这般形式、这般韵律，并且感觉到重复复重复，具有一定深度、无限宽广犹如宇宙般博大的画面。再一次向裘沙先生、王伟君先生具有无限生命力的绘画活动和取得的成绩表示赞叹。

因此，请您介绍一下你们向着如此之大的目标一路奋斗而来的动机或者初衷是什么？

裘沙：首先，向为我的画册撰写说明的野间先生表示感谢。我还没有读完全文，但是懂日文的人已经告诉我这篇文章的大意。我听了之后，觉得野间先生的的确确深刻地理解了我的想法并为此深受感动。在中国也举办了我们的画展，当然也引起了巨大的反响，但是我感到了一种局限。虽然有人看了画展深受感动并流出了眼泪，但是真正了解鲁迅、研究鲁迅的人很少，究竟能否深刻理解，我感到了一个局限。

另外一点，就是能够真正理解西洋美术的人在中国还为数不多。今天下午，

《狂人日记》（小黑白画）

您带我们参观了国立西洋美术馆，里面收藏了如此之多的欧洲绘画，我非常非常羡慕。中国现在这种东西还很少。从这个意义上来说，野间先生能够理解我的画我十分感激。

话题回到为什么我要为鲁迅作品创作绘画插图上来。我与鲁迅是同乡，出生于浙江省嵊县，同属于绍兴府，现在叫做绍兴市。与鲁迅的出生地只隔着一座山。就是《祝福》里描写的那种既不太高也不太矮的山。我的故乡就在山的南面。我们和他们那边是常来常往的。

野间：故乡的父亲和祖父他们的工作和绘画有关系吗?

裘沙：我的家庭是非常封建的家庭，曾祖父是秀才。为了考取举人拼命读书，30多岁就病死了。到我出生的时候，当然曾祖父已经去世，但是曾祖父使用过的文房用具，读过的书籍家里还照原样保存着。

祖父是学西洋医学的，因为他的父亲很早就去世了，紧接着母亲也撒手而去，他就从医学院退学，回家来继承祖业了。学业是荒废了，但是医学书籍还在家里保存着，祖父会一些英语。中国有杂家一说，就是什么都知道一些但都不精的那种人。比如祖父对中国历史了解的很多，会摄影拍照，还会配制显像液什么的。又比如在办丧事的时候，和尚念经念错了、程序不对了，通通都知道。

祖父是一个在思想上受到极为严格的封建教育的人。这样的人怎么会去学习西洋医学，怎么会对照相机感兴趣呢，我实在是弄不明白。

父亲是银行职员，在县上的小银行里工作。对我来说，父亲的影响微乎其微，母亲的影响非常之大。

当时，能够去上学的女性实属凤毛麟角。到了我母亲的年代，听说镇（相当于日本的町）上只有五个女孩子去上学，我母亲就是其中一个。就是说母亲是具有一定文化知识的女性。

据说母亲16岁就结婚了，比父亲小一岁。因为是封建家庭，好像感觉到非常地压抑。18岁时生下了我，20岁时再也忍受不了这种家庭的阴暗压抑，终于精神失常了。就是《狂人日记》里描写的狂人。在当时那种非常落后的时代，对这种人是施以虐待的——拳打脚踢，用索链锁起来等等。母亲受到了种种虐待之后，终于离家出走回到了娘家。

在我的记忆当中，母亲仅有一次露出过笑脸。就是和我玩耍的那一次，只看到了一次。童年时代我记得她只笑过那一次。

祖父祖母都很疼爱我。但是因为都是极为严肃刻板之人，所以总是让我感到被束缚，心情总是很沉重。我今天的沉默寡言就是这种环境所造就的吧。我和其他的小孩子有所不同，不能够忘乎所以地玩耍。眼里看到的多是世相，养成了总是沉默不语的性格。我终于上了中学，都经常被同学们嘲笑。他们总是学我母亲发疯的样子。比如，突然发飙，带着索链唱着歌满街疯跑，敲这家那家的门寻找自己的孩子等等。同学们以此来戏弄我，而我也就丝毫没有了对母亲的思念，自然打消了去看望母亲的念头。只是感到羞愧难当，面红耳赤。

记得那是母亲过30岁之后那一年的年根，突然外祖父跑来说母亲病得很重，可能不久于人世了。外祖父说，母亲毕竟嫁到了这个家，也算是你们家里的人，并且又有两个孩子（即我和我妹妹），能否让她回到婆家死在这里。

我的祖父同意了这一要求。

但是有一个条件。很快就要过年了，最重要的是家里的正房要准备正月的祭祖，死在那里是万万不行的。祖父说在菜园子旁边有三间屋子，就让她躺在那里吧。外祖父也同意了，就这样把母亲送了回来。菜园子的破房子连门都关不上，北风一吹就喀喀作响，屋子里很黑暗。

我的祖父没有让我去见母亲。母亲患的是肺病，说是走近了会被传染的。

当时我只有13岁，还是不谙世事的孩子，妹妹就更不要说了，完全相信了祖父的话。

那一年冬天的这个晚上，说是母亲快咽气了，我们被叫醒了。有一个不知从哪里叫来的老太婆看着母亲咽气。那个老太婆把我们带到了门口，对母亲说，你的儿子和女儿就在这里陪伴你，你就放心地走吧。母亲听到她的话后，拼命地起身对我们张望，可是到底还是没有看清楚我们，啜泣着断了气。

翌日，母亲的脸用布盖上了，还盖上了丝绵。这是祖父为了不让我们看到母亲的脸而采取的措施。

但是，葬礼却办得相当气派。送葬队列中途两次停下来，以便和尚们在路边念经做法事。据说是经念得越多丧事就越气派，母亲的丧事念了两次。《孤独者》里面有描写丧事的场面。实际上我就戴过那种帽子。

母亲在天黑之后被埋葬在山里了。那时，在我心里还没有痛失母亲的悲伤。那天晚上，因为累了一天，倒头便睡。第二天，一觉醒来突然感觉到自己没有母亲了。

我非常后悔，上中学被同学嘲笑时，为什么没有去看看母亲。我甚至有一种冲动，如果可以的话，想现在就去山里，挖开埋葬母亲的棺木，抱起母亲大声哭泣。

不知为什么，我觉得母亲去世后我就变得懂事和老成了。比如说学习成绩，以前我的成绩普普通通，但是后来就变成全校都有名的尖子学生了。

野间：就是说袁沙先生发生了很大的变化了。

袁沙：至今，我也是少言寡语的人，但是心里蕴含着很强烈的感情。当然，我当时还很小，并不了解鲁迅先生所描写的人吃人的封建社会，也并不了解所谓的封建制度，但是至少理解妇女儿童所遭受的苦难，并且对他们抱有同情之心。这种心情极大地影响了我为《伤逝》、《祝福》所画的插图。

还有一件与此有关的事情，就是我16岁的时候，看到姑婆的外甥女，因肺病晚期的折磨而痛苦不堪，我甚至想不惜牺牲自己的生命来拯救她，让她高兴。我虽然经常去看她，但是终归什么忙也帮不上，表姊也总是躲着我，可是我还是患了肺病。

野间：那是什么时候的事？

袁沙：1946年底到1947年初。

野间：1947年已经是第二次世界大战之后了，已经有了治疗结核病的药了。

袁沙：在农村根本就不知道这回事。

野间：没有吃药自己好了吗？

袁沙：有一种叫做气功的，有点像锻炼身体的体操。练练气功，吃点钙片和鱼肝油等极为普通的药就好了。所以，鲁迅所描写的封建社会的苦痛，我在很小的时候就亲身体验到了。

野间：可是，袁沙先生的家，是像《祝福》描写的那种雇有佣人的大户人家吧？

裘沙：有三个佣人。虽然不是大户人家，但是也算是上层了。三人当中有一个是长工，即全年干活的雇工。还有就是农忙季节干活的，用我们的话说是短工了。还有一人是母亲死后一直照顾我的，很像鲁迅的《山海经》里描写的长妈妈一样的女佣。人很好，就像鲁迅所写的一样，家里一旦发生纠纷肯定与她脱不了干系，就是这样一种人。

我认为，无论多坏的人，也不能说是百分之百的恶人。好人也有很多面非常复杂。所以，我不会把人物简单化。鲁迅也是这样的。

《秋夜》（小黑白画）

野间：是啊。小学、中学毕业之后呢？

裘沙：高中上了一年之后，就怎么也不想上学了。我很喜欢文学，很想象高尔基那样一边到处流浪一边自学。但是，得了肺病转而想学绘画了。

野间：也是自学吗？

裘沙：起初是自学。读一些美术史呀绘画理论的书，练习素描等等。尽量找一些大学使用的正规教材来读。虽然是自学，但是有好的书、好的教材就没有走什么弯路，感觉走的都是比较正确的路。

我最初喜欢的是米勒的巴尔宾森派，那种田园画派。因为我出生和生长的故乡就是那种美丽的田园。后来，读了鲁迅的《杂文》之后，知道了一位叫做凯绥·珂勒惠支的非常优秀的画家。那时候，拼命想画版画。

野间：版画与鲁迅先生有很密切的关系，鲁迅少年时代就画版画。您开始读《杂文》的时候就知道了吗？

裘沙：那时候还不知道。

野间：刚才说过了要像高尔基一样流浪四方，那时候已经知道高尔基的名字了吧？

裘沙：高中的时候我很喜欢读文学书籍，鲁迅作品当然读过了，国内外的古典文学作品也读了很多，高尔基的名字就是通过鲁迅作品知道的。我是从初中一年级时开始喜欢鲁迅作品的。

野间：这很早呀，开始的时候读的是什么？

裘沙：最开始喜欢的是《野草》集里的《秋夜》。初中一年级的语文教科书的第一篇就是这篇《秋夜》。

野间：《秋夜》的文笔很好。

裘沙：我很喜欢它，还模仿它写了一篇叫做《夏夜》的文章。

野间："闪烁的星空，愈来愈蓝了，愈来愈不安了，好像要尽快躲开枣树，从这个世界逃离开一样。仅仅留下月亮。但是月亮也悄然隐身东边。并且，光光如也的树干依然默默地像铁棍一样怪异地直插天空。无论星星怎样蛊惑地眨眼，也不惧怕，仿佛拼命在和死神搏斗。哇地一声，飞过一只不祥的夜行鸟。"那边的枣树，拼死搏命，还有那只改变方向突然飞过来的、哇地一声的夜行鸟。表面上看似这样，但其实并不是这样。一层又一层循序往上的读者的想象被推翻了，另一空间的节奏不同的东西突然就闯进来了。

《野草》在日本被称为散文诗，但是从哲学上会招致误解，从思想上说也会招致误解，这是关乎所有的生命的问题的探索，即生是什么，死是什么，还有虫为何物，火为何物，水为何物。对这样的每一种事物、血液、梦境、人类、宇宙等等，都进行了非常深刻地剖析。它是一种无论怎样概括也概括不了的东西，说是石头，它并不是一块静止不动的石头，但是说它是城墙吧，又是变化自如的东西。《野草》中有很多这种深刻的东西。去掉这些，就不会了解鲁迅。所以就从《野草》入门了。

裘沙：中国也称之为散文诗。我非常喜欢《野草》，也喜欢刚才说的《秋夜》，还喜欢《雪》、《风筝》、《好的故事》好多文章。我读了这些之后，就几乎忘掉了其他所有的作家了。

野间：我在展览会上看到了，《野草》的后面好像真的有大片的枝繁叶茂的野草，印象很深。比如《题辞》、《影的告别》、《过客》、《颓败线的颤动》、《死后》、《淡淡的血痕中》，我从两位先生的绘画当中都看到了《野草》。

好了！让我们还是继续版画的话题吧。

裘沙：我原来是想学版画的，正好中华全国版画协会办了函授教育班，我就注册学习了。当时我还很年轻，想编戏写剧本，想当作家，有很多抱负。总之，就是想做描写人的工作，通过艺术描写人和人生的愿望很强烈。一边学习版画，一边创作出了20多幅版画作品。

野间：版画用的是什么木料？

裘沙：梨木。

野间：梨木很硬吗？

裘沙：是的。当时雕刻刀很少，我就把雨伞的骨架磨尖当雕刻刀用。到后来才买了成套的雕刻刀。

野间：版画是要动手来构图的。因此，需要手臂、肩膀和全身的力量，您具备这些条件吗？喜欢归喜欢。

裘沙：自己雕刻的时候，一旦来了兴趣，整宿整宿地雕刻直到完成。喜欢到那种程度。

野间：昨天，在展览会上看到的版画都是小版画呀。

裘沙：这回没有版画。全是我手绘的。仅仅是画出了版画的效果。我不喜欢长时间作画。怎么说呢，我是集中精力一鼓作气画完的那种类型的人。版画是需要花时间的，而我又不能长时间投入感情。所以就改成绘画了。

野间：这次全部整理齐备，准备出版裘沙先生作品世界，将主要作品《狂人日记》、《祝福》、《孤独者》、《伤逝》通通收录。

首先我想从《祝福》入手。封建社会的一个婚姻失败的女人去当了佣人，然后再婚。但是她酷爱劳动甚至超过金钱，这就是《祝福》的主人公。这个祥林嫂的名字有什么意义吗？

裘沙：因为最初的男人叫祥林，所以人们都叫她祥林嫂。当时女人虽然都有名字，但是农村人不知道她们的名字。通常都是以男人的名字加上家族称呼来叫，比如祥林嫂、《风波》中的九斤老太、七斤嫂等。

野间：《祝福》中的主人公在这个家里是个可有可无的人物，但是如果没有这个人物所有的事情就办不成。她总是在干活，在干些什么。但不仅是为了钱而干活。我认为，这不应该仅仅是叫做封建制度的东西吧？是不是？

裘沙：我想正是如此。

野间：到最后没有用了的时候，就被赶了出去，去要饭了。在这一点上，没有向《秋夜》的方向发展，但是主人公身上有这个可能性。在中国有很多这个阶层的人，如果与他们一样的人，即像阿Q那样的人站起来的话，就要有一个领头的人。

她被强行带走了。从船上伸出的手是策略的。然后，孩子被狼吃掉了。这件事，在日本人看来也许是编故事，但是在当时的中国来自各个方面的社会的不公，都集中到了她一个人的身上了。即便这样她还是不停地干活。这种拥有无限的气力，又心地善良，且有强烈的羞耻心的人，是多么好的人呀。她是那种让人愿意与之相处的人。所以她总是出现在绘画里。

《祝福》组画之一（她的悲哀早已成为渣滓，只值得烦厌和唾弃。）

裘沙：刚才野间先生也提到了，祥林嫂对旧社会是抱有反抗心的。我是这样想的。她的自杀就表现了对旧社会的反抗。中国的许多学者都认为，祥林嫂不是自杀，而是因为饥寒交迫，因为恐惧而死的。但是我不这么认为，我认为是自杀。

祥林嫂开始因为死了孩子而悲伤，后来一个叫做柳妈的人跟她说了下地狱之类的话之后，她的悲伤就变成了恐惧了。但是这种恐惧还远不如对孩子的思念，所以就老问有没有地狱，人有没有灵魂。也就是说，在现实的社会里她既得不到温暖也得不到同情，所以宁可下地狱，只要在那里能见到孩子，心情就开朗了。我认为她就是这么想的。

野间：是的。画册的封面上画的那张脸就是这种感觉。她虽然陷入极度悲伤，但她的心里有着极其强烈的感情。画的周围是红色和黄色，而画面中心却是完全呈对比色的黑白相间的白发。并且，核心部还有比黄色更为刺眼的红色。如果说它表示的是反叛可能有些过头，但是的确是包含了这层意思。

裘沙：她手上拿的是孩子穿的鞋。通常孩子们都穿绣有虎头的鞋，但是丧父的孩子只能穿镶了白边的鞋，表示为父亲服丧。而让孩子穿镶了红边的鞋，是比穿白边鞋更为郑重地为父亲服丧。

这幅画，周围表现的是欢天喜地迎接春节的孩子们。与此形成强烈对比的是失去孩子的祥林嫂心中无比的寂寞、悲伤和无尽的孤独感。

野间：是孤独感，是忍受孤独的那种感觉。

说到《孤独者》，孤独者是一个知识分子，是心怀抱负而不得志的知识分子。因为实现不了自己的抱负，渐渐违反初衷当上了军阀的顾问，进而沉湎于酒精以致咳血。是否因为吸毒而咳血不得而知，但就是这样的一个知识分子。这幅画也很棒。

裘沙：鲁迅多次说过，这个世界上最可怕的就是梦醒之后而无路可走。就是一觉醒来，找不到自己应该走的路了。只有自己毁灭自己的人才无路可走。我是这样想着来画这幅画的。

野间：这个人颠倒着坠落下来的样子多么恐怖呀。

裘沙：鲁迅有一句诗“梦坠空云齿发寒”，我是以此来构思画面的。

野间：另外还有《伤逝》，有人说鲁迅不会写恋爱的小说，其实并不是那样，裘沙先生也证明了这一点。最后两个人要分开了，可是又走到了一起，对封建社会的旧礼教宣战，同时写文章向《新青年》投稿，共同追求进步。从绘画的色彩当中似乎能够看到他们恬淡的爱。

《狂人日记》也是一部我百看不厌的作品，我认为现代日本社会不就是活生生的《狂人日记》的社会吗？看得出来《阿Q正传》是最为倾注精力的一组画了，并且有非常明确的方向性。其中每一幅都可以成为独立的立体的绘画。

裘沙：我认为《阿Q正传》是一部非常优秀、极其伟大的作品。它是解剖中国的社会、中国人的人生、中国人的灵魂的犀利的作品。

作品中所谓的中国人，是背负着具有5000年的文明史的中国人。中国社会的病因到底在哪里？到底得的是什么病？将这些问题解剖出来给国人看，我认为是这样的作品。在国人的灵魂深处，到底什么是最为核心的东西。这是我长期拜读作品所学到的东西。

第一章的序言中写到“我要给阿Q做正传，已经不止一两年了”。我想这当中隐藏着秘密。两年前鲁迅想写什么呢？在《热风·随感录》里的“圣武”这篇作品中，鲁迅对中国的人生、国人的灵魂等等进行了深刻地解剖。我认为这就是《阿Q正传》中用具体的形象所描写出来的东西。

野间：就是说迄今为止的一切的一切都给抛开了，他的想法终于得出了结论。作为对其证据的诘问，写出了《狂人日记》，并且找到了一个突破性的人物阿Q。这个问题，谁也没有明确地提出来过，也不能提出来。而且这当中还包含着一个预言。包含着《野草》当中没有触及到，但是经常发生的问题，即中国尚未发生的问题，尚未发生。“救救孩子”这句话在《狂人日记》的结尾终于喊出来了，革命的实践活动就这样展开了。

但是，今天仍然需要读《阿Q正传》。无论是在日本还是在中国。您也是这么认为的吧？

裘沙：正如您所说，我也是这么想的。

（原载日本《图书》杂志1986年10期）

诗人贺敬之与画家裘沙谈《鲁迅之世界》

华浜　整理

编者按：1986 年 8 月 29 日至 9 月 15 日，日本朝日新闻社、岩波书店、河北新报社分别在东京、仙台两地举办我国现代画家裘沙、王伟君夫妇创作的《鲁迅之世界》画展，以纪念鲁迅先生逝世 50 周年。这次画展共展出 438 幅油画、木炭素描和黑白画，在日本引起强烈的反响。岩波书店同时出版了特装版本的《裘沙画集——鲁迅之世界》和《阿 Q 正传二百图》。10 月 9 日，中共中央宣传部副部长、诗人贺敬之会见了刚从日本归来的裘沙夫妇。下面是他们的谈话摘要。

贺：我不懂美术。对你的画，我说不出什么意见来。但看了你的作品——用绘画表现的《鲁迅之世界》，我被深深地感动了。你们的作品这次在日本展出，很成功，日本朋友有什么反应？

裘：日本朋友的反映，大大出乎我的意料。70 多岁的老作家野间宏先生从开幕到结束，从东京到仙台展出，他都陪同我们一起活动，还和我作了长时间的对谈。他认为我们画的阿 Q 是“一个鲁迅的真正的阿 Q”，许多画面充分显示了艺术的魅力，使他难以忘怀。他说《祝福》是一套不可思议的作品。井上靖也说，看过这些绘画之后，他有了一种想再一次研究鲁迅作品的冲动，它打破了他迄今持有的对鲁迅的观念。岩波书店社长绿川亨说，日本

《伤逝》（小黑白画）

观众会和我一样，从这些绘画中受到启发和感染，从而对鲁迅作品有更深刻，更准确的理解。著名的鲁迅研究学者竹内实教授认为，我们的作品有两个突破。他说："第一，你们经历了'文化大革命'，对鲁迅作品的理解上有突破。第二，你们的作品完成于三中全会之后，在中西文化艺术的结合上有突破。"

贺：是的。打开画册，我也受到强烈的感染。你表现《鲁迅之世界》相当深刻动人。从你的画里我觉得鲁迅精神在发扬光大，现实主义还是有极强大的生命力的。

裘：我是坚持内容和形式和谐统一的创作原则的。为了把我想表现的内容更加强烈地表现在画面上，我吸收了西方的各种手法。

贺：你捕捉到了典型。现实主义典型化的原则在你的画中很深刻地表现出来。我看着你画的阿Q，看来看去，觉得阿Q原应该这样的，很严肃，不要噱头，引人深思，使人发出"含泪的微笑"。通过画让我们看到我们民族的历史，痛苦、挣扎和希望。

裘：美术界近年来有一种追求形式，不要内容的趋势，认为越是没有内容，艺术性越高。这作为一个流派当然是可以存在的，但并不是整个艺术的规律。我个人认为内容和形式是不可分割的，中国的文学艺术从屈原到鲁迅的现实主义传统不能丢。

贺：现在是有人认为现实主义不时行了。其实，现实主义终究比较容易为人民群众所理解、接受。当然，现实主义不能停滞不前，要发展，也要开放，吸收新的东西。鲁迅也是创新的。他在传统的基础上吸收了很多外来的东西。正像他自己说的"拿来主义"，经过自己的吸收、消化，形成自己独特的风格，又为中国人民所理解、接受。各种艺术手法互相吸收，是内容的需要，时代的需要。从你的画中，也看到外来的影响，有珂勒惠支的，有表现主义蒙克的……

裘：日本观众很精细，这些他们都看出来了，但又认为这是地地道道的中国的，一个中国的世界，鲁迅的世界。

贺：是的。坚持和发展现实主义传统、鲁迅的传统，这是文艺理论中的一个问题。说老实话，我没有料到在你的画里这么强烈地表现出来，我真有点震惊。从你的画中，可以得到启发，作家艺术家与时代的关系，与人民的关系。鲁迅是关心社会，关心人民和民族的命运的，是理解人民的。艺术要表现生活，表现社会，表现人民的斗争，这似乎是判断我们的艺术有没有价值的一条法则。

裘：日本朋友对鲁迅的感情很深，日中友协全国本部副会长佐佐木信男说仙台人民为培养鲁迅也作出了贡献，很自豪。野间宏说鲁迅永远活在日本人民心中，永远，永远。他们看了画展，说他们日本也有阿Q，要对照对照阿Q，进行反省。

贺：这几年，我们这里有少数同志却贬低鲁迅，否定鲁迅，这种错误倾向已受到文艺界的批评。鲁迅之伟大，他的思想今天对我们仍有深刻的现实意义。鲁迅指出的我们国民身上的劣根性、弱点，今天还可以看到。鲁迅反帝反封建，揭露国民的劣根性是有道理的，是需要的，今天对我们仍有启示，你表现的《鲁迅之世界》也是这样。但有一点必须看到，毕竟我们和鲁迅所处的时代不一样了。我们经过革命的洗礼，尽管阿Q的影子还在，还没有断子绝孙，我们民族还残留着过去的劣根性，但从总体来看，从主流来看，比阿Q总要进步得多了吧。鲁迅在世的时候，就坚信“惟新兴的无产者才有将来”。他不仅批评我们民族的落后面，也热情赞扬劳动者的美德和中华民族不屈不挠的斗争精神，他寄希望于无产阶级，寄希望于未来，这才是完整的《鲁迅之世界》。

裘：我觉得这一点很重要，否则认识《鲁迅之世界》就容易偏了。我很赞赏日本朋友的眼力，岩波书店出版我的画集，封面用的是我为《祝福》画的祥林嫂思念阿毛的一个悲痛的画面，封底用的是《狂人日记》救救孩子的一幅，狂人正举起双臂来欢呼一个新世纪的到来。他们对那组《杂文之图》，如《前驱的血》、《中国的脊梁》等画幅，也认为很有分量，给予好评。

贺：是这样。先驱者的血，甚至愚昧者的血是不会白流的。你画《阿Q正传》最后一幅是阿Q的血迹，看了感到很有力量。你不仅画阿Q、祥林嫂，也画刘和珍、左联五烈士；既画鲁迅的小说，也画鲁迅的杂文，这才是鲁迅的完整的世界。这几年文学界有的同志提出“寻根”，要寻我们民族的根，这是对的。但我不同意这样的观点，认为我们有的完全是劣根性，这是对鲁迅的误解。应该说我们民族有弱点、有劣根，但也有优根。鲁迅如果活到今天，他也会同意这种看法的。不然，我们民族怎么生存下来？怎么推倒“三座大山”？怎么进行现代化建设？——我们还存在有劣根，不回避，不掩盖，但也要同时看到优根。像鲁迅那样，对我们民族充满信心。事实上，鲁迅的希望没有落空。鲁迅的伟大在于，他看到阴暗的一面，也看到光明的一面，他看到革命内部有污秽又对革命坚定不移，遇到挫折、委屈，不灰心不绝望。这在今天也是很有现实意义的。

裘：日本朋友看阿Q，老作家野间宏着眼于阿Q的革命性，竹内实认为这是“文

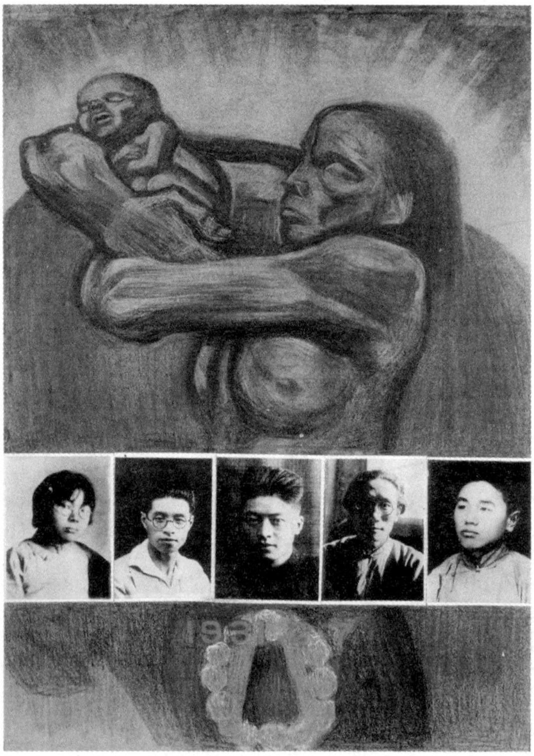

《前驱的血》

革”前的老观点，他认为鲁迅写阿Q主要是揭示国民的劣根性。我说我是“折衷派”。阿Q既有革命性，也有劣根性，看不到阿Q的革命性，1949年的解放就不可思议。我塑造阿Q，既满腔热情地表现了他的屈辱和抗争，同时也像解剖自己身上的毒瘤一样，表现了他的劣根性，因为阿Q代表了包括我在内的现代国人的魂灵。

贺：这几年有的作家刻画农民的形象有阿Q的影子，这是可以理解的，有我们民族的历史、传统的影响。但也应看到中国革命的成功正是由于广大的农民参加所取得的。今天的农民总不能都是阿Q或者主要是阿Q式的形象，如果仍然是这样，就不能说是完全反映了历史真实。阿Q在实际生活里还存在，但在共产党领导下，在建设“四化”过程中，会得到改造，得到新生。这是很重要的。

裘：是的。我认为阿Q最大的对立面就是鲁迅自己。鲁迅精神就是我们民族的灵魂。表现《鲁迅之世界》，我才画了五分之一，还有五分之四要待完成。通过作画，把鲁迅留给我们的巨大的宝贵财富，学得多一些。

贺：你的画对鲁迅有独特的见解，用绘画——视觉形象表现一个完整的《鲁迅之世界》，很有必要，很有意义。你的经验对我很有启发。等着看到你更多更好的作品。

裘：谢谢。

（原载《光明日报》1986年11月24日1—4版）

裘沙和《鲁迅之世界》

驾 欧

编者按：1986年8月29日至9月15日，日本朝日新闻社、岩波书店、河北新报社和仙台市博物馆分别在东京、仙台两地举办中国现代画家裘沙、王伟君夫妇创作的《鲁迅之世界》画展，以纪念鲁迅先生逝世50周年。这次画展共展出438幅油画、木炭素描和黑白画，掀起了日本的“鲁迅热”，在日本引起强烈的反响。同时，岩波书店出版了精装本《裘沙画集·鲁迅的世界》和特装本裘沙夫妇绘制的《阿Q正传》。10月9日，笔者访问了刚从日本归来的裘沙夫妇。下面是笔者和画家的谈话摘要。

问：从报上看，你的作品这次在日本展出很成功，日本朋友有什么反应？

裘：日本朋友的反映，大大出乎我的意料。70多岁的老作家野间宏先生从开幕到结束，从东京到仙台展出，他都陪同我俩一起活动，还和我作了长时间的对谈。他说，鲁迅是一位真正伟大的作家、稀世罕见的大文豪。你们用绘画表现鲁迅，向中国和世界人民介绍鲁迅思想，这是非常大的事业！他认为我们画的阿Q是“一个鲁迅的真正的阿Q”，许多画面充分显示了艺术的魅力，使他难以忘怀。他说，《祝福》是一套不可思议的作品，整个展览有一种仿佛来自宇宙的迫力。他一定要把我俩的作品介绍到世界各地去。看过这些绘画之后，他说，我有了一种想再一次研究鲁迅作品的冲劲，它打破了我迄今持有的对鲁迅的观念。著名鲁迅研究学者竹内实教授认为我们的作品有两个突破。他说，第一，你们经历了“文化大革命”，对鲁迅作品的理解上有突破；第二，你俩的作品完成于“三中全会”之后，在中西文化艺术的结合上有突破。艺术评论家藤山纯一也说，这是在中国文艺复兴的无穷能量中涌现的优秀作品，这次展览在日中文化交流史上也有划时代的意义。最有趣的是在展览厅里日本观众的交谈，有的说“日本也有阿Q，日本的阿Q

还在四处游动！”有的说“对，要让日本的阿Q也好好反省！”

问：请问，是什么引起你创作阿Q的激情？

裘：这要感谢“文化大革命”。过去也喜欢读鲁迅的作品，没有真正的读懂。“文化大革命”一开头，我也和许许多多人一样，虽然很不理解，也抱着“誓死保卫”的激情，紧跟“战略部署”的。可是，很快一个嘴巴子就打过来了。耳边听到的似乎是赵太爷的声音：“阿Q，你这浑小子……你配姓赵吗？你怎么会姓赵？你哪里配姓赵？”假洋鬼子也挥舞起他的哭丧棒来了，我只得从革命队伍中滚出，终于成了被打入另册的审查对象了。在那乱哄哄的日子里，我看着一幕幕悲剧和丑剧的演出，心里虽然很痛苦，也还是狠下了决心去接受改造。直到“九一三事件”，林彪在温都尔汗摔死之后，我才清醒过来，我觉得不仅我是阿Q，很多人都是阿Q。不但被剥夺了革命权利打到在地上的是阿Q，而且那些攫取了权力、得意忘形的人也同样是阿Q，甚至愚蠢得连阿Q都不如。因为阿Q只是在煎鱼时用葱丝还是用葱条的问题上和城里人争是非，而我们在这场史无前例的大闹剧中，大家干的却是别人讲卫生我们偏吃苍蝇这样的大蠢事！鲁迅说过“有谁从小康而堕入困顿的吗？我想在这路途中可以看到人生的真面目”。我果然看到了人生的真面目。假的真的，丑的美的，恶的善的，表里如一与表里相悖的，都赤裸裸地露出本相来，简直可以使你惊奇得目瞪口呆！严酷的现实使我深感到鲁迅的伟大而深广，鲁迅的世界非但没有真正成为过去，而且还压得我们透不过气来，使我感到无比的忧伤和悲愤！我要把这种感受用绘画表现出来。

问：在那个年月能让您作画吗？

裘：当然不可能。也可以说是“命运”的安排吧。1972年初，我的大孩子病了，由于“五七”干校的医生建议，连队只得准假给我带孩子回北京治病。白天我带孩子跑医院，晚上就认真重读鲁迅作品。鲁迅的预言使我震惊了：“民国元年已经过去，无可追踪了，但此后倘再有改革，我相信还会有阿Q似的革命党出现。我也很愿意如人们所说，我只写出了现在以前的或一时期，但我还恐怕我所看见的并非现代的前身，而是其后，或者竟是二三十年之后。”林彪、“四人帮”横行的时候，假洋鬼子似的、赵太爷似的、阿Q似的革命党，不是在中国古老的大地上重新出现了吗？鲁迅当年“写出一个现代的我们国人的魂灵来”。我感到这魂灵还附在我们身上，要肃清主宰中华民族精神世界几千年的封建思想真是太严重太艰巨了！我要用画把这魂灵揭示出来，于是我就利用这个机会，关起门来，偷偷地画起来了。

问：着手画阿Q之前，您做哪些准备工作？

裘：我首先是认真重读鲁迅作品，深刻领会鲁迅的思想。掌握鲁迅思想就如掌握了一把锋利的解剖刀，拿它解剖“国民性”，解剖别人，也解剖自己。只要我有所领悟，就举笔直画下来。我画《祝福》的祥林嫂，画《孤独者》的魏连殳，画《伤逝》的子涓，也画杂文，如纪念左联五烈士、生命的路、中国的脊梁等等，通过作这些画熟悉鲁迅的世界。我还访问鲁迅生前的亲友，如周建人、茅公、冯雪峰、萧军、唐弢，还有周海婴等等。他们回忆鲁迅的为人、性格特征，与他有关的人和事。我还收集、考证鲁迅的照片……常常按捺不住激动的心情，画了各个角度、各种情绪的鲁迅素描像。在所有的鲁迅作品中难度最大的是《阿Q正传》，不但要把它转化为视觉形象，画出一个真正鲁迅笔下的活的阿Q来不容易，甚至要理解这部作品把握鲁迅的原意也要花很大力气。阿Q到底是个什么典型？鲁迅要告诉读者什么？自1921年《阿Q正传》问世以来就众说纷纭。鲁迅在《寄〈戏〉周刊编者信》中曾经说过：“在这周刊上，看了几个阿Q像，我觉得都太特别，有点古里古怪。我的意见，以为阿Q该是三十岁左右，样子平平常常，有农民的质朴、愚蠢，但也很沾了些游手之徒的狡猾。在上海，从洋车夫和小车夫里面，恐怕可以找出他的影子来的，不过没有流氓样，也不像瘪三样。”这是我把握阿Q形象的重要依据。农民式的质朴及其在洋车夫小车夫中的影子，说明阿Q的本质是好的，游手之徒的狡猾是后来沾上的，所以还没有达到流氓的程度。这平平常常的样子，就说明阿Q只是一个普通的中国人。鲁迅写阿Q的目的，是要写出一个现代国人的魂灵来，引起人们的反省。而只有达到自己和阿Q的思想感情相沟通，从而在阿Q的言行中进行深刻地自我反省，才能促使观众和读者的思想感情也和阿Q相沟通，而引起深刻地自我反省。所以我在塑造阿Q的时候，努力使自己成为阿Q的

《阿Q正传》（小黑白画）

知音，从阿Q的言行中努力唤起普通人的思想感情来，而不是站在阿Q之外去嘲弄他、奚落他，更不是站在阿Q之上去鞭笞他。

问：你们画阿Q是哪一年开始的？

裘：1974年。开始画了2幅，后来又画成16幅，继而发展到50幅，100幅。但都还是一些构思。阿Q应该是怎样一副面孔？还是很模糊。我的阿Q还没有活起来。鲁迅在小说中是把阿Q写得活灵活现的。但我是用绘画的手段，要让人通过视觉形象看到活生生的阿Q，仅仅依靠这些理解还是画不出来的，我不能用图画去解释鲁迅的小说，而是要表现出鲁迅在小说中用文字没有写出来、也写不出来的东西。

问：我很赞成你的见解。我也很喜欢文学作品的插图，但有许多插图往往只是小说中某个具体情节的“图解”，不耐看。我很想知道，你是怎样突破这道难关的？

裘：还是老办法，到生活中去。有人要否定这一原则，我是不敢苟同的。我生长在浙江绍兴地区的嵊县农村。近20年的农村生活，我看到过很多阿Q式的人物，但他们的外貌都不够典型，不能做到让人一看就觉得他就是阿Q。因此创作前我又前后三次到绍兴农村去观察生活，体验生活，主要是找寻阿Q的典型形象。1977年冬天，我终于在马鞍公社遇到了一个叫长生的中年农民（正被几个人按着打屁股），无论从内心到形象，包括长相、站相、走相、坐相，以至一瞪眼、一咧嘴，都使我感到他就是鲁迅笔下的阿Q。我要为他画速写，他不答应。他说，你画我有什么用？有本事应该画钞票，一张五元的，一张十元的，多有意思！他非常欣赏自己的见识多，每次见到我都要大声地嚷一通，让大家都听到。我没有办法，只好悄悄地跟踪他，仔细地观察他。有一次赶集日，人很挤，一个外地来的青年农民无意中挤倒了一个摊子，正在铺子里喝酒的长生，立即怒气冲冲地冲出来，开口就骂：“你有多少根鸟毛？敢在我们村子里逞雄？你敢和我比一比吗！？”一边骂一边就动手解自己的裤子，把附近的妇女都吓跑了。就是这位长生，帮助我找到一个从外形到内心世界都活脱脱的阿Q。回来之后，我立即用橡皮泥给他塑了一个小头像，把他的外形特征都记录下来了。1980年，我正式画《阿Q二百图》的时候，这个活的阿Q跟着小说情节的发展，他自己在我眼前表演起来了。206幅画面真可说是一气呵成的。

问：你画一幅画，通常用多少时间？

裘：很难说。搞创作可以说是十月怀胎一朝分娩。这套阿Q我从1974年开始到1980年完成，整整酝酿了六年，等到正式动手绘制仅用了两个半月时间。206幅作品基本上完成了。当然以后修改、加工的时间也花了不少。我画阿Q，好像曹禺把巴金的《家》改编成话剧，诞生出曹禺的《家》那样。我既要咬准鲁迅小说的人物和主题，又要用生活中积累的素材把鲁迅没有写出来的东西补充进去，使阿Q活起来，活在浓厚的生活气息中。像一开场，阿Q在土谷祠睡眼朦胧地打了哈欠之后，就解开裤子，手也不扶，就对着土地公撒起尿来。这个细节就是从生活中挖出来的，让阿Q一出场就显出一副玩世不恭的性格来。一个开场，一个结束，可以说是这套组画最使我伤脑筋的地方。现在的开场、结尾是从好多设想中选出来的。但我觉得还没有画好，只是限于我的生活体验，只能画到这个地步了。

问：你用绘画表现《鲁迅之世界》，揭示我们国民的劣根性、弱点，很有意义。近几年来，不少文艺界人士为了总结“文化大革命”的惨痛教训，提出我们要进行“反思”，要寻找中华民族的“根”，你怎么看法?

裘：鲁迅指出我们国民身上的劣根性、弱点，提出改造国民性，这实在是我们要振兴中华必须解决的大问题。在现实生活中，可以看到阿Q还在世，还没有断子绝孙，这是不能回避也无法掩盖的严峻的事实。这事实已被越来越多的人所认识了，这是好事。但在认识过程中，我认为还有两方面的问题。一是教条主义的流毒，明明痛感到劣根性是客观存在着的，而还要对鲁迅提出改造国民性的问题，戴上一顶“唯心史观色彩”的帽子。另一种则是虚无主义的倾向，认为我们民族只有劣根性，那就会丧失民族的自信力。我认为即使阿Q也不都是劣根性，鲁迅对阿Q农民式的质朴和奴隶要造反这两点就是肯定的。鲁迅曾经指出过，中国自古以来一切大小丈夫的最高理想“便只是纯粹兽性方面的欲望的满足——威福、子女、玉帛——罢了。”我认为这正是阿Q的魂灵，是我国民劣根性的总根子。鲁迅精神就是阿Q主义最大的对立面，是我们民族最可宝贵的民族魂。鲁迅对我们民族是充满信心的。他在世时就坚信“惟新兴的无产者才有将来”。他不仅揭露、批评我们民族的落后面，也赞扬劳动者的美德和我们民族不屈不挠的斗争精神，寄希望于未来。所以我画阿Q、画祥林嫂，也画刘和珍、画左联五烈士，既画鲁迅的小说，也画鲁迅的杂文。这才是完整的鲁迅的世界。我很赞赏日本朋友的眼力，岩波书店出版我的画集，封面用的是祥林嫂，封底用的是《狂人日记》救救孩子一幅，狂人正举起双臂在欢呼新世纪的到来。我画阿Q，最后一幅就是用一条野狗在荒郊舔一大摊血，希望我们中国人都能从阿Q的血迹中吸取深刻的教训。

问：我再提一个问题：你对美术界关于反传统的争论有什么看法？

裘：我个人认为中国的文学艺术从屈原到鲁迅的现实主义传统不能丢。我认为我国文学艺术中忧国忧民的主导思想是非常可贵的，在世界艺术画廊中是值得自豪的东西，不但不能丢还应该发扬光大。这是人民的需要，民族的需要，也是时代的需要。现在有的人认为现实主义不时行了，追求形式，不要内容，表现空灵。艺术当然需要百花齐放，但我认为我们国家、民族、人民更需要仍然是鲁迅先生所期望那种和国家、民族、人民共呼吸同患难的进步美术家。当然，现实主义也要发展，要开放，吸收外来的新东西，丰富自己的表现手法，不能停滞不前。正如鲁迅先生所说过的那样："排外则易倾向慕古，慕古必不免于退婴。"到后来，艺术必然要衰落的。鲁迅自己的经验也是很值得我们借鉴的。他在传统的基础上吸收了很多外来的东西，正像他自己说的"拿来主义"，经过自己的吸收、消化，形成自己独特的风格，又为中国人民所理解、接受。我认为各种艺术手法是互相影响，互相吸收的，关键是内容的需要。细心的观众就可以从我的画中看出珂勒惠支的影响，还有杜米埃、蒙克、夏格尔的影响，只要有助于我想表达的思想内容，德国的表现主义、法国的显嚣主义，我国的民间年画、日本的浮世绘，我都吸收、运用，形成一个我的世界，一个地地道道的中国的世界、鲁迅的世界。至于我达到这个意图没有，只好由观众去评判了。我希望大家心平气和，不要"扣帽子"，不要"上纲上线"，不要说坚持现实主义传统的就是保守、僵化，也不要说想突破传统的就是民族虚无主义。重要的是拿出作品来，让实践去检验，让时间去考验，让人民群众去选择。

问：你的画，要经过官方的审查吗？

裘：没有。倒是粉碎"四人帮"之前，我连画鲁迅的资格都没有，只好偷偷摸摸地画。那时，在周海婴和王冶秋的支持帮助下，我曾经花很多功夫考证，编辑了一本《鲁迅》照片集，到出版的时候，非但编者不能在出版物上署名，而且还要追究责任，"怎么能让一个'有问题'的人来编这本书？这是什么性质的问题？"弄得周海婴、王冶秋都哭笑不得。现在好了，我真正能够自由自在地作画了。非但创作时没有人审查，而且连1981年我们在国内公开办展览，今年出国到日本公开展览，都没有经过什么审查。我作画的过程中，喜欢请教一些鲁迅生前的好友和我的一些朋友，像已经故去的周建人先生、茅公、冯雪峰、江丰先生等，还

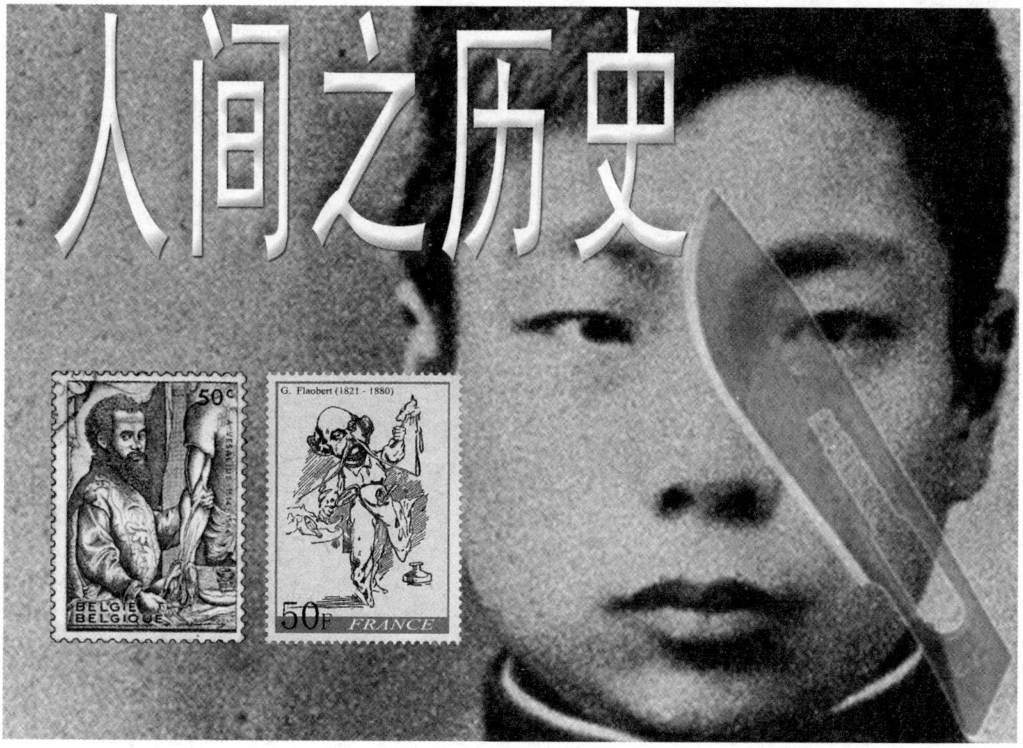

《人间之历史》

有萧军、唐弢、曹靖华、王朝闻等先生，那也是为了我们的作品，更符合历史的真实性和更好地把握鲁迅精神。他们有的到我家里看我作画，有的看了画提出许多宝贵的意见。我愿借此机会，再一次向他们表示衷心的感谢。

问：你和夫人王伟君是怎样合作作画的？

裘：伟君是学油画的，50年代毕业于沈阳鲁迅美术学院。往往是由我作总的构思草图，她来完成画面。但有时是她想出了好主意，由我来完成。特别是在刻画妇女方面，她以女性的体会和细腻心理，往往提出一些我意想不到的好见解。比如阿毛去世后，她认为祥林嫂要离开贺家岙，临走时应该到贺老六和阿毛的坟上去告别。这幅画从构思到画面都是她完成的。祥林嫂知道自己要下地狱时，把讲地狱的柳嫂画成鬼的样子，以增加恐怖感；祥林嫂在地狱中和阿毛拥抱时，流出滴带血的眼泪，这些都是她的主意。总之，她可以弥补我之不足。她学过油画，运用色彩比我高明。可以说，每一组作品，每一幅画都浸透了我们俩人的心血。我俩的合作很默契。至于说到她还要承担家务，节衣缩食，为我筹集旅费到上海等地去收集、考证鲁迅的照片，到浙东农村去体验生活，她真是吃尽了苦头。有时家里连买青菜的钱都挤不出来了，她就自己到公园里去捡野菜。我们作画，也像鲁迅那首诗写的："十年揖手共艰危，以沫相濡亦可哀；聊借画图怡倦眼，此中甘苦两心知"。粉碎"四人帮"之后，我们的创作条件，当然也改善得多了。

问：你近期的创作计划？

裘：鲁迅的世界，是一个内涵很丰富、宏大的世界，鲁迅精神是我们民族的灵魂。鲁迅留给我们的东西，够我画一辈子了，甚至一辈子也画不完。我今年56岁了，身体又不好。《鲁迅之世界》，我大约只画了五分之一，还有五分之四待完成。近期我打算在表达鲁迅的杂文方面有新的突破。愿更多的人理解、珍惜鲁迅留给我们的东西。愿更多的人继承、发扬鲁迅的战斗精神。

（原载香港《读者良友》1987年2月号）

画家裘沙谈《鲁迅杂文之图》的创作

孙建君

编者按：1992年3月，著名画家裘沙、王伟君夫妇在中央工艺美术学院新落成的展览厅举办了题为《鲁迅之世界》的展览，将他们近年来在创作鲁迅杂文插图的新作奉献给大家。院长常沙娜在展览《前言》中写道："这里展出的《鲁迅之世界》美术作品，是裘沙、王伟君夫妇锲而不舍、长期研究鲁迅先生文学作品的创作结晶。这些美术作品的主题和思想虽然来源于鲁迅先生，但它的艺术形式却反映了作者对文学作品的理解和升华及严肃的创作态度，用绘画的艺术语言表现出鲁迅的战斗精神。正因为如此，裘沙、王伟君创作的《鲁迅之世界》美术作品得到了广泛的重视，并取得了广为人知的成就。"裘沙作为我院的一位老教师，他所取得的成就是学院的荣誉，他们在清贫的生活中埋头创作，其作品的意义正如鲁迅思想对于今天，已超越了艺术形式本身，具有独立的价值。为此，本刊记者在三里屯裘沙、王伟君夫妇的住处采访了他们，下面是这次谈话的整理。(记者简称"记"，裘沙简称"裘"。)

记：裘先生，现在年轻人对鲁迅的作品了解已经很少，他们的关注点也与老一辈人很不一样，我想从年轻人的角度提些问题，您看如何？

裘：好。

记：这次主要谈鲁迅杂文与你们的图画的关系，能否说说当时您与王老师（指王伟君）从小说组画转向杂文之图的动机？

裘：搞杂文之图1977年时就考虑过了。原来想把鲁迅的著作全部搞一下，目的是想给青年人看。因为鲁迅的著作太难理解了，我自己从中学时就开始读《野草》，但真正懂是在1972年。经过许多大的变动后，我才读懂，这时我已经42岁。为了帮助年轻人读懂，我想用形象的形式将它变得通俗些，不要像我这样大年纪才读懂。让更多的青年人早点懂鲁迅，这实在是一件关系到我们民族未来和希望的一件大事。

搞头一篇杂文是《三月的租界》，一画出来就感到砸锅了，杂文的内涵没有表达出来，像张漫画，觉得很肤浅。这一晃到了 1981 年展览前（指 1981 年在北京举行的裘、王二位的“鲁迅文学作品插图展览”），当时几套鲁迅的小说组画大都已完成，总觉得还缺什么，就画了 6 张杂文，如《生命的路》、《前驱的血》、《健壮的新芽》、《中国的背梁》等，从正面表达了鲁迅杂文中的思想。当时许多文学家都很喜欢我作的小说插图人物，尤其是阿 Q 的形象。我要画杂文的想法大家知道后，有许多人都表示担心，美学家王朝闻同志很婉转地同我说：“你还是搞小说好！”

我觉得鲁迅之所以伟大，主要不在于他的生平，而在于他的思想，而鲁迅思想的深刻最直接地体现在他的杂文上，于是我继续苦思如何来画杂文。在绍兴有一次忽然想到可以用现代派的表现手法，行了，我们当时就决定马上回北京。

记：这是在哪一年？

裘：1987 年，我们在绍兴鲁迅纪念馆体验生活。去年我们去看王朝闻，本来是不想去的，因为他一开始就不同意我们搞杂文。后来《文艺报》包立民同志说：“你还是去听听他的意见。”他一翻我们送去的作品照片就坐不住了，说一看觉得画杂文也不难了，这个难题给我们解决了。他特别喜欢那张《战士与苍蝇》。

记：王朝闻当时不同意您画杂文，是否因为担心画成纯粹的插图，变成作品的说明、图解了还是有别的原因？

裘：他是怕变成图解。他觉得杂文的艺术生命力是表现不出来的。

记：尤其杂文缺少形象的东西，王朝闻是非常注意审美关系的。

裘：对，一般说来杂文是形象没有办法表现的。

（王伟君插话说：在王朝闻的话中还有这样一层意思，就是过去还没有人画过杂文。他说我们有了突破。）

记：王朝闻说的“突破”是否指你们的杂文之图已经成为独立的作品，而不是狭义上的插图。

裘：有这样的意思。日本人评论我们的作品时也说已经从鲁迅作品里独立出来了，说我们是借了鲁迅的题材，表现了自己的东西。

记：在欧美这样的情况很多，如象征主义诗歌的插图，已被注入了画家自己的意思。看作品，我觉得鲁迅对国民性的批判以及社会批判部分较受到你们的重视。鲁迅早期受严复的影响，是一个进化论者，后来接受了社会改良的思想，在日本又放弃学医改事文学，认为治病须从治心开始，对半殖民地半封建社会下变态的国民性进行批判，这些思想在今天深为年轻人关注，成为重新认识鲁迅的一种契机。展览开幕以来，许多同学流连于作品前，对照鲁迅杂文中的原句，惊诧于鲁迅的无比深刻，认为鲁迅当年批判的国民劣根性等问题今天仍然存在。能否请您结合作品，如《现代史》、《匪魂·国魂》系列等谈谈您的理解？

裘：我们在搞杂文的时候，总在想着怎么样解释鲁迅思想，或称“鲁迅主义”。我们认为鲁迅思想的核心用最直接的语言讲，就是中华民族怎样才有希望，它的病根在哪里？怎样才能在世界新潮流中生存？我们搞杂文就想把“鲁迅主义”完整表达出来，而不光是国民性批判。如《解剖刀》一张，就说明鲁迅对中国社会分析的一种严肃科学的态度。很多人都不理解，认为鲁迅太苛刻。鲁迅认为这不是个别现象，而是一种社会现象，一定要严酷批判，才能挖出社会的根源。鲁迅的态度是：解剖和立人，只有通过解剖，才能树立真正的人生。

记：这次展览里许多内容，对于我们来说都是一面透彻的镜子。例如《非常危险的点火》一幅，鲁迅说：“我希望于点火的青年们，是对于群众，在引起他们的公愤之余，还须设法注入深沉的勇气，当鼓舞他们的感情的时候，还须竭力启发明白的理性。否则，历史指示过我们，遭殃的不是什么敌手而是自己的同胞和子孙”（《坟·杂忆》1925）。

裘：这张画是有感于“文化大革命”画的。中国人就喜欢点火，结果受损害的是人民。这幅画在靶心中间画了一个妇女，说明绝不是敌人，后来觉得点火还不明显，又加 3 个火柴。

（王伟君插话说：“任何真正的事业，需要是理智，而不是需要狂热，需要是彻底无私科学地为人民，否则就是害了人民。看了鲁迅这篇文章，我们就从心里感到一种激动。”）

记：新中国成立以后，由于“人民，只有人民，才是创造历史的真正动力”，我们很少对“人民”中落后的一面进行批判，致使“文革”以来，社会道德水准下降到了最低点。不破不立，已经破了的破了，但该立的却没有真正立起来。因此鲁迅对社会批判的这部分内容，极具现实意义。能否谈谈你们对鲁迅这些思想对于今天意义的理解？并通过你们的作品来谈谈如何对鲁迅思想进行再创造？

裘：我们开始从阿 Q 入手来搞国民劣根性问题。“文革”的时候，我觉得自己就像阿Q，又要革命，又没有头脑，人家又不让我革命。那些造反派也是阿Q。阿Q引起了我们思索，阿Q的灵魂到底是一种什么样的灵魂？好多人说他是一种精神胜利法，又说是落后农民的典型。鲁迅的一篇杂文《随感录·圣武》，其实是说了他写阿Q的出发点，他说中国大小丈夫的最高理想是“威福、子女、玉帛”，他担心现代中国人还被这理想支配着。阿Q要造反，要做革命党，就是为了自己能作威作福，要吴妈，把秀才娘子的宁式床，抬到土谷祠去。赵太爷、假洋鬼子也是一样，是一群没有主义的人。劣根性就在这儿，这是我们研究阿Q与别的专家不一样的地方，这样想法确定后就好画了。在杂文之图《大小丈夫的最高理想》中，我们设想了一个头戴古代官帽、脚穿80年代旅游鞋的形象，他正被X光透视出魂灵，但如何来表现“威福、子女、玉帛”呢？我们设想了许多，后来想还是干脆写字来得鲜明、肯定，于是把它们写在大心脏里，这一幅得到大家好评，许多报刊发表了。鲁迅在1919年就提出国民劣根性问题，他说我在解剖别人，但更多的是时时在解剖自己。鲁迅的精神正是在严酷的解剖里成长起来的。

阿Q的灵魂包括所有的中国人，他是在不知不觉中滋长起来的，很可怕。

记：阿Q的影子，也有点像近年在知识界流行的一本捷克作家米兰·昆德拉的小说《生命中不能承受之轻》中提到的“媚俗”。国民劣根性问题的提出，到现在已有70多年了，生活是现代化了，可是人的本性似乎依旧，现代知识分子的内心也没有比鲁迅时代的人超越多少，我觉得你们二位的创作对于今天的意义也在于此。

现在请你们谈谈艺术表现问题。过去听说裘老师素描很出名，是受德国表现主义绘画流派的影响，现在看作品，确有这样的感觉，严格意义上说，珂勒惠支也属于表现主义的，但你们已是中国式，有些手法非常大胆，甚至“不择手段”。我觉得表现主义是没有国界的，因为它以表现内心为主。所以我想知道你们是如何结合自己的想法来对鲁迅的杂文进行再创作？

裘：我40年代就接触到现代派艺术，50年代在学校搞思想批判时，我是典型。刚开始我非常倔强，顶得厉害。后来参加土改，老师叫我画一套农民家史，在街上展览，很多农民当场看了就哭了，我和同学看到这情景回来以后一句话也说不出，感觉到艺术应该是为人民服务的。这时流行苏联绘画体系，很拘谨，僵得没有感情，没有力量，我很苦恼。到1956年，看了墨西哥画家西盖罗斯的展览，我又开始放开，从珂勒惠支作品中吸取营养。当时有人说我是素描中的大写意。看鲁迅的书，

《非常危险的点火》

还知道他对蒙克也感兴趣，于是到人美，偷偷设法借来看。我还特别喜欢杜米埃的画，觉得要画自己的思想感情，不是去画外面流行的东西。后来特别是画《狂人日记》和《祝福》，我觉得我们完全可以放开手脚来搞，只要内容决定了，表现手法越丰富越好。上次在中国美术馆展览（指1991年9月25日至10月4日为纪念鲁迅诞辰110周年举办的《鲁迅的世界》画展），有个中学生问我：《解剖刀》一幅中的刀为什么用真刀片？我说我画的技术没有这四把真刀来得锋利，鲁迅的解剖刀是非常锋利的。那个中学生说，这下我明白了。这四把刀是医生给我的，没有用过，我觉得我没有必要去抠那刀子的质感，这样一来很简单就解决了。再如撕纸，就是有袁世凯的那一张，鲁迅曾说过辛亥革命以后中国曾经有很好一段时间，二次革命后坏了下来，坏到现在更坏，新的油漆剥落了，旧的又露出来。所以我用邮票中的袁世凯像，表现原来的坏是用《金瓶梅》中的插图，颂词是宋时蔡京给宋徽宗的奏表，阿谀的话讲过不久第二年就垮台了！画完后总觉得缺什么，于是想到用纸贴，再一撕，那剥落的效果就把“旧相又显了出来”的意思表达出来了。

记：我在挑选你们作品时，有些需要看作品下面鲁迅原文的注释，而有些则不用就能明白。能否谈谈文学与插图的关系？

裘：确实，在我们的作品中，比较而言，有些要更成熟些。日本有个著名美术评论家说过一段话，大意是中国艺术的传统，不光是诗书画结合，也是造型、哲理、文字三者的结合，这是中国艺术的正道，文字是不可缺少的一部分。杂文比起小说，绘画的独立性要更强些。

记：一般说来，绘画忌文学性，绘画就是绘画。可否这么说，就鲁迅的杂文而言，它只是给您的一种创作思想，余下的就是你们在绘画上的事了？

裘：好多杂志登我的作品的时候，把下面鲁迅原文的说明给删掉了，我也同意，让人家去琢磨。但我们要宣传鲁迅，就特意把它搞得通俗些，除了原文说明，甚至把年代也写上去。曾经有人对我说，你都搞了一辈子《鲁迅的世界》了，什么时候让我们看看《裘沙的世界》？他不了解，正如那个日本人说的，我们是借了鲁迅的作品。鲁迅的东西如果没有现代生活的感受，画出来是没有生命力的，会变成图解。我们虽住在这个小楼，但看到听到的东西也不少，我们有许多感受。经常有这样的情况，看到鲁迅的一段话，感到很重要，但只有在生活中感受到了，才真正有非画出来不可的冲动，譬如《现代史》这张画。

（王伟君插话："任何艺术都离不开生活，艺术语言的运用也离不开生活。画鲁迅的东西，用不着说哪一张画来源于哪一个生活，都有生活的感受，都是从生活中来的。我们对鲁迅的根本精神是抓得很紧的，现在有些人说鲁迅过时了，那是他们没有真正了解鲁迅。"）

记：你们说是从生活中来感受鲁迅？

裘：对。这套作品里，我们真是在同他们一起歌，一起哭，把人生的感情都融合进去了。现在我们停不下来，不断感觉到冲动，像我们没有地方去发言，就马上想到画了。

（原载《装饰》1992年第3期）

民魂发扬才有真进步

周 茜

在逆境中奋斗不可怕，在绝望中奋斗却需要极大的勇气。

裘沙就曾深深地绝望过。在绝望中，他苦苦思索、苦苦搜寻，想找到如何做人的答案。

上穷碧落下黄泉。终于，他找到了鲁迅。

从1972年开始，苦心孤诣22年，裘沙与夫人王伟君一起，用画笔开创了一个《鲁迅之世界》。

作为鲁迅先生的同乡，裘沙1930年生于浙江绍兴嵊县崇仁镇，1951年于中央美术学院华东分院提前毕业，志愿到中国青年报社工作。“十年浩劫”后，1978年开始在中央工艺美术学院任教，1982年因肝炎等多种疾病休教，1990年退休。

问：您画了22年鲁迅的作品有何感受？

答：我越来越觉得鲁迅先生伟大。中国现在发生的事情，鲁迅在半个世纪前就都预见到了。中国问题用鲁迅式的观点来剖析，完全解答得了；欧洲问题，鲁迅也有深刻见解。可以说，鲁迅是20世纪最伟大的思想家。

问：您感到最可悲的事情？

答：最可悲的是伟大的思想家不被人认识。当前改革开放是好的，但很多人只想“升官发财”，社会不会因此进步。鲁迅先生早说过，世上有官魂、匪魂、民魂三种魂，只有民魂发扬起来，中国才有真的进步。

问：22年，您从事着一项无人喝彩的工作，怎么坚持下来的？

答：最初画鲁迅，没想发表，画给自己看，我要当自己的主人，自己创造自己的价值。后来我发现，鲁迅是属于世界的，只要我坚持去做，总会影响一些人。

问：到目前为止，您共办过多少画展？

答：14次，其中国外2次。前年在中国美术馆办画展时，有很多人参观，尤

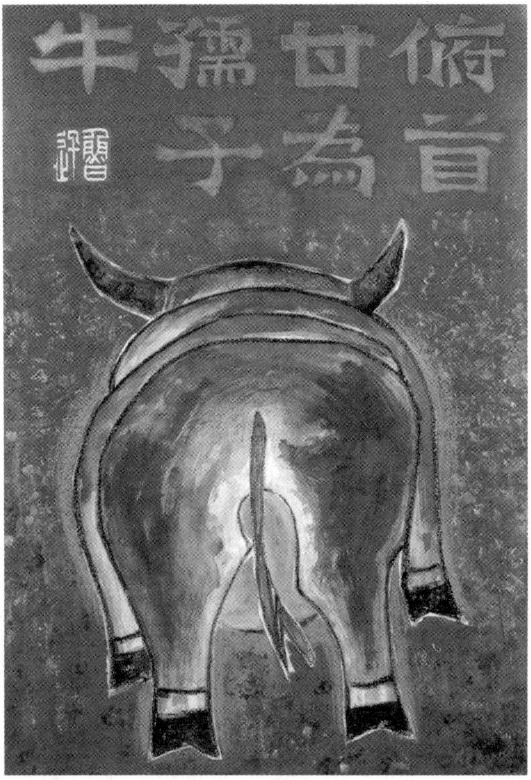

《民魂》

其是大学生，饭也顾不上吃，一边看一边记。有个俄文翻译，是位老先生，一边在画廊走一边喊：中国不会亡！

问：搞研究，您一直是自费，吃力吗？

答：自费搞研究，确实吃力，但自己搞，自由。

问：您现在在做什么？

答：《鲁迅之世界》基本完工了，现在我正在看《易经》、《河图洛书》。这之前，看《中国道教史》，我认为中国文化的根底在道教。

鲁迅作品中提到的书，我都要仔细地看。

问：您日常的爱好？

答：喜欢看书，早晨3点就起来看。另外还爱听戏，京剧、昆曲、梆子戏等等，听懂听不懂都爱听。

问：您的生活起居？

答：非常简单。一碗黄豆就是一顿饭，招待客人统统是速冻饺子，包括法国朋友、日本朋友。我最好的休息是调整书，把要看的书搬出来，不看的搬回去。

最近我在练道家性命功，每天最少一次，最多三次，每次半个小时。练功后，身体确实好多了。照这样下去，再研究鲁迅60年也没问题。

（原载《中华老年报》1994年5月2日第1版）

走进鲁迅世界

——访绍兴籍著名画家裘沙

徐东波

年初在上海鲁迅纪念馆，我欣喜地遇到了绍兴籍著名画家裘沙先生与他的夫人王伟君女士。我以前多次见到过裘沙夫妇，知道他们长期潜心创作鲁迅美术作品，并取得了一系列令人瞩目的成就。于是，就有了下面这篇访谈。

徐（徐东波，以下简称徐）：裘老师，您好，很高兴又见到您。为了纪念鲁迅诞辰120周年，多家媒体最近新辟了专栏，名字都叫做“鲁迅之世界”，与您的画集《鲁迅之世界》同名，这或许是个巧合，或许是受了您的画集的启发。

裘（裘沙，以下简称裘）：不能这么说。我总觉得，我们搞鲁迅研究的，或者说热爱鲁迅的人，有许多相同、相通之处，因此，这也可以说是“心有灵犀”吧！

徐：建国以后，不少画家从事过鲁迅美术作品创作，但大多是偶尔为之，像您这样将精力倾注其间，并努力以线条与色块营造鲁迅世界、探求鲁迅世界的画家不多，尤其是在市场经济的大潮下，您不为名利所动，孜孜不倦地探求鲁迅的精神世界，更是令人敬佩。据我所知，您创作的第一件鲁迅美术作品是素描《又为斯民哭健儿》，取材于鲁迅《悼杨铨》“何期泪洒江南雨，又为斯民哭健儿”诗句，表现鲁迅不顾安危，参加被暗杀的中国民权保障同盟总干事杨铨丧仪的斗争场面。

裘：为了创作这幅作品，我走访了当时还健在的茅盾、冯雪峰和曹靖华等先生。他们不仅热情地给我提供资料，包括一些具体细节，而且鼓励我一定要将它画好。

徐：我们今天回过头去看，您通过几十年的努力，创作的《鲁迅之世界》大型系列，已获得了巨大成功。与一般画家注重于鲁迅形象的创作不同，您是将鲁迅小说、杂文乃至早年的论文为素材，进行绘画题材的开拓与挖掘。您是什么时候产生这个想法的？

裘：《鲁迅之世界》画传的创作始于1973年，也就是我创作《又为斯民哭健儿》那一年。从那时开始，迄今已有28个年头，我一共创作了上千幅作品。我是一名画家，只能用画笔来表现我心目中的鲁迅。1978年以后，我到了中央工艺美术学院和中央美术学院任教，创作条件有了很大的改善，我便静下心来，投入了鲁迅思想的研究，力求找出鲁迅思想的本意和真谛，并用绘画的形式表现出来，以便使人们通过我的一系列绘画作品，对鲁迅这位现代中国的文化“圣人”获得进一步的认识。

鲁迅像（小黑白画）

徐：您曾在国内外不少地方举办过鲁迅画展，并出版了不少有关鲁迅题材的画集，能具体介绍一下吗？

裘：我的第一个画展是在1981年9月，纪念鲁迅诞辰100周年之际，由中国美术家协会、中央美术学院等在北京联合举办的“鲁迅文学作品插图展览”。1986年，纪念鲁迅逝世50周年之际，我应邀访日，在东京、仙台举办“鲁迅逝世50周年纪念展·裘沙王伟君用绘画表现的《鲁迅之世界》”。迄今，我已举办个展22个。至于出版的画集，有日本岩波书店出版发行的《裘沙画集·鲁迅之世界》和《鲁迅〈阿Q正传〉二百图》、山东画报社出版的《鲁迅论文、杂文160图》、人民美术出版社出版的《阿Q正传二百图》、漓江出版社出版的《裘沙王伟君之图·野草》、《裘沙王伟君之图·彷徨》、《裘沙王伟君之图·呐喊》、《裘沙王伟君之图·故事新编》，以及中英文对照本《鲁迅之世界全集》等。今年还将出版《裘沙王伟君之图·坟》、《裘沙王伟君之图·热风》、《裘沙王伟君之图·华盖集》、《裘沙王伟君之图·华盖集续编》以及《裘沙王伟君之图·而已集》。

徐：您的《阿Q正传二百图》，被誉为画出了鲁迅笔下真正的阿Q。《鲁迅之世界全集》中英文对照本，获第三届国家图书奖提名奖。但影响最大的，恐怕还是要数日本岩波书店出版的《裘沙画集 · 鲁迅之世界》。日本已故著名作家井上靖对您的画集推崇备至，说 ：“看了这些绘画作品，使我产生了一种驱使我去重读鲁迅作品的冲动，我甚至感到自己以往对鲁迅的观念被打破了”。而法国著名学者鲁阿教授则说 ：“它是一种超越国界的语言的翻译，是走在我们面前、引导我们进入鲁迅世界的一座桥梁。”

裘：坦率地说，我们一些人对鲁迅意义的认识，远不及人家。国外学者对鲁迅的评价之高，是一般的国人所难以想象的。我在日本期间，不少日本学者跑来与我谈鲁迅，谈得很激动。在他们看来，如果不读鲁迅，或者读不懂鲁迅，不能算作真正的知识分子。我在日本、法国、美国、意大利有不少的朋友，经常与我保持联系，他们认为，鲁迅的世界意义很丰富，鲁迅不仅是中华民族的文化巨人，同时也是世界文化巨人。我在研究中，也深深地悟到了这一点。鲁迅是没有国界的，是属于全人类的。

（原载《浙江日报》2001 年 9 月 28 日第 15 版）

（三）相关评论

断丝碎缕录（摘录）

——学习1979年短篇札记

秦兆阳

生活的逻辑性

在现实生活里，每一件大小事情、每个人的性格、每种心理状态，在一定条件下都有其发展的某种必然性和规律性。反映到文艺作品里，就成了事件、结构、情节、性格、环境与性格的关系等方面是否合理，是否真实的客观标准。

我把这种可能性、必然性和合理性，叫做生活的逻辑性。

文艺是来源于生活和以生活为根据的。既然不能像“帮文艺”那样把“源泉”歪曲成可以任意搓捏的“原料”，既然文艺还要回到生活里去被人民所接受、所欢迎、所信服，那么生活本身的逻辑性就应该是达到艺术真实性的一个重要依据，同时也应该是衡量文艺作品真实性的一个重要尺度。否则，真实性就失掉了客观标准，就可以你说这是真实的，他说那是真实的，而所谓艺术分析，也就难以进行。

既然每一件事情和每个性格都或隐或显地带着历史的、时代的、阶级的烙印及其本身的特性，既然人是社会诸关系的总和，因此文艺作品中的每件事、每个性格，其本身的逆转性就应该跟历史、时代、阶级发展变化的总逻辑互相关联，互相呼应，互相影响。因此，文艺作品通过个别的事件和人物合乎逻辑地通向了一个时代的大的真实，大的要求，大的趋向，大的斗争，甚至直接地全面地反映了一个时代的大的真实，其中就必定包含着一定的思想性和真理性。因此，作者和评论家在考虑艺术的思想性时，也同样必须以生活的逻辑性为依据、为尺度。否则，就会离开了艺术的真实性去考虑思想性，思想性也就失掉了客观标准，而变成了带有主观随意性的五花八门的条条框框。

马克思和恩格斯在评论拉萨尔的剧本《济金根》时指出：应该正确地认识德国16世纪初那次骑士暴动时阶级关系和阶级斗争的真实情况，正确认识济金根这一人物必然性的思想行动，以及这些情况如何必然地形成了济金根这一人物及其所发动的骑士暴动合乎逻辑的悲剧结局。这些分析应该使我们想到：作品的艺术性和思想性应该建立在历史的真实性（生活的逻辑性）的基础之上。

巴尔扎克以法国上流社会妇女的命运为中心，几乎汇集了1816年至1848年法国社会的全部历史，这是人们所熟悉的、曾经由恩格斯阐述过的例子。

许多前辈作家告诉过我们这样的故事：在创造人物形象和处理情节时，有时作家反而要听人物和情节的指挥，使得他非“这样写”不可。辛亥革命这一重大的革命事件必然会使农村也受到震动，必然要使阿Q这样极端穷苦、饱受凌辱、而又觉悟很低的农民产生朦胧的“造反”的冲动。而他所生活的环境中的权势者——赵太爷、举人老爷和假洋鬼子之流又必定会一方面假充革命以图利，另一方面又不准阿Q革命。于是阿Q必然要在这样的历史事件和生活环境下很快地走上“大团圆”的结局。这就是那个时代生活的逻辑性，人物性格的逻辑性，制约着作家进行艺术构思时思维的轨道。

因此，一方面应该强调，从生活真实到艺术真实之间，有发挥作家创造才能的广阔的回旋余地。忽略了这一点，就谈不上对于典型、风格等艺术创造性的追求。但另一方面又必须承认，这种艺术思维的活动又必须受客观现实的制约。即使是遵循浪漫主义的创作方法，也不能超越生活的根据而天马行空地胡思乱想，更不能按照固定的模式去生编硬造。作者主观上的思想感情、作者的世界观，必须是理论联系实际，必须植根于生活实践之中，只能在与客观实际（包括时代的要求、人民的愿望、历史的真实等方面）相一致的前提下发挥其正确的能动的作用，否则，必定会有损于作品的真实性、思想性和艺术性。

因此，不能认为艺术创造的活动只是形象思维而没有逻辑思维，当然也不能反过来认为只有逻辑思维而没有形象思维，当然也不能说这两种思维活动是机械地分开来进行的。两种思维活动常常有机地结合在一起，乃是正常的、必然的、合乎事实的。

为了便于说明问题，请恕我再举两个“题外”的例子——并非这次群众评选的小说，而是鲁迅的两篇众所周知的作品。

《故乡》中的闰土，是作品中的“我”小时候天真无邪的朋友，然而在离别了将近30年再见面时，已经变成了中年人的闰土却恭恭敬敬地站在“我”的面前，恭恭敬敬地叫了一声“老爷”。这一声“老爷”有千斤重，打在“我”的心坎上；

有万丈深，是他与“我”之间社会等级的鸿沟；是血和泪，反映了旧时代穷苦农民命运必然的逻辑性，社会地位必然的逻辑性。在这里，生活的逻辑性是多么深沉而且无情，而作品把这种逻辑凝练得多么简练，多么深刻，多么典型，因而显示出了多么深刻的打动人心的力量！

去年，有一位为鲁迅的小说作插图的画家对于《祝福》中祥林嫂的死因提出了与众不同的看法，他就是根据小说中情节的逻辑性，及其所反映的生活与性格的逻辑性推论出来的。为什么祥林嫂要问“我”人死了以后有没有灵魂？阴间有没有地狱？死了的一家人能不能见面？为什么“我”对这些问题不敢明确回答，只能含糊其辞，而且在作了回答以后，“我”心里竟然“很觉得不安逸”，“自己想，我这答话怕于她有些危险。她大约因为在别人祝福的时候，感到自身的寂寞了，然而会不会含有别的什么意思的呢？……倘有别的意思，又因此发生别的事，则我的答话委实该负若干的责任……”。

“我”的这些心理活动，岂不是明明暗示祥林嫂可能要寻自尽吗？果然，不迟不早，第二天傍晚，“我”就听说祥林嫂死了。显然是在谈话的当天晚上，至迟是在第二天白天死的。“我的心突然紧缩……知脸上大约也变了色。”“我”问来冲茶的短工：“怎么死的！”短工说：“怎么死的？——还不是穷死的？”短工的简单回答说明了一个孤寡穷老婆子的死是如何的不被人关心，不能证明祥林嫂真的是冻饿而死的。认为祥林嫂是冻饿而死的人，怎样去分析鲁迅所做的这些情节描写呢？祥林嫂死后不但有入地狱的危险，而且有为了两个男人而被分成两半的危险。但对于她来说，阳间的地

《真的知识阶级心身总是苦痛的》

狱不见得比阴间的地狱好受一些，而死至少还可以跟亲人的鬼魂见面团聚——即使被分成两半也可以。于是她要以了结残生来向阴间的地狱挑战，来抗议阳间的地狱。这是一个弱者的勇敢的死法。这位画家的看法是有道理的。（裘沙：《略谈祥林嫂之死》，见《当代》今年第2期）即使鲁迅并未明确写出祥林嫂是自尽的，上述的细节描写也说明了时代决定了祥林嫂这类女人的精神状态和不幸的命运，决定了“我”对祥林嫂的精神状态及其命运的看法，而这正是作品思想意义的所在。

由此可见，生活的逻辑性、艺术的真实性、作品的深刻性，三者的关系是何等密切！

（摘自秦兆阳《文学探路集》，人民文学出版社出版1984年版）

鲁迅小说教学二题

傅正乾

一、吸收新的科研成果，更新教学内容

如果从解放算起，鲁迅的小说被选入中学语文教材已有30多年的历史。在“十年文革”中，有人从所谓“服从阶级斗争的需要”出发，任意歪曲鲁迅的作品，且不必说了。“十年文革”以前，许多同志在研究鲁迅小说方面，写出过许多很有见解的专著、论文和作品分析文章，“十年文革”以后，在党的“双百”方针的鼓舞下，又有许多同志破除迷信，解放思想，知难而进，在鲁迅小说的研究方面，取得了不少新的成果，同时在对一些具体作品的分析上也提出了不少新的见解。这对于我们提高鲁迅小说的教学水平都是极其有用的。

当前的问题在于：许多新的科研成果未能及时地反映到我们的教学中来，特别是编写中学语文教学参考书的同志也没有把这些新的科研成果及时地介绍给教师，致使某些教学内容陈旧，甚至有人还在重复着已被人们抛弃了的50年代的一些旧看法。这不能不引起我们的注意。

我以为要进一步提高鲁迅小说的教学质量，既要继承前人的科研成果中某些正确的、有用的东西，又不能蹈故袭常，满足于重复前人的结论，还必须不断地吸收新的科研成果，更新教学内容。且让我们看看下面这个例子吧。

关于祥林嫂之死，从理论上说，她是死于黑暗的封建社会，死于吃人的封建礼教，这是大家都公认的。但是具体说来，祥林嫂究竟是怎么死的？回答就很不相同了。

以前的中学语文教学参考书或分析文章都认为祥林嫂是在漫天风雪中饥寒交迫，冻饿而死。这个结论对不对呢？从作品的具体描写来看，这个结论显然是不对的。第一，祥林嫂死在和小说中的“我”见面的当天晚上，而天下起雪来，则

是在第二天的午后，可见祥林嫂死的时候，天还没有下雪；同时小说中关于天气的描写也没有致祥林嫂于冻死的预示。第二，第二天的傍晚，鲁四老爷家的短工来给“我”冲茶时，“我”问短工：祥林嫂是“怎么死的”？短工淡然地回答：“怎么死的？——还不是穷死的？”短工的简单回答说明了一孤寡穷老婆子的死是如何的不被人关心，也不能作为祥林嫂是冻饿而死的证据。其实，作者通过“我”听到短工的回答之后的一段心理描写，对“穷死的”这一说法，已经作了否定。

前两年，有一位为鲁迅小说作插图的画家裘沙同志对祥林嫂之死的问题，提出了与众不同的看法，认为祥林嫂是自尽的[1]。鲁迅在《祝福》中没有直接告诉读者祥林嫂是怎么死的，裘沙同志的这个结论是根据故事情节的逻辑性和人物性格发展的逻辑性推论出来的。

（一）祥林嫂之死虽然是一个悲剧，但也包含着热烈的追求和不屈的反抗。当“我”回到鲁镇的当天在河边遇到祥林嫂时，她向“我”提出的第一个问题是：“一个人死了之后，究竟有没有灵魂？”深知祥林嫂一生的“我”看到她满怀热望、急切要求回答的神情，心中揣测道：“这里的人照例相信鬼，然而她却疑惑了，——或者不如说希望，希望其有，又希望其无”。对于这段揣测，有的同志抓住了前一句，认为这是祥林嫂反抗封建神权的最强音；有的同志抓住了后一句，认为祥林嫂渴望能和死去的一家人见面，则希望有灵魂，怕死后遭受地狱之苦，又希望没有灵魂，完全是处于一种矛盾的精神状态中。但根据“我”的判断，认为祥林嫂当时是希望有灵魂的。“人何必增添末路人的苦恼，为她起见，不如说有罢。”于是他告诉祥林嫂：“也许有罢。”祥林嫂听到这样的回答，又急切地提出第二、第三个问题：“那么，也就有地狱了？”“那么，死掉的一家人都能见面的？”她为什么接连提出这三个问题，急切地要求回答呢？目的自然是为了决定自己的行动。祥林嫂的第一个丈夫比她小十岁，这就谈不到他们之间有什么感情，可是当她改嫁到封建礼教的统治比较薄弱的贺家以后，曾经得到过短暂的幸福。她对阿毛无限疼爱，对贺老六也充满着感情，这从她和柳妈的谈话中流露得相当动人。尽管她再嫁再寡之后，被人加上“失节”的罪名，被鲁四老爷视为“不祥之物”，但是祥林嫂至死对改嫁从未有过丝毫翻悔，而且强烈地希望真有所谓灵魂，真有所谓地狱，死掉的一家人真能见面，特别是当她感到阳间的地狱不见得比阴间的地狱好时，尤其如此。所以，“我”的“也许有”灵魂的回答使得祥林嫂的思亲之念战

1　裘沙：《略谈祥林嫂之死》，《当代》1980年第2期。

胜了入地狱的恐怖，宁愿忍受被锯为两半的大痛苦，也要以自己的生命来换取和她的亲人——贺老六和阿毛见最后一面的机会。这正是祥林嫂无视于统治中国人民几千年的封建礼教和封建神权的表现，是她的“出格”的反抗性格发展的必然逻辑。

（二）小说通过对“我”的内心活动的描写，一再地强调和烘托祥林嫂的暴死，与她所提的三个问题以及对这三个问题的回答，是有直接关系的。当“我”最后用“说不清”三字“推翻答话的全局”，逃回鲁四老爷家里以后，鲁迅用相当的篇幅描写了“我”的内心活动：

“我这答话怕于她有些危险。她大约因为在别人的祝福时候，感到自身的寂寞了，然而会不会含有别的什么意思呢？——或者是有了什么预感了？倘有别的意思，又因此发生别的事，则我的答话委实该负若干的责任……

“……我总觉得不安，过了一夜，也仍然时时记忆起来，仿佛怀着什么不祥的预感，在阴沉的雪天里，在无聊的书房里，这不安愈加强烈了。

“因为常见些但愿不如所料，以为未必竟如所料的事，却每每恰如所料的起来，所以很恐怕这事也一律。”

在“我”得知祥林嫂已经去世的消息以后，作者对他的思想活动又作了如下的描写：

“然而我的警惶却不过暂时的事，随着就觉得要来的事，已经过去，并不必仰仗我自己的‘说不清’和他之所谓‘穷死的’的宽慰，心地已经渐渐轻松，不过偶然之间，还似乎有些负疚。”

试想，这里所强调的是“倘有别的意思，又因此发生别的事”，以及“常见些但愿不如所料，以为未必竟如所料的事，却每每恰如所料的起来”和“随着就觉得要来的事，已经过去”，难道指的是祥林嫂的“冻饿而死”吗？如果真指的是“冻饿而死”，那么“我的答话委实该负若干的责任”和“偶然之间，还似乎有些负疚”这些话，与“冻饿而死”又有什么联系呢？！难道“冻饿而死”也该“我”来“负若干的责任”吗？！“我”的这些内心活动，不是明明暗示祥林嫂之死是自尽的吗？我们不能不看到“我”的思想活动的特殊性，反映了祥林嫂之死的特殊性。祥林嫂之死是事前可以为人预感，死后引人负疚的暴死，既不可能是“冻饿而死”，也不可能是地狱的恐怖折磨而死。

秦兆阳同志曾在一篇文章中特意介绍过裘沙同志的论点，并肯定“这位画家的看法是有道理的”[1]。

上述两种对祥林嫂之死的看法，究竟哪一种看法比较符合作品的实际呢？我想读者是会作出判断的。应不应该把这些新的看法反映到教学中来呢？我想读者也会自己作出回答的。

当然，吸收新的科研成果，还需有一定的眼力，能够辨别哪些看法是有道理的、正确的，哪些看法尽管“与众不同”，但还有待进一步探讨的甚至是错误的，而分别采取不同的态度。同时，从事中学语文教育实践的同志还应该发扬在学术上勇于探索的精神，把自己多年来研究和讲授鲁迅小说的心得体会，加以系统化、理论化，为鲁迅小说的教学提供新的科研成果。

二、学习鲁迅关于小说创作的论述，探讨教学中的疑难问题

要提高鲁迅小说的教学质量，还必须认真学习鲁迅关于小说创作尤其是关于他自己的小说创作的论述。鲁迅的一生不仅创作了《呐喊》、《彷徨》、《故事新编》中那些高度的思想性和艺术性完美统一的作品，而且还写了那么多有关小说创作的论文、序跋和书信，其中专门论述自己的小说创作的就有《呐喊·自序》、《〈自选集〉自序》、《故事新编·序言》、《我怎么做起小说来》等十多篇，而涉及自己的小说创作的杂文、论文和书信那就更多了。如果把鲁迅的小说和他关于小说创作问题的论述，合编成一部书，那就是一部博大精深的“鲁迅小说学”。学习鲁迅这一部分论述，不仅对研究鲁迅的创作思想，鲁迅小说的主题、人物和艺术特色，而且对于探讨教学中的疑难问题，都有极大的指导意义。

目前在中学鲁迅小说教学中提出的疑难问题还很多。例如围绕着从《阿Q正传》节选的《革命》和《不准革命》两章，对阿Q有无革命性的问题就展开了热烈的讨论。有人认为阿Q是一个落后的不觉悟的但又有一定的革命性的农民，鲁迅对他的态度是“哀其不幸，怒其不争”；有人认为阿Q是一个“病态的形象”，鲁迅对他的态度是“冷嘲的”；还有人认为阿Q是一个“否定的形象”，鲁迅对他“是和蒋介石相提并论的”等等。对这些有争议的问题没有一个基本的看法，就很难进行教学活动。

要解决这些问题，当然要涉及《阿Q正传》的主题、鲁迅的创作思想、典型

1 秦兆阳：《断丝碎缕录》，《文学评论》1980年第3期。

创造等许多复杂的理论问题，但是学习鲁迅的一系列有关论述，对于我们进一步探讨这些疑难问题，也会给予很大启发和帮助。这里不妨引出几段来研究一下。

1925年，鲁迅在《俄文译本〈阿Q正传〉序》中，曾这样说过：

“我的小说出版之后，首先收到的是一个青年批评家的谴责；后来也有以为是病的，也有以为滑稽的，也有以为讽刺的；或者还以为冷嘲，至于使我自己也要疑心自己的心里真藏着可怕的冰块。然而我又想，看人生因作者而不同，看作品又因读者而不同，那么，这一篇在毫无‘我们的传统思想’的俄国读者的眼中，也许又会照见别样的情景的罢，这实在是使我觉得很有意味的。”

从这段话里，难道可以得出鲁迅是彻底否定阿Q的结论来吗？不难看出，那些认为鲁迅所塑造的阿Q这一艺术典型无论是“病的”，或是“滑稽的”，或是“讽刺的”的观点，都是不符合作品的实际和作者的创作意图的。特别是那种以为作者对阿Q是“冷嘲”的观点，更引起了鲁迅的极大愤慨，因为他并没有全面地彻底地否定阿Q，“自己的心里真藏着的”也并不是“可怕的冰块”。鲁迅认为所以产生那些不正确的看法，一方面是“看作品因读者而不同”，另一方面是“我们的传统思想”，即序文前面所说的“几个圣人之徒的意见和道理”，束缚着一些人的头脑，左右着他们的观点，因此，他希望十月革命之后的毫无“我们的传统思想”的俄国读者，能从《阿Q正传》中“照见别样的情景”。

1926年，鲁迅在《〈阿Q正传〉的成因》中还这样说过：

“这样地一周一周挨下去，于是乎就不免发生阿Q可要做革命党的问题了。据我的意思，中国倘不革命，阿Q便不做，既然革命，就会做的。我的阿Q的运命，也只能如此，人格也恐怕并不是两个。民国元年已经过去，无可追踪了，但此后倘再有改革，我相信还会有阿Q似的革命党出现。我也很愿意如人们所说，我只写出了现在以前的或一时期，但我还恐怕我所看见的并非现代的前身，而是其后，或者竟是二三十年之后。……”

这一段话的第一层讲阿Q要求革命的必然性。当时有人认为阿Q要做革命党“在人格上似乎是两个”，即这一个阿Q是不革命的，革命的只能是别一个阿Q。正是针对这一点，鲁迅明确指出：“中国倘不革命，阿Q便不做，既然革命，就会做的。我的阿Q的运命，也只能如此，人格也恐怕并不是两个”。第二层讲的是阿Q的思想上还有许多与革命不相容的东西，同时对为什么要革命、怎样革命这些问题还不够清楚。要求革命是一回事，能不能正确地进行革命，又是一回事，虽然二者之间有密切的联系，但也是有区别的。列宁在《列甫·托尔斯泰是俄国革命的镜子》中曾经指出："农民过去的全部生活教会他们憎恨老爷和官吏，但是没有教会而且也不可能教会他们到什么地方去寻找所有这些问题的答案。"我们同样可以说，阿 Q 过去的全部生活教会他憎恨老爷和官吏（如赵太爷、白举人等），但是没有教会而且也不可能教会他找到如何进行革命的答案。鲁迅对阿 Q 的革命，正是这样看的。他既看到阿 Q 有一定的革命性，又看到了阿 Q 毕竟是阿 Q，做起革命党来必然也是"阿 Q 似的革命党"。这无疑是告诉我们对阿 Q 这样落后的不觉悟的而又有一定革命要求的农民，既要欢迎他们革命，又要对他们进行正确的引导和教育，不能像假洋鬼子那样"不准革命"。第三层是由"阿 Q 似的革命党"推论到对农民革命运动的估计。就在鲁迅写下这一段话的 1926 年，党所领导的农民革命运动在南方已经蓬勃兴起。在这种情况下，鲁迅说："我也很愿意如人们所说，我只写出了现在以前的或一时期，但我还恐怕我所看见的并非现代的前身，而是其后，或者竟是二三十年之后。"这显然是鲁迅前期思想上的局限性（由于主、客观原因所形成的）的反映。有人认为上面所引的那一段话，表明"鲁迅对阿 Q 的'革命'或阿 Q 式的'革命党'，采取的是明明白白的否定态度"，恐怕也是很难令人折服的。

《使奴才主持家政，那里会有好样子》

30 年代，鲁迅在上海和斯诺还有过这样一段谈话。

先生对斯诺说："民国以前，中国农民是奴隶；民国以后，他们变成前奴隶的奴隶了。"斯诺接着就问："如今经过了第二次的国民革命（指北伐），您认为在中国阿 Q 仍同以前一样多吗？”先生笑了，说：“更糟啦。现在是阿 Q 们管理着国家了。”[1]

有的同志认为鲁迅在这里“所说的阿 Q，无疑仍旧是《阿 Q 正传》中的阿 Q，是《阿 Q 正传》问世以前，在他‘心目中似乎确已有好几年’的阿 Q。鲁迅把阿 Q 跟国民党新军阀联系在一起，也许可以理解为国民党新军阀身上也明显地存在着‘精神胜利法’，但又的确另有深意”。这个“深意”是什么呢？据说“正是在代替原来的压迫者、奴役者这一点上，鲁迅在同埃德加·斯诺的谈话中，把阿 Q 同国民党新军阀联系在一起”，而“这一点”又是“阿 Q 思想性格中前后始终一致的根本点”。十分明显，持这种看法的同志并不认为鲁迅所说的“现在是阿 Q 们管理着国家”，只是以阿 Q 作为借代（或比喻），在谈笑之中表达了对国民党新军阀在 30 年代所一再表现出来的“精神胜利法”的火一样的讽刺，而把鲁迅这个借代的用法和《阿 Q 正传》中的阿 Q 完全等同起来，得出了阿 Q 和国民党新军阀蒋介石在“根本点”完全一致的结论。我想，如果鲁迅和斯诺还健在的话，恐怕他们也是很难赞同的吧。

“看作品因读者而不同”，看论文也不例外。即使我的理解是错误的，也不能否认学习鲁迅关于小说创作的论述，是解决鲁迅小说教学中疑难问题的一条重要途径。

（原载陕西师大《中学语文教学参考》1981 年第 6 期）

1 见《新文学史料》1978 年第 1 辑第 217 页。

美术作品中的阿 Q 形象

——鲁迅小说《阿Q正传》六种插图、连环画

凌月麟

文学书籍配插图，或改编为连环画，是中国悠久的文化传统，在国外也源远流长。鲁迅文学名著《阿 Q 正传》自 20 世纪 20 年代初问世以来，有关它的插图与连环画等美术作品在国内外屡见不鲜，种类与数量均较多。鲁迅生前，上海《戏》周刊等报刊上刊登过阿 Q 的画像；陈铁耕、刘岘等木刻家创作了《阿 Q 正传》木刻插图。对这些图画，鲁迅曾发表过自己的看法。鲁迅逝世以后，叶浅予、丰子恺、刘建庵、丁聪、郭士琦、程十发、顾炳鑫、范曾、赵延年、裘沙与王伟君等中国著名的画家，怀着对鲁迅的崇敬之情，根据各自对《阿 Q 正传》的感受与理解，以严谨的态度，不同的视角和独特的手法，先后绘制了有关这部名著的插图、连环画，画种有版画、漫画、造像、国画、素描、白描等等。这些众多的美术作品，对鲁迅名著《阿 Q 正传》进行了再创作，向国内外人民形象生动地解读与宣传了鲁迅的小说，有助于广大读者了解作品的内容与思想，增加了阅读的兴趣，同时又提供了老少咸宜的新的欣赏之作，使人们受到启发教育，获得艺术享受。现将有关小说《阿 Q 正传》影响较大的六种插图、连环画，予以概述与简评。

刘岘 《〈阿 Q 正传〉插图》

1935 年 6 月，未名木刻社出版发行了青年木刻家刘岘创作的手拓本《〈阿 Q 正传〉插图》，印数 100 册。这是《阿 Q 正传》第一本单独成册的画集。刘岘在创作过程中曾得到鲁迅的教诲，《〈阿 Q 正传〉插图》出版后，刘岘寄赠鲁迅一本，封面右旁直书“树人先生评正”几字。这本珍贵的画集，现保存于上海鲁迅纪念馆。

刘岘绘刻《阿 Q 正传》插图，非常有胆魄，态度又极为认真，并虚心听取了鲁迅的指导。1933 年刘岘在鲁迅影响下，从事木刻创作，其作品经常寄赠鲁迅，

不断受到鲁迅的指教，出于对鲁迅的崇敬和对鲁迅作品的热爱，刘岘当时经鲁迅同意，在青年木刻家中率先绘刻了不少鲁迅作品的插图和木刻画集。《〈阿Q正传〉插图》就是其中的一本。1935年6月3日，刘岘在《〈阿Q正传〉插图》后记中谈到了自己的创作目的："《阿Q正传》是反映着中国人民的灵魂"，"在现时还是富有意义的"，"我所要刻《阿Q正传》的意思，倒也是为它反映'这样沉默的国民的魂灵'的"。对《阿Q正传》，刘岘原计划刻连环画，有200幅，为此准备好了木板，有关"先前的辫子"等资料也收集了百余幅。他考虑"要把文字译作图画，使不识字的人也可以知道这阿Q是怎么的一个"。在酝酿构思时，刘岘先刻了阿Q和赵太爷这两个人物形象寄给鲁迅。隔两天，鲁迅就复函指出阿Q木刻像刻得不好，说："阿Q的像，在我的心目中流氓气还要少一点，在我们那里有这么凶相的人物，就可以吃闲饭，不必给大家做工了。赵太爷可如此"（见刘岘：《〈阿Q正传〉插图》后记）。刘岘是一位勤奋虚心、出手很快的木刻家，当时他接受了鲁迅的批评，但由于对"阿Q的相"把握不准，曾暂停过《阿Q正传》的绘刻工作。他还从"因为没了木板"的实际出发，改变计划，压缩篇幅，将绘刻连环画改成插图。根据鲁迅的指教，刘岘又把阿Q的形象修改了20多次。1935年4月18日至5月20日，刘岘一鼓作气，集中一个月的时间，终于完成了《阿Q正传》插图的创作。为进一步听取读者对阿Q形象的意见，并为刻连环画作准备，刘岘又及时将《阿Q正传》插图结集付印。

刘岘创作的《阿Q正传》插图，计20幅，系黑白木刻。每幅图画均摘引原著有关文字作说明，因而这本画集犹如连环画。连环画作为一种绘画与文学相结合的艺术形式，应具备故事性、连续性和动作性三大特征，尤其故事性更为重要。鲁迅曾将连环画定为"用图画来表现故事"。刘岘绘刻《阿Q正传》插图时，抓住了原著的主要故事情节。20幅插图基本保持了原著的内容，例如："你哪里配姓赵！"（第2、3幅）、"我总算被儿子打了"（第4幅）、"赌摊不见了……似乎也挨了几拳几脚似的"（第5、6幅）。接下的十余幅也反映出《阿Q正传》有关内容，如：骂王胡、想女人、向吴妈求爱、遭赵太爷训斥、与小D打架、到静修庵"求食"、"发财"回来、"造反了！"、做梦、"不准革命"、画圆圈、"过了二十年又是一个"等等。现从连环画故事性与连续性的角度来评论刘岘的这些插图，应该说成绩尚可，具有一定的开创意义和历史价值。

由于当时中国新兴木刻运动处于萌芽状态，只有20岁左右的刘岘，素描、构图及刀法等技术还不成熟，同时又缺乏好的木刻工具，在绘刻方面难免存在问题。鲁迅曾指出："现在中国的木刻家，最不擅长的木刻人物。"（见1936年4月1日鲁迅致曹白信）在《〈阿Q正传〉插图》中，人物形象刻得较粗糙、面目不清，正面的像少、背影太多，有的面孔又略显洋化；阿Q形象造型不佳，神态虽麻木，身体却太胖、比例也失调；环境模糊、背景不明，门棂未现旧式样，有的道具也失真（如土谷祠桌上摆油灯）；刀刻手法简单，线条只有呆板的直、横、斜几种，画面层次不够丰富。刘岘有着自知之明，他当时对自己的这些作品就不满意。1935年5月30日，刘岘在致鲁迅的信中说："阿Q我整绘了十数次，都看看和心想的不合，就这样虽稍觉还能表现一些麻木的神情，然而，又和原文相差亿里了"，"我因限于自己技巧的生硬，未必能表现出原文意思的一二。但故事其中多种的动作、人物，我是知道离'够格'还远得很"。在《〈阿Q正传〉插图》后记中，他又称自己的作品为"幼稚不成器的东西"。后来，刘岘虽没有再创作新的阿Q连环画，但其绘刻技艺日趋提高、娴熟，以至成为同时代木刻家中作品最多、成就卓著的一位。

丰子恺 《漫画〈阿Q正传〉》

1939年7月，开明书店出版了丰子恺先生绘制的《漫画〈阿Q正传〉》，内收漫画54幅，这本漫画是鲁迅小说《阿Q正传》的图画中流传最广、影响深远的一种，至1951年已重印了15次，印数达一万多册。

丰子恺的《漫画〈阿Q正传〉》是为纪念鲁迅先生、宣传鲁迅作品而创作的。丰子恺是一位杰出的艺术大家，他对鲁迅素怀敬仰之情。他曾为以前同时与鲁迅翻译出版日本作家厨川白村的文艺理论著作《苦闷的象征》而感到不安。1927年底在上海，丰子恺特为拜访鲁迅，向他说明，如果早知道先生在译此书，自己就不会再译了。鲁迅当时认为，一本书有几个译本也不算多。鲁迅的安慰，使丰子恺消除了顾虑，更对鲁迅敬重起来。鲁迅逝世后，丰子恺决心以《阿Q正传》为题材创作成连环漫画，用此独特的方式缅怀与宣传鲁迅。他说"阿Q正传虽极普遍，然未曾读过者亦不乏其人"（见丰子恺：《漫画〈阿Q正传〉》初版序言）。又认为自己绘出漫画"使它们便于广大群众的阅读，就好比在鲁迅先生的讲话上装一个麦克风，使他的声音扩大"（见丰子恺：《绘画鲁迅小说》序言）。抗战期间，丰子恺发扬中国漫画直接参与现实斗争的传统，改变了以往重于日常生活题材的画风。在民族危亡之际，他运用人民群众浅显易懂的漫画形式，创作出许多以抗战为主题的漫画，其中包括成功地创作了《漫画〈阿Q正传〉》。这本漫画集，凝结着丰子恺对鲁迅的真挚感情，普及了鲁迅名著《阿Q正传》，发挥了漫画的宣传战斗作用。

丰子恺这本画集的绘制与出版曾经历了一段艰难曲折的过程。战火几次将丰子恺的画稿焚毁，但始终没有扑灭他绘制鲁迅作品、扩大鲁迅声音的热情与韧劲。1937年春，丰子恺在杭州寓所开始创作《阿Q正传》漫画，后由其学生张逸出资自印。1937年夏，这些漫画被制成54块锌板，再交上海南市一家印刷厂印行。但不久日本军国主义发动的“八一三”事变使南市成了一片火海。画稿和正在印刷中的锌板全部化为灰烬。唯有在上海《现实》杂志上发表过的几幅保留了下来。丰子恺后为此很愤慨，在逃难途中一直记住这件事，下决心要“重作此画，以竟吾志”。1938年春，丰子恺至武汉，又应学生钱君匋之约，为从上海迁往广州的《文丛》杂志绘了8幅《阿Q正传》画稿。先寄出的2幅如期发表，后寄出的6幅，不料广州遭大轰炸，下落不明。侵略者的战火两次毁掉了丰子恺精心为《阿Q正传》所绘的图画，这更激起了他对日本军国主义的痛恨。丰子恺表示：“炮火只能毁吾之稿，不能夺吾之志。只要有志，失者必有复得，亡者必可复兴。”（见丰子恺：《漫画〈阿Q正传〉》初版序言）第三次是在桂林重绘。1939年桂林遭日寇狂轰滥炸，丰子恺将赴广西宜山江浙大学任教。因“舟车迟迟不至”，他利用滞留在桂林之际，“驾轻就熟”地重绘了《阿Q正传》。从1939年3月21日起，到当月30日全稿完成，并作序言，后经在桂林的绍兴籍友人张辛生和章雪山指点，又作了认真修改。同年4月，丰子恺将漫画《阿Q正传》画稿寄给上海开明书店友人章锡琛。寄出前，他嘱女儿事先用簿纸印摹了一套留底，以防三度损失。7月，《漫画〈阿Q正传〉》由北京开明书店（上海开明书店分店）出版发行。

丰子恺的《漫画〈阿Q正传〉》是一部结构严谨、画面清绮、含义隽永的艺术佳品。这本画集对鲁迅原著内容作了较准确地反映，没有将阿Q“看成简单的供人玩笑的小丑”。丰子恺出生在浙江，在那儿生活与工作过较长时间，因此对《阿Q正传》所描写的绍兴社会环境、风土人情有所了解。凡不熟悉之处，他又虚心地予以求教，如“乌篷船”的式样，就请绍兴友人“绘画相示”。他在漫画中描绘的酒店、土谷祠、厨房、舂米臼以及人物服饰、街景屋宇，表现了浙东地区的风貌，与原著基本相符。由于鲁迅笔下的阿Q形象，内涵深邃，很难描绘，因此丰子恺画的阿Q画像，虽未能达到理想的效果，但也比较接近原著，给读者留下了较深的印象。丰子恺所描绘的阿Q脸孔痴呆，身着补丁旧衣，腰间束粗布带，可见是一个贫困、愚昧的农民形象。从人物腰束上插旱烟干，双手叉于腰后的动作，也显示出阿Q沾了些“游手之徒”的习气。丰子恺的漫画，既借鉴了国外构图法的先进技艺，又结合中国绘画“诗中有画、画中有诗”的优秀传统，创造出笔法简练古朴，画面活泼有趣的风格和韵味。《漫画〈阿Q正传〉》也体现了这种字画相配的风格。每幅墨写的图画中均摘引、手书了原著的字句，文字极为精练，位置或左或右，融于画面之中，起到了画龙点睛之意。漫画集还按构图的需要，在一些画面中绘上儿童的形象，有几幅还寥寥几笔，画了猫、鸟、狗及蜘蛛等小动物，从而增添了生活的情趣，加强了漫画的感染力。

《漫画〈阿Q正传〉》忠实于原著而又通俗易懂，出版后深受广大读者的欢迎；但也存在着开掘不深，阿Q形象欠缺等明显弱点。1940年，冯雪峰以“维山”的署名，在浙江金华出版的《刀与笔》第二、三期上，先后发表了《读〈漫画《阿Q正传》〉》和《读〈漫画《阿Q正传》〉更正》两篇文章。他尖锐地批评丰子恺这本漫画“没有在绘画上创造出阿Q的形象”，认为画家没有从广泛性和深远性上抓住“阿Q的精神”。他还认为画家的“画笔一般的无力”，缺乏“艺术家的社会的战斗魄力”，没有“渗透原作”，只能“一一依照原作”去刻板描画。作为鲁迅的挚友、著名的文艺理论家、曾任共产党在文化界的领导之一，冯雪峰对鲁迅及其作品有着深刻的理解。当时，他对丰子恺“新的认真的努力却是抱着尊敬的态度的”，但又从高标准出发，对《漫画〈阿Q正传〉》“有所指摘”。冯雪峰当时的批评是大胆而又中肯的，但从现在的眼光看来，他的文章不免存在着偏颇，即忽略了《漫画〈阿Q正传〉》在普及鲁迅作品、宣传鲁迅、教育群众方面所起的积极作用。

1949年5月，上海解放后，丰子恺即投入新上海的文化建设中。为宣传鲁迅、教育群众，他又把鲁迅其他小说《祝福》、《孔乙己》、《故乡》、《明天》、《药》、《风波》、《社戏》、《白光》等八篇小说，用漫画的形式绘制出版。书名为《绘画鲁迅小说》，分成4册，1950年4月由万叶书店出版。为纪念鲁迅诞生100周年，1982年4月，浙江人民出版社又将丰子恺的《漫画〈阿Q正传〉》和《绘画鲁迅小说》合起来，取名《丰子恺绘画鲁迅小说》重新印行。发行后，即告售罄。1999年1月，上海书店编印图文并茂的鲁迅《阿Q正传》，将丰子恺《漫画〈阿Q正传〉》54幅作品作为插图印入书中，两者结合，相得益彰。此书印得精美，销售极好，深受广大读者的欢迎和喜爱，至2000年6月已第5次印刷，印数累计26000册。2001年1月和4月，福建教育出版社、京华出版社又先后出版《丰子恺漫画鲁迅小说集》（肖振鸣编）和《丰子恺漫画全集》（丰陈宝、丰一吟编辑），两书均收入《漫画〈阿Q正传〉》。

丁聪 《阿Q正传插图》

在抗战时期，与丰子恺《漫画〈阿Q正传〉》可相媲美的，要数丁聪（笔名"小丁"）的《阿Q正传插图》。

丁聪的《阿Q正传插图》于1945年2月由重庆群益出版社出版，系土纸本、木板印刷。内收丁聪绘、胥叔平刻的《阿Q正传》插图25幅（连封面）。每幅画的背页印有《阿Q正传》有关摘录文字。此画集，由沈尹默题签，茅盾与吴祖光作序，黄苗子装帧并作跋，共印2000册。1946年9月上海出版公司用锌板印刷，改名为《阿Q正传插画》，并增添了许广平写的序言。丁聪的这本画集，因创作质量上乘，又有名家协力，出版后即广为传播，成为"阿Q正传插画的善本"、抗战"艺术书刊中的一颗灿星"（见黄苗子：《跋》），"佳作之林中的一本"（见许广平：《序一》）。

《阿Q正传插图》是漫画艺术家丁聪先生在抗战动乱的社会环境中创作问世的。当时，他在国统区四川大后方，过着"不安定的，游牧式"的艰苦生活，"时常穷到连一块钱都没有了"。但其精神生活却很充实、愉快，常编抗日画刊、画救亡漫画。为纪念鲁迅，丁聪征求友人的意见后，选定为鲁迅名著《阿Q正传》画漫画插图。他与友人们认为："《阿Q正传》不但没有过时，反而在此时此地更显出它刺心贯革的锋芒。我们的劣根性、坏习气，一日不计消除，《阿Q正传》的涵义便是万古长新的。"（见吴祖光：《序二》）1943年，在成都半年流亡生活中，丁聪绘出《阿Q正传》插图，同年在陈白尘主编的《华西晚报》上连载。由于铸版、纸张的条件极差，丁聪将《阿Q正传》插图画成直线特别多，具有现代木刻画刀法的画面，请成都刻字铺的木刻名匠胥叔平雕板。胥叔平使用普通简单的刻刀与木板，镌刻出"原作神韵，不爽毫厘"，为丁聪的《阿Q正传插图》增添光彩。此木刻雕板，亦堪称一件工艺珍品。

丁聪以擅长工笔漫画而出名。他的画风近于写实，其建国前的作品，揭露了旧社会黑暗、腐败的真实现状。丁聪的《阿Q正传插图》，实为一本漫画集。它忠于原著，25幅漫画插图勾勒了《阿Q正传》的主要内容，将原著的整个气氛基本表现了出来。它的画面完整而充实，构图大胆而活泼，线条黑白而分明，显示了画家成熟的艺术技巧。茅盾在序文《读丁聪〈阿Q正传〉故事画》中认为，这些插图"从头到底，给人的感觉是阴森而沉重的"，这"比之轻松滑稽为更能近于鲁迅原作的精神"。

在绘制《阿Q正传》插图过程中，丁聪准确地把握了鲁迅笔下阿Q的性格，以"忠实和一丝不苟"及"认真的、下苦功的"创作态度，运用"写实的作风"，较好地塑造了阿Q的形象。例如第一幅阿Q肖像，画家就生动地刻画出阿Q"精神胜利法"的性格特征。画面上的阿Q，身着破旧衣服，右手执旱烟干，头歪昂，眼斜视，脸部有股高傲之气。他的两边有两个儿童相陪，他们的神情惶惑地注视着阿Q。整幅画面表现了阿Q那种忌讳缺点，而又对现实心满意足、目空一切的精神状态。阿Q和小D揪着辫子打架那画，也用写实的笔法处理，绘出了阿Q原想欺负弱者小D，却因体力不济，又与小D"势均力敌"，引起围观者议论纷纷的场面。画面上阿Q和小D两人的面部虽不清，但"龙虎斗"的体形、架势刻画得相当传神、逼真。画的右下角绘几个围观者的人头，又使构图主次分明，层次清晰丰富。丁聪还通过漫画特有的夸张手法来刻画阿Q形象。如画阿Q造反模样，就用人物变形的办法，在画中心竖起一个手舞足蹈的硕大的阿Q形象，刻画了他那"我要什么就是什么，我喜欢谁就是谁"的得意忘形的神态。在阿Q周围，又站着7个形体矮小、姿态不一的人士，他们有老有少，站的位置有近有远，均露出惊讶的表情。通过这种人物夸张与对比强烈手法，丁聪刻画了原作所描写的"未庄人都用了惊惧的眼光对他看"的情景。

茅盾在序文中指出，丁聪"能够整个地理解到阿Q这典型人物之复杂与深刻，矛盾而又统一"，因绘制有难度而没有画出阿Q的画像，但又称赞了丁聪在整个插图中所塑造的阿Q形象，说："小丁的图画的《阿Q正传插图》无疑地还不能作为定论的阿Q的画像，然而他在已有的若干图画的《阿Q正传》中投上了一道清新有力的光芒"。1944年3月，丁聪的《阿Q正传》插图曾装裱成长卷和册页在重庆展出，反响强烈。著名书画家吴作人、著名美术装饰家庞薰琹等文化界人士分别题辞，肯定了丁聪所创造的阿Q形象。吴作人的题辞为："阿Q是人类弱点的化身，每个读阿Q者都照见了自己。小丁这几页版画里，每刀都刻中了我们灵魂中耻辱的伤痕。”庞薰琹结合社会现实，希望丁聪通过塑造阿Q漫画形象扫除大后方的阿Q精神。他在题辞中写道：“阿Q的灵魂似乎到处都存在，尤其在这大后方阿Q好像更为活跃。小丁、小丁！希望你把这些阿Q钉死在十字架上。小丁、小丁！希望把你这支笔来扫一扫清未庄文化。”

丁聪的《阿Q正传插图》出版后蜚声海内外。1947年，上海时代出版社出版的苏联汉学家罗果夫翻译的《阿Q正传》俄文本，选印了丁聪为《阿Q正传》所绘的插图12幅。1952年，日本八卜书房出版的田中清一郎和中泽信三翻译的《阿Q正传》日文本，也选用了丁聪的这些插图。丁聪的这本画集在国内多次印行，除1945年重庆版和1946年上海版以外，1949年8月由上海出版公司再版，至1951年4月已印了四版。1956年为纪念鲁迅逝世20周年，北京朝花出版社根据上海出版公司的版本，发行了一套丁聪《阿Q正传插画》的明信片，并保留了序、跋。

建国后，由于政治原因，丁聪的《阿Q正传插图》，如同画家本人一样，也经历了坎坷的命运。1953年，外文出版社在出版杨宪益和戴乃迭夫妇翻译的《阿Q正传》英文本之前，拟将丁聪为《阿Q正传》所作的插画，作为该译本的插图。可是插图在送审时，却没有被批准。1957年，当时任《人民画报》副总编的丁聪被打成右派，直至1979年才予以完全平反昭雪。在这20余年中，丁聪这本《阿Q正传》插图集，自然也就消失了踪影。1978年11月，北京人民美术出版社出版了丁聪绘、茅盾题签的《鲁迅小说插图》，其中只选用了阿Q在衙门大堂内画圆圈的一幅。1984年，北京三联书店准备用上海原版尺寸重印，并拟用当时发现的茅盾为此画集所作序文的手迹和唐弢摘录的鲁迅原著文字作为插图的说明。但近十年期间，不知何原因，此出版计划始终未能审批通过。直到1992年12月，经北京三联书店范用推荐，浙江文艺出版社才编行了丁聪绘图、胥叔平雕版的这本画集，书名改为《阿Q正传漫画》，印数7000册。这是丁聪所绘《阿Q正传》插画出版的第四种版本。丁聪特此撰写了《重印小记》。浙江文艺出版的这本画集首次刊印了吴作人与庞薰琹的题辞手迹，还发表了茅盾1980年书赠丁聪的诗句手迹。全文为：“不见小丁久，相逢倍相亲。童颜犹如昔，奋笔间猛人。”茅盾在诗句后又书曰：“童颜：凡识丁兄者，皆谓天生孩子面孔。猛人：广东方言，谓凡作威作福，欺凌弱小者，此以指‘四人帮’。”

2000年6月，北京新世界出版社出版了鲁迅原著、杨宪益与戴乃迭翻译的汉英对照《插图本阿Q正传》，全部选用了丁聪绘制的《阿Q正传》插画。年届84

岁高龄的丁聪为自己的这本画集又有第五种版本而感到高兴。他于 2000 年春欣然作了《后记》，写道：这本书“作为世纪之交极具象征意义的文学图书经典精品出版物，奉献给海内外读者，我感到是一项很有意义和甚可欣慰的事”。

程十发 《阿 Q 正传一零八图》

60 年代初，著名书画大师程十发先生根据鲁迅小说《阿 Q 正传》，编绘了长篇连环画《阿 Q 正传一零八图》。这一作品是建国后第一部成功的《阿 Q 正传》连环画，可谓新中国大量连环画作品中极具艺术价值的精妙的瑰宝。

建国后，程十发在鲁迅有关连环画精辟论述的启发与影响下，把自己的绘画与人民的需要结合起来，走上了连环画创作的艺术道路。他后来曾感慨地对友人说过：“鲁迅先生可以说是我学习连环画的启蒙老师啊！”（见金瑞华：《程十发与鲁迅小说》）。程十发敬仰鲁迅，爱读鲁迅作品。他认为，鲁迅作品是具有极大的“社会与历史的威力”（见程十发：《画后小记》），在其连环画技艺日趋成熟之时，决心要为鲁迅的小说搞几套连环画，将鲁迅作品普及于广大人民群众之中。自 1956 年至 1981 年，他先后精心地为《孔乙己》、《阿 Q 正传》、《伤逝》绘制了连环画。其中《阿 Q 正传一零八图》，是 1961 年程十发为纪念鲁迅诞生 80 周年而创作的，充分表现了他在艺术上的独特风格与鲜明个性，成为其连环画创作生涯中最具代表性的优秀作品之一。这套连环画，先在广州《羊城晚报》上连载，引起国内外广泛注意，产生了很大影响。《阿 Q 正传一零八图》后经作者进一步修改和加工，文字的说明基本上也采用了鲁迅的原文，于 1963 年 5 月由上海人民美术出版社出版线装小 32 开本，上下两册。上册印有著名鲁迅研究专家丁景唐先生于 1962 年 10 月以上海人民美术出版社名义撰写的《前言》。丁景唐在《前言》中称赞了程十发将《阿 Q 正传》编绘成连环画的重要意义及其精湛的艺术成就。此书出版后，深受广大读者的好评与喜爱。

程十发在创作《阿 Q 正传一零八图》时，别具一格地运用水墨写意的形式，生动地再现了鲁迅原著的精神。他根据自己对鲁迅作品的理解和长期在家乡松江等江南农村的生活感受，以强烈共鸣的思想感情和严肃认真与善于拓新的创作态度，一变平常所习用的华丽纤巧的画法，而采用比较朴实、淳厚的风格和独具个性的线描笔法，在作品中反映了辛亥革命期间广阔而动荡的时代氛围，展现了当时江南乡镇逼真的自然风光和衰败的社会景象。

作为一门视觉艺术，连环画的中心任务，在于描绘与刻画人物形象。程十发《阿Q正传一零八图》的成功之处，在于细致地描绘了众多的人物，并揭示了人物之间尖锐的阶级对立。一边是以阿Q为代表的包括王胡、小D、吴妈和小尼姑等在内的贫困、愚昧的社会底层人群。另一边是“最可憎的赵老太爷、假洋鬼子”及秀才、举人、保长之流。不论是哪边的人物以及围绕他们的芸芸众生，每个人的外貌特征和性格个性，都刻画得栩栩如生，呼之欲出。作者尤其按鲁迅“哀其不幸、怒其不争”的态度和发挥“写神”这一中国画的创作思维，形象生动地塑造了阿Q的典型形象，既画出阿Q的形，更注重刻画阿Q的神。程十发用简练而又较粗放的画法勾画阿Q的形象时，不仅在外形上接近于原著，例如画阿Q的癞疮疤、厚嘴唇、瘦骨伶仃和破烂衣衫；而且更主要通过人物的表情、神态、动作，刻画出阿Q的内心世界，显示其贫困落后的状态、愚昧麻木的性格、可怜而又可悲的特征以及自卑自嘲的“精神胜利法”，将作品中这一主人翁描摹得淋漓尽致、真实可信。

《阿Q正传一零八图》刻画阿Q的神，突出地表现于它不像一般的连环画，在描述故事情节时将人物安排在场景内，或连续地置于角度变化的场面中，而是用象征性的写意手法，以想象的连续性取代场景的连续性。程十发在传授中国画创作技艺时曾说：“中国画要会利用空白，虚实并用。虚则实之，空白处要留有生意。”又说：“中国人物画往往无布景，留出空白让人想象，有布景衬托为要表达典型人物在典环境中”。（见程十发：《画语录》）他在塑造阿Q典型形象时，大胆设计构图、虚实巧妙结合、人景合理配置，在一些画面中采用简略的背景，甚至不要背景；而有的画面中，只见背景，却不出现人物，以此来揭示人物的内心世界。例如第36幅，画面上用简洁的厨房作背景，有灶台和种种炊具。第37幅为吴妈被阿Q的“求爱”吓得连叫带哭跑了出去。第38幅表现阿Q一个人跪在空板凳边，头朝天发愣。此时画面上大半部是一片空白，灶台和炊具等厨房背景都没有了，从而给读者留下了无穷的回味。这一处理，既避免了场景的重复，又用一片空白暗喻了阿Q一场空的恋爱悲剧。又如54幅，当阿Q去静修庵“求食”时，画面上无人，只见一条通向静修庵的长长而又曲折的石板桥，桥的左边水田新秧、飞燕成双，右边又以弧形虚线和大片空白，以示水涡与河流。这一典型环境，让读者展开了想象的翅膀，深感被压榨得身无分文的阿Q无奈地要到静修庵去偷萝卜，但摆在他面前的“求食”之道又是多么的“辽远”！欣赏这幅虚实之画，读者心里不免地产生对阿Q的可厌之感，同时又会涌上一股怜悯之情。程十发别具匠心、创造地运用象征写意的画法，使鲁迅笔下的阿Q形象跃然纸上，成为生活中一个活生生的典型人物。

程十发在绘画中很注重发挥强烈的色彩效果。但在《阿Q正传一零八图》中，他却以浅淡的水墨色彩为主。在绘画着色的技法上，他善于创造，利用颜色在宣纸上的变化，使画达到一种变化莫测的特殊效果。《阿Q正传一零八图》另有一大特色，即作者在这部作品的每幅画面上，或在人物身上，或在背景的某个地方，恰到好处地绘上一抹淡淡的赭色。这一处理产生了特殊的艺术效果。既丰富画面层次、增加了色彩，又突出人物主体、产生了立体感觉；同时烘托出当时灰暗而凝重的社会气氛，也使读者提高鉴赏兴趣，减少了沉闷之感。

程十发《阿Q正传一零八图》的珍贵画稿，在“文革”前由黑龙江省博物馆收藏。十年浩劫中，因博物馆同志妥善保存，它们“没有被毁灭”。曾在“文革”中遭受严重迫害的程十发为此百感交集，万分激动，于1981年3月书写了《画后小记》。他在文章中简叙了《阿Q正传一零八图》的创作情况，对自己的思想作了深刻的解剖，说：“自从经历了这不平常的20年，我觉得阿Q与我并不太远”。“文革”以后，程十发曾想再画一遍《阿Q正传》。他相信自己可以画得更深刻一些，“希望把我心灵里的创伤早日根治掉，加紧步伐，走在时代的前列”（见程十发：《画后小记》）。后来程十发虽没有再画阿Q，但1981年与爱子程多多合作创作出版鲁迅小说《伤逝》连环画以及独自编绘出版了《胆剑篇》等其他许多作品，为宣传鲁迅，为繁荣社会主义文艺事业作出了新的贡献，实现了“走在时代的前列”的愿望。

程十发《阿Q正传一零八图》70年代在香港曾有翻印本出版。1983年上海人民美术出版社又予再版。1999年9月，为纪念鲁迅诞生118周年、祝贺上海鲁迅纪念馆新馆落成，上海鲁迅纪念馆与上海大可堂文化有限公司合作重编了《阿Q正传一零八图》。程十发先生慨然授予版权，黑龙江省博物馆又提供了原稿。重编本还收入程十发《画后小记》手迹和著名版画家、连环画家顾炳鑫的专稿《重读〈阿Q正传一零八图〉》。此书由海口市南海出版公司出版，胶版印刷，16开线装本，印刷得非常精美，具有纪念与收藏价值。1999年10月，上海社会科学院出版社也重编了作为“松江文献系列丛书·绘画专辑”之一的程十发《阿Q正传一零八图》。著名书画、篆刻家韩天衡作重版小序，中国书法家协会代主席沈鹏题签。此书系

32 开本，用双胶纸印刷，护套精装，熔艺术性、史料性、可看性于一体，可供广大读者欣赏与参考。90 年代后期，《阿 Q 正传一零八图》得以重编出版，充分证明了程十发连环画作品经久不衰的艺术魅力，使广大读者重饱眼福，再次受到鲁迅深刻思想的启迪和程十发精妙画作的感染，有助于读者走近鲁迅，获得一种美的享受。

赵延年　木刻连环画《阿 Q 正传》

80 年代初，在纪念鲁迅诞辰 100 周年前夕，著名版画家赵延年先生精心创作了黑白木刻连环画《阿 Q 正传》。这是一本优秀精彩的木刻连环画，在所有鲁迅小说插图、连环画中也是一部构图精巧、造型逼真、刀法娴熟的成功作品。

赵延年是抗战初期在鲁迅新兴木刻思想与理论的教育与影响下成长起来的老一辈版画艺术家。60 余年来，他刻苦钻研鲁迅著作、勤奋实践鲁迅的教导，在黑白木刻艺术创作中成果丰硕、成绩斐然。在 50 与 60 年代，他先后创作的有关鲁迅题材的黑白木刻画《抗议》和《鲁迅像》，已成为我国版画艺术中脍炙人口的传世之作。“文革”中他曾遭受迫害，被关进了“牛棚”，但同时使他对鲁迅思想有了更深刻的领悟，开始了一系列鲁迅小说插图、连环画的构思与创作。其中《阿 Q 正传》木刻连环画，就是他投入心力最多的一本。

赵延年在谈及关于创作《阿 Q 正传》连环画的体会时曾说道：“1968 年我在‘牛棚’中读到鲁迅先生创作《阿 Q 正传》成因的文章，文中说，中国不革命则已，再有革命，就会有阿 Q 式的革命党，哪怕是二三十年以后（大意）。读到这一名言，深感鲁迅先生对我国国民性中的阿 Q 精神，认识深刻之极，因为‘文革’中的种种，正反映出这种‘阿 Q’式革命党的所谓造反。因此我想若有一天我还能拿起刻刀，我就要用形象来体现鲁迅先生笔下的阿 Q 形象。”

1972 年赵延年开始恢复上课，并着手进行创作《阿 Q 正传》插图的酝酿准备，当时他并没有想到要刻这么多幅。1978 年他正式动笔，在构出一部分草图以后，便到绍兴柯岩农村深入生活。在近半个月的时间里，他画了许多人物形象、风景与道具等速写。后来，上海人民美术出版社获悉赵延年在画阿 Q，就约请他创作一本《阿 Q 正传》木刻连环画，作为一整套鲁迅小说连环画出版计划中的一种。1980 年 8 月，上海美术出版社出版了赵延年绘刻的黑白木刻连环画《阿 Q 正传》。

每幅原作尺寸，除阿Q头像为13厘米×19.7厘米之外，其他均为17厘米×24厘米。编印出版时，每幅尺寸相应作了缩小。这本连环画共收入作品58幅，按小说原文节录分幅，左页为鲁迅小说节录文字，右页系有关图画。所录文字在目前《阿Q正传》插图与连环画中是最多的。鲁迅研究专家吴中杰先生作了类似跋文的《阿Q正传》简介。1981年，赵延年《阿Q正传》连环画荣获第二届全国连环画创作二等奖，获得浙江省1980年文学艺术作品奖。

鲁迅先生在论述木刻创作时曾说，“万不要忘记它是艺术”，“中国自然最需要刻人物或故事”（见1935年6月16日鲁迅致李桦信）。连环画，作为一门艺术，更离不开人物形象的描绘和刻画。要达到生动感人的艺术效果，就要塑造出典型人物形象。赵延年木刻连环画《阿Q正传》成功之处，就在于注重人物形象的刻画，塑造了阿Q这一艺术典型。赵延年擅长人物刻画的艺术特点，在这本连环画中得到了完美的体现。连环画中每一幅画面，基本都以阿Q的活动为中心作巧妙构图，通过人物面部神态及其各种动作，将阿Q、赵太爷、假洋鬼子等人物绘制得活灵活现，展现了未庄各类人物之间的关系与矛盾。尤其是阿Q形象，塑造得形神逼真。在整部连环画中，画面上只刻画他一个人的，就占15幅之多，而且大都是特写或近景。这十余幅独立画面均按故事情节发展，细致画出了阿Q喜怒哀乐的神态和他精神胜利法的特征。阿Q不同表情的肖像给读者留下了难忘的深刻印象。

赵延年绘刻的众多阿Q肖像中，最成功、最具代表性的，应是第一幅阿Q头像。由于鲁迅作品的深刻，阿Q形象极其难画。鲁迅笔下的阿Q是一个落后的不觉悟的农民典型。他既有鲁迅所指出的“农民的质朴、愚蠢”，又有“沾了些游手好闲之徒的狡猾”。因此，画家既不能把阿Q绘成流氓，又不能给人有“滑稽”之感；既要描绘阿Q贫穷落后的处境，又要揭示其自轻自贱和妄自尊大之间的“精神胜利法”特征。赵延年于1979年完成这幅阿Q头像的创作。为了塑造阿Q形象，赵延年在绍兴收集了不少素材。据说，他创作的阿Q是以一位质朴、憨厚的绍兴农民形象为主要模特儿，尔后又加以狡猾之徒的神情特点提炼而成。赵延年《阿Q正传》连环画中首幅阿Q头像，经鲁迅研究专家李允经先生概括描述，具体为：“画面上阿Q那眼神，呆滞中略露狡黠，愚蠢中略显狡诈，鼻腔中堵塞着失败的辛酸，微翘的下唇却示人以精神胜利的丑态。分明是失败后的走避，但却默念着‘儿子打老子’的口头禅反顾对手，虚张声势。至于那额上的癞疮疤，则是他永恒失败的光荣标志”（见李允经：《现代版画史》）。赵延年塑造的这幅阿Q头像，作为

《阿Q正传》插图、连环画中的精品，如同鲁迅小说一样，集中解剖和鞭笞了中国国民性弱点，形象而又鲜明地体现了原著所揭示的深刻主题。

鲁迅先生倡导中国新兴木刻，要求木刻应“以黑白为正宗”，在刻作技巧上“捏刀向木，直刻下去”，“放刀直干”。赵延年遵循鲁迅这一木刻理论，运用“放刀直干”，平刀铲刻等手法，创作了许多黑白木刻作品，体现出木刻艺术最典型的风格。他绘刻的黑白木刻连环画《阿Q正传》不以花哨的外表炫人，刚健质朴，显示了深湛的功力。在这部连环画中，58幅作品均黑白对比强烈，运刀大胆简洁，线条刚劲有力，富有刀、木风味。对主人翁阿Q形象，作者采用大平刀，以粗犷的刀触，把他的形态与神态雕刻得黑白色交相映衬，呈现了一种呼之即出的立体感。而对赵太爷、假洋鬼子等反面人物，则用大块黑色面。例如第17幅，假洋鬼子举起“哭丧棒”要打阿Q的全身侧面人像，画中全用黑色面处理，以此揭露出封建顽固势力阴狠毒辣的嘴脸。赵延年刻作技巧的出色成就，使木刻连环画《阿Q正传》达到了我国黑白木刻艺术的高超水平，成为鲁迅小说插图、连环画中的一部上乘之作。

赵延年木刻连环画《阿Q正传》出版后，作者对其中一部分作品不甚满意，陆续修改重刻了11幅，并增刻了两幅，一幅为赵家遭抢后小D逃走，另一幅为阿Q抓到机关枪旁，遂成60图。这套黑白木刻连环画问世后，在海内外产生了很大的影响。《人民日报》海外版曾连载了好几天，全国一些报刊也发表很多单幅。1991年8月浙江美术学院出版社出版的《赵延年画集》，又选刊了他创作的13幅《阿Q正传》插图。2002年4月，人民文学出版社编选出版了《赵延年木刻插图本阿Q正传》，收入作品40幅。赵延年《阿Q正传》的全套原拓作品，现已分别由中国美术馆、浙江博物馆、香港汉雅轩、大英博物馆、英国木版基金会和韩国木版文化研究所收藏，北京鲁迅博物馆、上海鲁迅纪念馆、上海美术馆、神州版画博物馆也陆续收藏了这部连环画的部分原拓。

裘沙、王伟君《阿Q正传二百图》

1981年7月，为纪念鲁迅诞辰100周年，人民美术出版社出版了连环画《阿Q正传二百图》。作者是中央工艺美术学院教师、著名画家裘沙先生及其夫人王伟君女士。此书24开本，收图204幅（连封面阿Q像），每幅简要摘录原著文字为说明，萧军作了后记。同年9月15日至29日，中央美术学院陈列馆举办的裘沙、王伟君“鲁迅文学作品插图展览”，又集中展出了《阿Q正传二百图》的原作。这些原作全部为素描，大部分用木炭绘成，少量合用了木炭与油画棒，尺寸基本为39厘米 ×27厘米左右，给整个展览增添了亮色。

连环画《阿Q正传二百图》，是作者学习研究鲁迅作品、宣传弘扬鲁迅精神的可贵实践，是他们给鲁迅100周年纪念活动的一份献礼。作者在《阿Q正传二百图》中，以对鲁迅作品的深刻理解、独特新颖的艺术风格、超长耐看的连续篇幅，别开生面地绘出了阿Q的典型形象，真实而准确地反映了鲁迅所揭示“国民魂灵”的主题思想。

裘沙出生于浙江嵊县，属绍兴地区，与鲁迅可称为同乡。他在家乡读中学时就爱看鲁迅作品，离家走上编辑设计、绘画创作道路之后，处处从鲁迅那儿吸取精神养料，关注着中国的人生。“十年浩劫”，他虽然身处逆境，但矢志不渝，自70年代初起又从事宣传鲁迅的绘画创作活动。这期间他得到了周建人、茅盾、冯雪峰、萧军、江丰、曹靖华、唐弢、王朝闻、马彦祥、钟惦棐等文艺界老前辈的指教与帮助。在“文革”中，裘沙夫妇目睹与体察了众多的“阿Q相”和社会阴暗面，深感“阿Q相”给中国带来无穷的灾难。为了希望引起更多的人对“阿Q相”的警觉和疗治，他们从鲁迅杰作《阿Q正传》中得到启迪和力量，于1974年开始着手构画草图。经过6年的酝酿、探索，直至1980年2月初，应出版社之约，才一气呵成。整整花了70个日日夜夜，终于在4月中旬正式画出正稿，完成了《阿Q正传二百图》这部力作的创作任务。

任何作品的创作成功，有其多种原因。《阿Q正传二百图》的成功，主要取决于作者对鲁迅原著的深刻理解。自《阿Q正传》问世几十年来，对阿Q的评述众说纷纭，莫衷一是。裘沙通过钻研鲁迅原作和鲁迅本人的有关论述，认为：“鲁迅是站在摸索国人魂灵的高度来塑造阿Q的，是站在揭示中国人生的高度来写《阿Q正传》的”。他还认为：“《阿Q正传》不是单纯的悲剧，更不是单纯的喜剧，它虽然撕破了国人魂灵中无价值的东西，但正是这些无价值的东西毁灭了我们民族的魂灵，甚至今天仍然要继续毁灭着。”（见裘沙：《〈阿Q正传二百图〉创作追记》）因此，作者以沉重的心情，把自己的思想情绪倾注到阿Q身上，塑造了一个严肃的阿Q形象，勾画了一篇含泪的发人深省的故事。

鲁迅指出：阿Q“样子平平常常，有农民式的质朴、愚蠢，但也很沾了些游手之徒的狡猾”。阿Q“不过没有流氓样，也不像瘪三样”（见鲁迅：《寄〈戏〉周刊编者信》)。裘沙夫妇在基本保留原著结构的基础上，忠实地按照鲁迅对阿Q形象的论述，在“样子平平常常”方面着力塑造阿Q的形象。例如反映阿Q“有农民式的质朴、愚蠢”，作者就依据原著所提供的内容，在连环画一开头，就用了“阿Q没有家”、“住在未庄的土谷祠”、“做短工”、“割麦”、“舂米”、“撑船”、“阿Q真能做”等近十幅连续画面，表现了阿Q是一个生活上贫困、经济上受剥削的质朴劳动者。同时在“住在未庄的土谷祠”一幅内，又画阿Q在土地庙前撒尿的情景，从而点出了阿Q玩世不恭、愚昧落后的特点。为了避免流氓样，作者在第60至62幅和第65幅中，降低被阿Q欺侮的小尼姑的年龄，而且用老鹰捉小鸡的姿态，把阿Q对弱小者报复、发泄怨气的卑劣的魂灵、“游手之徒的狡猾”，清晰地揭示了出来。第67幅，在描写阿Q回到土谷祠后想到“应有一个女人”时，作者在背景上特意画一个抱着小孩、准备喂奶的裸妇，刻画出将至“而立”之年的阿Q需要平常人一样的性要求。裘沙夫妇笔下的阿Q样子越是平常、质朴，便越有普遍性，越能引起读者的共鸣和反省。作者通过描绘这种普遍的人性，将丑恶的东西揭露了出来，在质朴之中把愚蠢的一面昭示于众。

《阿Q正传二百图》成功之处还表现于，作者用大量的绍兴地区的风土人情习俗，把画面充实丰富起来，使这部连环画具有浓郁的乡土气息。例如：未庄街景、弯曲小河、小酒店、石拱桥、河埠头、乌篷船、赌摊、喧闹的露天社戏、村外的尼姑庵、古色古香的赵府深宅、中西合璧的钱府屋宇等等，组成了一幅江南村镇、水乡的风俗画卷，增添了画面的生动性和形象性，使这部连环画充满了地方色彩和生活情趣。画面上能够绘声绘色、充溢乡土气息，这和作者有着深厚的生活基础所分不开。裘沙对绍兴地区农村生活很熟悉；王伟君生于杭州，对江南农村也有较丰富的感性认识。解放后他俩曾多次到绍兴采访。70年代，为绘制《阿Q正传二百图》等鲁迅小说组画，又先后5次到绍兴收集人物与环境的素材，画出大量速写，打下了扎实的创作基础。

根据文艺作品内容与形式相统一的原则，裘沙夫妇在《阿Q正传二百图》的绘画技巧上，主要运用了写实主义的手法。为更好地描绘人物的表情和心理活动，使用了富有表现力的木炭素描。裘沙的素描受到法国近代画家杜米埃和德国现代画家凯绥·珂勒惠支的很深影响。在创作《阿Q正传二百图》过程中，裘沙更喜欢法国进步画家杜米埃，倾心于他那种异常生动、无拘无束的自由描写和郁勃阴沉的绘画风格。例如第43幅，作者用了夸张的自由手法，描绘了赵太爷凶狠地打阿Q嘴巴时伸出的大手，使人为之愤怒而惊觉。连环画中许多画面气氛抑郁而悲怆，阿Q遭受赵、钱两家欺凌后虽有精神胜利法自慰，但脸上仍布满着郁闷。例如第166幅、167幅，描绘了阿Q在假洋鬼子不准他革命后的极端懊丧消沉的心情。阿Q瘦骨伶仃，头上盘着的辫子像停着一只大蜻蜓。这时他背向、低头、垂手，在河边慢慢行走，活现出一副无倚无靠的可怜相。连环画结尾一幅，阴云密布、狂风怒吼，一条饿狗，正在舐噬着被毙者阿Q的血污。这是一幅多么阴沉、悲哀的画面！令人回味思索着阿Q的悲惨命运，认真思考着鲁迅小说所深刻揭示的历史教训。

《阿Q正传二百图》出版和展出以后，深受文化界专家、学者和广大群众的欢迎。此画作出版后，北京王府井大街新华书店两三天就销售完了。丁玲、萧军、戈宝权等文化界知名人士，赴日本和美国参加纪念鲁迅一百周年活动时，均将它作为礼品带去。著名出版家楼适夷一下子买了10本分赠友人，还给尚不相识的裘沙写了一封热情洋溢的信。裘沙夫妇的《阿Q正传二百图》及其他鲁迅作品插图在北京展出后，《美术》杂志编辑部特为此召开座谈会，华君武、江丰、王朝闻、钟惦棐、古元、艾青、萧军、戈宝权等文化界人士都作了发言（或书面发言），表示祝贺和赞扬，说这一专题展览“可称创举”。此画展于 1981至1983年，先后在乌鲁木齐、绍兴等八个城市展出，反响强烈。绍兴的观众说“阿Q归来哉！”“裘沙、王伟君笔下的阿Q，没有噱头，却把我们的心都揪住了，使我们久久难忘。”1987年11月，四川美术出版社出版了《裘沙画集》，选入《阿Q正传》插图 36幅。1996年，广东教育出版社与河北教育出版社联合出版了8开特精装本裘沙、王伟君《鲁迅之世界全集》三卷，将《阿Q正传二百图》全部编入第三卷“鲁迅小说及其他之图”中。

《阿Q正传二百图》在国外也产生了很大的影响。1986年8至9月，为纪念鲁迅逝世50周年，日本朝日新闻社和河北新报社、仙台博物馆分别在日本东京、仙台两地举办了裘沙、王伟君“鲁迅之世界”画展。1986年8月，为配合这一画展，日本岩波书店印刷出版了精美的《裘沙画集·鲁迅之世界》画册，其中选入《阿Q正传》插图49幅，每幅均配有从鲁迅原著中摘录的中、日文说明。中国著名文艺评论家钟惦棐和日本著名作家野间宏分别为此画册作序。1985年12月31日楼适夷致裘沙的信选入画册，并编为首篇序文。裘沙、王伟君作了后记。“鲁迅之世界”在东京展出期间，反应十分强烈。岩波书店多年积存的鲁迅著作被抢购一空。

在东京大书店里，《鲁迅之世界》画册和欧洲艺术大师画册摆在一起销售，以示以鲁迅为代表的中国新文化已迈向世界。1986年10月，日本岩波书店又出版了16开本图文并茂的特精装《鲁迅·阿Q正传》，将鲁迅原著与裘沙夫妇206幅插图全部编在一起。《阿Q正传》原著文字与注释由日本著名鲁迅研究专家竹内好翻译，另一位研究鲁迅的日本著名学者竹内实作了《解题》一文。日本文化界友好人士井上靖、野间宏、竹内实、针生一郎等对裘沙、王伟君的作品都作了热情的评价。野间宏说：“裘沙和王伟君先生……对原作品中人物作了深刻的研究，锲而不舍，经过多次反复，终于在这里用他们的研究结晶为我们绘出了一幅真正的《阿Q正传》图，描绘出一个真正的阿Q，一个鲁迅的真正阿Q。”（见野间宏：《裘沙画集·鲁迅之世界》序）

欧美国家也十分注重裘沙夫妇的《阿Q正传二百图》。翻译了鲁迅全部小说的意大利季里梅女士，最早见到并称赞了裘沙笔下的阿Q形象，可惜她后来离开了人世。1990年，法国鲁迅研究专家、巴黎第八大学教授米歇尔·鲁阿夫人翻译的法文插图本《阿Q正传》在法国出版。她认为裘沙画出了真正鲁迅的阿Q，因而在该书中选用了《阿Q正传二百图》中22幅作品为它的插图和封面。鲁阿夫人还为1996年中国出版的《鲁迅之世界全集》作了序，精辟地指出：“两位画家的艺术创造之所以具有神奇的艺术魅力”，关键在于“传达鲁迅思想的准确性”。研究中国现代文学的美国学者葛浩文先生在80年代曾到北京拜访了裘沙夫妇，很有感触地说：“看了几十年的文学作品的我，居然由裘沙的插图而能更深入认识鲁迅的作品，得到更深刻的了解和启示”。在美国，由于裘沙创造性地绘制了鲁迅作品的插图，他被选入美国传记研究中心的《世界5000名人录》。裘沙夫妇创作《阿Q正传二百图》的成功，为中国文学作品的插图、连环画走向世界，立足世界艺术之林，作出了重要的贡献。

鲁迅生前十分关心和重视书籍的插图与连环画创作，积极提倡和指导青年画家努力从事这门艺术，并批驳了抹杀连环画创作的种种谬论，维护了连环画的生机和大众化。他在《“连环图画”辩护》、《连环图画琐谈》、《关于连环图画》等文章中精辟地论述了连环画的作用与意义，指出连环画在古今中外“不但可以成为艺术，并且已经坐在‘艺术之宫’的里面”（见鲁迅：《“连环图画”辩护》）。又说：“连环图画可以产生密开朗该罗、达文希那样伟大的画手。”（见鲁迅：《论“第三种人”》）自第一部《阿Q正传》连环画诞生至今，近半个世纪以来，我国几代画家，又先后绘制出多部风格迥异的《阿Q正传》连环画精品佳作，奉献给广大读者。这些作品在海内外屡获殊荣，“画手”们都已成为海内外公认的艺术大师、绘画名家，鲁迅的科学预见在今天完全实现了！让我们在新的世纪中，更加深入学习和发扬鲁迅的精神，继承中外优秀文化传统，创新拓展艺术表现手法，为社会主义精神文明建设，为满足广大人民群众的文化生活需要，创作出更多、更优秀的文艺作品插图和连环画。

2001年4月25日完稿

（原载《上海鲁迅研究》2001年第12期、2002年第13期）

鲁迅像

“大众化”实践与《阿 Q 正传》

——《阿Q正传》插图研究

郑 蕾

在中国现代文学语境中，“大众化”问题一方面与现代民族—国家的建立，与以农工大众为历史主体的革命运动紧密联系，另一方面则与平民化、等值化的现代市民社会相连接，根植于城市／市民文化的土壤而提出了“平民化”、“社会性”的诉求。中国新文学在萌芽与发展的过程当中一直自觉为这两个路向所主导，二者共同反对的，是封建宗法社会的文化价值观与旧文学传统。文学插图自古已有，直至 20 世纪 30 年代对插图形式的热烈讨论，方以其可普及性、社会性而肯定了漫画、版画、连环画等艺术形式作为重要的革命宣传手段的价值。鲁迅的《阿 Q 正传》自诞生伊始至今的近一个世纪间，便因其对“国民劣根性”、“中国民族性”的深刻揭露与其寓言式的文本书写而广为流传，各种版本的《阿 Q 正传》与插图亦层出不穷。这些插图中有单幅造像，更多的则是多幅连续；就画种而言，国画、版画、钢笔画、素描等等不一而足，形成了极为丰富的“阿 Q 群像”。在两种大众化交织纠缠的背景下，这些插图如何表现“姓名模糊”、“籍贯不详”，甚至连“行状也渺茫”的阿 Q 形象，又与原文（或改编之文本）如何发生关联都成为追踪现代文学与美术微妙复杂关系的重要线索。

一、夸张、幽默与讽刺：消失了的漫画“阿 Q”

中国的漫画发端于报刊上发表的带有政治或社会寓意的画，曾经用过“讽刺画”、“滑稽画”、“笑画”、“寓意画”之类名称[1]，以诙谐、讽刺为题材特色，夸张、幽默为表现方式，在 20 世纪 30 年代尤其盛行。《阿 Q 正传》的漫画版本也多集中

1 参见据叶浅予：《读〈中国漫画史话〉有感（代序）》，《中国漫画史话》，百花文艺出版社 2005 年版，第 1 页。

出现在那个时代。然而当人民政权建立以后，讽刺的主体转向“内部”，夸张与变形乃至带有早期现代派风格的表现方式也与农工大众的审美趣味大相径庭，原就不合于中国文化习惯的纯粹幽默也与时代基调相去甚远，漫画创作相对地进入一个沉寂期。尤其是如《阿Q正传》这样的经典作品，阿Q这一背负着深沉悲哀的农民形象在新的历史时期其意义变得暧昧不明，漫画无论从何种角度都难以寻找一个合适的创作视角或空间，因而无甚佳作。目前笔者找到的重要版本有叶浅予1937年版[1]、丰子恺1939年版[2]、丁聪1946年版[3]及郭士奇1946年版[4]，全部都是解放前的创作。

夸张变形是漫画创作时的基本手法，叶浅予版的阿Q就充分贯彻了这一点。所存的两幅表现的是阿Q赌博赢钱与阿Q和小D对打这两个场景，画面都极尽简化，省去其他背景：前图仅一张桌，同赌四人而已；后图则仅阿Q和小D两人。前图中，阿Q一只脚踏在桌子上，两手撑住桌子，一条辫子飞了起来，投入与得意之情跃然纸上。同时阿Q的面部扭曲，眼睛微眯，龇牙咧嘴，尤显赌徒的沉迷，而其余三人，一人被遮住半张脸；一人跷着二郎腿皱着脸孔，似在思忖什么诡计；与阿Q对面者则拉长了脸，浓眉厚唇浓须，一看即知绝非善类，正是凶狠的庄家。该图正是以阿Q投入的丑样与其他设局者的凶险诡计两相比照，而形成强烈的讽刺效果，使人对阿Q的“痴赌”感到又好气、又好笑。后一图的阿Q却分明显出几分瘦弱与可怜来，不仅身上只剩下一件薄布背心，虽较小D高大却瘦得皮包骨头，就连眼神也向下垂挂，显得有气无力。对比叶浅予的《王先生与小陈》即知，他最善于刻画的正是这种几分可气、几分可笑的人物，而在阿Q身上，这种可气又可笑式的讽刺，恰与鲁迅先生所说的“哀其不幸、怒其不争”有某种相合之处，而超越于单纯的讽刺了。

丰子恺的《阿Q正传》体现了丰子恺漫画一贯的沉静、幽默，画面风情美，富于小品式的场景感与装饰感。丰子恺的阿Q，头顶寥寥数笔，现其有“癞疮疤”之乱发，嘴唇较厚，几乎总是有点皱眉的窘迫表情。丰子恺的阿Q插图如他的其

1 该刊本流传不广，少为人知，仅有姜德明《插图拾翠——中国现代文学插图选》（三联书店2000年版，第47页）中可见两帧。

2 丰子恺：《漫画阿Q正传》，北京开明书店1939年初版。

3 丁聪：《阿Q正传插画》，上海出版公司1946年初版。

4 郭士奇：《阿Q画传》，青岛爱光社1946年版。按：笔者未能找到原版，图见《阿Q七十年》，北京十月文艺出版社1993年版。

他漫画一样，善于用自然做背景，或树或草，或猫或虫，营造出一种有别于其他插图的意趣来。这里面，因为笔法的简单和拙朴，不单阿Q添了几分使人发笑的憨气，就连赵太爷、假洋鬼子等人，也并不显得奸恶。每一幅图都提炼了一句原文，或一个场景（如“一刹时中很寂然”，“仿佛背上又着了一下似的”）的描述，或原文中的对白、阿Q心内的念想（如“记着吧，妈妈的……”“妈妈的，记着吧……”“这些东西忽然都学起小姐模样来了……”）。构图、人物的动作、神情与意境即从这句原文中而来。这些场景与对白的选取，几乎都紧紧围绕阿Q，且专挑选富于戏剧张力的场面与瞬间，使得每幅图几乎都可单独成画，而独具意味。比如阿Q摸了小尼姑的当晚，选了“他觉得自己的大拇指和第二指有点古怪”一句，图画阿Q躺在床上望着自己的手指，窗外的远山上，一弯新月下却是两只似狗似猫的小东西在对望，使阿Q那朦胧的情感多了一份天然的妙趣，少了一点猥亵和下流。这样的设计与构图，几乎可说在所有的《阿Q正传》插图中都是独一无二的。丰子恺的这个版本具有一种独特的淡淡的幽默感，寄予了画者深沉的同情与悲哀，使人在莞尔的同时又感觉到一种悲凉。那是一种超越于“国民性”之外的人生体悟，当与丰子恺思想中的佛理意趣有关。

丁聪的《阿Q正传》插图（版画版）是《阿Q正传》插图中最广为人知的一个版本，作于1943年，最初发表于成都《华西晚报》副刊，由胥叔平刻在木板上付印，后集合而在国内外出过多种单行本，20世纪末浙江文艺出版社还进行了再版。1977年丁聪再作《鲁迅小说插图》[1]，其中《阿Q正传》部分在原来的版本基础上改水墨画，并重作了“阿Q画圈”这一幅。这两个版本的《阿Q正传》插图，同为丁聪所作，其情节与文字的选取、构图都基本相同，唯一差别则在前者为版画，而后者则为水墨画，但二者的视觉效果差异颇大，这就使它们的对比变得十分有趣。首先，版画版使用的是最原始的直线刻刀，且每幅图的背景几乎都为密密的竖线排满，“给人的感觉是阴森而沉重的”[2]；而水墨版线条柔和，光线也明亮得多。其次，版画版的人物抽象，采用漫画的表现方式：形象夸张、线条简洁、构图明快，阿Q或其他人物的面目相对模糊，但因此姿态、行为与心理表现反而被凸显；水墨版的人物较前更具体，细微的表情和动作就被落到实处。版画版除了近处的指

1 丁聪：《鲁迅小说插图》，人民美术出版社1978年版。

2 茅盾：《读丁聪的〈阿Q正传故事画〉》，原载1946年上海出版公司出版《〈阿Q正传〉插画》，《阿Q七十年》，北京十月文艺出版社1993年版，第652页。

点阿Q画圈的役从大片空白长衫与远处判官一片实墨黑衣外，整幅图基本由均匀的直线布满，加重了那种阴暗荒唐的气氛。判官是传统的威严模样，站在一侧的卫兵则几乎化为符号式的人物。水墨画版则将整个场景具体化，判桌、地板乃至堂柱，都精心描摹，卫兵的面部与表情也各不相同，最大分别的是指点阿Q画圈的役从，皱着眉头苦着脸，伛偻的姿态及表情都透露出一种淡淡的同情与愁苦相。丁聪称前者之所以采用版画形式是因为大后方物质条件太过贫乏，然而胥叔平精湛的技艺不但将丁聪画中的幽默、鲜明的人物形象准确地表现了出来，更因其流畅平稳的刀工与版画明暗分明的特质而在重现具体情节之外，夸张地营造出那种悲哀而沉重的气氛以及面目模糊但性格鲜活的人物群像。二者相较之下，前者更抽象，也更富想象空间；后者更具体形象，可能更易为普通大众接受，但在那种具体化的过程中，也同时失去了《阿Q正传》最具魅力的可延伸的空间。

二、探索民族形式：版画阿Q

如果说丁聪1943年版的《阿Q正传》还可以算是传统的复制版画[1]，可能存在画家与刻工之间的微小分歧或误差，那么由鲁迅亲自倡导的新兴版画运动正是在物资极度匮乏的条件下可以更迅速、直接地表现出画家的构思与意图的创作版画。鲁迅一开始倡导新兴版画运动（即新兴木刻运动）时，从介绍外国创作版画入手，尽管也强调应该“更注意于中国旧书上的绣像和画本，以及新的单张的花纸”[2]，但中国版画运动一开始还是不可避免地出现了“欧化”的倾向。

陈铁耕和刘岘创作的《阿Q正传》插图，是《阿Q正传》插图较早的两种版本，并且都是直接在鲁迅的指导与肯定下创作的新兴版画。陈铁耕作于1934年，刘岘作于1935年。陈铁耕的插图经鲁迅推荐而发表于《戏》周刊[3]，而刘岘作品则得鲁迅复信加以评点。二人的作品都明显受了西方木刻的影响，大量运用阴刻法，试图以阴影、明暗来表现，但人物面目不单模糊，且与中国人形象出入较大；刀法也比较单调、稚嫩。其中陈铁耕的构图与场景设置明显受到当时俄国、德国一些反映工人起义的版画影响，重人物的肢体与群像气势，与《阿Q正传》小说的

1 复制版画：即画家作画稿，再由刻工刻板，印工印刷，画、刻、印三者分工而作。

2《南腔北调集·“连环图画”辩护》，《鲁迅全集》第4卷，人民文学出版社1981年版，第448页。

3 参见高信：《陈铁耕的〈阿Q正传〉插图》，《鲁迅研究月刊》1997年第11期。

意味相去甚远。刘岘的构图相对清晰，并尝试用纤细的阴刻线条勾勒形象，可能是开始尝试结合中国传统的手法，但欧化的倾向依然十分明显。他抱着“把文字译作图画，使不识字的人也可以知道这阿Q是怎么的一个”[1]的野心，但这一点恐怕是与画者意图相去甚远的。鲁迅亦评价刘岘的阿Q“在我的心目中流氓气还要少一点，在我们那里有这么凶相的人物，就可以吃闲饭，不必给人家做工了”[2]。然而，不可小觑的是，二者的作品中都体现出一种大胆的、不拘泥于小说具体地点、情节之细节而取人物“行径”或性格的抽象化趋势。后来的丁聪版画版在这一点上可说亦有相似之处，唯形象更具典型性，而构图与刀法亦臻圆熟。

尽管鲁迅“在风格取向上表现出并不狭隘的胸怀，但是他倡导创作版画的功利目的是单纯而明确的，即关注人生，改造社会”[3]，这种单纯而明确的功利性在后来的“大众化”实践中变得更加明显，当中国版画纠正自身模仿和欧化的倾向时，过分强调甚至迎合“大众”的审美尺度，其负面效果就是在向民族形式转化中泯灭了创作版画的特色。在后来的“大众化”文艺实践中，“如何利用旧形式”、“如何探索真正的民族形式”等艺术问题逐渐被统一归化到“如何利用民族形式适应抗战时期的宣传、发展和对敌斗争的需要”这个政治问题上。尽管到40年代后期，一些版画家开始“中西语汇融合，通过刀法、黑白的精心组织，阴刻阳刻的巧妙结合，及印痕趣味的探索，把创作版画提高到一个新的艺术层面”[4]，但那种抽象的、与大众审美经验相去甚远的大胆艺术尝试逐渐为艺术家们自觉放弃了。1959年顾炳鑫的套色版画《阿Q正传》[5]参加了第一届社会主义造型艺术展，可说得到了极大的肯定。顾版技巧成熟，人物形象丰满，细节处理细腻；但构图与对小说情节诠释几乎完全写实，并且主要以阳刻线条勾勒形象，明暗阴影仅作辅助表现服饰纹理等，就视觉效果而言与通俗连环画近似。

赵延年创作于“文革”后的《阿Q正传》插图堪称《阿Q正传》插图中的又一高峰。他在创作中融入了“文革”期间对阿Q的深刻理解，将阿Q形象与“文革”中所体会到的种种人性面目相结合，同时长期到绍兴农村深入生活，画了大

1 刘岘：《阿Q正传·后记》，未名木刻社1935年6月出版。

2 鲁迅致刘岘信，引自刘岘《阿Q正传·后记》。

3 齐凤阁：《20世纪中国版画的语境转换》，载《超越与裂变：20世纪中国版画论评》，人民美术出版社2006年版，第10、13页。

4 同上。

5 顾炳鑫：《阿Q正传插图》，上海人民美术出版社1959年版。

量农民头像的速写以积累素材[1]，以刻画阿Q的人物灵魂为目的，把握其“形”与“神”。因此赵延年所刻之《阿Q正传》插图，从手法来说结合了中西语汇，阴刻与阳刻、明暗与黑白都有着精心的组合与安排；从构图与设计角度来讲，则是具体细节真实化与情境意境夸张化相结合，作图时不避抽象意象，大胆运用黑白对比，调动木刻版画一切积极因素来表现主旨。如阿Q赢钱一图，阿 Q为阳刻表现，“弯腰伸头的动势，脑门上的自快、圆睁的双眼，伸得笔直的双臂和正在捞钱的双手，使阿Q凸显在画幅中心对比最强处”[2]，而其他赌徒则以阴刻表现，仅作出一个侧脸至多至肩，几乎都圆睁双眼紧盯中心，半张着口，那种紧张、激动、烦躁的气氛跃然纸上，而画面最远处两人眼神诡异，窃窃私语，应当正是后来制造混乱打昏阿Q抢其钱财的人。又如阿Q发家史传遍未庄一图，以滨水沿河的村庄点缀竞相奔走传告的人们，近处一大黑块表现桥，桥下一白为桥洞，中有船缓缓行过。以细腻的刀法印痕表现出绍兴农村的生活气息，既贴合村庄中传闻的形态，精巧的构图设计也表现出风情版画的装饰意味来。此外，值得注意的还有赵延年版的阿Q是经过赵对“文革”的深刻体悟而来，其中阿Q贪婪、疯狂、得意、失落等等表情形态莫不是极尽夸张而入木三分的，联系赵作画的动机与体验，赵版的阿Q更多了一份时代感与现实意义。在赵延年的版本中，民族形式不再依赖欧化手法或屈就工农审美趣味，而建立在对传统与西洋刀法的融会贯通之上，勃发于对于本民族的细腻观察、深刻反省。

三、图释文与文释图：阿Q故事连环画

不论命名为《阿Q正传插画》、《漫画阿Q正传》、《阿Q正传一零八图》[3]或是《阿Q正传二百图》[4]，《阿Q正传》大部分的插图都是以连环画的形式（即图配合文字情节）而出版单行本的。然而在这些连环画中，图与文互相之间是一种怎样的关系：图如何因文而作，或文如何因图而改，都是饶有兴味的问题。

较早的几个版本（丰子恺版、丁聪版和郭士奇版）的《阿Q正传》连环画，

1 参见赵延年：《鲁迅作品图鉴》，人民文学出版社2005年版，第63页。
2 同上书，第71页。
3 程十发：《阿Q正传一零八图》，南海出版公司1999年版。
4 裘沙、王伟君：《阿Q正传二百图》，人民美术出版社1981年版。

文字与图画各占半壁江山，文字量大，图量小，对于整个单行本来说，主导情节线索的，主要还是文字。而解放后的几个版本（沈原野版[1]、程十发版和裘沙、王伟君版）相比较而言，图画的幅数大大增加，文字退居较为次要的位置，亦被改编甚巨而为图服务，且后来的版本图文的形式都更为规范。建国后，随着大众图画出版社（后并入人民美术出版社）、人民美术出版社、华东人民美术出版社（后改为上海人民美术出版社）等官方美术出版机构的成立，一整套的连环画创作规范亦被建立起来。正如大众图画出版社成立时《人民日报》的报道："以编印新的连环图画（亦称小人书）为主要工作的大众图画出版社，已于日前成立。连环图画行销甚广，对于儿童和部分不识字的成人影响甚大。如何以合乎人民利益的新内容，代替现有许多连环图画中含有毒素的旧内容，成为一个严重问题……"[2]连环画被视作教育低文化水平群体的重要文艺手段，因此，除了其主题必须严加选择之外，其通俗易明的性质被大大强调。有趣的是，这种国家性质的大量生产也事实上推进了消费市场的新热潮。一方面大量优秀的画家被吸收进国家的美术出版社从事连环画创作，也确实整体提高了连环画艺术的质量；另一方面以当代文学作品、戏剧、电影或古典文学、戏曲故事和外国文学改编的"新连环画"以其合法性、趣味性与可普及性姿态成为绝对的"畅销书"。[3]

沈原野版的《阿Q正传》可算是《阿Q正传》的诸多版本中比较典型的规范"新连环画"。该版本每一图所配的文字控制在一百字左右，非常均匀，位于图画外右上方，面积约为图四分之一大小。图以钢笔或毛笔作成，近白描风格；构图完整，重场景的描画（如庭院、大堂、村野等）。尤为重要的是，为了使前后情节连贯、节奏均匀，这也是对原文改编最多的一个版本。如关于阿Q的癞疮疤一段，原文有层层递进的逻辑关系，由述说癞疮疤不得犯讳、阿Q的对策到怒目主义反招闲人更多的玩笑，在沈原野版中被简单地改为单纯由于阿Q的癞疮疤而"人们喜欢开他的玩笑"，而后阿Q先估量对手而怒，因吃亏而改怒目而视，但又遭闲人打。故事情节固然看来更加清楚、连贯，但原文中为层层揭示阿 Q"精神胜利法"之实质的心理逻辑就被简单地抹去了。

1 沈原野绘：《阿Q正传》，辽宁画报社1958年版。

2 "大众图画出版社成立"引自《人民日报》1949年12月30日新华社12月29日电。

3 参见姜维朴：《新中国连环画艺术六十年》，收于《新中国连环画六十年》，人民美术出版社2009年版。该书第72页："到1956年，全国一年共出版连环画2200种，印数为1.6亿册，较1951年的1900万册增加了五倍多。从1951年到1956年全国累计共出版连环画一万余种，累计印数2 .6亿册。"

如前文所论，丰子恺版、丁聪版与郭士奇版都是以文释图，或者说，单幅图承载了大量文字所叙述的内容，因此单幅图往往在表现情节发展之外更具有独立的审美意境。如丰子恺版的佛理意趣，丁聪版的阴沉恐怖，都是非常鲜明的个性与特色。前文未能论及的郭士奇版，也同样是采漫画的形式来作画，整部小说分三十图来表现，画中的阿Q总是斜眼歪嘴，带着几分自以为狡黠的得意神气，其他人物的面部表情亦极为丰富，整套插图充满了一种生动感。难怪徐悲鸿要在序言中称该版本“人物生动，结构严正，表情精到……”甚至认为丁聪版“未能过此”，而丰子恺版“以彼恒作推测之，恐亦未能过于此也”[1]。或许正是出于为大众、尤其是知识水平不高甚至不识字的大众阅读和理解的需要，程十发和裘沙、王伟君夫妇尽管也极具个人风格，但都采取了以多幅图来诠释文本的方式。裘、王版在一开头甚至是半句一图，“阿Q没有家”、“住在未庄的土谷祠里”、“也没有固定的职业”等，都单作一图。可能是为了叙述的接受方便，从阿Q的住所、职业等开始，而把“先前比你阔多了”的行状放到“割麦”、“舂米”、“撑船”这些职业后面。其后才基本按照小说的顺序，一小段一小段地分段作图。即连与阿Q本人无关的一些片段，比如革命党进城的消息传来时，赵秀才盘上辫子、赵秀才与假洋鬼子相约去革命、二人到静修庵革命这些情节，都分别入画。裘、王版是以碳素铅笔作画，笔力遒劲，多将背景细节模糊化处理而着重人物的面部表情。程十发的《阿Q正传一零八图》对于图与文的处理与裘、王版大致相当，但程采用国画的方式作画，以写意的线条勾勒人物与风俗，着以红黑二色淡墨，构图精巧，细节处理得尤为细腻，每一图几可视作精美的风情画。此外，值得注意的是，原文中阿Q被枪毙以后关于“影响”和“舆论”的部分，看似与故事情节无关，却正是文本中那个岌岌可危的价值/话语体系崩坏的前兆。可能由于篇幅的关系，只有程十发版和裘、王版分别以两图和三图处理了这个部分。对于举人、赵府和秀才渐渐发生了遗老气味，二人所选择的场景相差无几。关于舆论，程十发版以写实的方法描画水乡桥头，村民围看告示的场景；裘、王版却以极具象征意味的方式，画了一片苍茫中，一只狗似在舔舐血迹。裘、王版独具匠心的设计显然溢出了写实的范畴，无论从宣传普及大众的角度来看，还是从大众通俗文化的角度来看，它都不是一幅讨好的设计。然而，对于诠释文本末段那荒谬逻辑与冷漠看客心理乃至全文戏谑笔调下深沉的悲哀感来说，这却是表达得最到位的一图。

1 徐悲鸿：《〈阿Q画传〉序》，《阿Q画传》，青岛爱光社1946年版。

限于材料的原因，行文至此，已告一段落。然而插图艺术在 90 年代以后的“没落”或者“变异”似乎是显而易见的。在“文革”刚结束的一段时间里，幽默讽刺的漫画一度因符合时代主题而有过短暂的再繁荣，而后也渐渐式微了。早先配合意识形态的大众文艺运动与“宣传”、“启蒙”姿态的文艺逻辑都在为“大众通俗文化”所吞没。如鲁迅的《阿 Q 正传》这样的经典作品能够以何种方式摆脱消费逻辑而再实践其文学价值，也许是我们将要思考的下一个问题。

（原载《鲁迅研究月刊》2010 年第 11 期）

《阿 Q 正传二百图》之一（城里的舆论却不佳，以为枪毙并无杀头这般好看。）

（四）画展史料

裘沙作

鲁迅文学作品插图展览

曹靖华题

向伟大鲁迅致敬

——为裘沙画展所作《前言》

江 丰

裘沙画展展出的近400幅图画，并非供高雅之士赏玩之作。它带给人民群众以生活的信念和力量，它凝聚着作者对生活的严肃思考，它奉献给伟大鲁迅以一颗赤诚之心。正是用这颗赤诚的、颤动的心，挥运画笔，去理解、去揭示生活的底蕴。

作者生于绍兴附近，20岁以前不曾离开故土。他对家乡的生活十分熟悉，他对鲁迅笔下的人物有着浓厚的感情。“十年浩劫”期间，他在林彪、江青反革命集团的迫害下，更深地体会了鲁迅的伟大，从而开始了他对鲁迅著作的学习和持久地用画笔来表现鲁迅的活动。为了更准确地刻画鲁迅形象，他在进行创作的过程中，于1975年完成《鲁迅照片集》的搜集、考证、整理和编辑的工作，受到了好评。为了创作鲁迅小说的插图，他曾五次回到绍兴，深入地体验生活。他对《阿Q正传》和《祝福》等名著，经过反复研究，在理解上另辟蹊径，判异前贤；他笔下的阿Q和祥林嫂别开生面，自具典型。

作者这种熔研究与创作于一炉的特色，发掘了人物形象的精神面貌，突出了造型艺术的个性表现。即此一端，也使我们有理由把它推荐给我们的读者了。

裘沙现在在中央工艺美术学院任教。他曾肄业于中央美术学院华东分院，1951年调到中国青年报社工作，在长达15年之久的时间中，主要为报刊画插图，从而培养了他对文学插图艺术经久不息的爱好。他为鲁迅作文学插图，能取得如此可观的成就，并不是偶然的，这是他多年来不断实践的结果。

今年是纪念伟大鲁迅百岁诞辰之年，我们愿意把裘沙的画展，不单看做是他个人的，而且也是我国美术界的献礼之一。这对裘沙来说，应该是对他这些年辛勤劳作的最大褒扬吧。

（原载《文汇报》1981年10月2日、《新美术》1982年第1期、1983年版《江丰美术论集》）

《鲁迅之世界》画展

野间宏
李雪 译

裘沙笔下的“鲁迅之世界”

为了纪念鲁迅逝世50周年，在东京由朝日新闻社主办、岩波书店协办，中国大使馆、日中文化交流协会、日中友好协会、策划造型中心后援的《鲁迅之世界》绘画展，于8月29日至9月3日在东京朝日画廊举行。之后，画展将由仙台市博物馆、河北新报社主办，以上单位协办及后援的形式，于 9月6日至9月15日在仙台市博物馆进行展览。

在开幕式上，我们迎来了首次访日的《鲁迅之世界》的画家裘沙、王伟君夫妇。无论是在东京朝日画廊，还是在仙台市博物馆的庄严的画展上，参观者们都在庄严肃穆之中向与日本素有渊源、拥有众多的日本读者、令人尊敬的鲁迅先生献上由衷的敬意。

裘沙、王伟君和藤山纯一在东京画展开幕式上

这次纪念画展，可以说是纪念鲁迅先生逝世50周年最为适宜的画展。开幕式之后，参观者源源不断地涌入会场，饶有兴致地观看鲁迅作品绘画。无论是对鲁迅作品有所研究的人们还是对鲁迅作品完全陌生的年轻人，都感觉到一种要重新研读原作的强烈的冲动，因为我看到站在画作前面的每

个人都久久不愿离去。

8月30日，我与裘沙、王伟君夫妇有过长时间的谈话。裘沙先生与鲁迅先生同为浙江省嵊县同乡，1930年生。嵊县与绍兴县同属绍兴市，与鲁迅出生地只隔着一座山。"《祝福》里写的那一座深山，我的家就在那座山的北面，常来常往的。"（此次访谈由岩波书店1986年10月的《图书》刊载）裘沙先生对鲁迅作品的兴趣，源于很早就接触了鲁迅著作，加上又是同乡，同为封建家庭出身，因此能够感觉到鲁迅作品中的人物所受到的深刻的封建制度的压迫和孤独感，体会到了埋藏在人们心底的反抗情绪。绘画作品反映出画家对主人公命运的切身体验、对祥林嫂们的深深的同情以及对其身份恰如其分的把握。

《裘沙画册·鲁迅之世界》（岩波书店出版）使这次画展大为增色。在画展现场，我感觉到鲁迅作品正在通过绘画传承下来，切身感觉到绘画所产生出的巨大的无以言表的感染力。鲁迅的宇宙般博大的文学精神通过这次画展，真正地被发扬光大了。"纪念画展"的的确确受到人们由衷地欢迎，感谢主办、协办、后援、策划各方，因为有了他们的大力的支持，这次画展才能够顺利举行并获得成功。

（原载日本《日中文化交流》1986年11月1日）

日本画展简讯

1986年8月29日至9月15日，日本朋友为了隆重纪念鲁迅先生逝世50周年，以中国大使馆、中日友协全国本部和日中文化交流协会为后援，由朝日新闻社、河北新报社和仙台市博物馆分别在东京、仙台两地举办了我国现代画家裘沙、王伟君夫妇创作的《鲁迅之世界》画展。共展出438幅油画、素描和黑白画。岩波书店同时出版了精装本《裘沙画集·鲁迅的世界》和特装本《鲁迅阿Q正传》（206图）。在日本引起了强烈的反响。

中日文化交流协会会长、著名作家井上靖说："中国画家裘沙，用绘画形式表现了鲁迅作品深奥的艺术境界。他的画渗入肺腑。看过之后，我有了一种想再一次研究鲁迅文学的冲动，因为它打破了我迄今持有的鲁迅的观念。"

著名作家野间宏和岩波书店是这次纪念活动的主要发起者和组织者，他们自始至终陪裘沙夫妇参加了东京、仙台两地的纪念活动，并向鲁迅纪念碑献了花圈。

野间宏在为画集撰写长序《鲁迅的文学精神》中说：“鲁迅是一位真正伟大的作家，一位稀世罕见的大文豪，这信念不仅使我铭心刻骨，而且包裹我的整个灵魂。”他对裘沙夫妇说：“你们用绘画表现鲁迅，向中国人民和世界人民介绍鲁迅思想，这是非常大的事业！你们的作品有一种仿佛来自宇宙的迫力，我一定要把它介绍到世界上去。希望你们继续努力，为世界和平作出贡献。”

著名鲁迅研究学者竹内实说：“从这里我看到了一位肩负着现代中国明暗两面的艺术家的存在。”

画展感动了日本的广大观众，仅在东京展出期间，岩波书店历年积存的鲁迅著作就被抢购一空，重版十三卷本《鲁迅选集》也在赶印中。

因此，美术评论家藤山纯一说：“这次纪念活动，在日中文化交流史上有划时代的意义”。

（原载《鲁迅研究动态》1986 年第 11 期）

《鲁迅之世界》新作展

努力表达鲁迅杂文的巨大内涵
——裘沙、王伟君《鲁迅之世界》新作展开幕式讲话

今天上午，我特地从杭州赶来参加裘沙、王伟君“《鲁迅之世界》新作展”开幕式。裘沙同志是我少年时的好朋友，同村人，小时候还一起学过画。后来我转学其他，他却一直在绘画方面钻研，成了一位很有成就的著名画家。几年前，裘沙同志带着他多年来精心创作的一批以鲁迅小说为题材的绘画作品到杭州来办展览，不巧我那时不在杭州，深感遗憾。因而这一次画展我再忙也要赶来，再不能错过观摩学习和好友相聚的难得机会了。

我非常尊敬裘沙、王伟君夫妇俩的为人和做学问的态度。他们年轻时就很有才华。由于过去的政治运动错误地伤害了裘沙同志，使他们夫妇俩历尽坎坷。长期艰苦的生活把裘沙身体搞垮了，但他和志同道合的妻子意志坚强，相互支持，埋头苦干，孜孜不倦地从事绘画创作。在与疾病作斗争的同时，以惊人的精力和巨大的毅力完成了大量的作品。

他们的绘画选择了一个重大的主题，就是表现中国的文化伟人鲁迅，用绘画艺术来反映鲁迅的时代、鲁迅的活动、鲁迅的作品和思想。我国有许多画家画鲁迅，但没有哪一位能像裘沙同志那样专注。他俩制订了宏大的计划，倾注了巨大的热情和精力，创作出一系列有关鲁迅的画作。他们不但出色地描绘鲁迅小说所反映的世界，现在进而用绘画努力表达鲁迅杂文的巨大内涵，这是一次前人不曾涉及的艺术尝试。

生长在绍兴府属嵊县的裘沙和祖籍宁波的王伟君，从小受古越文化的熏陶，熟悉绍兴的风俗人情，经历过新旧两个中国社会，体验过鲁迅先生生活的时代，并

且曾下苦功研究过鲁迅先生的大量著作，领悟鲁迅作品的精髓，加上他们具有深厚扎实的绘画功夫，因此他们的创作已不是停留在一般的层次上，而是可以用“深刻”二字来评价他们的作品。他们所追求的是深刻反映一个典型的中国社会、一个典型的历史时代和一个伟人的精神力量。为了充分地表达鲁迅作品的内涵，他们在绘画风格上有创新，在绘画手法上多种多样，有时简直不是在用画笔，而是在用激情和思想作画，使观者感觉到画家内心有一团强烈的火。

今天在绍兴隆重举行“《鲁迅之世界》新作展”开幕式，很有意义。鲁迅精神不但在过去值得提倡，在今天改革的年代仍值得大力提倡。鲁迅不但是伟大的文学家，而且是伟大的思想家、革命家。通过画展的作品，我们将进一步从中吸取鲁迅的思想力量。我们感谢裘沙、王伟君这二位画家为发扬鲁迅精神所作的努力，同时希望裘沙同志保养好身体，今后出更多的杰作。

钱法成

1988 年 12 月 8 日

（原载《绍兴鲁迅研究专刊》第 9 辑，《群文论坛》1989 年第 2 期改题目《祝鲁迅的新世界画展在绍兴展出》重刊）

故乡儿女的杰出奉献
——在绍兴《鲁迅之世界》新作展开幕式上的讲话

各位来宾，同志们：

今天在鲁迅的故乡，迎来了《〈鲁迅之世界〉新作展》，首先请允许我代表县人民政府对此表示热烈的祝贺。对著名画家裘沙、王伟君夫妇为举办这次画展所作的贡献，表示衷心的感谢。

裘沙先生是嵊县崇仁镇人，从大绍兴范畴讲，也是我们的同乡；王伟君先生是宁波市人，但已成了我们绍兴的儿媳。今天他俩回故乡举办《〈鲁迅之世界〉新作展》，我们感到特别高兴。

早在 50 年代，裘沙先生就是中国青年报社一名相当活跃的编辑和画家，王伟君先生也是中国少年报社的美术编辑。他们编绘的大量美术作品，其中有很大一部分塑造了鲁迅的奋斗精神和鲁迅作品里的人物。他们的作品深深激励着一代又

《人类最好是彼此不隔膜，相关心》

一代的中国青少年，为继承发扬鲁迅精神起到了巨大作用。同时两位先生在美术界的成就也是名扬四海，他们当之无愧为鲁迅研究专家和“鲁迅画派”的中坚。

裘沙先生、王伟君先生的作品，神形兼备，刻画人物入木三分，在作品风格上，所追求的也是鲁迅的思想精神，开创了似速写精于速写，似素描高于素描，似版画优于版画的鲁迅画派。要把鲁迅的敢于撕毁旧世界黑幕的精神和鲁迅在作品中所反映的那个世界的人物反映出来，若用油画则色调过于灰暗，若用国画则笔法过于纤弱，而两位先生恰用他们自己开创的“鲁迅画派”风格来表现，达到了时空一致、画能通神、恰到好处的地步，是非常了不起的。

更可贵的是两位先生在鲁迅研究中提出了一个崭新的命题：那就是研究“鲁迅主义”。鲁迅研究已有六七十年历史。但过去不少人往往用别的主义来解释鲁迅，这就难免有偏颇之处和解释不通的地方。作为一个伟大的爱国者，伟大的思想家和文学家，鲁迅的高瞻远瞩、非凡的洞察力和预见性，远远超越了他的阶级、时代和国界，鲁迅的思想是自成体系的，是民族和世界的财富。两位先生对发扬鲁迅精神的研究是十分成功的，并对进一步研究鲁迅带来强大的活力和无限的生机。

这次两位先生在绍兴筹办画展，生活清苦，忘我工作，是画展得以成功的关键，也是我们学习的榜样。当然也得感谢主办单位和有关部门的大力协助。

最后，预祝画展获得巨大成功！祝同志们身体健康！

谢谢大家！

章榴先

（原载《绍兴鲁迅研究》第9期专刊）

袭沙、王伟君《鲁迅之世界》新作展

——宁波大学画展简讯

11 月中旬，中央工艺美术学院的袭沙副教授及夫人王伟君应我校美育委员会和中国文化研究中心的邀请，前来举办《鲁迅之世界》新作画展，并作了《我为什么要创作鲁迅作品插图》的演讲，在宁大师生中激起了强烈反响，“读鲁迅作品，学鲁迅精神”，一时成为校园里的一股热潮。

裘沙、王伟君夫妇自 1972 年起即从事鲁迅文学作品的插图艺术，至今已创作了 600 多幅作品。多年来他们怀着一颗赤诚之心，深入钻研鲁迅的作品，用绘画表现鲁迅之世界，为介绍和宣传鲁迅的思想，诱导人们阅读并理解鲁迅的作品作出了难能可贵的贡献，在国内外都有一定的影响。

这次到宁大来展出的 70 幅作品大多是裘沙夫妇为鲁迅杂文而画的新作。他们把鲁迅杂文那丰富而深奥的艺术境界诉诸视觉形象，为宁大师生展示出一个撼人心魄的鲁迅的世界，在校园里引起了强烈的震动。在画作展出期间，观众每天络绎不绝。裘教授的演讲配以录像和幻灯，生动又亲切，课堂里座无虚席。甚至在晚上还常有学生到画家的住处登门求教，和画家一起谈鲁迅，谈艺术。宁波画界和校外青年也多有来参观的。

裘教授夫妇的画作和演讲使宁大师生获得了很大的教益和启迪。大家从中更深切地认识到鲁迅之伟大。鲁迅对中国社会、对国人灵魂的剖析，在今天仍然是一面可资借鉴的伟大镜子，他为疗救中国社会和国人灵魂而奋斗的精神，正是有志立于世界民族之林的中国人应该发扬的民族之魂。无与伦比的鲁迅以他的人格力量和文学成就建立了一座丰富的宝藏，是当今投身于民族振兴大业的人们取之不尽的。从裘沙、王伟君夫妇的画作和演讲中，师生们还认识到一个艺术家的诚心和良知。正是本着这一诚心和良知，裘沙、王伟君夫妇挥运画笔，不懈地去理解并揭示生活的底蕴，这启发和激励年青一代为真理而上下求索，执着追寻。在画展的留言本上，学生们写下了热情洋溢的题词："你们的作品使我对生活产生了新的思考"，"灵魂的价值融于艺术之中"，"生命的艺术，灵魂的结晶"，"超脱生活，却又真情一片"。几位外籍教师看了画展也引起对鲁迅的兴趣，从图书馆借走鲁迅作品的英译本去阅读。宁大师生对画展的热烈反应使裘教授夫妇深感欣慰，他们高兴地说："我们是为宣传鲁迅而来，我们的目的达到了"。

裘沙、王伟君夫妇在画展期间还参观了宁大校园。他们仔细欣赏了著名画家沙耆赠送给我校的四幅油画，称之为"宁波大学的财富"。两位画家在前任校长朱兆祥教授的陪同下，专程前往鄞县拜望了这位画坛前辈。

（原载《宁波大学简报》1988 年 12 月 26 日第 22 期）

《在酒楼上》（小黑白画）

民族之魂

——裘沙、王伟君《鲁迅之世界》画展《前言》

刘开渠

编者按　9 月 25 日，是鲁迅先生诞生 110 周年纪念日。著名画家裘沙、王伟君苦心探索，向世人推出《鲁迅之世界》700 多幅作品，该展从 9 月 26 日到 30 日在中国美术馆举行，雕塑大师刘开渠写文以志庆贺。

鲁迅先生是中华民族的民族之魂。

从鲁迅先生诞生一百多年以来，中国发生了翻天覆地的巨大变化。毛泽东主席生前，在高度评价鲁迅在这大变化中的作用和地位时说："旧中国的圣人是孔夫子，新中国的圣人是鲁迅。"这说明鲁迅的思想和精神，永远是振兴我们民族的伟大原动力。

大家都知道，中国的新兴美术运动，是在鲁迅先生的倡导下发生和发展起来的，鲁迅思想曾经哺育了我国美术界一代又一代的新人。

今天，为了普及和弘扬鲁迅文化遗产的需要，又涌现出决心以自己毕生精力、试图用绘画来表现整个鲁迅思想体系的画家——裘沙、王伟君夫妇。

这绝不是偶然的。裘沙是我 40 年前的学生，王伟君也是我夫人的学生，他们在学生时代刻苦钻研艺术、执着追求真理的情景，我至今记忆犹新。今天他们又以 19 年的执着探索和苦心构思，共同创作出这诗史般瑰丽的《鲁迅之世界》。这无疑是我国美术界十分可喜的一大收获。

他们这一番事业和在艺术上所取得的成就，国内外早有定评。记得美国著名汉学家葛浩文博士曾经把裘沙夫妇解释和表现鲁迅作品的成功，比作 19 世纪著名英国画家 H．K．布朗的插图与狄更斯作品的不可分割性。日本已故著名作家野间宏先生则称他们是"用绘画向中国人民和世界人民宣传鲁迅，是一件对世界和平具有贡献的大事业"。

今天，当全国人民隆重纪念鲁迅先生诞辰110周年之际，我很高兴能把裘沙夫妇的力作《鲁迅之世界》，推荐给国内外的广大观众。

这无疑也是我国美术界给鲁迅先生的一份厚礼。

（原文为1991年9月26日在中国美术馆举办画展的《前言》，同时刊于画展说明书，1991年9月25日再刊于《工商时报》第8版文化版头条）

鲁迅像

《鲁迅之世界》画展《前言》

常沙娜

鲁迅先生是中国新文化的伟大旗手，也是新美术运动的倡导者，鲁迅先生的文艺思想对文学艺术和美术创作的发展产生了深远影响。

这里展出的《鲁迅之世界》美术作品，是裘沙、王伟君夫妇锲而不舍、长期研究鲁迅先生文学作品的创作结晶。这些美术作品的主题和思想虽然来源于鲁迅先生的文学作品，但作品的艺术形式却反映了作者对文学作品的理解和升华及严肃的创作态度，用绘画的艺术语言表现出鲁迅的战斗精神。正因为如此，裘沙、王伟君创作的《鲁迅的世界》美术作品得到了广泛的重视并取得了广为人知的成就。

我们举办《鲁迅的世界》美术作品展览，一方面为促进我们的创作沿着社会主义的文艺道路前进，另一方面也是为了弘扬鲁迅精神。

在此，学院对裘沙、王伟君对这次展览的支持表示衷心的感谢！

（1992 年 3 月，裘沙、王伟君《鲁迅的世界》画展在中央工艺美术学院展出。由常沙娜所作《前言》，刊于《装饰》第 3 期）

《鲁迅之世界》上海展

开幕词——鲁迅是中国的，也是世界的

今天，我有机会趁毛泽东《在延安文艺座谈会上的讲话》发表50周年的上海纪念活动中，出席裘沙、王伟君先生夫妇《鲁迅之世界》画展开幕仪式，感到非常高兴。

裘沙、王伟君夫妇《鲁迅之世界》画展，是中国东方文化发展中心继1991年9月在北京参与主办后，在华东第一次参与同类型的活动，意义重大。

鲁迅是中国“五四”新文艺活动的旗手，毛主席称他是伟大的思想家，他把中国文艺引导朝向现代的文艺领域。他探索着中华民族的魂灵，用他那犀利的解剖刀，无情地解剖了中华民族魂灵深处的大毒瘤，指出了奋斗的道路。鲁迅的精神、鲁迅的作品，震撼着中国，也影响了世界！

20年来，裘沙、王伟君夫妇克服种种常人难以忍受的生活与工作的困难，全心全意、坚定不移地对鲁迅的思想进行深刻的探索，进行了大量创作。他们用画笔代替解剖刀，把鲁迅笔下的人物栩栩如生地描绘出来，取得了丰硕的成果！

我们欣赏裘沙夫妇《鲁迅之世界》艺术创作，不能单纯地只看作是为鲁迅的作品而创作。实际上，他们是在鲁迅的精神感召下，结合现实生活中的各种形态、各种现象，用艺术的手法，进行再创作，把鲁迅的作品提高到更高层次。他们魂系鲁迅，扩大了视野，发人深省，在年青的一代中产生无可估量的影响！

裘沙夫妇的作品，不但在中国国内产生强烈的反响，在国际上也掀起强烈的震撼！

他们把鲁迅的时代延续下来。

裘沙是鲁迅的同乡，对故土怀有同样深沉的爱。裘沙夫妇正沿着鲁迅的道路，

走向未来！

在艺术创作领域中，裘沙夫妇创造了典型的范例，我们在欣赏每一幅作品中，很难体会到哪一幅是裘沙的，哪一幅是王伟君的。但有共同的特点：他们的作品，指导中国人民走向现代，走向世界！

他们在任何困境中，坚持绝不卖画，他们把心血凝成划时代的作品，奉献给炎黄子孙。

鲁迅的作品是中国的，也是世界的！

同样的，裘沙、王伟君的艺术作品是中国的，也是世界的！

祝画展成功！

周颖南

1992 年 4 月 2 日于上海鲁迅纪念馆

前言

裘沙、王伟君伉俪怀着弘扬鲁迅文学遗产、让鲁迅的思想与精神有力地提高现代人的精神境界的赤诚愿望，19 年来执着探索，创作出诗史般瑰丽的画作《鲁迅之世界》。其成就，正如美国著名汉学家葛浩文博士所肯定的，犹如英国画家布朗为狄更斯作品的插图。这亦是对世界和平有贡献的事业。

裘沙的画展曾于 1983 年来上海展出，他为鲁迅文学作品中众多人物造像，给我们留下深刻的印象。这次展出的作品，多为 1986 年画家夫妇访日后的新作，其中尤以《鲁迅论、杂文一百图》中的作品更见其孜孜以求的苦心。用单幅画作体现鲁迅论文、杂文思想，艺术语言上则吸取了现代艺术的表现手法，无疑是插图绘画艺术的一个重要拓展。

沈柔坚

1992 年于上海鲁迅纪念馆

《鲁迅之世界》新作展

——北京国际艺苑画展《前言》

刘迅

《文学与出汗》

今年是伟大的鲁迅先生诞辰115周年。裘沙、王伟君夫妇的《鲁迅之世界》新作展在此时和广大观众见面，有其特殊意义。

裘沙、王伟君夫妇深受鲁迅先生伟大思想的影响，怀着热爱与崇敬的感情，在艺术上执著地以多种形式创作了惊人数量的美术作品，在美术界与广大观众中获得了广泛影响。

在当前市场经济为主导的我国社会主义经济建设过程中，美术界有的人为追求金钱制作大量媚俗商品画，这已是见怪不怪的现象了，因此我就更加尊敬裘沙、王伟君夫妇默默无闻地为再现鲁迅先生伟大作品的精髓数年如一坚韧不拔的顽强创作态度。

我祝《鲁迅之世界》展出成功！

我祝裘沙、王伟君夫妇在创作道路上取得更大成就！

谢谢！

1996年7月1日

画中体味鲁迅精神

——中国人民大学《鲁迅与青年》作品展开幕

10 月 19 日是鲁迅先生逝世 60 周年纪念日。10 月 18 日至 26 日，我校新闻学院和校团委宣传部在学生活动中心举行《鲁迅与青年》——裘沙、王伟君作品展。这次展览吸引了众多美术界人士和高校师生前来观看。全国人大科教委员会副主任委员杨海波、我校校长李文海等领导出席了开幕式。

这次在我校展出的 170 多幅作品是裘沙夫妇亲自精选出来的。鲁迅先生丰富而深邃的思想被画家诉诸视觉形象，展示出一个震撼人心的鲁迅的世界。

在鲁迅先生去世 60 年后的今天，我校新闻学院和校团委宣传部举办这样一次画展，其目的不仅是为了纪念鲁迅先生，更是希望作为青年中佼佼者的大学生们能够更深刻地理解鲁迅，追寻鲁迅的精神，担负起民族振兴的责任。

裘沙、王伟君夫妇自 1972 年起即从事鲁迅文学作品的插图创作。25 年来，他们通过对鲁迅思想透彻的研究和深刻的感悟，创作出大量佳作，面世作品已达上千幅。他们的大型作品集《鲁迅之世界全集》1 至 3 卷，将于今年年底编印出版。

为配合本次画展，还将举行“鲁迅精神与当代青年”研讨会等一系列活动。

（原载《青年人大》1996 年 10 月 22 日第 5 期第 1 版）

《鲁迅与青年》

——北京师范大学裘沙、王伟君作品展《前言》

顾明远

鲁迅不仅是我国伟大的文学家，也是伟大的人民教师。他曾于1920年至1926年任我校教师。今年是他逝世60周年，我们来纪念他，就是要学习他热爱祖国、热爱人民的硬骨头精神，严谨治学、诲人不倦的孺子牛精神，并把它作为北师大人的优秀传统，发扬光大。

裘沙同志是我国著名的画家，他崇拜鲁迅，热爱鲁迅，因此他以画鲁迅，画鲁迅的作品为己任。他对鲁迅的精髓有深入的研究，所以他的绘画风格中也渗透了一股鲁迅的精神。通过这次画展，同学们一定会对鲁迅有进一步的认识，会从中悟出点当代青年的社会责任和人生价值。

1996年12月

《青年的使命》

袭沙、王伟君《鲁迅之世界》

——纪念鲁迅“立人”思想成文90周年画展

开幕致辞

各位新老朋友们：

今天炎黄艺术馆荣幸地举行袭沙、王伟君夫妇历时25年创作完成的《鲁迅之世界》画展的179件精品，是从他们近800幅作品中精选出来的。这个展览是炎黄艺术馆今年办展的重点展览之一，也是前馆长黄胄先生生前准备好的较大型展览之一。黄胄、袭沙、王伟君和我的年龄都差不多，黄胄比我们稍大一些，但所受到的教育，所经历的事情都差不多。50年代初在热火朝天的社会主义建设时期，黄胄、袭沙、王伟君和我都肩负着青少年及战士的美术教育工作。因为工作上的关系，在艺术上共同的见解使黄胄和袭沙变成了互相鼓励、互相帮助、互相安慰的好朋友。譬如黄胄帮助袭沙在中国传统艺术素养上进行提高，袭沙帮助黄胄认识外国后期印象派的绘画，可以说他们之间是亦师亦友。而伟君和我又是在一个办公室里渡过了我们风华正茂的岁月，这使我们的友情更显得亲密无间。

50年代后期，中国的文艺界刮起了一股“左”的风潮，在那坎坷、辛酸的日子里，他们那种亦师亦友的情感更显得珍贵和崇高。他们用不平常的毅力来对待不能画画和疾病的折磨，保持着必胜的信心和决心去追求艺术为人民服务的真理。袭沙和伟君一直默默无闻地努力工作和探索，过着极其清贫的生活，如醉如痴地想以造型艺术来阐释鲁迅先生这位伟大思想家的语言艺术。他们的治学精神怎能不让人钦佩和认真学习呢！

附带说一句，这个展览的时间正好是炎黄艺术馆建馆6周年，我们能以这样一个有分量的展览面向观众，我再次地向袭沙和王伟君夫妇表示感谢。祝画展圆满成功！

感谢各位朋友来参加这次画展的开幕式。谢谢大家！

郑闻慧

1997 年 9 月 25 日

前言——争存天下，首在立人

这次展览是由我们 50 年代的挚友黄胄生前和郑闻慧馆长共同安排的，今天隆重开幕，我们无法抑制心中的感念和追思。

《故乡》（小黑白画）

自从 1840 年鸦片战争以来，中华民族在生死存亡的大拼搏中，在东、西方文化的交汇点上，诞生了“取今复古，别立新宗”的大思想家——鲁迅。1907 年，他深思远瞩，以天马行空的大精神，撰写了从《人之历史》到《文化偏至论》等一组论文，提出了“争存天下，首在立人”这一从本根上救国兴邦的战略思想。近一世纪的社会实践已经证明：这是我国思想史上具有划时代意义的、永远值得纪念的一件大事！

今天，香港已经回归，改革方兴未艾，让我们抬起头来，迎接新世纪的曙光！“不抬起头来，便永远只能看见物质的闪光。”

裘沙　王伟君

1997 年 8 月 25 日

追先师之遗训，开北大之新风

——裘沙、王伟君《鲁迅之世界》北京大学展

简讯之一

裘沙，男，1930年4月15日生于浙江绍兴嵊县崇仁镇，1951年毕业于中央美术学院华东分院。

王伟君，女，1932年12月25日生于浙江杭州市，1948年从倪贻德教授学画，1949年从事部队美术工作，1955年毕业于沈阳鲁迅美术学院。

“文化大革命”期间，夫妇俩在走投无路的逆境中以学习鲁迅自励，并开始全心力地投入鲁迅生平和作品的美术创作。他们精心合作，历时25载，创作了题为《鲁迅之世界》的大型系列绘画作品上千幅，表现了具有5000年文明史的中华民族的深重苦难和对社会进步的渴望，洋溢着中国文人从屈原到鲁迅的忧国忧民的民族精神，具有中国艺术诗、画、哲理相结合的独特风格。

这些作品以其对鲁迅思想理解的准确，表现的深刻，艺术的精湛在国内外久享盛誉。本次展出的150余幅作品，是作者亲选，具有代表性。

另定于11月7日（周五）下午举行“鲁迅之世界”座谈会，邀请作者裘沙、王伟君和严家炎、钱理群等鲁迅研究方面的学者共同座谈。欢迎大家积极参与！

展出时间：11月3日—11月9日，8:30—17:30

展出地点：北大图书馆210室

座谈会地点：北大现代物理中心会议厅（老地学楼对面）

主办单位：北大百年同行协会、《蔡元培》话剧组

简讯之二——在鲁迅的旗帜下

11月3日，裘沙、王伟君二先生的《鲁迅之世界》大型画展在北大图书馆210室隆重拉开帷幕，广大师生对作品表现出很大的热忱。这些作品通过对鲁迅心灵世界的展示，表现了具有五千年文明史的中华民族的深重苦难和对社会进步的渴望，洋溢着中国知识分子的忧国忧民精神，具有中国艺术诗、画、哲理相结合的独特风格。

裘沙、王伟君夫妇都是浙江人。在“文化大革命”期间，他们在逆境中以学习鲁迅自励，并开始全力投入到鲁迅生平和作品的美术创作中。多年来他们精心合作，创作了题为“鲁迅之世界”的大型系列绘画作品上千幅。这些作品多次在国内外展出，产生了很大影响。

11月7日下午“鲁迅之世界”座谈会在现代物理中心举行。裘沙在发言中指出，鲁迅对中国国民性的批判非常深刻，他批判的东西并没过时。严家炎教授精辟地指出，鲁迅精神的核心是自己不当奴隶，也不要使别人当奴隶，即真正懂得自尊，又懂得尊重别人，这才是真正的现代主义思想。钱理群教授说，鲁迅的知音在当代青年中。鲁迅精神给人的是启示。我们今天要做的不是重复先生的道路，而是要站在巨人的肩膀上前进。否则，一个世纪血与泪的代价可能会白付。中国最大的危险乃是重走百年的沧桑。为了避免这一点，重要的就是要批判地继承前人的思想。

《鲁迅之世界》画展是北大《蔡元培》话剧组与北大百年同行协会联合举办的。

吴姝萍

（原载《北京大学校刊》1997年11月25日第793期）

用全部生命和智慧投入创作

——鲁迅博物馆画展开幕式致辞

陈漱渝

各位领导、各位嘉宾：

在纪念鲁迅逝世63周年的日子里，我们特举办了这次《鲁迅之世界》——裘沙、王伟君画展。裘沙已近古稀之年，跟鲁迅同乡，至今已有52年画龄。王伟君是《创造社》艺术家倪贻德的学生。她不仅是裘沙的贤内助，而且是裘沙艺术上的知音和创作上的合作者。他们夫妇珠联璧合，为我们提供了将鲁迅思想展示在大家面前的一幅幅艺术珍品。

为鲁迅作品绘制插图，这并不是裘沙、王伟君的首创。但以如此宏大的规模全面反映鲁迅作品的深刻含义，在美术界尚无先例。画家夫妇是以他们的全部生命、全部智慧投入创作的。他们的作品不拘形似，但求意真，既表现出对鲁迅作品深刻而独到的理解，也表现出对中国传统绘画的继承和发展，表现出对西方现代艺术的借鉴和超越。

画家夫妇是从1973年左右开始以鲁迅为题材进行创作的。那时中国正处在历史上鲜有的动荡年代。支持他们在逆境中进行拼搏的，是献给鲁迅的赤诚的心。今天，我们的祖国已经云开雾散，展现出一片锦绣前程。在举国上下欢庆建国50周年的日子里，我们再次举办裘沙夫妇的画展，也是为我们飞速发展的时代提供了一份艺术的记录。我们祝愿画家夫妇身体健康，永葆艺术青春，并预祝画展取得成功！

1999年10月19日

《鲁迅之世界》宁波大学展

序言

裘沙、王伟君夫妇和宁大是挺有缘分的。早在 1988 年，两位画家就在建成不久的宁大成功地举办了“鲁迅之世界新作展”，反响之强烈，用他们的话说，“整个校园顿时沸腾起来！”转眼 12 年过去了，老人对此记忆犹新。去年出版的《鲁迅论文、杂文 160 图》中画家对此特地写了一段充满感情的回忆：“宁大同学们热情洋溢的面容，首先在我们脑际闪现。他们天真、活泼、单纯，对国家命运和前途充满憧憬和希望……”承蒙老人厚爱，新世纪的第一次画展又来到了宁波大学，我们高兴，同时感激他们对宁大学子的关怀。

年近古稀的裘沙、王伟君夫妇毕生从事绘画事业，在“十年浩劫”中经受了绝大部分知识分子都经受过的境遇：艰辛、坎坷。然而，动荡并未使他们丧失对生活的信念，相反，在走投无路的逆境中，伟大的文艺斗士鲁迅先生成了他们的精神支柱，于是决心用绘画来再现、阐释、演绎鲁迅先生文艺作品的形象以及精神内涵，从而引导更多的人走进鲁迅的精神空间，获取人生的力量。

古人虽有“诗画相生”之说，但现代的文学与绘画已有相当大“类的差别”，从一种样式到另一种样式的转换，不仅要保持形象的相似性，而且还要保持情感和思想的完整、统一。另外，鲁迅先生的作品文类多样，思想精深、复杂、博大，也是艺术“翻译”中很难逾越的屏障。裘、王两位先生矢志不渝，从 70 年代初开始呕心沥血地钻研鲁迅原作，用水彩、木炭、速写等手法恰如其分地表现了鲁迅的世界，刻画了人物群像，取得巨大成功，从 1981 年开始至今在全国各地已举办了 20 次大小画展。正如法国友人米歇尔 · 鲁阿所言：“两位画家的艺术创造之所以具有神奇的艺术魅力，关键在于准确，不仅指风光景物的细腻传神和富有诗意的场景的真实性，更多的是指传达鲁迅思想的准确性。”从某种意义上说，他们的这种艺术再创造已从鲁迅原作中独立出来，确定了其作为视觉艺术的生命力。

鲁迅之伟大，在于他的冷静和热烈都彻底。冷静则气宇深稳，明察万物；热烈则中心博爱，自任以天下之重。热烈的冷静是智；冷静的热烈是仁。惟其智仁双全才能揭破社会黑暗，去除民族劣根，照顾那愁苦可怜的劳动大众。

感谢裘、王两位先生，更感谢他们带给我们的《鲁迅之世界》，以及心灵上的震颤。

感谢他们！

宁波大学

后记

《鲁迅之世界》又和宁波大学的同学们见面了。这是我们两人很高兴做的一件事。而且今天的宁波和宁波大学，又有了惊人的发展，那就更使我们感到分外高兴了。

青年是祖国的未来和希望。鲁迅先生是现代中国最伟大的思想家，他曾经影响了 20 世纪几代知识青年的成长。21 世纪也不可能例外。例如，他认为，中国的改革，第一着就是要扫荡废物，以造成一个使新生命能诞生的机运。这是非常对的。但是，要求我们全社会大家都来做到这一点，就非常不容易了。即使这里做到了，换个地方，还是老样子；即使今天做到了，也许明天又回到了老地方。所以，对青年人来说，最好的办法，就是增加自身的抵抗力，增加自己对国情的了解，使我们在前进的道路上，能抵制各种细菌病毒，能绕过各种险滩暗礁，从胜利走向胜利。而鲁迅的思想，正是消除社会病毒最有效的强酸剂和指导我们前进的最好的指南针！

这里，就让我把郁达夫先生 30 年代写的一段话抄在下面，供同学们参考：“当我们见到局部时，他见到的却是全面。当我们热衷去掌握现实时，他已把握了古今和未来。要全面了解中国的民族精神，除了读《鲁迅全集》以外，别无捷径”。

鲁迅先生的思想是全人类的宝贵财富。法国的著名学者米歇尔·鲁阿夫人就告诉我们：“鲁迅，真理的传播者，我们需要你，比任何时候都需要你！”1986 年，几位日本的大作家所以找到我们，邀请我们到日本去举办展览，就是因为当年日本经济一好转，青年人就不看鲁迅的书了，这是他们深感忧虑的缘故。在鲁迅先生的家乡，更应该有这样的觉悟才好。还是郁达夫先生说得好："没有伟大的人物出现的民族，是世界上最可怜的生物之群；有了伟大的人物，而不知拥护、爱戴、崇仰的国家，是没有希望的奴隶之邦。"

祝同学们胸怀壮志，健康成长，事业成功！

裘沙　王伟君

2000 年 4 月于宁波大学

祝词

尊敬的裘沙、王伟君先生及参加画展开幕式的各位贵宾、各位同学：

非常荣幸，今天我们再次请到了裘沙、王伟君两位先生来我校举办《鲁迅之世界》画展，这是给我们宁波大学带来的精美的精神食粮和丰厚的礼物，借此机会，我首先代表学校对两位先生对艺术的执着和对宁大的关爱表示崇高的敬意和衷心的感谢，同时也向从百忙之中抽出时间来参加今天画展开幕式的宁波市文联、宁波市美协的各位领导表示衷心的感谢。

裘沙、王伟君两位先生和宁大是挺有缘分的。早在 1988 年，两位画家就在建成不久的宁大成功地举办了第一次"鲁迅之世界新作展"，反响之强烈，用他们的话说，"整个校园顿时沸腾起来！"转眼 12 年过去了，经朱兆祥老校长的从中撮合及两位老人的厚爱，两位先生在新世纪的第一次画展又来到了宁波大学。我们很高兴，同时感谢他们对宁大学子的关怀。

鲁迅先生是中华民族的民族之魂，从鲁迅先生诞生 100 多年以来，中国发生了翻天覆地的变化。毛泽东主席曾高度评价鲁迅在这时代的大变化中的作用和地位："旧中国的圣人是孔夫子，新中国的圣人是鲁迅。"这说明鲁迅的思想和精神，永远是振兴我们民族的伟大原动力。两位先生这次带来的 100 多幅作品，是两位先生从学生时代就刻苦钻研艺术、追求真理、呕心沥血奋斗不已的结果。他们用绘画再现、阐释、演绎鲁迅先生文艺作品的形象以及精神内涵，无疑会更好地引导当代大学生走进鲁迅的精神空间，获取人生的力量。

相信，鲁迅精神及两位画家的艺术再创造一定会使我们宁大校园再次沸腾，也一定会给我们宁大的发展带来不竭的精神动力。

最后祝画展圆满成功！

曹屯裕

2000年4月11日

《初学的第一步》

裘沙、王伟君《世界之鲁迅》绍兴展

致辞

各位来宾，女士们、先生们：

秋风送爽，丹桂飘香。今天在绍兴鲁迅纪念馆举办裘沙先生与王伟君女士《世界之鲁迅》绍兴展开幕式。首先，请允许我代表中共绍兴市委、市政府对前来参加画展开幕式的各位来宾表示热烈的欢迎和最衷心的感谢！

裘沙先生和王伟君女士是我国现代著名的画家，他俩经历了几十年的风雨历程，在漫长的艺术生涯中，创作了一大批关注社会、直面人生的现实主义力作。尤其是他们凝聚大量心血、穷毕生之力创作了《世界之鲁迅》，在我们中国没有第三个这样的画家，也没有第二部这样的作品。他们克服重重困难，以全部的生命和智慧走进鲁迅的世界，去探索鲁迅思想的真谛，发掘鲁迅精神的实质，用独具艺术特色的画作去表现他们对鲁迅作品独到的理解，也表现出对中国传统绘画的继承和发展，及对西方现代艺术的借鉴和超越。

《世界之鲁迅》以裘沙、王伟君二先生创作的近千幅绘画为核心，广泛集纳关于鲁迅创作和鲁迅生活之时代、社会的照片、图像等资料，其内容之丰富，图片资料之全备，画作之精美，对鲁迅理解之深刻，是其他同类型画作无法比肩的。

今天，在鲁迅故乡举办《世界之鲁迅》画展，是一件非常有意义的事情。它既是对鲁迅作品的理解和解读，更是对鲁迅爱国主义精神的颂扬。希望通过此次展览，使我们更好地学习鲁迅、宣传鲁迅、研究鲁迅、发扬鲁迅精神，为地方文化事业建设、社会主义精神文明建设，做出应有的贡献。

最后，祝大家身体健康，万事如意！

祝画展取得圆满成功！

谢卫星

2005 年 10 月

裘沙答词

各位领导、各位来宾：

谢谢故乡人们为我们全家再次举办以“世界之鲁迅”命名，以探索鲁迅思想的世界意义和鲁迅先生世界地位为己任的画展。

鲁迅不仅是中国的，而且是世界的。早在 1935 年，就有一位日本作家提出“鲁迅是世界的”这一创见。1936 年 10 月，鲁迅先生去世，一位韩国青年就在他的悼词中，发出了“弱小民族的救星”这样的呼声。20 世纪 90 年代，苏联解体又使法国著名学者米歇尔·鲁阿教授发出了“鲁迅，真理的传播者，我们需要您，比任何时候都需要您”的呐喊。

鲁迅思想的世界意义到底在哪里？我们到底应该怎样来评价鲁迅的世界地位，这是我们目前已经定稿了的《世界之鲁迅画传》所要阐明的主题思想，也是我们这个小小的画展所要探讨的命题。

毛泽东同志晚年曾经说过：“孔子是旧中国的圣人，鲁迅是新中国的圣人，我只是一个贤人。”号召高级干部要“一读马列，二读鲁迅，三看参考消息”。这是非常值得我们重视的。

英国的思想界极其保守，他们于 20 世纪 80 年代曾经评出了世界十大思想家，中国的孔子有幸入选，但没有马克思和鲁迅。鲁迅的世界意义是客观存在的，是个亟待我们全力开发的金库。鲁迅是我们绍兴人的骄傲，也是中华民族的骄傲，发掘鲁迅思想的世界意义，确认鲁迅在国内外的历史地位，这是我们义不容辞的责任。

谢谢大家的支持！

2005 年 10 月

七彩迎五环

——2008（秦皇岛）六教授绘画作品系列邀请展《前言》

奚静之

秦皇岛作为北京奥运会协办城市之一，在百年奥运即将圆梦之时，举办六教授作品系列展，其主旨就是为北京奥运加油，为秦皇岛添彩！

“六教授作品联展”给我们展示了运用不同质材和手法创造的绘画作品所表现的独特风貌。他们长期在高等美术院校执教，有丰富的教学与创作经验，有很深的艺术造诣。六位教授都是我的同事或朋友，对他们的联展，我衷心地表示祝贺。

裘沙是一位艺术功力深厚的艺术家，他高超的造型技巧和表现人物精神面貌的能力，反映在他以鲁迅和白求恩为题材的绘画作品中，在美术界享有盛誉。裘沙夫人王伟君与她的夫君一道，数十年如一日研究鲁迅，著书立说，用文字和绘画语言彰显鲁迅精神。上海鲁迅纪念馆朝华文库为此开设了“裘沙、王伟君专库”。

常沙娜是一位对装饰艺术有重要贡献的艺术家，她对敦煌艺术的深入理解和对其精粹的论述，以及在此基础上所做的创造，在传统底蕴中渗透着现代的审美情趣。

乔十光是当代中国漆画的开拓者之一，是漆艺界的领军人物。他承继和发展了民族漆艺的传统，关注现实生活，注重形式感和装饰性，个性风格鲜明，作品内涵深邃，充满人文精神。

罗真如是女画家中的佼佼者，她的装饰画清纯、明丽，构思巧妙，画面视觉独特，渗透着女性的儒雅和聪慧。她的作品与作者的气质颇多相似之处。

按年龄排序，罗磊明是年轻的后起之秀，他具有多方面的才华，油画、水墨、设计都获过大奖，他还拥有过“全国德艺双馨”艺术家的称号。此次他参展的水墨画，创造意识新，构图饱满，不落俗套。

六位教授的创作风格各异，而贯穿他们作品中的艺术理念却是一致的：表现现实的美，生活的美，为大众提供精神享受。

六位教授不仅创作成绩卓著，而且他们都是学者型的画家，他们的论著常为人们捧读。更可使他们引以为豪的，是数十年来他们培育的“桃李”已是“满天下”。值此“六位教授联展”之际，我再次向他们表示最诚挚的祝贺！

2008 年 7 月

《小猫》

附录

27 年来举办的 28 个画展（1981—2008）

纪念鲁迅诞辰 100 周年——裘沙、王伟君所作“鲁迅文学作品插图展览”

北京　鲁迅诞生 100 周年纪念委员会、中国青年报社资助，中国美术家协会、中国鲁迅研究学会、中央美术学院、中央工艺美术学院主办，1981 年 9 月于中央美院陈列馆展出。

福州　中国美术家协会福建分会、中国作家协会福建分会主办，同年 12 月于五一广场展览馆展出。

杭州　中国美术家协会浙江分会、浙江鲁迅研究学会、浙江美术学院、浙江省文化会堂主办，1982 年 2 月于浙江展览馆展出。

绍兴　绍兴地区文化局、绍兴群众艺术馆主办，同年 4 月于绍兴群众艺术馆展出。

乌鲁木齐　中国美术家协会新疆分会主办，同年 7 月于文联展览厅展出。

西安　中国美术家协会陕西分会主办，同年 9 月于边家屯工人俱乐部展出。

上海　中国美术家协会上海分会主办，1983 年 12 月于上海美术展览馆展出。

鲁迅逝世 50 周年纪念展——现代中国画家裘沙和夫人王伟君用绘画表现的《鲁迅之世界》

东京　日本朝日新闻社主办，岩波书店协办，中国大使馆、日中友好协会、宝酒造株式会社协赞，1986 年 8 月于有乐町朝日新闻社会馆展出。

仙台　日本河北新报社、仙台市博物馆主办，同年 9 月于仙台市博物馆展出。

《鲁迅之世界》新作展

宁波　宁波大学美育委员会、中国文化研究中心主办，1988 年 9 月于宁波大学展出。

绍兴　绍兴市文联、绍兴县文联、绍兴鲁迅纪念馆、绍兴县文化馆主办，同年12月于绍兴县文化馆展出。

北京　中国萧军研究会、北京国际艺苑美术基金会主办，1996年7月于北京国际艺苑展出。

纪念鲁迅诞辰110周年——裘沙、王伟君《鲁迅的世界》画展

北京　鲁迅诞辰110周年纪念组织委员会、中国美术家协会、中国鲁迅研究会、中国东方文化发展中心、中华老年报社、中国青年报社、中央工艺美术学院主办，1991年9月于中国美术馆展出。

北京　中央工艺美术学院主办，1992年3月于中央工艺美院展厅展出。

纪念毛泽东同志《在延安文艺座谈会上的讲话》发表50周年——《鲁迅的世界》画展

上海　中国美术家协会上海分会、中国东方文化发展中心、上海鲁迅纪念馆、上海青年报社、上海宝松美术广告公司主办，1992年4月于上海鲁迅纪念馆展出。

《鲁迅与青年》——裘沙王伟君作品展

北京　中国人民大学新闻学院主办，中国人民大学团委宣传部协办，1996年10月于中国人民大学学生活动中心展出。

北京　北京师范大学学生文化活动中心主办，同年12月于北京师范大学学生文化活动中心展出。

北京　北京大学北大百年同行协会、《蔡元培》话剧组主办，1997年11月先后在北大图书馆和北大分校展出。

裘沙王伟君《鲁迅之世界》画展

北京　北京炎黄艺术馆主办，1987年9月于炎黄艺术馆展出。

庆祝建国50周年——《鲁迅之世界》裘沙王伟君画展

北京　北京鲁迅博物馆主办，1999年10月于北京鲁迅博物馆展出。

《鲁迅之世界》——裘沙王伟君画展

宁波　中共宁波大学委员会宣传部、共青团宁波大学委员会主办，2000 年 4 月 11 至 26 日于宁波大学锦绣画廊展出。

北京　北京音乐厅画廊主办，2000 年 5 月 20 日至 6 月 20 日于北京音乐厅画廊展出。

裘沙王伟君专库

上海　上海鲁迅纪念馆 2001 年 1 月 7 日于《朝华文库》揭幕，长期展出。

纪念鲁迅诞辰 120 周年——裘沙王伟君《世界之鲁迅》画展

北京　中国现代文学馆、中国萧军研究会、中国东方文化发展中心主办，2001 年 9 月 18 日至 10 月 7 日，一家三代为鲁迅著、译作创作的大量作品于北京中国现代文学馆两个展厅一起展出。

裘沙、王伟君《世界之鲁迅》画展

绍兴　绍兴鲁迅纪念馆主办，2005 年 10 月 16 日至 2006 年春节于绍兴鲁迅纪念馆展出。

嵊州　嵊州市文联主办，2005 年 11 月 9 日至 11 日于嵊州市艺术村美术馆展出。

七彩迎五环——2008（秦皇岛）六教授绘画作品系列邀请展

秦皇岛河北省美术家协会、秦皇岛市文联主办，秦皇岛阳光画廊承办。

六人联展时间：2008 年 7 月 8 日—7 月 10 日

裘　沙作品展：2008 年 7 月 11 日—7 月 16 日

王伟君作品展：2008 年 7 月 23 日—7 月 28 日

编者余言

许怀宋

《鲁迅新天地——裘沙、王伟君艺术求索历程》一书历经周折终于有望能和读者见面，眼前厚厚的几易其稿而完成的终校稿和我像感情深厚的老朋友一样互致告别。“相近相亲”，书稿在我手里来来去去小有两载。我和书中的两位主人公是挚友，两位艺术家艰辛的历程我也算一个不时相伴的同行者。

在整个编校的过程中，从眼前过往的一篇篇文章让我深切地体会到，做一个真正为艺术献身的垦荒者难，而做一个几十年如一日笔耕不辍，仅为了一个奋斗目标：为文学巨匠——鲁迅先生的诸多文学作品作画的艺术开拓者更是难上加难。这是一条怎样的路？这是一条与真理相伴，与信仰相伴，与磨难相伴，与孤独相伴，无人喝彩的艺术之路。就如鲁迅先生在《野草》中《这样的战士》一篇所说：“他走进了无物之阵，但他举起了投枪。”本书中的两位前辈艺术家却不因为这条道路之坎坷、艰险、荆棘遍布而却步。他们努力前行，遵循着鲁迅先生“其实地上本没有路，走的人多了，也便成了路”的教诲，成为“全方位，成系列地用绘画艺术来诠释鲁迅先生的经典著作”的独行者、探索者、实践者。两位前辈艺术家从朝气蓬勃的壮年，到雄心不减的老年，虽耗尽大半生的光阴，但至今仍无怨无悔。

天道酬勤，收获的季节是那样硕果累累。当工程浩大的《鲁迅之世界》和《世界之鲁迅》那上千幅诗史般恢弘的画作，终于与国内外美术馆、展览馆、大学校园中成千上万络绎不绝的观众隆重见面时，其社会反响之强烈令人深受鼓舞。那一刻，许多人的心灵经受了震撼和洗礼。“民族魂”——魂兮归来！这浓浓的现场氛围，倾注了人们对文学巨匠的无限怀念和追忆。仅此，足以告慰鲁迅先生的在天之灵，也足以令两位艺术家欣慰不已。

伴随着 28 次画展的成功举办，报刊、书籍、电视等传媒对《鲁迅之世界》和《世界之鲁迅》及其作者的宣传好评如潮。30 年来，国内外各种媒体上的新闻报道、评论文章有500余篇之多。这些热评文章及其图片和经典画展，组成了传播鲁迅作品及其思想的强有力的宣传阵地之一。尽管眼前这一特殊阵地只是两个人的阵地，但是，自始至终他们并不孤独，因为时时有志同道合者同行。

人们常常在庸碌地浪费时日时，感叹人生苦短。裘沙、王伟君两位老艺术家却在分秒必争地与时间赛跑，时至今日，上千幅画卷和500余篇报道文章，是他们几十年艺术求索历程的最忠实的见证。假以时日，当后人研究鲁迅先生诸多不朽之作时，会欣慰地发现，在先生广阔的文学园地中，又新开垦了一片枝叶茂盛的“鲁迅新天地”——“画阅鲁迅”。用绘画诠释鲁迅文学作品是这一“新天地”的主旋律。让鲁迅先生的作品及其思想走近普通大众，特别是走近青年一代，是裘沙、王伟君奋笔一生的最大心愿。如今鲁迅先生的主要经典著作几乎全用“画阅鲁迅”的形式得以完成。以往为鲁迅小说画过插图的名画家已有好几位，但鲁迅小说的杂文及其他体裁的著作，几乎无画家涉猎。而两位画家夫妇不仅成为第一个吃螃蟹的人，而且不少画幅看后引人深思，令人叫绝，并深得一些鲁迅研究专家的赞赏。

资深的画家、传世的作品，在收获的季节里，令人更加憧憬未来。何时能有更多的鲁迅著作爱好者如雨后春笋般地涌现——这是两位老画家为之奋斗数十年的最大动力。然而又有多少人知道，这对画家夫妇也许是当今中国最富有、但又最清贫的画家。就事业有成而言，他们是富有的；可论物质生活，他们无疑是最清贫的。因为他们一直执着地想为国家留下一笔宝贵的艺术财富，故直至今日，他们没有卖过一幅有关鲁迅作品的画作。

我常想，为何画品好、人品好、画如其人的裘沙、王伟君两位画家，当人们与其相识、相熟时，常常会为他们的画作、他们的为人而感动，并进而希望和他们做朋友？我是一个有着浓厚的英雄情结的人，我敬仰中国历史上，特别是革命战争年代为国献身的革命英雄。然而如果有人问我，那么当今呢？我会说，英雄情结依旧。因为社会主义建设年代不乏埋头苦干、为国争光的建设者。他们是和平年代新的战线上的英雄、模范。虽然他们中的绝大多数人是普通劳动者，我由衷地钦佩他们，视他们为楷模。而裘沙、王伟君无疑是离我最近、对我影响至深的长辈和楷模。

裘沙、王伟君是我少年时代就认识的两位才华横溢的叔叔、阿姨辈的画家。他们是同新中国一起成长的革命的文艺工作者。裘沙叔叔是新中国成立初期即投身于革命洪流中的美术学院大学生。他是共青团中央机关报——《中国青年报》创刊时的第一批工作人员。而王伟君阿姨曾是“谁是最可爱的人”中的一员，是入朝参战的中国人民志愿军的一位文工团员。五六十年代，裘沙叔叔是当时许多青少年喜爱的青年画家，他在《中国青年报》及其他报刊上登载的时政插图，其震撼力之强，影响之大，是今人难以想象的。王伟君阿姨战后回国，在完成了因战争耽误的美术学院的学业后，先后在中国少儿出版社、中国少年报社、团中央万年青外文杂志社工作。这期间的若干年，她与裘沙叔叔及第一代团中央的工作者们一起，为新中国建国初期的一代青少年的健康成长，共同尽心尽责地完成了培养“接班人”的工作。顺便说一句，王伟君阿姨曾和团中央机关的一些同事一起，在工作之余担任过团中央机关子弟的校外辅导老师，并曾是直接带过我和教诲过我的老师。师生之情，终生难忘。加之裘沙叔叔、王伟君阿姨和我父母的同事关系加患难与共的挚友之情，我和他们一家人的关系，自然也就很亲近了。再之后，从70年代直至今日，我亲眼目睹了王伟君阿姨与裘沙叔叔一起，相濡以沫，在常人难以想象的极其艰苦的条件下，完成了巨作《鲁迅之世界》和《世界之鲁迅》。“铁肩担道义”，每当李大钊烈士的这一诗句跃入我的脑海中时，我常常不由自主地想起了还在年复一年地艰难跋涉中的两位鲁迅思想的践行者。他们淡泊以明志，始终壮志不减。若论德艺双馨，裘沙叔叔和王伟君阿姨是当之无愧的。

言归正传，本书是我多年编辑工作中遇见的较少有的好书之一。这本书既有独到的“鲁迅研究”价值，又有很高的审美价值。尤其不可多得的是，书中插图，包括了裘沙一家祖孙三代的佳作。这意味着，鲁迅的事业后继有人了，这是令人欣喜不已的。这本书编选的文章基础是前面提及的500余篇新闻报道及评论文章。作者中既有鲁迅的学生、挚友及鲁迅研究领域中资深专家、学者，如萧军、江丰、楼适夷、钟惦棐、王朝闻等，以及米歇尔·鲁阿（法国）、野间宏（日本）、井上靖（日本）等国际友人，也有相当数量的普通的鲁迅著作及其思想的爱好者和追随者。当然，他们中的不少人正是看了《鲁迅之世界》或《世界之鲁迅》的画展后，深受感染和启发，从而自觉地成为画展作者的同行者。

当然，这本书的出版也有遗憾之处。由于受篇幅和编者水平的限制，从500余篇文章中编选出一少部分，难免有取舍不当或疏漏之处。我自己最感遗憾的是，由于条件有限，各地报刊宣传画展的通讯消息部分，和一些画展中举办的研讨会上与会嘉宾的发言内容部分，本书仅选取了很少的篇章留在书稿中。我们所选文章从内容到文笔未必都是上佳的，行文水平也参差不齐。但是，有一点可以保证，即作者们对鲁迅先生的敬仰之心是真诚的。

本书的出版特别应该感谢萧军的长子萧鸣先生。多年来，裘沙、王伟君的一些画展的举办和本书的出版，都得到萧鸣先生的鼎力相助，于此再致由衷的谢意。

鲁迅先生说：文艺是引导国民精神前行的灯火。借先生的话，与大家共勉！

2012 年元旦

编后有感

裘小鲁

因为参与编选，这里每篇文章都精读了好几遍。说也奇怪，有些文章读后印象尤为深刻，几遍读来，还是那么饶有兴趣，如江丰的文章、钟惦棐的文章、王朝闻的文章、米歇尔·鲁阿的文章、萧军的文章、楼适夷的文章，等等。当然，他们都是名家。不过，细细想来，除他们之外，也还有很多并不那么知名的人，他们的文章同样也写得很不错。文章有长有短，可好的文章似乎真的不在于是长是短，有浓郁的情感，有自己独到的感悟，能让读者产生共鸣，能让读者从中受益，让读者心灵感到震撼，就是好文章。

在网上，看到画家吴冠中先生有这样一段话：艺术有两种道路，一条是大道，一条是小道。小道艺术是娱乐眼睛的，使你的眼睛很舒服，让人感到快活。而大道艺术是感受心怀的，使你的心灵得到满足，让人感到震撼。或许，我们可以这样理解，小道是情趣的享受，惟艺术家情有独钟；大道是心灵的震撼，惟大师一生追求。艺术的大道，就是让读者或观众感到心灵的震撼。

如果有谁想走艺术的大道，我倒非常乐意推荐他读这本书。理由有三：一、且不论写作水平的高低，这里每个人都是用一百二十倍的激情投入到写作中。仁者见仁，智者见智，大道小道各抒己见尽显其能。二、裘沙、王伟君两位画家一生所追求的不是高雅的情趣，而是心灵的震撼，如果你有幸看到他们以往所画的作品，你会发现，在他们的作品中充满了深沉的思想和激情，你能感受到他们在艺术大道上的求索。三、这本书有抛砖引玉的作用。如果你是一个探求究竟的人，一个打破砂锅问到底的人，由看这本书，再去看裘沙、王伟君两位画家的作品，再去看相对应的鲁迅的文章，或有幸能再去看当年攻击鲁迅的文章和当时事件的缘由记录，你就会由衷地认同鲁迅是近代当之无愧的大师，与此同时，你也一定能悟出什么来。其实，大道就在脚下，那就是责任，对社会的责任，对民族和国家的责任，对人类的责任。

记得鲁迅先生在 1919 年 1 月 15 日《热风 · 随感录四十三》中有这样一段话："美术家固然须有精熟的技工，但尤须有进步的思想与高尚的人格。他的制作，表面上是一张画或一个雕象，其实是他的思想与人格的表现。令我们看了，不但欢喜赏玩，尤能发生感动，造成精神上的影响。""我们所要求的美术家，是能引路的先觉，不是'公民团'的首领。我们所要求的美术品，是表记中国民族知能最高点的标本，不是水平线以下的思想的平均分数。"这难道不是让人走大道的启示吗?

记得和朋友闲聊时，朋友也承认鲁迅先生很伟大，裘沙、王伟君所画相关鲁迅的画作很深刻，很多画作让人震撼，但她说自己不会走这条路。理由很简单，不论是对他人，还是对自己，这条路都让人感觉太沉重了。她只想做马蒂斯那样的画家，让人在紧张忙碌的工作之后，感到轻松和宁静，让人在娱乐中得到美的享受。话说得不错，现在是和平年代，上上下下都在强调和谐社会。可难道说吃喝玩乐、嘻嘻哈哈、卿卿我我，这才是当今大众需要的主流艺术吗?有思想的作品、令人震撼的作品，在经济社会里，难道说真的已经没人想看了吗? 1907 年，鲁迅先生在《摩罗诗力说》中有句警言："黄金黑铁断不足以兴国……"不错，民富，国未必强，国强，民族未必真能崛起。民族真正的崛起，在于国民思想的先进与否，在于每一个国民是否有承担和责任感，在于国民的艺术家有无拿起手中艺术之笔，追逐思想之潮流，用精神唤起民众为国家和民族崛起之心。20 世纪之初，我们的民族处在最危难之时，不正是因为有这样一大批仁人志士肩负起光复国家和民族的重任，在思想、文化、艺术和军事领域，站立起千万个巨人，前仆后继唤醒中华民众，中国人民才得以真正站立起来，屹立于世界的东方?借用 1931 年毛泽东《渔家傲 · 反第一次大围剿》诗句："唤起工农千百万，同心干，不周山下红旗乱。"不是吗?

我真诚地希望 21 世纪是中国世纪的开始，更真诚地希望我们中华民族真正的崛起首先在思想和艺术上。出于这个想法，借花献佛，以此书献给那些愿在艺术大道上求索的人们。

2011 年 9 月 15 日凌晨